Fourth Edition

Bravo!

Communication, Grammaire, Culture et Littérature

Judith A. Muyskens
Colby-Sawyer College

Linda L. Harlow
The Ohio State University

Michèle Vialet
University of Cincinnati

Jean-François Brière
State University of New York at Albany

THOMSON

HEINLE

Australia • Canada • Mexico • Singapore • Spain • United Kingdom • United States

THOMSON

HEINLE

BRAVO!

Fourth Edition

Muyskens • Harlow • Vialet • Brière

Publisher: Wendy Nelson
Senior Production & Developmental Editor Supervisor: Esther Marshall
Developmental Editors: Anne Besco & Lara Semones
Marketing Manager: Jill Garrett
Associate Marketing Manager: Kristen Murphy-LoJacono
Production/Editorial Assistant: Diana Baczynskyj
Senior Manufacturing Coordinator: Mary Beth Hennebury
Project Manager: Sev Champeny
Page Layout and Composition: Greg Johnson, Art Directions
Cover/Text Designer: Sue Gerould, Perspectives
Cover illustration: Zita Asbaghi
Printer: Quebecor World

Library of Congress Cataloging-in-Publication Data
Bravo!: communication, grammaire, culture et littérature / Judith A. Muyskens ... [et al.]. —4th ed.
Student text.
   p. cm.
  Includes index.
  ISBN 0-8384-1321-8 (student edition) — ISBN 0-8384-1324-2 (instructor's annotated edition)
  1. French language—Textbooks for foreign speakers—English. I. Muyskens, Judith A.

PC2129.Et M86 2001
448.2'421 --dc21   2001039915

For more information contact Heinle, 25 Thomson Place, Boston, Massachusetts 02210 USA,
or you can visit our Internet site at http://www.heinle.com

For permission to use material from this text or product contact us:

Tel	1-800-730-2214
Fax	1-800-730-2215
Web	www.thomsonrights.com

SOMMAIRE

TABLE DES MATIÈRES

CHAPITRE 1   Heureux de faire votre connaissance   1
Thème: Le voyage

LA GRAMMAIRE À RÉVISER   Les verbes: Le présent, Poser une question, L'impératif   **2–5**

	LEÇON 1	LEÇON 2	LEÇON 3
Expressions typiques pour...	Saluer, se présenter et prendre congé **7**	A vous de discuter **15**	Comment demander ou offrir un service, Demander à quelqu'un de faire quelque chose, Proposer de l'aide, Accepter une offre d'aide, Refuser une offre d'aide **28**
Mots et expressions utiles	Saluer/Prendre congé **8**	Les voyages, La conversation **17**	L'argent, Rendre un service, Le voyage **29**
Liens culturels	Arrivées et départs **10**	La vie privée, La vie publique **21**	Demander un service **30**
La grammaire à apprendre	Les verbes irréguliers: **suivre, courir, mourir, rire, conduire, savoir** et **connaître** **10–12**	Les expressions de temps, Les noms **14–20, 21–25**	Le conditionnel **31–32**
Dossier personnel	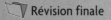 PRÉPARATION **13**	PREMIER BROUILLON **26**	DEUXIÈME BROUILLON **34**

SYNTHÈSE 34   Révision finale   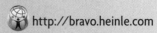 Activités vidéo   http://bravo.heinle.com

INTERMÈDE CULTUREL   **Culture:** *Ils sont fous ces Français* de Polly Platt   **36**
                       Littérature: *Le Cancre* de Jacques Prévert   **38**

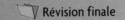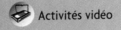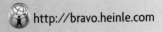

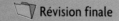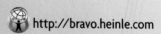

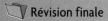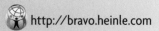

 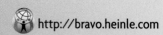

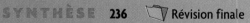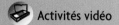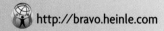

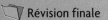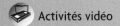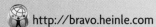

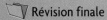

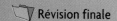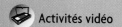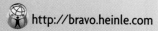

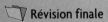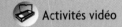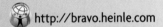

Preface to the Fourth Edition

Introduction

The Fourth Edition of **BRAVO! Communication, Grammaire, Culture et Littérature** is an intermediate program created to provide students with the opportunity to *use* their language skills in a highly functional way and to bridge the gap between intermediate and upper division work. It is different from other comprehensive intermediate programs in a variety of ways. Special features include:

- organization of chapter materials around high-frequency functions of language;
- expressions, vocabulary, and grammar selected according to what is needed to carry out each organizing function of language;
- division of chapter content into three **leçons**, with built-in lesson planning and culminating activities for each **leçon**;
- contextualized activities that relate to real-life situations;
- a focus on culture (photographs, authentic documents), and *Liens culturels* readings develop cultural insights and provide information on the practical, everyday culture of the French-speaking world; *Intermède culturel* readings provide information on the culture and civilization of France and francophone countries, (e.g., historical events, art, architecture, societal institutions);
- Web-based Internet activities related to chapter functions and themes that explore contemporary culture through task-based format;
- a new video that builds both listening comprehension and cultural competence;
- a literary reading with corresponding *avant* and *après la lecture* activities to develop further skills in reading comprehension and literary analysis;
- a process-oriented writing component, *Dossier personnel,* that enables students to expand their writing skills in an organized fashion;
- a *Compréhension* section in the Lab Program consisting of authentic recordings, such as radio ads, interviews, weather and news reports that are intended to stretch students' listening skills;
- a video component at the end of each chapter to enhance listening comprehension skills through thematically related authentic video segments.

Philosophy and Approach

The approach used in developing **BRAVO! Communication, Grammaire, Culture et Littérature** originally came from a desire on the part of the authors to make intermediate-level study of French an opportunity for the learner to actively use the language rather than spend time reviewing the entire grammatical system. The following beliefs guided their writing:

- **The goal of functional use of language is aided by an organization centered around the different communicative uses to which language can be put.** Thus, functions of language, such as expressing opinions, persuading, and apologizing, are the point of departure for each chapter.
- **Language is not used in a vacuum.** The settings, social roles, and topics likely to be needed most when performing given language functions are presented and practiced to allow students to become aware of language use in different sociocultural contexts.
- **Students come to an intermediate class with widely divergent skills and knowledge of French.** Because of this, instructors often spend time in class reviewing *everything,* even when this goes beyond the individual needs of students. By means of the separate review grammar section *La grammaire à réviser,* comprised of simple grammar points that students are expected to have mastered by the end of the beginning-level courses, students will be able to review prerequisite grammar at home, spending as much time as needed. Instructors can then use class time for practicing new material. The result is a more productive, motivating experience for learners and instructors alike.
- **Exploration of the French culture, begun in most first-year books, should be continued at the intermediate level as well.** Thus, culture plays an important role in BRAVO! A *Liens culturels* section is included in each leçon, and every chapter concludes with an *Intermède culturel.* Authentic documents with interactive questions are frequent throughout chapters and illustrate various aspects of culture.
- **A distinction should be made between language for productive and receptive use.** Material on

the video and in the *Compréhension* section of the Audio Program, and some Internet sources were produced for native speaker audiences. Thus, it is understood that students will not need to produce everything that they hear on the tape. Rather, the accompanying activities in the Workbook guide students to listen for specific purposes and, thus, give them practice in using context to extract the essential information without understanding every word.

- **A cyclical approach to language learning rather than a linear organization provides a built-in review across chapters.** In BRAVO! Communication, Grammaire, Culture et Littérature, Fourth Edition, important language functions, themes, and structures are recycled throughout the program.
- **Learning to write well is a process not learned overnight.** Writing multiple drafts of a paper following a step-by-step approach produces better writing skills than simply writing one product for the instructor. Thus students are directed to complete drafts of their papers at least four times during every chapter, incorporating new strategies and techniques each time.

Major Changes in the Fourth Edition

The authors collected reactions to the Third Edition from instructors and students who have used the book. Based on this input and on their own experience and insights, they decided to make the following changes:

- A practice exercise has been added to each topic of *La grammaire à réviser* in the textbook so that students can quickly check whether they have understood the grammar review.
- The entries in the *Mots et expressions utiles* have been updated and organized by meaning within each broad category to make memorization easier.

- The *Liens culturels* readings have been updated and questions added to enable students to make cross-cultural comparisons.
- The interactions and oral and written activities in the *Synthèse* are now presented in French rather than English.
- The *Activités vidéo* section in the *Synthèse* has been revised to reflect new segments on the video. In addition to the video questions in the main text, ready-to-use video worksheets have been added to the web site so that instructors can download them for use with the video.
- The *Activités Internet* section has been revised and now includes language self-correcting quizzes to give immediate feedback on knowledge of new vocabulary and grammar structures. Supplementary cultural readings are also available for some chapters.
- The *Intermède culturel* has been updated with many new readings. A literary reading is included in every chapter, as well as a reading related to culture or civilization of France or francophone countries.
- The *Dictée* text has been added to the workbook answer key for students.
- The Audio Tape Program is now on Audio CD.
- Additional teacher annotations provide information and teaching tips.
- Almost all pieces of realia have been replaced.
- The National Standards for Foreign Language Learning guided the revision of this edition

National Standards for Foreign Language Learning

This edition reflects the principles of the National Standards for Foreign Language Learning. The rich and diverse content and activities of **BRAVO!** enable students to meet each of the goals of the National Standards in the following ways:

	Communication	Cultures	Connections	Comparisons	Communities
Conversations	X	X		X	
Expressions	X	X	X		
Mots et expressions utiles	X	X	X		
Grammaire	X	X	X	X	
Liens culturels	X	X		X	
Dossier personnel	X	X		X	
Interactions	X	X			
Activités vidéo	X	X	X	X	X
Activités Internet	X	X	X	X	X
Intermède culturel	X	X	X	X	X

Instructors who wish to read more on the National Standards for Foreign Language Learning should refer to materials published by the American Council on the Teaching of Foreign Languages. The short volume and video entitled The Five Cs : The Standards for Foreign Language Learning WorkText is particularly helpful for the instructor who is new to the standards.[1]

Chapter Organization

BRAVO! Communication, Grammaire, Culture et Littérature, Fourth Edition, is composed of ten chapters whose format is presented below:

List of objectives Each chapter begins with a list of specific instructional objectives—the functions of language, the grammar, the cultural topics, and the themes—for each of the three lessons in the chapter.

La grammaire à réviser Grammatical structures that students should review before beginning the chapter are presented in this section. Brief presentations of the grammar topics are given in English. Charts and examples are also used to aid students in quick review. An activity to check students' understanding is located in the margin. For students needing extra review, exercises are provided in the Workbook/Lab Manual.

Conversation Each dialogue is preceded by the Premières impressions section that provides practice in skimming and scanning for information. The conversation in each of the three leçons illustrates the functions, vocabulary, cultural focus, and grammatical principles within each leçon. The three conversations often form a unit or story within the chapter. New vocabulary words are glossed in the margin to provide for immediate understanding of the dialogue.

The Observation et analyse questions check comprehension of the Conversation by asking for information and inferences. In addition, the Réactions questions invite students to provide their personal thoughts on the topics discussed during the conversation.

Expressions typiques pour... and Mots et expressions utiles The Expressions typiques pour... section contains commonly used expressions and vocabu-lary needed to communicate a particular speech act or function, or a group of related functions. Language for both formal and informal styles of expression is presented.

The Mots et expressions utiles section provides thematic vocabulary related to the functions and/or the chapter theme(s) that are grouped by meaning. These words are to be learned for active use. A paragraph or dialogue, called Mise en pratique, follows the vocabulary section to provide a context for use of the words.

An Activités section provides practice using these expressions by asking students to create conversations in different contexts or by identifying contexts for the expressions. All formats are contextualized and communicative.

La grammaire à apprendre Grammar principles directly related to the functions appear in each leçon. They are presented in English to maximize understanding by the student. Examples are translated into English when necessary.

The Activités to practice the grammatical concepts proceed from structured to more open-ended. They attempt to simulate natural conversation. Many of these activities are adapted from authentic texts. Small-group activities provide students with additional practice.

Liens culturels and authentic material Each leçon contains realia and a Liens culturels section, which have been chosen for their cultural significance and their relation to the function being taught. The cultural information is practical and up-to-date, providing abundant demographic information. It gives students insights about French speakers and contemporary French society. These sections are accompanied by questions or statements to develop cultural insights or cross-cultural comparisons.

Interactions The Interactions section at the end of each leçon contains role-play activities. These interactions are designed to promote real language use in interesting contexts. Many of these situations are comparable to those used in the ACTFL Oral Proficiency Interview for intermediate learners. These activities encourage use of the functional expressions and vocabulary, grammar, and culture of the leçon.

---

[1] June K. Phillips and Jamie B. Draper, The Five Cs: The Standards for Foreign Language Learning WorkText (Boston : Heinle & Heinle Publishers, 1999).

Dossier personnel Each writing activity constitutes an additional step in the student's portfolio of personal writing. In the *Préparation,* students are directed to write a specific type of paper (e.g., personal narrative, description, argumentative) and are given a choice of topics relating to chapter material. A brainstorming activity involving vocabulary and sometimes arguments or points of view is then presented, along with directions to share ideas with a classmate. In the *Premier brouillon,* students are taken step-by-step through the process of writing a first draft. In the *Deuxième brouillon,* additional hints and suggestions are given for the writing of the second draft (e.g., incorporate more detail, add examples). New *Expressions utiles* that would make the type of paper stronger are provided for students to incorporate as they wish. The *Révision finale* section asks students to reread the paper, making changes to reflect still other suggestions. They are then directed to have two classmates peer edit the paper, using symbols to indicate grammar errors. Students are asked to check for spelling, punctuation, and the specific grammar points studied in the chapter, and then are told to prepare their final version.

Synthèse The end-of-chapter activities are combined in the *Synthèse* section, which, as the name implies, is provided to enable students to synthesize all functions, vocabulary, and grammatical topics introduced throughout the chapter. These listening, viewing, oral, and written tasks serve as culminating activities so that any material that may have been originally memorized will be used in a meaningful and functional way by the end of the chapter.

Intermède culturel Cultural and literary readings are found in the *Intermède culturel* to develop students' analytical and context skills and prepare them for upper division study. The *Culture* reading focuses on topics such as history, art, education, and cinema, and the *Littérature* reading is a poem or extract from a short story or novel. Both have prereading activities that prepare students to read by activating their background knowledge of the topic. In addition, the literature readings teach useful reading strategies such as skimming, scanning, predicting, using context, and understanding word formation. Postreading activities check comprehension, encourage discussion of themes, and enable students to synthesize and apply what they have read to new contexts.

End Matter The following appendices and indexes are included in **BRAVO! Communication, Grammaire, Culture et Littérature,** Fourth Edition:

Appendice A: Evaluation des compositions
Appendice B: Vocabulaire
Appendice C: Expressions supplémentaires
Appendice D: Les temps littéraires
Appendice E: Les verbes
Lexique français-anglais
Indice A: Expressions typiques pour...
Indice B: Mots et expressions utiles
Indice C: Grammaire

Appendice A provides a list of grammar codes for students to use during peer editing sessions. *Appendice B* is a complete list of the active French vocabulary for each chapter. The authors have chosen to provide supplementary expressions such as dates, months, numbers, weather expressions, seasons, and telephone expressions in *Appendice C.* Instructors may wish to refer students to this section or may use it actively in class at some point. Indexes of functional expressions, thematic vocabulary, and grammar conclude the main text of the **BRAVO!** program.

Other BRAVO! Components

BRAVO! is used in conjunction with several ancillary components. Together they comprise a comprehensive, integrated learning system.

- **BRAVO! Cahier d'exercices et Manuel de laboratoire,** Fourth Edition, by David Aldstadt, Jr., Linda Harlow, and Judith Muyskens contains the following sections for each chapter:

  —*Exercices écrits*
  —*Exercices de laboratoire*
  —*Compréhension*

  Written exercises practice the *La grammaire à réviser* grammar and the grammar of the three leçons. There are a variety of writing formats coordinated with the themes and functions of the chapter. All activities are contextualized and some are based on realia. An answer key for the *La grammaire à reviser* activities and the *Exercices écrits* is available to aid students in their individual study.

  The Lab Audio Program provides listening practice of the introductory *Conversation* of each leçon in the student text and a review of phonetics. The sounds featured in the phonetics section are those that are most difficult for learners of French and which, therefore, require the most practice. Oral and listening practice of each of the main grammar topics of the leçons is provided, as well as a dictation passage to synthesize functions, vocabulary, and grammar of the chapter. The *Compréhension* section consists of authentic listening materials to enable students to have access to French in natural contexts. These include interviews, conversations, radio commercials, weather and news reports, and train and airport announcements. The *Exercices de laboratoire* and *Compréhension* are accompanied by worksheets in the Workbook/Lab Manual.

- A Videotape of authentic materials shot live in France, Quebec, and Guadeloupe is available for use with each chapter and is accompanied by the *Activités vidéo* in the *Synthèse* of the main text and worksheets on the **BRAVO!** web site.

- A script of the entire Audio Program is also available. At the end of the script, an answer key to the *Exercices de laboratoire* activities, the *Compréhension* activities, and the *Activités vidéo* is provided.

- The Text Audio CD provides the *Conversations* recordings separate from the rest of the Audio Program for convenient use in class.

- An Instructor's Annotated Edition that gives hints for teaching and lesson planning as well as supplementary activities is also provided.

- A Testing Program by David E. Aldstadt, Jr., Linda Harlow, and Judith Muyskens is available, which includes two test versions per chapter and three comprehensive examinations.

Acknowledgments

The publishers and authors would again like to thank those professional friends who participated in reviewing the manuscript.

Richard Anderson, *Hartnell College*

Christine Armstrong, *Denison University*

Helene Collins, *University of Washington*

Robert Daniel, *St. Joseph's University*

Martine Debaisieux, *University of Wisconsin, Madison*

Jacqueline Edwards, *Spelman College*

Linda Emanuel, *Lock Haven University*

Pierre Etienne, *College of the Canyons*

Marie Fossier, *Marquette University*

Médoune Gueye, *Virginia Tech Institute*

Betty Guthrie, *University of California, Irvine*

Sue Henrickson, *Arizona State University*

Patricia Hopkins, *Texas Tech University*

Ann Kelly, *Emory University*

Cheryl Krueger, *University of Virginia*

Leona Leblanc, *Florida State University*

Laurel Mayo, *University of Texas, Arlington*

Jeff Morgenstein, *Hudson High School*

Judy Redenbaugh, *Costa Mesa High School*

Deborah Roe, *Penn Hills High School*

Lauren Schryver, *Castilleja School*

Ashley Shams, *Florida State University*

Stuart Smith, *Austin Community College*

Geneviève Soulas-Link, *University of Minnesota, Twin Cities*

Marie-Agnès Sourieau, *Fairfield University*

Marie-Noëlle Werner, *University of Wisconsin, Milwaukee*

Michelle Wright, *University of Miami*

Marion Yudow, *Rutgers University*

Many other individuals deserve our thanks for their support and help. Among them are: the teachers and students at Ohio State University and the University of Cincinnati for their many suggestions. Our special thanks also go to the Heinle & Heinle staff: Wendy Nelson, Esther Marshall, Anne Besco, Lara Semones, Diana Baczynskyj, Matthew Drapeau, and to Sev Champeny, Susan Gerould, Greg Johnson, Dianne Harwood, and Jackie Rebisz. And most of all our deepest thanks to our spouses and partners, John Herraghty, Joe Harlow, Charley Stuard, and Eloise Brière, for the encouragement and support that kept us going to the end.

France

MER DU NORD

Pays-Bas

Angleterre

Dunkerque

Calais

Belgique

Allemagne

NORD-PAS-DE-CALAIS

Lille

Valenciennes

Luxembourg

LA MANCHE

Amiens

HAUTE-NORMANDIE

PICARDIE

Cherbourg

Le Havre

Rouen

Reims

Metz

LORRAINE

ALSACE

Caen

Seine

Nancy

Strasbourg

Saint-Malo

BASSE-NORMANDIE

★**Paris**

CHAMPAGNE-ARDENNE

Moselle

Rhin

Brest

Versailles

ÎLE-DE-FRANCE

Fougères

Troyes

Seine

Mulhouse

VOSGES

BRETAGNE

Rennes

Le Mans

Orléans

Saône

Besançon

Blois

Chambord

BOURGOGNE

Dijon

FRANCHE-COMTÉ

PAYS DE LA LOIRE

Angers

Tours

Chenonceaux

Loire

Chalon-sur-Saône

JURA

Suisse

St-Nazaire

Nantes

Chinon

Azay-le-Rideau

Bourges

Nevers

Poitiers

CENTRE

Loire

OCÉAN ATLANTIQUE

La Rochelle

LIMOUSIN

Vichy

Clermont-Ferrand

Rhône

Annecy

POITOU-CHARENTES

Limoges

Lyon

Périgueux

Saint-Étienne

RHÔNE-ALPES

Italie

AUVERGNE

Grenoble

Bordeaux

MASSIF CENTRAL

Rhône

ALPES

PROVENCE-ALPES-CÔTE-D'AZUR

AQUITAINE

Garonne

Rodez

MIDI-PYRÉNÉES

Avignon

Monte-Carlo

Nîmes

Tarascon

Grasse

Monaco

Biarritz

Bayonne

Montpellier

Aix-en-Provence

Nice

Pau

PYRÉNÉES

Toulouse

Béziers

Toulon

Cannes

Carcassonne

Narbonne

Marseille

Espagne

Andorre

Perpignan

LANGUEDOC-ROUSSILLON

MER MÉDITERRANÉE

0 75 km

©1993 Magellan Geographix℠Santa Barbara CA

CORSE

Ajaccio

Le monde francophone

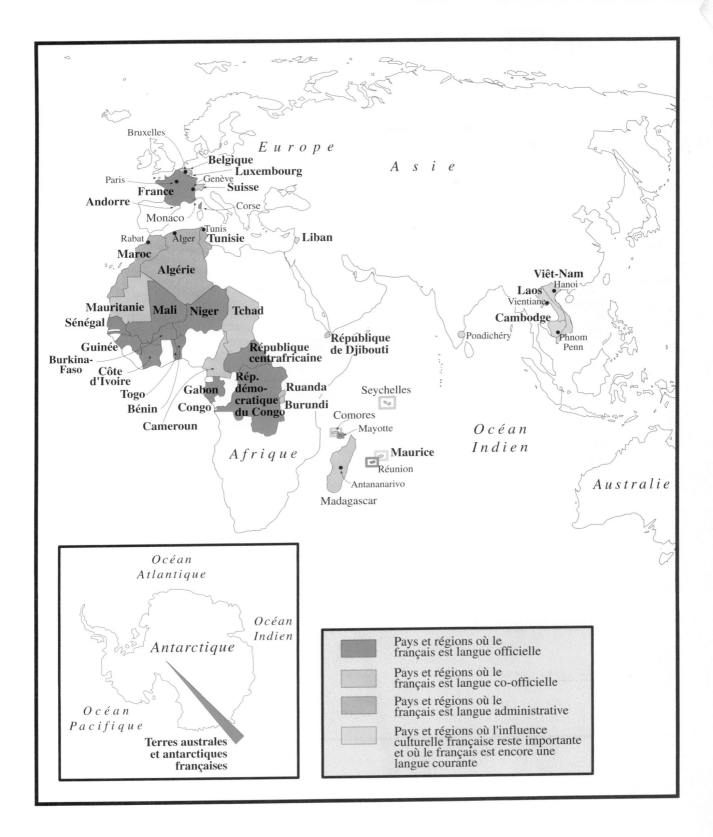

Bruxelles

E u r o p e

A s i e

Belgique
Luxembourg
Paris — Genève
France — **Suisse**
Andorre
Monaco
Corse

Tunis
Rabat Alger **Tunisie** **Liban**
Maroc
Algérie

Viêt-Nam
Hanoi
Laos
Vientiane
Cambodge
Phnom
Penh

Mauritanie **Mali** **Niger** **Tchad**
Sénégal
Guinée
Burkina-
Faso
Côte
d'Ivoire
Togo **Gabon**
Bénin **Congo**
Cameroun

République
centrafricaine
Rép.
démo-
cratique
du Congo
Ruanda
Burundi

République
de Djibouti

Pondichéry

Seychelles

Océan
Indien

Comores
Mayotte
Maurice
Réunion

Afrique

Antananarivo
Madagascar

Australie

Océan
Atlantique

Océan
Indien

Antarctique

Océan
Pacifique

Terres australes
et antarctiques
françaises

Pays et régions où le
français est langue officielle

Pays et régions où le
français est langue co-officielle

Pays et régions où le
français est langue administrative

Pays et régions où l'influence
culturelle française reste importante
et où le français est encore une
langue courante

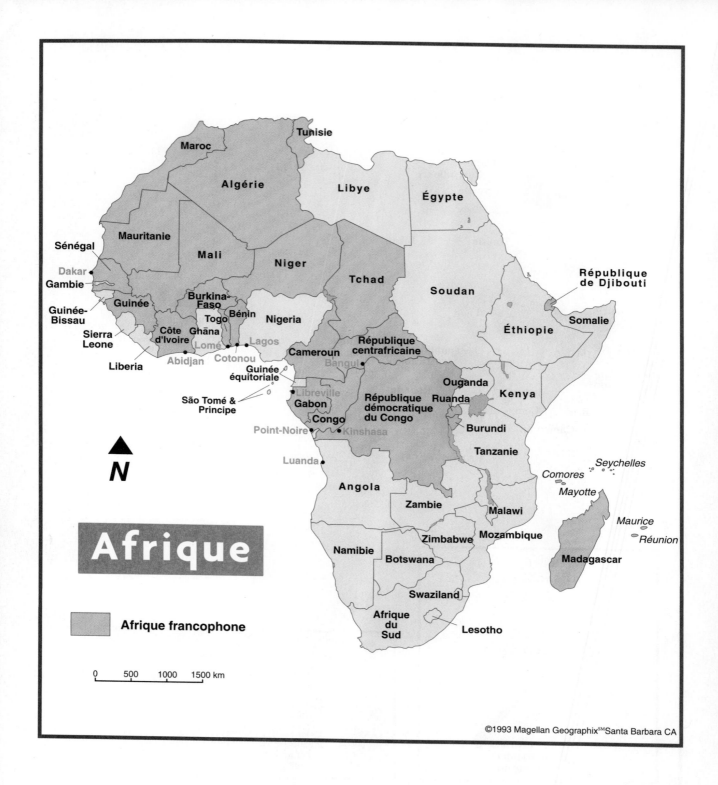

Afrique

Afrique francophone

Tunisie
Maroc
Algérie
Libye
Égypte
Mauritanie
Sénégal
Dakar
Mali
Niger
Tchad
Soudan
République
de Djibouti
Gambie
Guinée
Burkina
Faso
Togo
Bénin
Nigeria
Somalie
Guinée-
Bissau
Sierra
Leone
Côte
d'Ivoire
Ghana
Lomé
Lagos
Éthiopie
Liberia
Abidjan
Cotonou
Cameroun
République
centrafricaine
Bangui
Ouganda
Kenya
Guinée
équatoriale
São Tomé &
Principe
Libreville
Gabon
Congo
République
démocratique
du Congo
Ruanda
Burundi
Point-Noire
Kinshasa
Tanzanie
Luanda
Seychelles
Comores
Mayotte
Angola
Zambie
Malawi
Maurice
Réunion
Zimbabwe
Mozambique
Namibie
Botswana
Madagascar
Swaziland
Afrique
du
Sud
Lesotho

N

0   500   1000   1500 km

©1993 Magellan Geographix℠Santa Barbara CA

Heureux de faire votre connaissance

THÈME: Le voyage

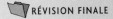

En classe. Décrivez ce qui se passe en classe en utilisant la forme appropriée du verbe.

Modèle: J'adore étudier. (nous)
***Nous adorons
étudier.***

1. J'arrive 5 minutes avant le cours. (nous/vous/Eliane)
2. Le professeur attend mon arrivée. (mes amis/tu/vous)
3. J'espère arriver à l'heure demain. (nous/Robert et ses amis/tu)
4. Les étudiants réfléchissent aux questions du professeur. (je/toi et moi/vous)
5. Sophie essaie de bien travailler en classe. (les étudiants/je/tu)

The information presented here is intended to refresh your memory of various grammatical topics that you have probably encountered before. Review the material and then test your knowledge by completing the accompanying exercises in the workbook.

Avant la première leçon

Les verbes: le présent

A. Verbes en -er

parler *(to speak)*

je parl**e**	nous parl**ons**
tu parl**es**	vous parl**ez**
il/elle/on parl**e**	ils/elles parl**ent**

Most verbs that end in **-er** in the infinitive are conjugated like **parler**.

B. Changements orthographiques dans certains verbes en -er

Some **-er** verbs require spelling changes in the stem of certain persons to reflect changes in pronunciation.

• e → è

acheter *(to buy)*

j'ach**è**te	nous achetons
tu ach**è**tes	vous achetez
il/elle/on ach**è**te	ils/elles ach**è**tent

Like **acheter: lever** *(to raise, lift up)*, **élever** *(to bring up [a child], raise)*, **mener** *(to take; to lead)*, **amener** *(to bring)*, **emmener** *(to take, take away)*

• é → è

préférer *(to prefer)*

je préf**è**re	nous préférons
tu préf**è**res	vous préférez
il/elle/on préf**è**re	ils/elles préf**è**rent

Like **préférer: considérer** *(to consider)*, **espérer** *(to hope)*, **posséder** *(to possess, own)*, **répéter** *(to repeat)*

• l → ll or t → tt

appeler *(to call)*

j'appe**ll**e	nous appelons
tu appe**ll**es	vous appelez
il/elle/on appe**ll**e	ils/elles appe**ll**ent

Like **appeler: jeter** *(to throw, throw away)*, **rappeler** *(to remind; to call back)*

• y → i

ennuyer *(to bore)*

j'ennuie	nous ennuyons
tu ennuies	vous ennuyez
il/elle/on ennuie	ils/elles ennuient

Like **ennuyer**: **envoyer** *(to send)*, **nettoyer** *(to clean)*. For verbs like **essayer** *(to try)* and **payer** *(to pay)*, the change from **y** to **i** is optional (both spellings are acceptable—**essaie/essaye**).

• c → ç (when followed by the letters **a** or **o**)

commencer *(to begin)*

je commence	nous commençons
tu commences	vous commencez
il/elle/on commence	ils/elles commencent

Like **commencer**: **agacer** *(to get on someone's nerves; to provoke)*, **avancer** *(to advance)*, **lancer** *(to throw)*, **placer** *(to place)*, **remplacer** *(to replace)*

• g → ge (when followed by the letters **a** or **o**)

manger *(to eat)*

je mange	nous mangeons
tu manges	vous mangez
il/elle/on mange	ils/elles mangent

Like **manger**: **changer** *(to change)*, **voyager** *(to travel)*, **nager** *(to swim)*, **ranger** *(to tidy up; to put away)*, **venger** *(to avenge)*

C. Verbes en *-ir*

finir *(to finish)*

je finis	nous finissons
tu finis	vous finissez
il/elle/on finit	ils/elles finissent

Like **finir**: **bâtir** *(to build)*, **choisir** *(to choose)*, **obéir** *(to obey)*, **remplir** *(to fill, fill out)*, **réunir** *(to gather; to join)*, **réfléchir** *(to reflect)*, **réussir** *(to succeed)*, **punir** *(to punish)*

D. Verbes en *-re*

rendre *(to give back; to return)*

je rends	nous rendons
tu rends	vous rendez
il/elle/on rend	ils/elles rendent

Like **rendre**: **attendre** *(to wait for)*, **défendre** *(to defend)*, **descendre** *(to descend, go down)*, **entendre** *(to hear)*, **perdre** *(to lose)*, **prendre** *(to take)*, **répondre** *(to answer)*, **vendre** *(to sell)*

Les vacances. Posez des questions sur les vacances en utilisant l'intonation, **est-ce que et n'est-ce pas**.

Modèle: Vous aimez le soleil et la chaleur.
Vous aimez le soleil et la chaleur? Est-ce que vous aimez le soleil et la chaleur? Vous aimez le soleil et la chaleur, n'est-ce pas?

1. Tu voyages souvent.
2. Elle préfère voyager en avion.
3. Mes amis espèrent bientôt partir en vacances.
4. On achète toujours trop de vêtements pour partir en vacances.
5. Vous choisissez un hôtel intéressant.

Quelles questions est-ce que cet homme pose?

Avant la deuxième leçon
Poser une question

A. Formation et emploi

To ask a yes/no question in spoken French,

- Begin with **est-ce que** and continue with the subject and verb.

    Est-ce que vous parlez français?
    Est-ce qu'il parle français?
    Est-ce qu'il ne parle pas anglais?

- With friends, use rising intonation.

    Vous parlez français?
    Vous ne parlez pas anglais?

- When you want to speak in a more formal or proper way, or write formal letters and compositions, invert the order of the subject and verb.

    Parlez-vous français? N'êtes-vous pas français?
    Parle-t-elle anglais? Ne parle-t-elle pas français?

In the third-person singular, a -**t**- is inserted between the verb and pronoun when the preceding verb ends in a vowel.

When the question has a *noun subject,* start with the noun subject, continue with the verb and add the third-person pronoun that corresponds to the noun subject:

    Martine est-elle étudiante?   Noun subject + verb + 3rd person pronoun

NOTE: When **je** is the subject of the sentence, it is seldom inverted. **Est-ce que** is usually used:

    Est-ce que je suis en retard?

- Finally, to confirm an assumption you are making, add **n'est-ce pas** at the end of your statement.

    Vous parlez français, n'est-ce pas?

Avant la troisième leçon

L'impératif

The imperative is used to give directions, orders, requests, or suggestions. There are three forms of the imperative in French. To form the imperative, drop the subject pronoun. Note that the **s** is dropped in the **tu** form of **-er** verbs and the irregular verb **aller** (**Va!**).

A. Formes régulières

	parler	finir	attendre
tu form:	Parle!	Finis!	Attends!
nous form:	Parlons!	Finissons!	Attendons!
vous form:	Parlez!	Finissez!	Attendez!

B. Formes irrégulières

	être	avoir	savoir	vouloir
tu form:	sois	aie	sache	veuille
nous form:	soyons	ayons	sachons	veuillons
vous form:	soyez	ayez	sachez	veuillez

NOTE: In negative commands, the **ne** precedes the verb; the **pas** follows it:

N'oublie **pas** notre rendez-vous!   *Don't forget our meeting!*

Ne sois pas en retard!   *Don't be late!*

Des ordres stricts aux élèves. Imaginez que vous êtes le professeur et que vous donnez des ordres aux élèves en utilisant la forme de **tu** et de **vous** de l'impératif.

Modèle: écouter bien le professeur
Ecoute bien le professeur!
Ecoutez bien le professeur!

1. faire attention aux verbes comme être et faire
2. écrire la forme de tu sans fautes
3. ne pas oublier de préparer des questions
4. être original(e)
5. savoir les dates des examens

Comment saluer, se présenter et prendre congé

Conversation

Rappel: Have you reviewed the present tense of regular and stem-changing verbs? Did you practice forming yes/no questions? (Text pp. 2–4 and Workbook)

Premières impressions

Soulignez:

● des expressions formelles et informelles pour saluer et présenter quelqu'un

Trouvez:

● la destination de Charles (le Français), de Nancy (l'Américaine) et des Kairet (les Belges)
● la nationalité de Laurence

être d'un certain âge *to be middle-aged*
une couchette *cot, train bed*
s'installer *to get settled*

Dans le compartiment du train il y a une Américaine qui voyage avec un ami français et un couple belge d'un certain âge.° Ils parlent tous français, bien sûr! Ils se réveillent le matin après avoir passé la nuit en couchette° dans un wagon-lit. Pendant qu'ils s'installent° pour la journée, ils se saluent.

M. KAIRET: Qu'est-ce qui se passe? Où est-on? Quelle heure est-il?

MME KAIRET: Je ne sais pas, mais c'est fou ce que l'on dort bien dans ces trains quand même!

M. KAIRET: Je n'arrive pas à trouver ma montre!

CHARLES: Bonjour, monsieur, bonjour, madame. Je me présente. Je m'appelle Charles Moiset.

M. KAIRET: Enchanté. Monsieur Kairet. Permettez-moi de vous présenter ma femme, Madame Kairet.

CHARLES: Enchanté de faire votre connaissance.

MME KAIRET: Bonjour!

M. KAIRET: Euh, vous avez l'heure, s'il vous plaît?

CHARLES: Oui, il est huit heures et demie. Ah, voilà mon amie, Nancy. Nancy, je te présente M. et Mme Kairet.

M. KAIRET: Bonjour, mademoiselle. Comment allez-vous?

NANCY: Bonjour, madame, bonjour, monsieur. Je suis heureuse de faire votre connaissance.

CHARLES: Nancy et moi allons jusqu'en Grèce.

MME KAIRET: Oh, en Grèce! Quel beau pays!

une place de libre *an unoccupied seat*

LAURENCE: *(une jeune Française qui vient d'entrer)* Est-ce qu'il y a une place de libre?°

M. KAIRET: Oui, certainement, là, à côté de la porte.

déranger *to bother*

LAURENCE: Excusez-moi de vous déranger.° J'ai vu que la place n'était pas réservée. C'est la seule dans cette voiture. Je me présente. Je m'appelle Laurence Delage.

CHARLES: Bonjour, mademoiselle.

A suivre

Observation et analyse

1. Comment est-ce que Mme Kairet a dormi?
2. Pourquoi est-ce que M. Kairet demande l'heure à Charles?
3. Où vont Charles et Nancy?
4. Expliquez l'emploi de **tu** et **vous** des voyageurs.

Réactions

1. Avez-vous déjà voyagé en train? Si oui, avez-vous aimé votre voyage en train? Expliquez.
2. Est-ce que vous voudriez visiter la Grèce? l'Italie? Expliquez.

Expressions typiques pour...

Saluer *(rapports intimes et familiaux)*

—Salut/Bonjour, Marc/Sylvie.
  { Ça va?
  { Comment ça va?

—Salut/Bonjour.
  { Oui, ça va.
  { Très bien.
  { Ça va bien, merci.
  { Pas mal, merci.
  } Et toi?

Saluer *(rapports professionnels et formels)*

—Bonjour, monsieur/madame/mademoiselle. Comment allez-vous?
—Très bien, merci. Et vous-même?

Présenter quelqu'un *(rapports intimes et familiaux)*

Avant les présentations

Tu connais Jeanine?
Vous vous connaissez?

Vous ne vous connaissez pas, je crois.

Les présentations

J'aimerais te présenter...
Je te présente Julien, mon frère.
Sylvie, voici Georges, un copain de fac.
Martine, Georges. Georges, Martine.

{ **Répondre aux présentations**

  Salut!
  Enchanté(e).
  Très heureux/heureuse.

Présenter quelqu'un *(rapports professionnels et formels)*

Avant les présentations

Vous connaissez M. Marchand?
Est-ce que vous vous connaissez?
Vous vous êtes déjà rencontrés?

◆ **Tutoyer ou vouvoyer?** This is not always an easy choice, because strict rules do not exist, and changes within French society continue to influence modern use of **tu/vous**. Age, socioeconomic background, status, familiarity can all have an influence on the choice of pronoun. In general, though, **tu** is used: within families • between adults and children • among children • among friends • with pets • among relatives • among young people in almost any situation • among people who are on a first-name basis.

Vous is used among: people who don't know each other • brief acquaintances • speakers in situations clearly marked for status, such as customer/shopkeeper, student/teacher.

The workplace is the area of most controversy where usage is still difficult to define. When in doubt, use **vous**. ■

Les présentations

Je voudrais/J'aimerais vous présenter Sylvie Riboni.

Permettez-moi de vous présenter ma femme, Sylvie.

Je vous présente Karim Nouassa.

Répondre aux présentations

Je suis heureux(-euse) de faire votre connaissance *(meet)*.

Très heureux(-euse)/content(e) de vous connaître *(meet)*.

Enchanté(e) de vous rencontrer *(meet)*.

Se présenter

Je me présente. Je m'appelle...

Je me permets de me présenter. Je m'appelle...

Prendre congé *(To take leave)* *(rapports intimes et familiaux)*

Salut!   Au revoir!   Ciao! (salutation italienne utilisée par les jeunes)

On peut ajouter...

Bonne journée.   Bonne soirée.   Bon week-end.

Bonnes vacances.   Bon retour.   A la prochaine *(until next time)*.

Prendre congé *(rapports professionnels et formels)*

Au revoir, monsieur/madame.

On peut ajouter...

A demain.   A lundi.   A tout à l'heure.

A ce soir.   A bientôt.   Alors, dans quinze jours...

Mots et expressions utiles

Saluer/Prendre congé

faire la connaissance (de) *to meet, make the acquaintance (of)*

(se) connaître *to meet, get acquainted with; to know*

(se) rencontrer *to meet (by chance); to run into*

(se) retrouver *to meet (by prior arrangement)*

(se) revoir *to meet; to see again*

(s')embrasser *to kiss; to kiss each other*

se faire la bise *(familiar) to greet with a kiss*

à la prochaine *until next time*

Divers

une couchette *cot, train bed*

s'installer *to get settled*

une place de libre *an unoccupied seat*

une place réservée *a reserved seat*

MISE EN PRATIQUE

Tu ne pourras jamais deviner qui j'**ai rencontré** hier à la bibliothèque. Je devais y **retrouver** mon amie Catherine, mais elle a oublié notre rendez-vous. En l'attendant, tu ne sais pas qui j'ai vu entrer dans la salle? Georges Pivot! Tu te souviens de lui? Celui dont j'**ai fait la connaissance** l'été passé? Nous **nous sommes connus** à la plage pendant nos vacances d'août. Mais depuis, je ne l'**ai jamais revu**. Bon, alors nous **nous sommes fait la bise**, nous avons parlé longtemps, et puis nous avons décidé de **nous revoir** la semaine prochaine. Quelle histoire, hein?

ACTIVITÉS

A. Entraînez-vous: Présentations. Utilisez les *Expressions typiques pour...* pour faire les présentations suivantes.

1. votre mère à un professeur
2. vous-même au président de votre université au cours d'une réception pour les nouveaux étudiants
3. votre meilleur(e) ami(e) à un(e) autre ami(e) devant le cinéma
4. un(e) collègue de bureau *(fellow office worker)* à votre femme/mari pendant un cocktail
5. un(e) camarade de classe à votre tante Madeleine

B. Conversation entre étudiants. Complétez les phrases avec les *Mots et expressions utiles*. Vous pouvez utiliser une expression plusieurs fois. Faites les changements nécessaires.

Par hasard, Anne et Sylvie se (s') _____ entre deux cours. Comme ce sont des amies d'enfance, elles se (s') _____ et décident de l'heure à laquelle elles peuvent _____ plus tard.
—Veux-tu me _____ après le cours?
—D'accord, mais je n'aurai pas *(will not have)* beaucoup de temps. Je dois _____ Monique à une heure. Elle s'installe dans sa nouvelle chambre et je vais l'aider à déménager *(to move)*.
—J'aimerais bien _____ de Monique. Est-ce que je peux t'accompagner?
—Bien sûr! On a toujours besoin de bras quand on déménage! Et puis, tu verras, elle est vraiment sympa.

C. Les scènes. En groupes de trois, jouez les scènes suivantes où vous saluez et faites des présentations.

MODÈLE: En cours: Bonjour, Stéphanie...
—*Bonjour, Stéphanie. Comment ça va?*
—*Ça va bien, merci. Et toi, ça va?*
—*Oui, très bien. Ecoute, tu connais Christophe?*
—*Non, je ne pense pas.*
—*Eh bien, Stéphanie, je te présente Christophe. Christophe, Stéphanie.*
—*Bonjour.*
—*Bonjour.*

1. Dans la rue: Bonjour, Monsieur Dupont. Vous connaissez ma tante... ?
2. En ville, avant une réunion d'étudiants: Je me présente. Je m'appelle...
3. Dans une salle de jeux électroniques: Salut. Je m'appelle... Voici...

D. Dans la salle de classe. Trouvez une personne dans la salle de classe que vous ne connaissez pas. Présentez-vous *(Present yourself)* à cette personne. Maintenant, présentez cette personne à quelqu'un d'autre ou laissez cette personne vous présenter à un(e) autre étudiant(e). (N'oubliez pas de vous serrer la main!) Circulez dans la classe jusqu'à ce que vous ayez fait la connaissance de la plupart *(most of)* des étudiants. Après les présentations, essayez de vous rappeler les noms des autres étudiants. Le professeur vous aidera. Commencez par: **Il/Elle s'appelle...**

Liens culturels

ARRIVÉES ET DÉPARTS

Les Français ont une manière particulière de marquer l'existence des autres. Cela se manifeste par ce que l'on pourrait appeler un sens approfondi des arrivées et des départs. Lorsque les Français voient des amis pour la première fois de la journée, ils leur serrent la main ou ils les embrassent. En les quittant, ils leur donnent à nouveau une poignée de main ou ils les embrassent.

La coutume de s'embrasser est la norme entre amis et membres de la même famille. Les hommes se serrent plus souvent la main. La tradition exige *(demands)* parfois trois ou quatre bises au lieu de deux. C'est une question de région ou d'habitude personnelle. Le plus souvent on commence par la joue *(cheek)* droite.

Que ferait un Américain en retrouvant un groupe d'amis qu'il voit pour la première fois de la journée?

LA GRAMMAIRE À APPRENDRE

Les verbes irréguliers: *suivre, courir, mourir, rire, conduire, savoir* et *connaître*

A. You have already reviewed the present tense of the regular verbs ending in **-er**, **-ir**, and **-re**, as well as some stem-changing **-er** verbs. The following irregular verbs may not be quite so familiar to you, but can be used in talking about yourself or everyday life.

- **suivre** *(to follow; — un cours to take a course)*   participe passé: **suivi**

je **suis**	nous **suivons**
tu **suis**	vous **suivez**
il/elle/on **suit**	ils/elles **suivent**

Like **suivre**: **vivre** *(to live)*   participe passé: **vécu**
Nous **suivons** Marc qui rentre chez lui. Il **vit** près d'ici.

- **courir** *(to run)* participe passé: **couru**

je **cours**	nous **courons**
tu **cours**	vous **courez**
il/elle/on **court**	ils/elles **courent**

Elle **court** dans un marathon à Paris.

- **mourir** *(to die)* participe passé: **mort**

je **meurs**	nous **mourons**
tu **meurs**	vous **mourez**
il/elle/on **meurt**	ils/elles **meurent**

Je **meurs** de faim. Dînons tout de suite!

- **rire** *(to laugh)* participe passé: **ri**

je **ris**	nous **rions**
tu **ris**	vous **riez**
il/elle/on **rit**	ils/elles **rient**

Like **rire: sourire** *(to smile)*

Je **ris** quand je vois des films de Jim Carrey.

- **conduire** *(to drive)* participe passé: **conduit**

je **conduis**	nous **conduisons**
tu **conduis**	vous **conduisez**
il/elle/on **conduit**	ils/elles **conduisent**

Like **conduire: construire** *(to construct)*, **détruire** *(to destroy)*, **séduire** *(to seduce; to charm; to bribe)*

Cette étudiante **conduit** une Peugeot.

- **savoir** *(to know from memory or from study; to know how to do something; to be aware of)* participe passé: **su**

je **sais**	nous **savons**
tu **sais**	vous **savez**
il/elle/on **sait**	ils/elles **savent**

- **connaître** *(to know; to be acquainted with, be familiar with; to meet, get acquainted with)* participe passé: **connu**

je **connais**	nous **connaissons**
tu **connais**	vous **connaissez**
il/elle/on **connaît**	ils/elles **connaissent**

Like **connaître: apparaître** *(to appear, come into view; to become evident)*, **disparaître** *(to disappear)*, **paraître** *(to seem; to come out)*

B. The verbs **savoir** and **connaître** both mean *to know*. It will be important, however, to distinguish when to use one versus the other.

Est-ce que vous connaissez la Belgique?[1]

[1] La Belgique est un pays d'Europe situé au nord de la France. Sur ses 10 200 000 d'habitants, 58% sont d'expression néerlandaise *(Dutch)*, 31,09% d'expression française, 0,69% d'expression allemande et 9,35% sont bilingues. *(Quid 2000, p. 966c)*

- **Connaître** is always used to indicate acquaintance with or familiarity with people, works of art, music, places, academic subjects, or theories:

  Laura **connaît** assez bien les Français. Elle **connaît** aussi assez bien Paris.
  Laura knows French people rather well. She is also quite familiar with Paris.

NOTE: In past tenses **connaître** sometimes means *to meet* in the sense of getting to know someone or getting acquainted with someone:

  Où est-ce que vous **avez connu** les Durand?
  Where did you meet the Durands?

- **Savoir** means to know from memory or study:

  Est-ce qu'elle **sait** la date de la Fête Nationale en France?
  Does she know the date of the national holiday in France?

  Oui, elle la **sait**.
  Yes, she knows it.

NOTE: **Savoir** may be used before a relative clause or before an infinitive. Before an infinitive it means *to know how to do something*:

  Elle **sait** où se trouve la tour Eiffel.
  She knows where the Eiffel Tower is located.

  Elle **sait** conduire dans Paris.
  She knows how to drive in Paris.

ACTIVITÉS

A. Voyage. Un groupe de jeunes Français organise un voyage en Belgique pour les vacances de Pâques. Ils expliquent ce qu'ils vont faire et comment ils vont organiser le voyage. Pour chacune des observations suivantes, remplacez le sujet en italique par les sujets entre parenthèses, et faites les modifications nécessaires.

1. Bruxelles est à 242 kilomètres de Paris. Est-ce que *nous* prenons la voiture de mes parents? (Marc/tu/vous)
2. D'accord, si c'est *Elise* qui conduit! (Marc et Manon/je/tu) Et si *nous* suivons la route de Mons à Bruxelles. (on/vous/tu)
3. *Je* connais bien Bruxelles. (Vous/Manon et Marc/Tu)
4. *Je* sais que Christian veut nous faire visiter le jardin botanique et le parc de Bruxelles. (Nous/Tu/On)
5. *Il* court souvent dans les parcs, n'est-ce pas? (Tu/On/Vous)
6. *Je* meurs d'envie de voir le défilé du Carnaval. (Tu/Manon/Nous)

B. Un mot. Vous travaillez dans un hôtel. Une Anglaise a laissé un mot *(message)* pour le propriétaire. Vous le traduisez en français.

Mrs. Robinson called. She asked for the address of the hotel. She doesn't know where the hotel is located (**se trouver**) because she does not know Paris well. She does not know how to drive, so (**donc**) she will take a taxi from the airport. She met your brother in London last year. She is looking forward to (**Elle se réjouit à l'idée de**) meeting you.

C. Interview. Utilisez les suggestions suivantes pour poser des questions à votre professeur ou aux autres étudiants de la classe. Donnez un résumé de l'interview.

1. combien / cours / suivre
2. est-ce que / courir
3. quelle / ville / connaître / bien
4. que / savoir / bien / faire
5. au cours de *(during)* / quel / émission télévisée / rire
6. à qui / écrire / lettres
7. où / vouloir / vivre

Interactions

Utilisez les suggestions suivantes pour créer des conversations avec un(e) partenaire. Essayez d'employer autant que possible le vocabulaire et la grammaire de la *Leçon 1*.

A. Au café. Vous vous trouvez au café avec un(e) ami(e). Vous rencontrez un(e) autre ami(e) de votre cours à la Sorbonne. Saluez-le/la. Présentez-le/la à votre ami(e). Discutez des cours que vous suivez. Dites que vous écrivez une composition pour un cours demain. A la fin de la conversation, vous remarquez qu'il se fait tard. Qu'est-ce que vous dites en partant?

B. Au travail. Vous entrez dans votre bureau avec un(e) client(e). Le directeur/La directrice passe et vous vous saluez. Vous le/la présentez à votre client(e). Demandez-lui s'il/si elle sait où se trouvent les dossiers de M. Bricard. Il/Elle ne le sait pas. Remerciez-le/la et dites quelque chose de convenable en partant.

Préparation DOSSIER PERSONNEL

In this chapter, you will write a résumé, or summary, of an article from a newspaper or magazine. You can find a selection of articles on the *Bravo!* web site (**http://bravo.heinle.com**), your teacher may provide you with some, or you may want to search for an article yourself, such as a news piece in a newspaper, a magazine, or on the Web, a TV movie or film review, or an editorial from a newspaper or magazine. To write a summary, you will be shortening and simplifying what you read, focusing on the most important points.

1. First choose the piece that you will summarize.
2. Discuss your choice with a classmate and give him/her advice.
3. Read your article several times, underlining the most important points. You may want to outline your article so that you focus on the main ideas.
4. In the margins mark passages that you are not quite sure of. Once you've read the entire article, go back to the difficult passages and reread them.

Phrases: Writing an essay
Vocabulary: Traveling; means of transportation
Grammar: Verb summary

A vous de discuter

 ## Conversation (SUITE)

Premières impressions

Soulignez:
- trois sujets de discussion différents

Trouvez:
- quel temps il fait en Italie en ce moment

Dans le train. Le temps passe... les passagers discutent.

MME KAIRET: Laurence, vous allez loin?

LAURENCE: Je descends à Florence. Je fais un documentaire sur la ville et sur les environs. La région est si pittoresque et si riche en histoire de l'art. Après Florence, j'irai en Turquie. Et vous?

CHARLES: Nous allons en Grèce. C'est la première fois que vous allez en Turquie?

LAURENCE: Non, ce sera mon deuxième voyage. Je vais faire un documentaire sur Istanbul. Cela m'intéresse beaucoup, et je fais du free-lance pour une station de télé régionale—Rhône-Alpes.

MME KAIRET: *(regardant par la fenêtre)* Ah, c'est joli quand même par ici...

NANCY: Oui, le paysage° est très beau.

MME KAIRET: C'est vrai. L'Italie, c'est un de mes pays préférés. On y vient pour les vacances chaque année depuis plus de dix ans.

CHARLES: Est-ce qu'il y fait chaud à cette époque-ci?

MME KAIRET: Oui, il y fait chaud mais l'air est sec. Ça va nous faire du bien.° Et vous, est-ce que vous resterez à Athènes?

NANCY: Non. Nous voulons visiter le plus d'endroits possible. Nous avons terminé nos études à l'université et nous prenons nos premières vacances...

CHARLES: Un peu de soleil, cela nous fera du bien.

A suivre

le paysage *countryside*

Ça va nous faire du bien. *That's going to do us some good.*

Observation et analyse

1. Quels sont les projets *(plans)* de Laurence?
2. Pourquoi est-ce que Charles et Nancy prennent des vacances maintenant?
3. Est-ce que Charles et Nancy se connaissent bien? Expliquez.
4. Depuis quand est-ce que les Kairet vont en vacances en Italie?
5. Quel âge les Kairet ont-ils probablement, d'après ce que vous savez d'eux?

Réactions

1. De quoi est-ce que vous parlez quand vous passez du temps avec des gens que vous ne connaissez pas bien?
2. De quoi est-ce que vous parlez avec ceux que vous connaissez bien?
3. De quoi parleraient cinq jeunes Américains dans un train pendant trois heures?

Expressions typiques pour...

Discuter

Sans sujet défini de conversation, on parle du temps qu'il fait, de l'endroit où l'on se trouve et de ce qui s'y passe. Voici quelques sujets typiques:

- Le temps

  Quel temps fait-il?[2]

  Quel beau temps!

  Comme il fait beau/mauvais/ chaud/froid!

  Vilain temps, non?

  Quel sale temps!

  Est-ce qu'il pleuvra demain?

  Belle journée, vous ne trouvez pas?

- L'heure

  Quelle heure est-il?

  Il est tôt/tard.

  Vous auriez l'heure, s'il vous plaît?

  Le temps passe vite quand on bavarde *(chats)*.

- Les éléments du lieu

  le paysage: C'est intéressant. C'est joli.

  C'est vraiment triste comme endroit.

  les gens: Elle est gentille. Cette robe vous/lui va bien.

  C'est choquant, ce qu'ils portent/font.

  l'ambiance: On est bien ici. J'aime bien cet endroit.

- Ce qui se passe dans cet endroit

  Qu'est-ce qu'ils font là-bas?

  De quoi parlent-ils?

Quand on ne connaît pas très bien quelqu'un, mais qu'on essaie de mieux le connaître, on peut aborder *(touch on)* les sujets suivants:

- La santé

  Je suis un peu fatigué(e) ces jours-ci.

  Vous avez/Tu as l'air en forme *(look in good shape)*.

[2] In informal spoken French today, speakers eliminate the inversion when asking questions and rely more on intonation. For example, instead of **Quel temps fait-il?**, they are more likely to say: **Quel temps il fait?** Another example: **D'où est-il?** will often be stated **D'où il est?** or even **Il est d'où?** **Est-ce que** is also used, although less often than rising intonation.

- Les études—si on est étudiant(e)

  Depuis quand est-ce que vous étudiez/tu étudies le français?
  Combien de cours est-ce que vous suivez/tu suis?
  Comment est votre/ton professeur de français?

- Les actualités *(current events)*

  Vous avez/Tu as lu le journal ce matin?
  Vous avez/Tu as entendu parler de ce qui s'est passé?

- Les sports

  Est-ce que vous faites/tu fais du sport?
  Vous aimez/Tu aimes les sports?

- D'autres idées

  les loisirs *(leisure activities)*, la musique, l'enseignement et votre attitude envers l'enseignement, la politique et vos opinions politiques, vos expériences personnelles, le travail

Avec ceux qu'on connaît bien, on peut parler des choses mentionnées ci-dessus ou de la vie privée:

  Qu'est-ce que tu feras ce soir?
  Tu as beaucoup de boulot *(work)*?
  Tu as passé une bonne journée?

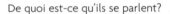

De quoi est-ce qu'ils se parlent?

Mots et expressions utiles

Les voyages

un aller-retour *round-trip ticket*
un billet aller simple *one-way ticket*
valable *valid*

l'arrivée *arrival*
le départ *departure*
partir en voyage d'affaires *to leave on a business trip*

un tarif *fare, rate*
un demi-tarif *half-fare*
une réduction *discount*

annuler *to void, cancel*
les frais d'annulation [m pl] *cancellation fees*

le guichet *ticket window, office; counter*
desservir une gare, un village *to serve a train station, a village*
un horaire *schedule*
indiquer *to show, direct, indicate*
le panneau d'affichage électronique *electronic train schedule*
le quai *platform*
les renseignements [m pl] *information*
un vol *flight; theft*

La conversation

les actualités [f pl] *current events*
avoir l'air *to look, have the appearance of*
bavarder *to chat*
le boulot *(familiar) work*
être en forme *to be in good shape, to feel well*
les loisirs [m pl] *leisure activities*
le paysage *countryside*

MISE EN PRATIQUE

—Tu as entendu les nouvelles?

—Non, quoi?

—Il y a une guerre des prix sur les plus grandes lignes aériennes! On peut avoir une **réduction** sur presque tous les **vols** intérieurs en ce moment.

—Ce n'est pas vrai?

—Si! Moi, je vais **annuler** tous mes rendez-vous de vendredi afin de pouvoir passer un long week-end à la plage. J'ai déjà acheté mon **aller-retour**. Regarde!

—Hmm... Ça me plairait beaucoup de rendre visite à mon petit ami. Merci beaucoup pour les **renseignements**!

A. Entraînez-vous: Discutez. De quoi est-ce que vous parleriez avec les personnes suivantes? Choisissez un ou deux sujets de conversation tirés de la liste des *Expressions typiques pour...*

1. votre professeur dans l'ascenseur sur le campus
2. un(e) camarade de classe devant la salle de classe
3. un(e) collègue de bureau pendant un cocktail
4. votre mère pendant le dîner
5. votre fille/fils pendant le bain
6. une personne dans le train
7. un Martien dans sa soucoupe volante *(flying saucer)*

B. A la gare Saint-Lazare. Un voyageur américain veut utiliser son Eurailpass pour la première fois. Complétez ses phrases avec les *Mots et expressions utiles* appropriés. Faites les accords nécessaires.

—Pardon, monsieur... J'ai besoin de quelques _____ sur mon Eurailpass. Pourriez-vous m' _____, par exemple, où il faut aller pour valider la carte? Je l'ai achetée il y a quatre mois. Est-ce que vous sauriez si elle est toujours _____? Si je veux l'annuler, y aura-t-il des _____? Pourriez-vous aussi m'aider à comprendre les _____ de trains? Je voudrais savoir quel est le prochain _____ pour Rouen, et quelles autres villes sont _____ pendant le trajet... Je vous remercie, monsieur. Vous êtes bien aimable.

C. Dis-moi, s'il te plaît... Thérèse, qui a six ans, va accompagner sa mère en voyage d'affaires. Pendant que sa mère fait leurs valises, Thérèse lui pose sans cesse des questions. Jouez le rôle de sa mère et expliquez-lui ce que veulent dire les mots suivants qui se trouvent sur leurs billets d'avion.

1. un aller-retour
2. un vol
3. un demi-tarif
4. une réduction

D. Circulez. Circulez dans la salle de classe et parlez avec vos camarades. Choisissez au moins trois des sujets suivants: les actualités, le temps, les loisirs, la politique, la vie à l'université, ce qui se passe dans la salle de classe. N'oubliez pas d'utiliser les expressions données pour saluer et prendre congé. Après, parlez de votre expérience en tenant compte des questions suivantes.

1. Avec combien de personnes est-ce que vous avez parlé?
2. De quoi est-ce que vous avez préféré parler? Pourquoi?
3. Est-ce qu'il était difficile de commencer une discussion avec quelqu'un? Expliquez.
4. Vous préférez parler de sujets comme le temps, les sports et les actualités, ou de votre vie de tous les jours et de sujets plus intimes?

Les expressions de temps

- When you want to ask a question regarding how long an action that began in the past has continued into the present, you use an expression with **depuis**.

  Depuis quand êtes-vous en France?
  How long have you been in France?

  Depuis combien de temps est-ce que vous jouez au tennis?
  How long have you been playing tennis?

- Questions such as these are answered in the present tense with **depuis**. In English, **depuis** is translated as *for* when a period of time is given.

  Je suis en France **depuis** six mois.
  *I have been in France **for** six months.*

  Je joue au tennis **depuis** quatre ans.
  *I have been playing tennis **for** four years.*

- When you answer using a specific point in time or date, **depuis** means *since*.

  Je suis en France **depuis** le 5 juin.
  *I've been in France **since** June 5th.*

- The expressions **il y a... que**, **ça fait... que**, and **voilà... que** have the same meaning as **depuis** when used with the present tense, but notice the different word order.

  Il y a six mois **que** je suis en France.
  *I've been in France **for** six months.*

  Voilà quatre ans **que** je joue au tennis.
  *I've been playing tennis **for** four years.*

  Ça fait trois heures **que** je travaille.
  *I've been working **for** three hours.*

NOTE: When you use **il y a** followed by a period of time and without **que**, it means *ago*. A past tense must be used with this construction.

  J'ai pris des cours de tennis **il y a** quatre ans.
  *I took tennis lessons four years **ago**.*

Pendant combien de temps is used when asking about the duration of an action that is completed.

  Pendant combien de temps est-ce qu'ils ont étudié aux Etats-Unis?
  How long did they study in the United States?

  Ils ont étudié aux Etats-Unis **pendant** deux ans.
  *They studied in the United States **for** two years.*

When asking about the duration of a repeated action in the present, the expression **passer du temps** is used.

Combien **de temps** est-ce que vous **passez** à lire le journal?
*How much **time** do you **spend** reading the newspaper?*

Je **passe** une heure par jour à le lire.
*I **spend** an hour a day reading it.*

A C T I V I T É S

A. Répétitions. Martine est très égoïste! Elle parle tout le temps de ce qu'elle fait et elle répète chaque phrase au moins une fois. Transformez chacune des phrases suivantes. Choisissez parmi les modèles proposés.

MODÈLE: Ça fait six ans que je joue au volley-ball.
Il y a six ans que je joue au volley-ball.
Voilà six ans que je joue au volley-ball.
Je joue au volley-ball depuis six ans.

1. J'étudie l'anglais depuis douze ans.
2. Il y a quatre mois que Mme Marchand me trouve indispensable. J'enseigne l'anglais à ses enfants.
3. Ça fait déjà cinq ans que je donne des leçons d'anglais.
4. Voilà onze ans que je joue au tennis.
5. Il y a six ans que je suis joueuse professionnelle de tennis.
6. Je gagne beaucoup de tournois de tennis depuis cinq ans.

B. Une histoire. Lisez cette petite histoire et répondez aux questions.

Depuis l'âge de quatre ans, la petite Karine, qui a sept ans, va à beaucoup de fêtes d'anniversaire. Elle semble les adorer et on adore l'avoir comme invitée. Sa mère, par contre, n'aime pas acheter des cadeaux ou trouver une jolie robe pour chaque anniversaire! En plus, lorsqu'elle emmène *(brings)* Karine à une fête qui commence à deux heures, elle ne peut en général pas partir avant trois heures parce que les autres parents la retiennent en bavardant avec elle. Au mois de décembre, la maman a dit à sa petite Karine qu'elle ne pouvait plus aller à ces fêtes d'anniversaire. La petite lui a demandé tout de suite qui viendrait fêter son anniversaire si elle n'allait plus chez les autres. Sa mère a compris que Karine avait raison. Nous sommes en mars et Karine continue à aller à des fêtes d'anniversaire!

1. Depuis combien d'années Karine fête-t-elle les anniversaires de ses camarades?
2. Pendant combien de temps la mère doit-elle rester avec Karine?
3. Quand la mère a-t-elle dit à Karine qu'elle ne pouvait plus aller aux fêtes d'anniversaire? Combien de temps cela fait-il?
4. Pourquoi la mère a-t-elle changé d'avis?

C. Ne soyez pas indiscrets! Posez les questions suivantes à un(e) ami(e). Donnez un résumé de ses réponses à la classe. Ne posez pas les dernières questions si vous les trouvez trop indiscrètes!

1. Depuis combien de temps tu es à l'université/au lycée?
2. Depuis quand tu étudies le français?
3. Combien de temps est-ce que tu passes chaque jour à étudier pour ce cours?
4. Quel sport est-ce que tu préfères? Depuis combien de temps est-ce que tu fais ce sport?
5. Quelle musique est-ce que tu préfères? Depuis quand est-ce que tu préfères cette musique?
6. Quel parti politique est-ce que tu préfères? Depuis quand?
7. Est-ce que tu as déjà échoué à un examen? Si oui, il y a combien de temps?
8. Qu'est-ce que tu faisais il y a trois heures? il y a trois mois? il y a trois ans?
9. Qui est-ce que tu n'aimes pas du tout? Depuis quand?
10. A quel moment dans ta vie est-ce que tu t'es senti(e) le/la plus heureux/heureuse)?

Quelles questions est-ce que vous trouvez trop indiscrètes? Pourquoi?

Liens culturels

LA VIE PRIVÉE/LA VIE PUBLIQUE

Les Français accordent énormément d'importance à la vie privée, qui est mieux protégée du regard public qu'aux Etats-Unis. On observe comme un code tacite du silence dans ce domaine. Il y a une séparation très nette entre la vie privée et la vie publique. La loi française interdit aux médias d'informer le public sur la vie privée des individus. Personne ne pose de questions trop personnelles. Par exemple, on ne demande pas à un(e) Français(e): «Quel est votre métier?» ou «Qu'est-ce que vous avez fait hier soir?» ou «Combien est-ce que vous gagnez?» Il est permis, néanmoins, de lui demander ses opinions. Les opinions appartiennent à tout le monde, donc il n'y a pas de risque sérieux. Toutefois, il est bon d'être prudent. Ne demandez pas: «Vous êtes socialiste?» Dites plutôt: «Qu'est-ce que vous pensez de la nationalisation des banques?» Si la personne que vous interrogez ne veut pas se compromettre, elle peut avoir recours à une réponse évasive. Quelles questions est-ce que les Américains considèrent impolies?

En quelle saison est-ce que vous préférez voyager? Expliquez.

LA GRAMMAIRE À APPRENDRE

Les noms

A. Le genre des noms

All nouns in French have a gender: masculine or feminine. When you learn a noun, it is beneficial to memorize the article with it in order to learn the gender. If you are not sure of the gender of a word, look it up in the dictionary.

- As a general rule, the gender of a noun referring to a person or animal is determined by the sex of the person or animal:

  un homme/une femme   un roi/une reine   un bœuf/une vache

- The names of languages, trees, metals, days, months, and seasons are usually masculine:

  le français   le chêne *(oak)*   l'argent *(silver)*
  le lundi   le printemps

- The names of continents, countries, provinces, and states ending in unaccented -e are usually feminine:

  la France   la Caroline du Nord   l'Australie
  EXCEPTIONS: le Mexique   le Maine

- Certain endings to nouns may give clues as to their genders. The following are common masculine and feminine endings:

Masculin				Féminin			
-age	un paysage	-ance	une ambiance			-ette	une couchette
-ail	un travail	-ence	une conférence			-oire	une histoire
-al	un journal	-ture	une lecture			-ière	une matière
-asme	le sarcasme	-son	une chanson			-ie	la géographie
-isme	le communisme	-ion	une expression			-ié	la pitié
-eau	un bureau	-tion	l'inscription			-ée	une journée
-et	un objet	-esse	la vitesse			-té	la santé
-ier	un cahier	-ace	une place			-anse	une danse
-ent	l'argent	-ade	une salade			-ense	la défense
-ment	un appartement						

- Some nouns that refer to people can be changed from masculine to feminine by adding an **e** to the masculine form:

  un ami → une amie
  un assistant → une assistante
  un étudiant → une étudiante
  un avocat → une avocate

- Nouns with certain endings form the feminine in other ways:

-(i)er	-(i)ère	-on/-en	-onne/-enne
un banquier	une banquière	un patron	une patronne
un ouvrier	une ouvrière	un musicien	une musicienne
un boulanger	une boulangère	un pharmacien	une pharmacienne
un couturier	une couturière		

-eur	-euse	-et	-ette
un chanteur	une chanteuse	un cadet	une cadette
un danseur	une danseuse		

-teur	-trice	-f	-ve
un acteur	une actrice	un veuf	une veuve
un directeur	une directrice		

-x	-se	-eau	-elle
un époux	une épouse	un jumeau	une jumelle

- Some nouns have the same gender whether they refer to males or females:

  un mannequin   une vedette
  un auteur   une personne

- A few nouns denoting professions have no feminine form. These are usually the professions that were traditionally male. For clarity, the phrase **une femme** is added:

  une femme cadre   une femme médecin
  une femme professeur[3]   une femme ingénieur

  The feminine personal pronoun can also be used:
  Mon médecin m'a dit qu'**elle** va déménager.

---

[3] In spoken language, students will say **une prof**.

- Several French nouns have different meanings in the masculine and feminine:

un aide *helper*	une aide *help, aid*
un critique *critic*	une critique *criticism, review*
un livre *book*	une livre *pound*
un tour *trip*	une tour *tower*
un poste *job; radio, television set*	une poste *post office*

B. Le pluriel des noms

- Generally, nouns are made plural by adding **s**:

  un homme → des hommes   une femme → des femmes

- Nouns ending in **-s**, **-x**, or **-z** do not change in the plural:

  un pays → des pays   un nez → des nez

- Nouns ending in **-eu**, **-au**, and **-eau** take an **x** in the plural:

  un cheveu → des cheveux   l'eau → des eaux

  EXCEPTION: un pneu → des pneus

- Seven nouns ending in **-ou** take an **x**:

  un bijou → des bijoux *(jewels)*
  un caillou → des cailloux *(pebbles, stones)*
  un chou → des choux *(cabbages)*
  un genou → des genoux *(knees)*
  un hibou → des hiboux *(owls)*
  un joujou → des joujoux *(toys)*
  un pou → des poux[4] *(lice)*

  NOTE: All others add **s**: un trou → des trous *(holes)*
                               un clou → des clous *(nails)*

- Nouns ending in **-al** and **-ail** change to **-aux**:

  un journal → des journaux   un travail → des travaux

  EXCEPTIONS: un festival → des festivals
               un détail → des détails

- Certain nouns are always plural in French:

  les gens   les vacances   les mathématiques

- Some plurals are completely irregular:

un ciel → des cieux	mademoiselle → mesdemoiselles
un œil → des yeux	madame → mesdames
monsieur → messieurs	

---

[4] For generations French children have learned this short list by heart and it has become a cultural joke: **bijou-caillou-chou-genou-hibou-joujou-pou**.

- A compound noun is a noun formed by two or more words connected by a hyphen. The formation of the plural depends on the words that make up the compound noun. In general, if the first word is a verb, it doesn't take the plural. It is best to look up compound nouns in the dictionary when making them plural. For example:

  le beau-frère → les beaux-frères   le gratte-ciel → les gratte-ciel

- The plural of family names in French is indicated by the plural definite article. No **s** is added to the family name itself:

  Les Martin ont salué des amis dans la rue.
  The Martins greeted some friends in the street.

ACTIVITÉS

A. La vie est dure. Vous essayez d'apprendre à votre petite fille que les femmes peuvent faire le même travail que les hommes. Corrigez-la, en suivant le modèle.

> MODÈLE: directeur
> *Votre fille: Les hommes sont directeurs!*
> *Vous: Oui. Et un jour tu seras peut-être directrice.*

1. chanteur
2. homme d'affaires
3. ingénieur
4. avocat
5. artisan
6. pharmacien
7. patron
8. couturier

B. Quel est le genre? Vous faites une composition en classe dans votre cours de français. Vous ne savez pas le genre de certains des mots que vous voulez utiliser et le professeur ne vous permet pas d'utiliser le dictionnaire. Servez-vous donc de votre connaissance des terminaisons pour décider du genre de chaque mot.

compétition / serment / russe / Louisiane / loyauté / animal / pilier / tristesse / carnet / cuillère / couteau / Colombie / lion / couture / marxisme / sondage / victoire / fusée / fourchette

C. Une lettre. Un jeune Français écrit pour la première fois à un correspondant américain. Complétez ses phrases. Attention aux articles.

Lyon, le 5 janvier

Cher Jack,

Je / être / de Lyon. Je / aller / aller / à New York cet été. Ma sœur / être / critique de musique / très connu / à New York. Ce / être / ancien / chanteur / d'Opéra. Le mari / de / sœur / être / banquier / important / qui / travailler / à la Banque nationale de Paris à New York. Ils me feront faire / tour / de / ville. Je / vouloir / absolument / voir / les deux / grand / tour / de Manhattan! Peut-être que / je / pouvoir / faire / ta / connaissance / en juillet. En attendant, je / vouloir / aller / tout de suite / à / poste.

A bientôt, j'espère.

Michel

Interactions

Utilisez les suggestions suivantes pour créer des conversations avec un(e) partenaire. Essayez d'employer autant que possible le vocabulaire et la grammaire de la *Leçon 2*.

A. Dans l'ascenseur *(elevator).* Vous vous trouvez dans un ascenseur avec un(e) camarade de classe et l'ascenseur s'arrête entre deux étages. Votre camarade de classe explique qu'il/qu'elle est un peu claustrophobe. Pour le/la calmer, vous décidez de bavarder.

- Discutez de vos cours, de vos notes, de vos profs, etc.
- Discutez de vos intérêts. Est-ce que vous avez des intérêts en commun?
- Posez une question ou initiez une conversation à partir de quelque chose d'intéressant que vous avez remarqué chez votre interlocuteur/ interlocutrice (une broche, un chapeau, le journal, l'accent anglais qu'il/qu'elle a, etc.).

Quand vous êtes dans un ascenseur, est-ce que vous parlez avec les autres?

B. Présentations. Faites la connaissance de quelqu'un dans la classe. Parlez avec lui/elle d'où il/elle habite, de ses loisirs, et d'où il/elle voudrait voyager. Après, présentez-le/la aux autres étudiants de la classe.

Premier brouillon DOSSIER PERSONNEL

1. Read over your article from Lesson 1 one more time.
2. Use the points that you underlined to begin writing your summary. Restate the main ideas in your own words. Synonyms, words that mean the same thing, are often useful. Keep the same order of content and don't add personal commentary in your summary. Try to reduce the article by one-third. One way to do this is to eliminate any examples.
3. As you write, check that you have retained the same tone, style, and person as the original text.

Phrases: Writing an essay
Vocabulary: Traveling; means of transportation
Grammar: Plural of nouns

LEÇON 3

Comment demander ou offrir un service

Conversation (CONCLUSION)

Premières impressions

Soulignez:

● des expressions pour demander et offrir un service

Trouvez:

● qui déjeune au wagon-restaurant

Rappel: Have you reviewed the formation and the use of the imperative? (Text p. 5 and Workbook)

Dans le train. Il est presque midi trente. Tout le monde commence à avoir faim.

NANCY:	Il fait vraiment chaud ici! Si ça ne vous dérangeait° pas, est-ce que vous pourriez ouvrir la fenêtre?
M. KAIRET:	Ouvrir la fenêtre? Mais ça va faire un courant d'air, avec la porte qui est ouverte.
MME KAIRET:	Juste un petit moment, chéri. Je sais que tu ne te sens pas très bien, mais ça nous fera du bien. Ça changera l'air. Et puis l'air frais, c'est vivifiant.°
M. KAIRET:	Je n'y arrive pas... C'est bloqué, je crois.
MME KAIRET:	Est-ce que tu veux que je t'aide de ce côté, pendant que tu pousses la poignée?° Attends, je vais t'aider. Allons-y... Voilà, si on pousse en même temps, hein, attends... ça y est. Voilà! C'est bon.
NANCY:	Merci, je me sens déjà mieux.
MME KAIRET:	Dis, Marcel, tu n'as pas un peu faim? Il est quelle heure, à propos?° Ah, c'est vrai, tu n'as pas ta montre!
NANCY:	Il est midi et demi.
MME KAIRET:	Ah oui, je me disais bien que c'était l'heure du déjeuner. On va prendre quelque chose au wagon-restaurant? Vous venez avec nous?
NANCY:	Nous, en fait, nous avons nos sandwichs dans nos sacs. Je pense qu'on va déjeuner ici. Tu veux descendre° notre sac, Charles?
CHARLES:	OK... Tu pourrais me donner un coup de main? Tiens là... Pendant que je soulève° la valise, tu tires° le sac vers toi.
NANCY:	Comme ça?
CHARLES:	Oui, voilà. Ça y est. Attention. Je vais le prendre maintenant... Il est lourd!
MME KAIRET:	Bien, alors, nous, euh... nous, on va au wagon-restaurant. A tout à l'heure...
NANCY:	Oui, à tout à l'heure. Bon appétit!
MME KAIRET:	Merci. A vous aussi...

déranger *to bother*

vivifiant *invigorating*

la poignée *handle*

à propos *by the way*

descendre *to bring down*

soulever *to lift (up)* / **tirer** *to pull*

Observation et analyse

1. Est-ce que M. Kairet est heureux d'ouvrir la fenêtre? Comment sa femme intervient?
2. Que vont faire les jeunes pour le déjeuner? et les Kairet?
3. Quel service est-ce que Nancy demande à M. Kairet? Quel service elle demande à Charles? Que dit Charles pour demander son aide? En quoi est-ce que ces demandes diffèrent?

Réactions

1. Qu'est-ce que vous faites quand vous vous trouvez dans une situation où vous devez déranger quelqu'un?
2. Donnez plusieurs exemples de situations dans lesquelles vous demandez ou offrez un service à quelqu'un. En quoi est-ce que votre façon de vous exprimer change selon les situations?

Expressions typiques pour...

Demander à quelqu'un de faire quelque chose
(rapports intimes et familiaux)

Est-ce que tu pourrais m'aider à mettre cette valise sur le porte-bagages *(suitcase rack)*, s'il te plaît?
Tu peux ouvrir la fenêtre, s'il te plaît?
Excuse-moi, papa/maman, mais tu pourrais me prêter *(lend)* ta voiture?
Tu veux me donner un morceau de pain, s'il te plaît?
Tu ne voudrais pas m'aider à nettoyer les fenêtres?
Chéri, donne-moi un petit coup de main! *(familiar — give me a hand)*

Demander à quelqu'un de faire quelque chose
(rapports professionnels et formels)

Vous voulez bien ouvrir la fenêtre, s'il vous plaît?
Pardon, est-ce que vous pourriez ouvrir la fenêtre, s'il vous plaît?
Excusez-moi de vous déranger, madame/monsieur, mais j'ai un problème...
Pardon, madame/monsieur, est-ce que vous pourriez m'aider à mettre cette valise sur le porte-bagages?
Est-ce que cela vous embêterait *(bother)* si on enlevait *(took down)* cette valise?
Excusez-moi, madame/monsieur, est-ce que vous auriez la gentillesse de me dire où se trouve la réception?

Proposer de l'aide
(rapports intimes et familiaux)

Tu veux que je t'accompagne?
Tu veux que j'en parle au directeur?
Je te donne un coup de main? *(familiar)*
Tu as besoin d'un coup de main?
Je peux t'aider? Laisse-moi t'aider.

Proposer de l'aide
(rapports professionnels et formels)

Je vous aide.
Je pourrais vous aider?
Si vous voulez, je peux vous accompagner.
Si cela peut vous rendre service, je veux bien m'en charger.
Laissez-moi vous aider.

Accepter une offre d'aide

Oui, je vous remercie.
Oui, d'accord. Merci.
Oui, c'est très gentil. Merci.
Oui, c'est sympa. *(familiar)*
Merci, ça va beaucoup mieux.

Refuser une offre d'aide

Ça va, merci.
Merci. Je peux le faire moi-même.
Merci, mais ce n'est pas nécessaire.
C'est très gentil, mais j'ai presque terminé.
Non, non. Je crois que ça va.
Merci, mais ce n'est pas la peine. *(Don't bother.)*

Mots et expressions utiles

L'argent

une carte de crédit *a credit card*
le chèque de voyage *traveler's check*
le chéquier *checkbook*
le portefeuille *wallet, billfold; portfolio*

un prêt *a loan*

encaisser *to cash (a check)*
emprunter *to borrow*
prêter *to lend*

M I S E   E N   P R A T I Q U E

—Jeanne, j'ai un petit problème. Je n'ai plus d'argent! J'ai oublié **d'encaisser** un **chèque de voyage** et je n'ai pas apporté mon **chéquier**. Pourrais-tu me **prêter** de l'argent pour le déjeuner?
—Bien sûr! J'ai ma **carte de crédit**. Je peux bien t'offrir le déjeuner.
—Merci! Tu es vraiment sympa!

Rendre un service

aider quelqu'un (à faire quelque chose) *to help someone (do something)*
donner un coup de main à quelqu'un (familiar) *to give someone a hand*

Ce n'est pas la peine. *Don't bother.*
déranger, embêter *to bother*

Le voyage

descendre *to go down; to get off (train, etc.); to bring down (luggage)*
monter *to go up; to get on (train, etc.); to bring up (luggage)*
enlever *to take something out, off, down*

le porte-bagages *suitcase rack*
le quai *(train) platform*
une poignée *handle*

Divers

à propos *by the way*

M I S E   E N   P R A T I Q U E

—Tu es prête? Nous n'avons que quelques minutes avant de partir.
—Oui. Euh... non! J'ai laissé un sac sur **le porte-bagages**. Donne-moi un coup de main, s'il te plaît... Voilà. Merci.

Liens culturels

DEMANDER UN SERVICE

Quand vous voulez demander à un(e) Français(e) de vous rendre un service, certaines tournures de phrases sociolinguistiques et socioculturelles peuvent vous aider à réussir, surtout dans les situations formelles. Premièrement, au point de vue sociolinguistique, utilisez des mots comme «Pardon, monsieur/madame», «Excusez-moi de vous déranger», «Auriez-vous la gentillesse/la bonté de... , s'il vous plaît?» De plus, pour être plus poli, employez le conditionnel. «Est-ce que vous pourriez me dire... ?» Enfin, notez que l'on peut utiliser «est-ce que» ou l'inversion pour formuler des demandes dans les situations formelles (mais «est-ce que» est plus souvent utilisé). Dans les situations informelles, utilisez l'intonation ou «est-ce que»: «Tu pourrais m'aider, s'il te plaît? Est-ce que tu pourrais m'aider, s'il te plaît?»

Au point de vue socioculturel, il faut noter que les Français demandent facilement un service à leur famille. La personne à qui on demande un service fera tout son possible pour répondre à la demande même si elle perd beaucoup de temps ou dépense de l'argent. Mais en général, on ne rend pas ce genre de service à n'importe qui...

Un étranger/Une étrangère en France qui a besoin d'aide ou d'un service doit faire très attention à la façon dont il/elle formule sa demande. Sinon, le Français/la Française refusera, n'en saura rien ou fera des excuses. Pour vous débrouiller dans n'importe quelle situation, souvenez-vous de deux choses très importantes: Faites d'abord des compliments à la personne à qui vous allez demander de l'aide. Deuxièmement, utilisez les dix mots les plus importants pour un étranger/une étrangère en France: «Excusez-moi de vous déranger, monsieur/madame, mais j'ai un problème...» Si vous utilisez cette phrase, vous montrerez que vous êtes bien élevé(e). De plus on saura que vous êtes une personne qui respecte les autres et donc qui sera respectée par les Français. Par conséquent, vous recevrez tout ce que vous voulez—ou presque tout.

Comparez la façon de demander un service chez les Français et chez les Américains.

(Phillips, 1993; Harlow, 1990; Geis and Harlow, 1995.)

ACTIVITÉS

A. Entraînez-vous: De l'aide. Trouvez deux façons de demander de l'aide à chacune des personnes suivantes. Variez, bien sûr, vos expressions.

MODÈLE: une amie / vous n'avez pas d'argent
> *Excuse-moi, Monique, je voudrais te demander un grand service. Tu pourrais me prêter de l'argent?*
> *Tu peux me prêter de l'argent, s'il te plaît?*

1. votre mère / votre voiture ne marche pas
2. un agent de police / vous avez perdu votre portefeuille
3. dans l'autobus / vous ne savez pas où descendre
4. à l'ambassade de France / vous avez besoin d'un visa tout de suite
5. la concierge / vous allez en vacances
6. un dîner en famille / votre viande n'est pas assez salée

B. Offrir de l'aide. Maintenant, imaginez que vous voulez aider la personne dans cette situation difficile.

1. votre mère / sa voiture ne marche pas
2. un ami / il a perdu son portefeuille
3. dans l'autobus / une personne âgée essaie de mettre un gros paquet sur le porte-bagages
4. une amie / elle doit partir à la campagne parce que son père est très malade

C. Jouez le rôle. Choisissez maintenant une des situations de l'exercice A ou B, et jouez les rôles avec un(e) camarade de classe. N'oubliez pas de saluer et de prendre congé d'une façon adaptée à la situation.

D. Imaginez. Demandez de l'aide à quelqu'un dans les contextes suivants. Imaginez un problème, puis sa solution.

MODÈLES: en classe
Excuse-moi. Je n'ai pas de stylo. Tu peux m'en prêter un? OU:
Excusez-moi, Monsieur Goudin. Je n'ai pas entendu la dernière phrase. Auriez-vous la gentillesse de la répéter?

1. dans un train
2. à la bibliothèque
3. au restaurant
4. à la banque
5. à l'hôpital
6. au travail

LA GRAMMAIRE À APPRENDRE

Le conditionnel

Formation

The conditional in French is useful when making a request or asking for favors. It is equivalent to a compound verb form in English (*would* + infinitive).

Je **voudrais** un renseignement, s'il vous plaît.
I *would like* some information, please.

To form the conditional, add the imperfect endings (-ais, -ais, -ait, -ions, -iez, -aient) to the infinitive. Notice that the final e of -re verbs is dropped before adding the endings.

- Verbes réguliers

	parler	**finir**	**rendre**
je	parlerais	finirais	rendrais
tu	parlerais	finirais	rendrais
il/elle/on	parlerait	finirait	rendrait
nous	parlerions	finirions	rendrions
vous	parleriez	finiriez	rendriez
ils/elles	parleraient	finiraient	rendraient

J'**aimerais** bien parler avec le propriétaire.
I *would like* to talk with the owner.

- Changements orthographiques dans certains verbes en -**er**

  Some -**er** verbs undergo changes in the infinitive before the endings are added:

  Verbs like **acheter**: j'achèterais; nous lèverions
  Verbs like **essayer**: j'essaierais; vous paieriez
  Verbs like **appeler**: j'appellerais; ils jetteraient

- Verbes irréguliers

  The following verbs have irregular stems:

aller:	j'**irais**	devoir:	je **devrais**
avoir:	j'**aurais**	envoyer:	j'**enverrais**
courir:	je **courrais**	être:	je **serais**
faire:	je **ferais**	savoir:	je **saurais**
falloir:	il **faudrait**	tenir:	je **tiendrais**
mourir:	je **mourrais**	valoir:	il **vaudrait**
pleuvoir:	il **pleuvrait**	venir:	je **viendrais**
pouvoir:	je **pourrais**	voir:	je **verrais**
recevoir:	je **recevrais**	vouloir:	je **voudrais**

  Je **voudrais** trois billets aller-retour, s'il vous plaît.
  *I **would like** three round-trip tickets, please.*

Emploi

- The conditional is often used to express wishes or requests.

  Maman, tu **pourrais** m'aider à faire mes devoirs?
  *Mom, **could** you help me with my homework?*

- It also lends a tone of deference or politeness, which makes a request less abrupt.

  Pourriez-vous me dire où se trouve la poste, s'il vous plaît?
  ***Could** you please tell me where the post office is?*

- Often, expressions such as **Pardon, madame** or **Excusez-moi, monsieur** are used to make a request more polite.

  Pardon, monsieur, auriez-vous la gentillesse de m'indiquer où se trouve la rue Victor Hugo?
  ***Pardon** me, sir, **would** you be so kind as to show me where Victor Hugo Street is?*

- The conditional of the verb **devoir** corresponds to *should* in English. It is frequently used to give advice.

  Vous **devriez** bien étudier pour cet examen!
  *You **should** study hard for this test!*

- The use of the conditional to indicate a hypothetical fact that is the result of some condition will be presented in *Chapitre 7*.

A. Soyez poli(e)! Vous êtes en voyage. Vous avez besoin d'un billet. Mettez ces phrases au conditionnel.

1. Je veux de l'aide.
2. Pouvez-vous m'aider à acheter un billet?
3. Je peux vous poser une question?
4. Il me faut un billet aller-retour.
5. Ça te plaît de voyager en première classe.
6. Vous devez m'envoyer des renseignements sur les tarifs réduits à mon adresse permanente.

B. Les voyages. Si nous pouvions voyager (n'importe où)...

MODÈLE: Nous visitons des pays exotiques.
   Nous visiterions des pays exotiques.

1. Marianne passe tout son temps à faire du ski en Suisse.
2. Mes autres amis choisissent l'Espagne.
3. Je connais les pays d'Asie à fond.
4. Tu suis tes cours de langue avec beaucoup plus d'enthousiasme.
5. Nous n'avons plus le temps d'aller en cours.
6. Nous sommes très sensibles aux différences culturelles.

C. Dans le métro. On parle très peu aux étrangers dans le métro, mais on entend de temps en temps les phrases suivantes. Pour les compléter, mettez les verbes ci-dessous au conditionnel.

pouvoir / vouloir / savoir / devoir / avoir

1. _____-vous la gentillesse de me céder votre place? J'ai mal aux jambes.
2. _____-vous ouvrir la fenêtre? Il fait vraiment chaud ici.
3. _____-vous l'heure, monsieur?
4. Vous _____ vous asseoir, madame. Vous êtes pâle comme tout.
5. Est-ce que je _____ m'asseoir à côté de vous, monsieur?

D. Si c'était possible... Complétez les phrases suivantes. Comparez vos réponses à celles de vos camarades de classe.

1. Ça me plairait de...
2. Vous devriez...
3. Je voudrais...
4. Il me faudrait...
5. J'aimerais...

La femme ne sait pas quelle ligne de métro elle doit prendre. Imaginez la conversation qu'elle tient.

Interactions

Utilisez les suggestions suivantes pour créer des conversations avec un(e) partenaire. Essayez d'employer autant que possible le vocabulaire et la grammaire de la *Leçon 3*.

A. Une situation embarrassante. Vous êtes en voyage et vous avez laissé votre serviette *(briefcase)* dans un taxi. Vous quittez la France dans deux jours et vous voulez que la compagnie de taxi vous l'envoie aux Etats-Unis. Décrivez votre serviette en détail, bien sûr, et ce qu'il y avait dedans. Si la compagnie la trouve et refuse de vous l'envoyer, demandez-lui de l'envoyer à votre frère qui viendra en France dans deux semaines. Prenez les mesures nécessaires, en utilisant toutes les expressions polies que vous connaissez!

B. Soyez ferme! Il y a des moments où on ne doit pas être poli. Un jeune homme essaie de vous vendre des montres et des bijoux dans le jardin des Tuileries. Il vous montre ses produits tout en marchant près de vous. Vous ne voulez rien acheter. Soyez ferme mais pas grossier *(abusive)*. Expliquez que vous venez d'arriver en France et que vous n'avez besoin de rien. Demandez-lui d'être gentil et de vous laisser partir. Expliquez-lui qu'il devrait vous laisser tranquille et que s'il continue, vous allez appeler quelqu'un à l'aide.

Deuxième brouillon DOSSIER PERSONNEL

1. Write a second draft of your paper from Lesson 1, trying to condense even more and focusing on only the main points.
2. Because your goal is to give only the main points, use some of the following expressions to help you focus your summary and to shorten it. EXPRESSIONS UTILES: **L'idée fondamentale de l'auteur est...** ; **L'intérêt de cet article provient de/réside dans...** ; **Cet article se compose de (nombre de) parties/idées principales; L'action peut être résumée ainsi: ...** ; **Le point de vue de l'auteur est...** ; **Le style de l'auteur est...** ; **L'article se termine par...** ; **En conclusion...**

Phrases: Writing an essay
Vocabulary: Traveling; means of transportation
Grammar: Verb summary

SYSTÈME-D

SYNTHÈSE

Activités vidéo

Avant la vidéo

◆ Turn to *Appendice B* for a complete list of active chapter vocabulary. ■

1. Aux Etats-Unis comment est-ce qu'on se salue? Qu'est-ce qu'on dit? Dans quelles circonstances est-ce qu'on se serre la main et dans quelles circonstances est-ce qu'on s'embrasse? A quelle réaction peut-on s'attendre si la façon de saluer est inappropriée à la situation?
2. Est-ce que les Américains aiment voyager en train? Pourquoi?

Après la vidéo

1. Faites une liste des diverses rencontres filmées et décrivez les différentes façons de saluer. Expliquez ce qui se serait passé lors de ces rencontres si elles avaient eu lieu aux Etats-Unis.
2. Pourquoi est-ce que les Français aiment voyager en train?
3. Quels sont les avantages du TGV?

Activités orales

A. Ah, le temps! Dans votre rêve, vous êtes dans une situation où vous ne trouvez aucun sujet de conversation sauf le temps. Jouez les rôles avec un(e) camarade de classe. Discutez des sujets suivants:

- le temps aujourd'hui
- le temps d'hier; le temps qu'il fera demain
- la même saison mais l'année passée
- le temps dans d'autres parties du pays ou en Europe

B. Dîner avec une vedette. Vous avez gagné une soirée en ville avec votre acteur préféré/actrice préférée. Vous allez dîner au meilleur restaurant de la ville. Saluez-le/la et bavardez un peu. Parlez des sujets suivants:

- pourquoi il/elle est devenu(e) acteur/actrice
- ses futurs projets
- les rôles ou les films que vous avez admirés
- sa vie personnelle (frères, sœurs, loisirs, etc.)
- demandez-lui s'il/si elle pourrait signer votre menu
- si vous pourriez lui rendre visite

Activité écrite

Un(e) correspondant(e). Vous avez un(e) nouveau/nouvelle correspondant(e). Ecrivez une courte lettre dans laquelle vous vous présentez. Parlez-lui de la région dans laquelle vous habitez, de votre famille, de vos intérêts et de votre vie (à l'université/au lycée ou au travail). Posez-lui des questions sur sa vie. Commencez la lettre avec «Cher/Chère»… et terminez-la avec «Amicalement».

Révision finale DOSSIER PERSONNEL

1. Reread your summary and think about your audience. Decide whether they will need more information than you have given to understand your summary. Anticipate any questions they may have.
2. Next be sure you provide the title, author, dates of publication, and other bibliographical information.
3. Bring your draft to class and ask two classmates to peer edit your paper. They should pay particular attention to whether you have included the main thesis of the article and any main ideas. Your classmates should use the symbols on page 407 to indicate grammar errors.
4. Examine your composition one last time. Check for correct spelling, grammar, and punctuation. Pay special attention to your use of irregular verbs, nouns, time expressions, and the conditional.
5. Prepare your final version.

Phrases: Writing an essay
Vocabulary: Traveling; means of transportation
Grammar: Verb summary; conditional; plural of nouns

http://bravo.heinle.com

INTERMÈDE culturel

I. *ILS SONT FOUS CES FRANÇAIS* DE POLLY PLATT

Avant la lecture

- Comment est-ce que la plupart des Américains voient les Parisiens? Froids? Chaleureux *(warm)*? Gentils? Impolis? Accueillants *(friendly)*? Comment est-ce que vous les voyez?
- Quand vous êtes dans un endroit inconnu et que vous avez des problèmes, qu'est-ce que vous attendez des gens de la région? De la gentillesse? De l'indifférence? De l'impolitesse?
- Est-ce que votre voiture a déjà calé *(stalled)* dans la rue sans espoir d'être remise en marche *(started)*? Qu'est-ce que vous avez fait?

Polly Platt, une Américaine qui a vécu plus de 20 ans à Paris, estime que, contrairement à ce que pensent certains Américains, les Parisiens ne sont pas indifférents et froids envers les inconnus. L'impatience qu'ils manifestent ouvertement dans certaines circonstances peut se transformer en très grande générosité lorsqu'ils voient des personnes en difficulté.

ILS SONT FOUS CES FRANÇAIS

Les Parisiens ont beau être toujours débordés *however overwhelmed the Parisians always are* **prévenants** *gentils*

longueur d'ondes *wavelength*

ils se plieront en quatre *to bend over backwards* / **prévenir** *to warn* / **l'heure de pointe** *rush hour* / **4 L** Renault 4L / **a calé** *stalled*

à qui mieux mieux *really loud*

les flics *les agents de police*

se présenta *s'est présenté (le passé simple)*

Les Parisiens ont beau être toujours débordés,° ils savent aussi se montrer extrêmement prévenants° avec les gens dans la rue, à condition qu'ils soient sur la même longueur d'ondes° (qu'ils ne sourient pas). S'ils remarquent quelque chose qui risque de vous mettre dans l'embarras—un coffre de voiture ouvert, une boîte d'œufs qui va tomber de votre porte-bagages—ils se plieront en quatre° pour vous prévenir.°

Dans la rue, en France, on vous court après si vous laissez tomber quelque chose. Essayez si vous ne me croyez pas! Et, en cas d'urgence, les Français savent s'unir contre ces «Autres» impitoyables que sont les flics,° le mauvais temps, le gouvernement, les accidents, la négligence, le manque de chance.

Les chauffeurs de bus vous attendent. Ils s'arrêtent même parfois exprès pour vous. Si quelqu'un trouve un objet dans la rue, il le dépose contre une vitrine au cas où le propriétaire reviendrait le chercher. C'est comme ça qu'hier, j'ai aperçu, posés sur le rebord des fenêtres, un chausson de bébé, un guide de Paris et des lunettes de ski.

Peu de temps après notre arrivée à Paris, je suis tombée sur un bon samaritain. Je conduisais les enfants à l'école à l'heure de pointe,° sous une pluie battante, lorsque ma 4 L° a calé° dans une rue à sens unique. Derrière moi, une vingtaine de voitures—toutes conduites par des hommes d'affaires qui se rendaient à leur travail. Ils se sont mis à klaxonner à qui mieux mieux.° Mais impossible de redémarrer. Les klaxons ont monté d'un ton. Dans tous mes états, je tirais éperdument sur le starter. Peine perdue. Les klaxons faisaient maintenant un bruit assourdissant. C'est alors que le conducteur de la voiture de derrière se présenta° poliment devant ma portière, tout dégoulinant° de pluie, et me demanda° si je voulais qu'il essaie de démarrer la voiture. Soulagée, je me glissai° sur le siège du passager. Devant cette initiative, les autres chauffeurs m'ont prise en pitié, et ils ont cessé de klaxonner. Mais mon sauveur n'est pas arrivé, lui non plus, à démarrer la voiture. Il m'a aidée à la pousser sur une place de stationnement et m'a dit: «Madame, j'ai peur que vous ne soyez obligée d'emmener vos enfants à l'école en taxi. Pendant ce temps, j'enverrai quelqu'un examiner votre voiture. Je travaille chez Renault.»

Quand je suis revenue, un peu plus tard, deux mécanos en salopettes bleues s'affairaient° autour de ma voiture. Ils m'apprirent° que, malheureusement, ils ne pouvaient pas la réparer sur place et qu'il fallait qu'ils l'apportent chez le concessionnaire.° Le concessionnaire? Mais où ça?

«Chez Renault, Madame. Avenue de la Grande-Armée. Elle sera prête à six heures.» Lorsque j'arrivai° pour la chercher, on m'apprit° que je n'avais rien à payer. On refusa° même de me donner le nom de mon bienfaiteur. «Monsieur le directeur préfère garder l'anonymat.» Mon français n'était pas assez bon pour que je puisse plaider ma cause (prendre un air contrit et refuser de partir avant qu'ils vous aient répondu).

C'était il y a longtemps, mais je le revois marchant sous la pluie et frappant à ma portière. S'il lit cette histoire et qu'il se souvient de la pauvre Américaine avec ses trois enfants à l'arrière de sa 4 L, j'espère qu'il se fera connaître.

dégoulinant *dripping wet*

me demanda m'a demandé / **concessionnaire** *car dealer* / **me glissai** me suis glissée *(slid over)*

j'arrivai je suis arrivée
m'apprit m'a appris
refusa a refusé

s'affairaient s'occupaient activement / **m'apprirent** m'ont appris

Après la lecture

Compréhension

1. Donnez 3–4 exemples que Polly Platt utilise pour illustrer la gentillesse inattendue des Parisiens envers des inconnus.
2. Qu'est-ce qui est arrivé à Mme Platt et à ses enfants dans la rue le jour où il pleuvait beaucoup?
3. Qu'est-ce que le bon samaritain a fait pour eux?
4. Quel est le plus cher espoir de Mme Platt?

Expansion

1. Est-ce que vous avez déjà eu l'occasion d'aider quelqu'un qui était dans un grand besoin? Si oui, qu'est-ce que vous avez fait?
2. Pourquoi est-ce qu'en général on pense que les gens des grandes villes, surtout d'une ville comme Paris, seront moins obligeants *(helpful)* que ceux des petites villes? D'où viennent ces stéréotypes?

II. *LE CANCRE* DE JACQUES PRÉVERT

Avant la lecture

Sujets à discuter

- Vous avez souvent envie *(feel like)* d'étudier? Quand? Vous connaissez quelqu'un pour qui étudier est un véritable enfer *(hell)*?
- Est-ce que vous êtes toujours attentif/attentive en classe? Sinon, quels sont les moments où votre attention tend à baisser? De qui/A quoi est-ce que vous rêvez *(daydream)* dans ces situations-là?
- Imaginez que vous vous ennuyez horriblement en classe. S'il était possible de faire quelque chose de dramatique pour mettre fin à la classe, que feriez-vous?

Stratégies de lecture

Techniques poétiques: la ponctuation et le rythme

A. Dans ce poème, remarquez l'absence de ponctuation qui est typique de certains poèmes modernes. Quel est l'effet de ce manque de ponctuation?

B. Le rythme aussi est important dans un poème. Pour trouver le rythme des vers *(lines)* de ce poème, comptez le nombre de syllabes dans chaque vers. (Par exemple, «Il dit non avec la tête» a sept syllabes.) Vous allez remarquer quelques changements dans le rythme du poème. Pourquoi est-ce que Prévert change ce rythme? D'après ces changements de rythme, en combien de parties peut-on diviser ce poème?

Qu'est-ce qui se passe dans cette classe? A quoi est-ce que les élèves pensent?

Jacques Prévert (1900–1977) was a very popular French poet and screen-writer who wrote about ordinary subjects and the "simple life." In his poetry he criticizes oppression, pretentiousness, and conventions; he champions freedom, love, and goodness. In the following poem, Prévert sympathizes with a **cancre**, a student who does not want to study.

LE CANCRE

Il dit non avec la tête
mais il dit oui avec le cœur
il dit oui à ce qu'il aime
il dit non au professeur
5 il est debout
on le questionne
et tous les problèmes sont posés
soudain le fou rire le prend
et il efface° tout   **efface** fait disparaître
10 les chiffres° et les mots   **les chiffres** *numbers*
les dates et les noms
les phrases et les pièges°   **les pièges** *traps*
et malgré° les menaces du maître   **malgré** *in spite of*
sous les huées° des enfants prodiges°   **les huées** cris hostiles / **prodiges** exception-nellement précoces
15 avec des craies de toutes les couleurs
sur le tableau noir du malheur
il dessine le visage du bonheur.

            Jacques Prévert, *Paroles*

Après la lecture

Compréhension

A. Observation et analyse. Répondez aux questions suivantes.

1. Qu'est-ce qui se passe dans la classe du cancre?
2. Pourquoi l'élève interrompt la leçon?
3. Qu'est-ce qu'il efface?
4. Quelle est la réaction des meilleurs élèves quand il efface tout?
5. Qui dit «le tableau noir du malheur»?

B. Contrastes. Ce poème est composé de contrastes. Complétez la liste suivante.

	Contrastes
non avec la tête	_____
oui à ce qu'il aime	_____
les problèmes sont pasés	_____
tableau noir du malheur	_____

C. Réactions. Donnez votre réaction.

    1. Est-ce que vous avez déjà eu une réaction comme celle du cancre pendant un cours ou dans une autre situation? Expliquez.

    2. Quelle serait votre réaction si un(e) élève de votre classe agissait comme le cancre?

Interactions

A. Le système d'éducation. Prévert a quitté l'école à quinze ans. A l'aide du poème, expliquez quelles peuvent être les raisons de ce départ précoce. Quel est le visage du bonheur pour lui? Et pour vous?

B. Le cours idéal. Décrivez le professeur et les cours idéaux. Pensez à la matière; les livres; le style d'enseignement (conférence, travaux pratiques); la personnalité du professeur; etc.

Je t'invite...

THÈMES: L'université; L'invitation; La nourriture et les boissons

LA GRAMMAIRE À RÉVISER

Quelques verbes irréguliers: le présent • Les articles • Les mots interrogatifs

LEÇON 1

Fonction: Comment inviter; comment accepter ou refuser une invitation

Culture: Les sorties entre copains

Langue: Les verbes irréguliers: **boire, recevoir, offrir, plaire**

📁 PRÉPARATION

LEÇON 2

Fonction: Comment offrir à boire ou à manger

Culture: Les repas en France

Langue: Les articles: choisir l'article approprié

📁 PREMIER BROUILLON

LEÇON 3

Fonction: Comment poser des questions et répondre

Culture: Le bac

Langue: Les pronoms interrogatifs; **quel** et **lequel**

📁 DEUXIÈME BROUILLON

SYNTHÈSE

📁 RÉVISION FINALE

INTERMÈDE CULTUREL

L'enseignement en France

Le petit prince de Belleville (Calixthe Beyala)

Activités pendant une journée typique. Conjuguez les verbes en remplaçant le sujet des phrases suivantes.

1. J'ai faim (Marie/vous/tu)
2. Nous faisons les courses (Marc/je/Marie et Marc)
3. Nous partons très tôt. (Marc/je/vous)
4. Ils vont au supermarché. (tu/vous/je)
5. Je prends le métro. (nous/Marie/tu)
6. Marie rentre tard. (Marc et Marie/vous/nous)
7. Nous voulons bien dîner ce soir. (tu/Marc et Marie/vous)

The information presented here is intended to refresh your memory of various grammatical topics that you have probably encountered before. Review the material and then test your knowledge by doing the drills in the margin and completing the accompanying exercises in the workbook.

Avant la première leçon

Quelques verbes irréguliers: le présent

A. Les plus communs

avoir *(to have)*

j'**ai**	nous **avons**
tu **as**	vous **avez**
il/elle/on **a**	ils/elles **ont**

être *(to be)*

je **suis**	nous **sommes**
tu **es**	vous **êtes**
il/elle/on **est**	ils/elles **sont**

aller *(to go)*

je **vais**	nous **allons**
tu **vas**	vous **allez**
il/elle/on **va**	ils/elles **vont**

faire *(to do; to make)*

je **fais**	nous **faisons**
tu **fais**	vous **faites**
il/elle/on **fait**	ils/elles **font**

B. Verbes en *-ir*

partir *(to leave)*

je **pars**	nous **partons**
tu **pars**	vous **partez**
il/elle/on **part**	ils/elles **partent**

Like **partir**: **sortir** *(to go out);* **mentir** *(to lie)*

dormir *(to sleep)*

je **dors**	nous **dormons**
tu **dors**	vous **dormez**
il/elle/on **dort**	ils/elles **dorment**

servir *(to serve)*

je **sers**	nous **servons**
tu **sers**	vous **servez**
il/elle/on **sert**	ils/elles **servent**

venir *(to come)*

je **viens**	nous **venons**
tu **viens**	vous **venez**
il/elle/on **vient**	ils/elles **viennent**

Like **venir**: **revenir** *(to come back)*; **devenir** *(to become)*; **tenir** *(to hold)*; **retenir** *(to hold back)*

NOTE: **venir de + infinitif** = *to have just done something*

C. Verbes en *-re*

mettre *(to put; to put on)*

je **mets**	nous **mettons**
tu **mets**	vous **mettez**
il/elle/on **met**	ils/elles **mettent**

Like **mettre**: **permettre** *(to permit)*; **promettre** *(to promise)*; **battre** *(to beat)*

dire *(to say; to tell)*

je **dis**	nous **disons**
tu **dis**	vous **dites**
il/elle/on **dit**	ils/elles **disent**

Like **dire**: **lire** *(to read)* *(except for the regular* **vous** *form:* vous li**se**z)

écrire *(to write)*

j'**écris**	nous **écrivons**
tu **écris**	vous **écrivez**
il/elle/on **écrit**	ils/elles **écrivent**

Like **écrire**: **décrire** *(to describe)*; **s'inscrire à/pour** *(to join; to sign up for)*

prendre *(to take)*

je **prends**	nous **prenons**
tu **prends**	vous **prenez**
il/elle/on **prend**	ils/elles **prennent**

Like **prendre**: **comprendre** *(to understand)*; **apprendre** *(to learn)*; **surprendre** *(to surprise)*

D. Verbes en *-oir(e)*

pouvoir *(to be able)*

je **peux**	nous **pouvons**
tu **peux**	vous **pouvez**
il/elle/on **peut**	ils/elles **peuvent**

vouloir *(to wish; to want)*

je **veux**	nous **voulons**
tu **veux**	vous **voulez**
il/elle/on **veut**	ils/elles **veulent**

devoir *(to have to; to owe)*

je **dois**	nous **devons**
tu **dois**	vous **devez**
il/elle/on **doit**	ils/elles **doivent**

croire *(to believe)*

je **crois**	nous **croyons**
tu **crois**	vous **croyez**
il/elle/on **croit**	ils/elles **croient**

Like **croire**: **voir** *(to see)*

valoir *(to be worth)*

je **vaux**	nous **valons**
tu **vaux**	vous **valez**
il/elle/on **vaut**	ils/elles **valent**

NOTE: The third-person singular form is most often used: **il vaut.**

    valoir mieux *(to be better)*
    valoir la peine *(to be worth the trouble)*

falloir *(to be necessary)*
    il faut

pleuvoir *(to rain)*
    il pleut

Avant la deuxième leçon

Les articles

A. L'article défini

	Singulier	Pluriel
Masculin	le restaurant	les restaurants
Féminin	la gare	les gares
Voyelle ou *h* muet	l'ami	les amis
	l'amie	les amies
	l'hôtel	les hôtels

The definite article contracts with **à** *(at, to, in)* and **de** *(from, of, about)* as follows:

• Definite article with **à**

	Singulier	Pluriel
Masculin	au restaurant	aux restaurants
Féminin	à la gare	aux gares
Voyelle ou *h* muet	à l'hôtel	aux hôtels

• Definite article with **de**

	Singulier	Pluriel
Masculin	du restaurant	des restaurants
Féminin	de la gare	des gares
Voyelle ou *h* muet	de l'hôtel	des hôtels

Les articles. Mettez l'expression au pluriel. Faites attention à l'article ou à la préposition.

Modèles: la femme → **les femmes**
    de l'hôtel → **des hôtels**

1. le garçon
2. l'homme
3. un hôtel
4. une voiture
5. à l'école
6. au cinéma
7. de la boutique
8. du supermarché

B. L'article indéfini

	Singulier	**Pluriel**
Masculin	un hôtel	des hôtels
Féminin	une gare	des gares

C. Le partitif

The partitive article is used with a noun to indicate part of a whole. In English, we use the words *some* or *any* or nothing at all in place of the partitive article. The partitive article in French is a combination of **de** and the definite article.

	Singulier	**Pluriel**
Masculin	du pain	des fruits
Féminin	de la crème	des framboises
Voyelle ou *h* muet	de l'eau	des hors-d'œuvre

Some grammarians do not consider the plural form **des** as a true partitive. They regard it as the plural indefinite article. In practical usage, there is no difference.

◆ En France il y a plus 155 000 restaurants. ■

Combien de fois par mois est-ce que vous allez au restaurant? Combien de fois est-ce que vous voudriez y aller? Quels sont vos restaurants préférés?

Traduction. Vous faites des courses dans une petite épicerie-fromagerie avec un(e) ami(e) qui parle mal le français. Traduisez pour que le marchand comprenne.

1. Some bread, please.
2. Some butter, please.
3. That's too much butter. A little less butter, please.
4. A dozen oranges, please.
5. A kilo of beef, please.
6. A can of peas, please.
7. A liter of milk, please.
8. A package of spaghetti, please.
9. Some strawberries.
10. And a liter of mineral water, please.

D. Les expressions de quantité

Expressions of quantity are followed by **de** plus the noun. The article is omitted.

assez de	*enough*
autant de	*as much, as many*
beaucoup de	*many, a lot of*
combien de	*how many, how much*
moins de	*less, fewer*
peu de	*few, little*
plus de	*more*
tant de/tellement de	*so much, so many*
trop de	*too much*
une boîte (un paquet) de	*a box, can (a package) of*
une bouteille (une tasse, etc.) de	*a bottle (a cup, etc.) of*
une cuillerée de	*a spoonful of*
une douzaine de	*a dozen of*
un kilo (une livre, etc.) de	*a kilo (a pound, etc.) of*
un litre de	*a liter of*
un morceau de	*a piece of*
une paire de	*a pair of*
un peu de	*a little*
une tranche de	*a slice of*

Ce café a **beaucoup de** clients.

This café has many customers.

Il reste **peu de** citron pressé dans son verre.

There is only a little freshly squeezed lemonade left in his/her glass.

EXCEPTIONS: **Bien de, la plupart de, la plus grande partie de,** and **la majorité de** are followed by and combined with the definite article:

La plupart des clients boivent du vin.

Most of the customers are drinking wine.

Avant la troisième leçon

Les mots interrogatifs

où *(where)* — **Où** est-ce que je peux trouver une épicerie?

à quelle heure *(when, at what time)* — **A quelle heure** est-ce que l'épicerie ouvre?

quand *(when)* — **Quand** arrivent les pommes de terre nouvelles?

combien *(how much)* — **Combien** coûte un kilo de bananes?

combien de *(how much, how many)* — **Combien de** kilos voulez-vous?

comment *(how)* — **Comment** sont les pêches aujourd'hui?

pourquoi *(why)* — **Pourquoi** est-ce que tout est si cher?

NOTE: Both **est-ce que** and inversion are correct in spoken and written information questions, although **est-ce que** is much more common. In spoken French, the following patterns are also increasingly heard:

Un kilo de bananes coûte **combien**?

Pourquoi tout est si cher?

Comment inviter; comment accepter ou refuser une invitation

Conversation

Premières impressions

Soulignez:

● des expressions pour inviter, accepter et refuser une invitation

Trouvez:

● où habite Eric

C'est la rentrée.° Isabelle et Eric, amis d'enfance, ne se sont pas vus depuis plusieurs années. Maintenant étudiants à l'université, ils se retrouvent comme par hasard dans le même cours de maths et s'attendent à la sortie de la salle de classe.

ISABELLE:	Eh, Eric, salut! Qu'est-ce que tu fais là?
ÉRIC:	Isabelle, c'est toi? Ça fait longtemps!
ISABELLE:	Oui, euh... à peu près dix ans, hein?
ÉRIC:	Eh oui, dis donc! Ça va?
ISABELLE:	Oui, ça va bien. Enfin, ça va, quoi! Je trouve qu'il est dur, ce cours! Pas toi?
ÉRIC:	Si, moi aussi, j'ai du mal. Euh... dis-moi, qu'est-ce que tu fais mercredi?
ISABELLE:	Ecoute, mercredi, en principe, euh, je n'ai rien de prévu.° Mais, attends, je vais vite vérifier° dans mon agenda° ... Ah, ben non, attends... non, j'ai mon cours d'aérobic mercredi soir. Pourquoi?
ÉRIC:	Ben, maman fait un repas, alors je pensais que tu pourrais venir, peut-être... pour le dîner.
ISABELLE:	Ah! Oui, cela me ferait vraiment plaisir de la revoir! Ça fait longtemps! Oh, oui, mais alors, mercredi, malheureusement, je ne peux pas. Euh... jeudi?
ÉRIC:	Oui, pourquoi pas?
ISABELLE:	Alors, à quelle heure?
ÉRIC:	Je ne sais pas, sept heures, sept heures et demie. Ça te va?
ISABELLE:	Oui, très bien. Vous habitez toujours au 36...
ÉRIC:	En bas de la rue, c'est ça.
ISABELLE:	Très bien, d'accord.
ÉRIC:	Super! Je confirme avec maman et je te passe un coup de fil,° OK?
ISABELLE:	OK. Ciao!

A suivre

Rappel: Have you reviewed the present tense of common irregular verbs? (Text pp. 42–44 and Workbook)

la rentrée *start of the new school year*

◆ The French tend to use many pause words (i.e., conversational fillers) in oral speech, such as **ben**, **euh**, **alors**, and **écoute**. You will study them in **Chapitre 4.** ■

ne rien avoir de prévu *to have no plans* / **vérifier** *to check* / **un agenda** *engagement calendar*

passer un coup de fil *to give (someone) a telephone call*

Observation et analyse

1. Où a lieu *(takes place)* cette conversation?
2. Pourquoi est-ce qu'Eric et Isabelle sont surpris de se revoir?
3. Quels sont les détails de l'invitation: le jour, l'heure, l'endroit, ce qu'ils vont faire?
4. Quel âge ont Eric et Isabelle approximativement? Est-ce qu'ils se connaissent bien? Comment le savez-vous?

Réactions

1. Imaginez que vous rencontrez un(e) vieil(le) ami(e) que vous n'avez pas vu(e) depuis longtemps. Expliquez. Est-ce que vous invitez cette personne à faire quelque chose avec vous? Qu'est-ce que vous lui proposez de faire?
2. Quelle est l'invitation la plus intéressante (bizarre, ennuyeuse) que vous ayez jamais reçue? Expliquez.

De quelle sorte d'invitation s'agit-il? Est-ce que vous accepteriez cette invitation? Expliquez.

Au cours de la séance solennelle
présidée par Madame Michèle GENDREAU-MASSALOUX
Recteur-Chancelier des Universités de Paris,

Le diplôme de Docteur Honoris Causa
de l'Université de Paris-Sorbonne sera décerné

à Sir John BOARDMAN
*Professeur en Art et Archéologie classique
à l'Universitié d'Oxford*

* * *

à M. Wolf LEPENIES
*Professeur de Sociologie
Recteur du Wissenschaftskolleg de Berlin*

le Recteur Jean-Pierre POUSSOU
Président de l'Université de Paris-Sorbonne

et le Conseil de l'Université
vous prient de leur faire l'honneur d'assister à la
séance solennelle de l'Université:

Vendredi 17 juin à 15 heures

Cette cérémonie sera suivie d'une réception.

Cette invitation strictement personnelle sera exigée à l'entrée:
47, rue des Ecoles
75005 PARIS

Expressions typiques pour...

Inviter
(rapports intimes et familiaux)

Si tu es libre, je t'invite au restaurant.
J'ai envie *(feel like)* d'aller au ciné.
Ça t'intéresse?/Ça te dit?/Ça te va?
Qu'est-ce que tu fais ce soir? Tu
veux venir avec nous?
Si tu étais libre, tu pourrais dîner à
la maison.

Accepter l'invitation

Oui, c'est une bonne idée.
Entendu!
D'accord. Je veux bien.
Oui, je suis libre. Allons-y!
* Je n'ai rien de prévu.
* Ça me ferait plaisir de...

Refuser l'invitation

* Malheureusement, je ne peux
   pas ce soir-là.
Tu sais, je n'ai pas le temps ce
   soir, mais...
* Ce n'est pas possible: je suis
   pris(e) *(not available)*.
* Ce serait sympa, mais...

◆ Many of the expressions for
accepting and refusing an invitation can be used in both formal
and informal contexts, particularly those that are starred. ∎

◆ Remember to use the **vous**
form when addressing more than
one person. ∎

Inviter
(rapports professionnels et formels)

Pourriez-vous venir dîner au
   restaurant?
Ça vous intéresserait de...
Nous aimerions vous inviter à...
On se fera un plaisir de vous
   recevoir.

Accepter l'invitation

Ça me ferait grand plaisir.
Volontiers. *(Gladly.)* Je serais
   enchanté(e) de venir.
J'accepte avec plaisir. Merci.
Je vous remercie. *(Thank you.)*
   C'est gentil à vous.

Refuser l'invitation

* Je suis désolé(e) *(sorry)*, mais...
* Merci beaucoup, mais je ne suis
   pas libre.
C'est gentil de votre part, mais
   j'ai malheureusement quelque
   chose de prévu *(I have plans)*.

Mots et expressions utiles

L'invitation

un agenda *engagement calendar*
donner un rendez-vous à quelqu'un *to make an appointment (with someone)*
emmener quelqu'un *to take someone (somewhere)*
regretter/être désolé(e) *to be sorry*
remercier *to thank someone*
vérifier *to check*

avoir envie de (+ infinitif) *to feel like (doing something)*
être pris(s) *to be busy (not available)*
avoir quelque chose de prévu *to have plans*
ne rien avoir de prévu *to have no plans*
prévoir/projeter de (+ infinitif) *to plan on (doing something)*
les projets [m pl] *plans*
faire des projets *to make plans*

passer un coup de fil à quelqu'un *to telephone someone*
poser un lapin à quelqu'un *(familiar) to stand someone up*

Qui?

le chef *head, boss*
le directeur/la directrice *director*
le/la patron(ne) *boss*
un(e) collègue *fellow worker*
un copain/une copine *a friend*

Quand?

dans une heure/deux jours *in an hour/two days*
samedi en huit/en quinze *a week/two weeks from Saturday*
la semaine prochaine/mardi prochain *next week/next Tuesday*
tout de suite *right away*

Où?

aller au cinéma/à un concert/au théâtre *to go to a movie/a concert/the theater*
aller à une soirée *to go to a party*
aller en boîte *to go to a nightclub*
aller voir une exposition de photos/de sculptures *to go see a photography/sculpture exhibit*
prendre un verre/un pot *(familiar) to have a drink*

Divers

la rentrée *start of the new school year*
volontiers *gladly, willingly*

MISE EN PRATIQUE

Quelle journée! Mon **patron m'a donné rendez-vous** à onze heures ce matin afin de discuter de nos **projets** pour un nouveau compte *(account)*. Eh bien, j'ai travaillé presque toute la nuit pour me préparer et, par conséquent, j'ai peu dormi. Tu sais ce qui est arrivé? Il **m'a posé un lapin**! Il a dû oublier notre rendez-vous (il ne l'a sûrement pas noté dans son **agenda**), et il est parti. A son retour, il m'a dit qu'il **était** vraiment **désolé**. Qu'est-ce que je pouvais lui dire? C'est mon **patron**!

ACTIVITÉS

A. Entraînez-vous: Invitons. Invitez chacune des personnes suivantes, de deux ou trois façons différentes. Aidez-vous des *Expressions typiques pour...*

1. un(e) bon(ne) copain/copine à manger dans un restaurant
2. votre nouveau voisin à dîner chez vous
3. un(e) nouvel(le) employé(e) de votre entreprise à manger à la cafétéria
4. les parents de votre petit(e) ami(e), dont vous venez de faire la connaissance, à dîner chez vous dimanche soir
5. votre grand-mère à passer le week-end chez vous

B. Une leçon de vocabulaire... Aidez votre camarade de classe à apprendre le nouveau vocabulaire en lui donnant un synonyme pour chaque expression. Utilisez les *Mots et expressions utiles*.

1. ne pas aller à un rendez-vous que l'on a avec quelqu'un
2. ne pas être pris(e)
3. désirer faire quelque chose
4. quelqu'un avec qui on travaille
5. le patron
6. boire quelque chose ensemble
7. le contraire de **la semaine passée**
8. être désolé(e)
9. téléphoner à quelqu'un
10. dire merci

C. Conversation entre amis après les cours. Complétez la conversation suivante avec les *Mots et expressions utiles*. Faites les changements nécessaires.

GAËLLE: Est-ce que ça vous intéresse de _____ au café Tantin? J'ai soif!

SYLVIE: C'est une bonne idée. Mais je ne peux pas y rester trop longtemps. Je _____ de retrouver Robert _____ deux heures devant le musée d'Orsay.

MARC: C'est qui, Robert? Un de tes _____ de bureau?

SYLVIE: Oui, et il est très sympa. Si j'arrive en retard, il pensera probablement que je lui *(passé composé)* _____.

GAËLLE: Et toi, Thérèse?

THÉRÈSE: Zut! Je _____, je ne peux pas y aller; j'ai quelque chose _____. En fait, je suis déjà en retard. Au revoir!

THOMAS: Je pense aller voir _____ Picasso ce soir. Quels sont tes _____, Sara? Ça t'intéresse d'y aller?

SARA: Oui, mais je suis _____. J'ai promis à ma petite sœur de l'_____ au cinéma pour voir le nouveau film de Disney.

D. Imaginez. Acceptez ou refusez chacune des invitations suivantes en variant vos réponses. Si vous refusez, donnez une raison. Attention au degré de respect dont vous devez faire preuve.

1. (à M. Journès) Pourriez-vous venir prendre l'apéritif avec nous dimanche?
2. (à un[e] collègue) Ça vous intéresserait d'aller au concert ce soir?
3. (à un[e] copain/copine) Tu es libre demain soir? Viens dîner chez moi.
4. (à votre cousin[e]) Je t'invite à voir le nouveau film de Pierre Jolivet ce week-end.
5. (à votre petit[e] ami[e]) J'ai envie d'aller au musée après le cours. Tu as quelque chose de prévu?

Les verbes irréguliers: *boire, recevoir, offrir* et *plaire*

You have already reviewed the present tense of some very common irregular verbs in *La grammaire à réviser*. The following irregular verbs are important in contexts related to inviting, as well as offering food and drink.

- **boire** *(to drink)*   participe passé: **bu**

je **bois**	nous **buvons**
tu **bois**	vous **buvez**
il/elle/on **boit**	ils/elles **boivent**

D'habitude, je **bois** du café le matin, mais hier j'**ai bu** du thé.

- **recevoir** *(to receive; to entertain)*   participe passé: **reçu**

je **reçois**	nous **recevons**
tu **reçois**	vous **recevez**
il/elle/on **reçoit**	ils/elles **reçoivent**

Like **recevoir**: **décevoir** *(to disappoint)*, **apercevoir** *(to notice, see)*

Je **reçois** beaucoup de coups de téléphone, mais je n'en **ai** jamais **reçu** de cet homme dont tu parles.

- **offrir** *(to offer)*   participe passé: **offert**

j'**offre**	nous **offrons**
tu **offres**	vous **offrez**
il/elle/on **offre**	ils/elles **offrent**

Like **offrir**: **ouvrir** *(to open)*, **souffrir** *(to suffer)*

Ma grand-mère **souffre** d'arthrose. Elle en **a souffert** toute sa vie, la pauvre.

- **plaire** *(to please)*   participe passé: **plu**

Most common forms: il/elle/on **plaît**   ils/elles **plaisent**

Like **plaire**: **déplaire** *(to displease)*

Est-ce que ce restaurant te **plaît**?
Do you like this restaurant? (Does this restaurant please you?)

NOTE: An indirect object is always used with **plaire** (something or someone is pleasing *to* someone), and thus the word order is the opposite of that in English:

Les mauvaises manières du garçon lui **ont déplu**.
He/She didn't like the waiter's bad manners.
(The waiter's bad manners displeased him/her.)

◆ When a **c** is followed by **a**, **o**, or **u**, a **cédille (ç)** is added under it to keep the soft **c** sound. In a few words, such as **vécu**, the **c** sound is meant to be hard, and thus no **cédille** is used. ■

En 1960, en France, il y avait plus de 200 000 cafés et bistros. Aujourd'hui il n'en reste plus que 50 000. (*Francoscopie 2001*, p. 191)

D'après vous, pourquoi est-ce que les cafés et les bistros en France sont en train de disparaître?

ACTIVITÉS

A. Au restaurant. Vous entendez des fragments de conversation. Remplacez les sujets en italique par les sujets entre parenthèses, et faites les changements nécessaires pour compléter les phrases suivantes.

1. *Tu* bois du Coca, n'est-ce pas? (Vous/Elle/Antoine et Adrien)
2. *L'ambiance de ce restaurant* me plaît beaucoup. (Les tableaux/Les nouveaux prix ne... pas/Ce quartier)
3. *Nous* ouvrons bientôt un bistro. (Ils/On/Mon cousin et moi)
4. *Je vous* offre une boisson. (Est-ce que vous me... ?/Le patron nous/Nous vous)
5. *L'attitude du garçon* me déplaît. (Le service nous/Les sports américains ne vous... pas/Votre proposition ne nous... pas, au contraire)

Liens culturels

Les jeunes Français de vingt ans ou moins n'ont pas l'habitude de sortir en couple. Les sorties à deux sont moins courantes qu'aux Etats-Unis. Si un garçon passe chercher une fille chez elle, c'est en général dans le but de rejoindre un groupe d'amis à un endroit prévu et de décider ensemble de ce qu'ils veulent faire. Parlez de vos sorties entre copains.

B. Chez Chantal. Chantal reçoit des amis. Dans les extraits suivants de leurs conversations, remplissez les blancs avec la forme appropriée d'un de ces verbes.

recevoir / boire / décevoir / offrir / servir / souffrir / plaire / déplaire

1. Hélène, qu'est-ce que tu _____ ce soir? Du vin?
2. Marc, je peux t'_____ quelque chose à boire aussi?
3. Est-ce que ce vin blanc vous _____?
4. Nous _____ rarement des amis, vous savez. Mon mari et moi travaillons tous les deux et, malheureusement comme tout le monde, nous _____ de la maladie qui s'appelle «le manque de temps»!
5. Et les filles de Marc? Qu'est-ce qu'elles _____? Du Coca, comme toujours?
6. Mais qu'est-ce qu'on entend? C'est un CD d'Edith Piaf? J'espère que ses chansons ne vous _____ pas...
7. Bon, tout est enfin prêt. Je vous _____ un repas très simple, mais à la française!

C. Questions indiscrètes. Posez les questions suivantes à un(e) ami(e). Donnez un résumé de ses réponses à la classe.

1. Qu'est-ce que tu bois quand tu vas à une soirée?
2. Que préfères-tu boire après avoir travaillé au soleil?
3. Qu'est-ce que tu bois quand tu manges une pizza? des sandwichs?
4. Tu ouvres une bouteille de cidre ou de champagne au réveillon du Nouvel An?
5. Tu souffres de maux de tête ou même de crises de nerfs *(fits of hysterics)* quand tu reçois des amis chez toi? quand tu passes des examens?

Interactions

Utilisez les suggestions suivantes pour créer des conversations avec un(e) partenaire. Essayez d'employer autant que possible le vocabulaire et la grammaire de la *Leçon 1*.

A. Je t'invite. Votre partenaire est un(e) ami(e). Dites-lui bonjour et discutez de choses et d'autres. Invitez-le/la à dîner chez vous. Il/Elle accepte avec plaisir. Demandez ce qu'il/elle préfère boire et manger. Demandez s'il/si elle aime la cuisine française. Suggérez un jour pour le dîner et décidez de l'heure. Il/Elle vous remercie.

B. Invitation au musée. Vous passez voir votre belle-mère qui habite assez loin de chez vous. Dites-lui bonjour et discutez de choses et d'autres. Demandez-lui si elle est libre le week-end prochain. Vous proposez d'aller à une exposition de peintres impressionnistes au musée près de chez vous. Elle a quelque chose de prévu et ne peut pas accepter. Vous suggérez le week-end suivant et elle accepte. Fixez l'heure et la date de son arrivée. Elle vous remercie et vous répondez poliment.

Préparation DOSSIER PERSONNEL

In this chapter, you will use comparison and contrast to organize your writing. One benefit of comparison and contrast is that it can be used to help the reader make a decision.

1. Write down the names of two of your favorite restaurants or two of the courses that you are currently taking. In this paper you will be comparing and contrasting both restaurants or both courses with the intention of allowing the reader to make an informed choice.

2. After you have chosen your topic, write a list of similarities and a list of differences between the two restaurants or courses that you are going to describe. Consider the following aspects of your topic and any others that you can think of:

   restaurants: type of food, price, service, atmosphere, size of restaurant, placement of tables

   courses: subjects, teachers, requirements, grades, structure of the classes, tests, projects

3. Show your lists to at least one classmate who will help you brainstorm further ideas.

Vocabulary: Restaurant; studies, courses; university

SYSTÈME-D

Comment offrir à boire ou à manger

Conversation (SUITE)

Premières impressions

Soulignez:

● des expressions pour offrir à boire et à manger, pour accepter ou refuser et pour resservir *(to offer a second helping)*

Trouvez:

● ce qu'on va manger comme entrée[1]
● le fromage qu'Isabelle choisit

C'est jeudi soir chez les Fournier. Eric, Isabelle et Mme Fournier se parlent avant le dîner.

> ÉRIC: Ben, écoute, Isabelle, assieds-toi, je vais chercher les amuse-gueule.° Je te sers un apéritif°?
>
> ISABELLE: Oui, volontiers, oui!
>
> ÉRIC: Un petit kir,[2] peut-être?
>
> ISABELLE: Un petit kir, oui, j'adore ça!
>
> ÉRIC: Et toi, maman?
>
> MME FOURNIER: Oui, je veux bien, merci... Ah, voilà nos kirs!
>
> ISABELLE: Merci beaucoup, Eric. A votre santé!
>
> ÉRIC: Merci. A la tienne! Tchin-tchin!°

Pendant le repas...

> MME FOURNIER: Voilà l'entrée, une salade niçoise avec des cœurs d'artichauts...
>
> ISABELLE: Hmm... J'adore les artichauts!
>
> MME FOURNIER: Oui, c'est la saison en ce moment.
>
> ISABELLE: C'est vraiment un repas délicieux. Les côtelettes de veau° sont un vrai régal.°
>
> MME FOURNIER: Oh, vous savez, c'est tout simple, hein! Ce n'est vraiment pas grand-chose à faire.
>
> ÉRIC: Tu reprends des légumes peut-être?
>
> ISABELLE: Oui, volontiers. Les haricots verts sont si tendres.

Un peu plus tard...

> MME FOURNIER: Est-ce que je peux vous servir du fromage? J'ai pris un petit peu de tout. Du brie, du chèvre°...
>
> ISABELLE: Oh, vous savez, je crois vraiment que je ne peux plus...

---

[1] Bien que le mot **entrée** signifie le plat principal d'un repas en anglais, il désigne en français le plat servi avant le plat principal.

[2] Un apéritif populaire qui se compose de vin blanc et de crème de cassis *(black currant liqueur).*

Rappel: Have you reviewed definite articles, indefinite articles, partitive articles, and expressions of quantity? (Text pp. 46–46 and Workbook)

un amuse-gueule *appetizer* / **un apéritif** *before-dinner drink*

Tchin-tchin! *(familiar) Cheers!*

les côtelettes de veau *veal chops*

un régal *treat, pleasure*

◆ Note that this response to a compliment is typical for the French, who tend to minimize compliments in order not to appear egotistical. See **Chapitre 10** for more information. ∎

le chèvre *goat's milk cheese*

On fabrique plus de 300 fromages différents en France. Pourquoi est-ce que les Français produisent tant de fromages, à votre avis?

MME FOURNIER: Laissez-vous tenter° par ce petit chèvre que j'achète chez mon fromager, et qui est toujours excellent!

ISABELLE: Bon, d'accord. Alors, un tout petit peu! Par pure gourmandise,° vraiment.

A suivre

tenter *to tempt; to try*

par pure gourmandise *for the love of food/eating*

Observation et analyse

1. Qu'est-ce qu'on dit avant de boire?
2. Qu'est-ce que les Fournier servent comme apéritif? comme entrée? comme viande? comme légume? Que servent-ils d'autre?
3. Pourquoi est-ce que Mme Fournier a décidé de mettre des artichauts dans sa salade niçoise?
4. Quand on est invité à dîner chez les Français, le repas typique (en général) comporte comme ici: une entrée ou des crudités, un plat principal, des légumes, de la salade verte, du fromage, un dessert (souvent des fruits) et du café pour les adultes. Est-ce que vous pensez que toutes les préparations pour le dîner ont dérangé Mme Fournier? Expliquez.

Réactions

1. Normalement, qu'est-ce que vous buvez avant un grand dîner? et après?
2. Est-ce que vous avez déjà mangé du brie? du chèvre? Si oui, comment avez-vous trouvé le goût de ces fromages?
3. Est-ce que les Français et les Américains accordent la même importance au fromage? Expliquez.

Expressions typiques pour...

Offrir à boire ou à manger
(rapports intimes et familiaux)

Je t'offre/te sers quelque chose à
  boire/à manger?
On se boit un petit apéro?[3]
Tu veux du café?
Tu mangeras bien quelque chose?

Offrir à boire ou à manger
(rapports professionnels et formels)

Est-ce que je peux vous servir
  quelque chose?
Vous prendrez bien l'apéritif?
Vous laisserez-vous tenter par ce
  dessert au chocolat?
Que puis-je vous servir?

◆ These expressions for accepting
food and drink can be used in both
formal and informal contexts. ■

Accepter

Oui, merci. Je veux bien.
Oui, merci bien.
Oui, volontiers.
Avec plaisir.
Je me laisse tenter. *(I'll give in to
  temptation.)*
Je veux bien, mais c'est par pure
  gourmandise.

Refuser

Non, merci. Ça va comme ça.
Ce sera tout pour moi, merci.
Merci.[4]
Je n'ai plus faim, merci.
Merci, mais je crois vraiment que je
  ne peux plus. *(I've had enough.)*

Resservir
(rapports intimes et familiaux)

Encore un peu de vin?
Tu en reprends un petit peu?
Je te ressers?

Resservir
(rapports professionnels et formels)

Vous allez bien reprendre un peu de
  quiche?
Puis-je vous resservir?

3 (familiar) shortened form of **apéritif**
4 with slight shake of the head to indicate "no, thank you"

Mots et expressions utiles

La nourriture et les boissons

L'Atrium
vous propose...

Buffet froid°

Assiette de charcuterie° 9,50 / Assiette-jambon de Paris 7,50
Œuf dur° mayonnaise 4,50

SALADES COMPOSÉES°

Salade de saison° 4,60 / Thon° et pommes de terre à l'huile 6,50
Salade niçoise (thon, anchois°, œuf, pommes de terre, tomate, poivron vert°) 10,50
Artichauts vinaigrette 5,70

ŒUFS

Omelette nature° 6,50 / Omelette jambon 7,00

Buffet chaud°

VIANDES

Côtelettes de porc° 8,40 / Côtes d'agneau° aux herbes 14,50
Brochette de poulet 12,50 / Steak frites 9,15 / Lapin° forestier 9,40
Veau° à la crème 11,50

LÉGUMES°

Asperges° 3,50 / Choucroute° 9,00 / Épinards° 3,90 / Petits pois° 2,90
Haricots verts° 3,90 / Pommes sautées 6,00

PÂTES° 4,70

FROMAGES°

Chèvre° 4,20 / Fromage blanc 4,40 / Gruyère, Camembert 4,20
Yaourt° 3,40 / Roquefort 4,40

Gourmandises°

DESSERTS

Tarte aux pommes° 5,00 / Crème caramel 4,40
Coupe de fruits au Cointreau° 4,40

GLACES-SORBETS°

Poire Belle Hélène (poire, glace vanille, sauce chocolat, chantilly°, amandes grillées) 6,50
Banana Split (glace vanille, fraise, chocolat, banane, chantilly) 7,00

Vins (au verre)

Côtes-du-Rhône 3,00 / Beaujolais 4,00 / Sauvignon 3,00
Bordeaux blanc 3,00

Bières

Pression° 2,00 / Heineken 3,00 / Kronenbourg 3,00 / Bière brune 3,00

Boissons fraîches

¼ Perrier° 3,60 / ¼ Vittel° 3,60 / Fruits frais pressés 4,00
Lait froid 3,40 / Orangina° 3,60 / Coca-Cola 4,00 / Schweppes 3,60

Service 15% compris. Nous acceptons la «Carte Bleue». La direction n'est pas responsable des objets oubliés dans l'établissement.

*Les prix sont donnés en euros.

---

cold dishes

cold cuts
hard-boiled egg

salads
seasonal salad / tuna
anchovies / green pepper

plain

warm dishes

pork chops / lamb chops
rabbit
veal

vegetables
asparagus / sauerkraut / spinach /
peas / green beans

noodles, pasta

cheeses
goat cheese
yogurt

delicacies

apple pie
fruit salad with Cointreau

ice cream-sherbet
whipped cream

draft

sparkling mineral water / mineral
water / orange soft drink

Au repas

la gastronomie *the art of good cooking*
un gourmet *one who enjoys eating, tasting, and preparing good food*
quelqu'un de gourmand *one who loves to eat and will eat anything, especially sweets*

un amuse-gueule *appetizer, snack*
un apéritif *a before-dinner drink*
une boisson gazeuse *carbonated drink*

accueillir *to welcome, greet*
resservir *to offer a second helping*

A votre santé! (A la vôtre!/A la tienne!) *To your health!*
Bon appétit! *Have a nice meal!*
Tchin-tchin! *(familiar) Cheers!*

MISE EN PRATIQUE

Hmm... qu'est-ce que je pourrais prendre... ? Du **veau à la crème** avec des **asperges**? Ou une salade de **thon**, d'**anchois** et de tomates? Une **tarte aux pommes** ou un **sorbet**? Un petit verre de **vin** ou une **boisson gazeuse**. Hmm... C'est tellement difficile de choisir!

ACTIVITÉS

◆ **Offrir** in this context means that you are going to buy your friend a drink.

A. Entraînez-vous: Au café. Qu'allez-vous offrir à ces personnes? Utilisez la liste des boissons à la page 59 comme guide. Employez aussi les différentes boissons de la liste à la page 61.

MODÈLE: Vous emmenez un ami au café.
Je t'offre un Coca?

1. Vous emmenez un(e) client(e) au restaurant.
2. Vous invitez un(e) collègue à la maison pour prendre quelque chose à boire.
3. Vous allez en boîte avec des copains.
4. Votre patron(ne) prend l'apéritif chez vous.
5. Votre grand-mère est au café avec vous.

B. Oui ou non. Allez-vous accepter ou refuser? Avec un(e) partenaire, jouez les scènes suivantes. Variez vos réponses en tenant compte de votre interlocuteur.

1. Un(e) ami(e) vous offre l'apéritif.
2. Votre mère vous offre du lait chaud et vous détestez ça.
3. Le professeur de français vous offre un morceau de fromage de chèvre pendant une petite fête dans la salle de classe.
4. L'ambassadeur de France vous offre un kir à un cocktail officiel.
5. Un(e) collègue vous invite à prendre un pot.
6. Le patron (La patronne) vous offre un chocolat chaud. Vous êtes allergique au chocolat.

```
                        BOISSONS
Eau minérale    ½ L 1 L        Bière 1664 Kronenbourg 25 cl 3,60 €
   Perrier 33 cl          3,60 €    Ricard-Pontarlier 2 cl        3,00 €
   Badoit-Vittel          3,60 €    Martini 5 cl                  3,60 €
   Evian                  4,00 €    Whisky 4 cl                   7,00 €
Jus de fruits             3,60 €    Baby Whisky 2 cl              3,60 €
Coca Cola                 3,60 €    Gin 2,5 cl                    6,00 €
Schweppes                 3,60 €    Porto 4 cl                    6,00 €
Orangina                  3,60 €    Cognac 4 cl                   7,00 €
Limonade ¼ L              3,00 €    Vin rouge Bt "Btes Côtes"    11,00 €
Café-Thé                  2,00 €    Vin rouge Bt "Santenay"      19,00 €
Infusion-Chocolat         2,00 €    Bouteille de champagne       45,00 €
Vin rouge Pichet 25 cl    3,00 €    ½ Bouteille de champagne     20,00 €
Vin rouge Pichet 50 cl    5,00 €

                        PRIX NETS
Notre prestation servie sur plateau étant assurée par le personnel accueil,
une légère attente est possible, nous vous remercions de votre patience.
```

Quelles boissons est-ce que vous préférez? Lesquelles est-ce que vous prenez le plus souvent?

C. Sur le vocabulaire. Le serveur se trompe! Trouvez son erreur dans les phrases suivantes.

1. Aujourd'hui, comme salades, nous avons... une salade au crabe / une salade niçoise / une omelette nature / du thon et des pommes de terre à l'huile.
2. Comme plat de viande... du poulet / un steak / du lapin / une assiette de charcuterie.
3. Comme dessert... des côtes d'agneau / une crème caramel / une poire Belle Hélène / de la tarte.
4. Et pour boire... une pression / des coupes de fruits / des boissons gazeuses / des fruits frais pressés.
5. Maintenant, c'est à vous de créer un exemple! Faites une liste de quatre plats dont l'un ne s'accorde pas avec les autres.

D. Imaginez. Utilisez les nouveaux mots de vocabulaire et ceux que vous avez appris auparavant pour imaginer les repas suivants.

1. Décrivez le déjeuner de quelqu'un qui a toujours un énorme appétit.
2. Imaginez le repas de deux végétariens.
3. Vous invitez Jacques Pépin[5] à dîner chez vous. Qu'est-ce que vous préparez?
4. Décrivez votre repas préféré.

E. Vous désirez? Utilisez le menu à la page 59 pour jouer les rôles de client(e) et serveur/serveuse au restaurant. Attention! Vous n'avez que 40 € à dépenser!

[5] C'est un grand chef de cuisine français.

Liens culturels

Pendant le repas, gardez les mains sur la table de chaque côté de votre assiette. Vous mettrez le pain directement sur la table. Sauf pendant le petit déjeuner, mangez-le sans beurre en petits morceaux que vous détachez discrètement. Les tartines du petit déjeuner se mangent entières et avec du beurre et de la confiture.

En France, on fait souvent resservir les invités et il est poli de reprendre un peu de l'un des plats (même en petite quantité). Il est aussi poli de refuser en disant que c'est très bon mais qu'on n'a plus faim. Les repas français sont plus longs que les repas américains parce qu'en général, les Français ne mangent pas entre les repas. Les enfants, cependant, prennent un goûter en rentrant de l'école, et de plus en plus de jeunes grignotent *(snack)* au lieu de déjeuner.

Après le repas, restez pour bavarder avec vos hôtes. En partant, complimentez l'hôte (l'hôtesse) pour son repas.

En quoi les habitudes américaines sont-elles différentes de celles des Français?

LA GRAMMAIRE À APPRENDRE

Les articles: choisir l'article approprié

You have reviewed the various types and forms of articles in *La grammaire à réviser*. The focus will now be on choosing the proper article.

A. The partitive article (**du, de la, de l', des**) is used to indicate that you want some part of a quantity. It is used for "mass" nouns, things that cannot be or are not usually counted.

D'abord, il commande **des** crudités et **du** pain. Ensuite, il prend **du** lapin, **des** asperges et **de la** salade.
First of all, he orders some raw vegetables and bread. Next he has rabbit, asparagus, and salad.

NOTE: A partitive article is also used when mentioning abstract qualities attributed to people:

Le serveur a **de la** patience avec ce client.
The waiter has patience (is patient) with this customer.

B. The definite article (**le, la, l', les**) is used to:

- designate a specific object

    Tu peux me passer **le** sel et **le** poivre, papa? Et **l'**eau, s'il te plaît?
    Can you pass me the salt and pepper, Dad? And the water, please?

- express general likes, dislikes, and preferences

    Comme boisson, j'aime **l'**eau minérale, Evian ou Perrier, et **le** café.
    As for drinks, I like mineral water, Evian or Perrier, and coffee.

- make generalizations about objects, people, or abstract subjects

    J'admire **la** patience et **la** compétence chez un serveur.
    I admire patience and competence in a waiter.

    Les vins français sont plus secs que **les** vins américains.
    French wines are drier than American wines.

    The definite article is also used with geographical names (countries, continents, mountains, lakes, rivers), names of seasons, names of languages, titles (e.g., **le commandant Cousteau**), and names of subjects and leisure activities (**les maths/la natation**).

C. The indefinite article (**un, une, des**) is used to talk about something that is not specified or specific and corresponds to the English *a, an,* and *some.* If you can count the number of items you are mentioning, you will often use the indefinite article.

    Il y a **une** orange, **une** banane et **des** raisins secs dans la salade.
    There are an orange, a banana, and some raisins in the salad.
    Achetons **un** fromage de chèvre et **un** camembert.
    Let's buy a goat's milk cheese and a camembert.

    When speaking French, you will normally use **des** with a plural noun to express indefiniteness. In English we often omit this article.
    Le brie et le camembert sont **des** fromages à pâte molle.
    Brie and camembert are soft cheeses.

D. It can be difficult to differentiate between the definite article and the partitive article, especially when the definite article is used in a general sense. The statement **les pommes sont bonnes** means that all apples, or apples in general, are good. When talking in general terms, the definite article is usually used. Common verbs used with the definite article to state a preference are **admirer, adorer, aimer, détester, préférer,** and **aimer mieux.**

    Elle préfère **le** Beaujolais.
    She prefers Beaujolais wine.

    Il y a des pommes sur la table implies that *there are some apples on the table.* The possible use of *some* in English should give you the hint that the partitive article is appropriate. Sometimes, however, it is not used in English.

    Je mange souvent **des** pommes.
    I often eat apples.

The partitive is often used with the following verbs: **acheter, avoir, boire, demander, donner, manger, prendre,** and **vendre.**

> Elle boit souvent **du** café.
> *She often drinks coffee.*

Observe these examples to help you discern the correct article:

L'article défini	**L'article partitif**
Elle adore **la** glace.	Elle vend **de la** glace dans son supermarché.
Il déteste **le** lait.	Il prend **du** lait dans son café seulement le matin.

NOTE: If you want to say that you like some type of food or drink, the following constructions can be used:

> J'aime **certains** fromages.
> Il y a **des** fromages que j'aime (et **d'autres** que je n'aime pas).

E. As you may remember, when you use an expression of quantity, no article follows **de.** The same is true for a negative expression of quantity.

> Il reste un peu **de** jus d'orange.
> *There is a little orange juice left.*

> Il y a **du** jus de pommes dans le réfrigérateur.
> *There is some apple juice in the refrigerator.*

> Il n'y a pas **de** jus d'ananas dans le congélateur.
> *There is no pineapple juice in the freezer.*

> Tu veux **du** café, alors?
> *Do you want some coffee, then?*

> Non merci, je ne veux pas **de** café.
> *No thank you, I don't want any coffee.*

ACTIVITÉS

A. Conversation au café. Le café est un endroit très bruyant! On dirait que tout le monde parle en même temps. Complétez les fragments de conversation suivants. N'oubliez pas de conjuguer les verbes et d'ajouter les articles appropriés.

1. Tu / préférer / boire / boissons gazeuses / ou / boissons alcoolisées?
2. Nous / commander / Coca.
3. Moi, je / ne... jamais / prendre / boissons alcoolisées. Je / prendre / eau minérale.
4. Anglais / à cette table là-bas / boire / trop / bière!
5. Serveuse / avoir / patience / avec / Anglais, n'est-ce pas?

B. Une lettre. Edouard vient de recevoir une lettre d'Amérique, mais elle a été endommagée *(damaged)* pendant son transport et quelques passages ne sont pas très lisibles. Aidez Edouard à lire la lettre en remplissant les blancs avec l'article défini ou indéfini, le partitif ou **de**, selon le cas.

le 4 novembre

Cher Edouard,

Dans ta dernière lettre, tu m'as demandé _____ nouvelles d'Allal. Tu sais qu'il devait partir le 8 septembre. Il a été très heureux de son séjour. _____ semaine dernière, il a tenu à remercier ses amis pour tout ce qu'ils avaient fait pour lui pendant son séjour aux Etats-Unis. Il a décidé de nous inviter à prendre _____ «brunch» chez lui. Il voulait servir _____ repas français, marocain et américain. Il a servi _____ jus d'orange et _____ café au début. Il a mis beaucoup _____ pain sur _____ table. Il a préparé _____ belle omelette décorée avec _____ olives et _____ tranches _____ tomates. _____ viande était assaisonnée avec _____ épices arabes. _____ dessert était bien américain—_____ «bananas splits»! Nous avons accompagné le tout d'un bon thé à la menthe. Dommage que tu n'aies pas pu être des nôtres.

Grosses bises,
Jessica

C. Généralisations. Utilisez des stéréotypes pour compléter les phrases suivantes.

1. Aux Etats-Unis, on mange souvent...
2. Au contraire, en France, on préfère...
3. Avec les repas, les Américains prennent souvent...
4. Mais les Français boivent...
5. Les Américains pensent que les Français ne... pas...
6. Mais les Français pensent que les Américains mangent trop...

D. Questions indiscrètes? Posez les questions suivantes à un(e) ami(e). Donnez un résumé de ses réponses à la classe.

1. LE PETIT DÉJEUNER: A quelle heure est-ce que tu prends le petit déjeuner? Qu'est-ce que tu bois? Qu'est-ce que tu manges?
2. LE DÉJEUNER: Où est-ce que tu déjeunes quand tu es sur le campus? Qu'est-ce que tu manges le plus souvent? Qu'est-ce que tu préférerais manger si tu avais plus de temps ou plus d'argent?
3. LE GOÛTER *(snack around 4 P.M.):* Tu prends un goûter? Et quand tu étais petit(e)? Tu grignotes *(Do you snack)* souvent entre les repas?
4. LE DÎNER: A quelle heure est-ce que tu dînes? Qu'est-ce que tu prends au dîner? Tu invites souvent des amis à dîner? Parle de ce que tu leur sers.

Interactions

Utilisez les suggestions suivantes pour créer des conversations avec un(e) partenaire. Essayez d'employer autant que possible le vocabulaire et la grammaire de la *Leçon 2*.

A. Invitation à la maison. Vous invitez quelqu'un de très spécial chez vous. Demandez s'il/si elle:

1. préfère la viande ou le poisson
2. aime la cuisine française
3. boit du café
4. regarde la télé pendant le repas
5. peut laisser son chien chez lui/elle ou dehors
6. est allergique à certains fruits ou légumes

B. Invitation au café. Vous invitez un(e) ami(e) à prendre un apéritif au café.

1. Offrez-lui à boire.
2. Parlez du temps et de vos activités quotidiennes.
3. Offrez-lui une autre boisson. (Il/Elle n'accepte pas.)
4. Posez toutes sortes de questions sur sa famille et les amis.
5. Donnez-lui rendez-vous pour la semaine prochaine et trouvez une raison pour partir.

Premier brouillon DOSSIER PERSONNEL

♦ To form comparisons in French, follow these models:

plus/moins/aussi + adjective + **que**

plus/moins/aussi + adverb + **que**

plus de/moins de/autant de + noun + **que**

For more information, see *Chapitre 9*, pp. 354–356. ∎

Phrases: Comparing and contrasting; writing an essay
Grammar: Comparison **que**

1. Use the characteristics that you brainstormed in Lesson 1 to begin writing your first draft. Write an introductory paragraph in which you acquaint the reader with your topic.
2. In your second paragraph, present the similarities between the two restaurants or courses.
3. In your third paragraph, describe the differences between the two.
4. Write a draft of your concluding paragraph in which you summarize your main points. You may want to recommend one of the two restaurants or courses or allow the reader to make his or her own decision.

Comment poser des questions et répondre

Conversation (CONCLUSION)

Premières impressions

Soulignez:

- des mots spécifiquement utilisés pour poser des questions

Trouvez:

- où est M. Fournier en ce moment
- où est le frère d'Isabelle

Rappel: Have you reviewed interrogative expressions? (Text p. 46 and Workbook)

Après le repas, Isabelle, Eric et Mme Fournier se sont assis dans le salon. Ils sont en train de discuter de choses et d'autres.°

discuter de choses et d'autres *to talk about this and that*

ISABELLE:	Oh, c'était délicieux, madame. Vous êtes un vrai cordon-bleu.° Merci beaucoup.
MME FOURNIER:	De rien, cela m'a fait plaisir de vous revoir.
ISABELLE:	Oui, moi aussi. Et M. Fournier, où est-il?
MME FOURNIER:	Ah, il est parti en voyage d'affaires à Boston. Il voyage beaucoup avec son travail.
ÉRIC:	C'est vrai. On ne le voit plus jamais ou presque. Il a toujours un congrès° quelque part.
MME FOURNIER:	Il y a tellement de choses qui changent en médecine. Il faut rester au courant. Et avec ses responsabilités de chef du service de cardiologie, il n'a pas le choix.
ISABELLE:	Oui, pour ma mère, c'est pareil.° Elle voyage tout le temps pour son travail. C'est fou!
MME FOURNIER:	Oui, d'ailleurs comment va-t-elle?
ISABELLE:	Elle va bien. Le petit cabinet de comptabilité qu'elle a créé il y a longtemps s'est beaucoup agrandi. Donc, ça prend tout son temps...
ÉRIC:	Et ton frère, Christian, qu'est-ce qu'il devient?°
ISABELLE:	Christian, euh... eh bien, il est professeur d'histoire, comme il le voulait, mais il prend une année sabbatique en ce moment pour donner des conférences° sur son nouveau livre.
MME FOURNIER:	Ah, très bien... Bon, quand mon mari sera de retour, on se fera un plaisir de vous recevoir à nouveau.
ISABELLE:	Oui, ça me fera très plaisir aussi! C'est vraiment gentil.
ÉRIC:	Allez, je te raccompagne en voiture...
ISABELLE:	Volontiers... Bon, alors, merci beaucoup, madame.

un vrai cordon-bleu *gourmet cook*

un congrès *conference*

pareil *same*

Qu'est-ce qu'il devient? *(familiar) What's become of him?*

une conférence *lecture*

Observation et analyse

1. Quelle est la profession de M. Fournier? et celle de Christian?
2. Que pensent Eric et Isabelle des voyages de leurs parents?
3. Décrivez le frère d'Isabelle.
4. Quelle invitation est-ce qu'Isabelle reçoit?
5. Quel est le statut socio-économique des familles d'Eric et d'Isabelle?

Réactions

1. Est-ce que votre père ou votre mère part souvent en voyage d'affaires? Si oui, quelle est la réaction des enfants? Quelles questions est-ce qu'il/elle pose à son retour?
2. Quelle sorte de questions est-ce que vous posez quand vous n'avez pas vu quelqu'un depuis longtemps?

Expressions typiques pour...

Poser des questions et répondre

- In general, when seeking information from someone, you should first use expressions that lead up to questions so as not to appear too rude or blunt. For example:

A un(e) inconnu(e)
Pardon, monsieur. Pourriez-vous me dire... ?
Excusez-moi, madame, mais est-ce que vous savez... ?
J'aimerais savoir... , s'il vous plaît.

A votre ami(e)
Est-ce que tu peux m'indiquer... ?
Est-ce que tu sais... ?
Dis-moi, s'il te plaît...
Excuse-moi, mais...

- Asking questions can take many forms. You may wish to request information about time, location, manner, number, or cause, as in the following situation:

VOYAGE À PARIS: Où se trouve la tour Eiffel?
Il y a un ascenseur pour y monter?
Mon Dieu! Pourquoi il y a tant de touristes ici?

- Or you may wish to ask about persons or things:

Qui va monter avec moi? Marine?
Qu'est-ce que tu fais? Allons-y!
Regarde la belle vue! Lequel de tous ces bâtiments est notre hôtel?

- Most answers to requests for information are fairly straightforward:

—Est-ce que vous savez où se trouve la sortie?
—Mais oui, mademoiselle. Là-bas, au fond à droite.

- However, an affirmative answer to a negative question requires the use of **si**, instead of **oui**:

—Ce billet *(ticket)* n'est plus valable *(valid)*?
—Si, mademoiselle, il l'est toujours.

Mots et expressions utiles

L'enseignement

une conférence *a lecture*
un congrès *a conference*
une leçon particulière *a private lesson*
une lecture *a reading*

une matière *a subject, course*
la note[6] *grade*

facultatif/facultative *elective; optional (subject of study)*
obligatoire *required (subject of study)*

les frais d'inscription [m pl] *registration fees*
se spécialiser en *to major in*
assister à un cours *to attend a class*
manquer un cours *to miss a class*
sécher un cours *to cut a class*
se débrouiller *to manage, get along*
réviser (pour) *to review (for)*
passer un examen *to take an exam*
réussir à un examen *to pass an exam*
échouer à *to fail*
rater *to flunk*
rattraper *to catch up*
redoubler un cours *to repeat a course*
tricher (à) to cheat

Divers

discuter de choses et d'autres *to talk about this and that*
pareil(le) *same*

M I S E   E N   P R A T I Q U E

Mes parents me disent que si j'**échoue à** mes examens de fin d'année, ils ne paieront plus mes **frais d'inscription**. Oh, mais ce sont des soucis *(worries)* inutiles! Je **me débrouille bien** dans mes cours. Je n'**ai manqué** que deux ou trois **cours** ce semestre, j'**ai assisté à** toutes les **conférences** et j'ai fait toutes les **lectures**, même dans les **matières facultatives**, et mes **notes** sont bonnes. Mais je dois **réviser pour** l'examen final parce que j'ai pris du retard la semaine passée. Il y avait beaucoup de boulot au magasin où je travaille et j'ai fait des heures supplémentaires. Il faut que je **rattrape**. Je ne veux tout de même pas **rater** le dernier examen!

---

[6] En France, les notes vont de 0 à 20: 17–20 = très bien; 14–16 = bien; 12–13 = assez bien; 10–11 = passable; moins de 10 = insuffisant (ne permet pas de passer dans la classe supérieure)

Liens culturels

LE BAC

«**P**asse ton bac d'abord!» est la litanie que des générations de parents ont déversé *(have poured out)* sur des générations de lycéens. Le bac, l'examen qui marque la fin des études du lycée, est le visa nécessaire à l'entrée dans la vie professionnelle. Il ouvre les portes des universités et entrouvre *(half opens)* celles des grandes écoles.[7] En 1997, 77 pour cent des lycéens réussissent le bac, mais il faut dire que ce n'est pas sans effort. Il y a des «recettes» *(recipes)* pour réussir qui sont publiées. Les respectables *Annales Vuibert* tiennent une large part du marché. Il y a aussi des manuels de révision: *Annabac, Prépabac, Point Bac.* Des compagnies privées offrent des leçons particulières; le centre natio-nal d'enseignement offre des cours de soutien *(support)*; il y a aussi des séjours linguistiques à l'étranger pour perfectionner les langues étudiées. Le Minitel[8] et de plus en plus le Net dispensent des conseils sur l'orienta-tion et fournissent des exercices et révisions pour le bac. Par exemple, *Annabac* présente maintenant un tutorat en ligne. Un autre site promet que «les cyberprofs de *Corrigebac* sont là pour vous aider». L'existence d'un fort taux de chômage *(high rate of unemployment)* provoque beau-coup d'anxiété dans toutes les familles. Comme il y a un grand nom-bre de clients potentiels, il y a aussi une grande industrie du bac.

Il y a quelques années, *l'Express* a préparé un «grand quiz» pour que les parents et leurs enfants puissent véri-fier s'ils ont le niveau du bac. Ils pouvaient choisir 60 questions selon leur profil en tant que littéraires, scientifiques ou économistes. Voici plusieurs questions dans les caté-gories Histoire, Géographie et Anglais:

- En quelle année le mur de Berlin a-t-il été édifié?
- Quel président des Etats-Unis a été contraint à la démission en 1974?
- Combien y a-t-il d'états aux Etats-Unis?
- Quel est le pays qui connaît aujourd'hui la plus forte crois-sance économique?

Est-ce que vous pourriez réussir au bac?

ACTIVITÉS

A. Entraînez-vous: La recherche de renseignements. Posez les questions suivantes de manière courtoise en utilisant les *Expressions typiques pour...*

MODÈLE: (à un[e] inconnu[e]) où se trouve le musée Pablo Picasso
—*Pardon, monsieur. Pourriez-vous me dire où se trouve le musée Pablo Picasso?*

1. (à votre ami[e]) à quelle heure est notre cours d'anglais
2. (à votre ami[e]) où l'on peut acheter un CD-ROM encyclopédie
3. (à un[e] inconnu[e]) combien coûtent les livres pour le cours de philosophie
4. (à un[e] inconnu[e]) où je pourrais trouver la salle où a lieu la con-férence du Professeur Rousset
5. (à votre ami[e]) à quelle heure ouvre la cafétéria

---

[7] Les grandes écoles sont des écoles supérieures spécialisées et prestigieuses où l'on peut être admis en réussissant à un examen très compétitif que l'on prépare pendant deux ans (minimum) après le bac. (Exemples: Ecole polytechnique, Ecoles normales supérieures, Hautes Etudes commerciales.)

[8] Le Minitel (nom composé où **tel** vient de **terminal** ou **téléphone**) est un terminal qui permet de consulter une banque de données vidéotex. Il est commercialisé par France Télécom. De plus en plus de Français en possèdent un à la maison et l'utilisent dans leur vie quotidienne, pour savoir l'horaire des trains, avoir le bulletin-météo, etc. Le Minitel occupe une place importante en France mais il y a de plus en plus d'Internautes.

B. Vous êtes le prof. Vos élèves ne comprennent pas les mots suivants. Aidez-les en leur donnant un synonyme pour chaque élément du premier groupe et un antonyme pour les éléments du deuxième groupe. Utilisez les *Mots et expressions utiles*.

Synonymes	Antonymes
1. une réunion professionnelle	1. assister à un cours
2. un discours littéraire ou scientifique	2. obligatoire
3. une évaluation	3. une matière obligatoire
4. se présenter à un examen	4. réussir à un examen
5. parler de beaucoup de choses différentes	5. différent
6. quelque chose qu'on lit	

LA GRAMMAIRE À APPRENDRE

Les pronoms interrogatifs

When forming information questions in French with interrogative pronouns, different forms are used according to whether you are referring to persons or things, and whether you are referring to a subject, direct object, or object of a preposition. Either **est-ce que** or inversion can be used, although **est-ce que** is more common and almost exclusively used in spoken context. (See contexts below where neither is used.)

A. Questions sur les gens *(who/whom)*

Regardless of how it is used in the question, **qui** will be appropriate.

- **Qui** emmène papa à l'aéroport? *(subject)*

  Neither inversion nor **est-ce que** is used. **Qui est-ce qui** is an alternate form, although the simple **qui** is more commonly used.

- **Qui** est-ce qu'il va rencontrer au congrès? *(direct object)*

  Qui va-t-il rencontrer au congrès?

- Chez **qui** est-ce qu'il compte rester? *(object of preposition)*

  Chez **qui** compte-t-il rester?

  Questions about objects of prepositions begin with the preposition, contrary to spoken English.

  NOTE: **Qui** does *not* contract: **Qui** est ici?

B. Questions sur les choses *(what)*

The manner in which the word *what* is used in the sentence determines which interrogative expression is used. Note the different forms used below.

- **Qu'est-ce qui** se passe? *(subject)*

  Neither inversion nor **est-ce que** is used.

- **Qu'est-ce que** tu bois?

  Que bois-tu? *(direct object)*

Short questions with a noun subject and simple tense use the order **que +
verb + subject**: **Que** boivent tes amis?

> NOTE: **Que** contracts to **qu'** before a vowel or mute **h**: **Qu'**as-tu bu?

- Avec **quoi** est-ce que nous pouvons ouvrir cette bouteille? *(object of
preposition)*

  Avec **quoi** pouvons-nous ouvrir cette bouteille?

C. Demander une définition

Qu'est-ce que c'est? *What is it?*
Qu'est-ce que la démocratie? *What is democracy?*
Qu'est-ce que c'est que la démocratie? *What is democracy?*
La démocratie, **c'est quoi?** *(familiar) What is democracy?*

In all four cases, you are asking for a definition or explanation of what
something is.

ACTIVITÉS

A. Imaginez. Vous vous trouvez à une soirée organisée par le patron de votre
fiancé(e). L'hôtesse et les invités vous ont posé beaucoup de questions. Voici
vos réponses. Imaginez les questions qui ont inspiré chacune de vos réponses.

1. Je voudrais *un Coca,* s'il vous plaît.
2. Je suis venu(e) avec *ma fiancée Nathalie (mon fiancé Christophe).*
3. Ça? *Oh, ce ne sont que les initiales de mon nom.*
4. Malheureusement, *on ne passe pas grand-chose d'intéressant* au
   cinéma ce soir.
5. En dehors de mon travail, je m'intéresse surtout au *cinéma et au théâtre.*
6. C'est *un ami de Bruno.*

B. Au restaurant. Dans un restaurant, vous entendez le garçon poser les
questions suivantes. Remplissez les blancs avec **qui, que, quoi,** etc., selon le
cas. N'oubliez pas d'utiliser **est-ce que** si nécessaire.

1. Bonjour, monsieur. _____ aimeriez-vous manger aujourd'hui? *(What)*
2. _____ vous voudriez boire? *(What)*
3. Pardon, monsieur, mais _____ a commandé la salade niçoise? *(who)*
4. _____ vous plairait comme dessert? *(What)*
5. _____ vous a recommandé ce restaurant? *(Who)*
6. _____ je pourrais vous apporter? *(What)*
7. «Une Cadillac»? _____? *(What is it?)* Une boisson?
8. De _____ est-ce qu'un kir se compose? *(Of what)*

Quel et lequel

A. Quel (what, which)

	Singulier	**Pluriel**
Masculin	quel	quels
Féminin	quelle	quelles

Quel is an interrogative *adjective* and thus must agree in number and gender with the noun it modifies.

> **Quel** vol est-ce que vous prenez?
> A **quelle** porte d'embarquement *(departure gate)* est-ce qu'il faut aller?

Quel is also used when asking someone to identify or describe himself/herself or his/her belongings. The construction **quel + être +** *noun* asks *what (which) is/are*.

> **Quelle est** votre nationalité?　　　**Quels sont** vos bagages?

NOTE: In the above examples, the noun that **quel** modifies follows the verb **être**.

> **Quelle est** votre nationalité? = **Quelle** nationalité avez-vous?

When asking for identification, **quel + être +** *noun* is used; when asking for a definition, **qu'est-ce que** is used.

> —**Quelle est** votre profession?
> —Je suis herboriste.
> —**Qu'est-ce qu'**un herboriste?
> —C'est quelqu'un qui vend des plantes médicinales.

B. Lequel *(which one, which)*

	Singulier	**Pluriel**
Masculin	lequel	lesquels
Féminin	laquelle	lesquelles

Lequel is an interrogative *pronoun* that agrees in number and gender with the noun it stands for. It always refers to one, or more than one, of a pair or group.

> Vous connaissez une des sœurs Dupont? **Laquelle?**
> **Lequel** de ces garçons est son frère? Je ne le reconnais pas sur cette photo.

Lequel contracts with **à** and **de** in the same manner as the definite article.

auquel, à laquelle
auxquels, auxquelles } *to, at, in which one*

> —Je m'intéresse à plusieurs clubs sociaux de l'université.
> —Moi aussi! **Auxquels** est-ce que tu t'intéresses?

duquel, de laquelle
desquels, desquelles } *of, about, from which one*

> —J'étais en train de parler d'un film que j'ai vu récemment.
> —Ah, oui? **Duquel** tu parlais?

A. L'inscription. Vous allez suivre des cours à la Sorbonne cet été, mais vous avez plusieurs questions à poser en ce qui concerne votre inscription. Remplissez les blancs avec une forme de **quel**.

    1. _____ est la date du premier jour des cours?

    2. _____ sont les frais d'annulation si je décide de ne pas y aller?

    3. _____ sorte d'hébergement est disponible pour les étudiants étrangers?

    4. _____ sont les activités culturelles organisées par l'université?

Maintenant, remplissez les blancs avec une forme de **lequel**.

    5. Madame, vous avez mentionné la possibilité d'une bourse de la ville. J'ai des renseignements sur plusieurs bourses. De _____ est-ce que vous parliez?

    6. Je sais que je dois remplir un de ces formulaires, mais _____?

B. Au café. Un groupe d'amis se retrouvent dans un café près de l'université. Ils discutent de choses et d'autres. Remplissez les blancs avec une forme de **quel** ou de **lequel**.

    1. —Je suis sortie avec un des maîtres-assistants hier soir.
       —Vraiment! Avec _____?

    2. —Nous avons vu un film.
       —_____ film est-ce que vous avez vu?

    3. —J'aime la plupart de mes cours ce semestre.
       —_____ est-ce que tu aimes le mieux?

    4. —Vous savez, j'ai raté mon examen de... *(bruit à l'extérieur)* aujourd'hui.
       —Comment? _____ examen est-ce que tu as raté?

    5. —_____ de ces boissons est à moi?

C. Chez Marie. Marie et son amie Alice sont en train de parler de leurs enfants. Complétez la conversation en remplissant les blancs avec une forme de **quel** ou de **lequel**, selon le cas.

    —Je sais qu'on ne doit pas comparer ses enfants, mais il faut dire que de mes deux enfants, Paul est l'athlète et Marc est l'intellectuel.

    —Ah, oui? _____ est le plus âgé?

    —Paul a trois ans de plus que Marc.

    —_____ est-ce que j'ai vu avec toi l'autre jour?

    —_____ jour?

    —Tu te souviens, devant la boulangerie... ?

    —Ah, oui, c'était Marc. Tiens! Voilà quelques photos d'eux.

    —Elles sont bien, ces photos, surtout ces deux-là. Et toi, _____ est-ce que tu préfères?

    —Je les aime toutes. Mais parlons de tes enfants. _____ âge a Cécile?

    —Elle aura dix-neuf ans dans un mois.

    —En _____ année de fac est-ce qu'elle est?

    —Elle est en deuxième année et toujours à Bordeaux.

D. Question de goût! Demandez à votre partenaire ses préférences en ce qui concerne les sujets ci-dessous. Utilisez une forme de **quel**, puis de **lequel**, selon le modèle.

MODÈLE: la musique
> —*Quelle musique est-ce que tu préfères?*
> —*Laquelle de ces musiques est-ce que tu préfères: le rock ou le jazz?*

1. les sports
2. l'art
3. la cuisine
4. les boissons
5. les moyens de transport
6. les automobiles

Interactions

Utilisez les suggestions suivantes pour créer des conversations avec un(e) partenaire. Essayez d'employer autant que possible le vocabulaire et la grammaire de la *Leçon 3*.

A. La vie universitaire. Votre meilleur(e) ami(e) et vous n'êtes pas inscrit(e)s à la même université. Vous ne vous êtes pas vu(e)s depuis la rentrée. Posez-lui cinq à dix questions sur la vie universitaire (les classes, les professeurs, la nourriture, les résidences universitaires, la vie sociale, etc.). Utilisez des expressions interrogatives, bien sûr.

B. Une question d'argent. Votre petit(e) ami(e) veut vous emprunter $200. Vous aimez beaucoup cette personne. En fait, vous êtes peut-être amoureux/amoureuse d'elle. Mais vous vous demandez pourquoi il/elle veut vous emprunter de l'argent. Posez-lui cinq à dix questions pour en comprendre la raison. Votre petit(e) ami(e) va répondre aux questions.

Deuxième brouillon DOSSIER PERSONNEL

1. Write a second draft of your paper from Lesson 2, incorporating more detail and adding examples to clarify the comparisons and contrasts.
2. You might want to add a rhetorical question or two to your paper to add interest.
3. To strengthen the comparisons and contrasts, use some of the following expressions:

   EXPRESSIONS UTILES: **de la même façon** *(similarly)*... , **similaire à**... , **partager les mêmes caractéristiques**... , **en commun avec**... , **se ressembler**... , **paraître** *(to seem)*... , **en revanche** *(on the other hand)*... , **par contraste avec**... , **par opposition à**... , **différent de**... , **se distinguer de** *(to differ from)*...

Phrases: Writing an essay
Grammar: Interrogative adjective **quel**; interrogative adverbs; interrogative pronoun **lequel, laquelle**; interrogative pronoun **que, quoi**; interrogative pronoun **qui**

SYSTÈME-D

SYNTHÈSE

Activités vidéo

◆ Turn to *Appendice B* for a complete list of active chapter vocabulary. ■

Avant la vidéo

1. Quand vous sortez avec vos amis, comment savez-vous qui va payer?
2. Si vous ne voulez pas ou ne pouvez pas accompagner vos amis, comment est-ce que vous refusez leur invitation?
3. En quelle année est-ce que votre école/université a été fondée? Est-ce qu'elle est située à la campagne ou en ville? Quels sont les avantages et les inconvénients de cet emplacement?
4. Comment se passe la vie estudiantine chez vous? Comment est-ce qu'on paye ses études aux Etats-Unis?

Après la vidéo

1. Comment est-ce que la jeune femme sait qu'elle ne doit pas payer? Pourquoi est-ce que Sébastien ne paie pas? Comment est-ce qu'Hélène et Sébastien remercient Laurent?
2. Sébastien propose que tout le monde aille au cinéma. Pourquoi est-ce qu'ils n'y vont pas? Laurent ne peut pas aller au concert. Comment est-ce qu'il s'explique?
3. Où se trouve la Sorbonne? Quand est-ce qu'elle a été fondée? Quels sujets étudient les étudiants dans la vidéo?
4. Comment est-ce qu'ils trouvent la vie estudiantine à la Sorbonne? Quels sont leurs problèmes financiers?

Activités orales

◆ See *Appendice C* for expressions related to telephone behavior. ■

A. A table. En groupes de trois étudiants, une personne joue le rôle de l'hôte/l'hôtesse. Les deux autres sont les invité(e)s. Jouez les rôles pendant un dîner où l'hôte/l'hôtesse sert beaucoup de plats et boissons différents et insiste pour que tout le monde mange et boive beaucoup. Les invité(e)s partent éventuellement en remerciant l'hôte/l'hôtesse pour un excellent dîner.

B. Est-ce que tu es libre... ? Vous téléphonez à une baby-sitter, Anne, et vous lui demandez de garder votre enfant qui a un an. Vous vous trompez de numéro de téléphone la première fois, mais vous arrivez à la joindre la deuxième fois. Demandez-lui si elle est libre samedi soir et si elle peut garder votre fils/fille. Elle vous posera des questions comme, par exemple, à quelle heure elle doit venir et jusqu'à quelle heure elle devra rester chez vous. Vous répondez et vous lui dites quand vous allez aller la chercher.

Activité écrite

Phrases: Requesting something; writing a letter (formal)
Vocabulary: Studies, courses; university
Grammar: Conditional; subjunctive

Une requête. Vous faites partie de l'Union nationale des étudiants (UNEF). Vous devez écrire une lettre très polie au/à la président(e) de votre université pour lui faire savoir que les étudiants ne sont pas satisfaits et qu'ils désirent des changements. Utilisez les expressions du poster à la page 77 pour demander le maintien du libre choix de son université et la validation de tous les diplômes. Dites aussi que les étudiants sont opposés à la hausse des droits d'inscription. Demandez également une amélioration de la qualité des repas universitaires. Enfin, essayez d'obtenir un rendez-vous avec le/la président(e) de l'université afin de discuter de vos requêtes. Commencez votre lettre avec «Monsieur le Président/Madame la Présidente» et terminez-la avec «Veuillez agréer, Monsieur le Président/Madame la Présidente, l'expression de mes sentiments respectueux».

Révision finale 📁 DOSSIER PERSONNEL

1. Reread your paper and focus on the beginning and ending sentence of each paragraph, making sure that they are clear to the reader. Note that the beginning sentence should introduce your ideas and the ending sentence should be a way of providing closure or transition to the next paragraph.
2. Bring your draft to class and ask two classmates to peer edit your paper. They should pay particular attention to whether or not the paper enables the reader to make a decision. Your classmates should use the symbols on page 407 to indicate grammar errors.
3. Examine your composition one last time. Check for correct spelling, grammar, and punctuation. Pay special attention to your use of articles, irregular verbs such as **offrir**, **servir**, and **plaire**, and interrogatives if you included any rhetorical questions.
4. Prepare your final version.

Phrases: Writing an essay
Grammar: Definite article **le, la, l', les**; indefinite article **un, une, des**; partitive **du, de la, des**   SYSTÈME-D

http://bravo.heinle.com

I. L'ENSEIGNEMENT EN FRANCE

Avant la lecture

- A quel âge est-ce que vous avez commencé vos études? Est-ce que vous avez étudié dans une école privée ou une école publique?
- Est-ce que vous avez déjà eu l'occasion de visiter un collège, un lycée ou une université en France? Si oui, quelles différences est-ce que vous avez remarquées entre les lycées ou les universités des deux pays? Avez-vous envie de faire des études en France?

L'ENSEIGNEMENT EN FRANCE

L'organisation actuelle du système scolaire français date du début du 19e siècle. L'enseignement français est centralisé et unifié sur le plan national. Toutes les écoles publiques du pays (écoles primaires, collèges et lycées) sont sous le contrôle direct du Ministre de l'Education Nationale qui est représenté dans le pays par des recteurs. Les programmes scolaires, établis par le ministère, sont partout identiques et les enseignants reçoivent les mêmes salaires partout. Les professeurs d'école primaire et d'école secondaire de l'enseignement public sont nommés dans l'école où ils enseignent par le ministre. Ils doivent obéir à l'ordre qui leur est donné d'enseigner dans telle ou telle école en France. Pour devenir professeur d'école primaire ou secondaire, il ne suffit pas d'avoir obtenu une licence ou une maîtrise à l'université; il faut, en plus, réussir un concours° de recrutement très sélectif. En 1998, il y avait 51 928 candidats au concours qui permet de devenir professeur de lycée: 3 400 d'entre eux ont été admis. Contrairement à ce qui se passe aux Etats-Unis, la pédagogie compte assez peu dans la formation des enseignants français: c'est leur savoir dans leur spécialité qui est surtout poussé. Les professeurs

concours *competitve examination*

d'école secondaire français enseignent moins d'heures que leurs collègues américains (15 à 18 heures de classe par semaine) et n'ont pas de tâches "hors curriculum" à accomplir. Les collèges sont dirigés par un principal, les lycées par un proviseur.

La France est le pays du monde où la scolarisation commence le plus tôt. Un enfant français peut entrer normalement à l'école maternelle (publique, gratuite; mais non obligatoire avant 6 ans) dès l'âge de 2 ans. La scolarité dans l'enseignement public est entièrement gratuite. Les familles aux revenus modestes reçoivent de l'Etat une allocation spéciale de rentrée scolaire pour les aider à payer les livres, les cahiers. L'enseignement public scolarise 80% des élèves des collèges et lycées.

La plupart des écoles, collèges et lycées privés (catholiques en général) sont soutenus financièrement par l'Etat, qui paie les salaires du personnel administratif et enseignant. Les frais de scolarité dans les écoles privées en France (quelques centaines de dollars par an) sont pour cette raison beaucoup moins élevés qu'aux Etats-Unis. Les enseignants, qui sont choisis par l'école privée elle-même, ne sont pas fonctionnaires. L'enseignement privé scolarise 20% des élèves des collèges et lycées. L'examen donnant le droit d'aller à l'université (le baccalauréat) est toujours passé dans les écoles publiques.

Plus on approche du baccalauréat, plus la tension et l'angoisse montent. Le stress culmine en classe terminale. Antoine, du lycée Condorcet: «Soixante-dix heures de travail par semaine. Vous connaissez un adulte qui accepterait de travailler autant?»; Amélie, 16 ans: «Il n'y a plus de conversation à la maison. Mon carnet scolaire est devenu le centre du monde». Chaque année, environ 20% des candidats au baccalauréat ratent l'examen. Ils doivent redoubler leur classe car le baccalauréat, gigantesque examen—il y a 600 000 candidats—n'a lieu qu'une fois par an. Les filles réussissent mieux que les garçons. Les notes obtenues sont cruciales, car il est difficile d'être candidat aux instituts universitaires très prestigieux et sélectifs appelés «grandes écoles» si l'on n'obtient pas la mention «bien» *(cum laude)* ou «très bien» *(summa cum laude)* au

baccalauréat; et si l'on n'entre pas dans une «grande école», il faudra aller seulement à l'université et l'espoir de faire un jour partie de l'élite dirigeante de la France se trouvera fortement réduit.

Adapted from L. Wylie & J. F. Brière, *Les Français* (Prentice Hall, 2001)

Est-ce que ces étudiants ont l'air stressés? Et vous, est-ce que vous êtes stressé(e) à cause de vos études?

Après la lecture

Compréhension

1. Qui contrôle les écoles publiques françaises?
2. Qu'est-ce qu'on doit faire pour devenir professeur d'école primaire ou secondaire en France?
3. Quel est l'horaire des professeurs d'école secondaire?
4. A quel âge commence la scolarisation en France?
5. Pourquoi est-ce que les frais de scolarité dans les écoles privées en France sont moins élevés qu'aux USA?
6. Pourquoi est-ce que les étudiants en classe terminale sont stressés?
7. Pourquoi est-ce que les bonnes notes au bac sont importantes pour les jeunes?

Expansion

Choisissez un des pays francophones et partagez avec la classe les résultats de vos recherches sur l'enseignement ou sur une université connue de ce pays (par exemple, l'Université Cheikh Anta Diop à Dakar ou l'Université Laval à Québec). Comparez les résultats avec l'enseignement aux Etats-Unis.

II. *LE PETIT PRINCE DE BELLEVILLE* DE CALIXTHE BEYALA

Avant la lecture

Sujets à discuter

- Quand vous étiez à l'école primaire, écoutiez-vous toujours la maîtresse de classe? Et les autres enfants?
- Quand vous étiez petit(e), est-ce qu'il y avait des enfants qui n'étaient pas beaux ou qui étaient différents des autres? Comment est-ce que les autres enfants les traitaient d'habitude? Pour se moquer d'eux ou pour tester leur patience, que faisait-on ou que disait-on?
- Est-ce que vous connaissez des enfants dont les parents ont divorcé? Si oui, quelle a été la réaction des enfants au moment où ils ont appris que leurs parents allaient divorcer?

Stratégies de lecture

Trouvez les détails

1. Parcourez rapidement le texte et trouvez les noms des petites filles dans l'histoire.
2. Ensuite trouvez les mots ou les actions qui démontrent l'attitude des garçons envers ces petites filles ou envers la nouvelle maîtresse. Faites une liste de ces mots.
3. Trouvez le sujet de la narration de chaque petite fille et notez la différence dans la réaction du narrateur.

LE PETIT PRINCE DE BELLEVILLE

La nouvelle maîtresse a vraiment du mal. Personne ne l'écoute. Elle a beau crier,° crier, mais c'est comme si elle jetait une salive° dans la mer. Alors, elle a dit:

—Mes enfants, aujourd'hui, nous allons faire un exercice de narration spéciale. On va raconter à tour de rôle les vacances de Noël. Ça sera génial.

Ç'a été le tour de Johanne Dégoud de parler. Personne ne l'écoutait. Elle est de la race de ces filles que personne n'écoute, même pas le bon Dieu tellement elle est moche!° Et collante!° Elle est tellement moche que quand

elle passe, les oreilles des chiens tombent, et quand elle est de face, elle a l'air de dos. C'est une blague° pour vous dire combien elle est moche. C'est la plus laide fille de France. Jacques Millano a dit:

—Le son! le son! On entend rien. Faut augmenter le micro!

Et la nouvelle maîtresse a dit à Johanne d'attendre que la classe soit calmée.

—Pour les vacances de Noël, mes parents et moi étions en vacances de neige en Savoie.° En Savoie, on trouve les montagnes les plus neigeuses de

a beau crier almost shrieked / une blague joke / une salive spittle, saliva

moche pas belle, laide / collante clinging like a leech / Savoie une région du sud-est de la France

France avec des sites touristiques blottis° au fond des vallées.

Elle a sorti de sa poche un morceau de papier et elle s'est mise à lire!

—Avant son annexion à la France, la Savoie était une République autonome. En 17...

Alexis s'est jeté par terre à quatre pattes et s'est mis à faire le chien en aboyant.° C'était vraiment drôle et tout le monde riait à cœur joie. La Mademoiselle était en colère. Elle a d'abord crié. Puis elle est venue l'attraper° par le col. Elle l'a tiré jusqu'à sa place. Johanne Dégoud ne s'est pas arrêtée de parler. De toute manière, on l'entendait pas. Lolita s'est retournée et elle m'a regardé. Je l'ai vue. J'ai baissé la tête et j'ai fait semblant° de dessiner.

Mademoiselle est retournée à sa place. Elle a dit de baisser la tête et de croiser° les bras jusqu'à ce que le calme soit revenu. Johanne Dégoud lisait toujours sur son morceau de papier.

—Ça va, Johanne! Va t'asseoir. Tu as assez parlé comme ça.

C'est alors que Lolita a levé la main.

—Lolita, qu'est-ce que tu fabriques? Croise les bras immédiatement!

Mais elle a fait comme si elle n'entendait pas. Elle s'est levée et elle est partie se mettre à côté du bureau de la maîtresse.

Elle souriait. Elle était heureuse. Je croyais qu'elle allait se mettre à siffloter° de bonheur. Elle a arrangé sa robe. Elle a ajusté son bandeau. Elle s'est tenue bien droite et elle a commencé à parler ni trop fort ni pas assez.

—Le matin de Noël, je me suis réveillée et j'ai eu une surprise. Il y avait une valise près de la porte comme quand on va en voyage. Mon père était devant la télévision et ma mère préparait le petit déjeuner.

«On va en voyage? j'ai demandé à mon père.

—En quelque sorte, il a dit.

—On va à Disney World? j'ai demandé.

—Non, ma chérie, ça sera pour la prochaine fois.

—Ah! j'ai dit. Où on va alors?»

Il m'a rien dit. Il s'est levé, il m'a serrée fort dans ses bras comme ça puis il est parti avec la valise.

«Papa!» j'ai crié.

Mais il n'est pas revenu. Ma maman m'a servi mon déjeuner, des Kellogs, je n'avais pas faim, je boudais.° Elle a dit:

«Lolita, t'es une grande fille maintenant et tu peux comprendre certaines choses. Ton père et moi, nous avons cru bon qu'il fallait se séparer quelque temps.

—Vous allez divorcer? j'ai demandé.

—On n'en est pas là, elle a dit. Mais...

—Chouette! j'ai crié. J'aurai deux maisons!»

Personne n'a rien dit.

Je la regardais, moi, avec mes yeux. De tous mes yeux avec des points d'interrogation qui sont toujours là quand ça te tombe dessus. Elle fixait le fond de la classe où il y avait un dessin, un zèbre tout colorié. Dans mon cœur, j'ai senti quelqu'un qui me tordait les boyaux,° qui tordait, qui serrait de plus en plus.

Personne n'a bougé. Lolita s'est tournée vers la porte. Elle l'a ouverte. Elle est sortie. Personne ne l'a rattrapée.°

blottis *nestled*

en aboyant *barking*

attraper *to grab*

je boudais *I sulked*
j'ai fait semblant *I pretended*

croiser *to cross*

siffloter *to whistle*
me tordait les boyaux *turned my stomach*

rattrapée *held her back*

Après la lecture

Compréhension

A. Observation et analyse. Répondez.

1. Quel exercice est-ce que la classe va faire?
2. Qui parle d'abord? Que dit Jacques Millano? Pourquoi est-ce qu'il le dit? Que fait Alexis? Quelle est la réaction de la maîtresse?
3. Où est-ce que Johanne est allée pendant les vacances de Noël?
4. Décrivez l'attitude de Lolita quand elle commence à parler. Qu'est-ce qui s'est passé chez elle le jour de Noël? Où va son père? Après avoir raconté son histoire, qu'est-ce qu'elle fait?

B. Réactions.

1. Décrivez votre réaction à la scène où Johanne raconte ses vacances. Est-ce que vous avez trouvé que Jacques et Alexis étaient méchants ou amusants? Expliquez. Qu'est-ce que vous diriez à Johanne si vous pouviez parler avec elle?
2. Décrivez votre réaction à la scène où Lolita parle devant la classe. Qu'est-ce que vous diriez à Lolita si vous étiez dans la classe comme camarade et puis comme institutrice?

Interactions

Jouez les rôles des personnages.

En classe. Mettez-vous à la place des élèves ou de la maîtresse de cette histoire. Qu'est-ce que Johanne dit à la classe? Que répondent les garçons? Qu'est-ce que la maîtresse dit à la classe? Quelle est la réaction de la classe?

A la maison. Vous expliquez ce qui arrive à Lolita. Discutez avec vos parents. Et Lolita, qu'est-ce qu'elle dit à ses parents? Qu'est-ce qu'ils répondent?

Qui suis-je?

THÈME: La famille

The information presented here is intended to refresh your memory of various grammatical topics that you have probably encountered before. Review the material and then test your knowledge by completing the accompanying exercises in the workbook.

Avant la première leçon
L'adjectif possessif

Qui est-ce? Identifiez les personnes suivantes en utilisant des adjectifs possessifs.

Modèle: moi / chef C'est...
        C'est mon chef.

1. nous / patronne C'est...
2. Xavier / sœur C'est...
3. Anne / directrice C'est...
4. vous / professeur? C'est...?
5. Eric et Robert / collègues Ce sont...
6. toi / copine? C'est...?
7. Elise et Margot / mère C'est...

Masculin	Féminin	Pluriel	Equivalent
mon	ma/mon	mes	*my*
ton	ta/ton	tes	*your*
son	sa/son	ses	*his/her/its*
notre	notre	nos	*our*
votre	votre	vos	*your*
leur	leur	leurs	*their*

- Possessive adjectives agree with the possessor in terms of meaning (**mon, ma, mes** versus **ton, ta, tes**) and with the object possessed in terms of gender and number (**mon** versus **ma** versus **mes**):

  his/her dog = **son** chien
  his/her car = **sa** voiture

- Feminine singular objects beginning with a vowel or silent **h** require the masculine form (**mon, ton, son**):

  mon amie Mélanie   **ton** habileté
  my friend Melanie   *your skillfulness*

- French possessive adjectives are repeated before each noun unless the nouns represent the same person or object possessed:

  Où sont **mon** frère et **ma** sœur?
  Je vous présente **mon** collègue et ami, Raphaël.

Avant la deuxième leçon
L'adjectif qualificatif

Qualités et défauts. Décrivez les personnes suivantes avec la forme appropriée de l'adjectif.

Modèle: Elizabeth? sportif / généreux
        Elizabeth est sportive et généreuse.

1. Laura? poli / mignon
2. Karine? beau / intelligent
3. Antoine? toujours content / riche
4. Pauline? sympathique / ambitieux
5. Mes professeurs? professionnel / gentil
6. Mes sœurs? paresseux / fou
7. Vanessa? pas très actif / mais assez fort

A. Le féminin singulier

- In general, an **e** is added to the masculine singular to form the feminine.

  content → contente   gâté → gâtée   poli → polie

  If the masculine form already ends in an unaccented **e**, nothing is added:

  sympathique/sympathique

- Some irregular patterns:

Masculin		Féminin	Exemples	
-eux	→	-euse	généreux	généreuse
-f	→	-ve	sportif	sportive
-el	→	-elle	professionnel	professionnelle
-il	→	-ille	gentil	gentille
-on	→	-onne	mignon	mignonne
-os	→	-osse	gros	grosse
-as	→	-asse	bas	basse
-en	→	-enne	ancien	ancienne

B. Le pluriel

- In general, an **s** is added to the singular to form the plural:

content → contents   contente → contentes

- If the masculine singular adjective ends in an **s** or **x**, nothing is added to form the plural. Feminine adjectives follow the regular pattern in the plural:

les gros messieurs   les grosses femmes
les hommes généreux   les femmes généreuses

- Some irregular patterns:

Singulier		Pluriel	Exemples	
-eau	→	-eaux	nouveau	nouveaux
-al	→	-aux	légal	légaux

EXCEPTIONS: examen final   examens finals
roman banal   romans banals

Like these exceptions: **fatal, natal, naval**

C. Adjectifs à forme masculine double

Masculin	Masculin avant voyelle ou *h* muet	Féminin	Pluriels
vieux	vieil	vieille	vieux/vieilles
nouveau	nouvel	nouvelle	nouveaux/nouvelles
beau	bel	belle	beaux/belles
fou	fol	folle	fous/folles

Avant la troisième leçon

Les verbes pronominaux

Pronominal verbs must be conjugated with a reflexive pronoun. The basic patterns of use are:

A. Affirmatif

Je **me** couche tard.	Nous **nous** couchons tard.
Tu **te** couches tard.	Vous **vous** couchez tard.
Il/Elle/On **se** couche tard.	Ils/Elles **se** couchent tard.

Mon quartier. Décrivez où vous habitez en utilisant la forme appropriée des adjectifs.

Modèles: J'habite dans une belle ville. (grand)
J'habite dans une grande ville.

J'habite dans une belle ville. (village)
J'habite dans un beau village.

1. C'est un vieux quartier. (ville/ appartement/musée)
2. J'habite une maison moderne. (beau/nouveau/agréable)
3. Les voisines sont gentilles. (vieux/gros/généreux)

Décrivez les rapports entre ces personnes.

Votre routine typique. Décrivez votre routine typique et celle des autres en utilisant des verbes pronominaux.

Modèle: Je me réveille assez tard. (Sylvie)
Sylvie se réveille assez tard aussi.

1. Je me lave très vite. (Ma sœur/Mes parents... ne... pas/Vous?)
2. Mon père se rase tous les jours. (Je/Nous... ne... pas/ Tu?)
3. Je me brosse les dents. (Mes petites sœurs/Vous/Mon frère)
4. Est-ce que vous vous préparez à partir? (Edouard/ tu/Tes camarades)
5. Je vais me coucher vers 10 heures du soir. (Tu/Nous/ Grand-mère)

B. Négatif

Nous **ne nous** couchons **pas** trop tôt.   Ils **ne se** détendent **pas** assez.

C. Interrogatif

Est-ce que tu **t**'appelles Marie? *(form used most often)*

T'appelles-tu Marie?   Ne **t**'appelles-tu pas Marie?

D. Impératif

Affirmatif: The reflexive pronoun follows the verb and is attached with a hyphen (**te** changes to **toi**):

  Lavez-vous les mains, les enfants! On va manger tout de suite!

  Lucien, **dépêche-toi**!

Négatif: The reflexive pronoun precedes the verb:

  Ne vous couchez **pas** trop tard.

  Lucien, **ne te** couche **pas** tout de suite. Je veux **te** parler.

E. Infinitif

  Je vais **me** reposer pendant quelques minutes.

  Nous allons **nous** préparer à sortir.

Lisez ces publicités. Elles décrivent quelques passe-temps. Qu'est-ce que vous faites pour vous détendre en famille?

Comment identifier les objets et les personnes

Conversation

Premières impressions

Soulignez:
- des expressions qui vous permettent d'identifier les professions et les personnes

Trouvez:
- où Damien et Philippe se sont connus autrefois
- où habite Philippe

Rappel: Have you reviewed possessive adjectives? (Text p. 84 and Workbook)

Deux amis, qui ne se sont pas vus depuis longtemps, se rencontrent par hasard au café à Paris dans le quartier universitaire où ils passaient beaucoup de temps auparavant.° Ils commencent à se parler et à se montrer des photos.

auparavant *before*

DAMIEN:	Philippe! Eh bien! Dis donc! Ça fait longtemps, hein?
PHILIPPE:	Le temps passe, Damien! Mais tu as l'air en forme. Qu'est-ce que tu deviens?
DAMIEN:	Bof! En fait, je cherche du travail! Mais c'est très dur en ce moment... Et toi? Je croyais que tu avais déménagé!°
PHILIPPE:	Oui, j'en avais un peu marre° de la situation en France, et puis je me suis marié, tu sais? Maintenant j'habite aux Etats-Unis.
DAMIEN:	*(incrédule)* Ce n'est pas vrai!
PHILIPPE:	Tiens, j'ai des photos, si ça t'intéresse. J'ai un fils.
DAMIEN:	Toi, un fils? Eh bien, félicitations, mon vieux!° Il faut que tu me fasses voir tout ça.
PHILIPPE:	C'est une amie qui a pris les photos au moment de quitter l'hôpital. Tiens, regarde... là, j'installe le siège-voiture.°
DAMIEN:	Elle est à toi cette jeep?
PHILIPPE:	Oui, elle est à moi, enfin, elle est à nous, à ma femme et à moi.
DAMIEN:	Et là, qui est-ce qui tient le bébé? C'est ta femme?
PHILIPPE:	Oui, c'est elle, avec le petit bonhomme,° dans sa chambre.
DAMIEN:	Qu'est-ce qu'il y a, là, sur le bras du bébé?
PHILIPPE:	Ça, c'est un petit bracelet d'identité qu'on met aux nouveaux-nés à l'hôpital. Tiens, le voilà dans toute sa splendeur, sur l'oreiller° de sa maman!

déménager *to move*

j'en avais marre/j'en avais assez *(popular) I was fed up*

mon vieux *old man*

le siège-voiture/siège-bébé *car seat*

le petit bonhomme *(term of endearment) little man*

un oreiller *pillow*

A suivre

Observation et analyse

1. Quelle est la situation domestique de Philippe?
2. Quelle est la situation économique de Damien?
3. De quand date la plupart de ces photos?
4. Décrivez la voiture de Philippe.
5. Pensez-vous que Philippe soit content de sa vie? Expliquez.

Réactions

1. Est-ce que vous aimez les photos d'enfant? Est-ce que vos parents ont pris beaucoup de photos de vous quand vous étiez petit(e)? Expliquez.
2. Avez-vous déjà des enfants ou pensez-vous en avoir? Parlez de votre famille.

Expressions typiques pour...

Identifier un objet

C'est ta voiture?
{ Non, c'est la voiture du voisin.
Oui, j'ai une voiture française.

Qu'est-ce que c'est?
{ C'est un ordinateur *(computer)*.
Ce sont mes disquettes.
Ça, c'est mon appareil photo *(camera)*.

Identifier le caractère d'un objet

Quel type d'ordinateur/de magnétoscope *(VCR)* est-ce?   C'est un IBM/Sony.
Quelle marque *(brand)* de voiture est-ce que tu as?   J'ai une Peugeot 405.
Quel modèle est-ce?   C'est le dernier modèle.

Identifier une personne

Qui est-ce, là, sur cette photo?   C'est Alain.
Qui est Alain?   C'est le mari *(husband)* de notre voisine Hélène.

Identifier les activités d'une personne

Que fait ton mari/ta femme?
{ Il/Elle est dentiste/psychiatre/ingénieur/ secrétaire/homme (femme) d'affaires/ vendeur (vendeuse).
Il/Elle est à la retraite *(retired)*.

◆ More professions can be found in *Chapitre 7*. ■

Qu'est-ce que tu fais?
{ Je suis étudiant(e)/avocat(e)/biologiste/ professeur/banquier (banquière)/ femme (homme) au foyer *(housewife/ househusband)*/pilote.

◆ Disjunctive pronouns are in *Chapitre 6*. ■

Identifier le/la propriétaire

A qui *(to whom)* est cet appareil photo?
{ C'est mon appareil photo.
Il est à moi (toi/lui/elle/nous/vous/eux/elles).

Mots et expressions utiles

La famille

les **arrière-grands-parents** *great-grandparents*
le **beau-frère/beau-père** *brother-/father-in-law* or *stepbrother/-father*
la **belle-sœur/belle-mère** *sister-/mother-in-law* or *stepsister/-mother*
le **demi-frère/la demi-sœur** *half brother/sister*
être de la famille *parent; relative, cousin*
une **femme/un homme au foyer** *housewife/househusband*
le **mari/la femme** *spouse; husband/wife*
célibataire/marié(e)/divorcé(e)/remarié(e) *single/married/divorced/remarried*
une **mère célibataire** *single mother*
un **père célibataire** *single father*
une **famille nombreuse** *large family*
le **troisième âge/la vieillesse** *old age*
la **vie de famille** *home life*

Les enfants

l'**aîné(e)** *elder, eldest*
le **cadet/la cadette** *younger, youngest*
un **fils/une fille unique** *only child*
un **jumeau/une jumelle** *twin*
un(e) **gosse** *(familiar) kid*
le **siège-voiture/siège-bébé** *car seat*
bien/mal élevé(e) *well/badly brought up*
gâté(e) *spoiled*

Divers

déménager *to move*
en avoir marre *(familiar) to be fed up*

M I S E   E N   P R A T I Q U E

Médoune parle de sa famille au Sénégal: Je viens d'une **famille nombreuse**. J'ai neuf frères et sœurs. Mes **arrière-grands-parents** habitent avec mes parents, ainsi qu'une de mes sœurs et mon **beau-frère**. La **cadette** va au lycée, donc elle habite toujours à la maison. Le mélange des générations rend la vie intéressante. Heureusement que la maison est grande! La plupart de mes frères et de mes sœurs ont voyagé. On habite un peu partout dans le monde. Par exemple, l'**aîné** et moi, nous sommes tous les deux aux Etats-Unis.

La possession

C'est à qui le tour? *Whose turn is it?*
   (Who's next?)
C'est à lui/à toi. *It's his/your turn.*
être à (+ pronom disjoint) *to belong to (someone)*

Les affaires

l'**appareil photo** [m] *camera*
le **lecteur de CD** *CD player*
le **magnétoscope** *VCR*
l'**ordinateur** [m] *computer*
le **scanner** *scanner*

◆ See **Chapitre 9, Leçon 2** for more technology vocabulary. ■

MISE EN PRATIQUE

Fabienne prépare ses valises pour aller passer deux ans à Strasbourg dans une des grandes écoles. Comme elle partage tout avec sa sœur, elle vérifie ce qui est à elle.

FABIENNE: Il **est à toi**, cet **appareil photo**? Je pense que maman me l'a acheté comme cadeau de Noël, mais c'est toi qui l'utilises toujours.

VÉRONIQUE: Tu as raison. Il **est à toi**. Mais attention, le **lecteur de CD** est à moi. Tu le laisses à la maison!

FABIENNE: Et **l'ordinateur** que nous utilisons toutes les deux... qu'est-ce que nous allons en faire?

VÉRONIQUE: Ça, il faut en parler avec papa et maman.

ACTIVITÉS

A. Entraînez-vous: Une réplique *(response).* Pour chacune des répliques suivantes, posez la question appropriée. Aidez-vous des *Expressions typiques pour...*

1. Nous avons une vieille Ford Escort.
2. Là, dans la voiture, c'est mon fils, Julien.
3. Mon fils est à l'école primaire. Il a seulement onze ans!
4. Jean? C'est mon mari.
5. C'est l'ordinateur préféré de mon mari.

B. Une famille nombreuse. Imaginez que les portraits suivants soient ceux de votre propre famille. Ecrivez une phrase pour identifier le membre de la famille et son activité.

MODÈLE: *Ma grand-mère est étudiante.*

Ma grand-mère est étudiante.

1.

2.

3.

4.

5.

C. Ma famille. Ecrivez le nom de trois membres de votre famille immédiate ou de vos parents. Indiquez leurs liens de parenté *(family ties)* avec les autres parents et membres de votre famille en utilisant les *Mots et expressions utiles.*

> MODÈLE: *Georges: Georges est mon père. C'est le mari de ma belle-mère Marthe et aussi le cadet de sa famille. Georges est le beau-père de ma belle-sœur Céline qui est mariée à mon demi-frère Paul.*

D. Apportez des photos en classe. Formez des groupes de trois ou quatre personnes et identifiez la personne ou l'objet sur la photo.

E. Questions indiscrètes. Posez les questions suivantes à un(e) ami(e). Donnez un résumé de ses réponses à la classe.

1. Est-ce que tu as un ordinateur? un magnétoscope? un lecteur de CD? un scanner? De quelle marque sont-ils?
2. Quelle sorte de voiture ont tes parents?
3. Dans ta famille est-ce que tu es fils/fille unique? le cadet/la cadette? l'aîné(e)? Tu es gâté(e), n'est-ce pas?
4. Est-ce que tu es célibataire? marié(e)? divorcé(e)? remarié(e)?
5. Qu'est-ce que tu veux faire comme travail plus tard? Explique.

LA GRAMMAIRE À APPRENDRE

C'est et il/elle est

A. When identifying or describing someone, you frequently say what that person's profession is. With **être, devenir,** and **rester,** no determiner is used before a profession unless it is modified by an adjective that expresses an opinion or judgment.

> Mon cousin est **pilote** dans l'Armée de l'Air, et c'est **un pilote** célèbre.
> *My cousin is a pilot in the Air Force, and he is a famous pilot.*

The same rule also applies to stating one's religion, nationality, political allegiance, social class, or relationships.

> Son beau-frère est **français**, mais il n'est pas **catholique**.
> *His brother-in-law is a Frenchman, but he is not a Catholic.*

> Il vient de devenir **papa** de jumeaux.
> *He's just become a father of twins.*

> Sa femme est **une réceptionniste** très efficace, mais elle voudrait devenir **femme d'affaires**.
> *His wife is a very efficient receptionist, but she would like to become a businesswoman.*

C'est or **ce sont** must be used instead of **il/elle est** or **ils/elles sont** when the noun after **être** is modified by an adjective. An article or a determiner (possessive or demonstrative) must also be used.

> Je recommande chaudement le docteur Dupin. **C'est un** psychiatre brillant.
> *I highly recommend Dr. Dupin. He is a brilliant psychiatrist.*

> (Il est brillant; il est psychiatre. C'est un psychiatre brillant; c'est mon nouveau psychiatre.)

NOTE: **C'est** + article without an adjective can be used as well, although **il/elle** is more common.

> Il est psychiatre.
> C'est un psychiatre. } *He is a psychiatrist.*

B. Additional uses of *c'est*

- c'est + masculine adjective referring to an idea:
    > 15 euros le kilo? C'est cher!

- c'est + proper noun:
    > C'est Marc à l'âge de douze ans.

- c'est + disjunctive pronoun:
    > Mlle Piggy dit toujours: «C'est moi!»

- c'est + noun being identified:
    > Qu'est-ce que c'est?
    > C'est une marionnette.

C. Additional uses of *il/elle est*

- il/elle + adjective referring to a particular person or thing:
    > Mon cours de français?
    > Il est excellent.

- il/elle + preposition of location:
    > La salle de classe? Elle est près d'ici.

A. Sondage de télévision. Mme Le Bois reçoit un coup de téléphone d'une représentante de France 2 qui veut savoir ce qu'elle aime regarder à la télé. Choisissez l'expression appropriée afin de compléter chacune de ses réponses.

Allô? Bonjour, madame. Oui, _____ (c'est/elle est) la résidence Le Bois... Mon mari? Non, _____ (ce n'est pas/il n'est pas) à la maison en ce moment, mais je pourrais peut-être répondre à vos questions... Sa profession? _____ (C'est/Il est) homme d'affaires... Ma profession? Je _____ (suis/suis une) femme au foyer... Oui, je _____ (suis/suis une) mère... de trois enfants... L'émission «Questions pour un champion»? Oui, nous la regardons très souvent. Nous trouvons que (qu') _____ (c'est/elle est) intéressant(e) mais _____ (c'est/il est) notre fils Paul qui l'aime le plus... Oui, _____ (c'est/il est) étudiant... Il veut _____ (devenir/devenir un) pilote... Pardon, madame. On sonne à la porte. _____ (C'est/Il est) probablement mon voisin d'à côté *(next-door neighbor)*... Je vous en prie. Au revoir, madame.

A toutes celles qui portent un peu de ma maman autour de leur poignet... je pense.

L'IVOIRE C'EST CRUEL.

B. Notice nécrologique. Voici une description d'un auteur célèbre qui est mort récemment. Complétez la description en remplissant les blancs avec un **article** (si c'est nécessaire) ou **ce** ou **il/elle**.

Carlos B. était _____ écrivain connu du grand public depuis vingt-cinq ans. Il était _____ espagnol de naissance mais il est devenu _____ citoyen français en 1954 quand il a épousé Angélique, _____ jeune secrétaire française. Devenu _____ père de jumeaux, il est entré au service de la maison d'édition L'homond comme _____ lecteur, puis comme _____ directeur du service des ventes. _____ C(c)atholique dévoué, il est resté _____ socialiste pendant toute sa vie. _____ est lui qui a écrit *Le Citoyen de demain*. Mais _____ est sa *Guerre des enfants* qui l'a rendu célèbre. _____ est un homme dont l'humour tendre nous manquera. _____ est très regretté de tous ceux qui l'ont connu de près et de loin.

C. Sondage d'étudiants. Posez les questions suivantes à un(e) ami(e). Donnez un résumé de ses réponses à la classe.

1. Quelle est ta profession? ta nationalité? ta religion?
2. Tu appartiens à un parti politique? Auquel?
3. Est-ce que tu as un emploi? Si oui, est-ce que l'entreprise où tu travailles est près ou loin d'ici?
4. Que fait ton père? ta mère?
5. Quand tu étais petit(e), qu'est-ce que tu voulais devenir? Et aujourd'hui?

D. Un jeu. Décrivez une personne dans la classe. Les autres étudiants vont deviner qui c'est. Utilisez **c'est** et **il/elle est** autant que possible, bien sûr!

MODÈLE: *C'est une Américaine.*   *Elle veut être pilote.*
Elle est enthousiaste.   *Elle a les cheveux blonds.*
C'est aussi une étudiante   *Elle est grande.*
dynamique.   Réponse: *C'est Julie.*

■ LA GRAMMAIRE À APPRENDRE

Les pronoms possessifs

A. Saying what belongs to you or what you possess is another common use of the function of identifying. You reviewed the use of possessive adjectives to show ownership in *La grammaire à réviser*. Now you will learn to express possession with possessive pronouns. This method is preferred when making comparisons or contrasts:

		Adjectif possessif		Pronom possessif
la maison de Pierre	=	sa maison	=	la sienne
Pierre's house	=	*his house*	=	*his*

—A qui sont ces clés?   —Elles sont **à moi.**
—Est-ce mon livre?   —Non, c'est **le mien.**

Like possessive adjectives, possessive pronouns agree with both the possessor and the person or object possessed. Note the need for a definite article, as well as the **accent circonflexe** (ˆ) on **nôtre(s)** and **vôtre(s).**

Masculin singulier	Féminin singulier	Masculin pluriel	Féminin pluriel	Equivalent
le mien	la mienne	les miens	les miennes	*mine*
le tien	la tienne	les tiens	les tiennes	*yours (familiar)*
le sien	la sienne	les siens	les siennes	*his/hers/its*
le nôtre	la nôtre	les nôtres	les nôtres	*ours*
le vôtre	la vôtre	les vôtres	les vôtres	*yours*
le leur	la leur	les leurs	les leurs	*theirs*

—Tu as apporté les photos de la naissance de ta fille?
—Oui, je les ai apportées, mais commençons par **les tiennes.**
—Tu sais, j'ai oublié **les miennes,** mais mon mari a toujours **les siennes** avec lui. Attends, je vais les lui demander.

B. Contrary to English, the following expression in French requires a possessive adjective (rather than a possessive pronoun):

a friend of mine = un(e) de **mes** ami(e)s
a cousin of ours = un de **nos** cousins

NOTE: The usual contractions of **à** and **de** occur with the definite article preceding the possessive pronoun:

J'ai écrit à mes parents. Est-ce que tu as écrit **aux tiens?**

Liens culturels

LE TROISIÈME ENFANT

Aujourd'hui le taux de natalité *(birth rate)* est de 1,77 contre 2,84 en 1965. Pourquoi cette baisse? Les raisons possibles sont nombreuses: l'activité professionnelle de la femme, l'usage généralisé de la contraception, la légalisation de l'avortement *(abortion)*, la diminution du nombre des mariages et, tout simplement, le «coût de l'enfant». Puisqu'il faut que chaque femme ait en moyenne 2,08 enfants pour assurer le renouvellement des générations, le gouvernement a pris des mesures pour encourager un troisième enfant. Parmi elles, le gouvernement finance les charges sociales versées par une famille à une personne employée à domicile pour garder un ou plusieurs enfants de moins de trois ans.

Plus de 744.000 enfants sont nés en France l'an dernier. Douze pour cent des naissances sont dues à des couples comptant au moins un étranger. Les femmes françaises sont moins fécondes que les étrangères. Celles-là *(The former)* ont en moyenne moins de deux enfants; celles-ci *(the latter)* ont en moyenne plus de trois enfants. La famille évolue en France comme aux Etats-Unis. Il y a moins de familles nombreuses et plus de familles monoparentales. De plus, avec la mode de la cohabitation (les jeunes habitent ensemble avant de se marier), une naissance sur deux se produit en dehors du mariage.

Est-ce que les raisons expliquant les changements dans les familles françaises et les familles américaines sont les mêmes? Expliquez.

Adapté de Gérard Mermet, *Francoscopie 2001* (Larousse, pp. 145–149).

ACTIVITÉS

A. En voyage. Vous voyagez en France. A l'aéroport, en passant par la douane *(customs)*, vous essayez de déterminer à qui appartiennent les objets suivants.

> MODÈLE: bouteille de champagne / Eric
> *C'est la sienne?*

1. sac / Stéphanie
2. appareil photo / moi
3. valise / Régis et Estelle
4. billets / nous
5. timbres / vous

B. C'est à qui? Vous et votre ami(e) êtes en train de déménager de votre appartement pour retourner chez vos parents pour l'été. Dans la première phrase, identifiez le/la propriétaire de chaque objet avec un pronom possessif. Affirmez la possession en complétant la deuxième phrase avec un adjectif possessif ou un pronom disjoint.

1. —Le lecteur de CD? C'est _____ *(mine)*.
　　—Tu es sûr(e)?
　　—Oui, il est à _____.
2. —Tous les disques? Ce sont _____ *(yours)*. Ils sont à _____.
3. —Cette belle plante appartient à ta mère, n'est-ce pas?
　　—Oui, c'est _____ *(hers)*. C'est _____ plante.
4. —Ce pull-over bleu... Est-ce que c'est _____ *(yours)*? Tu m'entends?
　　C'est _____ pull-over, hein?

Aimez-vous les animaux? Avez-vous un chien (une chienne)?

◆ 52% des foyers français possèdent un animal familier (c'est le record d'Europe): 28% possèdent un chien; 26% un chat; 10% des poissons, etc. Une difficulté: les chiens produisent plus de 10 tonnes d'excréments par an à Paris. (Gérard Mermet, *Francoscopie 2001*, Larousse, pp. 200, 202) ■

Phrases: Describing people
Vocabulary: Body; face; hair colors; personality
Grammar: Avoir expressions; possessive adjectives; nouns after **c'est, il est**

5. —Ces affiches *(posters)*? Ce sont _____ *(mine)*. Elles sont à _____.
6. —Mon Dieu! Voilà les assiettes que j'ai empruntées à nos voisins d'à côté il y a longtemps. Ce sont _____ *(theirs)*, pas _____ *(ours)*.
—Il faut leur rendre _____ *(their)* assiettes tout de suite!

C. On adore se vanter *(to brag)*! Deux petits gamins *(kids)* de sept ans se trouvent dans la cour de récréation. Ils sont en train de se vanter. Complétez leurs phrases en donnant l'équivalent français des mots entre parenthèses.

1. Mes parents sont beaucoup plus riches que _____ *(yours)*.
2. Ah oui? Ecoute. Mon père est plus grand que _____ *(yours)*.
3. Mais ta sœur n'est pas aussi intelligente que _____ *(mine)*.
4. J'aime mieux notre chien que le chien de ton frère. _____ *(Ours)* est beaucoup mieux dressé *(trained)* que _____ *(his)*.
5. C'est possible, mais si on compare nos deux chats avec tes chats, il faut dire que _____ *(yours)* ne sont pas aussi gentils que _____ *(ours)*.

Interactions

A. Interview. Votre partenaire est un(e) journaliste curieux/curieuse qui fait des entrevues avec des consommateurs américains typiques. Vous êtes le consommateur/la consommatrice qui répond à ses questions concernant: votre situation de famille *(marital status)*; votre famille; la façon dont vous gagnez votre vie/vos parents gagnent leur vie; votre religion; la marque de voiture que vous possédez/vos parents possèdent; si vous avez un ordinateur et si oui, de quel type; où vous habitez et de quel type de logement il s'agit. Et puis, changez de rôle.

B. A la douane. Jouez le rôle d'un(e) douanier/douanière français(e) qui pose des questions à un professeur (votre partenaire) qui rentre d'un séjour aux Etats-Unis avec un groupe de lycéens. Demandez au professeur d'identifier le propriétaire:

- de la valise verte/du sac marron
- des deux bouteilles de vin de Californie
- de la radio/de l'appareil photo
- de la bouteille de sirop d'érable *(maple syrup)*
- des santiags [m pl] *(cowboy boots)*
- d'un objet de votre choix!

Préparation 📁 DOSSIER PERSONNEL

In this chapter, you will practice describing people, places, or things.

1. First, choose a person that you would like to describe. You are going to write a physical and personality portrait of this person. Begin by making a list of all the possible people you might describe. Choose someone you know quite well so you can develop your composition.
2. After you have chosen your subject, write a long list of adjectives to describe the person. Think about the character traits of the person as well as the physical traits.

Comment décrire les objets et les personnes

Conversation (SUITE)

Premières impressions

Soulignez:

- les expressions qui décrivent le bébé et la femme de Philippe

Trouvez:

- où Philippe et sa femme se sont rencontrés
- où la femme de Philippe travaille

Rappel: Have you reviewed descriptive adjectives? (Text pp. 84–85 and Workbook)

Damien et Philippe poursuivent leur discussion. Philippe ne veut parler que de son fils.

DAMIEN: Alors, qu'est-ce que tu fais? Tu as trouvé du travail aux Etats-Unis?

PHILIPPE: *(faisant voir une photo à Damien)* Attends! Tu as vu ces cheveux? Ce n'est pas croyable! Regarde ça! Il a plein de° cheveux! Je n'ai jamais vu de bébé comme ça.

plein de *(familiar) a lot of*

DAMIEN: *(rire)* C'est vrai, mais dis-moi quelles situations est-ce que ta femme et toi avez?

PHILIPPE: Je ne suis pas trop content de mon travail... je pense changer mais Martha a un bon boulot, qu'elle aime bien, alors... *(faisant voir une photo à Damien)* Tiens, la voici!

DAMIEN: Elle a un très beau sourire!

PHILIPPE: Martha, c'est un phénomène! On s'est rencontrés il y a déjà quelques années... C'était en Irlande. Un soir, chacun de son côté,° on attendait le début d'un concert, à un festival de musique. On était dans un pub. Elle était avec des Américains, j'étais tout seul, et... c'est là qu'on s'est parlé pour la première fois.

chacun de son côté *each on his/her own*

DAMIEN: *(en regardant une autre photo)* Elle est vraiment mignonne°... cheveux ondulés,° yeux bleus!

mignonne *cute*
ondulés *wavy*

PHILIPPE: Et toujours agréable, de bonne humeur, le rêve quoi!... Nous nous entendons bien. C'est super.

DAMIEN: Et qu'est-ce qu'elle fait?

PHILIPPE: Elle travaille dans une maison d'édition.° Elle fait partie de l'équipe de rédaction.°

une maison d'édition *publishing company* / **une équipe de rédaction** *editorial team*

A suivre

Observation et analyse

1. Qu'est-ce que vous savez sur le fils de Philippe et de Martha?
2. Comment est-ce que Philippe et Martha se sont rencontrés?
3. Pourquoi Philippe va-t-il changer de travail?
4. Comment est Martha?
5. Pensez-vous que le mariage de Philippe et de Martha soit solide? Expliquez.

Réactions

1. Avez-vous de bons rapports *(good relationship)* avec quelqu'un en particulier? Comment est-ce que vous avez fait la connaissance de cette personne? Décrivez cette personne.
2. Pensez-vous avoir des enfants un jour? Pourquoi ou pourquoi pas?

Expressions typiques pour...

Décrire les personnes

Comment est-il/elle (physiquement)?
- Il/Elle a les cheveux blonds/châtain *(chestnut)*/gris/roux.
- Il/Elle a les cheveux longs/courts.
- Il/Elle a les yeux bleus/verts/marron.

Quel âge a-t-il/elle?
- Il/Elle a (à peu près)... ans.
- Il/Elle est d'un certain âge/vieux (vieille)/(assez) jeune.

Combien mesure-t-il/elle?
- Il/Elle mesure... un mètre soixante/quatre-vingt-cinq.[1]

Combien est-ce qu'il/elle pèse?
- Il/Elle est gros(se)/mince.
- Il/Elle pèse cinquante-cinq kilos.

Quel genre d'homme/de femme est-ce?
- Il/Elle est sympa/timide/drôle.
- Il/Elle a bon/mauvais caractère.
- C'est un(e) imbécile!

Décrire les objets

Comment est-ce?
- C'est petit/grand.
- C'est long/court.

En quoi est-ce? C'est en métal/plastique/coton/nylon.

A quoi est-ce que ça sert?
- Ça sert à...
- C'est un truc *(familiar)* pour...
- On s'en sert pour/quand...
- Les gens s'en servent pour...

[1] 1 mètre = approx. 39 inches; 2,5 centimètres = approx. 1 inch

Mots et expressions utiles

Les personnes

avoir les cheveux {
  roux *to have red hair*
  châtain *chestnut* —never changes
  bruns *dark brown*
  noirs *black*
  raides *straight*
  ondulés *wavy*
  frisés *curly*
}

—never changes

avoir les yeux marron *to have brown eyes*
avoir une barbe/une moustache/des pattes *to have a beard/mustache/sideburns*
avoir des boucles d'oreille/un anneau au sourcil *to have earrings/an eyebrow ring*
être chauve *to be bald*
porter des lunettes/des lentilles de contact *to wear glasses/contact lenses*

être de petite taille *to be short*
être de taille moyenne *to be of average height*
être grand(e) *to be tall*

être fort(e) *to be heavy, big, stout*
être gros (grosse)/mince *to be big, fat/thin/slim*

avoir la vingtaine/la trentaine, etc. *to be in one's 20s/30s, etc.*
être d'un certain âge *to be middle-aged*
ne pas faire son âge *to not look one's age*

être aveugle *to be blind*
être dans une chaise roulante *to be in a wheelchair*
être infirme *to be disabled*
être paralysé(e)/tétraplégique *to be paralyzed/quadriplegic*
être sourd(e) *to be deaf*
marcher avec des béquilles *to be on crutches*
marcher avec une canne *to use a cane*

être de bonne/mauvaise humeur *to be in a good/bad mood*
être marrant(e)/gentil (gentille)/mignon (mignonne) *to be funny/nice/cute, sweet*

Décrivez les membres de cette famille.

Les objets

être gros (grosse)/petit(e)/minuscule *to be big/small/tiny*
être grand(e)/petit(e), bas (basse) *to be big, tall, high/small, short/low*
être large/étroit(e) *to be wide/narrow*
être long (longue)/court(e) *to be long/short*
être lourd(e)/léger (légère) *to be heavy/light*

être pointu(e) *to be pointed*
être rond(e)/carré(e)/allongé(e) *to be round/square/oblong*
être en argent/or/acier/coton/laine/plastique *to be made of silver/gold/steel/ cotton/wool/plastic*

Divers

plein de *(familiar) a lot of*

MISE EN PRATIQUE

Une petite fille fait deviner sa mère:

— Maman, devine qui est **grand, fort** et **mignon**. Il a de grandes oreilles noires et un nez rond et noir. **Il ne fait pas son âge**, mais il est vraiment vieux.

— C'est Mickey qui est arrivé à Disneyland Paris en 1992!

Elle continue:

— Maman, devine à quoi je pense: C'est **en or** et **en argent**. C'est assez **léger** et c'est **rond**. Ça donne l'heure.

— C'est une montre!

ACTIVITÉS

A. Entraînez-vous: Descriptions. Décrivez au hasard les personnes ou les choses suivantes en utilisant les *Mots et expressions utiles* de la *Leçon 2*. Quelqu'un dans la classe va deviner qui ou ce que vous décrivez. Après, ajoutez d'autres exemples.

1. Christopher Reeve
2. Tiger Woods
3. Julia Roberts
4. Bruce Springsteen
5. Oprah Winfrey
6. une raquette de tennis
7. des lunettes de soleil
8. un cahier
9. un tee-shirt
10. des ciseaux *(scissors)*

B. Mes rêves. Avec un(e) partenaire, décrivez l'apparence physique et le caractère de votre meilleur(e) ami(e) ou de l'homme (de la femme) de vos rêves.

C. Comment est-il/elle? Retournez aux portraits aux pages 90–91. Décrivez l'apparence physique de chaque personne dans les portraits. Imaginez aussi la personnalité et décrivez-la.

D. Comment est-ce? Choisissez trois objets dans votre poche ou dans votre sac, mais ne les montrez à personne. Les membres de la classe vont vous poser des questions concernant l'apparence et l'utilité de ces objets. Vous devez répondre en donnant une description aussi détaillée que possible. Continuez jusqu'à ce que quelqu'un devine l'objet, après quoi montrez-le.

> MODÈLE: —*En quoi est-ce?*
> —*C'est en acier.*
> —*Quelle est sa taille/forme?*
> —*C'est petit et court, mais très lourd...*

E. Questions indiscrètes. Posez les questions suivantes à un(e) ami(e). Donnez un résumé de ses réponses à la classe.

1. Décris-toi. Parle de tes cheveux, de tes yeux, de ton âge, de ta taille.
2. Qu'est-ce qui est préférable—porter des lunettes ou des lentilles de contact? Pourquoi?
3. Est-ce que tu fais ton âge? Et tes grands-parents? Et ton frère/ta sœur?
4. Est-ce que tes parents sont grands ou petits? Et toi?
5. A ton avis, qu'est-ce qu'il faut faire pour être en forme?

L'adjectif qualificatif

In order to make detailed descriptions in French, you must be able to use adjectives properly, that is, make them agree with the modified noun and place them correctly in a sentence. You reviewed a series of adjective formation patterns in *La grammaire à réviser.* Below are some additional irregular patterns to form the feminine singular.

Masculin		Féminin	Exemples	
-er	→	-ère	premier	première
-et	→	-ète	inquiet	inquiète
-et	→	-ette	muet	muette *(mute)*
-c	→	-che	blanc	blanche
-c	→	-que	public	publique
-eur	→	-eure	supérieur	supérieure
BUT:				
-eur	→	-euse	menteur	menteuse
-eur	→	-rice	conservateur	conservatrice

C'était un couple étrange: lui, il avait l'air toujours **inquiet**; elle, elle était **menteuse**. On avait vraiment du mal à les connaître.

A few adjectives follow no regular pattern:

Masculin	Féminin	Masculin	Féminin
doux	douce *(soft; sweet)*	frais	fraîche *(fresh)*
faux	fausse *(false)*	long	longue *(long)*
favori	favorite *(favorite)*	sec	sèche *(dry)*

On a eu une journée **longue** et difficile.

Although adjectives generally agree in number and gender with the nouns they modify, in the following situations the adjective remains unchanged:

- a qualified color: des cheveux **châtain foncé** *(dark brown)*/**châtain clair** *(light brown)*

- adjectives of color (**orange, citron, crème, marron,** etc.) that are also nouns: des rideaux *(curtains)* **crème**

- **snob, chic, bon marché:** Quelle femme **chic!**

- **demi** before **heure:** une **demi**-heure
    BUT: deux heures et **demie**

NOTE: When an adjective modifies two or more nouns of different genders, the masculine plural is used:

   une fille et un fils **américains**

◆ Several adjectives ending in **-t** (**complet, incomplet, concret, discret, indiscret, inquiet, secret**) do not double the **-t** in the feminine form but take the grave accent on the preceding **e** (**complète, incomplète, concrète, discrète, indiscrète, inquiète, secrète**). Others take double **t** (as in **muet/muette**). ■

◆ Adjectives like **menteur** and **travailleur** that have a corresponding verb (**mentir, travailler**), and present participle (**mentant** *[lying],* **travaillant** *[working]*), form the feminine by adding **-euse**.
EXCEPTIONS: **enchanteur** and **vengeur**, add **-esse** (**enchanteresse, vengeresse**). Adjectives that do not have a corresponding present participle ending in **-ant** form their feminine with **-trice**: **consolateur/consolatrice; conservateur/conservatrice**.
Note, however, that several comparative adjectives form their feminine by adding **-e**: **meilleur(e), supérieur(e), inférieur(e), extérieur(e), intérieur(e),** etc. ■

◆ Note that **bon marché** never changes, but **chic** and **snob** agree in number though not in gender with the nouns they are modifying:
—Martine est **chic**, n'est-ce pas?
—Moi, je trouve que Timothée et Martine sont tous les deux **chics**. ■

Liens culturels

Aujourd'hui plus des trois quarts des femmes de 25 à 54 ans travaillent en dehors de la maison, donc la femme au foyer devient rare. «Après des siècles d'inégalité officielle (l'homme à l'usine ou au bureau, la femme au foyer) les rôles des deux partenaires se sont rapprochés, que ce soit pour faire la vaisselle... ou l'amour.» L'accès à la vie professionnelle a donné aux Françaises le goût de l'indépendance, mais il est toujours vrai que les femmes font la plupart des tâches domestiques. L'équilibre entre les sexes n'est certainement pas atteint, mais la situation des femmes a considérablement progressé au cours de la dernière génération.

Et aux Etats-Unis, comment est-ce que le rôle de la femme a évolué? Est-ce que l'égalité entre les sexes a été atteinte? Expliquez.

Adapté de Gérard Mermet, *Francoscopie 2001* (Larousse, pp. 135–136)

ACTIVITÉ

Qui suis-je? Complétez la description de Céline et de ses parents en utilisant la forme correcte de l'adjectif entre parenthèses.

J'ai un père et une mère _____ (célèbre) dont je suis très _____ (fier). Mon père est un journaliste _____ (indépendant) depuis longtemps. Il a reçu de _____ (nombreux) prix pour ses œuvres _____ (créatif).

Ma mère est une artiste _____ (contemporain) de renommée *(fame)* _____ (mondial). Dans ses idées _____ (politique), elle est un peu _____ (conservateur) comme mon père, mais c'est une mère _____ (affectueux), _____ (gentil) et _____ (juste).

Moi, je ne suis pas du tout _____ (exceptionnel). Je suis une élève _____ (ordinaire) et même _____ (moyen) dans une école _____ (privé) de Paris. Dans l'ensemble je ne suis ni très _____ (travailleur) ni trop _____ (paresseux). Mes parents pensent que je suis _____ (fou), mais un jour j'espère devenir actrice.

La position des adjectifs

beauty
goodness
BAGS ize

Adjectives in French usually *follow* the noun.

une histoire agréable   un livre intéressant

A. A few common adjectives are normally placed *before* the noun:

autre	beau	joli	gentil
nouveau	vilain	gros	haut
jeune	bon	grand	long
vieux	mauvais	petit	court

premier/première, deuxième, etc. (all ordinal numbers)

B. When there is more than one adjective modifying a noun, the word order normally associated with each adjective is used:

une **belle** ville **pittoresque**   la **vieille** église **gothique**

C. Et is generally used if both adjectives follow the noun. If both precede the noun, the use of **et** is optional:

un homme **intelligent et sympathique**
un **beau petit** garçon   une **grande et jolie** femme

D. The following adjectives change their meaning according to their placement:

ancien	mon ancien professeur	un livre ancien
	my former professor	*an ancient book*
certain	un certain homme	une victoire certaine
	a certain, particular man	*a sure win*
cher	mes chers collègues	des machines chères
	my dear colleagues	*expensive machines*
dernier	la dernière année	l'année dernière
	the final year (in a series)	*the last, preceding year*
grand	un grand homme	un homme grand
	a great man	*a big, tall man*
même	la même idée	l'idée même
	the same idea	*the very idea*
pauvre	la pauvre famille	la famille pauvre
	poor, unfortunate family	*poor, penniless family*
prochain	la prochaine fois	la semaine prochaine
	next time (in a series)	*next week (one coming)*
propre	ma propre chambre	une chambre propre
	my own room	*a clean room*
seul	le seul homme	un homme seul
	the only man	*a solitary man*

◆ In formal speech, **des** becomes **de** before a plural adjective and a noun.

de bons voisins
BUT: **les** bons voisins

However, when the adjective is considered as part of the noun, **des** does not change.

des jeunes filles
BUT: **de** gentilles jeunes filles ■

ACTIVITÉS

A. Descriptions. Avec un(e) ami(e), regardez des photos prises pendant les vacances. Décrivez ce que vous voyez. Faites des phrases complètes. Attention au genre et à la position des mots.

1. Regarde / maisons / vieux / en Normandie
2. C'est / homme / français / vieux / dont j'ai fait la connaissance
3. Tu vois / plages / beau / sur la côte
4. Regarde / cathédrale / grand / gothique
5. Regarde / armoire / gros / ancien
6. C'est un / enfant / petit / pauvre / de Paris
7. J'ai pris ces photos / magnifique / avec / mon / appareil / propre
8. C'était / notre / journée / dernier / à Paris

B. Petites annonces. Voici quelques petites annonces incomplètes. Pour les terminer, mettez le nom et les adjectifs entre parenthèses à la bonne place, en faisant l'accord nécessaire. Ajoutez **et** s'il le faut.

1. Un _____ _____ (jeune, Français) désire correspondre avec une _____ _____ (étudiante, américain).
2. Une _____ _____ _____ (femme, californien, beau) cherche un _____ _____ _____ (compagnon, gentil, francophone) pour aller voir des pièces de théâtre et des _____ _____ (films, français).
3. Une _____ _____ _____ (dame, raffiné, élégant), de cinquante-six ans, de _____ _____ _____ (personnalité, gai, charmant), et _____ _____ (maîtresse, très bon) de maison, désire correspondre avec un monsieur dans la soixantaine, de _____ _____ (situation, aisé). Ecrire en fournissant des détails et une _____ _____ (photo, récent).

C. Au secours! M. Tremblay, directeur d'une grande enterprise de Montréal, doit afficher l'annonce suivante en anglais et en français. Ecrivez la version française pour lui.

> One of our fellow workers needs your help. This unfortunate man and his family lost their home in a fire (**dans un incendie**) last night. The only clothes they have are those (**ceux**) they are wearing. They especially need money and clean, new clothing. Please (**Veuillez**) bring what you would like to give to room 112 by Friday of next week. With your help, our drive (**initiative,** *f*) will be a sure success. Thank you very much.
>
> M. Tremblay

D. Trouvez quelqu'un qui... Traduisez les phrases suivantes et posez des questions pour trouver quelqu'un qui...

> MODÈLE: has a famous sister
> —*Tu as une sœur célèbre?*
> —*Non, ma sœur n'est pas célèbre.*

1. has a little brother
2. likes old books
3. dislikes expensive clothes
4. has a long day today
5. has the same watch as you
6. has a clean room
7. is going on a trip next week
8. has bought numerous cars

Interactions

A. Le vol *(robbery)*. Imaginez que quelqu'un vient de vous cambrioler *(to burglarize)*. Vous avez vu le voleur/la voleuse *(thief)* quitter votre maison avec votre scanner et un sac rempli *(full)* d'autres choses qui vous appartiennent. Votre partenaire va jouer le rôle du policier qui vous demande une description du voleur/de la voleuse et de vos objets qui ont disparu. Utilisez autant de détails que possible dans votre description.

B. Devinez mon nom. Imaginez que vous êtes votre personnage de télé préféré. Décrivez votre apparence physique, votre profession et quelques traits de votre personnalité. Ne dites pas le nom de l'émission dans laquelle vous jouez, mais donnez beaucoup de détails pour décrire votre caractère. Le reste de la classe va essayer de deviner votre identité.

Premier brouillon DOSSIER PERSONNEL

1. Use the adjectives you listed in Lesson 1 to begin writing your first draft. Choose the most characteristic adjectives, finding one extraordinary feature (personality or physical) that you want to emphasize. It might help to circle those adjectives that clarify this feature.

2. Write an introductory paragraph in which you present your subject to your reader by giving a general impression.

3. Write at least two subsequent paragraphs in which you discuss separately the personality traits and the physical traits of this person. Be sure that your reader can visualize the person you are describing. As you write your description, compare this person to yourself. How are you similar? How are you different? Review the *Expressions utiles* that you learned in Chapter 2, p. 75, on comparisons and contrasts.

4. Write a short concluding paragraph in which you give your reader one more interesting bit of information by which to remember this person.

Phrases: Describing people
Vocabulary: Body; face; hair colors; personality
Grammar: Adjective agreement; adjective position; preceding adjectives

SYSTÈME-D

Comment décrire la routine quotidienne et les rapports de famille

Conversation (CONCLUSION)

Premières impressions

Soulignez:

● comment Philippe décrit la routine quotidienne
● comment il décrit les rapports personnels

Trouvez:

● quand Philippe se dispute avec sa femme

Rappel: Have you reviewed pronominal verbs? (Text pp. 85–86 and Workbook)

Philippe et Damien discutent toujours. Ils parlent de la vie quotidienne° de Philippe et de sa famille aux Etats-Unis.

quotidien(ne) *daily*

DAMIEN: Et la vie de tous les jours, comment ça se passe pour vous, aux Etats-Unis?

PHILIPPE: Eh bien, c'est un peu la routine... C'est justement pour ça que j'aimerais bien changer de travail, car je commence à en avoir un peu assez... c'est beaucoup trop «métro-boulot-dodo°». Je travaille en ville, alors j'ai pratiquement quarante-cinq minutes de transport le matin et autant le soir pour rentrer.

métro-boulot-dodo *the daily grind of commuting, working, sleeping*

DAMIEN: Et à la maison, comment est-ce que vous vous occupez du° bébé?

s'occuper de *to take care of, handle*

PHILIPPE: Un bébé, cela te change la vie. Il a une routine très stricte et tu ne fais pas ce que tu veux.

DAMIEN: Alors finie la grasse matinée!°

faire la grasse matinée *to sleep late*

PHILIPPE: Oui, la grasse matinée, et même des nuits entières de sommeil! Six heures de suite,° c'est un luxe pour le moment.

de suite *in a row, in succession*

taquiner *to tease*

DAMIEN: Est-ce que tu taquines° ta femme comme tu le faisais avec les filles à l'université?

PHILIPPE: Oui, on a des rapports très détendus. Nous sommes de très bons amis. On se traite en bons camarades, en fait, on est autant amis qu'amants. Nous nous disputons rarement.

DAMIEN: C'est rare de bien s'entendre tout le temps.

PHILIPPE: Oui, mais ça ne veut pas dire que nous n'avons pas de petits accrochages° de temps en temps. La dernière fois, c'était ses parents qui étaient venus pour le baptême du petit, et euh... Je les aime bien, mes beaux-parents, mais seulement à petite dose, et là, ils sont restés trois semaines. La troisième semaine j'aurais aimé être ailleurs... *(Il rit.)*

avoir de petits accrochages *to disagree with*

hausser les sourcils *to raise one's eyebrows*

DAMIEN: *(Il hausse les sourcils,° comme s'il avait l'air de comprendre.)* La patience n'a jamais été ta grande vertu, Philippe!

PHILIPPE: *(d'un air innocent)* Moi, je suis un ange de patience! Et puis, ne t'inquiète pas! Nous nous sommes tous remis de° l'expérience!

se remettre de *to get over*

Observation et analyse

1. Décrivez les rapports que Philippe a avec sa femme et avec les parents de sa femme.
2. Parlez de la vie de tous les jours de Philippe. Est-ce qu'il est content de son travail? Expliquez.
3. Comment est-ce que le bébé a changé la vie de ses parents?
4. Pensez-vous que Philippe s'entend bien avec ses beaux-parents? Comment le savez-vous?

Réactions

1. Est-ce que vous avez déjà eu un travail que vous n'aimiez pas? Expliquez.
2. Connaissez-vous quelqu'un qui ait un bébé? Est-ce que cet enfant lui a changé la vie? Expliquez.
3. Comment sont vos rapports avec vos parents ou vos beaux-parents?

Expressions typiques pour...

Décrire la routine quotidienne

Quelle est votre routine typique?

{ Je me lève, je me lave (je prends une douche/un bain), je me peigne, je me brosse les dents, je me rase, je m'habille, je me maquille, je prends mon petit déjeuner, je vais au... , je déjeune à... , je rentre à... , je dîne à... , je fais mes devoirs, je me déshabille, je me couche.

Décrire les rapports personnels

Quelle sorte de rapports avez-vous avec... ?

{ Je m'entends bien/mal avec mon petit ami/ma petite amie.
J'ai de bons/mauvais rapports *(good/bad relationship)* avec lui/elle.
Nous sommes de très bons amis.
Nous nous disputons *(argue)* rarement/ souvent/de temps en temps.
Nous (ne) nous comprenons (pas) bien.
Nous nous sommes rencontrés l'an dernier.
Nous nous sommes fiancés/mariés.

Mots et expressions utiles

Les bons rapports

le coup de foudre *love at first sight*
tomber amoureux/amoureuse de quelqu'un *to fall in love with someone*
se revoir *to see each other again*
fréquenter quelqu'un *to go steady with someone*
se fiancer *to get engaged*

s'entendre bien avec *to get along well with*
être en bons termes avec quelqu'un *to be on good terms with someone*

les liens [m pl] *relationship*
    les liens de parenté *family ties*
les rapports [m pl] *relationship*

Les rapports difficiles

une dispute *a quarrel*
    se disputer *to argue*
se plaindre (de quelque chose à quelqu'un) *to complain (to someone about something)*
rompre avec quelqu'un *to break up with someone*

se brouiller avec quelqu'un *to get along badly with someone*
être en mauvais termes avec quelqu'un *to be on bad terms with someone*
le manque de communication *communication gap*
taquiner *to tease*

exigeant(e) *demanding*
tendu(e) *tense*

Divers

faire la grasse matinée *to sleep late*
hausser les sourcils *to raise one's eyebrows*
s'occuper de *to take care of, handle*
quotidien(ne) *daily*

MISE EN PRATIQUE

Trop souvent les histoires d'amour suivent ce scénario:

Le jeune couple se rencontre par hasard. C'est le **coup de foudre**. Les jeunes gens **se revoient**. Ils **s'entendent bien**. Les **rapports** sont très bons. Ils sont parfaits l'un pour l'autre. Ils **se fiancent**...

Après le mariage, les **disputes** commencent. L'un des deux **se plaint** de tout. Les **rapports** sont de plus en plus **tendus**. Une personne veut **rompre**. Il est trop tard pour résoudre les problèmes: le **manque de communication** a détruit les **liens** qui existaient au début.

Décrivez les rapports de ce jeune couple.

ACTIVITÉS

A. Entraînez-vous: Les rapports sociaux. Donnez deux phrases pour décrire vos rapports avec chacune des personnes ci-dessous. Variez vos réponses.

> MODÈLE: votre mère
> > *J'ai de bons rapports avec ma mère.*
> > *Nous nous disputons rarement.*

1. votre sœur/frère
2. votre petit(e) ami(e)
3. votre père
4. votre camarade de chambre
5. un copain/une copine que vous connaissez depuis longtemps
6. votre professeur de français

B. Ma routine. Décrivez la routine d'un jour de semaine typique. Contrastez cette description avec celle d'un jour de week-end typique.

C. Questions indiscrètes. Posez les questions suivantes à un(e) ami(e). Donnez un résumé de ses réponses à la classe.

1. Tu es déjà tombé(e) amoureux/amoureuse? Quand? Est-ce que c'était un coup de foudre? Est-ce que vous vous voyez toujours?
2. Quelles situations te causent le plus de stress? Pourquoi? Qu'est-ce que tu fais pour réduire ce stress?
3. Est-ce que tu te plains souvent? De quoi? A qui? D'habitude est-ce que tu te sens mieux après?

Liens culturels

Si vous habitez en France, vous remarquerez que les rapports entre parents et enfants sont différents de ceux qui existent en Amérique. En France, on exige que l'enfant, même quand il est très petit, sache se tenir comme il le faut... debout ou assis à table. L'obéissance est très importante en France: un Français va corriger son enfant même devant des invités ou des étrangers. Les enfants américains, eux, demandent souvent «pourquoi» quand leurs parents leur disent de faire quelque chose, et reçoivent souvent une explication. En France, les parents ont toujours raison.

Quand on devient parents en France, on est censé apprendre à l'enfant à bien se conduire au sein de la société. Les parents ont une responsabilité vis-à-vis de la société en ce qui concerne l'éducation de leurs enfants. De façon générale, ils doivent s'assurer que leurs enfants deviennent des êtres sociables, honnêtes et responsables. Les parents américains contractent une obligation envers l'enfant plutôt qu'envers la société. On apprend, bien sûr, à l'enfant américain les bonnes manières et les usages de la société mais c'est pour lui donner une chance de plus dans la vie. L'enfance est surtout une période de jeux et d'expérimentation. A l'adolescence, les jeunes Français obtiennent plus de liberté. Par contre, les adolescents américains sont encouragés à prendre des responsabilités financières.

D'où vient, d'après vous, cette attitude américaine envers l'éducation des enfants?

LA GRAMMAIRE À APPRENDRE

Les verbes pronominaux

A. Pronominal verbs are often used when describing daily routines and personal relationships. You reviewed the basic patterns of use and word order in *La grammaire à réviser*. The most common type of pronominal verbs, *reflexive verbs*, reflect the action back to the subject.

Il se couche à onze heures.   *He goes to bed at eleven o'clock.*

Many common reflexive verbs can be found in the *Expressions typiques pour...* on page 107. Additional reflexive verbs are listed below:

s'amuser *to have fun*
s'arrêter *to stop*
se couper *to cut oneself*
se débrouiller *to manage, get along*
se demander *to wonder*

se détendre *to relax*
se fâcher contre *to get angry with*
s'inquiéter de *to worry about*
s'intéresser à *to be interested in*
se moquer de *to make fun of*
se reposer *to rest*

B. Other pronominal verbs, known as *reciprocal verbs*, describe an action that two or more people perform on or for each other rather than on or for themselves. These verbs are conjugated in the same way as reflexive verbs; however, they can only be used in the plural.

Nous nous aimons bien.   *We like each other a lot.*
Nous nous parlons chaque jour.   *We speak to each other every day.*

The addition of **l'un(e) l'autre** (for two people) and **les un(e)s les autres** (for more than two people) can be used if ambiguity exists:

> Paul et Marie se comprennent.
> *Paul and Mary understand themselves.*

OR: *Paul and Mary understand each other.*

BUT: Paul et Marie se comprennent l'un l'autre.
          Paul and Mary understand each other

Note the placement of a preposition:

> Ils s'entendent bien les uns **avec** les autres.
> *They get along fine with one another.*

C. *Idiomatic pronominal verbs* change meaning when used in a pronominal construction.

Non-pronominal	Pronominal
aller *to go*	s'en aller *to go away*
apercevoir *to see*	s'apercevoir *to realize*
attendre *to wait*	s'attendre à *to expect*
douter *to doubt*	se douter de *to suspect*
ennuyer *to bother*	s'ennuyer *to be bored, get bored*
entendre *to hear*	s'entendre (avec) *to get along (with)*
faire *to do, make*	s'en faire *to be worried*
mettre *to put, place*	se mettre à *to begin*
passer *to pass*	se passer de *to do without*
plaindre *to pity*	se plaindre de *to complain*
rendre compte de *to account for*	se rendre compte de *to realize*
servir *to serve*	se servir de *to use*
tromper *to deceive; to cheat on*	se tromper *to be mistaken*

◆ The use of pronominal verbs in the past tenses will be presented in *Chapitre 4*. ■

Some verbs exist only in pronominal form:

> se méfier de *to be wary, suspicious of*
> se souvenir de *to remember*
> se spécialiser en *to specialize, major in*
> se taire *to be quiet*

En 1990, Sébastien et Marine—un couple de restaurateurs parisiens—**s'inquiétaient** beaucoup **de** leur situation financière et avaient décidé de **se passer de** vacances pour faire des économies *(save money)*. Les pauvres! Ils ne **se doutaient** pas que toute une année de travail sans congés, c'est dur! Dès le mois de juillet, Marine **se plaignait de** tout et **de** rien et Sébastien **s'ennuyait** dans sa cuisine. Il **se sont** vite **aperçus** qu'ils avaient eu tort d'annuler *(cancel)* leurs vacances, et ils ont donc décidé de **s'en aller** quelques jours pour se changer les idées. Ils **sont passés** par le Tunnel du Mont Blanc et **ont mis** beaucoup de temps pour arriver à Rome, parce qu'ils **ont fait** le tour d'un tas de *(a lot of)* petits restaurants! Sébastien **se méfiait de** chaque plat qu'on lui **servait** et **se mettait** souvent à critiquer les recettes... Bref, une vraie catastrophe! Sébastien et Marine **se souviendront** longtemps **de** ce petit voyage désastreux. Et les cuisiniers entre Paris et Rome... n'en parlons pas!

A. Comment? Choisissez la phrase qui complète logiquement la situation décrite ci-dessous.

1. Je ne peux pas me passer de voiture.
   a. Une voiture est essentielle pour moi.
   b. Je ne me laisse jamais doubler *(pass)* par une autre voiture.
2. Ils ne s'entendent pas bien.
   a. On doit toujours répéter ce qu'on dit quand on leur parle.
   b. On les entend souvent se disputer.
3. Nous nous doutons qu'elle est gravement malade.
   a. Elle n'est pas sortie de sa maison depuis longtemps.
   b. On l'a vue faire du ski récemment.
4. Je ne me trompe jamais.
   a. Je suis toujours honnête.
   b. J'ai toujours raison.
5. Claire s'ennuie beaucoup à la campagne.
   a. Elle dit qu'il n'y a rien à faire.
   b. Elle dit que les insectes sont très embêtants.

B. Ma famille. Annie, une jeune fille de quatorze ans, doit écrire une composition sur sa famille. Traduisez sa composition en français en utilisant autant de verbes pronominaux que possible.

There are five of us in my family—my mother, father, half-sister, half-brother, and myself, the youngest. For the most part (**Dans l'ensemble**), we all get along fairly well. Of course I get angry with my older brother when he makes fun of me. But I tell him to be quiet and he usually stops. Maybe I am wrong but I think that he teases me because he gets bored. My older sister, Hélène, is majoring in science at the university. She has a lot of work but she never complains.

My parents have a great relationship. It's easy to see that they love each other very much.

And me? I am fourteen years old. I get along fine at school and like most of my classes, but I am mainly interested in vacations.

C. Interview. Utilisez les verbes et les expressions interrogatives ci-dessous pour interviewer un(e) camarade de classe.

1. se lever, se coucher: à quelle heure?
2. s'habiller: comment?
3. se débrouiller: à l'université?
4. s'intéresser: à quoi?
5. s'amuser: comment?
6. se fâcher: contre qui? quand?
7. s'inquiéter: de quoi?
8. se détendre: quand? comment?
9. s'ennuyer: quand?
10. se marier: un jour?

Interactions

A. Au café. Vous êtes au café avec un(e) ami(e). Echangez des nouvelles *(gossip)* sur Denise et Eric que vous connaissez tous les deux. Discutez du fait que vous avez entendu dire qu'ils ont rompu, et que vous vous demandez pourquoi. Parlez de qui Denise fréquente maintenant et de l'apparence physique de cette personne. Discutez de comment va Eric et mentionnez qu'Eric et Denise ne se voient plus et ne se parlent plus. Ajoutez des détails pour rendre l'histoire plus intéressante.

B. Imaginez. Vous êtes instituteur/institutrice. Téléphonez aux parents d'un de vos élèves de dix ans (Christophe) et invitez-les à l'école pour un entretien sur les progrès de leur fils. Ils acceptent votre invitation et vous arrangez la date et l'heure. Au rendez-vous discutez des points suivants:

- Christophe ne s'entend pas bien avec ses camarades d'école
- il ne se tait jamais en classe
- vous vous doutez qu'il s'ennuie

Demandez:
- comment il s'entend avec ses parents et ses frères aînés
- s'il se plaint de maux de tête à la maison
- s'il se couche assez tôt
- s'il a vu un ophtalmologue *(ophthalmologist)* récemment

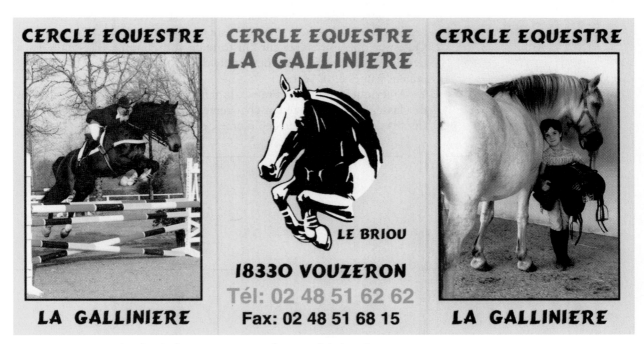

Est-ce que vous avez déjà fait de l'équitation étant enfant ou adulte? Expliquez.

Phrases: Describing people
Vocabulary: Body; face; hair colors; personality
Grammar: Adjective agreement; adjective position; preceding adjectives

Deuxième brouillon DOSSIER PERSONNEL

1. Write a second draft of your paper from Lesson 2, incorporating more details about the person. Think about why this person is interesting and focus more attention on that aspect.
2. To strengthen your use of details, think about the following aspects: le visage *(face)*; la bouche ronde/grande; les yeux en amande/grands; les lèvres fines/bien définies, le nez droit *(straight)*/long/gros; le front *(forehead)* large/fuyant *(receding)*; le corps corpulent/mince *(thin)*/fort *(heavy)*; les gestes calmes/brusques; le look conservateur/BCBG (bon chic bon genre *[preppy]*).

SYNTHÈSE

 ## Activités vidéo

◆ Turn to *Appendice B* for a complete list of active chapter vocabulary. ■

Avant la vidéo

1. En français, faites une liste de mots qui s'appliquent aux membres d'une famille, par exemple: le père, la mère, etc. Maintenant, regardez l'arbre généalogique ci-dessous. Christine est le «centre» de cette famille. Mettez les mots de votre liste où ils conviennent.
2. Qu'est-ce que vous savez sur l'histoire de votre famille? Est-ce qu'il y a des différences entre la vie de famille de vos grands-parents quand ils étaient jeunes et la vôtre?
3. En Amérique, comme en France, la famille évolue. Avec vos camarades de classe, faites une liste des changements qui vous viennent à l'esprit (moins de mariages, plus de divorces, etc.).

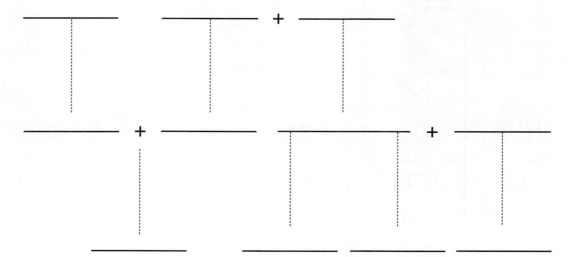

Après la vidéo

1. Voilà les noms des membres de la famille de Christine: Andréa Assécé, Jean Assécé, Katia, Laurie, Léonita, Lucien, Luggie, Pierrec, Valérie, Viviane, Yvelise.

   Mettez-les où il convient sur l'arbre généalogique à la page 114. Il vous manque des renseignements concernant une des personnes afin de pouvoir la placer. Comment s'appelle-t-elle?

   On mentionne aussi les occupations suivantes: institutrice, musicien, artiste, professeur d'histoire, restauratrice, secrétaire comptable, employé du gouvernement. Sur l'arbre généalogique, ajoutez l'occupation des membres de la famille.

2. Quelles conclusions est-ce que vous pouvez tirer du fait que...
   a. la famille guadeloupéenne déjeune ensemble le dimanche?
   b. des femmes aussi bien que des hommes de cette famille travaillent?

3. Monique, la Québécoise, vous a raconté beaucoup de choses au sujet de sa famille et d'elle-même. Faites une liste des détails dont vous vous souvenez et comparez votre liste avec celles de vos camarades de classe. Qui s'est rappelé le plus grand nombre de faits? Quelle est la différence principale entre la famille de Monique et celle de ses grands-parents? Comment pouvez-vous expliquer ce changement?

4. Parmi les changements que vous avez indiqués concernant la famille américaine *(Avant la vidéo, 3)*, lesquels ont été mentionnés dans la vidéo sur la famille française?

Activités orales

A. L'union libre. Votre fils vous informe qu'il veut cohabiter avec sa petite amie. Demandez-lui pourquoi et expliquez si vous êtes d'accord ou non. Il continue en vous disant qu'il veut rester à la maison pendant que sa petite amie travaillera pour subvenir à leurs besoins *(support them)*. Donnez encore une fois votre réaction et expliquez pourquoi.

B. Décisions. Vous et un(e) bon(ne) ami(e) (qui va être votre camarade de chambre l'automne prochain) discutez de ce que vous allez apporter de chez vous ou acheter pour mettre dans votre chambre de résidence. Discutez de vos préférences sur la couleur, la taille et la forme de chaque objet, et choisissez qui va s'occuper de trouver chaque objet. MOTS UTILES: **l'affiche** (f) *(poster);* **le tapis** *(rug);* **le couvre-lit** *(bedspread);* **le réfrigérateur** *(refrigerator);* **le four à micro-ondes** *(microwave oven)*

C. Le jeu des professions. Une moitié de la classe va jouer les concurrents *(contestants)* et l'autre moitié les spectateurs. Un(e) étudiant(e) ou le professeur joue le rôle de l'hôte/l'hôtesse du jeu. Chaque concurrent(e) doit décrire sa profession en détail sans en dire le nom ou utiliser aucune forme du mot. Les spectateurs doivent essayer d'identifier la profession de chaque concurrent.

> MODÈLE: —*Dans mon travail, je parle avec beaucoup de gens qui désirent obtenir de l'argent.*
> —*Est-ce que vous êtes banquier?*
> —*Non, je n'ai pas cette chance.*
> —*Est-ce que vous êtes employé(e) de banque?*
> —*Oui.*

Activité écrite

Chère Françoise... Ecrivez une lettre au «courrier du cœur» *(newspaper advice columnist)* en décrivant un problème que vous avez avec votre camarade de chambre, votre petit(e) ami(e) ou vos parents. Commencez par **Chère Françoise** et terminez par **Amicalement vôtre.**

Phrases: Describing people
Vocabulary: Body; face; hair colors; personality
Grammar: Adjective agreement; adjective position; preceding adjectives; nouns after **c'est**, **il est**; verbs with auxiliary **être**; verb summary

Révision finale  DOSSIER PERSONNEL

1. Reread your composition from the *Deuxième brouillon* section and focus on the description. Make sure that you have adopted the tone you want—objective and detached or warm. This tone will influence the reader's attitude toward your subject.

2. Bring your draft to class and ask two classmates to peer edit your composition. They should pay particular attention to how well you paint a portrait of the person you are describing. Your classmates should use the symbols on page 407 to indicate grammar errors.

3. Examine your composition one last time. Check for correct spelling, grammar, and punctuation. Pay special attention to your use of **c'est** or **il/elle est,** adjectives, and pronominal verbs.

4. Prepare your final version.

http://bravo.heinle.com

Eugène Delacroix,
*La Liberté guidant
le peuple*

I. *ALLONS, ENFANTS DE LA PATRIE:* LA RÉVOLUTION FRANÇAISE DE 1789

Avant la lecture

- Comment s'appelle l'hymne national américain?
- Quelles images évoque cet hymne?
- Que savez-vous sur la Révolution française de 1789?

ALLONS, ENFANTS DE LA PATRIE

La Révolution française a produit tout un ensemble de textes, nés des circonstances: chansons, discours, textes politiques, témoignages individuels. Dans la nuit du 24 au 25 avril 1792, juste avant un assaut contre l'Autriche, Rouget de Lisle a composé le «Chant de guerre pour l'armée du Rhin». En juin, cet air a été chanté lors d'un banquet offert par la ville de Marseille à 500 volontaires qui allaient monter à Paris pour défendre la patrie. Quand les Parisiens ont entendu chanter ce chant par les Marseillais, ils l'ont baptisé «La Marseillaise». Sous la IIIe République, le 14 juillet 1879, c'est devenu l'hymne national français.

Allons, enfants de la Patrie
Le jour de gloire est arrivé!
Contre nous de la tyrannie
L'étendard sanglant° est levé! *(bis)*
Entendez-vous dans les campagnes
Mugir° ces féroces soldats?
Ils viennent jusque dans nos bras
Egorger nos fils, nos compagnes.
Aux armes, citoyens!
Formez vos bataillons!
Qu'un sang impur
Abreuve° nos sillons°!

sanglant *blood-stained*

mugir *bellow, roar*

abreuver *drench* / **sillons** *furrows*

Exécution au Bagne de Joseph Bordelet. — Page 8, col 2.

voire *indeed, even*

En France, en 1789, les sujets du roi de France n'avaient aucune liberté. Le roi pouvait jeter n'importe qui en prison pour n'importe quelle raison. La liberté de presse n'existait pas. De plus, des impôts excessifs, prélevés par les agents du roi, les seigneurs des villages et l'Église prenaient la moitié des revenus des artisans, des commerçants et des petites gens. Les paysans étaient réduits à la misère, voire° à la famine.

Vous savez peut-être que le 14 juillet 1789, les habitants de Paris ont pris la forteresse de la Bastille. Symbole de la monarchie et du pouvoir arbitraire parce que c'était là qu'on y détenait les opposants au roi, la Bastille est devenue le symbole de la victoire du peuple contre la tyrannie.

Mais ce jour-là, le peuple était dans la rue pour protéger les décisions de l'Assemblée nationale réunie à Versailles pour réformer le royaume. En effet, l'assemblée des Etats-Généraux, que Louis XVI avait convoquée pour l'aider à sortir de la profonde crise financière du royaume, avait démontré son opposition au roi et son soutien au peuple de France. Le 9 juillet, cette assemblée s'était déclarée Assemblée Constituante. Autrement dit, elle avait eu l'audace de proclamer qu'elle entreprenait la rédaction d'une constitution du royaume. La monarchie absolue n'existait donc plus. Comme l'Angleterre, la France devenait une monarchie constitutionnelle.

Le 4 août 1789, les Constituants ont aboli les privilèges de la noblesse et les droits féodaux. Le 16 août, ils ont rédigé et adopté la Déclaration des droits de l'Homme et du Citoyen.

Dans les mois qui ont suivi, l'agitation politique a continué. Les élections prévues par la Constitution ont eu lieu et, en septembre 1791, le roi a eu l'air de se soumettre à la Constitution. Cependant, la crise économique et l'opposition des royaumes voisins (l'Autriche, la Prusse, la Russie et l'Angleterre) à la Révolution française menaçaient l'avenir. Les Français craignaient de perdre leurs acquis. Sur proposition du roi, en 1792, la guerre est déclarée à l'Autriche et les Français sont appelés à défendre la patrie en danger. «La Révolution» se durcit quand on soupçonne le roi Louis XVI et Marie Antoinette de conspirer avec l'Autriche contre la France. Le roi est traduit en justice, jugé coupable de trahison et guillotiné en janvier 1793. Les nouveaux députés sont divisés entre les modérés (les Girondins dont le célèbre avocat Danton) et les Révolutionnaires durs (les Montagnards dont Maximilien Robespierre).

Accusés de trahison, des Girondins sont arrêtés et exécutés par Robespierre et les membres du Comité de Salut Public qu'il forme. C'est le début du règne de la Terreur (mars 1793–juillet 1794). Les suspects sont arrêtés, jugés par des tribunaux révolutionnaires impitoyables, et souvent guillotinés. Peu à peu les excès de la Terreur inquiètent même les amis du Comité de Salut Public. Le 27 juillet 1794, Robespierre et ses amis sont arrêtés et guillotinés à leur tour. (C'est le 4 thermidor d'où le nom de «révolution thermidorienne» donné à cet épisode de la Révolution.)

Un nouveau régime est mis en place: le Directoire. Il conserve les acquis de la Révolution mais impose la modération. Le jeune général Bonaparte est appelé à écraser une insurrection contre-révolutionnaire le 6 octobre 1795. L'ordre est rétabli mais il reste encore à choisir un régime qui puisse le maintenir et à défendre le territoire de la patrie.

Après la lecture

Compréhension

1. A votre avis, pourquoi est-ce que les membres de l'Assemblée Constituante ont écrit une Déclaration des droits de l'Homme et du Citoyen?
2. Pour quelles raisons Rouget de Lisle a-t-il écrit un chant de guerre? Quand ce chant est-il devenu l'hymne national?
3. Contre quel pays est-ce que la France déclare la guerre?
4. Quelles sont les conséquences de la Terreur?
5. Pourquoi la Révolution s'est-elle terminée, selon vous?

Expansion

1. Comparez l'hymne national français à d'autres hymnes officiels. Quelle image est-ce que ces hymnes donnent de leur pays?
2. Quels autres événements historiques sont considérés comme aussi importants que la Révolution française dans l'histoire de la France, des Etats-Unis ou de votre pays natal? Expliquez.

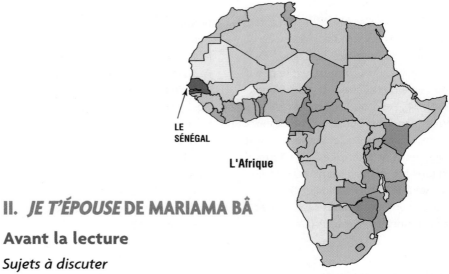

LE
SÉNÉGAL

L'Afrique

II. *JE T'ÉPOUSE* DE MARIAMA BÂ

Avant la lecture

Sujets à discuter

- Où se trouve le Sénégal? Est-ce que vous avez déjà été en Afrique?
- Etes-vous d'accord avec cette phrase sur le mariage: «... c'est un acte de foi et d'amour, un don *(gift)* total de soi *(oneself)* à l'être que l'on a choisi et qui vous a choisi.»
- Ce passage se termine sur la phrase: «Je ne serai jamais le complément de ta collection.» Imaginez à qui et pourquoi une femme peut dire cela. Est-ce que vous avez déjà exprimé la même chose? Dans quelles sortes de circonstances?
- D'après les questions ci-dessus, quel est le thème de l'histoire?

Stratégies de lecture

A. Utilisez le dictionnaire. Connaissez-vous les mots suivants? Sinon, utilisez le dictionnaire pour trouver leurs équivalents anglais.

le deuil	l'offre de mariage	le choc
l'éclatement	le refus	

B. Trouvez les idées principales. Parcourez le texte et donnez un titre à chacun des cinq paragraphes en utilisant les mots ci-dessus.

In her novel Une si longue lettre *(1979), the Senegalese writer **Mariama Bâ** uses her personal experience to portray women's lives and problems in Senegal, a Muslim country in West Africa that became independent from France in 1960. The novel is a long letter to a friend. The narrator is in mourning after the death of her husband, Modou Fall. In a society where marriage is seen as an economic safety net and women do not stay unmarried, Modou's brother Tamsir follows the tradition by deciding to marry his sister-in-law. The narrator's assertion of her own individuality is a radical act of defiance against this tradition.*

JE T'ÉPOUSE

J'ai célébré hier, comme il se doit, le quarantième jour de la mort de Modou. Je lui ai pardonné. Que Dieu exauce° les prières que je formule quotidiennement pour lui. Des initiés° ont lu le Coran. Leurs voix ferventes sont montées vers le ciel. Il faut que Dieu t'accueille parmi ses élus, Modou Fall!

Après les actes de piété, Tamsir[2] est venu s'asseoir dans ma chambre dans le fauteuil bleu où tu te plaisais. En penchant sa tête au dehors, il a fait signe à Mawdo;[3] il a aussi fait signe à l'Imam[4] de la mosquée de son quartier. L'Imam et Mawdo l'ont rejoint. Tamsir parle cette fois. Ressemblance saisissante° entre Modou et Tamsir, mêmes tics° de l'inexplicable loi de l'hérédité. Tamsir parle, plein d'assurance; il invoque (encore) mes années de mariage, puis conclut: «Après ta «sortie» (du deuil°), je t'épouse. Tu me conviens° comme femme et puis, tu continueras à habiter ici, comme si Modou n'était pas mort. En général, c'est le petit frère qui hérite de l'épouse laissée par son aîné.° Ici, c'est le contraire. Tu es ma chance. Je t'épouse. Je te préfère à l'autre,[5] trop légère, trop jeune. J'avais déconseillé ce mariage à Modou.»

Quelle déclaration d'amour pleine de fatuité° dans une maison que le deuil n'a pas encore quittée. Quelle assurance et quel aplomb° tranquilles! Je regarde Tamsir droit dans les yeux. Je regarde Mawdo. Je regarde l'Imam. Je serre mon châle° noir. J'égrène mon chapelet.° Cette fois, je parlerai.

Ma voix connaît trente années de silence, trente années de brimades.° Elle éclate, violente, tantôt sarcastique, tantôt méprisante.

—As-tu jamais eu de l'affection pour ton frère? Tu veux déjà construire un foyer neuf sur un cadavre chaud. Alors que l'on prie pour Modou, tu penses à de futures noces. Ah! oui: ton calcul, c'est devancer° tout prétendant° possible, devancer Mawdo, l'ami fidèle qui a plus d'atouts° que toi et qui, également, selon la coutume, peut hériter de la femme. Tu oublies que j'ai un cœur, une raison, que je ne suis pas un objet que l'on se passe de main en main. Tu ignores ce que se marier signifie pour moi: c'est un acte de foi et d'amour, un don total de soi à l'être que l'on a choisi et qui vous a choisi. Et tes femmes, Tamsir? Ton revenu ne couvre ni leurs besoins ni ceux de tes dizaines d'enfants.[6] Pour te suppléer dans tes devoirs financiers, l'une de tes épouses fait des travaux de teinture,° l'autre vend des fruits, la troisième inlassablement° tourne la manivelle° de sa machine à coudre. Toi, tu te prélasses° en seigneur vénéré, obéi au doigt et à l'œil.° Je ne serai jamais le complément de ta collection... »

Extrait de Mariama Bâ, *Une si longue lettre*

---

châle *shawl*

égrène mon chapelet *say my rosary* / exauce réponde à

initiés *students of the Koran* / brimade *vexation*

devancer *to get ahead of* / prétendant *suitor*

atouts *winning cards*
saisissante *striking*
tics gestes automatiques

«sortie» (du deuil) *mourning ends*
me conviens *are suitable*

aîné *elder*

teinture *dyeing*

inlassablement patiemment / maniville *crank-handle* / tu te prélasses satisfaction de soi / fatuité tu ne fais rien
au doigt et à œil *immédiatement*

aplomb audace

---

[2] frère aîné de Modou
[3] ami de Modou
[4] chef de prière dans une mosquée
[5] une autre femme de Modou, la dernière épousée

[6] D'après le Coran (Qur'an), un homme peut avoir jusqu'à quatre co-épouses. Mais le Coran interdit à un homme d'avoir plus de femmes qu'il ne peut faire vivre décemment, avec ses revenus.

Où est cette femme? Que fait-elle?

Après la lecture

Compréhension

A. Observation et analyse. Répondez aux questions suivantes.

1. Depuis combien de temps est-ce que le mari est mort?
2. Décrivez la personnalité de Tamsir, de la femme qui parle, de son ancien mari.
3. Quel est le frère le plus âgé de la famille?
4. Combien de femmes Tamsir a-t-il?
5. Qu'est-ce que Tamsir a proposé?
6. Quelle a été la réponse de la narratrice?
7. Que font les femmes de Tamsir? Expliquez.
8. Imaginez pourquoi la narratrice a passé trente ans en silence.

B. Adjectifs. Entourez les adjectifs qui décrivent le mieux la narratrice et expliquez vos réponses.

> calme, agitée, fâchée, triste, fière, arrogante

Lesquels décrivent le mieux Tamsir?

> paresseux, fier, inquiet, serein, égocentrique

Avez-vous d'autres adjectifs à ajouter pour décrire ces personnages? Lesquels?

C. Réactions. Donnez votre réaction.

1. Que pensez-vous de la réponse de la narratrice? Expliquez.
2. Comment est-ce que vous réagiriez aux paroles de Tamsir si c'était à vous (ou à votre sœur) qu'il avait parlé?

Interactions

A. Répondez.

1. En quoi est-ce que Tamsir modifie la tradition musulmane?
2. En quoi est-ce que cette histoire pose un problème universel? Expliquez.

B. Imagination.

1. Imaginez la réaction de Tamsir aux paroles de la femme. Qu'est-ce qu'il va dire? Qu'est-ce qu'il va faire?
2. Imaginez qu'elle n'ait pas explosé et qu'elle n'ait pas dit ce qu'elle ressentait. Que serait-il arrivé?
3. Imaginez la fin de cette histoire. Est-ce que la narratrice va se marier avec Tamsir? Dans ce cas, quels seront les résultats de ce mariage? Et si elle ne se marie pas avec lui, qu'est-ce qu'elle fera?

On ne croira jamais ce qui m'est arrivé...

THÈMES: Les vacances; Les moyens de transport; La douane; L'hôtel

LA GRAMMAIRE À RÉVISER

Le passé composé • L'imparfait • Le plus-que-parfait

LEÇON 1

Fonction: Comment dire qu'on se souvient/ne se souvient pas de quelque chose

Culture: Les transports

Langue: Le passé composé

📁 PRÉPARATION

LEÇON 2

Fonction: Comment raconter une histoire

Culture: Les vacances

Langue: L'emploi de l'imparfait • L'emploi du passé composé • Comparaison entre l'imparfait et le passé composé

📁 PREMIER BROUILLON

LEÇON 3

Fonction: Comment raconter une histoire (conclusion)

Culture: La conversation française

Langue: L'emploi du plus-que-parfait

📁 DEUXIÈME BROUILLON

SYNTHÈSE

📁 RÉVISION FINALE

INTERMÈDE CULTUREL

Les Trésors artistiques victimes de leur succès
  (*L'Express*)

La Fanette (Jacques Brel)

The information presented here is intended to refresh your memory of various grammatical topics that you have probably encountered before. Review the material and then test your knowledge by completing the accompanying exercises in the workbook.

Avant la première leçon

Le passé composé

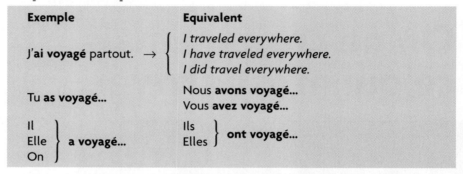

Exemple	Equivalent
J'ai **voyagé** partout. →	*I traveled everywhere.* / *I have traveled everywhere.* / *I did travel everywhere.*
Tu **as voyagé**...	Nous **avons voyagé**... / Vous **avez voyagé**...
Il / Elle / On } **a voyagé**...	Ils / Elles } **ont voyagé**...

FORMATION: present tense of **avoir** or **être** (auxiliary verb) + past participle

A. Le participe passé: formes régulières

- Change **-er** ending of infinitive to **é**.
- Change **-ir** ending of infinitive to **i**.
- Change **-re** ending of infinitive to **u**.

traverser	→	traversé
finir	→	fini
perdre	→	perdu

B. L'auxiliaire

- Most verbs are conjugated with **avoir**.
- All pronominal (reflexive) verbs, as well as the following verbs of motion, require **être**:

naître	partir	descendre	aller	devenir	rentrer
mourir	passer	entrer	venir	rester	tomber
arriver	monter	sortir	revenir	retourner	

NOTE: All object and reflexive pronouns precede the auxiliary verb:

Il **m**'a regardé longtemps. Puis, il **s'en** est allé.

C. L'accord du participe passé

- When the auxiliary verb is **être**, the past participle agrees (in gender and number) with the *subject:*

Claire est **arrivée** en retard, comme d'habitude.

- When the auxiliary verb is **avoir**, there is usually no agreement:

  Elle a **fourni** (provided) ses excuses habituelles.

- With a *preceding direct object,* the past participle agrees (in gender and number) with the *direct object:*

  Elle **les** a **présentées** d'un air contrit.
  Les excuses qu'elle a **données** étaient assez compliquées.

- With a *preceding indirect object* or **en**, there is no agreement:

  On ne **lui** a pas **fait** beaucoup de compliments.

D. Le négatif

Je **n'**ai **pas** oublié ton anniversaire, ma chérie, mais je **ne** me suis **pas** souvenu de t'envoyer une carte à temps!

E. L'interrogatif

Est-ce que **vous avez** voyagé à l'étranger?
Avez-vous voyagé à l'étranger?
Est-ce que **vous** ne **vous êtes** pas arrêté(e) en Grèce?
Ne **vous êtes-vous** pas arrêté(e) en Grèce?

Avant la deuxième leçon

L'imparfait

Exemple		Equivalent
J'**allais** à la plage...	→	*I used to go to the beach . . .* *I was going to the beach . . .* *I went to the beach . . .*
Tu **allais**...		Nous **allions**... Vous **alliez**...
Il Elle } **allait** On		Ils Elles } **allaient**...

FORMATION:

- *Stem:* **nous** form of present tense minus **-ons**

  EXAMPLE: **ven**-ons, **écriv**-ons

  ONLY EXCEPTION: être (*stem:* **ét-**)

- *Endings:*   **-ais**   **-ions**
  　　　　　　 -ais   **-iez**
  　　　　　　 -ait   **-aient**

REMINDER: Verbs ending in **-cer** add a **cédille** to the **c (ç)** before the endings **-ais**, **-ait**, and **-aient**; verbs ending in **-ger** add **e** before the same endings.

Quand il **commençait** à faire chaud, nous allions à la plage.
Tes parents **voyageaient** souvent à l'étranger, n'est-ce pas?

Voyage à San Francisco.
Mettez les phrases suivantes au passé composé.

1. Jessica et moi, nous arrivons à San Francisco à 3 heures de l'après-midi.
2. Nous allons tout de suite à l'hôtel.
3. Après, je visite Fisherman's Wharf.
4. Jessica préfère se promener près des boutiques.
5. Plus tard nous dînons au bord de l'eau.
6. Nous rentrons à l'hôtel assez tard.

L'enfance. Complétez les phrases suivantes en utilisant l'imparfait. Quand j'étais petit(e)...

1. je dors beaucoup.
2. ma mère prépare les repas.
3. ma grande sœur me lit des livres.
4. nous ne regardons pas souvent la télé.
5. je vais à l'école maternelle.
6. je n'aime pas les légumes.
7. mon père promène le chien.
8. je me couche de bonne heure.

NOTE:

- In the **nous** and **vous** forms, however, the verbs that end in **-ger** do not take an **e**:

  Nous **voyagions** souvent en Afrique.

- Remember the spelling of **nous étudiions** in the imperfect. All verbs ending in **-ier (crier, prier)** take two **i**'s.

Avant la troisième leçon

Le plus-que-parfait

Exemple		Equivalent
J'**avais** déjà **téléphoné** quand Marc est rentré.	→	*I had already telephoned when Marc got home.*
Tu **avais téléphoné...**		Nous **avions téléphoné...** Vous **aviez téléphoné...**
Il Elle } **avait téléphoné...** On		Ils Elles } **avaient téléphoné...**

FORMATION: imperfect tense of **avoir** or **être** + past participle

NOTE: Agreement rules, word order, and negative/interrogative patterns are the same as for the **passé composé**.

◆ Parmi les 322 châteaux situés dans la vallée de la Loire se trouve Cheverny qui est le plus magnifiquement meublé. ■

Est-ce que vous voudriez visiter les châteaux de la Loire? Pourquoi?

Comment dire qu'on se souvient/ne se souvient pas de quelque chose

Conversation

Premières impressions

Soulignez:

- plusieurs façons de dire qu'on se souvient de quelque chose
- plusieurs façons de demander à quelqu'un de raconter ses souvenirs

Trouvez:

- où Katia et Marc sont allés en vacances

Rappel: Have you reviewed the passé composé? (Text pp. 124–125 and Workbook)

Après un bon repas ensemble, un groupe de jeunes parlent de choses diverses. La conversation en vient maintenant à des vacances passées.

KATIA: Oh, on a eu des vacances épouvantables°...

NADINE: Qu'est-ce qui vous est arrivé?

KATIA: Tu te souviens, Marc?

MARC: Oui, je me souviens. Ça a commencé avec le voyage, et ça a continué jusqu'au retour. Au départ de Paris, gare de Lyon, il y avait deux adolescents, sales, mal habillés, qui se sont installés en face de nous dans le compartiment. Bon début!

KATIA: Ils devaient être frères. L'un avait 13 ou 14 ans, l'autre un an de plus. Ils étaient vraiment mal élevés. Tu te rappelles? Ils étaient très, très grossiers°... Et en plus, tu te souviens, l'aîné n'arrêtait pas de jurer°...

MARC: C'était agaçant.° Et puis, ils n'arrêtaient pas de se lever et de se bousculer.° Ils voulaient tout le temps descendre leur sac, pour un oui ou un non:° leurs billets, leurs sandwiches, leurs gourdes° et j'en passe!°

LAURENCE: Ça devait être pénible!

KATIA: Oui, je ne l'oublierai jamais. C'est la première fois qu'on allait en Suisse, hein, Marc?

MARC: Oui, c'est ça. Et puis le lendemain, on m'a piqué° ma montre.

KATIA: Ah bon? Je ne me souviens pas de ça, moi, c'est marrant!° C'était quand?

MARC: Je ne sais plus, mais pendant la nuit, je crois. Je dormais et quand je me suis réveillé, plus de montre. On l'a cherchée partout, tu ne te rappelles pas?

KATIA: Ah, si, si! Je me souviens maintenant! Quelle horreur! On ne savait plus l'heure.

MARC: Je me sentais tout perdu sans montre! C'est drôle, on n'a pas l'habitude.

A suivre

épouvantable *horrible*

grossier *rude*
jurer *to swear*
agaçant *annoying*
se bousculer *to bump each other*
pour un oui ou un non *for any old thing* / **une gourde** *flask* / **j'en passe** *and that's not all*

piquer *(slang) to steal*
marrant *(slang) funny; strange*

Observation et analyse

1. Qui parle de ses vacances passées à l'étranger?
2. Qu'est-ce que vous savez des adolescents qui étaient dans le compartiment avec Katia et Marc?
3. Quel autre événement mémorable leur est arrivé pendant le voyage?
4. Est-ce que vous pensez que Katia et Marc partent souvent en vacances? Comment le savez-vous?

Réactions

1. Qu'est-ce que vous pensez de ces adolescents? Est-ce que vous auriez eu la même réaction que Katia et Marc ont eue? Expliquez.
2. Est-ce que quelqu'un vous a déjà volé une montre? autre chose? Racontez l'histoire.
3. Est-ce que vous avez eu des vacances mémorables comme celles de Katia et de Marc? Expliquez.

Expressions typiques pour...

Demander si quelqu'un se souvient de quelque chose

Est-ce que tu te souviens de (nos vacances à...)?
Est-ce que tu te rappelles (nos vacances à...)?
Vous n'avez pas oublié... ?

Dire qu'on se souvient

Je me souviens encore de...
Je me rappelle bien le...
Je ne l'oublierai jamais.

Dire qu'on ne se souvient pas

Je ne m'en souviens pas.
Tiens! Je ne me le rappelle plus!
J'ai complètement oublié.

◆ **Se souvenir de** and **se rappeler** both mean *to remember*. Note, however, that you will use the preposition **de** with **se souvenir**. For example:

—Je me souviens **de** nos vacances en Grèce.

—Moi, je me rappelle nos vacances en Italie.

When using a pronoun, you will say **Je *m'en* souviens** or **Je me *les* rappelle.** ∎

Demander à quelqu'un de raconter ses souvenirs

Qu'est-ce qui t'est arrivé?
Parle-moi du jour où tu...
Il paraît qu'une fois tu...
Une fois, n'est-ce pas, tu...

Commencer à raconter des souvenirs

J'ai de très bons/mauvais souvenirs *(memories)* de...
Si j'ai bonne mémoire *(memory)*...
Autant qu'il m'en souvienne... *(As far as I remember . . .)*
Je me souviens de l'époque où j'étais gosse *(kid)* et où j'aimais...
Quand j'étais jeune,...

Mots et expressions utiles

Les vacances

une agence de voyages *travel agency*
une brochure/un dépliant *pamphlet*
les congés [m pl] payés *paid vacation*
passer des vacances magnifiques/épouvantables
   to spend a magnificent/horrible vacation
un séjour *stay, visit*
un souvenir *memory* (avoir un bon souvenir);
   souvenir (acheter des souvenirs)
le syndicat d'initiative *tourist office*
visiter (un endroit) *to visit (a place)*

Des choix

aller à l'étranger *to go abroad*
aller voir quelqu'un *to visit someone*
un appartement de location *a rental apartment*
descendre dans un hôtel *to stay in a hotel*
rendre visite à (quelqu'un) *to visit (someone)*
un terrain de camping *campground* (aller dans
   un…)

louer = rent

Les transports

une correspondance – connection (flight)

atterrir *to land (plane)*
décoller *to take off (plane)*
un vol (direct/avec escale) *a flight (direct/with a
   stopover)*
avoir une contravention *to get a ticket, fine*
avoir un pneu crevé *to have a flat tire*

un car *bus (traveling between towns)*
la circulation *traffic*
descendre de (la voiture, etc.) *to get out of (the
   car, etc.)*
être pris(e) dans un embouteillage *to be caught in
   a traffic tie-up/jam*
faire le plein *to fill up (gas tank)*
garer la voiture *to park the car*
monter dans (une voiture/un bus/un taxi/un
   avion/un train) *to get into (a
   car/bus/taxi/plane/train)*
passer un Alcootest® *to take a Breathalyzer® test*
ramener *to bring someone (something) back; to
   drive someone home*
tomber en panne d'essence *to run out of gas*
faire de l'auto-stop *to hitchhike*
manquer le train *to miss the train*
se tromper de train *to take the wrong train*

Divers

avoir le mal du pays *to be homesick*
flâner *to stroll*
grossier (grossière) *rude*
jurer *to swear*
piquer *(slang) to steal*
se bousculer *to bump, jostle each other*
se perdre *to get lost*

M I S E   E N   P R A T I Q U E

En juillet, au moment où des milliers de Québécois se trouvaient sur la côte est des Etats-Unis, le cyclone Bob se dirigeait vers le Cap Hatteras. Martine et Paul Duchesne étaient en vacances en Caroline du Nord. Ils **rendaient visite** à la sœur de Paul, qui habitait près des îles d'Outer Banks. Martine voulait **flâner** sur les plages, au soleil, mais ce **séjour** n'allait pas être calme…

La police avait mis des barrages routiers *(barriers)* en place pour arrêter les automobilistes qui se dirigeaient vers les îles d'Outer Banks et faisait évacuer *(evacuate)* les touristes qui étaient **descendus dans les hôtels** et les **appartements de location** des îles et de la côte. La **circulation** était dense et il y avait beaucoup d'**embouteillages**. Sur la côte, il n'y avait plus assez d'essence pour **faire le plein**. Comme les avions avaient du mal à **atterrir** à cause du vent et de la pluie, la plupart des **vols** avaient été annulés. Le service national des parcs avait aussi pris des mesures de sécurité et avait fermé des **terrains de camping** et les plages de la côte et des îles. Paul et Martine se demandaient où ils pouvaient aller…

Adapté du Journal de Québec.

Liens culturels

Airbus Industrie: Un consortium très dynamique de six pays, dont la France, qui fabrique et vend des avions dans le monde entier, y compris aux Etats-Unis.

Ariane: Une fusée spatiale *(space rocket)* européenne (à la fabrication de laquelle participe la France) qui lance des satellites de communication et de commerce.

Concorde: Une réalisation franco-britannique, c'est le seul avion supersonique au monde à faire des vols commerciaux. Durée du vol entre Paris et New York: un peu plus de trois heures.

Formule 1: Un billet qui permet l'accès à tous les transports parisiens (métro, bus, trains de banlieue) pour une journée. Le billet équivalent, valable pour une semaine ou un mois, s'appelle la Carte Orange. Celui qui est valable pour un an s'appelle la Carte Intégrale.

TGV: (Train à grande vitesse) Le train le plus rapide du monde (300 km/h maximum), caractérisé par le confort et l'économie.

Le tunnel sous la Manche: Ce projet franco-britannique relie l'Angleterre à la France depuis mai 1994. Les passagers voyagent dans des TGV qu'on a baptisés Eurostar et qui mettent Londres à environ trois heures de Paris. Quant aux automobilistes, ils peuvent traverser le tunnel sous la Manche dans leur voiture, installée dans un train spécialement aménagé à cet effet.

Journal français d'Amérique, 23 décembre 1994–19 janvier 1995 (p. 12); *Quid 2000* (p. 1476c).

ACTIVITÉS

A. Entraînez-vous: Souvenirs. Demandez à chaque personne suivante s'il/si elle se souvient de l'événement donné. Un(e) camarade de classe va jouer les rôles. Variez la forme des questions et des réponses en utilisant les *Expressions typiques pour...*

MODÈLE: un(e) ami(e) d'université: le voyage à New York
—*Est-ce que tu te souviens du voyage à New York que nous avons fait il y a trois ans?*
—*Oui, je m'en souviens bien.*

1. votre mère/père: le jour où vous êtes né(e)
2. votre petit(e) ami(e): votre premier rendez-vous
3. vos étudiants: les devoirs pour aujourd'hui

4. votre frère/sœur aîné(e): les vacances à...
5. votre ami(e): la première fois qu'il/elle a conduit une voiture
6. votre camarade de chambre: ce qu'il/elle a fait hier soir à la petite fête *(party)*

B. A l'agence de voyages.

Vous parlez avec l'agent de voyages, mais vous avez du mal à entendre à cause des autres conversations dans le bureau. Remplissez les blancs avec les mots suivants: **flâner, à l'étranger, visiter, rendre visite à, vols, le mal du pays, circulation, garer, séjour, brochures.**

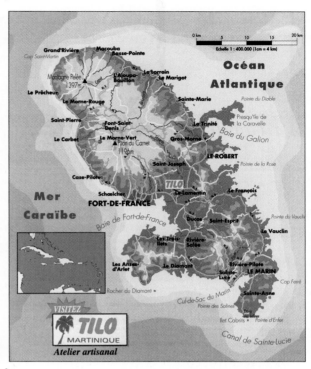

> VOUS: Bonjour, Madame Riboni.
>
> L'AGENT: Bonjour. Comment allez-vous?
>
> VOUS: Bien, merci. Et vous?
>
> L'AGENT: Très bien. Eh bien, est-ce que je peux vous renseigner?
>
> VOUS: Oui, je veux aller _____ cette fois-ci au mois de mai. J'aimerais _____ un endroit où il fasse très beau à ce moment-là.
>
> L'AGENT: Préférez-vous la mer ou la montagne?
>
> VOUS: Plutôt la mer. Je veux me reposer. Mais je veux également pouvoir _____ en ville.
>
> L'AGENT: Préférez-vous les grandes villes ou les petites?
>
> VOUS: Ça m'est égal, pourvu qu'il *(provided that)* n'y ait pas trop de _____. Je veux pouvoir _____ la voiture sans trop de problèmes. Mais je dois dire que je préférerais une région où l'on parle français pour que je n'aie pas trop _____. Après, je vais _____ à un ami à Miami, en Floride.
>
> L'AGENT: Alors, pourquoi ne pas aller dans une île des Caraïbes? Je pense, par exemple, à la Guadeloupe ou à la Martinique. Il y a des _____ de Paris à Fort-de-France tous les jours. Vous pourriez passer un _____ très agréable là-bas. Il y a même le Club Med, si ça vous intéresse.
>
> VOUS: Est-ce que vous auriez des _____ ou des dépliants *(leaflets)* à me donner?

Que voudriez faire si vous voyagiez à l'étranger? Racontez.

◆ A peu près 9% des Français passent des vacances à l'étranger chaque année (*Francoscopie 2001*, Larousse, p. 462). ■

C. En famille.

Vous vous trouvez à une réunion de famille. Faites raconter aux personnes suivantes les expériences ci-dessous. Jouez chaque scène avec un(e) camarade de classe. Variez la forme des questions et des réponses.

> MODÈLE: tante Christine et son accident de voiture
> —*Parle-moi du jour où tu as eu un accident de voiture.*
> —*Oh! Quelle histoire! C'est un mauvais souvenir que j'essaie d'oublier. C'était...*

1. cousine Manon et son voyage en Californie
2. vos grands-parents et leur voyage de noces
3. oncle Jean-Pierre et ses aventures comme coureur *(racer)* au Tour de France 1995
4. vos parents et leur lune de miel *(honeymoon)*
5. oncle Mathieu et la croix de guerre qu'il a reçue pendant la Seconde Guerre mondiale

D. Questions indiscrètes. Posez les questions suivantes à un(e) ami(e). Donnez un résumé de ses réponses à la classe.

1. Combien de semaines de congés payés est-ce que tu as généralement? Et tes parents?
2. Pendant ton dernier voyage, où est-ce que tu es allé(e)? Comment est-ce que tu as voyagé? Tu as rendu visite à quelqu'un? A qui?
3. Tu voyages souvent en voiture? A quelle vitesse est-ce que tu roules le plus souvent sur l'autoroute?[1]
4. Tu as déjà eu une contravention pour excès de vitesse? A quelle vitesse est-ce que tu roulais? Combien est-ce que la contravention t'a coûté?
5. Tu as déjà eu un pneu crevé *(flat tire)*? Si oui, qui a changé le pneu?
6. Tu es déjà tombé(e) en panne d'essence sur la route? Qu'est-ce que tu as fait?
7. Est-ce que tu as déjà pris un train ou un car ici ou dans un autre pays? Où allais-tu? Avec qui?

---

[1] La limite de vitesse en France est de 130 km à l'heure (84 miles/hr) sur les autoroutes. Quand il pleut, cette limite est réduite à 110 km à l'heure.

LA GRAMMAIRE À APPRENDRE

Le passé composé

The **passé composé** is one of the past tenses used frequently in French to talk about past events. The following rules complete the description, begun in *La grammaire à réviser*, of how to form the tense.

A. Le participe passé: formes irrégulières. The following irregular verbs also have irregular past participles:

avoir	**eu**
craindre	**craint**
être	**été**
faire	**fait**
mourir	**mort**
naître	**né**

-ert	
découvrir	**découvert**
offrir	**offert**

-it	
conduire	**conduit**
dire	**dit**
écrire	**écrit**

-is	
asseoir	**assis**
mettre	**mis**
prendre	**pris**

-i	
rire	**ri**
suivre	**suivi**

-u	
boire	**bu**
connaître	**connu**
courir	**couru**
croire	**cru**
devoir	**dû**
falloir	**fallu**
lire	**lu**
plaire/pleuvoir	**plu**
pouvoir	**pu**
recevoir	**reçu**
savoir	**su**
venir	**venu**
vivre	**vécu**
voir	**vu**
vouloir	**voulu**

B. Le choix de l'auxiliaire. A few verbs—**descendre, monter, passer, sortir, retourner,** and **rentrer**—that normally use **être** as the auxiliary, take **avoir** and follow the **avoir** agreement rules when there is a direct object in the sentence. Notice how the meaning changes with some of the verbs in the following examples.

> (C'est Mathieu qui parle.)
> Hier je **suis descendu** *(went down)* voir mon amie Sylvie.
> La rue que j'**ai descendue** *(went down)* était en construction.
> Je **suis monté** *(went up)* à son appartement...
>   et j'**ai monté** *(climbed, went up)* l'escalier.
> L'après-midi **est** vite **passé** *(went by, passed)*.
> En fait, j'**ai passé** *(spent)* tout l'après-midi chez elle.
> A sept heures, nous **sommes sortis** *(went out)* pour manger.
> Après le repas, j'**ai sorti** *(took out)* mon argent, mais
>   elle a insisté pour partager l'addition.
> Je l'ai ramenée chez elle vers dix heures, puis
>   je **suis retourné** *(returned)* au restaurant pour aller
>   chercher le parapluie que j'y avais laissé.
> J'ai eu une idée que j'**ai tournée** et **retournée** *(turned over)*
>   dans ma tête.
> Pensif, je **suis rentré** *(came home)* chez moi.
> J'**ai rentré** *(put away)* la voiture dans le garage et je suis
>   entré dans le salon.
> Finalement, j'ai téléphoné à Sylvie pour lui
>   demander si elle voulait bien devenir ma femme.

C. Le passé composé des verbes pronominaux. As you know, pronominal verbs are conjugated with **être**, and the reflexive pronoun precedes the auxiliary.

> Malheureusement, il ne **s'est** pas **rappelé** mon adresse.

- The past participle will agree with the reflexive pronoun if it acts as a direct object. If the verb is followed by a direct object noun, the reflexive pronoun becomes the indirect object, and consequently no agreement is made.

> Elle s'est **lavée.**
> Elle s'est **lavé** la figure.

- With verbs such as **s'écrire, se dire, se téléphoner, se parler, se demander,** and **se rendre compte,** the reflexive pronoun functions as an indirect object because the simple verbs **écrire, dire, téléphoner,** etc., take the construction **à quelqu'un.** Thus, agreement is not made.

> Les sœurs **se sont écrit** pendant leur longue séparation.
> Elles **se sont dit** beaucoup de choses dans leurs lettres.
> Elles **se sont téléphoné** une fois par semaine.

Est-ce que vous aimeriez prendre le Riverain pour découvrir la métropole montréalaise?

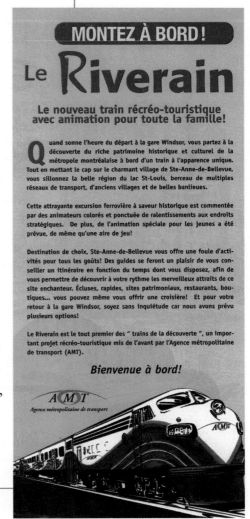

MONTEZ À BORD !

Le **Riverain**

Le nouveau train récréo-touristique avec animation pour toute la famille!

Quand sonne l'heure du départ à la gare Windsor, vous partez à la découverte du riche patrimoine historique et culturel de la métropole montréalaise à bord d'un train à l'apparence unique. Tout en mettant le cap sur le charmant village de Ste-Anne-de-Bellevue, vous sillonnez la belle région du lac St-Louis, berceau de multiples réseaux de transport, d'anciens villages et de belles banlieues.

Cette attrayante excursion ferroviaire à saveur historique est commentée par des animateurs colorés et ponctuée de ralentissements aux endroits stratégiques. De plus, de l'animation spéciale pour les jeunes a été prévue, de même qu'une aire de jeu!

Destination de choix, Ste-Anne-de-Bellevue vous offre une foule d'activités pour tous les goûts! Des guides se feront un plaisir de vous conseiller un itinéraire en fonction du temps dont vous disposez, afin de vous permettre de découvrir à votre rythme les merveilleux attraits de ce site enchanteur. Écluses, rapides, sites patrimoniaux, restaurants, boutiques... vous pouvez même vous offrir une croisière! Et pour votre retour à la gare Windsor, soyez sans inquiétude car nous avons prévu plusieurs options!

Le Riverain est le tout premier des " trains de la découverte ", un important projet récréo-touristique mis de l'avant par l'Agence métropolitaine de transport (AMT).

Bienvenue à bord!

AMT *Agence métropolitaine de transport*

A. Les nouvelles. Voici quelques titres *(headlines)* tirés d'un numéro du journal français *Le Figaro* (25 juillet 2000). Racontez ce qui s'est passé ce jour-là en mettant chaque titre au passé composé.

1. **PARIS FETE L'AMERICAIN LANCE ARMSTRONG**
2. **MME TIBERI[2] CONTRE-ATTAQUE**
3. **LA MARINE NATIONALE SEDUIT MOINS D'ENGAGES**
4. **ON DECOUVRE DES RESTES D'UN HOMINIDE PLUS VIEUX QUE LUCY**
5. **YAHOO SE DIT INCAPABLE D'INTERDIRE L'ACCES DE SITES NAZIS**
6. **L'HOMME IMPLIQUE DANS L'ASSASSINAT D'UNE RICHE VEUVE DISPARAIT**

B. La Louisiane. Caroline raconte ses souvenirs de vacances en Louisiane. Complétez son histoire en remplissant les blancs avec le passé composé d'un des verbes suivants.

lire / arriver / voir / ramener / aller / manquer

Je me rappelle bien les vacances de l'été passé quand nous _____ en Louisiane. Avant de partir, notre agence de voyages nous avait donné *(had given)* des brochures touristiques que nous _____ avec grand plaisir. Donc quand nous _____ à La Nouvelle-Orléans, nous ne _____ pas _____ de passer par le Vieux Carré *(the French Quarter)* où nous _____ la vieille cathédrale Saint-Louis.

descendre / faire / partir / parcourir *(to travel up and down)*

Nous _____ la rue Decatur pour visiter le Marché français. Une partie du groupe _____ les bayous célèbres et d'autres _____ une croisière *(cruise)* sur le Mississippi.

passer / découvrir / flâner / rentrer / offrir / boire

Mais tout le monde _____ les délices extraordinaires de la cuisine créole. La Nouvelle-Orléans nous _____ toutes les spécialités louisianaises comme le jambalaya et les beignets *(doughnuts)* Calas. Et bien sûr, nous _____ du café brûlot *(coffee mixed with whiskey)*. Il faut dire que tout le monde _____ des vacances merveilleuses. Quand nous _____ en France, c'était avec regret.

C. En vacances. Choisissez un des deux groupes de verbes et de mots ci-dessous pour interviewer un(e) camarade de classe au sujet de son dernier voyage.

1. passer les vacances: avec qui?
   s'arrêter: dans quelles villes?
   s'amuser: comment?
   pleuvoir: pendant le séjour?
   écrire des cartes postales: à qui?

2. faire du tourisme: où?
   s'ennuyer: un peu/pourquoi?
   lire/boire: qu'est-ce que?
   prendre des photos: combien?
   rentrer: quand?

[2] Xavière Tiberi est l'épouse du maire de Paris. Elle est accusée d'avoir manipulé des listes électorales.

Interactions

A. Il était une fois. Jouez le rôle de votre grand-père/grand-mère ou d'une autre personne âgée de votre famille. Votre partenaire sera le petit-fils/la petite-fille. Il/Elle essayera de vous faire vous rappeler un incident de votre jeunesse. Par exemple, votre première journée à l'école, la première fois que vous êtes sorti(e) avec quelqu'un, le jour où vous avez séché un cours, le jour où vous êtes tombé(e) en panne d'essence pendant votre lune de miel, etc. Au début, vous ne vous souvenez pas de ce qu'il/elle raconte mais après un petit moment vous commencez à raconter l'histoire. Utilisez les cinq expressions typiques présentées à la page 128.

B. Vacances exotiques. Imaginez que vous êtes en vacances dans un endroit exotique—un endroit que vous rêvez de visiter depuis longtemps. Ecrivez trois cartes postales différentes à des amis ou aux membres de votre famille. Racontez des événements différents à chaque personne.

Phrases: Writing a letter (informal)
Vocabulary: Traveling
Grammar: Compound past tense; participle agreement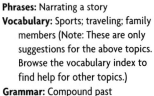

Préparation DOSSIER PERSONNEL

In this chapter, you will practice writing a personal narrative in which you will tell or narrate something that happened to you or someone you know.

1. First of all, choose two or three important events in your life (for example, receiving an award, meeting the person of your dreams, a sporting event, your wedding or a wedding you were in, a memorable vacation, the worst/best day of your life, a funny/embarrassing moment, a sad or touching event).
2. After you have listed these events, next to each item, write some interesting details that you remember about the event.
3. Free write on one or more of these topics to see how much you have to say. Describe what happened and try to organize your notes in a time-ordered sequence.
4. In pairs or small groups, share your notes to get ideas from classmates.

Phrases: Narrating a story
Vocabulary: Sports; traveling; family members (Note: These are only suggestions for the above topics. Browse the vocabulary index to find help for other topics.)
Grammar: Compound past tense

LEÇON 2

Comment raconter une histoire

Conversation (SUITE)

Premières impressions

Rappel: Have you reviewed the imperfect tense? (Text pp. 125–126 and Workbook)

Soulignez:
- les expressions qu'on utilise pour céder la parole à quelqu'un
- les expressions pour lier *(link)* une suite *(series)* d'événements

Trouvez:
- ce que Laurence a vu dans les bayous

Les amies de Marc et de Katia continuent à se raconter leurs vacances.

NADINE: Dis donc, Laurence. Tu es bien partie en Louisiane?

KATIA: Allez, raconte, j'aimerais y aller un jour!

LAURENCE: C'était vraiment extraordinaire! Tu sais, d'abord, on est allé à La Nouvelle-Orléans. On est descendu dans un hôtel tout près du Mississippi. C'était comme dans les romans: la nuit, on entendait le bruit des bateaux sur le fleuve... Mais tu ne croiras jamais ce qui nous est arrivé! Un jour, on est allé dans les «bayous». On était dans une barque° et on regardait les crocodiles sur la rive° et dans l'eau, autour de nous. Tout à coup, il y en a un qui a arraché° le nounours° d'un enfant, sous nos yeux, dans notre barque!

NADINE: Hein? Tu plaisantes!

LAURENCE: Non, je t'assure. L'enfant était assis entre ses parents. Notre guide, qui était Cajun, nous a rassurés, mais je crois que tout le monde avait peur que ça ne se reproduise.

NADINE: J'imagine que ce guide parlait français?

LAURENCE: Oui, mais avec un accent qui n'est pas le même que l'accent canadien. Tu sais au XVIIIe siècle, les Anglais ont chassé les Français du Canada, les «Acadiens». Les Acadiens sont allés en Louisiane, et au bout d'un certain temps, on a fini par les appeler «Cajuns».

NADINE: Alors, Cajun, c'est une déformation du mot acadien?

LAURENCE: Oui, c'est une déformation. La prononciation a changé. Tu sais, le guide était assez facile à comprendre, mais je ne comprenais pas les gens qui parlaient cajun entre eux. Comme j'ai l'habitude des accents régionaux en France, je crois que j'aurais pu me débrouiller° en quelques semaines.

A suivre

---

une barque *small boat*

la rive *bank*

arracher de *to grab from* / **le nounours** *teddy bear*

se débrouiller *to manage, get along*

Observation et analyse

1. Où est-ce que l'aventure de Laurence a eu lieu? Qu'est-ce qui s'est passé?
2. D'où viennent les Cajuns? Pourquoi sont-ils partis? Où sont-ils allés?
3. D'où vient la langue des Cajuns? Qu'est-ce qu'il faut pour comprendre la langue?
4. Est-ce que vous pensez que l'histoire de Laurence soit vraie? Expliquez.

Réactions

1. Est-ce que vous avez déjà visité La Nouvelle-Orléans? Et les bayous? Si oui, qu'est-ce que vous avez pensé de cette région? Sinon, qu'est-ce que vous savez des Français de Louisiane?
2. Quels accents français est-ce que vous connaissez, de réputation ou par expérience personnelle? Savez-vous les origines de certains de ces accents? Et quels accents américains est-ce que vous connaissez?

Expressions typiques pour...

Raconter une histoire

Prendre la parole

Est-ce que tu sais ce qui (m')est arrivé?
Tu ne croiras jamais ce qui (m')est arrivé!
Ecoute, il faut que je te raconte quelque chose.
Devine ce que je viens de faire!

Céder la parole à quelqu'un

Dis-moi (vite)!   Je t'écoute.
Raconte!   Qu'est-ce qui s'est passé?

Lier une suite d'événements

Commencer

D'abord...   Quand (je suis arrivé[e])...
Au début...   J'ai commencé par (+ infinitif)...

Continuer

Et puis...   Un peu plus tard...
Alors...   Tout à coup...
Ensuite...   Avant (de)...
Au bout d'un moment...   Après...
En même temps/Au même moment...

Terminer

Enfin...   A la fin...
Finalement...   J'ai fini par (+ infinitif)...

◆ **Commencer par** indicates the first action in a series. ■

◆ **avant** + noun; **avant de** + infinitive: **avant midi/avant de partir**; **avant que** see *Chapitre 7* for this form. ■

◆ **après** + noun/pronoun; **après** + past infinitive (inf. of auxiliary + past part.): **après minuit/après avoir lu** ■

◆ **Finir par** means to *end up doing something* after other options have been considered: **D'abord nous voulions aller en Louisiane, puis nous avons pensé à la Martinique et à la Guadeloupe. Nous *avons fini* par aller à Haïti.** ■

La Nouvelle-Orléans, en Louisiane

◆ Des 1 100 000 Louisianais qui se reconnaissent d'origine française, 261 137 (à peu près 24%) parlent ou comprennent le français (*Quid 2000*, p. 2050c). ■

Est-ce que vous connaissez La Nouvelle-Orléans? Pourquoi est-ce que la ville est célèbre? L'avez-vous déjà visitée?

Mots et expressions utiles

A la douane *(customs)*

le douanier/la douanière *customs officer*
le passager/la passagère *passenger (on an airplane)*

confisquer *to confiscate*
déclarer (ses achats) *to declare (one's purchases)*
faire de la contrebande *to smuggle goods*
fouiller les bagages/les valises *to search, go through baggage/luggage*
montrer le passeport *to show one's passport*
passer à la douane *to go through customs*
payer des droits *to pay duty/tax*
se présenter à la douane *to appear at customs*

L'avion

débarquer *to get off*
embarquer *to go on board*

Divers

arracher de *to grab from*
se débrouiller *to manage, get along*

Anne raconte son retour aux Etats-Unis à ses amis français: «Eh bien, quand nous sommes arrivés à New York, il a fallu **nous présenter à la douane**, bien sûr. Mon mari et moi devions **déclarer nos achats**. Vous savez que j'avais acheté pas mal de cadeaux. Après nous avoir posé des questions, la **douanière a fouillé nos valises**. Elle devait croire que nous **faisions de la contrebande**! Elle n'a rien trouvé d'illégal, mais elle **a confisqué** des bijoux au monsieur qui était derrière nous. Il avait acheté du jade en Thaïlande et il ne l'**avait** pas **déclaré**.»

Quels pays francophones est-ce que vous connaissez en Afrique? en Europe? en Amérique? Dans quel pays est Bangui? Et Abidjan?

A. Entraînez-vous: Les événements. Racontez une suite de trois à cinq événements pour chaque sujet suivant. Utilisez les expressions pour lier une suite d'événements de la liste d'*Expressions typiques pour...*

> MODÈLE: comment vous avez commencé votre journée
> *D'abord je me suis réveillé(e) à 6h30. **Au bout d'un moment** je me suis levé(e). **Puis** je me suis lavé(e) et je me suis habillé(e). **Ensuite** j'ai fait le lit. Quand j'ai **finalement** bu mon café, il était déjà 7h30.*

1. comment vous vous êtes préparé(e) à vous coucher hier soir
2. ce qui s'est passé en cours de français hier
3. ce que vous (et vos parents) avez fait pendant votre première visite sur le campus
4. comment vous avez étudié pour votre dernier examen
5. ce que vous avez fait hier soir

B. Vous êtes le prof. Vos élèves ne comprennent pas leur vocabulaire. Aidez-les à apprendre en donnant un synonyme pour les expressions suivantes. Utilisez les *Mots et expressions utiles.*

1. dire ce qu'on a acheté
2. introduire illégalement des marchandises
3. celui/celle qui voyage en avion
4. descendre de l'avion
5. celui/celle qui travaille à la douane
6. inspecter les affaires de quelqu'un

C. Racontez! Avec un(e) partenaire, racontez une petite histoire en employant les expressions pour prendre et céder la parole. Ensuite, changez de partenaire et utilisez les expressions sans regarder la liste.

SUJETS POSSIBLES:
1. ce qui s'est passé pendant le week-end
2. les potins *(gossip)* du monde du cinéma ou de la chanson
3. ce qui vous est arrivé pendant votre rendez-vous avec votre petit(e) ami(e) récemment

■ LA GRAMMAIRE À APPRENDRE

L'emploi de l'imparfait

A. Along with the **passé composé**, the imperfect tense plays an important role when telling a story or describing past events or conditions in French. Its main emphasis is on description, as the following uses illustrate:

- *Background description:* To say what the weather was like; what people were doing; what was going on; what the setting and time frame were.

  C'**était** il y a trois ans, en juin. Il **faisait** très beau ce jour-là. Tout le monde **s'amusait** à la plage.

- *Habitual, repetitive action:* To describe or state past events that were repeated for an unspecified period or number of times.

  CLUES: **souvent; d'habitude; chaque semaine; toujours; tous les jours, tous les lundis,** etc.

  On **allait souvent** au bord de la mer. Mes frères **étaient** petits. C'**était** facile.

- *Conditions or states of mind:* To describe states or conditions that continued over an unspecified period of time.

  CLUES: **savoir, connaître, penser, être, avoir, vouloir, pouvoir, aimer, détester** (abstract verbs)

  Tout ce que je **voulais** faire, c'**était** me reposer et m'amuser avec mes frères.

- *Continuous actions:* To describe how things were or to describe an action that was going on when another action (in the **passé composé**) interrupted it.

  Un jour je **dormais** sur le sable chaud quand soudain j'ai entendu des appels au secours qui **venaient** de la mer.

  NOTE: To express that the action *had been going on* for a period of time before it was interrupted, use imperfect + **depuis**. This is the past equivalent of present + **depuis**.

  C'était Julien, mon petit frère. Apparemment, il **était** en difficulté **depuis** quelques minutes.

- With *venir de + infinitive*: To describe an action that *had just* happened. Notice that this is the past tense equivalent of **venir de** (present tense) + infinitive.

  Je me suis levé à toute vitesse; j'ai couru vers lui aussi vite que j'ai pu et puis je l'ai rejoint à la nage. Je **venais de** l'atteindre quand j'ai vu une vedette à moteur *(motor boat)* qui approchait.

B. The imperfect can also be used with **si** to carry out functions such as:

- inviting someone to do something

  Si nous **dînions** au restaurant ce soir?
  How about having dinner at a restaurant this evening?

- suggesting a course of action

  Si je **faisais** des réservations?
  Why don't I make the reservations?

- expressing a wish or regret

  Ah, si seulement j'**étais** riche!
  If only I were rich!

A. Votre enfance. Posez les questions suivantes à un(e) ami(e). Donnez un résumé de ses réponses à la classe.

1. En général où est-ce que tes parents et toi, vous alliez en vacances quand tu étais petit(e)?
2. Qu'est-ce que tu faisais pour t'amuser avec tes amis? Est-ce que vous vous disputiez souvent?
3. Qu'est-ce que tu voulais devenir? Et maintenant?
4. Dans quelle sorte de logement est-ce que tu habitais?
5. Tu aimais l'école? Tu lisais beaucoup?

B. Invitations. Faites les propositions suivantes en utilisant **si + l'imparfait**. Variez les sujets. Votre partenaire doit répondre.

MODÈLE: aller au concert
—*Si nous allions au concert?*
—*Oui, c'est une bonne idée.*

1. faire une promenade sur la plage
2. voir le dernier film de Tom Cruise
3. prendre un verre à votre café préféré
4. sortir ensemble demain soir
5. venir chez vous pour le dîner
6. boire un peu de champagne pour fêter un événement

◆ Les vacances à la mer restent toujours très attrayantes pour les Français. Plus de 40% des vacances passées en France se déroulent en Bretagne ou sur les côtes atlantique ou méditerranéenne. (Adapté de Gérard Mermet, *Francoscopie 2001*, Larousse, p. 474.) ■

Est-ce que vous alliez souvent à la plage quand vous étiez petit(e)? Où?

C. A l'école en France. Jessica, une jeune Américaine, a fait sa quatrième année d'école primaire en France parce que son père avait été muté *(transferred)* à Nancy pour un an. Aidez-la à faire la description de son séjour en France avec des notes qu'elle a prises.

Je / avoir / dix ans à cette époque-là. Je / parler / très peu le français. Malheureusement, en France, toutes mes leçons / être / en français. Je / devoir / faire les maths et les sciences en français! Le pire, ce / être de parler / avec les autres / pendant la récréation *(recess)*. Je / me sentir / toute seule / au début. Personne ne / parler / anglais. Après deux mois, il / se produire (passé composé) / un miracle. Je / commencer / à tout comprendre et à m'exprimer en français. Maintenant je / se débrouiller / toujours bien en français.

LA GRAMMAIRE À APPRENDRE

L'emploi du passé composé

A. Whereas the **imparfait** describes past actions or conditions with reference to their continuation, the **passé composé** describes past events from the point of view of their completion:

- *Completed, isolated action:* A reported event tells what happened or what someone did.

  Je **suis allée** faire du ski.

- *Action completed in a specified period of time:* The beginning and/or end of the period is specified.

  J'**ai passé** une semaine dans une station de ski.

- *Action that happened a specific number of times:* The number of times an action occurred is detailed or implied.

  Je **suis allée** quatre fois sur les pistes.

- *Series of events:* A series of actions are reported that advance the story. Each answers the question, "And what happened next?"

  Le dernier jour de mes vacances je **suis montée** sur le télésiège *(chairlift)* comme d'habitude. Une fois arrivée, j'**ai respiré** à fond *(took a deep breath)*; je **me suis mise** en position de départ; je **me suis concentrée**; j'**ai pris** mes bâtons de ski; et je **suis partie**. Je **suis arrivée** en bas sans tomber une seule fois. C'était la première fois!

- *Change in state or condition:* Something occurs which causes alteration of an existing state or condition.

  Avant de descendre du télésiège, j'avais peur de tomber. Quand je me suis rendu compte que j'allais réussir un parcours sans chute, j'**ai été** très heureuse.

B. A few abstract verbs have special meanings when used in the **passé composé**:

	Imparfait		Passé composé	
savoir	je savais	*I knew*	j'ai su	*I found out*
pouvoir	je pouvais	*I could/was able*	j'ai pu	*I succeeded in*
vouloir	je voulais	*I wanted (to)*	j'ai voulu	*I tried to*
			je n'ai pas voulu	*I refused to*

Ce jour-là j'**ai pu** skier sans tomber... Le soir je **savais** que le ski allait devenir une passion.

Liens culturels

LES VACANCES—C'EST SACRÉ!

Depuis 1982, la loi garantit à chaque travailleur salarié français cinq semaines annuelles de congés payés. Beaucoup, par le jeu de l'ancienneté ou de conventions particulièrement avantageuses, disposent en fait d'au moins six semaines de congés annuels. Malgré les efforts du gouvernement pour encourager les Français à étaler *(spread out)* leurs congés sur l'année, la majorité des Français prend ses vacances en juillet et août. Tout ou presque tout s'arrête.

Mais où vont les Français? Comme dans les années précédentes, la mer et la campagne sont les destinations les plus populaires. Quarante-huit pour cent des vacanciers font des séjours chez des proches (parents ou amis).

Il faut ajouter que, depuis 1989, la France est la première destination

touristique du monde. L'Espagne et les Etats-Unis viennent en seconde et troisième positions.

Adapté de Gérard Mermet, *Francoscopie 2001* (Larousse, pp. 460–472).

Cinq semaines de congés payés par an: à votre avis, quels sont les avantages et les inconvénients d'une telle loi pour un pays et ses habitants?

Comparaison entre l'imparfait et le passé composé

Almost any time that you tell a story in French, you need to use a combination of past tenses. Study the comparison chart below to further your understanding of the **imparfait** and the **passé composé**.

Imparfait	Passé composé
Delphine **allait** souvent à Nantes pour rendre visite à ses grands-parents. *(habitual, repetitive action)*	
	Elle y **est allée** trois fois l'été passé. *(specific number of times)*
	Pendant sa dernière visite, quelque chose de formidable s'est passé. *(specified period of time)*
	Elle **est tombée** amoureuse. *(completed, isolated action)*
C'**était** un jour splendide.	
Il **faisait** beau dans la ville, mais il ne **faisait** pas trop chaud. *(background description)*	
Delphine **voulait** acheter un petit cadeau pour sa grand-mère. *(condition/state)*	
	Alors, elle **a pris** son sac et elle **est sortie** de la maison. Elle **a traversé** la rue, puis elle **a tourné** à gauche. *(series of events)*
Distraite par ses pensées, elle **marchait** sans regarder devant elle... *(continuing action)*	
	jusqu'au moment où elle **a bousculé** *(bumped into)* un jeune homme *(interruption)*
qui **regardait** une vitrine. *(condition/state)*	
	Surpris, ils **ont** tous les deux **été gênés** *(change in mental state)* et ils **ont commencé** à s'excuser. Cela **a été** le début d'un amour qui semble être éternel! *(specified period of time)*

NOTE: Although certain words may provide clues to a particular tense (e.g., **souvent** for the **imparfait** and **tout à coup** for the **passé composé**), the context will always provide the most help.

A. Faites une comparaison. Retournez à la *Conversation* de cette leçon et relisez l'histoire racontée par Laurence. Justifiez l'emploi du passé composé ou de l'imparfait dans chaque phrase en indiquant de quelle sorte de condition ou d'action il s'agit.

B. Complétez l'histoire. Terminez les phrases suivantes par un verbe à l'imparfait pour indiquer le contexte des actions.

1. Hier soir j'ai téléphoné à mon ami(e) parce que...
2. Je n'ai pas fait mes devoirs parce que...
3. Quand je me suis couché(e), mon chien...

Terminez les phrases suivantes par un verbe au passé composé qui indique l'action survenue *(intervening)*.

4. Je dormais depuis une demi-heure quand le téléphone...
5. J'étais certaine que c'était Jacques, alors je...
6. J'avais raison. Pendant un quart d'heure nous...

Terminez les phrases suivantes par un verbe à l'imparfait ou au passé composé, selon le contexte.

7. Le lendemain il faisait très beau, par conséquent nous...
8. Je venais de finir mon livre quand...
9. Puisque j'étais très fatigué(e), je...

C. Les aventures d'un chat. Karine a une histoire à raconter à propos de son chat.[3] Remplissez les blancs avec l'imparfait ou le passé composé du verbe entre parenthèses, selon le cas.

—Tu ne croiras jamais ce qui m'est arrivé!
—Raconte!
—Eh bien, l'autre jour je _____ (se faire bronzer) dans la cour quand je _____ (entendre) un chat. Les sons _____ (sembler) venir de l'autre côté de notre clôture *(fence)*. Bon, alors, je (j') _____ (courir) à toute vitesse puisque je _____ (s'attendre) à trouver mon chat mort à la suite d'une bagarre avec un autre animal. Mais ce _____ (ne pas être) le cas. Mon chat noir, bien vivant, _____ (être) là avec sa proie *(prey)*, une petite souris grise. Evidemment, il _____ (être) tellement fier de sa prouesse qu'il _____ (vouloir) me montrer sa prise. D'abord je _____ (se fâcher) parce qu'il m'avait fait peur. Mais, au bout de quelques secondes, j'_____ (être) très contente. Mon chat, normalement indifférent à tout humain, m'avait invitée à entrer dans son monde à lui pendant quelques instants.

---

[3] Plus de la moitié des familles françaises ont un animal familier. On dit que les intellectuels, les artistes, les instituteurs et les fonctionnaires préfèrent les chats, tandis que les commerçants, les artisans, les policiers, les militaires et les contremaîtres *(factory supervisors)* aiment mieux les chiens. (Gérard Mermet, *Francoscopie 2001*, Larousse, p. 200)

D. En vacances. Voici les pensées de M. Thibault pendant une journée lors de *(at the time of)* ses vacances à Paris. Le soir, il veut écrire ses pensées dans un journal. Récrivez les événements au passé pour son journal, en faisant attention au temps du verbe.

> Ce matin il fait chaud et il y a du soleil. J'espère voir le soleil toute la journée. Je vais au syndicat d'initiative à dix heures parce que je veux faire une excursion dans le Val de Loire. Les employés du syndicat me donnent beaucoup de renseignements utiles. Avec leur aide je sais où m'adresser pour louer une voiture. Je les remercie.
>
> La circulation à Paris est épouvantable et éprouvante, comme d'habitude, mais je réussis à sortir de la ville sans incident. Je conduis depuis une demi-heure quand j'entends un bruit d'éclatement *(blow-out)*. Zut, alors! Un pneu crevé! Je veux changer le pneu mais je ne sais pas comment faire. Il y a une station-service qui n'est pas trop loin, et je décide donc d'y aller à pied.
>
> Il n'y a pas cinq minutes que je marche quand il commence à pleuvoir et qu'il se met à faire froid. Ce n'est pas mon jour de chance! Enfin j'arrive à la station-service où l'on m'aide. Au bout d'une heure, je peux reprendre la route du Val de Loire!

Interactions

A. Une histoire. Racontez une histoire en français (au passé, bien sûr). Décrivez quelque chose qui vous est arrivé. Mettez autant de détails que possible. N'oubliez pas de lier les événements avec les expressions que vous venez d'apprendre. Après, vos camarades de classe vous poseront des questions pour deviner si votre histoire est vraie ou fausse.

> MODÈLE: *Alors, un jeune Français, qui avait très faim, est entré dans un restaurant qui se trouvait dans la banlieue de Londres. Il a demandé à la serveuse:*
> *—Mademoiselle, s'il vous plaît, donnez-moi le plat du jour et... un petit mot aimable.*
> *Au bout de quelques instants elle lui a apporté le plat. Puis elle est retournée à la cuisine. Le Français l'a rattrapée et lui a demandé:*
> *—Et mon petit mot aimable?*
> *Alors, elle s'est penchée à son oreille et lui a dit:*
> *—Ne mangez pas ça.*

B. Une autre histoire. Travaillez en groupes de quatre étudiants. Chaque personne va raconter une petite histoire. Les autres vont répondre d'une manière appropriée en utilisant des expressions que vous venez d'apprendre. Sujets possibles: la première fois que vous avez conduit une voiture, ce que vous avez fait hier soir, des vacances récentes, le jour où vous avez fait la connaissance d'un(e) très bon(ne) ami(e), etc.

Premier brouillon  DOSSIER PERSONNEL

Phrases: Writing an essay; describing people, objects, weather; sequencing events
Vocabulary: Clothing; women's clothing; colors; hair colors
Grammar: Compound past tense; past imperfect

1. After you have chosen your topic in Lesson 1, organize the notes you have written by thinking about these important elements of a narrative: *Characters:* for example, how old were the characters at the time of the incident? What did they look like? How were they dressed? *Setting:* if it is important to your narrative, give descriptive details about the time and place. *Plot:* because you are telling about something that really happened, you know the basic plot. Will there be a conflict? What final words will you use to close your narrative?

2. Begin writing your introductory paragraph by focusing on the topic sentence that describes the incident for the reader. Use your opening paragraph to get your reader's attention.

3. Write two or three paragraphs in which you use details to describe the events. Since this is a narrative about a past event, you will have to make decisions about your use of the **imparfait** and **passé composé.**

4. Write a concluding paragraph in which you end your story with a description of the last event.

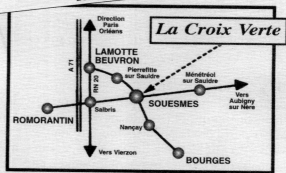

Comment raconter une histoire

Conversation (CONCLUSION)

Rappel: Have you reviewed the **plus-que-parfait**? (Text p. 126 and Workbook)

Premières impressions

Soulignez:

- les expressions qu'on emploie pour encourager celui/celle qui raconte
- les petites expressions pour gagner du temps quand on parle

Trouvez:

- ce qu'on peut faire à La Nouvelle-Orléans

Les amies continuent leur discussion.

NADINE: Mais, dis-moi encore, le crocodile... Qu'est-ce que vous avez fait après l'incident du nounours de l'enfant?

LAURENCE: Tu sais, ça nous a fait tellement peur que nous sommes partis tout de suite. C'est impressionnant, une gueule° de crocodile grande ouverte...

NADINE: C'est même difficile à imaginer...

KATIA: A part ça, La Nouvelle-Orléans t'a plu? Qu'est-ce qu'il y a d'intéressant à voir?

LAURENCE: Bon, euh, il y a le quartier français, euh, le Vieux Carré, qui est un quartier très diversifié. L'architecture... les balcons, les maisons, enfin, tout est de style espagnol. Et puis il y a le jazz, partout, et pratiquement du matin au soir. C'est fou! Dans les cafés, dans la rue, tu entends toujours des airs de jazz, les grands tubes° du Dixie. Ça fait assez rétro,° comme ambiance! Je ne sais pas si j'aime, mais ça marche bien avec les touristes. Et puis les Cajuns, ils aiment vraiment vivre, ils aiment beaucoup danser.

NADINE: Alors, c'est vrai tout ce que l'on dit sur La Nouvelle-Orléans. C'est vraiment là où on s'amuse le soir, là où il y a une activité nocturne qu'il n'y a pas dans d'autres villes américaines, n'est-ce pas?

LAURENCE: Eh bien, d'après tout ce que j'ai vu, c'est une ville qui ne dort pas!

une gueule *mouth (of animal)*

un tube *hit /* **rétro** *typical of a past style (1930s)*

Observation et analyse

1. Décrivez ce qui s'est passé après la petite aventure.
2. Décrivez l'architecture de La Nouvelle-Orléans.
3. Pourquoi est-ce qu'on dit que La Nouvelle-Orléans est une ville qui ne dort pas?
4. Quelle sorte de musique est-ce que Laurence a entendue?
5. Est-ce que vous pensez que La Nouvelle-Orléans ait plu à Laurence? Expliquez.

Réactions

1. Quelle autre ville est-ce qu'on peut comparer avec La Nouvelle-Orléans? Est-ce que vous y êtes allé(e)?
2. Quelle sorte de musique est-ce que vous préférez? Quand est-ce que vous écoutez de la musique? Vous êtes amateur de musique *(music lover)*?

Expressions typiques pour...

Gagner du temps pour réfléchir

Au début de la phrase	Au cours du récit	A la fin de la phrase
—Enfin...	... enfin...	... n'est-ce pas?
—Eh bien...	... euh...	... quoi?
—Euh...	... alors...	... tu vois/vous voyez?
—Tu sais/vois.../Vous savez/voyez...	... donc...	... tu sais/vous savez?
—Bon...	... et puis...	... tu comprends/vous comprenez?
—D'après moi/ce qu'on m'a dit...	... et puis ensuite...	... tu ne crois pas/vous ne croyez pas?
	... mais...	... hein? *(familiar)*
—Ben... *(familiar)*		
—Dis/Dites donc... *(By the way, tell me . . .)*	... de toute façon/en tout cas... *(. . . in any case . . .)*	... voilà.
—A propos... *(By the way . . .)*		
—En fait/De fait... *(In fact . . .)*		

Réagir à un récit

Exprimer la surprise
Non!
C'est incroyable!
Vraiment?
C'est (Ce n'est) pas vrai!/C'est vrai?
Sans blague! *(No kidding!—familiar)*
Tiens! *(familiar)*
Oh là là! *(familiar)*
C'est (vachement [very]) bizarre! *(familiar)*
Ça alors! *(intonation descendante)*

Dire que l'on comprend
Oui, oui.
Je comprends.
Et alors? *(intonation ascendante)*

Exprimer l'indifférence
Ça ne me surprend pas.
Ça ne m'étonne pas.
Et alors? *(intonation descendante)*
C'est tout?

Encourager celui/celle qui raconte
Et qu'est-ce qui s'est passé après?
Qu'est-ce que tu as fait après?
Est-ce que tu savais déjà... ?
Est-ce que tu t'étais déjà rendu compte que... ?

NOTE: Any of these expressions can be used with **vous**.

Liens culturels

L'expression orale comprend beaucoup plus que la grammaire et le vocabulaire. Les interlocuteurs utilisent aussi des petits silences, des sons («... euh...»), des mots («... enfin...»), et des expressions («... de toute façon...») qui n'ont pas de signification au sens propre du terme, mais qui ont plusieurs fonctions de communication. Ces mots et ces silences nous permettent «de maintenir la communication entre la personne qui parle et la personne qui écoute; de donner à la personne qui parle le temps de réfléchir aux mots qui vont suivre; et

de signaler à la personne qui écoute que la personne qui parle a fini ou n'a pas fini de parler».

(Chamberlain & Steele, *Guide pratique de la communication,* Didier, 1985, p. 114)

Ecoutez bien les conversations françaises—vous allez reconnaître ces mots et ces expressions! Quels mots ou sons est-ce qu'on utilise en anglais pour maintenir la communication?

Mots et expressions utiles

L'hôtel

une chambre à deux lits *double room (room with two beds)*
une chambre avec douche/salle de bains *room with a shower/bathroom*
une chambre de libre *vacant room*
la clé *key*
un grand lit *double bed*

le service d'étage *room service*
la réception *front desk*
le/la réceptionniste *hotel desk clerk*
réserver/retenir une chambre *to reserve a room*

payer en espèces/avec des chèques de voyage[4]/par carte de crédit *to pay in cash/ in traveler's checks/by credit card*
régler la note *to pay, settle the bill*

---

[4] En France, c'est difficile de payer avec des chèques de voyage. Souvent les commerçants les refusent et les banques prennent des frais de conversion. Le meilleur endroit pour changer un chèque de voyage est la Poste.

Conversation à la **réception** de l'hôtel:

—Bonjour, madame. Est-ce que vous avez une **chambre de libre** pour une nuit?

—Oui, mademoiselle, il nous reste une **chambre à deux lits**.

—Oh, je n'ai besoin que d'un **grand lit**, mais... c'est une chambre **avec salle de bains**?

—Oui, il y a une salle de bains **avec douche**.

—Bon, ça va, je prends la chambre. Vous voulez que je **règle la note** maintenant?

—Non, je vais prendre l'empreinte de votre carte de crédit... Voilà la **clé**...

ACTIVITÉS

A. Entraînez-vous: Les réactions. Vous vous trouvez à une soirée où les sujets de conversation sont variés. Quelle est votre réaction à ce que disent les gens autour de vous? Utilisez les *Expressions typiques pour...*

> MODÈLE: —Karine vient d'avoir des jumeaux...
> —*C'est vrai? Elle doit être contente!*

1. —... et puis ils ont divorcé...
2. —On m'a dit que Fanny et Paul fêtaient leur troisième anniversaire de mariage...
3. —De toute façon, je ne veux pas y aller avec vous.
4. —Bon, j'ai rentré ma voiture dans le garage et je suis entré dans le salon...
5. —Les Dechamp partent pour l'Afrique demain...
6. —Est-ce que tu peux croire que son fiancé sort avec une autre fille?

B. Un film. Un scénariste a écrit le dialogue ci-dessous pour un nouveau film. Refaites son dialogue afin de le rendre plus naturel en insérant dans les phrases des expressions qui donnent du liant à la conversation. Jouez la scène avec un(e) camarade de classe.

> —Qu'est-ce que tu fais le week-end prochain?
> —Pas grand-chose. Je resterai à la maison, probablement.
> —Si nous allions faire du ski à Val Thorens?
> —C'est une bonne idée. Les pistes y sont excellentes.
> —Je ferai des réservations d'hôtel.
> —Je demanderai à mon frère de me prêter sa voiture.
> —Je te téléphone ce soir.
> —D'accord. Salut. A ce soir!

C. A l'hôtel. Imaginez que vous vous trouviez à la réception d'un hôtel en France. Jouez la scène avec un(e) camarade de classe. Demandez:

1. si une chambre est disponible
2. le prix de la chambre
3. comment on peut régler la note
4. où l'on peut garer la voiture (dans le parking public; au sous-sol, dans la rue)

Le/La réceptionniste (votre partenaire) va vous demander:

1. combien de personnes sont avec vous
2. la durée de votre séjour à l'hôtel
3. le type de chambre que vous voulez
4. votre adresse

HB

HOTEL de BOURBON

Mon équipe et moi-même vous remercions d'avoir choisi l'Hôtel de Bourbon.
Afin de mieux vous accueillir et soucieux de votre confort, nous avons établi à votre intention
un formulaire regroupant les diverses prestations de l'Hôtel.
Ce formulaire nous permettra de connaître vos goûts, la qualité de votre séjour et vos critiques éventuelles.
Nous vous assurons que nous tiendrons le plus grand compte de vos observations et commentaires.
Nous vous remercions de déposer ce questionnaire à la réception lors de votre départ.

Jean Claude LERAY

	EXCELLENT	BIEN	A AMELIORER	INSUFFISANT
RECEPTION – HALL				
Accueil	☐	☐	☐	☐
Courtoisie	☐	☐	☐	☐
Efficacité	☐	☐	☐	☐
Décoration	☐	☐	☐	☐
CHAMBRE				
Propreté	☐	☐	☐	☐
Confort	☐	☐	☐	☐
Décoration	☐	☐	☐	☐
Salle de Bain	☐	☐	☐	☐
Equipement	☐	☐	☐	☐
RESTAURANT "L'Abbaye Saint Ambroix"				
Accueil	☐	☐	☐	☐
Courtoisie	☐	☐	☐	☐
Efficacité	☐	☐	☐	☐
Décoration	☐	☐	☐	☐
Qualité Culinaire	☐	☐	☐	☐
Présentation des Mets	☐	☐	☐	☐
PETIT DEJEUNER				
Service	☐	☐	☐	☐
Ponctualité	☐	☐	☐	☐
Variété	☐	☐	☐	☐
Qualité Viennoiseries	☐	☐	☐	☐

Vos observations :
_____
_____
_____

Comment avez-vous connu notre hôtel :
_____

Nom : _____
Société : _____
Adresse : _____
Numéro de Chambre : _____   *Date :* _____   *English, Turn please*

Mercure   *ACCOR*

Entreprise indépendante membre d'un réseau de franchise

De quelle sorte de brochure est-ce qu'on a détaché cette fiche? A quoi est-ce qu'elle sert? Avez-vous déjà rempli une telle fiche aux Etats-Unis? Où? Imaginez que vous la remplissiez après avoir joué la scène de l'exercice C.

L'emploi du plus-que-parfait

◆ The **passé simple**, used mainly in works of literature, is listed in **Appendice D**.

The **plus-que-parfait** (pluperfect) is the last past tense you need to learn in order to tell a story in conversational French. As you saw in *La grammaire à réviser*, its formation is like that of the **passé composé** except that it uses the imperfect of **avoir** or **être** instead of the present tense form.

The **plus-que-parfait** is used primarily in narration to report events that *had* already happened or had been completed *before* another past event took place. Thus, it might be called a "past" past tense. Action is not habitual or continuous as is often seen with the imperfect.

> Il s'est avéré que j'**avais** déjà **fait** sa connaissance il y a trois ans.
> *It turned out that I had already met him three years ago.*

Sometimes in English the pluperfect is translated as a simple past tense, as in the examples below. However, in French, whenever it is clear that an action had been completed prior to another past action in the same time period, the **plus-que-parfait** must be used.

> J'ai vu le film que vous m'**aviez recommandé**.
> *I saw the movie that you (had) recommended to me.*

> Le film était aussi bon que vous me l'**aviez dit**.
> *The movie was as good as you (had) said it would be.*

The following is a summary of past tenses in French and their English equivalents:

plus-que-parfait	Il avait dit... *He had said . . .*
passé composé	Il a dit... *He said/has said/did say . . .*
imparfait	Il disait... *He said/was saying/used to say . . .*
venir (**imparfait**) de + infinitif	Il venait de dire... *He had just said . . .*
imparfait + depuis	Il disait... depuis... *He had been saying . . . for . . .*

NOTE: The **plus-que-parfait**, when used with **si**, expresses a wish or regret about past events:

> Si seulement j'**avais gagné** à la loterie!
> Si seulement je n'**avais** pas **perdu** tout mon argent!

ACTIVITÉS

A. Un voyage. Répondez aux questions suivantes sur votre dernier voyage.

1. Quels préparatifs est-ce que vous aviez déjà faits deux jours avant le départ?
2. Est-ce que vous aviez déjà visité cet endroit?
3. Où est-ce que vous avez dormi (dans un hôtel, chez des amis, etc.)? Est-ce que vous y aviez dormi auparavant *(before)*?
4. Avant de partir, qu'est-ce que vous aviez projeté de faire pendant le séjour? Est-ce que vous avez vraiment fait ce que vous aviez prévu?

B. En métro. Complétez l'histoire suivante sur un voyage en métro, en mettant le verbe entre parenthèses au passé composé, à l'imparfait ou au plus-que-parfait selon le cas.

On lui _____ (dire) que le métro parisien _____ (être) le meilleur du monde, mais Danielle _____ (n'en pas être) si sûre. Ce _____ (être) son premier séjour à Paris; elle _____ (venir) d'une petite ville du Québec. Elle _____ (voyager) seule et elle _____ (ne jamais prendre) le métro auparavant.

Elle _____ (vouloir) aller au Centre Pompidou[5] sur la place Beaubourg. D'après le plan de métro qu'elle _____ (consulter), Rambuteau _____ (sembler) être la station de métro la plus proche. Avec quelques palpitations, donc, elle _____ (aller) à la station Cambronne tout près de son hôtel, et elle _____ (acheter) ses premiers tickets de métro au guichet, un carnet de dix tickets.

Elle _____ (prendre) la direction Charles-de-Gaulle-Etoile. Elle _____ (attendre) sur le quai l'arrivée de la rame *(subway train)*. Après être montée dans un wagon, elle _____ (se rendre compte) du fait qu'elle _____ (devoir) faire deux changements. Elle _____ (avoir peur) de se tromper de ligne, mais il _____ (s'avérer) qu'elle _____ (s'inquiéter) pour rien. Avec l'aide des plans de métro affichés partout dans les stations et dans les voitures, elle _____ (se rendre) à Rambuteau sans le moindre problème.

Est-ce que vous avez déjà voyagé à la Martinique? Qu'y avez-vous fait?

[5] Le Centre Pompidou a été réouvert en 2000 après deux ans de rénovation.

C. Une lettre. Chantal a écrit une lettre à son amie américaine. Voici la version anglaise. Quelle était la version française originale?

Dear Jennifer,

Hi! How are you? I am doing fine. In fact, I had just returned from vacation when I received your letter.

The photos you sent me were great! No kidding! I recognized several historic sites I had studied in my civilization course.

You will not believe what happened to Philippe during our vacation at the beach. (You remember Philippe, don't you?) He was in the process of paying the hotel bill when a crazy man (who was talking to the hotel clerk) pulled out a gun (**sortir un revolver**). Apparently the hotel had lost his reservation. The man got so upset (**se fâcher tellement**) that he threatened to kill the hotel clerk! And here I had always thought that I was high-strung (**nerveux/nerveuse**)!

I am enclosing (**joindre**) the book I promised to send you. I hope you like it (**plaire**).

Love, (**Grosses bises**)
Chantal

Interactions

A. Une fête. Imaginez que vous et un copain/une copine étiez à la même fête hier soir. Jouez les rôles et parlez de la fête, en utilisant les expressions d'hésitation et d'encouragement que vous avez apprises.

SUJETS POSSIBLES:
- qui était là ou qui n'était pas invité
- ce que tout le monde portait
- si vous vous êtes amusé(e) ou ennuyé(e) et pourquoi
- un incident intéressant ou embarrassant

B. Eh bien. En groupes de trois personnes, racontez à tour de rôle une histoire sur un des sujets suivants (ou une autre histoire si vous préférez). Utilisez les expressions d'hésitation pour rendre la conversation plus réaliste. Vos partenaires vont réagir à ce que vous dites et vont vous poser des questions. Utilisez si possible une action qui s'est passée avant une autre (le plus-que-parfait).

SUJETS POSSIBLES: un incident...
- qui vous a gêné(e)
- qui s'est passé en route pour l'école/l'université
- qui est arrivé quand vous êtes allé(e) en France/au Québec/en Afrique
- qui s'est passé pendant vos vacances

Deuxième brouillon DOSSIER PERSONNEL

1. Write a second draft of the paper that you wrote in Lesson 2, focusing particularly on the order in which the events happened. Try to add details on pertinent events that happened before the events described in the narrative (i.e., using the **plus-que-parfait**).

2. To strengthen the time order used for the events that occurred, try to incorporate some of the following expressions that deal with chronological order:

   EXPRESSIONS UTILES: **à ce moment là...** , **pendant (+ nom)/pendant que (+ verbe conjugué)...** , **en même temps...** , **hier...** , **avant-hier...** , **la semaine dernière...** , **après-demain...** , **la semaine prochaine...** , **la veille** *(the night before),* **l'avant-veille...** , **l'année précédente...** , **le lendemain...** , **cinq jours après...**

Phrases: Writing an essay; sequencing events
Grammar: Pluperfect; prepositions with times and dates; time expressions

SYSTÈME-D

SYNTHÈSE

Activités vidéo

Avant la vidéo

1. Comment est-ce qu'on choisit un hôtel quand on voyage aux Etats-Unis? Est-ce qu'il y a une organisation qui inspecte les hôtels américains pour vérifier leur degré de confort?
2. Quels seraient les avantages ou les inconvénients d'une inspection des hôtels par le gouvernement?
3. Avez-vous déjà été dans une colonie de vacances? Racontez vos expériences.

◆ Turn to *Appendice B* for a complete list of active chapter vocabulary. ■

Après la vidéo

1. Expliquez les étoiles qui se trouvent affichées à l'extérieur des hôtels français.
2. Qu'est-ce que c'est que le Club Med? Comment se passe une journée typique?
3. Plusieurs des «gentils membres» que nous avons interrogés viennent au Club Med depuis longtemps. Résumez quelques-uns des changements dont ils ont parlé.

Activités orales

A. Mon pauvre Toutou. Vous êtes allé(e) en Floride pendant les vacances de printemps *(spring break)*. Vous avez laissé votre petit chien insupportable *(obnoxious)* avec un(e) ami(e). Vous venez de rentrer et vous téléphonez à votre ami(e) qui vous dit que malheureusement votre chien est mort pendant votre absence. Jouez les rôles pendant le coup de téléphone. Posez 5 à 10 questions sur cet événement triste. Votre ami(e) répondra.

B. Le voyage de mes rêves. Parlez de vacances récentes. Si possible, apportez des photos, des diapositives *(slides)* ou des images tirées de livres de voyage pour montrer à la classe. Expliquez: les préparatifs de voyage; où vous êtes allé(e) et avec qui; comment vous avez voyagé; le temps qu'il a fait; où vous avez logé; si vous voulez y retourner; et des choses intéressantes qui se sont passées. Utilisez les expressions que vous avez apprises. La classe vous posera des questions pendant votre présentation.

Phrases: Writing an essay; sequencing events
Vocabulary: Leisure; city; geography
Grammar: Compound past tense; imperfect; pluperfect

Activité écrite

Bon anniversaire, bon anniversaire... Ecrivez une composition où vous décrivez un anniversaire mémorable (votre 10e, 12e, 16e, 21e anniversaire). Donnez la date et des exemples de chansons ou films qui étaient très populaires à ce moment-là. Expliquez où vous habitiez, ce que vous avez fait pour célébrer, ce que vous avez eu comme cadeaux, etc.

Phrases: Writing an essay; sequencing events
Grammar: Compound past tense; past imperfect; pluperfect; participle agreement

Révision finale ⌂ DOSSIER PERSONNEL

1. Reread your composition and focus on the unity of the paragraphs. All of the sentences within each paragraph must be on the same topic. If a sentence is not directly related to the topic, it does not belong in the paragraph.
2. Bring your draft to class and ask two classmates to peer edit your composition using the symbols on page 000. They should pay particular attention to whether the narrative contains a well-developed beginning, middle, and conclusion, and uses chronological order effectively.
3. Examine your composition one last time. Check for correct spelling, grammar, and punctuation. Pay special attention to your use of the **passé composé**, **imparfait**, and **plus-que-parfait** tenses, and agreement with past participles.
4. Prepare your final version.

http://bravo.heinle.com

I. LES TRÉSORS ARTISTIQUES VICTIMES DE LEUR SUCCÈS

Avant la lecture

- Est-ce que vous avez déjà visité un monument célèbre en France ou dans un autre pays?
- Pourquoi est-ce qu'il est important de préserver les vieux bâtiments et jardins?
- Selon vous, est-ce qu'on doit limiter le nombre de touristes qui puissent visiter les monuments très célèbres afin de les protéger? Expliquez votre point de vue.

Le cloître de Saint-Sauveur

LES TRÉSORS ARTISTIQUES VICTIMES DE LEUR SUCCÈS

Le tombeau° de Néfertari est l'un des joyaux° de la Vallée des Reines°, près de Louqsor. Ses fresques, vieilles de trois mille deux cents ans, sont parmi les plus belles de l'Egypte ancienne. Pourtant, le tombeau de la reine pourrait bien être aussi le leur. Sous l'effet de l'humidité, la roche réagit en détruisant ces peintures murales. Dans ce désert, l'humidité est le résultat de la condensation produite par la respiration de milliers de visiteurs qui défilent° dans ces pièces étroites. Il a finalement fallu interdire l'accès au site—chef-d'œuvre du patrimoine mondial—pendant que les chercheurs° de la fondation Getty essayaient de le sauver. «Avec un nombre important de touristes, aucune mesure de conservation ne suffira pour sauver le tombeau», explique Marta della Torre, porte-parole du Conservation Institute à la fondation Getty Trust à Los Angeles.

Le ravissant cloître de Saint-Sauveur, à Aix-en-Provence, est un peu plus jeune, mais il en a vu passer, des pèlerins,° depuis le XIIᵉ siècle. Malgré les effets de la pollution atmosphérique, aléa° inévitable de la vie moderne, il avait plutôt bien résisté jusque-là. Mais, depuis quelques années il est victime d'un curieux fléau° auquel n'avaient sans doute pas pensé les chanoines° qui l'ont construit: le sac à dos. «Plus d'un touriste sur deux en est maintenant équipé, raconte Bernard Quénée, directeur général du laboratoire d'études et de recherches sur les matériaux, qui a analysé les phénomènes d'érosion de l'édifice. On a constaté que les visiteurs se bousculaient° tous au

le tombeau la tombe
un joyau un bijou rare
la reine *queen*

un pèlerin un voyageur

un aléa un inconvénient

un fléau une catastrophe
défiler passer de manière continue / **les chanoines** les dignitaires ecclésiastiques

un chercheur *researcher*

se bousculer pousser par inadvertance

cogner *frapper*

peser *to weigh*

La Joconde le nom que les
Français donnent à Mona Lisa /
mitraillé(e) bombardé(e) /
le mortier *mortar*

même endroit pour prendre la même
photo du cloître. Leur sac à dos cogne°
des dizaines de fois par jour la même
colonne de pierre, provoquant une
érosion.»

L'explosion du tourisme et le goût
renouvelé du public pour les grandes
œuvres d'art ou les monuments stars
font soudain peser° un danger réel sur
ces joyaux du patrimoine de l'humanité.
La Joconde,° mitraillée° au flash malgré
l'interdiction bien visible, ou la pyramide de Khéops, dont le mortier° se
défait pour cause de surfréquentation,
seront-elles—littéralement—victimes

de leur succès? Le problème risque
d'empirer. Le tourisme mondial devrait
tripler en vingt-cinq ans: 565 millions de
voyageurs en 1995; plus de 1,5 milliard
d'ici à 2020. La France à elle seule
devrait passer de 60 millions de visiteurs aujourd'hui à 106,1 millions dans
vingt ans. Certains chercheurs posent
désormais à haute voix la question:
existe-t-il un «droit» à visiter ces monuments lorsque notre présence risque de
signer leur arrêt de mort ou au moins
de sérieusement les endommager?

L'Express 7 août 2000, no 2557, p. 16

Après la lecture

Compréhension

1. Dans quel pays se trouve le tombeau de Néfertari? Qu'est-ce qui arrive aux fresques de ce site? Pourquoi? Qui essaie de sauver le site?
2. Parlez de ce qui se passe au cloître de Saint-Sauveur à Aix-en-Provence. Pourquoi est-ce qu'il y a une érosion?
3. Quel sera le bilan du tourisme dans les années qui viendront?
4. Est-ce que les touristes ont le droit de visiter les monuments ou de voir les œuvres d'art célèbres? Pourquoi?
5. Faut-il imposer des conditions de visite? Si oui, comment et lesquelles?

Expansion

1. Essayez de trouver, sur les réseaux Internet ou dans un journal, un site, un monument ou un chef-d'œuvre qui vous intéresse. Ecrivez une courte description de ce trésor. Expliquez s'il y a des risques d'endom-mager ce trésor.
2. Créez une brochure sur le trésor que vous avez choisi. Le but de la brochure sera soit de faire venir les touristes au site soit de dénoncer les visites du site/du monument et de faire appel à sa conservation.

II. *LA FANETTE* DE JACQUES BREL

Avant la lecture

Sujets à discuter

Jacques **Brel**

- Avez-vous déjà été amoureux/amoureuse? De qui? Décrivez son apparence physique et sa personnalité. Est-ce qu'il/elle vous a aimé(e) aussi? Expliquez.
- Avez-vous déjà été trahi(e) *(betrayed)* en amour? Si oui, qui était cette personne qui vous a trahi(e)? Quels sentiments avez-vous éprouvés? de la tristessse? de l'amertume *(bitterness)*? de la colère? du soulagement *(relief)*? de la haine *(hate)*? Comment est-ce que la situation s'est résolue?

Stratégies de lecture

A. Technique poétique: la répétition. Dans cette chanson, on voit la technique poétique de la répétition. Combien de fois trouvez-vous les mots **Faut dire** dans la chanson? Quels autres mots y sont répétés? Quel est l'effet de ces répétitions?

B. Technique poétique: les mots en opposition. Les poètes mettent souvent en opposition des mots qu'ils veulent souligner. De cette façon, le lecteur peut mieux apprécier l'effet de ces mots. Par exemple, dans la chanson que vous allez lire:

Faut dire qu'ils <u>ont ri</u>

Quand ils m'ont vu <u>pleurer</u>

les mots **ont ri** et **pleurer** font contraste. Parcourez *(scan)* la chanson suivante et trouvez d'autres exemples de mots mis en opposition. Où se trouvent ces mots dans un vers? Expliquez leur place.

> *In the 1960s and 1970s, the Belgian poet/singer **Jacques Brel** (1929–1978) was famous throughout the French-speaking world for his songs. The pains of solitude and nostalgia for love and friendship were dominant themes in his works. The following song (part of the musical review* Jacques Brel is Alive and Well and Living in Paris*) is about himself, a friend, and a young woman named* **la Fanette**.

LA FANETTE

Nous étions deux amis et Fanette m'aimait
La plage était déserte et dormait sous juillet

les vagues *waves*

Si elles s'en souviennent les vagues° vous diront
Combien pour la Fanette j'ai chanté de chansons

5   Faut dire
Faut dire qu'elle était belle
Comme une perle d'eau
Faut dire qu'elle était belle
Et je ne suis pas beau
10   Faut dire
Faut dire qu'elle était brune
Tant la dune était blonde
Et tenant l'autre et l'une
Moi je tenais le monde
15   Faut dire
Faut dire que j'étais fou
De croire à tout cela
Je le croyais à nous
Je la croyais à moi
20   Faut dire

se méfier de *mistrust*

Qu'on ne nous apprend pas
A se méfier de° tout

Nous étions deux amis et Fanette m'aimait
La plage était déserte et mentait sous juillet
25   Si elles s'en souviennent les vagues vous diront
Comment pour la Fanette s'arrêta la chanson

Faut dire
Faut dire qu'en sortant
D'une vague mourante
30   Je les vis s'en allant

amant *lover*

Comme amant° et amante
Faut dire
Faut dire qu'ils ont ri
Quand ils m'ont vu pleurer
35   Faut dire qu'ils ont chanté

maudits *cursed*

Quand je les ai maudits°

Faut dire
Que c'est bien ce jour-là
Qu'ils ont nagé si loin
40   Qu'ils ont nagé si bien
Qu'on ne les revit pas
Faut dire
Qu'on ne nous apprend pas...
Mais parlons d'autre chose

45 Nous étions deux amis et Fanette l'aimait
La plage est déserte et pleure sous juillet
Et le soir quelquefois
Quand les vagues s'arrêtent
J'entends comme une voix
50 J'entends... c'est la Fanette

Jacques Brel, «La Fanette»

Après la lecture

Compréhension

A. Observation et analyse. Répondez aux questions suivantes avec un(e) camarade de classe.

1. Pendant quelle saison le chanteur et la Fanette s'aimaient-ils?
2. Décrivez la Fanette.
3. Comment la Fanette est-elle morte? Avec qui?
4. Qu'entend le chanteur de temps en temps? Et les vagues, qu'ont-elles entendu selon le chanteur?
5. Quelle est l'attitude de Brel envers la Fanette dans la chanson?

B. Réactions. Donnez votre réaction.

1. Comment avez-vous trouvé la chanson—intéressante, bizarre, triste, etc.? Expliquez.
2. Est-ce que cette chanson vous a fait penser à une chanson que vous connaissiez déjà?
3. Quelles sortes de chansons aimez-vous mieux?

CHATEAUX

CHEVERNY

Avez-vous déjà visité un château? Où et quand?

Interactions

A. Jouez les rôles. Imaginez que la Fanette n'est pas morte mais qu'elle a voulu rompre avec le chanteur. Jouez les rôles de la Fanette et du chanteur. Quelle raison donne-t-elle pour vouloir rompre avec lui? Quelle est la réponse du chanteur? Que se disent-ils avant de se quitter?

B. Le courrier du cœur. Imaginez que le chanteur écrit au courrier du cœur *(advice columnist)* pour raconter cette triste histoire. Ecrivez d'abord la lettre qu'il écrit pour demander de l'aide. Ecrivez ensuite la réponse du courrier du cœur. Quelles suggestions lui donne-t-on?

Exprimez-vous!

THÈME: Les médias (la presse, la télévision, la radio)

Une visite nécessaire. Donnez la forme appropriée du subjonctif pour chaque verbe.

1. Ma sœur veut que nous _____ (rendre) visite à notre tante. (je/tu/vous)
2. Il faut que nous _____ (se préparer) pour le voyage assez vite. (on/vous/ma sœur)
3. Il est nécessaire que nous _____ (trouver) des billets aller-retour. (tu/je/on)
4. Je veux que nous _____ (penser) à prendre notre passeport. (vous/tu/ma sœur)
5. Il est essentiel que nous _____ (partir) dans deux jours. (je/vous/mes frères)

The information presented here is intended to refresh your memory of a grammatical topic that you have probably encountered before. Review the material and then test your knowledge by completing the accompanying exercises in the workbook.

Avant la première leçon

Le subjonctif

The subjunctive is used more frequently in French than in English. The subjunctive mood is used to express uncertainty or subjectivity. It expresses the personal feelings of the speaker, such as doubt, emotion, opinion, and volition. The subjunctive mood occurs in a dependent clause beginning with **que**.

Main clause	Dependent clause
Le professeur veut	que je **finisse** mon devoir.

The present subjunctive of all verbs (except **avoir** and **être**) is formed by adding the following endings to the subjunctive stem: **-e, -es, -e, -ions, -iez, -ent**. To find the subjunctive stem of regular **-er, -ir,** and **-re** verbs and verbs conjugated like **sortir**, drop the **-ent** ending from the third-person plural form of the present tense.

	parler	**rendre**	**finir**	**sortir**
STEM:	**parl**ent	**rend**ent	**finiss**ent	**sort**ent
que je	parle	rende	finisse	sorte
que tu	parles	rendes	finisses	sortes
qu'il/elle/on	parle	rende	finisse	sorte
que nous	parlions	rendions	finissions	sortions
que vous	parliez	rendiez	finissiez	sortiez
qu'ils/elles	parlent	rendent	finissent	sortent

Qu'est-ce que vous vous attendez à trouver dans *Télé Magazine*?

Comment dire ce que l'on veut

Conversation

Premières impressions

Soulignez:
● des expressions pour exprimer ce que l'on veut ou ce que l'on préfère faire

Trouvez:
● la chaîne *(channel)* où passe l'émission que Julie désire voir

Rappel: Have you reviewed the regular formation of the subjunctive? (Text p. 166 and Workbook)

La famille Cézanne a fini de dîner. Bien qu'elle ait des tas de contrôles° en ce moment, Julie, qui a quinze ans, tient à° regarder la télévision ce soir.

JULIE:	J'aimerais bien voir Vanessa Paradis.[1] Elle passe à l'émission° de variétés sur la chaîne France 3.
MME CÉZANNE:	Dis donc, ma chérie, tu ne m'as pas dit que tu avais un contrôle demain?
JULIE:	Si, en maths, mais j'ai révisé en étude° cet après-midi.
MME CÉZANNE:	La dernière fois aussi, tu avais révisé en étude et tu as eu une assez mauvaise note, non? Il vaut mieux monter dans ta chambre maintenant et refaire quelques problèmes.
JULIE:	Oh non, maman... je vais m'embrouiller° les idées si je refais des problèmes ce soir!
MME CÉZANNE:	*(incrédule)* Ne me raconte pas d'histoires, hein? Comment tu vas faire demain quand tu auras les sujets du contrôle devant toi?
JULIE:	J'ai l'intention de faire des exercices qui ressemblent à ceux du livre.
MME CÉZANNE:	Eh bien justement, il faut en refaire quelques-uns maintenant, un par chapitre, je dirais. Tu redescendras quand tu auras fini.
JULIE:	Maman, s'il te plaît! Je voudrais bien voir Vanessa Paradis. Je te promets de monter tout de suite après.
MME CÉZANNE:	Regarde l'heure. Il est déjà neuf heures moins le quart. Allez, monte travailler. Je fais la vaisselle et je vais voir où tu en es dans une demi-heure.

un contrôle *test*
tenir à *to really want to, insist on*

une émission *TV show*

en étude (f) *in study hall*

s'embrouiller *to become confused*

A suivre

---

[1] On dit que Vanessa Paradis est la nouvelle Brigitte Bardot. C'est une chanteuse de hit-parade qui a aussi joué dans le film *La fille sur le pont* avec Daniel Auteuil.

Observation et analyse

1. Qu'est-ce que Julie veut faire? Pourquoi? (Donnez trois raisons.)
2. Est-ce que sa mère est d'accord avec elle? Expliquez.
3. Décrivez Julie (son âge, sa personnalité, ses désirs, etc.).
4. A votre avis, est-ce que c'est Julie ou sa mère qui va finalement avoir gain de cause *(won the argument)*? Pourquoi?

Réactions

1. Vous aimez regarder la télévision? Est-ce que vous choisissez de regarder la télévision au lieu de faire vos devoirs de temps en temps? Est-ce que vous en supportez les conséquences d'habitude?
2. Selon vous, est-ce qu'il est nécessaire de limiter les heures que les enfants passent devant le poste de télévision? Expliquez.

Expressions typiques pour...

Dire ce que l'on veut ou espère faire

Je (veux) voudrais bien regarder la télévision.
J'aimerais bien regarder un feuilleton *(soap opera)*.
J'ai l'intention de faire mes devoirs demain.
Je tiens à *(really want)* travailler dur demain.
Je compte *(intend, plan on)* aller à Paris pour voir la nouvelle exposition.
J'ai envie de *(feel like)* voir un bon film.
J'espère aller au Brésil.
Je compte bien *(expect)* partir demain.

Dire ce que l'on préfère

Je préfère le sport.
J'aime mieux le foot.
J'aimerais mieux partir après le match.
Il vaut mieux partir tout de suite.
Je regarde plutôt *(rather)* les sports à la télé.

◆ When deciding whether to use **je veux...** or **je voudrais...** , keep in mind that **je veux...** is much stronger, less polite, and could be interpreted as an order. ■

◆ In a store, restaurant, or service institution, sometimes simply identifying what you want to buy is sufficient: **Une baguette, s'il vous plaît.** The addition of **je voudrais...** increases the level of politeness: **Je voudrais un steak-frites, s'il vous plaît.** ■

◆ To express what you do not want or hope not to do, make the same expressions negative. Note that a similar distinction as above is made between **je ne veux pas...** and **je ne voudrais pas...** , the former being a very strong, less polite expression. ■

Regardez ces jeunes gens. Quel sport est-ce qu'ils préfèrent, à votre avis?

Mots et expressions utiles

La volonté

avoir envie de (+ infinitif) *to feel like (doing something)*
compter *to intend, plan on, count on, expect*
tenir à *to really want; to insist on*

La télévision

une émission *broadcast, TV show*
un programme *program listing*

diffuser/transmettre (en direct) *to broadcast (live)*
une rediffusion *rerun*

les actualités/les informations [f pl] *news (in the press, but especially on TV)*
le journal télévisé *TV news*

une causerie *talk show*
un débat *debate*
un feuilleton *serial; soap opera*
un jeu télévisé *game show*
un reportage en direct *live report*
une série *series*
un spot publicitaire *TV commercial*

une chaîne *channel*
l'écran [m] *screen*
mettre la 3, 6, etc. *to put on channel 3, 6, etc.*
le poste de télévision *TV set*
rater *to miss*
une télécommande *remote control*
un téléspectateur/une téléspectatrice *TV viewer*
la télévision par câble *cable TV*

allumer la télé *to turn on the TV*
augmenter le son *to turn up the volume*
baisser le son *to turn down the volume*
éteindre la télé *to turn off the TV*

Divers

un contrôle *test*
s'embrouiller *to become confused*

Quel genre d'émission est-ce que ces jeunes regardent, d'après vois? Et vous, qu'est-ce que vous regardez à la télé?

M I S E   E N   P R A T I Q U E

—Tiens, il est presque midi! **Allume la télé**, s'il te plaît. Le **journal télévisé** commence dans cinq minutes sur France 2. Je ne veux pas manquer le résumé des **actualités**.

—Je me demande s'ils vont **transmettre** en direct l'arrivée de la navette spatiale *(space shuttle)*.

—Elle était prévue pour midi, non? En tout cas ce soir, il y aura **un débat** sur les problèmes des banlieues françaises. Le **programme** habituel est changé.

—Ce n'est pas grave. L'épisode du **feuilleton** peut bien attendre une semaine! Euh... puisque la **télécommande** est près de toi, peux-tu **augmenter le son**? Merci!

LES MÉDIAS

La télévision occupe la plus grande partie du temps libre des Français. Les jeux vidéo, les magnétoscopes et les caméscopes *(camcorders)* multiplient son utilité.

Les écoliers français passent autant de temps devant la télé qu'à l'école, environ 800 heures par an. Parmi les Français qui possèdent un poste de télévision, 95,9 pour cent ont aussi une télécommande, ce qui explique le développement du *zapping* (passage d'une chaîne à l'autre de façon répétée). Les adultes regardent la télévision en moyenne trois heures 19 minutes par jour—les jeunes de 4 à 10 ans, deux heures 02 minutes par jour. Il est intéressant de remarquer que les enfants regardent moins la télévision que leurs parents.

Soirées 20 chaînes

T F 1	2 France	France 3	CANAL+	arte
SAMEDI				
20.55 POUR UNE POIGNÉE DE DIAMANTS (Téléfilm). Avec Annette O'Toole, Anthony Andrews.	20.55 FORT BOYARD (Jeu). 22.45 BOUVARD DES SUCCÈS (Magazine).	20.55 CHASSÉS-CROISÉS (Téléfilm). Avec Zabou. 22.45 POURQUOI, COMMENT ? (Magazine).	20.30 SAMEDI COMÉDIE (Séries). 20.30 H. 20.55 Evamag. 21.20 Seinfeld.	20.45 SIR FRANCIS DRAKE, PIRATE DE SA MAJESTÉ (Doc.). 22.40 L'HÔPITAL ET SES FANTÔMES (4) (Feuilleton).
DIMANCHE				
20.55 ON NE VIT QUE DEUX FOIS (Film). Avec Sean Connery. 23.05 ZORRO (Film). Avec Alain Delon.	20.50 PILE OU FACE (Film). Avec Philippe Noiret. 22.40 DIEU SAUVE LA REINE (Documentaire).	20.55 LES PRINCESSES DU CIRQUE (Spectacle). 23.45 SENSO (Film). Avec Alida Valli.	20.30 LITTLE VOICE (Film). Avec Michael Caine. 22.05 KENSHIN LE VAGABOND (Manga).	20.40 LA TUNISIE (Théma). Avec à 20.40 Halfaouine, l'enfant des terrasses, film, et à 22.15 Nuit de noces à Tunis, doc.
LUNDI				
20.55 QUI VEUT GAGNER DES MILLIONS ? (Jeu). 22.00 GÉNIAL, MES PARENTS DIVORCENT (Film).	20.50 URGENCES (Série). Avec Noah Wyle. 23.15 MILLENNIUM (Série). Avec Lance Henriksen.	20.50 DON CAMILLO EN RUSSIE (Film). Avec Fernandel. 23.05 RENDEZ-VOUS AVEC LE CRIME (Série doc.).	20.30 PSYCHO (Film). Avec Vince Vaughn. 22.10 CORRIDAS Feria de Séville.	20.45 AÏDA (Film). Avec Sophia Loren. 22.30 TERMINALE (Film). Avec Adrienne Pauly.
MARDI				
20.55 L'AMOUR EN DOUCE (Film). Avec Daniel Auteuil. 22.50 ANGÉLIQUE ET LE ROY (Film). Avec Michèle Mercier.	20.50 PARLEZ-MOI D'AMOUR (Divertissement). 23.00 PEUR À DOMICILE (Téléfilm).	20.55 LA CARTE AUX TRÉSORS (Jeu). Par Sylvain Augier. 23.25 50 ANS DE BÊTISES... (Divertissement).	20.30 HUBERT, SON ALTESSE CANINISSIME (Téléfilm). 21.55 LEXX (Série). Avec Brian Downey.	20.45 LES ÉGOUTS DE PARIS (Documentaire). 21.45 TOUS LES PARFUMS DE L'ARABIE (Théma).
MERCREDI				
20.55 SAGAS (Magazine). Par Stéphane Bern. 22.50 ÇA VAUT LE DÉTOUR (Magazine).	20.50 UNE GROSSE BOUCHÉE D'AMOUR (Téléfilm). 22.35 SCHIMANSKI (Série). Avec Götz George.	20.55 LA FORÊT DE TOUS LES DANGERS (Téléfilm). 22.55 ON EN RIT ENCORE ! (Divertissement).	21.00 TOUT BAIGNE (Film). Avec François Morel. 22.30 LE BARBIER DE SIBÉRIE (Film).	20.45 QUEEN MUM (Documentaire). 21.45 LE LONG VOYAGE DE TSOGT (Documentaire).
JEUDI				
20.55 NAVARRO (Série). Avec Roger Hanin. 22.40 L'EXPERTE (Téléfilm). Avec Jacqueline Bisset.	20.50 L'ÉTÉ D'«ENVOYÉ SPÉCIAL» (Magazine). 23.00 ÇA VA FAIRE MÂLE (Divertissement).	20.55 LAISSE ALLER, C'EST UNE VALSE (Film). 23.10 LE ROI DES CONS (Film). Avec Francis Perrin.	20.30 NUIT INDIENNE (Spécial). Avec à 20.30 Raja Hindustani, film et à 22.30 Bollywood : made in India, doc.	20.45 LA VILLE ARABE (Théma). Avec à 20.45 La ville arabe, doc. Et à 23.15 Les rêves de Hind et Camilia, film.
VENDREDI				
20.55 NOS MEILLEURS MOMENTS 23.10 LES DOSSIERS DE SANS AUCUN DOUTE (Magazine).	20.50 SOIRÉE POLAR (Séries). Avec à 20.50 PJ et à 22.40 Un flic nommé Lecœur.	20.55 THALASSA (Magazine). Escale aux Açores. 22.15 FAUT PAS RÊVER (Magazine).	20.15 FOOTBALL : SAINT-ÉTIENNE - OM Championnat de France. 22.50 PSYCHO (Film). Avec Anne Heche.	20.45 LONG COURS (Téléfilm). Avec Benoît Magimel. 23.50 MADAME BUTTERFLY (Film). Avec Ying Huang.

sélectionnées pour vous

PARIS PREMIERE · **Canal JIMMY** · **Disney Channel** · **PLANÈTE** · **serieclub**

SAMEDI

PARIS PREMIERE	Canal JIMMY	Disney Channel	PLANÈTE	serieclub
20.00 GOLF EN CAPITALE (Magazine).	20.15 PORTRAIT DE HUGUES AUFRAY (Documentaire).	20.30 AUX FRONTIÈRES DE L'ÉTRANGE (Série).	20.30 LES PIONNIERS DE LA RADIO AUX USA De Ken Burns.	20.20 UN PASTEUR D'ENFER (Série). Avec Dan Aykroyd.
20.30 ATHLÉTISME : SUPERCROSS DU STADE DE FRANCE	21.05 QUATRE EN UN (Magazine). Par Gilles Buffard.	21.10 DINOSAURES (Série).	21.40 CINQ COLONNES À LA UNE (Magazine).	20.45 PAPAROFF (Série). Avec Michel Constantin.

DIMANCHE

20.00 RECTO VERSO (Magazine).	19.50 FRIENDS (Série). Avec Jennifer Aniston.	20.55 AUX FRONTIÈRES DE L'ÉTRANGE (Série).	20.05 FILS DU SIÈCLE De Jean-Louis Cros.	20.00 KING OF THE HILL (Série). Avec Mike Judge.
21.00 LE CRI DE LA SOIE (Film). Avec Marie Trintignant.	21.05 THAT 70'S SHOW (Série). Avec Topher Grace.	21.10 DINOSAURES (Série).	20.30 CHRONIQUE DE LA «PICCOLA RUSSIA» D'Hugues Le Paige.	20.50 MICHAEL HAYES (Série). Avec David Caruso.

LUNDI

21.00 QUELLE FAMILLE ! (Théâtre). Avec Micheline Dax.	21.05 LA ROUTE (Magazine).	20.30 AUX FRONTIÈRES DE L'ÉTRANGE (Série).	20.00 LA QUÊTE DU FUTUR (4)	20.45 100 % SÉRIES (Magazine).
23.05 STAND UP COMÉDIE Shirley et Dino.	21.50 EN COMPAGNIE DES HOMMES (Film). Avec Aaron Eckhart.	21.10 DINOSAURES (Série).	20.30 ROBERT OPPENHEIMER ET LA BOMBE ATOMIQUE	21.15 3ÈME PLANÈTE APRÈS LE SOLEIL (Série).

MARDI

21.00 LE GAI SAVOIR (Magazine).	20.30 DREAM ON (Série). Avec Brian Benben.	20.30 AUX FRONTIÈRES DE L'ÉTRANGE (Série).	20.30 CHASSEURS D'IMAGES CHEZ LES PAPOUS	19.30 MISSION IMPOSSIBLE (Série). Avec Lesley Warren.
22.30 L'ÉTRANGÈRE (Film). Avec Beverly d'Angelo.	21.05 T'ES TOI ! (Magazine). Par Alexandra Leroux.	21.10 DINOSAURES (Série).	21.30 LA GUERRE D'ALGÉRIE (1) De Peter Batty.	20.45 LE CAMÉLÉON (Série). Avec Andrea Parker.

MERCREDI

21.00 PARIS MODES (Magazine).	20.30 DISCORAMA (Divertissement). Joe Dassin.	20.30 AUX FRONTIÈRES DE L'ÉTRANGE (Série).	20.30 PALESTINE, HISTOIRE D'UNE TERRE (1)	20.25 GREGORY HINES SHOW !
21.50 MOTOWN LIVE (Concert).	21.05 STAR TREK (Série). Avec Leonard Nimoy.	21.10 DINOSAURES (Série).	21.35 L'UNIVERS DE STEPHEN HAWKING (4)	20.50 HOMICIDE (Série). Avec Daniel Baldwin.

JEUDI

21.00 MONNAIE DE SINGE (Film). Avec Groucho Marx.	20.30 MONTY PYTHON'S FLYING CIRCUS (Série).	20.30 AUX FRONTIÈRES DE L'ÉTRANGE (Série).	20.30 VOLS DE GUERRE (5)	20.45 BUFFY CONTRE LES VAMPIRES (Série). Avec S. Michelle Gellar.
22.15 PAUL McCARTNEY (Concert). Standing Stone.	21.05 LE BEAU SERGE (Film). Avec Gérard Blain.	21.10 DINOSAURES (Série).	21.20 TIBET, PAYS SUSPENDU De William Bacon.	21.30 STARK RAVING MAD (Série). Avec Tony Shalhoub.

VENDREDI

21.00 RECTO VERSO (Magazine). Par Paul Amar.	20.30 MAX LA MENACE (Série). Avec Don Adams.	20.30 AUX FRONTIÈRES DE L'ÉTRANGE (Série).	20.30 DAVID OÏSTRAKH, ARTISTE DU PEUPLE ?	20.45 TWIN PEAKS (Feuilleton). Avec Kyle McLachlan.
21.55 PHIL COLLINS (Concert). Live by Request.	21.05 CALIFORNIA VISIONS (Documentaire).	21.10 DINOSAURES (Série).	21.50 LES GRANDES EXPOSITIONS «Gainsborough».	21.35 AU-DELÀ DU RÉEL (Série).

Aujourd'hui, 78,3 pour cent des foyers sont équipés d'un magnétoscope. De nombreux vidéoclubs permettent aux vidéo-maniaques de louer le dernier film en vidéo. La plupart des téléspectateurs qui possèdent un magnétoscope l'utilisent pour enregistrer des émissions qu'ils ont envie de voir plus tard.

Combien de chaînes de télévision avez-vous? Est-ce que vous possédez un magnétoscope? Quels genres de vidéos est-ce que vous préférez? Combien d'heures par jour est-ce que vous passez devant la télévision?

Adapté de Gérard Mermet, *Francoscopie 2001* (Larousse, pp. 399–402).

Quelle émission est-ce que vous choisiriez de regarder dimanche? Quelle chaîne passe le plus de films américains?

A. Entraînez-vous: Désirs, espoirs et intentions. En utilisant les *Expressions typiques pour...* , dites à chacune de ces personnes ce que vous comptez faire dans les situations suivantes.

> MODÈLE: votre père—vos projets pour les vacances de Pâques *(Easter)*
> *Papa, j'aimerais aller en Floride pour les vacances de Pâques.*

1. le professeur de français—votre intention d'avoir une bonne note
2. votre fille/fils—ses projets pour sa chambre en désordre
3. une amie—vous voulez emprunter sa voiture
4. un ami—vous allez au cinéma ensemble et vous voulez voir un film qu'il n'a pas envie de voir
5. une voisine—elle fait beaucoup de bruit
6. un camarade de classe—il parle avec un autre étudiant et vous n'entendez pas le professeur

B. Mot de passe. Imaginez que vous participiez au jeu télévisé «Mot de passe». Devinez à quels mots ou expressions (de la liste à la page 169) s'appliquent les définitions suivantes.

1. Une émission de télé où l'animateur/animatrice *(announcer)* invite des gens célèbres à venir parler avec lui/elle et à divertir les téléspectateurs
2. Le contraire d'**allumer la télé** (ou ce qu'on fait quand on ne veut plus regarder la télé)
3. La partie du poste de télé où l'image est projetée
4. Un petit appareil qui permet de contrôler la télé à distance
5. La liste et l'horaire des émissions
6. Le contraire d'**augmenter le son**

Maintenant, c'est à vous! Donnez un synonyme ou une définition en français pour les mots et les expressions suivants afin que votre partenaire ou le reste de la classe puisse les deviner. (Il serait utile de réviser les expressions utilisées pour identifier et décrire les objets et les personnes, *Leçons 1* et 2 du *Chapitre 3*.)

7. les actualités
8. un feuilleton
9. avoir envie de
10. un téléspectateur/une téléspectatrice

C. Vos projets d'avenir. Vous parlez avec un(e) ami(e) et vous lui expliquez ce que vous voulez faire dans l'avenir. Complétez les phrases ci-dessous. Les sujets suivants peuvent vous donner des idées: le travail, le mariage, le logement, les voyages, les visites.

1. J'aimerais...
2. J'ai l'intention de...
3. Je préfère... mais en ce moment je...
4. Dans cinq ans, je compte... et je tiens surtout à...
5. Maintenant, il vaut mieux...

Le subjonctif: formation irrégulière

When expressing wants and intentions regarding other people and events, it is often necessary to use the subjunctive mood. In *La grammaire à réviser,* you reviewed the formation of verbs that are regular in the subjunctive. This section completes the discussion of how to form the subjunctive.

A. Some verbs have two subjunctive stems—one for the **nous** and **vous** forms and one for the remaining forms. To find the subjunctive stem for the **nous** and **vous** forms, you drop the **-ons** ending from the first person plural of the present tense. For example:

appeler

que j'**appelle**	que nous **appelions**
que tu **appelles**	que vous **appeliez**
qu'il/elle **appelle**	
qu'ils/elles **appellent**	

The following verbs have two subjunctive stems:

croire	que je **croie**	que nous **croyions**
devoir	que je **doive**	que nous **devions**
envoyer	que j'**envoie**	que nous **envoyions**
mourir	que je **meure**	que nous **mourions**
prendre	que je **prenne**	que nous **prenions**
recevoir	que je **reçoive**	que nous **recevions**
venir	que je **vienne**	que nous **venions**
voir	que je **voie**	que nous **voyions**

B. The following verbs have irregular stems but regular subjunctive endings:

	aller	faire	pouvoir
que je (j')	aille	fasse	puisse
que tu	ailles	fasses	puisses
qu'il/elle/on	aille	fasse	puisse
que nous	allions	fassions	puissions
que vous	alliez	fassiez	puissiez
qu'ils/elles	aillent	fassent	puissent

	savoir	valoir	vouloir
que je	sache	vaille	veuille
que tu	saches	vailles	veuilles
qu'il/elle/on	sache	vaille	veuille
que nous	sachions	valions	voulions
que vous	sachiez	valiez	vouliez
qu'ils/elles	sachent	vaillent	veuillent

NOTE: The irregular subjunctive form of **falloir** is **qu'il/elle/on faille**.

Avoir and **être** have completely irregular forms in the subjunctive, which must simply be memorized:

	avoir	être		avoir	être
que je (j')	aie	sois	que nous	ayons	soyons
que tu	aies	sois	que vous	ayez	soyez
qu'il/elle/on	ait	soit	qu'ils/elles	aient	soient

Le subjonctif: la volonté

As stated in *La grammaire à réviser*, the subjunctive mood is used to express the attitudes and opinions of the speaker. The verb in the subjunctive occurs after **que** in the dependent clause, and the subjects of the main and dependent clauses must be different. The subjunctive is used after verbs of wishing, preference, desire, or will. Verbs of volition include: **aimer (bien), désirer, exiger** *(to demand)*, **préférer, souhaiter** *(to wish)*, **vouloir,** and **vouloir bien.**

◆ Notice that with the **je** form of regular **-er** verbs, there is no difference between the present indicative and the present subjunctive. There is, however, a difference in the **nous** and **vous** forms.

> Mon père ne veut pas que je **regarde** la télévision.
> *My father does not want me to watch television.*
>
> Il veut que je **fasse** mes devoirs.
> *He wants me to do my homework.*
>
> Je voudrais que mes parents **puissent** me comprendre.
> *I wish that my parents could understand me.*

The verb **espérer** *(to hope)* is an exception. It is one of the few verbs of volition that does not take the subjunctive. It is followed by the indicative—in general, the future tense.

> J'espère qu'ils me **donneront** plus de liberté l'année prochaine.
> *I hope (that) they'll give me more freedom next year.*

REMINDER: In French **que** is required; in English *that* may or may not be used.

ACTIVITÉS

A. Deux opinions. Voici deux lettres contradictoires au sujet d'une émission américaine, parues dans un journal français. Complétez-les en remplissant les blancs avec le subjonctif des verbes suivants.

> être / avoir / écrire / faire / pouvoir / savoir / trouver /
> prendre (prendre fin: *to end*)

> Triste semaine! Le feuilleton quotidien «Santa Barbara» disparaît de TF1. Nous sommes de nombreux spectateurs français à souhaiter que cette émission _____ continuer. Nous aimerions que la chaîne _____ les moyens de reprendre cette émission. Cette chronique d'une ville californienne du vingtième siècle révélait admirablement les hauts et les bas de la vie d'affaires. Nous ne voulons pas que ce programme qui nous rappelle l'univers de «Dallas» _____ fin. Pour ma part, je souhaite que la plupart des téléspectateurs _____ d'accord avec moi et qu'ils _____ à TF1.

Une autre opinion:

Bonne nouvelle! Le feuilleton «Santa Barbara», qui donnait une image stéréotypée du monde riche et snob de la Californie du sud, disparaît enfin de TF1. On avait perdu depuis longtemps le fil de l'histoire. Les téléspectateurs français aimeraient bien que la télévision _____ purgée de tous les feuilletons quotidiens de ce genre. Nous désirons que TF1 et toutes les chaînes _____ que nous ne voulons plus de feuilletons invraisemblables et insipides. Nous tenons à ce que ces émissions qui ne parlent que de sexe et d'argent _____ fin, et que les chaînes _____ plus attention à la qualité de leurs programmes. Je souhaite que ceux qui partagent mon avis _____ le bon sens d'écrire à TF1 pour demander la disparition de ces émissions à la «Dallas».

Adapté d'un article du *Monde Radio-Télévision*

P.S. Après beaucoup de discussions, de lettres de protestation des téléspectateurs et de nombreux débats, TF1 a décidé de remettre «Santa Barbara» sur l'antenne pendant un certain temps. Mais aujourd'hui, ce feuilleton ne passe plus à la télé.

B. Préférences. Choisissez un(e) partenaire et complétez chaque phrase à l'aide d'un verbe approprié au subjonctif qui exprimera les préférences de ces personnes.

1. Le professeur de français veut que nous...
2. Je souhaite que le professeur de français...
3. Je désire que l'université...
4. Mon/Ma camarade de chambre préfère que je...
5. J'aime bien que mes amis...
6. Les Américains veulent que le Président...
7. Les Français préfèrent que les Américains...
8. Les téléspectateurs désirent que les réalisateurs de télévision *(TV producers)*...

C. Une lettre. Stéphane écrit à sa mère, qui habite dans l'est de la France. Il a pris des notes. Aidez-le maintenant à composer la lettre. Faites attention au temps des verbes!

Paris, le 25 novembre

Chère maman,

Je / savoir / que / tu / travailler / beaucoup / pour payer mes études à l'université. Je / te / demander / donc / un grand service. Mes amis / vouloir / que / je / aller / avec eux en Grèce au mois de mars. Il y a / vols d'étudiants / qui / être / bon marché. Je voudrais bien / que / tu / me / permettre / d'y aller avec eux. Je / souhaiter / aussi / que / tu / me / envoyer / 270 € pour le billet. Pour avoir les meilleurs prix, l'agence de voyage / exiger / que / nous / payer / le vol d'ici deux semaines. Tu / vouloir / que / je / obtenir / mon diplôme / et que / je / devenir / médecin, et c'est normal. Je / travailler / de mon mieux / mais je / avoir besoin de / me reposer / pendant deux semaines en mars. Ce voyage m'aidera à mieux travailler au printemps. Je / espérer / que / tu / comprendre.

Affectueusement,

Stéphane

D. Une émission annulée *(canceled).* Choisissez une émission de la
télévision américaine qui a été annulée cette année. Ecrivez une lettre aux
réalisateurs dans laquelle vous exprimez votre opinion (pour ou contre).
Utilisez les lettres dans l'exercice A comme modèles.

Interactions

A. Un poste. Vous discutez d'un poste (que vous voudriez bien avoir) avec
un membre de votre famille. Exprimez votre désir d'avoir le poste et dites
pourquoi vous seriez bon(ne) dans ce genre de travail. Discutez de vos intentions pour l'avenir. Dites que vous espérez que quelqu'un va considérer votre
demande d'emploi sérieusement.

B. Samedi. Un(e) ami(e) vous téléphone pour vous demander d'aller avec
lui/elle faire les magasins samedi. Vous êtes déjà pris(e). Expliquez-lui ce que
vous avez l'intention de faire ce jour-là. Soyez ferme dans vos projets et
demandez-lui de se joindre à vous; ou bien trouvez un compromis et faites
quelque chose que vous aimeriez faire tou(te)s les deux.

Préparation DOSSIER PERSONNEL

In this chapter, you will choose a point of view on a controversial topic and
develop it using a good introduction, some examples, and a strong conclusion.

1. Choose a controversial subject that is discussed often in the newspaper
   or on the radio or television. If you have trouble choosing a subject,
   make a list of possible topics and find one that you can develop most
   easily with the vocabulary you know in French.
2. After you've chosen your topic, make a list of the different points of view
   on the topic. This should help you see the different sides to the issue.
3. In order to make sure that you've listed all the possible positions, show
   your list to at least one classmate who will help you develop your topic.

Phrases: Expressing an opinion; writing
an essay
Grammar: Subjunctive

SYSTÈME-D

Est-ce que vous
utilisez l'Internet pour
vous tenir au courant
des nouvelles?[2]

[2] Les grands journaux français (e.g., *le Monde, le Figaro, Libération*) sont disponibles sur le
Minitel et sur l'Internet, aussi bien que les journaux provinciaux comme *les Dernières Nouvelles
d'Alsace, le Télégramme de Brest, la Voix du Nord, le Progrès de Lyon, le Républicain Lorrain,
Nice-Matin* et *Ouest-France.* C'est sur l'Internet aussi que certains éditeurs de jeux vidéo voient
l'avenir. (*Le Parisien,* 25 juillet 2000, p. 6)

Comment exprimer les sentiments et les attitudes

Conversation (CONCLUSION)

Premières impressions

Soulignez:

● des expressions qui expriment le contentement, l'admiration, l'inquiétude et la crainte

Trouvez:

● le nom de l'enfant de Paul

M. et Mme Cézanne s'inquiètent° parce que leur fille Julie passe trop de temps devant la télé. Ils discutent du problème avec Paul, le frère de Mme Cézanne, qui est également père d'un enfant.

s'inquiéter *to worry*

M. CÉZANNE: Ah, Paul, je suis content de te voir! J'ai une question à te poser. On a un petit problème avec Julie et on ne sait pas quoi faire. En ce moment, c'est télé, télé, télé; il n'est pas question de la faire travailler... Elle a des 7 et des 8 sur 20 comme notes et j'ai peur qu'elle finisse par redoubler sa seconde.

MME CÉZANNE: Oh! Tu exagères un petit peu, quand même!

M. CÉZANNE: Ecoute, tu as bien vu son carnet de notes ce trimestre... Et en plus, elle a l'air de trouver cela sans importance. Au fond, c'est ça qui m'inquiète peut-être encore plus que ses notes.

PAUL: Ce n'est pas facile maintenant avec les jeunes. A quinze ans, ils se croient adultes, et ils veulent être indépendants.

M. CÉZANNE: Et avec Sébastien, comment est-ce que ça se passe?

PAUL: Pour le moment tout va bien. L'école l'intéresse et il ne se plaint pas.

M. CÉZANNE: Et il fait ses devoirs?

PAUL: Oui, sans même qu'on le lui dise. Ça m'étonne mais je suis content. Pourvu que ça dure!

M. CÉZANNE: Qu'est-ce que vous avez de la chance!

MME CÉZANNE: Julie aussi, en général...

M. CÉZANNE: Oui, mais il est plus jeune, Sébastien... c'est peut-être ça, en fait...

Observation et analyse

1. Qu'est-ce qui inquiète M. et Mme Cézanne chez Julie? Qu'est-ce qu'ils craignent?
2. Comment réagit Paul?
3. Est-ce que Mme Cézanne est d'accord avec son mari? Expliquez.
4. Selon Paul, comment est son fils?
5. Devinez l'âge de Sébastien. Pensez-vous qu'il donnera plus de problèmes à ses parents quand il sera plus âgé? Expliquez.

Réactions

1. Est-ce que vous avez beaucoup étudié au lycée? Pourquoi? Est-ce qu'on vous a encouragé dans un sens ou dans l'autre?
2. Que feriez-vous à la place de M. et Mme Cézanne? Etes-vous plutôt d'accord avec M. Cézanne ou sa femme?

Expressions typiques pour...

Dire qu'on est content...

Je suis $\left\{\begin{array}{l}\text{content(e)}\\ \text{heureux/heureuse}\\ \text{enchanté(e)}\end{array}\right\}$ qu'elle soit arrivée.

Ça me plairait de revoir ce film.
C'est parfait.
Formidable!

... ou mécontent

Je suis $\left\{\begin{array}{l}\text{agacé(e) }(annoyed).\\ \text{ennuyé(e) }(bored,\ annoyed,\ bothered).\\ \text{fâché(e)}.\\ \text{en colère}.\end{array}\right.$

Exprimer la déception *(disappointment)*

J'ai été très déçu(e) *(disappointed)* par le film.
Ça m'a beaucoup déçu.

Exprimer la crainte *(fear)* et l'inquiétude *(worry, anxiety)*

◆ In more formal speech, **craindre**, **avoir peur**, and other verbs of fear require the **"ne explétif"** to be used before the verb of the second clause, but the **ne** has no meaning. ■

J'ai très peur de prendre l'avion. / J'ai peur qu'elle ne vienne pas.
Je crains l'altitude.
Je crains qu'on ne soit en retard pour la réunion.
Je suis inquiet/inquiète *(worried)*.
Ça m'inquiète un peu.

Exprimer le soulagement *(relief)*

Heureusement! *(Thank goodness!)*
On a eu de la chance!
Ouf! On a eu chaud! *(familiar—That was a narrow escape!)*

Exprimer la joie ou l'admiration

Je trouve ça magnifique!
C'est formidable/merveilleux/génial *(fantastic)*/super!
Qu'est-ce que c'est beau/bien/bon!
Qu'est-ce que vous avez de la chance! *(How lucky you are!)*

Manifester de la réticence *(hesitation)* ou du dégoût *(disgust)*

Je n'ai aucune envie de faire cela.
Ça ne me dit rien.
Ça m'embête *(bothers).*

Je trouve ça dégoûtant/détestable.
Ça me barbe *(familiar—bores).*
L'histoire du film est débile *(stupid).*

Protester/Exprimer l'irritation

C'est insupportable/inacceptable/
    révoltant!
Ça m'énerve!
J'en ai assez *(have had enough)*
    de ces histoires.

J'en ai marre *(am fed up)* de vivre
    comme ça.
Ah, zut alors!
Cela m'agace! *(It's getting on my
    nerves!)*

Dire des insultes

ATTENTION: Utilisez ces expressions quand vous êtes très fâché(e). Elles sont très insultantes. N'en abusez pas.

(en s'adressant à une personne)
Espèce d'idiot/de crétin!
Sale type!

(en parlant d'une personne)

C'est un(e) { imbécile!
débile mental *(mental
    idiot)!*
idiot(e)!

Mots et expressions utiles

Les émotions

agacer *to annoy*
barber *(familiar) to bore*
embêter *to bother*

ennuyé(e) *annoyed, bored, bothered*
ennuyeux/ennuyeuse *annoying, boring, tedious,
    irritating*

en avoir assez *(familiar) to have had enough*
en avoir marre *to be fed up*

la crainte *fear*

inquiet/inquiète *worried, anxious*
s'inquiéter *to worry*
l'inquiétude [f] *worry, anxiety*

insupportable *unbearable, intolerable*
supporter *to put up with*

génial *fantastic*
heureusement *thank goodness*
On a eu chaud! *That was a narrow escape!*
le soulagement *relief*

M I S E   E N   P R A T I Q U E

—Tu as vu le nouveau film d'Agnès Varda? Il est **génial**!

—Ah, bon? J'ai été très **déçu** par son dernier film, donc, je n'avais pas l'intention d'aller voir celui-ci. Sa passion pour les histoires de couples m'**agace**. Autant j'adorais ses films dans les années soixante, autant je les trouve **insupportables** et **ennuyeux** maintenant.

—Tu as tort. *Les glaneurs et la glaneuse* est extraordinaire.

En matière d'abonnement presse, il était temps que la Fnac vous simplifie la vie.

A la Fnac, s'abonner est aussi simple qu'acheter un livre.

Abonnements Libre Service

fnac

Qu'est-ce vous pouvez acheter à la Fnac?

La radio

un animateur/une animatrice *radio or TV announcer*
un auditeur/une auditrice *member of (listening) audience*
une station *(TV, radio) station*

La presse

un abonnement *subscription*
   être abonné(e) à *to subscribe to*
annuler *to cancel*
une annonce *announcement, notification*
   les petites annonces *classified advertisements*
les nouvelles [f pl] *printed news; news in general*
une publicité *advertisement*

un reportage *newspaper report; live news or sports commentary*
une rubrique *heading, item; column*
un bi-mensuel *bimonthly publication*
un hebdomadaire *weekly publication*
un journal *newspaper*
un magazine *magazine*
un mensuel *monthly publication*
un quotidien *daily publication*
une revue *magazine (of sophisticated, glossy nature)*

un lecteur/une lectrice *reader*
un numéro *issue*
le tirage *circulation*

MISE EN PRATIQUE

Ça fait longtemps que je **suis abonnée à** cet **hebdomadaire**, mais je trouve qu'il contient trop de **publicité** en ce moment. Où sont les bons articles, les **reportages** sur les événements internationaux, les analyses sur telle ou telle personne, les **rubriques** spécialisées? Si la qualité ne s'améliore pas, je vais **annuler** mon **abonnement** et prendre un **bi-mensuel** comme *Lire*. Je serai plus au courant des sorties de livres.

ACTIVITÉS

A. Entraînez-vous: Contradictions. Vous n'êtes pas d'accord avec votre ami(e) et vous le/la contredites systématiquement.

MODÈLE: —Je suis très heureux/heureuse d'aller chez elle demain.
   —*Moi, ça m'embête. Je préfère rester à la maison.*

1. Je trouve ce tableau merveilleux.
2. Je suis content(e) d'avoir choisi ce film.
3. Qu'est-ce qu'elle est belle, cette voiture!
4. Je trouve cette publicité révoltante.
5. J'en ai marre de cette pluie.
6. J'adore écouter ses histoires.

B. Les médias. Vous écoutez une émission de Radio-Québec sur les ondes moyennes (AM), mais vous n'entendez pas bien à cause de l'électricité statique. Complétez le passage en choisissant parmi les deux mots proposés.

Bonsoir. Ici Jacques Baumier. Voici un résumé des dernières _____ (nouvelles/petites annonces). Aujourd'hui à Ottawa, selon le _____ (journal/tirage) *le Devoir*, une réunion très importante a eu lieu entre le Président des Etats-Unis et le Premier Ministre canadien. La _____

On a eu chaud!

Quelle barbe! *(How dull!)*

T'es toqué, non?! *(You're nuts!)*

J'en ai marre!

Extra!

Mon œil! *(You can't fool me!)*

(chaîne/station) de télévision TV 5 transmettra une émission spéciale ce soir. *L'Actualité,* l(e) _____ (auditeur/magazine) québécois le plus lu, interviewera le Président américain et publiera un _____ (reportage/tirage) sur son séjour à Ottawa. Ce _____ (numéro/programme) spécial comptera aussi des analyses ponctuelles pour permettre aux _____ (auditeurs/lecteurs) de mieux comprendre les nouveaux accords économiques. Bonsoir, mesdames et messieurs.

C. Exprimez-vous. Expliquez à un(e) camarade de classe ce que vous dites dans les situations suivantes.

1. Vous venez de payer $120 pour un repas qui n'était pas très bon.
2. Vous venez d'avoir une contravention. L'agent de police est parti. Vous êtes fâché(e).
3. Votre frère/sœur vient d'arriver. Vous ne vous êtes pas vu(e)s depuis un an.
4. Vous venez de recevoir vos notes. Elles sont très bonnes. Vous vous attendiez *(expected)* à de mauvaises notes.
5. Une personne vient d'accrocher *(run into)* votre voiture. Vous étiez garé(e) dans un parking.
6. Votre ami vient de vous offrir un très joli cadeau.
7. Vous venez de lire un reportage sur un meurtre commis dans votre quartier.

Les gestes jouent un rôle fondamental dans la communication. «En France comme aux Etats-Unis, les gestes de la main varient beaucoup selon le niveau social, le sexe, l'âge ou la région. On remarque toutefois certaines différences générales entre Français et Américains.» Donnez des exemples de gestes typiquement américains.

Laurence Wylie et Jean-François Brière, *Les Français 2001* (Prentice Hall, pp. 68, 72)

D. Questions indiscrètes? Posez les questions suivantes à un(e) ami(e).
Donnez un résumé de ses réponses à la classe.

1. A quelles occasions est-ce que tu es content(e)?
2. Dans quelles circonstances est-ce que tu es mécontent(e)?
3. De quoi est-ce que tu as souvent peur?
4. Raconte un événement où tu as exprimé ton soulagement.
5. Pour qui est-ce que tu éprouves de l'admiration?
6. Qu'est-ce qui te dégoûte?
7. Décris une situation où tu as protesté.

LA GRAMMAIRE À APPRENDRE

Le subjonctif: l'émotion, l'opinion et le doute

A. The subjunctive mood is frequently used after expressions of emotion.
As with verbs of volition, the subjects of the main and dependent clauses
must be different. For example:

> **être heureux(-euse)/content(e)/triste/désolé(e)/fâché(e)/furieux(-euse)/
> étonné(e)/surpris(e)/ravi(e)** *(delighted)*/**déçu(e)** *(disappointed)* **que
> regretter que**
> **avoir peur que/craindre que**

> Je **suis déçue** que nous ne **puissions** pas regarder la télévision. Le poste
> est en panne *(broken)*.
> Je **regrette** que nous **n'ayons** pas de deuxième poste.
> La famille **est heureuse** que ce ne **soit** pas un week-end, parce que nous
> regardons beaucoup plus la télé le week-end.
> Nos parents **ont peur** que les réparations ne **soient** chères.

B. Some impersonal expressions indicate points of view or opinions that
are uncertain, hypothetical, or emotional. These begin with the impersonal **il**
or, in less formal language, **ce.** For example:

> **il vaut mieux que**
> **il est bon/triste/étonnant/utile/curieux/bizarre/étrange/honteux/
> surprenant/important/naturel/regrettable/rare/normal que**
> **c'est dommage/ce n'est pas la peine que**

> **Il est important** que nous **voyions** ce match.
> Mais, **il vaut mieux** que nous **attendions** le week-end pour aller au cinéma.

C. To express doubt, uncertainty, or possibility, the following verbs and
impersonal expressions may be used:

> **douter que**
> **ne pas être sûr(e)/certain(e) que**
> **il est douteux/impossible/peu probable que**
> **il se peut que**

il est possible que
il semble que

Il se peut que ce cinéma **soit** plein.
Nous doutons que Marc **vienne** au ciné-club avec nous.

NOTE: When the expressions **être sûr(e) que** and **être certain(e) que** are used in the affirmative, they take the indicative mood. The expressions **il me semble que** and **il est probable que** also take the indicative.

Il est probable qu'ils **viendront.**
Il me semble qu'il **a dit** qu'ils allaient venir.
Moi, **je suis sûre qu'**ils **arriveront** bientôt.

After verbs of thinking, believing, and hoping (**penser, croire,** and **espérer**) in the negative or interrogative, the subjunctive is used to indicate uncertainty on the part of the speaker.

Pensez-vous que la télé **soit** une drogue?
Oui, je pense que la télévision est une drogue douce.

Crois-tu que nous **ayons** le temps de regarder la télé ce soir?
Non, **je ne pense pas** que vous **ayez** le temps ce soir. Il faut faire vos devoirs.

However, after both the negative and interrogative used together, the indicative is necessary.

Mais **ne penses-tu pas** que nous **méritons** quand même une demi-heure de télé ce soir?
Voyons… voyons… permission accordée! Pour une émission seulement!

L'infinitif pour éviter le subjonctif

An infinitive is used instead of the subjunctive when the subject of the dependent clause is the same as that of the main clause or if the subject is not specified.

- With verbs of volition:

  Moi, je veux **partir** bien en avance.
  I want to leave well in advance.

  Mon mari préfère ne pas **partir** trop tôt.
  My husband prefers not to leave too early.

  BUT:

  A vrai dire, je préfère qu'il **parte** en avance avec moi.
  Really, I prefer that he leave early with me.

- With impersonal expressions or with **être + adjective + de:**

  Il est bon de se détendre le mercredi après-midi, n'est-ce pas?
  It is good to relax on Wednesday afternoons, isn't it?

  Je suis content de ne pas **avoir** grand-chose à faire.
  I am happy to not have much to do.

◆ In the present infinitive form, the **ne pas** precedes the infinitive. ∎

Liens culturels

LES GESTES

Les gestes sont un moyen d'expression révélateur. En analysant les gestes français et américains, on peut remarquer un degré de tension musculaire plus élevé parmi les Français que parmi les Américains. Les Français ont tendance à avoir un torse plus droit et plus rigide et des épaules *(shoulders)* hautes et carrées *(square)*. Mais en conversation, «les épaules restent des instruments de communication étonnamment flexibles. On les ramène souvent vers l'avant et ce geste s'accompagne d'une expiration ou d'une moue *(pout)*, créant ainsi un mouvement du corps que les étrangers trouvent typiquement français.»

On peut distinguer un Américain d'un Français de loin. Le premier a tendance à balancer *(swing)* les épaules et le bassin *(pelvis)*, et à faire des moulinets avec les bras *(whirl the arms around)*. Le second s'efforce d'occuper un espace plus restreint; pas de balancement sur le côté. Autre différence, «les hommes américains, lorsqu'ils sont debout, mettent souvent les mains dans leurs poches (en s'appuyant le dos contre un mur s'ils attendent quelque chose). Les hommes français... ont plus tendance à croiser les bras—attitude qui évoque une plus grande tension.»

Est-ce que vous pourriez donner quelques exemples de personnages tirés de films français et américains qui illustrent ces différences?

Laurence Wylie et Jean-François Brière, *Les Français,* 2001 (Prentice Hall, pp. 70–74)

ACTIVITÉS

A. Doutes et certitudes. Nous avons souvent des doutes sur notre avenir. Un étudiant nouvellement arrivé à l'Université de Dijon réfléchit à haute voix. Complétez ses pensées en mettant des verbes suivants au **subjonctif**, à l'**indicatif** ou à l'**infinitif** selon le cas.

devoir / donner / pouvoir / obtenir / réussir à / trouver / être / aller

Je doute que les professeurs me _____ de bonnes notes. Je ne suis pas sûr de _____ l'université. Il se peut que je ne _____ pas mon diplôme. Impossible alors que mes parents ne _____ pas fâchés contre moi! Je suis sûr, cependant, que je _____ travailler dur. Il est probable qu'on me _____ souvent dans la salle d'études du Foyer des Etudiants. Il me semble qu'on _____ reconnaître mes efforts.

B. C'est le matin. Mal réveillée, Chloé reprend ce que dit Pierre-Etienne d'une façon un peu différente. Répondez comme elle aux déclarations suivantes de Pierre-Etienne.

MODÈLE: —Je suis content qu'on soit tranquille le matin.
—*Tu es content d'être tranquille le matin?*

1. Il est bon qu'on lise le journal le matin.
2. Je préfère qu'on ne regarde pas la télévision le matin.
3. J'aimerais mieux qu'on écoute la radio.
4. Il vaut mieux qu'on ne se parle pas le matin.
5. Il est important que je prenne une douche le matin.
6. Il n'est pas normal que je fasse des exercices le matin.

C. Vos opinions? Avec un(e) camarade de classe, exprimez vos opinions en choisissant une des phrases suivantes et en la complétant. Racontez ensuite à la classe l'opinion la plus intéressante, la plus amusante ou la plus originale que vous avez entendue.

MODÈLE: *Il est curieux que la plupart des Américains ne parlent qu'une langue.*

Il est important		les étudiants...
Il est triste		les professeurs...
Il est curieux		les enfants...
Il est étrange	que	les parents...
Il est normal		les Français...
Il est bon		les Américains...
Il est regrettable		le Président américain...
Il vaut mieux		???

D. Vos opinions sur les médias. Le professeur va vous poser quelques questions. Discutez de vos attitudes respectives.

1. Est-ce que vous pensez que les enfants doivent regarder la télévision? Expliquez.
2. Est-ce que vous souhaitez que la publicité disparaisse de la télévision? Est-ce qu'il est possible que la publicité disparaisse de la télévision? Justifiez votre point de vue.
3. Pensez-vous que les feuilletons télévisés donnent une vue réaliste de la vie? Expliquez.
4. Est-ce que vous êtes sûr(e) que les informations des journaux ou des magazines soient objectives? Justifiez votre réponse.
5. Croyez-vous que la radio soit un moyen d'expression plus efficace que la télévision? Expliquez.

E. Chère Micheline... Lisez cette lettre adressée à «Chère Micheline» (la rubrique «Courrier du cœur» d'un journal français) et inventez des conseils à donner en vous servant des expressions ci-dessous. Attention: pensez à mettre les verbes au **subjonctif**, à l'**indicatif** ou à l'**infinitif** selon le cas.

> Chère Micheline,
> Mon mari Laurent ne veut jamais sortir! Depuis que nous sommes abonnés à l'Internet, il préfère s'installer devant l'ordinateur tous les soirs. Il passe énormément de temps sur toutes sortes de sites Web, même les sites les plus débiles. A part cela, c'est un assez bon mari. Il gagne bien sa vie et c'est un bon père—bien qu'il ne parle plus beaucoup à nos enfants.
> Nous sommes encore jeunes, et j'aimerais beaucoup pouvoir sortir avec nos amis. Je veux aussi que mes enfants sachent que leur papa les aime. Que suggérez-vous que je fasse?
> Manon

> Chère Manon,
> Voilà ce que je pense de votre situation:
> Il est important que vous... Je ne pense pas que votre mari... Il est probable que... Il est étonnant que vous... N'oubliez pas qu'il est important de... J'espère que vous...

Interactions

A. Maintenant à vous. Décrivez un des problèmes suivants à un(e) camarade de classe qui va jouer le rôle de Micheline. Micheline va vous dire comment elle voit les choses et vous suggérer quelques conseils à suivre.

1. Votre petit(e) ami(e) aime sortir le week-end. Il/Elle flirte avec vos ami(e)s et dit qu'il/qu'elle va chez ses parents chaque week-end, mais refuse de vous donner leur numéro de téléphone. Exprimez votre inquiétude et votre irritation, et demandez ce que vous devez faire.

2. Votre camarade de chambre ne fait jamais le ménage, laisse traîner ses vêtements partout, ne fait jamais la vaisselle, et regarde la télévision pendant que vous faites vos devoirs ou quand vous invitez un(e) ami(e) dans votre appartement. Exprimez votre irritation et demandez ce que vous devez faire.

B. La personnalité. Avec un(e) camarade de classe, racontez une histoire à propos de chaque personne de la page 187. Imaginez ce qui se passe, ce qu'ils/elles disent, et ce à quoi ils/elles pensent. Laissez courir votre imagination et humour.

Premier brouillon DOSSIER PERSONNEL

1. Using the subject that you developed in Lesson 1, begin writing your first draft. Your introduction will be very important. You may need to rewrite it several times. To begin, use a question or an interesting sentence to attract your reader's attention.

Phrases: Expressing an opinion
Grammar: Subjunctive
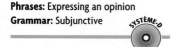

2. Give your point of view on the topic and address several of the opposing arguments.

Comment persuader et donner des ordres

Conversation

Premières impressions

Soulignez:

● des expressions pour persuader et donner des ordres

Trouvez:

● pourquoi le match de foot Brésil-Irlande est tellement important

Julie, son frère Adrien et Samuel, leur cousin, sont en plein milieu d'une discussion où il s'agit de décider de l'émission qu'ils vont regarder à la télévision.

JULIE: Il y a une bonne série américaine ce soir: «Urgences». Ça ne vous tente pas?

ADRIEN: Ah, non, écoute, je vois que sur Canal+ il y a le match de foot Brésil-Irlande...

JULIE: Oh, non! Pas du foot!

SAMUEL: Passe-moi le programme, s'il te plaît.

ADRIEN: *(à sa sœur)* Ça ne te dit rien de regarder le match de foot? Ce sont les quarts de finale de la Coupe du Monde ce soir.[3]

JULIE: Tu sais bien que je ne comprends pas grand-chose au foot! Alors, regarder trois heures de match à la télé, ça ne me dit vraiment rien!

ADRIEN: Oui..., mais tu ne comprends pas: c'est le Brésil qui joue contre l'Irlande ce soir. Allez, sois sympa, je t'en prie,° et regarde le match avec nous, quoi. Samuel et moi, nous t'expliquerons. «Urgences» est une rediffusion.

je t'en prie *will you please*

JULIE: Mais je ne l'ai pas encore vu, moi! Et puis, les drames, ça me plaît.

un compromis *compromise*

SAMUEL: Bon, eh bien, je vous propose un compromis.° Qu'est-ce que vous diriez d'une partie de «Scrabble»?

ADRIEN: Tiens, pourquoi pas? Ça fait longtemps qu'on n'y a pas joué. Et on pourra mettre le match en sourdine,° juste pour voir le score de temps en temps.

mettre en sourdine *to turn on mute*

renoncer *to give up*
le placard *cupboard*

JULIE: Tu ne renonces° jamais, Adrien, hein? Eh bien, puisque tu nous imposes ton choix, c'est toi qui vas chercher le jeu dans le placard° de ma chambre.

---

[3] Tous les quatre ans (1990, 1994, 1998, 2002, etc.) la Coupe du Monde permet aux meilleures équipes nationales de football de se disputer le titre de Champion du Monde. Le football, introduit en France en 1890, est devenu le sport le plus populaire. La Fédération Française de Football, qui compte 22 608 clubs, organise chaque année les Championnats de France et la Coupe de France. En 1998, la France a gagné la Coupe du Monde. La finale opposait la France au Brésil.

Observation et analyse

1. Qu'est-ce que Julie veut voir à la télé? Quels arguments est-ce qu'elle utilise pour convaincre les autres?
2. Que veut voir Adrien? Pourquoi?
3. Est-ce qu'on aboutit à *(reach)* un compromis à la fin? Quelle sorte de compromis?
4. Pensez-vous que Julie et son frère aient souvent ce genre de petite discussion? Justifiez votre point de vue.

Réactions

1. Quelle émission est-ce que vous auriez choisie et pourquoi? (J'aurais choisi...)
2. Autrefois, est-ce que vous aviez souvent des discussions avec votre famille au sujet de l'émission que vous vouliez regarder à la télé? Qui avait gain de cause *(won the argument)*?

Zidane, un joueur de football algérien, a aidé la France à gagner la Coupe du Monde en 1998.

Expressions typiques pour...

Persuader

Si tu me laisses/vous me laissez tranquille, je te/vous promets qu'on sortira dans dix minutes.
Cela ne te/vous dit rien de regarder le match?
Ferme/Fermez la porte pour me faire plaisir.
Efforce-toi *(Try hard)* de te calmer./Efforcez-vous de vous calmer.
Sois sympa, je t'en prie./Soyez sympa, je vous en prie.
Qu'est-ce qu'il faut dire pour te/vous persuader de venir avec nous au cinéma?
Que dirais-tu d'une pizza?/Que diriez-vous d'un apéritif? Ça ne te/vous tente pas?
Je serais content(e)/heureux(-euse) si tu venais/vous veniez avec nous.
Je t'encourage à le faire./Je vous encourage à venir.

Donner des ordres[4]

Couche-toi!/Couchez-vous! Il est tard!
Tu vas te coucher tout de suite!
Je te/vous demande d'éteindre la télé.
Je te/vous défends/interdis *(forbid)* de regarder cette émission.

Je te/vous prie de me laisser seul(e).
Ne parle pas la bouche pleine!
Veux-tu monter dans ta chambre tout de suite!

Exprimer la nécessité ou l'obligation

Il est indispensable que tu étudies/vous étudiiez. *(subjonctif)*
Il est obligatoire que tu fasses tes devoirs/vous fassiez vos devoirs. *(subjonctif)*
Il faut absolument que tu me laisses tranquille/vous me laissiez tranquille. *(subjonctif)*
Tu dois/Vous devez dormir.
Tu as/Vous avez besoin de cela pour mieux travailler.
Tu as intérêt à *(You'd better)* écouter ta mère!

---

[4] Note that these orders refer to talking to a child or children. Persuasion techniques would be used to talk to another adult.

Mots et expressions utiles

La persuasion

aboutir à un compromis *to come to or reach a compromise*
avoir des remords *to have (feel) remorse*
avoir gain de cause *to win the argument*
convaincre (quelqu'un de faire quelque chose) *to persuade (someone to do something)*
une dispute *an argument*
s'efforcer de *to try hard, try one's best*
le point de vue *point of view*
renoncer *to give up*

l'esprit [m] ouvert *open mind*
têtu(e) *stubborn*

changer d'avis *to change one's mind*
se décider (à faire quelque chose) *to make up one's mind (to do something)*
indécis(e) (sur) *indecisive; undecided (about)*
prendre une décision *to make a decision*

défendre (à quelqu'un de faire quelque chose) *to forbid (someone to do something); to defend*
interdire (à quelqu'un de faire quelque chose) *to forbid (someone to do something)*
je te/vous prie (de faire quelque chose) *will you please (do something)*

M I S E   E N   P R A T I Q U E

—Maman, je **t'en prie**, laisse-moi aller à Chicago pendant le week-end! Tous mes amis y vont, et je serai le seul à rester ici si tu ne me donnes pas la permission.

—Des lycéens qui vont à Chicago sans surveillance **(supervision)**? C'est impossible! J'ai généralement l'**esprit ouvert**, mais cette fois, je n'ai pas le choix. Tu es trop jeune. Je dois t'**interdire** d'y aller.

—Qu'est-ce que tu veux que je te promette pour te faire **changer d'avis**?

—Désolée, je n'ai pas le droit de me laisser **convaincre**. S'il t'arrivait quelque chose... j'en **aurais des remords** toute ma vie. Mais je te propose un **compromis**. On ira tous à Chicago pendant les grandes vacances.

A C T I V I T É S

A. Entraînez-vous: Le bon choix. Pour chacune des situations suivantes, choisissez l'expression que vous préférez ou inventez-en une autre.

1. Votre fille de quatre ans veut regarder un film d'épouvante à la télévision. Vous dites:
   a. Si tu regardes ce film, je t'envoie au lit.
   b. J'aimerais que tu regardes ce film avec moi.
   c. ?

2. Votre femme/mari ne veut pas vous acheter de cadeau d'anniversaire. Elle/Il ne veut pas dépenser trop d'argent. Vous dites:

   a. Je t'assure que je ne te parlerai plus jamais de la vie si tu ne m'achètes rien.
   b. Sois gentil(le) et achète-moi un petit quelque chose.
   c. ?

3. Vous avez froid. Votre camarade de chambre préfère les appartements froids. Vous dites:

   a. Si tu montes *(raise)* le thermostat, je te prépare du thé glacé *(iced tea)*.
   b. Il faut qu'on monte le thermostat. Sinon, je vais attraper un rhume.
   c. ?

4. Vous voulez sortir pour célébrer le Nouvel An. Votre fiancé(e) veut rester à la maison. Vous dites:

   a. Qu'est-ce qu'il faut faire pour te persuader de sortir? Je te promets un bon dîner demain...
   b. Tu vas sortir avec moi.
   c. ?

5. Vous voulez acheter une nouvelle voiture. Votre mère n'offre pas de vous prêter de l'argent. Vous dites:

   a. Tu me prêteras de l'argent, n'est-ce pas?
   b. Si tu ne me prêtes pas d'argent, je vais faire un caprice *(throw a tantrum)*.
   c. ?

6. Vous avez choisi la voiture que vous voulez. Elle est trop chère. Vous dites au vendeur:

   a. Il faut que vous baissiez le prix de $1 000.
   b. Si vous baissez le prix de $1 000, je l'achète tout de suite!
   c. ?

B. L'indécision. Pauvre Anne! Elle est toujours indécise. Utilisez les expressions et les mots suivants pour compléter ses pensées. Faites tous les changements nécessaires.

l'esprit ouvert / changer d'avis / indécis / prendre une décision / s'efforcer de

Oh! je n'arrive pas à me décider. Je suis tellement _____. Mon problème, c'est que j'ai _____ ; alors, pour moi, il est très difficile de _____ parce que je peux toujours comprendre les deux points de vue. Les rares occasions où je prends position *(take a stand)*, je finis par *(end up)* _____ après deux ou trois jours. Qu'est-ce que je dois faire? Est-ce que quelqu'un peut _____ me convaincre pour de bon?

C. Imaginez. Pour chacune des expressions suivantes, recréez un contexte approprié (**où**, **quand**, **avec qui**, etc.). Jouez ensuite la scène.

> MODÈLE: Essaie de te calmer.
>
> *Situation imaginée: Mon ami(e) et moi sommes coincé(e)s (stuck) dans un ascenseur qui s'est arrêté entre deux étages. Pendant que nous attendons que quelqu'un nous aide, mon ami(e) a une crise de nerfs. Pour le/la détendre, je lui dis: Essaie de te calmer. Si tu te calmes, tu t'en sortiras mieux. Ne t'inquiète pas, etc.*

1. Donnez-moi votre portefeuille.
2. Efforcez-vous de paraître contents.
3. Souris un peu, juste pour me faire plaisir.
4. Il est essentiel que tu coures aussi vite que possible.
5. Sois gentil(le), ne me laisse pas seul(e). J'ai très peur.

LA GRAMMAIRE À APPRENDRE

Le subjonctif: la nécessité et l'obligation

These expressions are followed by the subjunctive and will be helpful when you are requesting or persuading someone to do something.

> demander que
> insister pour que
> empêcher que
> il faut (absolument) que
> il est nécessaire que
> il est essentiel que
> il suffit que

Il est nécessaire que nous **choisissions** les meilleurs livres à lire.
It is necessary that we choose the best books to read.

J'insiste pour que nous **lisions** des auteurs classiques.
I insist that we read classical authors.

Certain expressions of obligation (**il est nécessaire que, il faut que, il est essentiel que**) can be replaced by **devoir** + infinitive. The meaning conveys less of a sense of obligation, however.

Il est nécessaire qu'on y aille avec lui.
On **doit** y **aller** avec lui.
It is necessary to go there with him.

Il faut que nous écrivions à sa sœur.
Nous **devons écrire** à sa sœur.
We must write to his sister.

Aimez vous lire? Quelle sorte de livres est-ce que vous lisez?

Le passé du subjonctif

The past subjunctive is a compound tense used to refer to actions or conditions that took place at any time prior to the time indicated by the main verb. It is formed from the present subjunctive of the auxiliary verbs **avoir** or **être** plus the past participle. You will choose the same auxiliary verb as you would for the **passé composé.**

regarder

| que j'**aie regardé** | que nous **ayons regardé** |
| que tu **aies regardé** | que vous **ayez regardé** |

qu'il
qu'elle } **ait regardé**
qu'on

qu'ils
qu'elles } **aient regardé**

partir

que je **sois parti(e)**	que nous **soyons parti(e)s**
que tu **sois parti(e)**	que vous **soyez parti(e)(s)**
qu'il **soit parti**	qu'ils **soient partis**
qu'elle **soit partie**	qu'elles **soient parties**
qu'on **soit parti(e)(s)**	

se réveiller

que je **me sois réveillé(e)**	que nous **nous soyons réveillé(e)s**
que tu **te sois réveillé(e)**	que vous **vous soyez réveillé(e)(s)**
qu'il **se soit réveillé**	qu'ils **se soient réveillés**
qu'elle **se soit réveillée**	qu'elles **se soient réveillées**
qu'on **se soit réveillé(e)(s)**	

Il a demandé que je **parte** de très bonne heure.
He asked that I leave very early.

Il est content que je **sois partie** très tôt.
He is happy that I left very early.

Il sera content que je **revienne** tôt aussi.
He will be happy that I come back early too![5]

---

[5] NOTE: There is no *future* subjunctive form. The present subjunctive is used to express future actions.

Liens culturels

LA PRESSE: LES JOURNAUX

En matière d'information, la presse est considérée comme le média le plus crédible par les Français. Pourtant *(However)*, entre 1970 et 1990, les quotidiens ont enregistré une baisse sérieuse de leurs ventes. Maintenant le nombre de lecteurs s'est stabilisé. Aujourd'hui 35% des Français lisent un quotidien tous les jours.

En 1999, les journaux quotidiens nationaux les plus importants par leur tirage étaient: *l'Equipe* (un quotidien sportif—2,5 millions de lecteurs), *le Monde* (un journal sérieux avec 1,9 million de lecteurs), *le Parisien* (un journal qui exploite le sensationnel—1,9 million de lecteurs dans la région parisienne et l'Oise), *le Figaro* (1,3 million de lecteurs dans la région parisienne et l'Oise), *Libération* (un quotidien de gauche—903 000 lecteurs) et *France-Soir* (un quotidien de droite—654 000 lecteurs).

LA PRESSE: LES MAGAZINES

Les magazines français se sont adaptés au monde actuel avec intelligence et imagination. Chaque année de nouveaux titres tentent de s'installer dans les «créneaux» *(niches)* ouverts par les centres d'intérêt des Français. Les sujets s'étendent de l'aventure à l'informatique en passant par le golf ou la planche à voile. La presse française compte aujourd'hui plus de 3 000 magazines, et 96 pour cent des Français lisent régulièrement un magazine. Il est intéressant de noter que les magazines destinés aux «seniors» connaissent une forte progression *(are experiencing a large increase)* à cause du vieillissement démographique.

Comparez la presse préférée des Américains avec ce que vous avez appris sur la presse française.

Adapté de Gérard Mermet, *Francoscopie 2001* (Larousse, pp. 427–430).

ACTIVITÉS

A. Exigences. Une Anglaise va bientôt faire un voyage en France. Elle est très difficile. Elle veut que l'hôtel soit parfait. Voici ses conditions. Traduisez-les-lui en français.

I ask that the hotel be clean (**propre**). Furthermore (**de plus**), I insist that the employees smile (**sourire**). It is necessary that breakfast be on time and that the tea be hot. The croissants must be fresh. It is essential that the bed not be too soft (**mou**). I must sleep in silence. It is therefore necessary that the other guests (**clients**) be quiet.

B. Le cadeau d'anniversaire. Sébastien a acheté un cadeau à Manon, mais il y a un problème. Combinez les phrases en suivant le modèle et vous découvrirez de quel problème il s'agit.

MODÈLE: Manon est heureuse. Sébastien lui a offert un cadeau.
Manon est heureuse que Sébastien lui ait offert un cadeau.

1. Manon est toute contente. Sébastien lui a acheté une platine laser.
2. Sébastien ne regrette plus. La platine laser lui a coûté une fortune.
3. Il avait un peu peur. Manon n'aimera peut-être pas la platine.
4. Mais Manon est gênée. Sébastien ne lui a pas offert de disques compacts.
5. Elle n'est pas sûre. Il faut expliquer à Sébastien qu'elle n'a pas d'argent pour acheter un compact.
6. Sébastien est surpris. Manon a l'air de plus en plus gênée et le remercie sans enthousiasme.
7. Les parents de Manon sont désolés. Leur fille est une personne ingrate.
8. Quelques jours plus tard, ils sont aussi étonnés. Manon et Sébastien se sont brouillés *(quarreled)* chez eux.

Selon vous, quel est le problème?

C. Quel professeur! Un professeur parle avec ses étudiants. Un(e) étudiant(e) du fond de la salle répète moqueusement tout ce qu'il dit. Jouez le rôle de cet(te) étudiant(e) et répétez les déclarations suivantes.

MODÈLE: —Il faut que vous alliez au laboratoire de langues tous les jours.
—*Vous devez aller au laboratoire de langues tous les jours.*

1. Il est nécessaire que vous écriviez ces phrases pour demain.
2. Il faut que trois étudiants me remettent *(hand in)* leurs cahiers demain matin.
3. Il est essentiel que nous lisions ce paragraphe tout de suite.
4. Il faut que Jérémy et Angélique écrivent leurs réponses au tableau.
5. Il est nécessaire que vous fassiez attention à ce que je dis.
6. Il faut que Laura vienne me voir après le cours.

Que pensez-vous de ce professeur? Voulez-vous suivre son cours? Expliquez.

D. Que dois-je faire? Donnez trois suggestions à un(e) camarade de classe qui vous demande des conseils.

Que dois-je faire...

1. pour bien dormir?
2. pour bien manger?
3. pour être heureux/heureuse?
4. pour être riche?
5. pour rester jeune?
6. pour vivre longtemps?

Interactions

A. Une contravention. Vous retournez à votre voiture et vous voyez un agent de police vous donner une contravention pour stationnement sur le trottoir. Expliquez que vous n'étiez garé(e) que quelques minutes parce que vous deviez faire quelque chose de très important. Donnez quelques détails. Persuadez l'agent de ne pas vous donner de contravention.

B. Une publicité. Avec un(e) camarade de classe, préparez une courte publicité pour un produit et présentez-la à un petit groupe d'étudiants. Utilisez votre publicité pour les persuader d'acheter votre produit.

Deuxième brouillon  DOSSIER PERSONNEL

1. Look over the first draft that you wrote in Lesson 2. Find at least one point in your argument where you can insert an example. If possible, use two different examples. These will provide a concrete link to your discussion, which will be primarily abstract.
2. Use some of the following expressions to link your example to your composition.

Phrases: Persuading; writing an essay; linking ideas
Grammar: Subjunctive

EXPRESSIONS UTILES: **par exemple; Rappelons l'exemple de... ; ... confirme... ; Considérons l'exemple de...**

SYNTHÈSE

 ## Activités vidéo

Avant la vidéo

◆ Turn to **Appendice B** for a complete list of active chapter vocabulary.

1. Est-ce que vous lisez un journal quotidien? Quelles sont vos sources d'information sur les événements mondiaux? Quelle est la source la plus sûre, selon vous?
2. Combien d'heures par jour est-ce que vous passez devant la télévision? Et quand vous étiez petit(e)? Et vos parents?
3. Préférez-vous voir des films au cinéma ou à la télévision? Qu'est-ce qui influence votre choix?

Après la vidéo

1. Est-ce que ça vous étonne que les adultes français regardent plus la télévision que les enfants? Qu'est-ce qui pourrait expliquer ce fait?
2. Pourquoi est-ce que les Parisiens ne vont pas plus souvent au cinéma? Quels sont les films qu'ils préfèrent voir sur le grand écran? Et à la télévision?
3. Les deux personnes avec qui nous avons parlé à la Guadeloupe recherchent une dimension culturelle dans le cinéma. Est-ce que vous pensez que le cinéma est un véhicule culturel efficace?

Activités orales

A. Je m'excuse... Vous êtes au restaurant où vous avez commandé un bon déjeuner pour un(e) ami(e) et sa mère. Quand l'addition arrive, vous vous rendez compte du fait que vous n'avez pas votre portefeuille sur vous. Discutez de la situation avec le maître d'hôtel, en décrivant vos sentiments. Convainquez-le de vous laisser partir et de revenir plus tard avec l'argent.

B. La loterie. Vous recevez un coup de téléphone qui vous apprend que vous venez de gagner à la loterie. Jouez les rôles où vous recevez cette nouvelle inattendue. Exprimez votre joie. Expliquez ce que vous avez l'intention de faire avec l'argent. Persuadez la personne qui vous a téléphoné de faire la fête avec vous.

Activité écrite

Un vol annulé. Vous êtes en voyage d'affaires et vous attendez votre vol Paris-Strasbourg quand l'hôtesse de l'aéroport vous informe qu'on a annulé le vol. L'agent peut arranger un autre vol, mais il arrivera trop tard pour la présentation de votre ligne de produits dans le studio d'une radio de Strasbourg. Le train prendrait aussi trop de temps. Ecrivez une lettre dans laquelle vous insistez pour qu'on vous rembourse votre billet et vos frais de déplacement (taxi, etc.). Décrivez aussi les clients que vous avez perdus. Demandez qu'on vous envoie un chèque aussitôt que possible. Commencez par: **Monsieur/ Madame.** Terminez par: **Veuillez croire, Monsieur/ Madame, à mes sentiments les plus distingués.**

Quels magazines français connaissez-vous?

Révision finale  DOSSIER PERSONNEL

1. Focus on your conclusion. Make sure it recaptures your arguments. You can propose another solution or incite your reader to act in some way. Don't include any new ideas in your conclusion.
2. Bring your second draft to class. Ask two classmates to peer edit your paper. They should check your organization, making sure that the introduction and conclusion are clear. Ask your classmates to check your style to make sure that it is of a formal level without slang. Your classmates will use the symbols on page 407 to correct your grammar.
3. Examine your composition one last time. Check for correct spelling, grammar, and punctuation. Pay special attention to your use of the subjunctive mood.
4. Prepare your final version.

Phrases: Persuading; writing an essay; linking ideas; expressing an opinion
Grammar: Subjunctive

SYSTÈME-D

Le général de Gaulle au micro de la BBC, le 18 juin 1940

I. LA SECONDE GUERRE MONDIALE ET LES ÉMISSIONS RADIOPHONIQUES

Avant la lecture

- Qu'est-ce que vous savez de la Seconde Guerre mondiale?
- Est-ce que vous connaissez Charles de Gaulle?
- Quel rôle est-ce qu'il a joué pendant la Seconde Guerre mondiale?

la débâcle *collapse*

escarmouches (f pl) *skirmishes*

En 1939, une crise diplomatique éclate quand Hitler envahit la Pologne et puis marche vers l'U.R.S.S. Le 3 septembre, le Royaume-Uni et la France déclarent la guerre à l'Allemagne. Après avoir pris Varsovie (la capitale de la Pologne) le 28 septembre, les Allemands dirigent leurs forces armées contre la France, la Belgique et les Pays-Bas. L'hiver 1940 est relativement calme (il n'y a que des escarmouches°), mais en avril et mai 1940 le Danemark et la Norvège sont envahis par l'armée allemande. Le 10 et le 12 mai, Hitler prend les Pays-Bas et la Belgique.

Dès le 6 juin, les Allemands percent le front français et le 10 juin, le gouvernement français quitte Paris et s'établit à Tours, puis à Bordeaux. L'armée bat en retraite et huit millions de Français abandonnent leurs maisons et partent en exode vers le Sud.

Pour arrêter la débâcle,° le général Weygand et le maréchal Pétain proposent une armistice avec les Allemands. Cependant, Reynaud et de Gaulle veulent établir le gouvernement français en Afrique du nord ou en Bretagne.

Les Français suivent, heure par heure, le drame. Tous sont à l'écoute des émissions radiophoniques qui vont jouer un rôle très important dans cette guerre. Le 17 juin à 12 h 30, le maréchal Pétain déclare à la radio:

C'est le cœur serré que je vous dis aujourd'hui qu'il faut cesser le combat. Je me suis adressé cette nuit à l'adversaire pour lui demander s'il est prêt à rechercher avec nous, entre soldats, après la lutte et dans l'honneur, les moyens de mettre un terme aux hostilités...

De Londres, à la radio à 21 heures, Churchill répond:

Ce soir, les nouvelles de France sont très mauvaises et mon cœur saigne° pour le courageux peuple de France qui est tombé dans le terrible malheur. Rien ne changera les sentiments que nous avons pour lui, ni notre certitude que le génie de la France se relèvera...

Le 18 juin, le général de Gaulle, réfugié en Angleterre, s'adresse des micros de la BBC aux Français.

Les chefs qui, depuis de nombreuses années, sont à la tête des armées françaises, ont formé un gouvernement.

Ce gouvernement, alléguant° la défaite de nos armées, s'est mis en rapport avec l'ennemi pour cesser le combat.

Certes, nous avons été, nous sommes submergés par la force mécanique, terrestre et aérienne de l'ennemi.

Mais le dernier mot est-il dit? L'espérance doit-elle disparaître? La défaite est-elle définitive? Non.

Car la France n'est pas seule. Elle n'est pas seule. Elle n'est pas seule...

Moi, général de Gaulle, actuellement à Londres, j'invite les officiers et les soldats français qui se trouvent en territoire britannique ou qui viendraient à s'y trouver, avec ou sans armes, j'invite les ingénieurs et les ouvriers spécialisés des industries d'armement qui se trouvent en territoire britannique, ou qui viendraient à s'y trouver, avec ou sans armes, à se mettre en rapport avec moi.

Quoi qu'il arrive, la flamme de la résistance ne doit pas s'éteindre° et ne s'éteindra pas.

Demain, comme aujourd'hui, je parlerai à la radio de Londres.

L'armistice est appliquée dès le 25 juin. La France est coupée en deux zones: la Zone libre qui n'est pas occupée par les Allemands et la moitié Nord qui est occupée par les Allemands.

L'occupation des Allemands et la collaboration avec les Allemands ont des conséquences terribles: les dénonciations et les arrestations des Juifs sont nombreuses; environ 670 000 Français sont forcés à aller travailler en Allemagne; beaucoup de villes sont détruites; les vivres° et le charbon° sont rationnés; tout manque. Le «marché noir» devient une réalité.

L'appel à la résistance du 18 juin par le général de Gaulle à Londres est le point de départ de la Résistance française. Une petite armée de Français

★ Paris

■ La zone occupée par les Allemands

saigne *bleeds* / **s'éteindre** *to extinguish*

alléguant *putting forward as a pretext*

vivres (m pl) *supplies* / **le charbon** *coal*

libres (environ 70 000 hommes) se regroupe derrière de Gaulle en Angleterre. Il y a aussi une Résistance intérieure qui s'organise. Plusieurs réseaux sont établis parmi lesquels *Combat, Libération* et *Franc-Tireur.*

Pendant quatre années difficiles (1940–1944), de Gaulle garde contact avec les Français grace à ses émissions radiophoniques de la BBC. Deux mois et demi après le Débarquement des Alliés (les Américains, les Anglais, les Canadiens, soutenus par les Belges, les Hollandais, les Norvégiens et les Polonais) en Normandie (le 6 juin 1944), et après de nombreuses attaques lancées par la Résistance intérieure et extérieure contre les Allemands, Paris est libéré. Le général allemand von Choltitz refuse d'exécuter l'ordre d'Hitler de brûler Paris et se rend aux Alliés. Le 26 août, le général de Gaulle reçoit l'hommage des Parisiens sur les Champs-Elysées.[6]

Après la lecture

Compréhension

Quelle était l'importance de la radio pendant la Seconde Guerre mondiale? Décrivez les conséquences de l'occupation des Allemands en France. Parlez de l'importance de la Résistance pendant cette guerre.

Expansion

Selon une personne comme de Gaulle, quelles sont les qualités qui peuvent inciter un peuple à s'unir et à agir?

[6] RÉFÉRENCES: Thoraval, Jean, et al, *Les Grandes Etapes de la civilisation française,* Paris: Bordas, 1969, pp. 407–410. Rivière, Daniel, *Histoire de la France,* Paris: Hachette, 1986, pp. 303–314.

II. *BARBARA* DE JACQUES PRÉVERT

Avant la lecture

Sujets à discuter

- Est-ce que vous avez déjà visité la Bretagne? La ville de Brest? Expliquez.
- Quel effet est-ce que la pluie a sur vous? Quelles sont vos émotions quand il pleut? Est-ce que vous aimez faire des promenades sous la pluie ou est-ce que vous préférez rester au chaud chez vous?
- Est-ce que vous connaissez quelqu'un qui est allé à la guerre? Parlez de ce qu'il/elle a vécu.

Stratégies de lecture

Trouvez les détails. Parcourez le texte rapidement et trouvez tous les mots qui décrivent 1) le bonheur, l'amour; 2) la guerre. Faites une liste de ces mots. Est-ce que vous pouvez deviner le thème de ce poème?

La ville de Brest

BARBARA

Rappelle-toi Barbara
Il pleuvait sans cesse sur Brest[7] ce
    jour-là
Et tu marchais souriante
5 Epanouie° ravie ruisselante°
Sous la pluie
Rappelle-toi Barbara
Il pleuvait sans cesse sur Brest
Et je t'ai croisée° rue de Siam
10 Tu souriais
Et moi je souriais de même
Rappelle-toi Barbara
Toi que je ne connaissais pas
Toi qui ne me connaissais pas
15 Rappelle-toi
Rappelle-toi quand même ce jour-là
N'oublie-pas
Un homme sous un porche
    s'abritait°

20 Et il a crié ton nom
Barbara
Et tu as couru vers lui sous la pluie
Ruisselante ravie épanouie
Et tu t'es jetée dans ses bras
25 Rappelle-toi cela Barbara
Et ne m'en veux pas° si je te tutoie
Je dis tu à tous ceux que j'aime
Même si je ne les ai vus qu'une
    seule fois
30 Je dis tu à tous ceux qui s'aiment
Même si je ne les connais pas
Rappelle-toi Barbara
N'oublie pas
Cette pluie sage et heureuse
35 Sur ton visage heureux
Sur cette ville heureuse
Cette pluie sur la mer
Sur l'arsenal

épanouie *radiant* / **ruisselante** *dripping wet*

ne m'en veux pas *don't hold it against me*

croisée *rencontrée*

s'abritait *was taking shelter*

---

[7] Brest est un port maritime et militaire à l'ouest de la Bretagne. La ville a été entièrement détruite au moment de la libération en 1944.

bateau d'Ouessant *ferry that goes to the westernmost inhabited island, Ouessant* / **deuil** *mourning* / **connerie** profonde bêtise qui dépasse l'imagination (argot)

fer *iron*

crèvent meurent

au fil de l'eau *with the current*
pourrir putréfier

abîmé ruiné

Sur le bateau d'Ouessant°
40　Oh Barbara
Quelle connerie° la guerre
Qu'es-tu devenue maintenant
Sous cette pluie de fer°
De feu d'acier de sang
45　Et celui qui te serrait dans ses bras
Amoureusement
Est-il mort disparu ou bien encore
　　vivant
Oh Barbara
50　Il pleut sans cesse sur Brest
Comme il pleuvait avant
Mais ce n'est plus pareil et tout est
　　abîmé°

C'est une pluie de deuil° terrible et
55　　désolée
Ce n'est même plus l'orage
De fer d'acier de sang
Tout simplement des nuages
Qui crèvent° comme des chiens
60　Des chiens qui disparaissent
Au fil de l'eau° sur Brest
Et vont pourrir° au loin
Au loin très loin de Brest
Dont il ne reste rien.

Jacques Prévert, Extrait de *Paroles*, Gallimard

Après la lecture

Compréhension

A. Observation et analyse. Répondez aux questions suivantes.

1. Pourquoi est-ce que la femme marchait «souriante»?
2. Pourquoi est-ce que le poète souriait à la femme?
3. Quelles sont les différentes descriptions de la pluie dans le poème?
4. Que signifie l'emploi des «nuages»? Qu'est-ce qui s'est passé?
5. Quel est l'effet du contraste des images de la guerre dans la deuxième partie avec les images du bonheur dans la première partie?
6. Combien de fois est-ce que «Rappelle-toi» est répété dans le poème? Quel est l'effet de cette répétition? Pourquoi est-ce que «Rappelle-toi» n'est pas répété dans la deuxième partie du poème?

B. Réactions. Donnez votre réaction.

1. Est-ce que vous souriez de temps en temps aux gens que vous ne connaissez pas? Pourquoi?
2. Quelle est l'image du poème la plus frappante pour vous? Pourquoi?

Interactions

A. Imaginez ce qui est arrivé, pendant la guerre, à l'homme qui appelait Barbara.

B. Faites des recherches sur la ville de Brest sur l'Internet et à la bibliothèque et faites un reportage pour la classe sur son histoire. Comment est la ville aujourd'hui?

A mon avis...

THÈMES: Les actualités; Les arts

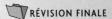

LA GRAMMAIRE

The information presented here is intended to refresh your memory of various grammatical topics that you have probably encountered before. Review the material and then test your knowledge by completing the accompanying exercises in the workbook.

Avant la première leçon
Les pronoms objets directs et indirects

A. Formes

Pronoms objets directs		Pronoms objets indirects	
me	nous	me	nous
te	vous	te	vous
le	les	lui	leur
la			

B. Fonctions

- *Direct* object pronouns replace nouns referring to persons or things that receive the action of the verb directly:

  Est-ce que tu as la clé?
  Do you have the key?

  Est-ce que tu l'as?
  Do you have it?

- Note that it is common in spoken French to represent an idea twice in the same sentence, once as a noun and once as a pronoun:

  La clé, tu l'as?
  Tu l'as, la clé?
  Do you have the key?

- When an adjective or an entire clause or phrase is replaced, the neuter pronoun **le** is used:

  Est-ce que tu penses que **tu as perdu la clé**?

  Non, je ne **le** pense pas.
  No, I don't think so.

- *Indirect* object pronouns replace nouns referring to persons (not things) that receive the action of the verb indirectly. In English *to* either precedes the noun or is implied:

  Alors, est-ce que tu as donné la clé à Anne?

  Oui! Je **lui** ai donné la clé!
  Yes! I gave the key to her. (I gave her the key.)

Je veux aller au cinéma. Reformulez les phrases suivantes en utilisant des pronoms objets directs.

Modèle: Je choisis le film de Tom Hanks.
Je le choisis.

1. Je consulte le journal.
2. Je trouve l'adresse du cinéma.
3. Je choisis l'heure de la séance.
4. J'invite les amis de la classe de français.
5. Je cherche mon portefeuille.
6. Je quitte la maison.
7. Je retrouve mes amis.

Mes vacances à Paris avec ma famille. Reformulez les phrases suivantes en utilisant des pronoms objets directs.

Modèle: Je montre Paris à mes parents.
Je leur montre Paris.

1. Je parle des monuments à mes parents.
2. Je téléphone à une amie française, Anne.
3. J'explique le voyage à Anne.
4. Elle parle des musées à mes parents et moi.
5. Elle montre le Louvre à ma mère.
6. Elle explique l'histoire de Paris à mon père.
7. Après notre retour, nous écrivons une carte à Anne.

204 CHAPITRE 6

NOTE 1: Certain verbs, such as **écouter** *(to listen to)*, **regarder** *(to look at)*, **payer** *(to pay for)*, **chercher** *(to look for)*, and **attendre** *(to wait for)* take direct object pronouns in French, contrary to their English usage.

NOTE 2: On the other hand, certain verbs that take a direct object in English require an indirect object in French, such as **téléphoner à** *(to telephone)*, **demander à** *(to ask)*, **dire à** *(to tell)*, **plaire à** *(to please)*, and **offrir à** *(to offer)*.

Avant la deuxième leçon

La position des pronoms objets

Affirmative:	La clé? Je l'ai.
Negative:	Je ne l'ai pas.
Interrogative:	L'as-tu, la clé?
Compound tense:	Je l'ai perdue.
	Non! La voilà. Je ne l'ai pas perdue.
Infinitive:	Je vais **la** donner à Anne.
	Oui, je vais **lui** donner la clé.
Imperative	
affirmative:	Anne! Attrape-**la**!
	Regarde-**moi**!
negative:	Ne **la** perds pas, s'il te plaît.
	Ne **me** demande pas une nouvelle clé.

NOTE: In an affirmative command, **me** changes to **moi** and **te** changes to **toi**. They are placed after the verb. Both pronouns retain their usual form and placement in negative commands.

Remember that past participles agree with preceding *direct* objects in gender and number. Past participles do not agree, however, with preceding *indirect* objects.

Bessie à Broadway

TRÉSORS D'ÉTÉ AU MAX LINDER

Chefs-d'œuvre restaurés par la Cinémathèque française

Sur écran géant tous les mardis à 20h30 du 4 juillet au 29 août

Connaissez-vous des films classiques? Des films en noir et blanc? Des films muets? Lesquels, par exemple?

Comment engager, continuer et terminer une conversation

Conversation

Premières impressions

Rappel: Have you reviewed direct and indirect object pronouns? (Text pp. 204–205 and Workbook)

Soulignez:
- les expressions pour engager une conversation
- les expressions pour terminer une conversation

Trouvez
- qui arrive à la table d'Emilie et de Fabien. Trouvez ce qu'elle veut.

Emilie et Fabien, deux jeunes cadres, se trouvent dans une brasserie près de l'agence publicitaire où travaille Emilie. Ils viennent de déjeuner ensemble.

se faire licencier *to get laid off*

ÉMILIE: Dis donc, Fabien, qu'est-ce que tu m'as dit à propos de Paul... Qu'il s'était fait licencier?°

être au chômage *to be unemployed*

FABIEN: Non, pas encore, mais je crois que cela ne va pas tarder... il va être au chômage.°

Une volontaire d'Amnesty International[1] arrive et les interrompt.

BÉNÉDICTE: Pardon, messieurs-dames, excusez-moi de vous interrompre. Est-ce que vous seriez d'accord pour signer une pétition pour Amnesty? C'est pour une excellente cause. Nous nous opposons

la peine de mort *death penalty*

à la peine de mort.° Une petite signature ici, si ça ne vous dérange pas.

ÉMILIE: On peut en savoir un peu plus? C'est pour quel pays?

BÉNÉDICTE: C'est aux Etats-Unis, au Texas. Ils vont électrocuter un

tuer *to kill*

homme... qui a effectivement tué° quelqu'un. Mais Amnesty s'oppose totalement à la peine de mort et nous essayons d'obtenir autant de signatures que possible, pour que le gouvernement américain change d'opinion et abolisse aussi la peine de mort. Voilà! Voudriez-vous signer la pétition?

FABIEN: Je pense que c'est une très bonne cause.

BÉNÉDICTE: Si vous voulez signer ici. Alors...

FABIEN: Ça me semble raisonnable. *(Il signe.)* Voilà.

ÉMILIE: Attends, passe-moi la pétition. Je vais signer aussi.

BÉNÉDICTE: Très bien. Merci. Au revoir, excusez-moi de vous avoir interrompus. Merci beaucoup messieurs-dames, au revoir.

[1] Amnesty International, dont le siège international est à Londres, a été créée *(created)* en «1961 à la suite de l'appel de l'avocat britannique Peter Benenson en faveur des prisonniers oubliés». C'est une organisation mondiale dont le but est la «défense des droits de l'homme». Elle est indépendante «de tout gouvernement, groupe politique, intérêt économique ou confession religieuse». Le mouvement s'oppose «à la peine de mort et à la torture en toute circonstance». La section française a plus de 21 000 membres. *(Quid 2001,* p. 895b, c)

FABIEN: Bon, il faut que je m'en aille. Je reviendrai après cette petite réunion.

ÉMILIE: Bon, alors, à tout de suite. Je vais lire le journal en attendant Didier et Martine.

FABIEN: Au revoir!

A suivre

Observation et analyse

1. Pourquoi est-ce qu'Emilie et Fabien parlent de leur ami Paul?
2. Qu'est-ce que Bénédicte propose à Emilie et à Fabien?
3. Quelle est la position d'Amnesty International sur la peine de mort?
4. Selon la conversation, quels sont les rapports entre Fabien et Emilie?

Réactions

1. Est-ce que vous avez déjà signé une pétition? Pour quelles causes?
2. Est-ce que vous pensez que la pétition de Bénédicte ait des répercussions?
3. Parlez de la peine de mort aux Etats-Unis. Est-ce que les exécutions sont plus fréquentes en ce moment qu'avant? Expliquez.

Expressions typiques pour...

Engager une conversation sur un sujet précis

(rapports intimes et familiaux)

Je te dérange?
J'ai besoin de te parler...
Dis donc, Marc, tu sais que...
Au fait *(By the way)*...

(rapports professionnels et formels)

Excusez-moi de vous interrompre...
Excusez-moi de vous déranger *(disturb you)*...
Je (ne) vous dérange (pas)?
Je peux prendre quelques minutes de votre temps?
Pardon, monsieur/madame...

◆ See *Chapitre 1, Leçon 2,* pp. 15–16, for expressions to use when you want to make small talk but do not have a particular subject in mind. ■

Prendre la parole

Eh bien.../Bon.../Ecoute(z)...

Je $\begin{Bmatrix} \text{veux} \\ \text{voulais} \\ \text{voudrais} \end{Bmatrix}$ dire que...
demander que...

Pour exprimer une opinion

Moi, je pense que...
A mon avis...

Pour répondre à une opinion exprimée

Mais.../Oui, mais.../D'accord, mais...
Je n'ai pas bien compris...
Justement.../Exactement.../Tout à fait...
En fait/En réalité *(Actually)*...

◆ More expressions will be presented in *Leçon 2* of this chapter. ■

◆ Remember to use the subjunctive mood after **il faut que**. ■

Terminer une conversation (annoncer son départ)

Bon.../Eh bien...
Bon.../Alors.../Excusez-moi, mais...
{ je dois m'en aller/partir.
il faut que je m'en aille/parte.
je suis obligé(e) de m'en aller/partir.

Allez, au revoir.
A bientôt./A tout de suite./A la prochaine.
On se revoit la semaine prochaine?
Alors, on se téléphone?

Mots et expressions utiles

La politique

une campagne électorale *election campaign*
un débat *debate*
désigner *to appoint*
discuter (de) *to discuss*
un électeur/une électrice *voter*
élire (past part.: **élu**) *to elect*
être candidat(e) (à la présidence) *to run (for president)*
se faire inscrire *to register (to vote)*
la lutte (contre) *fight, struggle (against)*
un mandat *term of office*
la politique étrangère *foreign policy*
la politique intérieure *internal policy*
un problème/une question *issue*
un programme électoral *platform*
se représenter *to run again*
soutenir *to support*
voter *to vote*

Est-ce que vous serez homme/
femme politique un jour?
Pourquoi ou pourquoi pas?

M I S E   E N   P R A T I Q U E

Le suffrage universel masculin a été institué en France par la Seconde République en 1848, mais les femmes n'ont acquis le droit de vote qu'en 1945. En 1974, l'âge minimum des **électeurs** et des **électrices** a été ramené *(brought back)* de 21 ans à 18 ans.

L'ancien maire de Paris, Jacques Chirac, a été **élu** président de la République en mai 1995. Il sera président jusqu'en 2002. Pendant la **campagne électorale**, il avait promis, en **politique étrangère**, de poursuivre lentement l'intégration de l'Europe. En **politique intérieure**, il a souligné que le **problème** principal était la **lutte** contre le chômage.

Ces deux objectifs sont en bonne voie de réalisation. Une importante réforme constitutionelle a été adoptée en septembre 2000: la réduction du **mandat** présidentiel à cinq ans. Aux élections de 2002, le président de la République sera **élu** pour un terme de cinq ans au lieu de sept ans.

Adapté de Guy Michaud et Alain Kimmel, *Le Nouveau Guide France* (Hachette, 1994, pp. 230, 164) et du *Monde,* 22 avril 1995, p. 12.

La guerre *(War)*

l'armée *army*
les forces [f pl] *forces*
le front *front; front lines*
le soldat *soldier*

attaquer *to attack*
un attentat *attack*

les combats [m pl] *fighting*
le conflit *conflict*

libérer *to free*
livrer *to deliver*
se produire *to happen, to take place*
prendre en otage *to take hostage*

le terrorisme *terrorism*
tuer *to kill*

insensé(e) *insane*
la mort *death;* les morts [m pl]
   the dead
la peine de mort *death penalty*
céder à *to give up; to give in*
la paix *peace*
la négociation *negotiation*
les pourparlers [m pl] *talks;*
   negotiations

Divers

un sans-abri *homeless person*

M I S E   E N   P R A T I Q U E

Pendant le **conflit** entre l'Iraq et le Koweït, les Français ont découvert leur désaccord sur le rôle de l'**armée** dans le monde d'aujourd'hui. Des unités spécialisées de l'armée de l'air ont fait partie des troupes qui **ont attaqué** les **forces** iraquiennes sur le **front** ouest. Un pilote français a été **pris en otage**. Il a été **libéré** après la fin des **combats**, mais la **mort** de plusieurs **soldats** pendant les opérations de déminage *(minesweeping)* des plages a causé un débat public.

A C T I V I T É S

A. Entraînez-vous: Pardon, monsieur. Engagez des conversations avec les personnes mentionnées. Parlez des sujets donnés en employant les *Expressions typiques pour...*

> MODÈLE: votre père: un emprunt de $20
> —*Papa, je te dérange? Non? Je voulais te demander si tu
> pourrais me donner $20.*

1. vos amis: l'article sur la prise d'otages
2. un étranger dans la rue: le chemin pour aller à la pharmacie la plus proche
3. M. Voulzy, votre patron: une idée qui vous est venue au sujet de la nouvelle publicité
4. vos voisins d'à côté: le vol qui a eu lieu dans la maison en face de la vôtre
5. votre mari/femme: quelque chose que vous voulez acheter

B. Eh bien... Maintenant, imaginez que vous terminiez chaque conversation que vous avez commencée dans l'exercice A. Que dites-vous dans chaque situation? Utilisez les *Expressions typiques pour...*

> MODÈLE: —*Bon, eh bien, papa. Merci. Je dois retourner à mes devoirs.
> J'en ai beaucoup pour demain.*

C. Sur le vocabulaire. Voici des phrases tirées d'un journal français. Remplissez les blancs avec le(s) mot(s) approprié(s) de la liste suivante. Faites tous les changements nécessaires.

LES OMBRES DE L'AUTRE GUERILLA MEXICAINE

armée / blessés / terrorisme / morts / négociations / paix

1. Le 28 août, des actions de guérilla... ont fait dix-sept _____. Une vingtaine de _____ récupèrent toujours à l'hôpital.
2. L'évêque de San Cristobal, proche des Indiens, propose d'inclure l'_____ dans les _____ de _____.

Adapté de Libération, 11 septembre 1996, p. 9.

ELECTIONS PRESIDENTIELLES

électeurs / se représenter / mandat / voter / débat / soutenir

3. On ne sait pas si le président actuel recherchera un deuxième _____ ou non.
4. S'il ne _____ pas, on dit que les Français _____ probablement pour un centriste au lieu de quelqu'un de droite ou de gauche.
5. Le _____ politique sur l'attitude de la France à l'égard de l'immigration n'est pas nouveau.
6. Selon les experts, les _____ indécis seront à la clé de la prochaine élection.

D. Une opinion. Prenez la parole et exprimez une opinion en deux phrases avec un(e) partenaire; l'autre répondra à l'opinion exprimée.

1. les dernières élections
2. le rôle des Nations unies
3. le terrorisme
4. un événement sportif récent
5. la criminalité dans les grandes villes

LA GRAMMAIRE À APPRENDRE

Les pronoms *y* et *en*

During a conversation, people often use pronouns to refer to persons, things, or ideas already mentioned. You reviewed direct and indirect object pronouns in *La grammaire à réviser.* The following is information relevant to the pronouns y and en.

A. L'usage du pronom *y*

- Y replaces a preposition of location (**à, en, sur, chez, dans, sous, devant** etc., except for **de**) and its object. Translated as *there,* it is not always said in English, although it must be used in French:

    —Est-ce que tu es déjà allée au musée Rodin?[2]
    —Non, je n'**y** suis jamais allée. Allons-y.

[2] Auguste Rodin (1840–1917) est un des sculpteurs les plus connus de France. Il est l'auteur du «Penseur», du «Baiser», de «Balzac», etc.

- **Là** must be used to express *there* if the place has not been previously mentioned:

    — Déposez vos sacs au vestiaire, juste **là**, derrière le pilier, avant d'entrer dans le musée.

- **Y** is also used to replace **à** + noun referring to a thing. Typical verbs requiring **à** before a noun object are **s'intéresser, répondre, penser, jouer,** and **réfléchir**:

    —La technique de Rodin? J'**y** réfléchis en regardant ses sculptures.
    —Nos questions sur la technique de Rodin? Le guide peut **y** répondre.
    —La sculpture? Nous nous **y** intéressons beaucoup!

    NOTE: **À** + person is replaced by an indirect object pronoun or a disjunctive pronoun. (Disjunctive pronouns will be discussed in the next lesson.)

    — Est-ce que tu sais où se trouve notre guide? Je voudrais **lui** poser une question sur «Le Penseur».

- In the future and conditional tenses of **aller**, **y** is not used:

    — Le musée Rodin est formidable! Je voudrais aussi voir le musée Picasso. Est-ce que tu **irais** avec moi?

◆ **Jouer à** is used for sports or games; **jouer de** is used with musical instruments.   ■

Liens culturels

L'ART DE DISCUTER

Il y a plusieurs différences entre l'art de discuter chez les Français et chez les Américains. D'abord, les Français se tiennent plus près les uns des autres quand ils se parlent. Mal interprétée quelquefois par les Américains qui y voient un acte agressif, cette coutume reflète tout simplement un moindre besoin d'espace personnel. Ce trait culturel est aussi évident dans les mouvements plus restreints que font les Français, comparés avec les gestes plus expansifs des Américains.

Il est aussi admis dans certains cas d'interrompre son interlocuteur avant qu'il ait terminé sa phrase dans une conversation française, ce qui produit un effet de chevauchement *(overlapping)*. En outre, pendant qu'un Français vous parle, un autre Français commencera peut-être à vous parler aussi. Il faut alors écouter deux conversations en même temps! Alors qu'en général interrompre quelqu'un est considéré comme impoli chez les Américains, l'absence d'interruptions, lors d'une conversation animée chez les Français passe pour une certaine indifférence.

Imaginez la conversation entre ces trois personnes. De quoi est-ce qu'elles discutent?

B. L'usage du pronom *en*

- **En** is used to replace the preposition **de** and its noun object referring to a place or thing. If the noun object refers to a person, a disjunctive pronoun is normally used instead. Typical verbs and verbal expressions whose objects are introduced by **de** are **avoir peur, avoir besoin, parler, se souvenir, penser, discuter,** and **jouer:**

  —Est-ce que tu te souviens du mouvement de révolte étudiant qui a eu lieu en 1986?
  —Oui, je m'**en** souviens bien. On **en** parle toujours.

- Nouns preceded by the partitive or an indefinite article are replaced by **en.** The English equivalent *(some/any)* may be expressed or understood, but **en** is always used in French:

  —Tu connais des étudiants qui ont participé aux manifestations *(demonstrations)*?
  —Oui, j'**en** connais plusieurs. Paul et Catherine, par exemple.

- **En** is also used to replace a noun referring to a person or thing preceded by a number or other expression of quantity (**beaucoup de, peu de, trop de, un verre de, plusieurs,** etc.). The noun object and the preposition **de** (if there is one) are replaced by **en;** only the number or expression of quantity remains. Although **en** may not be translated in English, it *must* be used in French:

  —Un grand nombre d'étudiants ont participé aux manifestations, n'est-ce pas?
  —Oui, il y **en** a eu beaucoup. Juste à Metz, ils étaient plus de 100 000!
  —Il y a eu des morts?
  —Malheureusement, il y **en** a eu un, un jeune étudiant de vingt-deux ans.[3]

> *Additional notes on the use of **y** and **en**:*
> - Placement in a sentence follows the same rules as other object pronouns.
> - Past participle agreement is never made with **y** or **en.**
> - In general, **y** replaces **à** + noun; **en** replaces **de** + noun.

◆ **Penser** only requires **de** before a noun object when it is in the interrogative form, asking for an *opinion.* In all other cases, it takes **à.** ∎

ACTIVITÉS

A. Sondage. Sophie répond aux questions d'un journaliste qui fait un sondage pour *Femme Actuelle,* une revue française destinée aux femmes d'aujourd'hui. Complétez ses réponses en utilisant **y** ou **en.**

1. Les sports? Oui, je m'_____ intéresse beaucoup.
2. Des enfants? Non, je n'_____ ai pas.
3. Le cinéma? Oui, nous _____ allons souvent.
4. Les élections? Non, je n'_____ ai pas discuté au bureau.

---

[3] A la suite de la mort du jeune étudiant, Malek Houssékine, Jacques Chirac, qui était Premier ministre à l'époque, a annoncé le retrait de la réforme de l'enseignement supérieur qu'il proposait (1986).

5. Le bridge? Non, je n'_____ joue jamais.
6. Plus d'argent? Bien sûr! J'_____ ai toujours besoin.
7. Des animaux domestiques? Oui, j'_____ ai deux: un chat et un oiseau.
8. Des amis américains? Oui, j'_____ ai plusieurs.
9. Le prochain concert de Dave Matthews? Oui, nous _____ allons.
10. Votre dernière question? Mais j'_____ ai déjà répondu!

B. Interview. Utilisez les verbes et les mots ci-dessous pour interviewer un(e) camarade de classe. Votre partenaire doit répondre en utilisant un pronom objet (direct, indirect, **y** ou **en**), selon le cas.

> MODÈLE: aimer aller à: dans le centre des grandes villes / à la campagne / dans les parcs nationaux
> —*Est-ce que tu aimes aller dans le centre des grandes villes?*
> —*Oui, j'aime y aller.*
> —*Est-ce que tu aimes aller à la campagne?*
> —*Non, je n'aime pas beaucoup y aller.*

1. avoir trop (beaucoup, assez) de: temps / argent / petit(e)s ami(e)s / devoirs
2. s'intéresser à: la politique / l'art / la sculpture / les sports
3. connaître: la ville de New York / tous les étudiants de la classe / *(name of one student)*
4. se souvenir de: les devoirs pour aujourd'hui / mon nom / l'anniversaire de tes seize ans
5. aller souvent à: la bibliothèque / la cantine / le café du coin / chez tes grands-parents
6. téléphoner hier à: tes parents / le président de l'université / le professeur

C. La politique. Un homme qui travaille pour la campagne électorale d'un conseiller municipal parle avec un électeur. Remplissez les blancs avec un pronom objet (direct, indirect, **y** ou **en**), selon le cas. N'oubliez pas de faire tous les changements nécessaires.

—Je ne vous dérange pas?
—Non, vous ne _____ dérangez pas. Entrez.
—Est-ce que vous vous intéressez à la politique?
—Oui, je m'_____ intéresse un peu.
—Bon. Je voulais vous parler un peu de Jean Matou, qui se présente au Conseil municipal de votre mairie. Est-ce que vous connaissez Jean Matou?
—Oui, j'_____ connais. En fait, je _____ ai rencontré à une soirée il n'y a pas longtemps.
—C'est bien... Avez-vous vu ses deux interviews à la télé?
—Euh, j'_____ ai vu une.
—Qu'est-ce que vous _____ avez pensé?
—Oh, j'ai pensé que... c'était pas mal.
—Très bien, monsieur. J'aimerais préciser quelques points de son programme électoral. Auriez-vous deux minutes?
—Bon. D'accord. Allez- _____...

L'homme commence à expliquer...

— Enfin, téléphonez- _____ si vous souhaitez que je _____ donne plus de renseignements.

— D'accord. Je _____ téléphonerai si j'_____ ai besoin.

— Une dernière chose: Est-ce que ça vous intéresserait de travailler comme volontaire dans cette campagne?

— Euh... Ecoutez, je vais _____ réfléchir et je _____ appellerai.

Interactions

A. Troúvez quelqu'un qui... Posez les questions suivantes à plusieurs étudiants différents. Trouvez des étudiants pour qui la réponse est vraie. Soyez poli(e) en posant les questions. Dites bonjour, présentez-vous, et puis posez votre question. Après, continuez un peu la conversation. Puis excusez-vous et terminez la conversation. Si possible, utilisez les pronoms **y** et **en** ou les pronoms d'objets directs ou indirects.

Trouvez quelqu'un qui...

aime les mêmes émissions à la télé que vous

est né(e) dans le même état que vous

étudie à la bibliothèque

vient de la même ville que vous

a le même nombre de frères et de sœurs que vous

est volontaire dans la même organisation que vous

B. Au secours. Imaginez que vous perdez souvent les objets qui vous appartiennent. Un(e) camarade de classe va jouer le rôle de votre camarade de chambre. Demandez-lui où vous avez mis des objets importants. (Regardez les mots utiles ci-dessous.) N'oubliez pas d'engager la conversation comme il le faut. Votre camarade dira qu'il/qu'elle ne sait pas où vous avez mis ces objets, qu'il/qu'elle ne les a jamais vus ou qu'il/qu'elle les a vus récemment et qu'il/qu'elle sait où ils sont.

MOTS UTILES: sac à dos [m] *(knapsack)*; livre de français; pull-over [m] marron; sur le plancher *(floor)*; dans un tiroir *(drawer)*; dans le panier à linge *(laundry basket)*; ne... nulle part *(not anywhere)*

Préparation DOSSIER PERSONNEL

For this chapter, you will write an argumentative paper for your portfolio in which you will express an opinion and try to convince the reader of your point of view about one of the topics listed below. In order to be most effective, you'll want to address the opposing viewpoint to show that you are at least aware of the contrary position.

1. Choose your topic from the list below or create one of your own.
   a. La possession d'armes à feu devrait être interdite.
   b. Les Etats-Unis doivent rester neutres en ce qui concerne les conflits à l'étranger à moins qu'il ne s'agisse d'une question de sécurité nationale.
   c. Les responsables d'attentats terroristes devraient être condamnés à la peine de mort.

d. Il est indispensable que les mandats électoraux des députés et des sénateurs américains soient limités à un certain nombre d'années et ne puissent être renouvelés.

e. Votre choix.

2. After you've chosen your topic, make a list of related vocabulary that might be useful for your paper.

3. Write a list of arguments both supporting and opposing your point of view. In order to make sure that you've listed all the possible positions, show your list to at least one classmate who will help you develop your topic.

Phrases: Expressing an opinion; agreeing & disagreeing; weighing alternatives

Grammar: Subjunctive

SYSTÈME-D

Élection des représentants de la France au Parlement Européen - Scrutin du 12 Juin 1994

BULLETIN DE VOTE

Chasse Pêche Nature Traditions

Pour le respect de nos identités, nos cultures, nos traditions et nos libertés

1. GOUSTAT André
Président du Syndicat National des Chasseurs de France,
Vice-Président de Conseil Régional,
Maire rural,
Directeur de Chambre de Commerce et d'Industrie.

2. FREMAUX Didier
Conseiller régional du Nord-Pas-de-Calais,
Administrateur de l'ANCGE,
Enseignant.

3. SEINLARY Jean
Vice-Président du Conseil Régional d'Aquitaine,
Administrateur de la Fondation nationale pour la protection des habitats français de la faune sauvage.

4. FUZIES Pierre
Vice-Président du Conseil Régional Midi-Pyrénées,
Administrateur de l'Union Nationale des Fédérations de Chasseurs,

5. FONTENAY Gérard
Vice-Président du Conseil Régional Poitou-Charentes,
Pharmacien.

6. ALLIOT Jacques
Vice-Président de CPNT,
Médecin à Paris.

7. BLONDIN Michel
Conseiller régional de Picardie,
Coordonnateur des Fédérations de Pêche picardes.

8. LE GOURRIEREC Yves
Président de la Fédération des Chasseurs du Morbihan,
Administrateur de l'Union Nationale des Fédérations de Chasseurs.

9. CONVERSAT Gisèle
Administrateur d'organismes sociaux Champagne-Lorraine,
Agent hospitalier.

10. LEBRUN Jean-Pierre
Conseil en organisation - Région Centre.

11. GUILLAUD Raymond
Vice-Président de la Fédération des Chasseurs de Loire-Atlantique.

12. NICOLA Gilbert
Administrateur de la Fédération de Pêche du Gard.

13. ANDRÉ Paul
Président national de la Fédération des récoltants de fruits et Bouilleurs de Cru,
Retraité de l'Agriculture.

14. DARCHEN Marie
Docteur ès-Sciences,
Maître de conférence à l'Université Paris VIᵉ.

15. MERCIER Yves
Administrateur national de syndicat agricole,
Secrétaire général de l'Association des Métiers de la Chasse.

16. PAOLI Claude
Vice-président de la Fédération des Chasseurs de Haute-Corse.

17. MAURICE Philippe
Secrétaire de l'Union régionale des Experts agricoles fonciers et forestiers de Basse Normandie.

18. CAPDEVILLE François
Notaire,
Conseiller régional,
Président de la Fédération des Sociétés taurines de France.

19. DUCZYNSKI Francis
Conseiller régional Champagne-Ardennes,
Directeur de Fédération des Chasseurs.

20. SCIFO Jean-Marie
Président de l'Association des Chasseurs de Gibier d'eau des Bouches-du-Rhône.

21. CONTANT Bernard
Technicien cynégétique et de gestion de la faune sauvage.

22. RAYMOND Michel
Vice-Président du Conseil Régional de Bourgogne.

23. BOLLE Daniel
Conseiller régional de Haute-Normandie.

24. PROTAT Bernard
Cadre commercial,
Président d'ACCA en Franche-Comté.

25. LAGRAULET Jean
Directeur de la Fédération des Chasseurs du Var.

26. GIN Hervé
Médecin généraliste (Ile de la Réunion).

27. PIGACE-MUDRY Christiane
Maître de Conférence à l'Institut d'Etudes Politiques d'Aix-en-Provence,
Présidente de l'Alliance Régionaliste de Provence.

28. GODOT Jean
Restaurateur,
Président de Club de Plongée sous-marine (Nouméa - Nouvelle-Calédonie)

29. BARATAY Denis
Agent de maîtrise,
Responsable associatif à Lagnieu (Ain).

30. BETEMS Alain
Conseiller régional (Aisne).

31. PAQUET Gérard
Administrateur de la Fédération des Chasseurs de l'Allier.

32. TESNIERE Jean-Marie
Avocat, Auteur,
Vice-Président de la Fédération des Chasseurs des Hautes-Alpes.

33. CONVERS Alain
Instituteur,
Président délégué de la Fédération des Chasseurs de l'Ardèche.

Le traité sur l'Union européenne a été conclu par les chefs d'Etat et de gouvernement des Douze lors du 45e sommet européen à Maastricht (Pays-Bas) en 1991 et est entré en vigueur *(put into effect)* en 1993. C'est un traité d'union économique, monétaire et politique. Les premières élections européennes après Maastricht ont eu lieu en 1994. Le 1er janvier 2002 les monnaies nationales seront retirées et remplacées par les pièces et les billets en euros. L'euro sera la seule monnaie utilisée dans l'Union européenne parmi les Quinze pays membres à l'exception du Danemark et de la Grande-Bretagne qui ont décidé de garder leur monnaie nationale (la couronne danoise et la livre sterling britannique). (Adapté de Dominique et Michèle Frémy, *Quid 2001*, pp. 905a, 906b, 907b, c)

PAIX-EMPLOI-ÉCOLOGIE
DEMOCRATES
POUR LES
★ **ÉTATS-UNIS D'EUROPE** ★
AVEC **Armand TOUATI**

LEÇON 2

Comment exprimer une opinion

Rappel: Have you reviewed the placement of object pronouns? (Text p. 205 and Workbook)

le verre *glass*
une verrière *glass roof*

chouette *neat*
c'est honteux *it's a disgrace*

un squelette *skeleton* / **une baleine** *whale* / **la poussière** *dust*

rénover *to renovate*

attirer *to attract*
gâcher *to spoil*
conçu (*from* **concevoir**) *designed, planned*

Conversation (SUITE)

Premières impressions

Soulignez:
- plusieurs façons de donner son avis
- plusieurs façons de marquer son accord ou son désaccord

Trouvez:
- de quel musée on parle
- ce qu'on a fait

Après le départ de la représentante d'Amnesty International, un jeune couple, Didier et Martine, ont rejoint Emilie à table pour prendre un café. Voici leur conversation.

DIDIER: Au fait, la semaine dernière, je suis enfin allé voir les rénovations du Muséum d'Histoire Naturelle au Jardin des Plantes[4] à Paris.

ÉMILIE: Ah bon? Qu'est-ce que tu en penses?

DIDIER: Eh bien... je trouve que c'est fantastique. Ils ont mis du verre° partout... Il y a une gigantesque verrière° et même des ascenseurs transparents...

MARTINE: Je trouve que c'est idiot, ça!

ÉMILIE: Oh non! Moi, je trouve ça assez chouette° ...

MARTINE: Mais pas du tout! C'est honteux!° C'est scandaleux même!

DIDIER: Oui, mais tu sais Martine, au moins, ça permet de voir les squelettes° de baleines,° de girafes et d'éléphants qui, avant ça, amassaient simplement de la poussière.° On redécouvre un musée qu'on avait un peu oublié.

MARTINE: Ah non! Moi, je ne suis pas du tout d'accord! Je trouve que c'est une très mauvaise idée, parce que finalement à Paris, tout ce que l'on voit c'est des musées modernes, rénovés°... avec des pyramides partout et des «Beaubourgs». Finalement, ces belles structures classiques du dix-huitième et du dix-neuvième siècles... , eh bien, il n'y en aura plus à Paris, et c'est quand même dommage!

ÉMILIE: Oui. Mais ils ont gardé la structure originale. Moi, je pense qu'il fallait absolument ouvrir le musée...

MARTINE: Dis donc, tu te rends compte des frais que cela a engagés! On aurait pu...

DIDIER: C'est juste, mais maintenant le musée attire° une nouvelle clientèle.

MARTINE: A mon avis, c'est dommage de gâcher° comme ça le travail de l'architecte qui a créé et conçu° ce musée.

A suivre

---

[4] Le Muséum d'Histoire Naturelle est héritier du Jardin royal des plantes médicinales créé en 1635 sous Louis XIII. C'est à la Révolution en 1793, qu'un décret de la Convention a institué le musée. Visitez www. mnhn.fr pour voir des images. Le Muséum a été fermé en septembre 1998 pendant plusieurs mois pour des rénovations importantes (*Quid 2001*, p. 479a).

Observation et analyse

1. Quel est l'avis de Martine sur la rénovation du Muséum d'Histoire Naturelle? Expliquez ses arguments.
2. Est-ce qu'Emilie est d'accord avec elle? Expliquez son point de vue.
3. Quelle est l'attitude de Didier dans le débat?
4. Est-ce qu'on a rénové beaucoup de musées à Paris? Comment le savez-vous?

Réactions

1. Quels musées est-ce que vous avez visités? Lesquels est-ce que vous préférez et pourquoi?
2. Est-ce que l'apparence d'un musée est importante pour vous? Expliquez.
3. Etes-vous pour ou contre la rénovation des bâtiments anciens? Justifiez votre réponse. Avec qui est-ce que vous êtes le plus d'accord dans le débat sur le Muséum d'Histoire Naturelle?

Expressions typiques pour...

Demander l'avis de quelqu'un

Quel est ton/votre avis?
Qu'est-ce que tu penses de... ?
Qu'est-ce que vous en pensez?
Est-ce que tu es/vous êtes d'accord avec... ?
Selon toi/vous, faut-il... ?
Comment tu le trouves?/ Comment vous le trouvez?

Exprimer une opinion...

Je (ne) crois/pense (pas) que...
Je trouve que...
A mon avis.../Pour moi...
D'après moi.../Selon moi...
Par contre... *(On the other hand . . .)*
De plus/En plus/En outre... *(Besides . . .)*

... avec moins de certitude

J'ai l'impression que...
Il me semble que...
... , vous ne trouvez pas?

◆ After the negative of **croire** and **penser**, the subjunctive is used to imply doubt: **Je ne crois pas qu'il y aille.** ■

◆ Contrary to several other opinion verbs, **J'ai l'impression que** and **Il me semble que** take the indicative mood, even in the negative and interrogative forms. ■

Dire qu'on est d'accord

Ça, c'est vrai.
Absolument.
Tout à fait. *(Absolutely.)*
Je suis d'accord (avec toi/vous).
Je suis de ton/votre avis.
Je le crois.
Je pense que oui.
C'est exact/juste.
Moi aussi. (Ni) moi non plus. *(Me neither.)*

Dire qu'on n'est pas d'accord

Ce n'est pas vrai.
Absolument pas.
Pas du tout. *(Not at all.)*
Je ne suis pas d'accord (avec toi/vous).
Je ne le crois pas.
Je pense que non.
C'est scandaleux/idiot/honteux *(shameful)*!
Cependant... *(However . . .)*
Je ne partage pas entièrement vos vues. (très poli)

Exprimer l'indécision

Vous trouvez?
C'est vrai?
C'est possible.
Je ne sais (pas) quoi dire.
Je ne suis pas sûr(e)/certain(e).
On verra.

Exprimer l'indifférence

Ça m'est (tout à fait) égal.
Tout cela est sans importance.
Au fond, je ne sais pas très bien.
Bof!

Mots et expressions utiles

Les arts

une œuvre *work (of art)*
conçu(e) (*from* **concevoir**) *designed, planned*
en verre, en métal, en terre battue *made of glass, metal, adobe*
honteux (honteuse) *shameful*
insupportable *intolerable, unbearable*
laid(e) *ugly*
moche *(familiar) ugly, ghastly*
chouette *(familiar) neat, nice, great*

passionnant(e) *exciting*
remarquable/spectaculaire *remarkable/spectacular*
réussi(e) *successful, well executed*
super *(familiar) super*
s'accoutumer à *to get used to*
attirer *to attract*
convaincre *to convince*
rénover *to renovate*
supprimer *to do away with*

ACTIVITÉS

A. Entraînez-vous: Un sondage. Un reporter du journal de votre campus mène une enquête sur les idées et les goûts des étudiants. Répondez à ses questions en vous servant des expressions présentées pour donner votre opinion.

> MODÈLE: —Qu'est-ce que tu penses de la musique de... (*current rock group*)?
> —*Moi, je la trouve super!*

1. Est-ce qu'il faut supprimer les contrôles?
2. Faut-il assister à tous les cours pour bien comprendre le français (la philosophie, les mathématiques)?
3. A ton avis, est-ce que... est un(e) bon(ne) président(e) pour notre université?
4. D'après toi, est-ce que les femmes peuvent réussir en politique?
5. Qu'est-ce que tu penses de... (*name of new film*)?
6. Comment tu trouves... (*name of current TV program*)?

B. A vous! Maintenant c'est à vous de mener une petite enquête sur les idées de vos camarades de classe. Demandez l'avis de quelqu'un sur les sujets suivants en employant les *Expressions typiques pour...* des pages 217–218.

1. les œuvres impressionnistes
2. la peine de mort
3. les rénovations de tel bâtiment sur le campus/en ville
4. la réduction/l'augmentation des impôts
5. le journal de votre école/campus

C. Selon moi... Voici les résumés de plusieurs éditoriaux récents dans le journal de votre ville. Réagissez à chaque opinion en disant si vous êtes d'accord ou non, et pourquoi.

> MODÈLE: Il faut légaliser la marijuana.
> —*Je ne le crois pas. La marijuana est une drogue et je suis contre toutes les drogues.*

1. Le suicide assisté doit rester illégal.
2. Il faut interdire aux gens de fumer dans les cafés.
3. M./Mme/Mlle... serait un(e) bon(ne) président(e) pour notre pays.
4. Les jeux de hasard *(gambling)* doivent être légalisés dans tous les états.

D. Les arts. Vous êtes au musée avec un(e) ami(e). Regardez ces œuvres d'art et donnez vos réactions en utilisant les expressions données aux pages 217–218.

Nicolas Poussin, *l'Inspiration du poète*

Paulette Foulem, *Avant le «squall»*

Fernand Léger, *le Remorqueur*

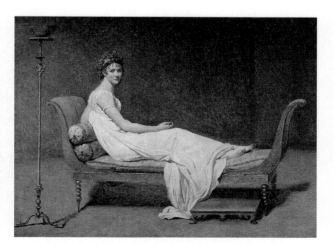

Jacques Louis David, *Portrait de Madame Récamier*

La position des pronoms objets multiples

During the course of a conversation or debate, you sometimes need to use more than one pronoun to refer to previously mentioned persons, things, or ideas. You have already reviewed placement of one object pronoun in *La grammaire à réviser*. Be sure to do the practice exercises in the workbook.

The following chart illustrates pronoun order when you need to use two object pronouns together. Note that the same order applies to negative imperatives:

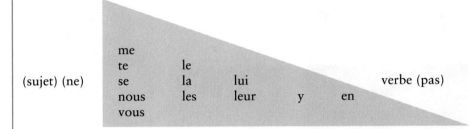

| (sujet) (ne) | me
te
se
nous
vous | le
la
les | lui
leur | y | en | verbe (pas) |

— Les peintures de Degas? Vous **vous y** intéressez?
Bien. Je **vous les** montrerai dans quelques minutes.
Ne **vous en** allez pas...

In affirmative commands, all pronouns follow the verb and are connected by a hyphen:

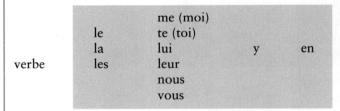

| verbe | le
la
les | me (moi)
te (toi)
lui
leur
nous
vous | y | en |

As you can see, direct object pronouns come before indirect object pronouns, and **y** and **en** are always last.

— Vos sacs et vos paquets à la consigne? Oui, mettez-**les-y**.
Ils seront sous bonne garde.

— Vos tickets? Donnez-**les-moi**, s'il vous plaît.

Note that **me** and **te** change to **moi** and **toi** when they are the only or last pronouns after the imperative. However, when they precede **y** or **en**, they contract to **m'** or **t'** and an apostrophe replaces the hyphen.

—Des tableaux de Renoir? Oui, montrez-**m'en**.

ACTIVITÉS

A. Visite au musée d'Orsay. Voici des questions posées par un groupe de touristes à leur guide. Imaginez comment répondrait le guide en substituant des pronoms objets pour les mots en italique.

1. Est-ce qu'il y aura beaucoup *de touristes* aujourd'hui?
2. Est-ce que nous devons acheter *les billets/au guichet?*
3. Est-ce qu'il faut vous donner *les billets?*
4. Est-ce que nous verrons *des tableaux de Manet/dans cette galerie?*
5. Peut-on parler *de l'art moderne/à cet artiste qui est en train de peindre?*
6. En général, est-ce qu'on donne *un pourboire/aux guides?*

B. Mais je suis ta maman! Une mère donne les conseils suivants à son fils, qui ne l'écoute pas très bien. Répétez chaque conseil en utilisant des pronoms objets appropriés.

1. Mange *ton dîner,* mon petit.
2. Ne donne pas trop *de biscuits à ta sœur.*
3. Sers-toi *de ta fourchette,* s'il te plaît.
4. Attention! Ne te coupe pas *le doigt!*
5. Donne-moi *les allumettes* immédiatement!
6. Ne laisse pas *tes jouets sur le plancher.*
7. Donne *des bonbons à ta grand-mère.*
8. Bonne nuit, mon chou. N'aie pas peur *des monstres.*

C. Sondage. Circulez et posez les questions suivantes à plusieurs camarades de classe, qui répondront avec des pronoms, si possible. N'oubliez pas de saluer la personne et de lui dire «au revoir». Après, dites à la classe une ou deux choses intéressantes que vous avez apprises.

1. Est-ce que tu as vu une exposition d'art au musée récemment? Si oui, laquelle?
2. Tu as pris un bon repas dans un restaurant récemment? Si oui, où?
3. Tu as regardé une bonne émission à la télévision chez toi récemment? Si oui, laquelle?
4. Est-ce que tu dois faire des recherches *(research)* à la bibliothèque cette semaine? Si oui, sur quoi?
5. Tu as parlé de ta note au professeur de français récemment? Si oui, pourquoi?
6. Tu vas bientôt donner un cadeau à ton meilleur ami/ta meilleure amie? A quoi penses-tu?

Paulette Foulem est une artiste peintre qui vient du Nouveau-Brunswick. Elle habite maintenant à Paris. Connaissez-vous des artistes qui viennent de votre région? Où habitent-ils maintenant?

Native de Caraquet dans le Nouveau-Brunswick, je fus initiée au dessin dès l'âge de 16 ans. Cette passion m'amena, en 1976, à parfaire l'art de la peinture au Québec et quelques années plus tard, à étudier en France la technique du pastel. Depuis vingt-cinq ans, je participe à des expositions tant au Canada qu'en France. Ma première collection au pastel "Acadie, illusion ou réalité", m'a qualifiée comme artiste peintre/pastelliste. Aujourd'hui, on retrouve mes tableaux en Suisse, en France, aux Etats-Unis et, bien sûr, au Canada. En 1989, j'ai fondé une école de peinture, "Couleurs d'Acadie" et en 1997 j'ai créé une galerie d'art du même nom.

Paulette Foulem
artiste ♦ peintre

FRANCE

6, rue Pinel
75013 Paris
Tél/Fax 33 (0) 1 45 83 37 15
Mel : foulem@net-up.com
www.ifrance.com/Foulem

CANADA

Galerie d'art Couleurs d'Acadie
22, allée des Chenard
Caraquet N.B. E1W1A5
Tél. (506) 727-4079
Mel : galerie@couleursacadie.nb.ca
www.couleursacadie.nb.ca

Les pronoms disjoints

moi	nous
toi	vous
lui	eux
elle	elles

When expressing opinions in French, you often need to use a special group of pronouns called disjunctive pronouns in order to:

- emphasize your opinions

    —**Moi**, je trouve cette idée déplorable!

- or say with whom you agree or disagree

    —Je suis d'accord avec **lui**; c'est une idée absurde.

These and other functions of disjunctive pronouns are summarized below.

L'usage des pronoms disjoints

- To emphasize a word in a sentence:

    —**Toi**, tu ne sais pas ce que tu dis.
    You don't know what you are saying.

    —Je ne te comprends pas, **moi**.
    I don't understand you.

    —Mais non. Ce n'est pas **moi** qui ne sais pas où j'en suis. C'est **toi**!
    No, I'm not the one who is confused. You're the one!

In French, emphasis is achieved by the addition of a disjunctive pronoun or **c'est/ce sont** + disjunctive pronoun.

- To express a contrast:

    Moi, je suis contre la peine de mort. Et **toi**, qu'est-ce que tu en penses?

- After most prepositions:

    —Pour **moi**, l'idée même de la peine de mort est insupportable.
    ...Mes parents? Selon **eux**, la peine de mort est justifiable.

NOTE: **Y** replaces the preposition **à** + a place or thing, and the indirect object pronouns replace **à** + a person. However, with expressions such as **penser à/de, faire attention à, s'habituer à, s'intéresser à,** and **être à,** disjunctive pronouns are used after **à** or **de** when the object is a person.

    — Qu'est-ce que vous pensez de ce nouvel homme politique, Alexandre?
       Qu'est-ce que vous pensez de **lui**?
    — Oh, je m'intéresse beaucoup à **lui**. Il me semble sincère.

- In compound subjects:

    —Mon mari et **moi**, nous ne sommes pas de votre avis.

Notice that the plural subject pronoun may be used in addition to the disjunctive pronoun.

- In one-word questions and answers without verbs:

    —Qui est d'accord avec nous?
    —**Moi!**
    —Et **toi**, Sonia?

- After **c'est/ce sont** in order to carry out the function of identifying:

    —C'est **elle** qui trouve cet homme sans défaut.

NOTE: **C'est** is used in all cases except for the third-person plural, which takes **ce sont**.

    —C'est **nous** qui avons raison; ce sont **eux** qui ont tort.

- In comparisons after **que**:

    —Evidemment, Sonia n'est pas du même avis que **toi**.

- In the negative expressions **ne... ni... ni** and **ne... que**:

    —Elle n'écoute que **toi**. Elle n'écoute ni **lui** ni **moi**.

- With the adjective **-même(s)** to reinforce the pronoun:

    —Peut-être que Sonia **elle-même** devrait être candidate!
    Maybe Sonia should run for office herself!

◆ See *Chapitre 3, Leçon 1*. ∎

France Miniature:
Sur une immense carte en relief, sont regroupées les plus vieilles richesses de la France: 166 monuments historiques, 15 villages typiques des régions, les paysages et les scènes de la vie quotidienne à l'échelle *(scale)* du $\frac{1}{30}^{\text{ième}}$... au cœur d'un environnement naturel extraordinaire. (*France Miniature*, Groupe Musée Grévin)

Quelle est la valeur d'un musée comme France Miniature? Est-ce qu'il y a un musée comme France Miniature aux Etats-Unis?

A. Au musée. Un groupe d'amis se retrouvent au musée du Louvre, où ils discutent de leurs tableaux préférés. Créez de nouvelles phrases en substituant les mots en italique par les sujets entre parenthèses. Changez les pronoms disjoints en italique aussi.

1. J'adore ce tableau de Delacroix. Selon *moi,* c'est sa meilleure œuvre. (Catherine / Tu / Tes sœurs)
2. *Eric* n'est pas d'accord avec *moi.* (Je, Eric / Nous, Eric et toi / Muriel et toi, tes amis)
3. *Eric* va peindre un tableau *lui-même.* (Nous / Je / Tom et Pierre)
4. Qui va au premier étage pour voir les œuvres de Rubens? *Moi!* (Anne et Sylvie / Toi / Eric et toi)
5. C'est *Catherine* qui est perdue! (nous / Chantal et Luc / Marc)

B. Questions indiscrètes. Posez les questions suivantes à un(e) ami(e). Donnez un résumé de ses réponses à la classe.

MODÈLE: Est-ce que c'était ta mère qui préparait ton petit déjeuner quand tu étais à l'école primaire?
—*Oui, c'était elle qui préparait mon petit déjeuner quand j'étais à l'école primaire.*

1. Est-ce que ton (ta) camarade de chambre fait plus souvent la cuisine que toi?
2. Est-ce que tu nettoies l'appartement/la maison toi-même?
3. A qui est la télé chez toi?
4. Ton (Ta) camarade de chambre et toi, vous sortez souvent ensemble?
5. D'habitude, est-ce que ton (ta) camarade de chambre a plus de travail à faire que toi?

Liens culturels

TROIS GRANDS MUSÉES

Le musée d'Orsay: En 1986, l'ancienne gare d'Orsay a été transformée en musée de l'art du XIXe siècle. Il contient les œuvres réalistes, impressionnistes, post-impressionnistes et fauves des années 1850 à 1914. Ces œuvres étaient autrefois exposées au Jeu de Paume, au musée Rodin, à Versailles et dans beaucoup d'autres petits musées et entrepôts *(warehouses)* dispersés dans Paris.

Le musée d'Orsay

Le centre Beaubourg: Le Centre National d'Art et de Culture Georges Pompidou est situé dans le vieux quartier Beaubourg. Bien qu'on ait commencé sa construction pendant la présidence de Pompidou (1969 à 1974), ce musée d'art moderne n'a été fini qu'en 1977, après sa mort. Il a été fermé entre 1997 et 2000 pour des rénovations. Aujourd'hui, il continue à attirer l'attention à cause de son architecture singulière. Adoré ou détesté des Français, le centre Beaubourg est un des musées les plus fréquentés de Paris.

Le centre Beaubourg

Le Louvre: L'ancienne résidence des rois au XVIe et au XVIIe siècles est devenue musée entre 1791 et 1793. Sous la présidence de François Mitterrand, on y a ajouté un niveau souterrain, dessiné par l'architecte sino-américain I.M. Pei. Pour donner de la grandeur à l'entrée, Pei a fait construire une grande pyramide en verre de vingt mètres de hauteur entourée de trois pyramides plus petites, jointes par des fontaines.

Le Louvre

Qu'est-ce que vous pensez de l'esthétique de ces musées très différents les uns des autres? Laquelle est-ce que vous préférez et pourquoi? Est-ce que vous avez un musée américain préféré?

Interactions

A. Imaginez. Jouez le rôle d'un homme/d'une femme politique qui se présente aux élections. Votre partenaire sera un électeur/une électrice qui n'a pas encore décidé pour qui il/elle va voter. Il/Elle posera des questions pour déterminer l'opinion du candidat/de la candidate que vous jouez.

SUJETS SUGGÉRÉS: la peine de mort, la réduction du déficit national, la pollution, le terrorisme international, le droit aux soins médicaux, la sécurité sociale

B. Petits débats. Travaillez en groupes de trois étudiants. La première personne exprimera son avis sur un sujet et demandera l'avis de la deuxième personne. Après cela, la troisième personne dira s'il/si elle est d'accord ou pas et expliquera pourquoi.

> MODÈLE: la loi qui interdit aux jeunes de dix-huit à vingt et un ans de boire de l'alcool
> —*A mon avis, cette loi n'est pas juste. Qu'est-ce que tu en penses?*
> —*Je suis d'accord avec toi. Si on peut être envoyé à la guerre à dix-huit ans, on doit avoir le droit de boire de l'alcool au même âge.*
> —*Mais non, je ne suis pas de ton avis. Il y a trop d'accidents de voiture causés par de jeunes conducteurs ivres.*

1. le rap
2. la violence dans les films
3. Larry King/les médias
4. la cohabitation avant le mariage
5. le racisme
6. (votre choix)

Premier brouillon DOSSIER PERSONNEL

1. Use the vocabulary and arguments that you brainstormed in Lesson 1 to begin writing your first draft. Write an introductory paragraph in which you inform your reader of the object of your discussion.
2. Describe your point of view and then the opposing point of view. Give a response to each opposing argument and explain the reason for your opposition.
3. Present several solutions, choices, or possibilities and then write a possible conclusion.

Phrases: Writing an essay; persuading; expressing an opinion; agreeing & disagreeing
Grammar: Subjunctive

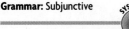

Comment exprimer la probabilité

Conversation (CONCLUSION)

Premières impressions

Soulignez:
- les mots et les expressions que ces jeunes gens utilisent pour exprimer la probabilité ou l'improbabilité de certains événements

Trouvez:
- de quel problème on parle (citez deux exemples qui sont donnés)

Les jeunes amis continuent à discuter à la brasserie. Fabien est revenu de sa petite réunion.

ÉMILIE: Oui, on s'occupe beaucoup des problèmes à l'étranger. Enfin, je ne sais pas ce que tu en penses, mais on devrait plutôt s'occuper de ce qui se passe chez nous.

MARTINE: Oui, mais il ne me semble pas qu'il y a autant de problèmes ici qu'ailleurs.

DIDIER: On a quand même un gros problème avec le racisme, tu ne trouves pas?

MARTINE: Non, pas tellement... je trouve que finalement les choses vont assez bien.

DIDIER: On ne peut pas dire qu'on n'ait pas de problèmes de racisme!

ÉMILIE: Et un des résultats est le climat d'insécurité dans les banlieues° surtout celles habitées par les immigrés nord-africains.

MARTINE: Ça fait la une des journaux° et la télé aime bien faire peur. Mais au fond,° j'ai l'impression que la plupart des Nord-Africains maintenant se sentent français. Il y en a beaucoup qui sont nés ici et qui sont allés à l'école ici.

ÉMILIE: Oui, mais beaucoup sont au chômage. En plus, beaucoup se plaignent° d'une grande discrimination dans le travail.

FABIEN: Tu sais, avec la récession économique qui s'aggrave° de jour en jour, il est possible que ces difficultés empirent,° au moins pendant quelques temps.

MARTINE: Mais enfin, il faut avoir un peu plus d'espoir et de confiance dans les gens. Je parie° que les choses s'arrangeront. On trouvera des solutions. Et ce n'est pas uniquement français d'ailleurs. C'est comme ça en Amérique depuis les années 80.

DIDIER: Oui, mais en France c'est peut-être plus un problème de culture et de religion que de race. Ce n'est pas facile pour une minorité ethnique musulmane de s'intégrer dans une civilisation catholique...

insécurité = violence

la banlieue *suburbs*

la une des journaux *front page*
au fond *basically*

se plaindre *to complain*

s'aggraver *to get worse*
empirer *to worsen*

parier *to bet*

Observation et analyse

1. Qui dans la conversation est optimiste? Qui ne l'est pas?
2. Décrivez l'évolution de la société selon Martine.
3. Pourquoi est-ce qu'il y a un problème d'intégration pour les Nord-Africains parmi les Français? Pour la deuxième génération de Nord-Africains, comment ce problème va-t-il peut-être se résoudre *(to be solved)*?
4. Dans le dialogue, avec qui est-ce que vous êtes d'accord? Pourquoi?

Réactions

1. Est-ce que vous avez un grand-parent ou un arrière-grand-parent qui a émigré d'un pays étranger pour venir en Amérique? De quel pays?
2. Quelles sortes de problèmes est-ce qu'un nombre croissant *(increasing)* d'immigrants pose à un pays?
3. Est-ce qu'il y a des événements dans les années récentes qui peuvent nous faire réfléchir au problème du racisme aux Etats-Unis? Expliquez.

Expressions typiques pour...

Exprimer la probabilité des événements

*(The following expressions all take the indicative mood. Those with **devoir** are followed by an infinitive.)*

D'aujourd'hui ou de l'avenir
Sans doute qu'ils viendront dans quelques minutes.
Il est probable qu'ils viendront en voiture.
Ils doivent être en route *(to be on the way)*.
Il est probable qu'ils s'excuseront.

Du passé
Ils ont été retenus *(held up)* sans doute.
Ils ont dû partir en retard *(to get a late start)*.
Ils ont probablement oublié de nous téléphoner.
Ils devaient arriver à trois heures.

Exprimer l'improbabilité des événements

(The following expressions all take the subjunctive mood.)

Il ne semble pas que ce manque de ponctualité soit typique.
Il est improbable qu'ils aient oublié notre rendez-vous.
Il est peu probable qu'ils aient eu un accident de voiture.
Il est douteux qu'ils viennent.
Cela me semble peu probable qu'il ait oublié notre rendez-vous.

Mots et expressions utiles

L'immigration et le racisme

un(e) immigrant(e) *newly arrived immigrant*
un(e) immigré(e) *an immigrant well established in the foreign country*

un bouc émissaire *scapegoat, fall guy*
la main-d'œuvre *labor*
maghrébin(e) *from the Maghreb (Northwest Africa: Morocco, Algeria, Tunisia)*

l'accueil [m] *welcome*
accueillant(e) *welcoming, friendly*

la banlieue *the suburbs*
les quartiers [m pl] défavorisés *slums*

accroître *to increase*
s'aggraver *to get worse*
blesser *to hurt*
croissant(e) *increasing, growing*
éclairer *to enlighten*
empirer *to worsen*
répandre *to spread*
rouer quelqu'un de coups *to beat someone black and blue*

le chômage *unemployment*
un chômeur/une chômeuse *unemployed person*

un incendie *fire*
une manifestation *demonstration, protest (organized)*
une menace *threat*
la xénophobie *xenophobia (fear/hatred of foreigners)*

[handwritten margin notes: les quartier riches - rich neighborhood; s'ameiliorer - get better]

MISE EN PRATIQUE

En septembre 1996, lors des obsèques *(funeral)* d'un jeune Français tué par un autre jeune Français d'origine **maghrébine**, le Front national (FN), le parti de l'extrême droite, a organisé une **manifestation** politique contre l'immigration et l'insécurité. Le FN profite du **chômage** qui **s'aggrave** pour s'attaquer au mondialisme *(globalization)*. Son chef de file *(party leader)*, Jean-Marie Le Pen, est vivement critiqué pour son idéologie que beaucoup considèrent **xénophobe**. Le Président de la France a réagi en lançant un appel à «rejeter ceux qui **répandent** des doctrines d'exclusion» et a exprimé son espoir «que l'emporte, un jour, partout, l'esprit de tolérance et de paix».

Adapté du *Monde,* 15–16 septembre 1996, p. 1, no. 16061, et de *l'Express,* 19 septembre 1996, p. 25.

ACTIVITÉS

A. Entraînez-vous: Imaginez. Jouez le rôle de quelqu'un qui peut prédire l'avenir. Créez deux prédictions avec les mots donnés et une expression de probabilité ou d'improbabilité.

> MODÈLE: ... le prochain président des Etats-Unis sera...
>> —*Il est très probable que le prochain président des Etats-Unis sera une femme.*
>> —*Il est peu probable que je sois le prochain président des Etats-Unis.*

1. ... le film qui gagnera l'Oscar du «meilleur film» de l'année sera...
2. ... je finirai mes études universitaires en...
3. ... je me marierai avec...
4. ... j'aurai... enfants.
5. ... je serai... (profession)
6. ... (votre choix)

B. Ça continue... Voici des phrases tirées d'un journal français de 1984. Finissez chaque phrase en utilisant les *Mots et expressions utiles*.

1. Depuis quelques années, les incidents entre _____ et les Français se multiplient.
2. A cause de la crise économique et du _____, beaucoup de Français reprochent aux étrangers de s'approprier le travail revenant de droit aux nationaux.
3. En 1984, Frédéric Boulay, un _____ de vingt-deux ans, a tué deux ouvriers turcs et en _____ cinq autres. Il a dit que c'était à cause de la _____ étrangère qu'il était sans travail.
4. Dans le 20e arrondissement de Paris, de septembre à décembre, trois _____ ont eu lieu dans des immeubles habités par des immigrés. Le feu a donc détruit leur logement.
5. S.O.S.–Racisme[5] a organisé une _____ antiraciste qui a rassemblé entre 200 000 et 400 000 personnes. Aujourd'hui ce groupe continue à être actif dans la campagne contre le racisme avec d'autres groupes, comme l'Obu (Organisation des banlieues unies).

C. Vous êtes le prof. Vos élèves ne comprennent pas les expressions et mots suivants. Aidez-les en donnant un synonyme pour chaque expression dans le premier groupe et un antonyme pour chaque expression dans le deuxième groupe. Utilisez les *Mots et expressions utiles*.

Synonyme	Antonyme
1. battre quelqu'un	1. améliorer improbe
2. faire du mal à quelqu'un	2. un travailleur
3. un secteur pauvre d'une ville	3. le vrai responsable
4. le feu light	4. diminuer

---

[5] Les étudiants qui s'intéressent à ce groupe peuvent s'informer en regardant le site Internet de S.O.S.–Racisme (www.sos-racisme.org).

D. Qu'est-ce qui s'est probablement passé? Pour chacun des événements suivants, donnez une explication plausible.

MODÈLE: Votre ami arrive en retard pour votre rendez-vous.
—*Tu as dû partir en retard.*

1. Votre mari/femme ne vous offre rien pour votre anniversaire.
2. Votre enfant, au bord des larmes *(tears)*, vient vous voir.
3. Votre camarade de chambre veut vous emprunter $100.
4. Il est sept heures du matin et on dit à la radio que l'université sera fermée aujourd'hui.

LA GRAMMAIRE À APPRENDRE

Le verbe *devoir*

A. One of the principal ways of expressing probability is to use **devoir** + infinitive. (Remember that when **devoir** is followed directly by an object it means *to owe*.) Note the difference in meaning implied by each tense.

Présent:	Tu **dois** avoir raison, mon pote *(familiar—friend)*. *(must, probably)*
Imparfait:	Je ne **devais** pas faire attention. *(was probably)*
Passé composé:	J'**ai dû** oublier de fermer la porte à clé. *(must have)*

B. **Devoir** also may be used to express necessity or moral obligation, as in the following examples:

Présent:	Nous **devons** réexaminer le problème de l'immigration clandestine aux Etats-Unis. *(must, have to)*
Passé composé:	L'année passée, les douaniers **ont dû** arrêter plus de 1,8 million de personnes qui essayaient d'entrer illégalement dans le pays. *(had to)*
Imparfait:	Autrefois, nous ne **devions** pas nous préoccuper de ce problème. *(used to have to)*
Futur:	Je crois que le président **devra** proposer de nouvelles mesures. *(will have to)*
Conditionnel:	Combien d'immigrants par an un gouvernement **devrait**-il accepter? *(should)*
Conditionnel passé:	Nous **aurions dû** étudier ce problème plus tôt. *(should have)*

ACTIVITÉS

A. Questions indiscrètes. Posez les questions suivantes à un(e) ami(e). Donnez un résumé de ses réponses à la classe.

1. Qu'est-ce que tu dois faire ce soir?
2. Est-ce que tu devras travailler ce week-end aussi?
3. Tu dois être un(e) étudiant(e) exemplaire, non?

4. Quand tu étais petit(e), est-ce que tu recevais de l'argent de poche *(pocket money)* de tes parents? Quels genres de travaux ménagers *(chores)* est-ce que tu devais faire pour gagner cet argent?
5. Tu as dû être un(e) enfant sage, n'est-ce pas?
6. D'après toi, à quel âge est-ce que les parents devraient permettre aux enfants de sortir seuls?

B. Une lettre. Vous avez consenti à traduire en français une lettre écrite par les parents d'un(e) de vos ami(e)s aux propriétaires d'un petit hôtel à Caen. Voici la lettre en anglais.

Dear Mr. and Mrs. Lesage,

You probably do not often receive letters from Americans, but my husband and I have to tell you how much we enjoyed your hotel this summer.

Everyone was so friendly there, and the accommodations (**l'hébergement**) were great! We must have stayed at a dozen hotels during our trip, but yours was without any doubt the best.

We thank you once again for the warm (**chaleureux**) welcome that you gave us.

Sincerely,
Linda and Charles Jackson

C. Qu'est-ce qu'on doit faire? Répondez en deux phrases aux questions suivantes avec un(e) camarade de classe. Notez vos conclusions.

1. Qu'est-ce qu'on doit faire pour les sans-abri *(homeless)*?
2. Qu'est-ce qu'on aurait dû faire pour empêcher la Seconde Guerre mondiale?
3. Qu'est-ce qu'on devrait faire pour améliorer les écoles américaines?
4. Qu'est-ce qu'on aurait dû faire pour éviter l'attentat pendant les jeux Olympiques d'Atlanta?

Liens culturels

LA FRANCE ET LE RACISME

En mars 2000 un sondage réalisé par Louis Harris révèle que 61% des Français estiment qu'il y a «trop de personnes d'origine étrangère en France, 63% trop d'Arabes, ...» De plus, 32% (contre 24% en 1998) des Français considèrent que la France doit fermer ses frontières pour empêcher l'entrée de nouveaux immigrés (*Francoscopie 2001,* p. 218). Les partisans d'un renvoi des immi-grés, notamment maghrébins, leur reprochent surtout d'aggraver le chômage, de ruiner la Sécurité Sociale, d'accroître l'insécurité et de créer des conditions de vie insup-portables en raison des différences culturelles. Les Français craignent aussi que l'identité française se dis-solve progressivement dans la mise en place d'une société pluricul-turelle. Enfin, beaucoup considèrent que les différences entre les reli-gions islamique et catholique ren-dent l'intégration des musulmans impossible.

«D'autres enquêtes montrent au contraire qu'une large majorité de Français se déclare hostile à toute discrimination...» (*Francoscopie 2001,* p. 218). Les médias, les jeunes et les partis politiques modérés sont tolérants. Pour défendre les immigrés, les antiracistes, représentés surtout par l'organisation S.O.S-Racisme et l'Obu (Organisation des banlieues unies) font valoir que les immigrés ont fourni à la France des ouvriers, des enfants et parfois des soldats; qu'ils peuvent l'enrichir de leurs cultures; et que plus de dix millions de Français ont un arrière-grand-parent étranger. Il est évident que la discussion concernant les problèmes de l'immigration et du racisme en France est loin d'être finie.

Adapté de Gérard Mermet, *Francoscopie 2001*, pp. 215–218.

Quelles sont les discussions sur l'immigration aux Etats-Unis? Quels sont les problèmes du racisme aux Etats-Unis?

LA GRAMMAIRE À APPRENDRE

Les adjectifs et les pronoms indéfinis

Indefinite adjectives and pronouns are useful for carrying out practically any function of language. Examples of the more common adjectives and pronouns are given below.

Adjectifs	Pronoms
quelque, quelques	**quelque chose (de)** *something*
some, a few	**quelqu'un** *someone, somebody*
	quelques-un(e)s *some, a few*

Il y a **quelques** jours, des terroristes ont pris des otages.
Quelques-uns des otages sont français.

chaque *each*	**chacun(e)** *each one*

Les preneurs d'otages ont pris une photo de **chaque** otage.
Comme on pouvait s'y attendre, **chacun** avait l'air pâle et effrayé.

◆ The indefinite pronouns **quelque chose** and **quelqu'un** are both singular and masculine. Adjectives that modify these pronouns follow them and are introduced by **de**.

Exemples: J'ai vu **quelque chose de** sympathique aujourd'hui. Il y avait des jeunes qui parlaient avec **quelqu'un de** bizarre dans le métro et qui essayaient de l'aider. ■

| tout(e) (avant un nom singulier sans article) *every, any, all* | tous, toutes *all* |

On a perdu presque **tout** espoir parce que les otages sont **tous** accusés d'espionnage.

| tout, toute, tous, toutes *all, every, the whole* | tout (invariable) *everything* |

On espère que **toutes** les personnes enlevées seront bientôt libérées. Mais **tout** doit être fait pour éviter un affrontement *(confrontation)* militaire.

| plusieurs (invariable) *several* | plusieurs (invariable) *several* |

Les preneurs d'otages ont **plusieurs** fois menacé la vie des prisonniers. On a peur que **plusieurs** d'entre eux ne soient déjà morts.

ACTIVITÉS

A. Ecoutez-moi! Voici les phrases tirées d'un discours prononcé par un étudiant qui est candidat à la présidence du gouvernement étudiant. Complétez chaque phrase selon votre imagination.

1. Je crois que vous, les étudiants, êtes tous...
2. Si je suis élu, chaque étudiant recevra...
3. Quant au stationnement sur le campus, je promets que tous les étudiants...
4. De plus, je crois que tout professeur devrait...
5. J'ai plusieurs idées pour améliorer la qualité de la nourriture universitaire, par exemple...
6. Maintenant, si vous aimez mes idées, il faut que chacun de vous...

B. A la bibliothèque. Camille doit faire un exposé en classe sur l'art impressionniste. Elle se rend donc à la bibliothèque universitaire de la Sorbonne pour y faire des recherches. Complétez sa conversation avec l'employée de la bibliothèque en ajoutant les adjectifs et les pronoms indéfinis appropriés.

CAMILLE: Bonjour, madame.

L'EMPLOYÉE: Bonjour, mademoiselle.

CAMILLE: Pourriez-vous m'aider? J'ai besoin de _____ *(several)* livres sur l'art impressionniste.

L'EMPLOYÉE: Oui, alors, consultez ce catalogue et notez les livres que vous désirez voir... Voilà _____ *(a few)* de nos livres et _____ *(several)* de nos diapositives *(slides)*. Vous ne voulez probablement pas _____ *(all)* ces livres?

CAMILLE: Euh, je ne sais pas. Je voudrais regarder _____ *(everything)* ce que vous m'avez apporté, si c'est possible.

L'EMPLOYÉE: Bien sûr, mademoiselle. Prenez votre temps pour étudier le _____ *(everything)*.

C. Répondez sans réfléchir. Dites la première chose qui vous vient à l'esprit. Posez les questions en français. Travaillez avec un(e) camarade de classe.

1. Name (**Nommez**) several French presidents.
2. Name each French professor you know.
3. Name someone interesting.
4. Name some French singers.
5. Think of (**Pensez à**) something orange.
6. Think of all the French cars you know.
7. Name several American cities with French names. Give the state of each one.
8. Think of several famous French cities.

Interactions

A. Imaginez... En groupes de trois étudiants, imaginez le monde et les Etats-Unis dans trois ans et puis dans dix ans. Quels changements est-ce qu'il y aura dans la vie de tous les jours? Quels événements ont peu de chance d'avoir lieu? Ecrivez un petit résumé de vos prédictions pour les deux périodes. Expliquez aux autres étudiants de la classe ce que vous avez écrit et parlez des différences et des similitudes dans vos réponses.

B. Dans un grand magasin. Imaginez que vous travaillez dans un grand magasin au rayon des vêtements femmes ou hommes. Votre partenaire sera un client/une cliente qui veut se faire rembourser pour un pullover qu'il/qu'elle a visiblement porté plusieurs fois. Discutez des choses suivantes: s'il est probable qu'il/qu'elle a porté le pull; s'il est probable que le magasin va rembourser la personne pour le pull, etc. Expliquez au client/à la cliente qu'il/elle peut parler avec le directeur, etc.

MOTS UTILES: rendre quelque chose *(to return something)*; porté *(worn)*; un remboursement *(refund)*; un échange; sale *(dirty)*; il manque un bouton *(it's missing a button)*; détendu *(stretched-out [material])*; ne servir à rien *(to do no good)*

Deuxième brouillon 🗂 DOSSIER PERSONNEL

1. Write a second draft of your paper from Lesson 2, incorporating more detail and adding examples to illustrate your point of view or the opposing point of view.
2. To make your arguments more forceful and organized, insert some of the following expressions:

EXPRESSIONS UTILES: Commençons par... ; il faut rappeler que... ; il ne faut pas oublier que... ; par conséquent... ; contrairement à ce que l'on croit généralement... ; de plus... ; en tout... ; enfin... ; en premier (second, troisième, dernier) lieu... ; il est possible que... ; il se peut que... ; mais... ; il n'en est pas question parce que... ; quant à *(as far as)*... ; il est certain que... ; d'autre part...

Phrases: Writing an essay; expressing an opinion; agreeing & disagreeing, weighing alternatives
Grammar: Subjunctive

SYSTÈME-D

SYNTHÈSE

 Activités vidéo

◆ Turn to **Appendice B** for a complete list of active chapter vocabulary. ■

Avant la vidéo

1. Il y a beaucoup de mots français et anglais dont l'écriture et le sens se ressemblent. Leur prononciation est toutefois différente. Regardez les mots ci-dessous, prononcez-les bien et devinez-en le sens.

maire	folklorique	condition
concept historique	communauté d'affaires	concurrence
réalité	agglomération	communauté
menacée	survivre	minoritaire
population	dégradation	majoritaire

A quelle occasion est-ce que vous entendriez ces mots?

2. Dans l'entrevue que vous allez voir, on posera les questions suivantes:
   - «Monsieur Lallier, le Québec est souvent appelé le berceau de la francophonie ici, en Amérique du Nord. Est-ce que vous pouvez nous faire une espèce de bilan de cette francophonie?»
   - «En regard de tout ça et de la situation politique ici au pays, qu'est-ce que vous pensez de l'avenir de cette culture francophone?»

   Avec vos camarades, imaginez les réponses que quelqu'un pourrait donner à ces questions.

3. L'identité nationale d'une personne peut dépendre de beaucoup de choses. Comment vous définiriez-vous? Par votre pays de naissance, de nationalité, par la région du pays où vous vivez, par vos origines familiales? Est-ce que la réponse diffère selon les circonstances? Essayez d'expliquer votre choix.

Après la vidéo

1. Comment débute la conversation de Monique et M. Lallier? Comment finit-elle?
2. Qui est M. Lallier? Quelle est l'idée principale de son discours? Pourquoi est-ce qu'il est optimiste?
3. Travaillez en groupes pour résumer les réponses de M. Lallier aux deux questions de Monique. Comparez-les ensuite aux réponses que vous avez imaginées.
4. Comment est-ce que la première jeune femme, Anne Martin, se définit? Quelle est la raison qu'elle donne pour ce choix?
5. Comment est-ce que le jeune homme, Charles Robert, se définit? Citez quelques-unes de ses raisons.
6. La deuxième jeune femme, Marjolaine Verville, parle de l'accent particulier de Québec. A-t-elle raison? Un accent régional est-il un avantage ou un désavantage?
7. Les trois personnes s'identifient d'une certaine façon. Essayez de les convaincre d'accepter une autre identité.

Activités orales

A. Moi, je pense que... Regardez un journal français à la bibliothèque ou sur Internet (www.figaro.fr/ ou www. lemonde.fr/) et trouvez un article sur un événement récent ou un problème politique ou social. En groupes de trois ou quatre étudiants, décrivez votre article à tour de rôle. Donnez, bien sûr, votre opinion sur le sujet. Les autres étudiants donneront leur réaction à ce que vous dites et puis ils présenteront leur article.

B. Faisons la fête! Vous célébrez la fin du semestre/trimestre chez un(e) ami(e). Il y a beaucoup de monde. Vous connaissez à peu près la moitié du groupe. Circulez parmi les invités (la classe) et engagez une conversation avec au moins huit personnes. Utilisez, bien sûr, les expressions que vous avez apprises pour engager, continuer et terminer une conversation.

SUJETS DE CONVERSATION: les examens de fin de semestre/trimestre; vos notes probables; les projets de vacances; les cours du semestre/trimestre prochain; un(e) petit(e) ami(e); un film récemment vu; les actualités

Activité écrite

Immigration. Trouvez un article (dans un journal ou magazine français ou sur Internet) où l'on parle des problèmes de l'immigration ou du racisme en France ou aux Etats-Unis. Utilisez cet article et les renseignements donnés dans ce chapitre pour écrire une composition dans laquelle vous comparez l'immigration ou le racisme dans les deux pays. Utilisez les questions suivantes comme guide:

- Quelles sont les ressemblances et les différences entre les deux situations?
- Est-ce que les immigrés viennent avec l'intention de rester en permanence dans les deux cas?
- Pourquoi est-il difficile de limiter l'entrée des immigrants?
- A votre avis, qu'est-ce qu'on doit faire pour résoudre le problème?
- Quelles seront les conséquences probables si on n'y prête pas attention?

Phrases: Writing an essay; expressing an opinion; agreeing & disagreeing; weighing alternatives
Grammar: Subjunctive; future tense

Révision finale DOSSIER PERSONNEL

1. Reread your composition and focus on the conclusion, making sure that it offers a synthesis or a solution. Choose a title that will capture the attention of your reader and indicate the topic.
2. Bring your draft to class and ask two classmates to peer edit your paper. They should pay particular attention to whether or not your argumentation is convincing. Your classmates should use the symbols on page 407 to indicate grammar errors.
3. Examine your composition one last time. Check for correct spelling, grammar, and punctuation. Pay special attention to your use of pronouns, the verb **devoir**, and indefinite adjectives and pronouns.
4. Prepare your final version.

Phrases: Writing an essay; expressing an opinion; agreeing & disagreeing; weighing alternatives
Grammar: Direct and indirect object pronouns; pronoun **en**; locative pronoun **y**

http://bravo.heinle.com

Auguste Renoir, *la Danse à la campagne*

◆ Go to **http://bravo.heinle.com** for additional readings. ∎

membres du jury *in this context, members of the selection committee*

aboutissement *result*

I. L'IMPRESSIONNISME

Avant la lecture

- Connaissez-vous des artistes impressionnistes? Lesquels?
- Qu'est-ce que vous savez de l'impressionnisme?
- Quelles seraient les caractéristiques probables de tableaux basés sur des impressions?

Claude Monet, *le Déjeuner sur l'herbe*

L'impressionnisme est un terme qui s'applique à la littérature, à la musique et à la peinture. A l'origine, le mot faisait référence à un groupe de peintres français à Paris au XIXe siècle. Le plus connu de ces peintres est peut-être Claude Monet, mais le groupe comprend aussi Auguste Renoir, Edouard Manet et Camille Pissarro. Comme tout mouvement artistique, l'impressionnisme est né d'une réaction aux idées dominantes d'alors. C'est l'aboutissement° d'un nouveau style d'expression.

Les peintres impressionnistes se rebellaient d'une part contre l'Académie. Dans l'esprit de beaucoup d'artistes à l'époque, cette institution symbolisait ce qui était conventionnel et s'opposait à toute innovation qui menaçait son enseignement du dessin et de la peinture, ou contestait les doctrines établies. D'autre part les impressionnistes luttaient aussi contre le Salon officiel, une exposition importante pour les peintres, parce qu'elle représentait un des principaux moyens de se faire connaître. Les membres du jury°, en grande partie conservateurs, privilégiaient un groupe de peintres traditionnels et le Salon refusait donc d'exposer les œuvres des impressionnistes.

Quoique les impressionnistes se soient opposés à l'Académie et aient introduit des méthodes nouvelles, ils gardaient néanmoins une partie des

Edouard Manet, *Chez Le père Lathuille*

techniques traditionnelles. Ils essayaient, dans leurs tableaux, de communiquer l'impression ressentie au cours de leur observation de la nature. La base de leur technique était l'observation des couleurs et de la lumière. L'eau et l'air étaient les éléments par excellence de l'univers impressionniste. Pour créer cet effet d'impression, les peintres ont remplacé la technique traditionnelle des touches° continues par celle de la touche divisée. Leur sujet étant fréquemment un paysage,° urbain aussi bien que campagnard; c'était en plein air° qu'ils aimaient travailler, afin de mieux apprécier les changements de temps et de qualité de la lumière. Pourtant, les peintres impressionnistes ont aussi peint des tableaux à grande échelle° destinés à des expositions particulières. Préparés de manière conventionnelle dans leurs ateliers,° ces tableaux étaient souvent basés sur des études faites en plein air.

Les impressionnistes ont introduit dans leurs tableaux quelques-unes des nouveautés caractéristiques de la vie moderne: des trains, des bateaux à vapeur, des ponts métalliques et des cheminées d'usine. Pourtant, ils ont aussi partagé le goût des maîtres de la modernité pour la peinture française du XVIIIe siècle. Ils ont peint des portraits, des bouquets et des scènes de la vie quotidienne, notamment des femmes à leur toilette, des danseuses en train de répéter, des courses de chevaux et des scènes de café parisien. Certaines de leurs pratiques trouvent leurs origines dans l'art du Japon: par exemple, la suppression de la ligne d'horizon; le recours à des éléments du paysage pour entourer le sujet et remplir la toile; et la suggestion que le paysage déborde° du tableau, comme s'il était un simple morceau du monde découpé dans une réalité plus vaste.

L'impressionnisme a été longtemps méconnu en France. Son exclusion du Salon officiel, des musées, des galeries fréquentées par le grand public, des revues et même des livres reflète l'indifférence ressentie par le public pour l'art impressionniste au XIXe siècle, indifférence qui explique peut-être le nombre restreint d'impressionnistes étrangers et leur apparition tardive.

touches *brushstrokes*

paysage *landscape*

en plein air *outside*

déborde *overflows*

à grande échelle *large scale*

ateliers *studios*

Après la lecture

Compréhension

Contre quoi les peintres impressionnistes réagissaient-ils? Qu'est-ce qui était nouveau dans leurs méthodes et leurs techniques? Quels sujets ont-ils surtout peints?

Expansion

Choisissez un des tableaux représentés et décrivez-le. Quel en est le sujet? Quelles techniques ou méthodes reconnaissez-vous?

II. *HUGO LE TERRIBLE* DE MARYSE CONDÉ

Avant la lecture

Sujets à discuter

1. Est-ce que vous avez déjà visité une île des Caraïbes (ou comme on dit en France, des Antilles) comme la Guadeloupe ou Haïti? Laquelle? Quand? Expliquez les circonstances. Parlez, par exemple, de la population locale et de l'endroit où vous avez logé, des contacts que vous avez eus avec les gens, de vos impressions sur la population locale.
2. La discrimination est ainsi définie dans le dictionnaire *Le Petit Robert*: «le fait de séparer un groupe social des autres en le traitant plus mal». Quelles sortes de discrimination existent dans le monde? Sur quoi est-ce que la discrimination est basée? Pourquoi est-ce qu'il est difficile de mettre fin à la discrimination?
3. Est-ce que vous avez déjà vu ou subi un cyclone, une tornade ou un tremblement de terre? Sinon, connaissez-vous quelqu'un qui ait été victime d'une telle catastrophe mais ait survécu? Expliquez les circonstances.
4. Connaissez-vous quelqu'un qui fasse de la photographie pour un journal, un magazine ou la télévision? Si oui, expliquez. Pensez-vous qu'il y ait beaucoup de concurrence entre les journalistes pour avoir les premières images d'un événement?
5. Quelles sortes de risques est-ce que les photographes ou les photo-journalistes prennent? Quelles circonstances dangereuses ou difficiles justifient, à votre avis, la bravoure de certains d'entre eux? Qu'est-ce qui vous paraît extrême?

Stratégies de lecture

D'après le contexte. En utilisant le contexte et la structure de chaque phrase, trouvez dans la liste suivante une expression équivalente aux mots soulignés.

expérimenté(e)	très vite
gaspillé(e)	travailler aux côtés de
choqué(e)	se promener dans les rues au lieu d'aller à l'école
troubler	de la France, de la mère-patrie, pas du pays colonisé

1. Malgré nos signaux, les voitures passaient <u>à toute allure</u> sans faire attention à nous.
2. Elle (la voiture) avait à bord un couple de jeunes <u>métropolitains</u>, coiffés d'identiques visières vertes.
3. Mon père qui en <u>côtoie</u> plusieurs dans son travail, n'en reçoit jamais à la maison.
4. Comme ça, vous avez <u>fait l'école buissonnière</u>?
5. Frédéric leur conseillait les sites touristiques à visiter, les spécialités à déguster, les boîtes de nuits où danser, avec l'assurance d'un guide <u>chevronné</u>.

6. Ne dis pas cela! Alors notre voyage est <u>gâché</u>!
7. Je l'ai regardée d'un air <u>offusqué</u> et elle m'a adressé un petit sourire: …
8. Cela ne vous <u>gêne</u> pas?

"16 septembre 1989, 15h 35
Attention Cyclone Hugo se dirige rapidement sur la Guadeloupe.
Rejoignez les habitations ou les abris. Alert 2 déclenchée ce jour à
compter de 12 heures
Préfet Région Guadeloupe"

The West Indies are often threatened by hurricanes. In 1989, the giant hurricane
Hugo inflicted heavy damage on the French island of Guadeloupe. Maryse Condé,
a famous novelist from this island, recounts the events in Hugo le terrible.
Guadeloupeans and tourists from metropolitan France do not share the same
view of the hurricane...

HUGO LE TERRIBLE

Malgré nos signaux, les voitures passaient à toute allure° sans faire attention à nous. Je commençais à me décourager, car cela faisait près d'une heure que nous étions là à danser d'un pied sur l'autre et à agiter nos mouchoirs quand une jeep Cherokee noire a fini par s'arrêter.

Elle avait à son bord un couple de jeunes métropolitians°, coiffés d'identiques visières vertes. Le jeune homme était torse nu, très bronzé. La jeune fille, très bronzée elle aussi, portait sur son maillot un short à poids roses. Ses longs cheveux couleur de paille flottaient dans l'air. En m'installant à l'arrière de la jeep, je les ai regardés avec méfiance. Ils semblaient pourtant sympathiques et puis c'étaient les seuls qui se soient arrêtés pour nous prendre. Mais nous ne fréquentons guère de métropolitains. Mon père qui en côtoie plusieurs dans son travail, n'en reçoit jamais à la maison. Petite Mère n'a dans son salon que des clientes guadeloupéennes. C'est que nous faisons d'eux une idée assez particulière. Nous croyons qu'ils ne s'intéressent pas vraiment à notre pays, à nos problèmes et désirent seulement profiter du soleil et de la mer. Ils appartiennent à un monde que nous ne cherchons ni à connaître ni à comprendre et que nous regardons de loin à travers des préjugés hérités de notre histoire. La réciproque est vraie. Les métropolitains se tiennent à l'écart de nous. Je me demande s'il existe des pays où les problèmes entre les communautés ne se posent pas et où la couleur de la peau n'a pas d'importance.

Le jeune homme nous a souri:
—Je m'appelle Pascal; elle, c'est Manuéla. Comme ça, vous avez fait l'école buissonnière°?

J'ai laissé à Frédéric le soin de répondre. Au bout de quelques minutes, voilà qu'ils riaient tous les trois,

à toute allure très vite

métropolitains de la France, de la mère-patrie, pas du pays colonisé

faire l'école buissonnière se promener dans les rues au lieu d'aller à l'école

qu'ils étaient engagés dans une conversation des plus animées comme de vieilles connaissances. Frédéric leur conseillait les sites touristiques à visiter, les spécialités à déguster, les boîtes de nuit où danser, avec l'assurance d'un guide chevronné°. A un moment, j'ai entendu Manuéla déclarer:

—Tout ce qui nous intéresse en fait, c'est Hugo, c'est le cyclone de demain!

Frédéric a haussé les épaules:

—Il n'y aura pas de cyclone!

Elle a protesté avec feu:

—Ne dis pas cela! Alors tout notre voyage est gâché!

Avait-elle tout son bon sens? Croyait-elle qu'un cyclone était une attraction au même titre que les combats de coq dans les pitt ou les défilés de cuisinières le jour de la fête de Saint Laurent? Savait-elle tout ce que cela risquait d'entraîner?

Je l'ai regardée d'un air offusqué et elle m'a adressé un petit sourire:

—Et toi, tu n'es pas bavard! Comment t'appelles-tu?

J'ai dit d'un ton sévère:

—Je ne suis pas de votre avis concernant Hugo. Ce sera peut-être un grand malheur pour nous autres Guadeloupéens.

Elle a incliné la tête:

—Je sais bien. Mais que veux-tu? Pascal et moi, nous sommes des photographes. Nous sommes arrivés de la Dominique où nous étions en vacances dès que nous avons entendu la nouvelle. Tu sais, les photographes sont des voyeurs. Ils parcourent les champs de bataille, les camps de réfugiés, ils sont présents lors des catastrophes et se battent pour prendre les clichés les plus sensationnels.

Je n'avais jamais pensé à cela. J'ai murmuré:

—Cela ne vous gêne pas°?

C'est Pascal qui a répondu gentiment:

—C'est notre métier! Tu aimes bien, n'est-ce pas, avoir des images de ce qui se passe à travers le monde? Il faut bien que quelqu'un les prenne!

Nous étions arrivés devant l'Hôtel Hybiscus. Je suis descendu. Il me semble que je regarderai plus jamais de la même manière les photos des grands magazines ou certains reportages à la télévision.

chevronné *expérimenté*

gêner *to trouble*

Après la lecture

Compréhension

A. Observation et analyse. Répondez aux questions suivantes.

1. Regardez le premier paragraphe de l'extrait. Qu'est-ce que Frédéric et le narrateur font?
2. Depuis combien de temps est-ce qu'ils attendent?
3. Décrivez les gens dans la jeep Cherokee.
4. Pourquoi le narrateur est-il un peu méfiant envers le couple?

5. Selon le narrateur, est-ce que les Guadeloupéens et les métropolitains se fréquentent? Pourquoi?
6. De quoi est-ce que Frédéric parle avec Pascal et Manuéla?
7. Comment est-ce que Pascal explique sa profession?
8. Quelle est la réaction du jeune narrateur devant les deux métropolitains?
9. Imaginez ce qui se passe après cette scène.

B. Complétez. Complétez les phrases suivantes.

1. Le narrateur et sa famille ne fréquentent pas souvent les métropolitains parce que...
2. Selon Pascal, Manuéla et lui ont quitté la Dominique parce que...
3. Le cyclone qui menace la Guadeloupe s'appelle...
4. Selon Manuéla, les photographes sont...
5. Le jeune narrateur est gêné par les jeunes métropolitains parce que...

C. Réactions. Donnez votre réaction.

1. Décrivez Pascal et Manuéla et puis Frédéric et le jeune narrateur. Parlez ensuite de votre réaction devant leurs attitudes les uns envers les autres. Selon vous, d'où viennent ces attitudes? Quelle est votre réaction à la situation décrite dans l'extrait?
2. Est-ce que vous avez lu d'autres livres ou histoires qui traitent d'attitudes des colonisateurs envers les colonisés? Décrivez-les à un(e) camarade de classe.

Interactions

A. Les photographes et les photojournalistes. A la fin de l'extrait, le jeune narrateur dit qu'il ne regardera «plus jamais de la même manière les photos des grands magazines ou certains reportages à la télévision». Est-ce qu'il y a des images à la télévision ou des photos que vous n'oublierez jamais? Pensez aux photos prises sur les champs de bataille, aux photos prises lors de catastrophes, aux photos prises lors de moments très heureux, etc. Parlez-en avec des camarades de classe.

B. Réfléchissons. Qu'est-ce que vous pensez du colonialisme? Faites une liste de ce que la colonisation a apporté et de ce qu'elle a enlevé aux indigènes des pays colonisés. Existe-t-il dans la société d'aujourd'hui des situations qui ressemblent à la colonisation? Lesquelles? Comparez vos réponses avec celles de vos camarades de classe.

C. Imaginons. Le narrateur se demande «s'il existe des pays où les problèmes entre les communautés ne se posent pas et où la couleur de la peau n'a pas d'importance». Qu'est-ce que vous connaissez, ou faites, comme efforts pour abolir la barrière des différences apparentes? Pour comprendre les préoccupations et les besoins des gens de pays ou de cultures différents? Parlez-en avec des camarades de classe.

D. La conversation. Avec un(e) camarade de classe, relisez l'extrait en cherchant les techniques verbales ou non-verbales que les quatre personnages ont utilisées pour entrer en conversation. Selon vous, est-ce que les métropolitains sont polis? Et le jeune narrateur, est-ce qu'il est poli? Donnez des suggestions à ces jeunes gens.

Qui vivra verra

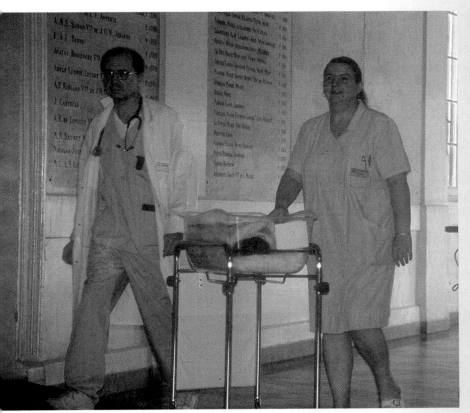

THÈMES: La carrière; L'économie; Le logement

LA GRAMMAIRE À RÉVISER
Le futur

LEÇON 1
Fonction: Comment parler de ce qu'on va faire
Culture: Les Français et les métiers
Langue: L'usage du futur
 PRÉPARATION

LEÇON 2
Fonction: Comment faire une hypothèse, conseiller, suggérer et avertir
Culture: L'argent
Langue: Les phrases conditionnelles
PREMIER BROUILLON

LEÇON 3
Fonction: Comment faire des concessions
Culture: Savoir-vivre au travail
Langue: Le subjonctif après les conjonctions
DEUXIÈME BROUILLON

SYNTHÈSE
RÉVISION FINALE

INTERMÈDE CULTUREL
L'unification de l'Europe
L'alouette en colère (Félix Leclerc)

245

Les musées. Parlez de vos visites des musées à Paris.

1. Nous irons à Paris cet été. (je/vous/Simon).
2. On aura beaucoup de musées à voir à Paris. (Nous/Tu/Il y a)
3. D'abord, je visiterai le musée d'Orsay. (nous/on/mes amis)
4. Et puis, nous pourrons voir le Louvre. (je/vous/tu)
5. J'y achèterai sans doute des souvenirs. (Caroline/nous/les visiteurs)

The information presented here is intended to refresh your memory of a grammatical topic that you have probably encountered before. Review the material and then test your knowledge by completing the accompanying exercises in the workbook.

Avant la première leçon

Le futur

A. Verbes réguliers

The future tense is formed by adding the following endings to the infinitive: **-ai, -as, -a, -ons, -ez, -ont**. You will recall that the conditional uses the infinitive in its formation as well. With **-re** verbs, the final **e** is dropped before adding the future endings.

parler

je parler**ai**	nous parler**ons**
tu parler**as**	vous parler**ez**
il/elle/on parler**a**	ils/elles parler**ont**

rendre

je rendr**ai**	nous rendr**ons**
tu rendr**as**	vous rendr**ez**
il/elle/on rendr**a**	ils/elles rendr**ont**

finir

je finir**ai**	nous finir**ons**
tu finir**as**	vous finir**ez**
il/elle/on finir**a**	ils/elles finir**ont**

B. Changements orthographiques dans certains verbes en *-er*

Some **-er** verbs have spelling changes before adding the future endings. These changes are made in all forms of the future and conditional.

- Verbs like **acheter**: j'ach**è**terai; nous m**è**nerons
- Verbs like **essayer**: j'essa**i**erai; nous emplo**i**erons
- Verbs like **appeler**: j'appe**ll**erai; nous rappe**ll**erons

C. Verbes irréguliers

aller: j'**irai**	pleuvoir: il **pleuvra**
avoir: j'**aurai**	pouvoir: je **pourrai**
courir: je **courrai**	recevoir: je **recevrai**
devoir: je **devrai**	savoir: je **saurai**
envoyer: j'**enverrai**	tenir: je **tiendrai**
être: je **serai**	valoir: il **vaudra**
faire: je **ferai**	venir: je **viendrai**
falloir: il **faudra**	voir: je **verrai**
mourir: je **mourrai**	vouloir: je **voudrai**

Je **ferai** des économies quand j'**aurai** un emploi.

—Je serai bref...

Comment parler de ce qu'on va faire

Conversation

Premières impressions

Soulignez:

● des expressions pour dire ce qu'on va faire

Trouvez:

● ce qu'Alisa va choisir comme profession

Rappel: Have you reviewed the formation of the future? (Text p. 246 and Workbook)

Nathalie, une étudiante française, et Alisa, une étudiante américaine qui vit à Paris avec sa famille, sont en première année à l'université. Elles parlent de leurs études et de leur avenir.°

l'avenir (m) *future*

ALISA: Dis-moi, qu'est-ce que tu étudies, toi?

NATHALIE: Moi, je fais médecine.

ALISA: Ah, bon? Tu as un bel avenir devant toi! C'est un métier° où l'on gagne bien sa vie et qui est intéressant en plus. Il faut faire de longues études, non?

un métier *job, profession*

NATHALIE: Oui. Lorsque je terminerai ma formation,° j'aurai fait sept années d'études. C'est fou, non?

la formation *training, education*

ALISA: Et ça ne te fait rien° de ne pas avoir le temps de sortir, de partir en week-ends?

ça ne te fait rien *it does not bother you*

NATHALIE: Il ne faut pas exagérer. Je pense qu'il y a trois ans, peut-être quatre ans de sacrifices, et puis le reste du temps on peut quand même en profiter.° Et toi, qu'est-ce que tu fais?

en profiter *to enjoy life*

ALISA: Moi, j'étudie la psychologie. Justement, j'ai aussi pensé à la médecine, mais alors vraiment, la perspective de m'enfermer° avec mes livres pendant des années me fait peur... Je veux sortir et avoir des amis.

s'enfermer *to close oneself up*

NATHALIE: Oui, mais la psycho, c'est long aussi!

ALISA: Oui, c'est long, mais il me semble qu'il y a quand même un meilleur équilibre° entre les études et la vie privée qu'avec la médecine. Il me semble que j'aurai plus de temps libre, surtout si je ne travaille pas en clinique.

l'équilibre (m) *balance*

NATHALIE: Oui, tu as sans doute raison.

ALISA: Si la médecine t'intéresse tellement, est-ce que tu as pensé à devenir infirmière?°

l'infirmière (f) *nurse*

NATHALIE: Naturellement. Ce serait peut-être moins stressant, mais je pense que c'est moins intéressant aussi comme travail... Enfin, je verrai...

ALISA: Eh bien, ce sera à moi de te téléphoner et de t'inviter pour te sortir de tes livres! A propos, nous allons au cinéma ce soir? Ça t'intéresse?

NATHALIE: Certainement! J'ai besoin de me distraire après toute cette discussion!

A suivre

Observation et analyse

1. Selon Alisa et Nathalie, quels sont les avantages d'être médecin? les inconvénients *(disadvantages)*?
2. Pourquoi est-ce qu'Alisa a choisi la psychologie?
3. Comment est-ce que Nathalie compare les professions de médecin et d'infirmière? Est-ce que vous trouvez les deux jeunes femmes aussi idéalistes l'une que l'autre? Expliquez.

Réactions

1. Combien d'années d'études est-ce que votre future profession va exiger? Quels sont les avantages et les inconvénients de cette profession? (Si vous n'avez pas encore choisi de profession, décrivez-en une qui vous semble intéressante.)
2. Croyez-vous que les longues années d'études de médecine sont trop stressantes pour la santé des étudiants? A votre avis, est-ce que les patients que les jeunes internes traitent sont négligés? en danger?

Liens culturels

LES FRANÇAIS ET LES MÉTIERS

Quels changements remarquez-vous dans les métiers en France pendant les vingt-cinq dernières années? A votre avis, pourquoi est-ce qu'il y a une baisse du nombre d'agriculteurs et d'ouvriers? Comment pouvez-vous expliquer l'augmentation du nombre des cadres et des employés? Est-ce qu'on voit ces mêmes sortes de changements dans les métiers aux Etats-Unis?

Gérard Mermet, *Francoscopie 2001* (Larousse, p. 283)

La ronde des métiers

Evolution de la structure de la population active totale* (effectifs en milliers et poids en %) :

	1975	1999	% en 1999
– Agriculteurs exploitants	1 691	671	2,6
– Artisans, commerçants, chefs d'entreprise	1 767	1 651	6,3
– Cadres et professions intellectuelles supérieures	1 552	3 246	12,5
dont:			
- professions libérales	*186*	*338*	*1,3*
- cadres	*1 366*	*2 908*	*11,2*
– Professions intermédiaires	3 480	5 153	19,8
dont:			
- clergé, religieux	*115*	*14*	*0,1*
- contremaîtres, agents de maîtrise	*532*	*525*	*2,0*
- autres professions intermédiaires	*2 833*	*4 614*	*17,8*
– Employés	5 362	7 705	29,6
dont:			
- policiers et militaires	*637*	*500*	*1,9*
- autres employés	*4 725*	*7 205*	*27,7*
– Ouvriers	8 118	7 096	27,3
dont:			
- ouvriers qualifiés	*2 947*	*3 337*	*12,8*
- chauffeurs, magasinage-transport	*960*	*1 069*	*4,1*
- ouvriers non qualifiés	*3 840*	*2 406*	*9,2*
- ouvriers agricoles	*371*	*284*	*1,1*
– Chômeurs n'ayant jamais travaillé	72	350	1,3
Population active (y compris le contingent)	**22 042**	**25 983**	**54,7**

* Occupée ou en recherche d'emploi.

Expressions typiques pour...

Dire ou demander ce qu'on va faire

- Quand on fait référence au futur en français parlé, on peut utiliser le présent du verbe.

Je pars $\begin{cases} \text{ce soir.} \\ \text{demain.} \end{cases}$

Tu viens $\begin{cases} \text{mardi?} \\ \text{la semaine prochaine?} \end{cases}$

Qu'est-ce que tu fais $\begin{cases} \text{demain?} \\ \text{ce week-end?} \end{cases}$

- Très souvent on utilise le futur proche (**aller** + infinitif) quand on parle d'un événement plus éloigné dans le futur.

On va partir $\begin{cases} \text{mercredi en huit. } in\ 8\ days \\ \text{dans un mois.} \end{cases}$

- On utilise le futur et le futur antérieur après **quand, lorsque, dès que, après que** et **aussitôt que**, et surtout en français écrit.

Répondre à la question: Allez-vous faire quelque chose?

Oui! $\begin{cases} \text{Je vais certainement/sûrement...} \\ \text{On ne m'empêchera pas de... } \textit{(You won't keep me from . . .)} \\ \text{Je vais... , c'est sûr.} \end{cases}$

Oui, probablement. $\begin{cases} \text{Je vais peut-être...} \\ \text{J'espère...} \\ \text{J'aimerais...} \end{cases}$

Peut-être. $\begin{cases} \text{Peut-être que oui/que non...} \\ \text{Je ne suis pas sûr(e)/certain(e), mais...} \end{cases}$

Non, probablement pas. $\begin{cases} \text{Je n'ai pas vraiment envie de...} \\ \text{Je ne vais probablement pas...} \end{cases}$

Non! $\begin{cases} \text{Ça m'étonnerait que je... (+ subjonctif) } \textit{(I'd really be surprised} \\ \quad \textit{that . . .)} \\ \text{On ne m'y prendra pas! } \textit{(You won't catch me . . . !)} \\ \text{Ne t'inquiète pas/Ne te fais pas de souci } \textit{(Don't worry)}\text{, je} \\ \quad \text{ne vais pas...} \end{cases}$

◆ When **peut-être** begins a sentence, a **que** must follow it or the subject must be inverted: **Peut-être qu'**elle deviendra médecin. **Peut-être** Nathalie deviendra-t-elle médecin. ∎

Mots et expressions utiles

La recherche d'un emploi *(Job hunting)*

l'avenir [m] *future*
la réussite *success*

chercher du travail *to look for work*
trouver un emploi *to find a job*

changer de métier *to change careers*
occuper un poste *to have a job*

avoir une entrevue/un entretien *to have an interview*
le curriculum vitae (le C.V.) *résumé, CV*
être candidat(e) à un poste *to apply for a job*
la formation professionnelle *professional education, training*
l'offre [f] d'emploi *opening, available position*
remplir une demande d'emploi *to fill out a job application*
la sécurité de l'emploi *job security*
le service du personnel *personnel services*

les allocations [f pl] de chômage *unemployment benefits*
le salaire *pay (in general)*
le traitement mensuel *monthly salary*
en profiter *to take advantage of the situation; to enjoy*
la promotion *promotion*

être à la retraite *to be retired*
la pension de retraite *retirement pension*
prendre sa retraite *to retire*

Divers

s'enfermer *to close oneself up*
l'équilibre [m] *balance*
ne rien faire à quelqu'un *to not bother anyone*

MISE EN PRATIQUE

Mon Dieu! La **recherche d'un emploi** prend vraiment du temps! Le **curriculum vitae** à préparer, les **demandes d'emploi à remplir** et, bien sûr, les **entrevues**. Tout ça me rend fou! Si jamais je **trouve un emploi**, je te jure que je ne **changerai** pas **de métier** tout de suite!

Les métiers *(Trades, professions, crafts)*

les **professions** [f pl] **libérales:** un médecin/une femme médecin, un(e) dentiste, un(e) avocat(e), un architecte, un infirmier/une infirmière *(nurse)*, etc.

les **fonctionnaires** (employés de l'Etat): un agent de police, un douanier/une douanière, un magistrat *(judge)*, etc.

les **affaires** [f pl] *(business)* travailler pour une entreprise: un homme/une femme d'affaires *(businessman/woman)*, un(e) secrétaire, un(e) employé(e) de bureau, un(e) comptable *(accountant)*, un(e) représentant(e) de commerce *(sales rep)*, etc.

le commerce (servir les clients): un boucher/une bouchère, un épicier/une épicière, un(e) commerçant(e) *(shopkeeper)*

l'industrie [f] (travailler dans une usine): un ouvrier/une ouvrière *(worker)*, un(e) employé(e), un(e) technicien(ne), un chef d'atelier *(shop)*, un ingénieur, un cadre/une femme cadre *(manager)*, un directeur/une directrice, etc.

l'informatique [f] *(computer science)*: un(e) informaticien(ne) *(computer expert)*, un(e) analyste en informatique, un programmeur/une programmeuse, etc.

l'enseignement [m]: un instituteur/une institutrice, un professeur, un enseignant, etc.

Un métier peut être...

ingrat *(thankless)*, dangereux, malsain *(unhealthy)*, ennuyeux, fatigant, mal payé, sans avenir

ou...

intéressant, stimulant *(challenging)*, passionnant, fascinant, bien payé, d'avenir

M I S E   E N   P R A T I Q U E

Que faire dans la vie? Devenir **avocate**? C'est **bien payé**, mais je n'aime pas parler en public. **Comptable**? On peut travailler seul, mais le travail ne semble pas très **stimulant**. **Agent de police**? Hmmm... , peut-être un peu trop **dangereux** pour moi. Enfin, **professeur**? C'est parfait! C'est une profession **d'avenir** qui a l'air **intéressant**, sauf, bien sûr, quand on a des étudiants paresseux comme moi!

A C T I V I T É S

A. Entraînez-vous: Votre vie professionnelle. Vous cherchez du travail. Que faites-vous? Mettez les phrases dans l'ordre chronologique.

se présenter au service du personnel
préparer un curriculum vitae
demander des lettres de
  recommandation

remplir une demande d'emploi
accepter l'offre
avoir une entrevue/un entretien
trouver une agence de placement

B. Quel avenir vous attend? Une voyante *(fortuneteller)* vous fait les prédictions suivantes. Réagissez en utilisant les *Expressions typiques pour...*

MODÈLE: L'année prochaine vous serez riche.
         Ça m'étonnerait que je devienne riche.

1. Ce week-end vous allez au cinéma / vous allez étudier / vous allez beaucoup dormir.
2. L'année prochaine vous serez toujours étudiant(e) / vous allez changer de vie / vous allez chercher du travail / vous allez entrer dans la marine ou l'armée / vous allez voyager.
3. Dans quinze ans vous serez riche et célèbre / vous serez au chômage / vous aurez un métier dangereux / vous aurez cinq enfants.

Parlez des emplois que vous avez eus. Comment est-ce que vous les avez trouvés?

C. A l'agence locale de l'ANPE.[1] L'agent vous propose des métiers dans les secteurs suivants. Réagissez et dites ce que vous aimeriez ou n'aimeriez pas faire dans la vie et expliquez pourquoi.

MODÈLES: l'informatique

> *Je vais peut-être devenir informaticien(ne). Nous sommes au milieu d'une révolution technologique, donc c'est un métier d'avenir. J'adore jouer avec l'ordinateur et je voudrais inventer des logiciels* (software) *pour faciliter la vie de tous les jours.*

OU

> *Je n'ai pas vraiment envie de devenir informaticien(ne). Je déteste les ordinateurs, donc, pour moi, ce métier serait ennuyeux. Je préférerais un métier où il y aurait des contacts avec les gens plutôt qu'avec les machines.*

1. la médecine
2. le droit *(law)*
3. le secrétariat
4. les affaires
5. l'enseignement
6. l'industrie du bâtiment
7. le commerce
8. votre choix

D. Faites des projets. Travaillez avec un(e) camarade de classe pour préparer des projets. Utilisez les mots et expressions de la leçon.

1. Ce week-end: décidez ce que vous allez faire et parlez des préparatifs.
2. Les vacances: discutez de ce que vous allez faire pendant les prochaines vacances.
3. Votre vie professionnelle: parlez de votre avenir.

[1]Agence nationale pour l'emploi

L'usage du futur

You have reviewed the formation of the future in *La grammaire à réviser*. The future is used to express an action, event, or state that will occur in the future.

A. The future tense is used after **quand, lorsque** *(when),* **aussitôt que** *(as soon as),* **dès que** *(as soon as),* and **après que** *(after)* when expressing a future action. In English the present tense is used.

◆ **Après que** is generally only used with the future perfect. See section B on page 254.

> **Dès qu'**elle **aura** son diplôme, Elise fera un voyage aux Etats-Unis pour perfectionner son anglais.
> *As soon as she has her diploma, Elise will travel to the United States to perfect her English.*

> **Quand** elle nous **rendra** visite en juillet, nous l'emmènerons à Washington, D.C., avec nous.
> *When she visits us in July, we will take her to Washington, D.C., with us.*

B. The future tense also states the result of a **si**-clause in the present tense.

> **Si** elle réussit à cet examen compétitif, elle **sera** professeur d'anglais et son emploi **sera** garanti.
> *If she passes this competitive exam, she will be an English professor and her employment will be guaranteed.*

> Elise **acceptera** un poste à Strasbourg **si** son mari y trouve du travail.
> *Elise will accept a job in Strasbourg if her husband finds work there.*

NOTE: The **si**-clause can be placed either at the beginning or the end of a sentence.

Le futur antérieur

A. The future perfect is formed with the future tense of the auxiliary **avoir** or **être** and the past participle of the main verb. Agreement rules, word order, and negative/interrogative patterns are the same as for the **passé composé**.

> **J'aurai passé** dix ans à étudier la médecine avant de devenir médecin.
> *I will have spent ten years studying medicine before becoming a doctor.*

étudier

j'**aurai étudié**	nous **aurons étudié**
tu **auras étudié**	vous **aurez étudié**
il/elle/on **aura étudié**	ils/elles **auront étudié**

arriver

je **serai arrivé(e)**	nous **serons arrivé(e)s**
tu **seras arrivé(e)**	vous **serez arrivé(e)(s)**
il **sera arrivé**	ils **seront arrivés**
elle **sera arrivée**	elles **seront arrivées**
on **sera arrivé(e)**	

se coucher

je me **serai couché(e)**	nous nous **serons couché(e)s**
tu te **seras couché(e)**	vous vous **serez couché(e)(s)**
il se **sera couché**	ils se **seront couchés**
elle se **sera couchée**	elles se **seront couchées**
on se **sera couché(e)**	

B. The future perfect is used to express an action that will have taken place *before* another action in the future. It expresses the English *will have* + past participle.

En l'an 2025, tout **aura changé.**
By the year 2025, everything will have changed.

As stated earlier, a future tense must be used after the conjunctions **quand, lorsque, aussitôt que, dès que,** and **après que** when expressing a future action. The future perfect is the tense needed if the future action or state will have taken place before another future action. The main verb will be in either the future or the imperative.

Dès qu'il **aura trouvé** un emploi, il achètera une voiture.
As soon as he has found (will have found) a job, he will buy a car.

Partons aussitôt qu'il **aura appelé.**
Let's leave as soon as he has called (will have called).

At times it is up to the speaker to decide whether to use the simple future or the future perfect after one of the above conjunctions. When both clauses use the simple future, it is implied that both actions take place at the *same* time.

Aussitôt qu'il **achètera** sa nouvelle voiture, il nous **emmènera** faire un tour.
As soon as he buys his new car, he will take us for a ride.

Aussitôt qu'il **aura acheté** sa nouvelle voiture, il nous emmènera faire un tour.
As soon as he has bought his new car, he will take us for a ride.

NOTE: After the conjunction **après que**, the future perfect is the most frequent choice.

Après que nous **serons revenus**, je te raconterai toutes nos aventures.
After we have returned, I will tell you about all our adventures.

Summary

	Si/conjunction clause	Main clause
si	present	present —only when spoken, never written future imperative —command
quand lorsque dès que aussitôt que	future	future imperative future perfect
	future perfect	future imperative
après que	future perfect	future imperative

◆ Note that verbs following **quand**, **lorsque**, **dès que**, and **aussitôt que** can occasionally be used in the present tense to convey the sense of habit: **Dès que mon bébé se réveille, je le change.** ∎

Quelle sorte de formation est-ce que l'agence ISERPA offre? Et Formatives évolutions? Et l'Université de Nantes?

ACTIVITÉS

A. Demain. Dites ce que nous aurons déjà fait demain. VERBES UTILES: manger, déjeuner, étudier, parler, sortir, dîner, se coucher, se lever, enseigner, boire

> MODÈLE: A six heures demain matin...
> *j'aurai déjà beaucoup dormi.*

1. A huit heures du matin, je...
2. A dix heures du matin, mes amis...
3. A midi, le professeur...
4. A cinq heures de l'après-midi, ma mère...
5. A sept heures demain soir, je...
6. A neuf heures demain soir, nous...
7. A minuit demain, les étudiants...

B. Le courrier du cœur. Ce jeune homme a un problème. Il écrit au courrier du cœur pour demander conseil. Choisissez les verbes qui conviennent et complétez sa lettre. Attention au temps des verbes! Ensuite, imaginez la réponse.

le 27 février

Chère Madame,

Je vous écris pour vous demander votre avis. Dans une semaine je _____ (me marier / me promener) avec une jeune fille que je connais depuis longtemps. Dès que nous _____ (commencer / passer) nos examens, nous _____ (aller / quitter) en Angleterre. Nous y _____ (passer / visiter) deux mois. Lorsque nous _____ (enseigner / perfectionner) notre anglais, nous _____ (partir / finir) pour les Etats-Unis. Nous espérons travailler comme interprètes dans la Silicon Valley. Vous voyez, ma fiancée et moi, nous sommes spécialistes en informatique. Nous _____ (gagner / savoir) beaucoup d'argent en travaillant aux Etats-Unis. Après que nous _____ (avoir / devenir) riches, nous _____ (aller / rentrer) au Japon où nous _____ (continuer / dépenser) à travailler. Ma mère dit que nous n'avons pas les pieds sur terre. A-t-elle raison?

Un jeune idéaliste

C. L'avenir. Avec un(e) camarade, complétez les phrases suivantes en imaginant votre avenir selon les circonstances données.

1. Dès que j'aurai mon diplôme, je...
2. Je me marierai quand...
3. J'aurai des enfants lorsque...
4. Quand je travaillerai, je...
5. Je changerai sans doute de travail quand...
6. Il faudra peut-être partir dans une autre ville si...
7. Si je ne trouve pas de travail, je...
8. Quand j'aurai gagné beaucoup d'argent, je...
9. Si je suis au chômage, je...
10. Je prendrai ma retraite quand...
11. En l'an 2050, je...

Interactions

A. Le week-end. Téléphonez à un(e) ami(e) et demandez-lui de prendre un week-end prolongé avec vous. Discutez d'où vous pourriez aller et de ce que vous pourriez faire à différents endroits. Puis, choisissez une destination et faites vos projets.

B. Une offre d'emploi. Vous êtes le directeur/la directrice d'un petit bureau et vous avez besoin d'employer un(e) secrétaire bilingue. Vous téléphonez à un conseiller/une conseillère de placement pour vous aider à trouver l'employé(e) idéal(e). Le conseiller/La conseillère vous demandera de décrire les tâches *(duties)* que le/la secrétaire devra accomplir. Vous expliquez que vous voulez que le/la secrétaire réponde au téléphone et qu'il/qu'elle fasse du traitement de texte. Dites que votre budget est serré *(tight)* et que le salaire paraît peut-être un peu bas, mais que vous offrez en contrepartie la sécurité de l'emploi et une bonne ambiance de travail *(a pleasant working atmosphere)*.

◆ Review the telephone expressions in *Appendice C*. ■

Préparation  DOSSIER PERSONNEL

In this chapter, you will practice writing a formal business letter.

1. First of all, choose what type of business letter you would like to write. Choose between the following options: a letter of recommendation or a job application letter. In either case, imagine that you are writing to a native French speaker you do not know well.
2. After you've chosen the type of letter you will write, make an outline of what you want to say. You can write the letter about yourself or anyone you know well.

   If you are writing a recommendation letter (**une lettre de recommandation**), describe why you or this person should be hired. Discuss formal training, experience, and personal characteristics.

   If you are writing a job application letter (**une lettre de demande d'emploi**), explain why you (or the person about whom you're writing) want(s) the job and why you are (or he/she is) fit for it. Try to explain without too much bragging. Describe formal training, experience, and personal characteristics.
3. Fill in your outline and write freely under each of the areas mentioned above. Brainstorm your ideas with a partner.

Phrases: Writing a letter (formal)
Vocabulary: Professions
Grammar: Future tense; future perfect

SYSTÈME-D

Comment faire une hypothèse, conseiller, suggérer et avertir

Conversation (SUITE)

Premières impressions

Soulignez:

● des expressions pour conseiller et suggérer quelque chose, pour faire une hypothèse et pour avertir

Trouvez:

● combien d'argent Alisa aura pour payer son logement
● où habite Thibault

Plus tard, Alisa retrouve Nathalie et d'autres amis devant le cinéma. Tandis qu'ils font la queue° pour acheter leur billet, ils se parlent.

faire la queue *to stand in line*

ALISA: Est-ce que je peux vous demander un petit conseil? Je dois déménager. A votre avis, est-ce que c'est possible de trouver un appartement à louer° pas trop cher?

louer *to rent*

NATHALIE: Pas vraiment! Je te signale qu'à Paris il est très difficile de trouver un appartement à louer, même au prix fort.°

au prix fort *at a high price*
un studio *efficiency apartment*

YVES: Si j'étais toi, je chercherais plutôt une chambre ou un petit studio.°

ALISA: Je pensais payer 350 euros par mois...

une chambre de bonne *room for rent (formerly maid's quarters)* /
sur le palier *on the landing* /
bruyant *noisy*

DELPHINE: Avec ça, tu pourrais tout juste avoir une chambre de bonne° avec eau froide et W.C. sur le palier,° dans un quartier bruyant° et moche.

ALISA: Non, moi, je pensais prendre un appartement avec d'autres étudiants.

NATHALIE: Peut-être avec des Américains, parce que les Français, eux, ils ne font pas tellement° cela.

tellement *so much*

ALISA: Mais pourquoi ne pas vivre entre étudiants? Ça ne vous intéresserait pas de diviser le loyer° d'un appartement à trois ou quatre? Où est-ce que tu habites, toi, Thibault, par exemple?

le loyer *rent*

THIBAULT: Moi, j'ai une chambre d'étudiant. Ce n'est pas le grand luxe, mais j'ai eu du mal à l'avoir! Je l'ai, je la garde!

ALISA: Et vous, Nathalie et Delphine, vous n'avez jamais vécu dans un appartement?

NATHALIE: Non, dans des chambres...

ALISA: C'est étonnant!

YVES: Mais même si on voulait se retrouver tous ensemble dans un appartement, financièrement, cela serait toujours très difficile à Paris.

ALISA: Oh... mais c'est très décourageant! Alors, qu'est-ce que vous me conseillez?

Co-locataire - roommate for an appartment not really friends

DELPHINE: J'ai une idée. Tu pourrais aller à l'église américaine. Là, ils ont beaucoup de petites annonces de toutes sortes... Je te conseille vraiment d'y aller...

YVES: Tu as pensé aussi à aller à la bibliothèque? Ils ont des articles, des petites annonces sur des panneaux d'affichage,° pour des logements...

DELPHINE: Tu ferais mieux peut-être d'habiter une chambre à la Cité-U.°

ALISA: Tiens! Ce sont de très bonnes idées. Il faudrait que je me renseigne. Merci!

A suivre

un panneau d'affichage *bulletin board*

la Cité-U *student residence hall(s)*

Observation et analyse

1. Quelle est la réaction des amis d'Alisa à son idée de louer un appartement à Paris?
2. Quelle sorte de logement est-ce qu'ils lui suggèrent?
3. Est-ce que les autres veulent habiter ensemble? Pourquoi ou pourquoi pas?
4. Où conseillent-ils à Alisa d'aller pour trouver des renseignements sur les logements disponibles?
5. Pourquoi, à votre avis, est-ce qu'Alisa a tant de difficultés à comprendre la situation du logement à Paris?

Réactions

1. Quelle sorte de logement est-ce que vous chercheriez si vous étiez dans la même situation qu'Alisa à Paris? Expliquez.
2. Connaissez-vous beaucoup d'Américains qui étudient en Europe? Voudriez-vous le faire un jour? Expliquez.

Expressions typiques pour...

Faire une hypothèse

Si tu pars, où iras-tu?/Si vous partez, où irez-vous?
(action vue comme possibilité réelle)
Si tu partais, où irais-tu?/Si vous partiez, où iriez-vous?
(action vue comme hypothèse—irréelle au moment où l'on parle)

Si je pars, j'irai à Chicago.

Si je partais, j'irais à Paris.

Conseiller

Tu devrais/Vous devriez manger à la Tour d'Argent.[2]
Je te/vous conseille/recommande de...
Il vaut mieux encaisser ce chèque *(cash this check)* tout de suite.
Tu ferais/Vous feriez mieux de louer un studio.
Si j'étais toi/vous, je chercherais une chambre.
Si j'étais à ta/votre place, je déposerais *(deposit)* mon chèque à la banque.
J'ai une très bonne idée/une idée sensationnelle...

◆ To advise against, use the negative form of the structures for advising. ■

[2] Un des restaurants les plus chers de Paris, avec vue sur Notre-Dame, l'île Saint-Louis et la Seine. En général, les étudiants n'y vont pas!

Suggérer

Je te/vous suggère de
Tu peux/Vous pouvez   } chercher une chambre.
Tu pourrais/Vous pourriez

Tu as pensé à/Vous avez pensé à } acheter en copropriété?
Pourquoi ne pas

Accepter une suggestion

Tiens! C'est une bonne idée.
D'accord.
Pourquoi pas?
C'est une excellente suggestion.

Refuser une suggestion

Non, ce n'est pas une bonne idée.
Non, je ne veux/peux pas.
Merci de ton/votre conseil, mais ce
   n'est pas possible en ce moment.
Ça me paraît difficile/impossible.

Avertir *(To warn)*

Je te/vous signale *(point out)*
Je te/vous préviens *(warn)*   } que ce n'est pas facile.

Attention
Fais/Faites attention   } aux voitures!
Fais gaffe *(familiar—Be careful, watch out)*

Mots et expressions utiles

Le logement

l'agent [m] immobilier *real estate
   agent*
l'appartement [m] *apartment*
la chambre de bonne *room for rent
   (formerly maid's quarters)*
la Cité-U(niversitaire)/résidence universitaire *student residence hall(s)*
une HLM (habitation à loyer modéré) *moderate income housing*
l'immeuble [m] *apartment building*
le logement en copropriété *condominium*
le studio *efficiency apartment*
les charges [f pl] *utilities (for heat
   and maintenance of an apartment
   or condominium)*
le/la locataire *tenant*
louer *to rent*
le loyer *rent*
le/la propriétaire *owner; householder*
acheter à crédit *to buy on credit*

Une habitation peut être...

grande, petite, vieille, ancienne,
neuve *(brand new)*, récente,
moderne, rénovée *(remodeled)*,
confortable, agréable, sale, propre
(clean), commode *(convenient)*,
pratique, facile à entretenir *(to
maintain)*, au prix fort *(at a high
price)*

Les avantages/inconvénients *(disadvantages)*

bien/mal conçu(e) *(designed)*,
situé(e), équipé(e), entretenu(e)
(maintained); beau/belle; moche;
laid(e); solide; tranquille; calme;
bruyant(e) *(noisy)*; isolé(e)

MISE EN PRATIQUE

Eh bien voilà, madame. J'ai enfin fini mes études universitaires et je viens de trouver un emploi bien payé. Il n'y a plus qu'une question à régler: où habiter? Ma mère me conseille de **louer un studio** ou une chambre pendant une année. Mais moi, j'en ai assez d'être **locataire**, je voudrais être **propriétaire**! Tout le monde **achète à crédit** de nos jours, alors pourquoi pas moi? Je pourrais acheter une **vieille maison située** dans un quartier **tranquille** ou un **logement en copropriété, moderne**, et **bien entretenu** par une association. Enfin, madame l'**agent immobilier**, me voilà! Qu'est-ce que vous avez à me proposer?

La banque

le carnet de chèques *checkbook*
la carte de crédit *credit card*
la carte électronique *automatic teller card*
le distributeur automatique de billets *automatic teller machine*
le compte chèques *checking account*
le livret d'épargne *savings account*
changer de l'argent *to change money*
déposer *to deposit*
encaisser un chèque *to cash a check*

ouvrir un compte *to open an account*
prendre son mal en patience *to wait patiently*
retirer de l'argent *to make a withdrawal*
emprunter *to borrow*
le prêt *loan*
prêter *to lend*
l'intérêt *interest*
le taux d'intérêt *interest rate*

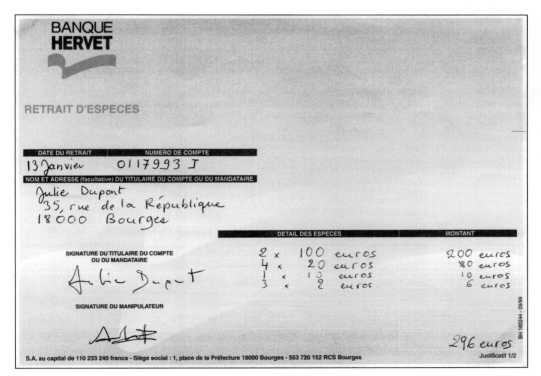

Combien d'argent est-ce que cette personne a retiré?

Décrivez ces logements. Lequel est-ce que vous préférez? Pourquoi?

—Tu as une minute? Il faut que je m'arrête à la banque pour **encaisser un chèque**, enfin si j'ai bien mon **carnet de chèques** avec moi. Sinon, je dois passer au **distributeur automatique de billets**.

—Je peux te **prêter** de l'argent.

—Ce **prêt** me serait fait à quel **taux d'intérêt**?

—Il vaut peut-être mieux que tu ailles à la banque. Ça te reviendra moins cher!

ACTIVITÉS

A. Entraînez-vous: Si j'étais à ta/votre place. En utilisant les *Expressions typiques pour...* , donnez des conseils et des suggestions dans les situations suivantes.

> MODÈLE: à un professeur qui veut préparer son prochain cours
> *J'ai une très bonne idée. Annulez le cours!*

1. à un(e) ami(e) qui veut aller au cinéma
2. à votre petit frère/petite sœur qui cherche un bon livre
3. à un(e) touriste qui cherche un bon restaurant dans votre ville
4. à un(e) ami(e) qui fume beaucoup
5. à un(e) ami(e) qui veut voyager à l'étranger
6. à un(e) inconnu(e) qui porte un chapeau dans la salle de cinéma

B. Que décider? Une amie américaine qui a hérité d'une maison en France vous demande de l'aider à écrire à un agent immobilier. Traduisez la lettre en français pour elle.

> Sir/Madam,
>
> I would be very obliged if you could give me (**Je vous serais très obligée de bien vouloir me donner**) some advice. I have become the owner of an old house in Lyon. It is solid but badly maintained. I am renting it to a young couple who complains (**se plaint**). They say that many things in the house do not work (**ne pas marcher**). I would be very grateful (**reconnaissante**) if you could give me some suggestions. Should I sell the house? Should I borrow money to remodel it? Should I destroy (**démolir**) it?
>
> I thank you in advance for your suggestions.
>
> Sincerely, (**Veuillez agréer, Monsieur/Madame, l'assurance de mes sentiments distingués.**)
>
> *Marcia Cohen*

Après avoir traduit la lettre, jouez le rôle de l'agent immobilier et répondez à cette lettre. Quels conseils et suggestions est-ce que vous donneriez à cette dame?

C. Questions indiscrètes. Interviewez un(e) ami(e) sur le logement et l'argent. Donnez un résumé de ses réponses à la classe.

1. Est-ce que tu habites une résidence universitaire? un appartement? une maison? un studio? une chambre? un logement en copropriété? Décris ton logement.
2. Est-ce que tes parents sont propriétaires ou locataires? Quels sont les avantages et inconvénients d'être propriétaire? d'être locataire?
3. Est-ce que tu as déjà emprunté de l'argent à la banque? Pour quoi faire? Est-ce que tu te souviens du taux d'intérêt?
4. Combien de comptes en banque est-ce que tu as? Est-ce que tu préfères un livret d'épargne ou un compte chèques? Pourquoi?

■ LA GRAMMAIRE À APPRENDRE

Les phrases conditionnelles

We often use the conditional to counsel, suggest, or warn someone about something. We present a possible or hypothetical fact or condition after the word *if* and follow it with the result. In French this is accomplished by using the *imperfect* in the **si** clause and the *conditional* in the result clause.

> Ecoute ta mère: si j'**étais** toi, je **déposerais** la moitié de ton chèque sur ton livret d'épargne.
> *Listen to your mother: if I were you, I would deposit half of your check in your savings account.*

◆ Formation of the conditional was reviewed in *Chapitre 1* and the imperfect in *Chapitre 4*. ■

In this chapter, we discuss two types of *if*/result clauses. A third type, which uses the past conditional, will be presented in *Chapitre 10*.

Si clause	Main clause
present	present future imperative
imperfect	conditional

> Si elle **va** à la Banque Hervet, elle **retirera** la somme de 296 euros de son compte chèques.
> *If she goes to the Banque Hervet, she will withdraw the sum of 296 euros from her checking account.*

> Si nous **voulions** de l'argent, nous **irions** à la Banque Populaire.
> *If we wanted some money, we would go to the Banque Populaire.*

NOTE:
- As mentioned earlier, the order of the two clauses is interchangeable.
- Neither the future nor the conditional is used in the **si** clause.

Liens culturels

L'ARGENT

En France, on dit que «L'argent ne fait pas le bonheur»; on dit aussi que «peine d'argent n'est pas mortelle». Une personne honnête doit se méfier de l'argent. Les Français se méfient surtout de l'argent vite fait. Il faut dire, cependant, que la France est fascinée par l'argent et qu'elle est fière de ses Rothschild et de ses Wendel. En fait, les salaires des gens riches sont souvent un sujet de conversation à la télévision. Les statistiques officielles montrent qu'il y a un accroissement des inégalités de revenues. Beaucoup de Français sont choqués par les salaires exorbitants de certaines personnalités des médias. L'utilisation de la carte bancaire devient de plus en plus populaire en France. Son usage, longtemps réservé aux retraits d'argent dans les billeteries, est maintenant étendu aux paiements. Les Français possèdent 37 millions de cartes bancaires, dont 16,8 millions de Cartes Bleues Visa.

Quelle est l'attitude des Américains envers l'argent? Est-elle en train de changer?

Adapté de l'*Express* (1er mars 1985, p. 29) et Gérard Mermet, *Francoscopie 2001* (Larousse, pp. 317–318; 363–364).

ACTIVITÉS

A. Quelle situation embarrassante! Imaginez que vous soyez dans les situations suivantes. Dites ce que vous feriez pour en sortir.

> MODÈLE: Vous êtes à la station-service où vous venez de faire le plein. Vous vous rendez compte que vous n'avez pas d'argent.
> *Si je me rendais compte que je n'avais pas d'argent, je demanderais un prêt au propriétaire.*

1. Vous êtes perdu(e) dans une ville que vous ne connaissez pas.
2. Vous tombez malade dans un pays dont vous ne pouvez pas parler la langue.
3. Vous faites du ski dans les Alpes et vous êtes pris(e) dans une tempête de neige.
4. Votre voiture tombe en panne *(breaks down)* au milieu de la nuit.
5. Vous travaillez dans une banque et il y a un hold-up.
6. Vous mangez au restaurant et vous apercevez votre acteur/actrice préféré(e).
7. Vous êtes à la terrasse d'un café et une mouche se noie *(a fly drowns)* dans votre verre de bière.

B. Questions indiscrètes. Posez les questions suivantes à un(e) ami(e). Donnez un résumé de ses réponses à la classe.

1. Qu'est-ce que tu ferais si tu avais un emploi horrible? si tu ne pouvais pas changer de travail pour des raisons financières? si tu avais un(e) patron(ne) que tu détestais?

2. Qu'est-ce que tu ferais si tu avais des quintuplé(e)s? Comment tu gagnerais de l'argent pour les élever?
3. Qu'est-ce que tu ferais si tu gagnais à la loterie? Où est-ce que tu irais? Qu'est-ce que tu achèterais? Est-ce que tu partagerais ce que tu as gagné avec tes amis?
4. Qu'est-ce que tu ferais si tu devais habiter pendant un an sur une île déserte? Si tu pouvais choisir, avec qui est-ce que tu aimerais passer ton séjour? Qu'est-ce que tu emporterais avec toi?

Interactions

A. Un prêt. Imaginez que vous voulez obtenir un prêt. Regardez le formulaire ci-dessous et discutez de vos idées avec le conseiller financier/la conseillère financière *(loan officer)* (votre partenaire). Expliquez ce que vous voulez faire avec ce prêt. Dites combien d'argent vous voulez emprunter et combien de temps vous prendrez pour repayer l'emprunt. Le/La conseiller/conseillère vous donnera des suggestions.

Réaliser vos projets immobiliers | **Demande d'informations sur le prêt immobilier évolutif**

Prêt Immobilier Évolutif.

Le prêt qui s'adapte à vos changements de situation.

SOCIÉTÉ GÉNÉRALE

CONJUGUONS NOS TALENTS.

❑ M. ❑ Mme ❑ Mlle

Nom : _____ Prénom : _____

Code guichet : _____

N° de compte : _____ Clé RIB : _____

Je suis intéressé(e) par le Prêt Immobilier Evolutif et souhaite obtenir, sans engagement de ma part, des renseignements complémentaires.

Je coche la case correspondant à mes besoins :

Résidence	Principale	Secondaire	Locative
· Travaux	❑	❑	❑
· Construction	❑	❑	❑
· Acquisition (neuf)	❑	❑	❑
(ancien)	❑	❑	❑

Je souhaite emprunter : _____ €.

Je ne désire pas rembourser plus de _____ € par mois.

La durée de mon prêt ne doit pas excéder _____ ans.
(maximum 20 ans).

Pour vous permettre d'établir une simulation, je complète les renseignements ci-après :

· Situation de famille :
❑ Marié ❑ Concubin ❑ Divorcé ❑ Célibataire

· Situation du logement :
❑ Propriétaire ❑ Locataire ❑ Autre (préciser)

	MOI-MÊME	CONJOINT
Date de naissance		
Nombre d'enfants		
Profession		
Ancienneté chez l'employeur		
Revenus mensuels		
Allocations familiales		
Autres revenus		
Loyer		
Remboursement prêts en cours		
Autres charges		

Fait à _____ le _____
Signature :

« Loi informatique et libertés (article 27 et 31) et secret professionnel :
Les informations nominatives ci-dessus sont obligatoires. Elles sont destinées à la Société Générale qui, de convention expresse, est autorisée à les conserver en mémoire informatique ainsi qu'à les communiquer aux sociétés de son groupe, à des tiers pour des besoins de gestion, ou à des sous-traitants. Vos droits d'accès et de rectification peuvent être exercés auprès du service ayant recueilli ces informations ».

B. Que faire? Vous êtes un(e) Français(e) de dix-neuf ans en première année d'université. Vous avez eu des résultats décevants à vos examens de fin d'année. Vous pensez quitter l'université et aller aux Etats-Unis comme jeune fille/jeune homme au pair. Vous pensez que ce serait une bonne occasion de pratiquer votre anglais, mais vous n'avez pas les économies nécessaires pour payer votre billet et votre séjour. Vous savez que vos parents seront attristés par votre décision. Vous êtes le/la cadet(te) et vos frères et sœurs ont déjà quitté la maison. Demandez à deux amis de vous conseiller.

Premier brouillon DOSSIER PERSONNEL

1. After you have filled in your outline from Lesson 1, organize your letter in paragraphs according to each topic.
2. Work on the format of the letter. In France, you write your name and address on the top, left-hand side. On the right side, write the name and address of the person to whom the letter is addressed. The place and date are placed on the right-hand side two lines below.
3. There are set formalities to use when beginning and ending a letter in France. You begin a letter to someone you do not know with **Monsieur** or **Madame**. At the end, add **Veuillez croire, Monsieur (Madame), à l'expression de mes sentiments distingués.**

GARDE(S) D'ENFANTS aux Etats-Unis. Recherche deux personnes de langue maternelle française pour s'occuper de 4 enfants. Une pour s'occuper de deux petites filles (14 mois et 3 ans), et l'autre pour enseigner le français à deux filles francophones (6 et 8 ans), d'une famille chrétienne de 8 enfants habitant les Etats-Unis (Indiana). Position permanente (avec certains week-ends). Une année minimum est requise. Non-fumeur. Devra résider en dehors de la famille. Famille peut faciliter les démarches. Salaire $15-20/hr selon expérience. Envoyez ou faxez votre CV et/ou expériences. Téléphone/Fax: (317) 715-8299. Email: kyleb@inter-intelli.com

Comment faire des concessions

Conversation (CONCLUSION)

Premières impressions

Soulignez:

● les expressions qu'on utilise pour faire une concession

Trouvez:

● quel type de renseignements Alisa veut obtenir de ses amis

Un mois plus tard Alisa et ses amis français se trouvent dans un café près du campus.

ALISA: Tiens! Regardez le poster que j'ai acheté pour mettre au-dessus de mon lit! C'est tout petit, mais j'adore ma chambre de bonne! Je pensais vous demander encore autre chose... Je ne sais pas quoi faire pour l'assurance-maladie.°

NATHALIE: Je sais que pour les Français, quand tu t'inscris à l'université, tu paies des droits de Sécurité sociale.[3]

ALISA: Et moi, est-ce que j'y ai droit en tant qu'étudiante étrangère?

DELPHINE: Je ne sais pas vraiment, mais renseigne-toi auprès du CROUS.[4]

ALISA: Et est-ce que la cotisation° de la Sécurité sociale est élevée?

NATHALIE: Je ne sais pas au juste, mais ce n'est pas très cher.

ALISA: Aux Etats-Unis, c'est vraiment très cher de s'assurer puisque les assurances sont privées. Il n'y a pas de système d'état comme ici. Alors, beaucoup de gens ne sont pas assurés. Ils n'ont pas les moyens de payer les primes.°

NATHALIE: C'est embêtant si on n'est pas assuré et qu'on a un problème médical... qu'est-ce qu'on fait?

ALISA: Et bien, on peut refuser de te soigner à l'hôpital, mais les gens ne vont quand même pas te refuser les soins élémentaires.

YVES: Enfin, c'est quand même incroyable que malgré toutes les richesses des Etats-Unis, tout le monde n'ait pas accès à une assurance-maladie minimale.

ALISA: Oui, mais tu sais, les Etats-Unis, c'est tout de même un pays qui a extrêmement peur de tout ce qui est socialiste...

NATHALIE: Oui, mais riche ou pauvre, sans emploi ou P.-D.G.,° on est tous égaux devant la maladie...

ALISA: Oui, c'est curieux. Je n'avais pas pensé à cela...

l'assurance-maladie (f) *health insurance*

la cotisation *contribution*

une prime *premium*

P.-D.G. (Président-directeur général) *CEO*

---

[3] La Sécurité sociale est un système d'assurance-maladie administré par le gouvernement. Tous les Français et les résidents qui travaillent paient une cotisation d'environ 7 pour cent de leur salaire mensuel.

[4] CROUS—Centre régional des œuvres universitaires et scolaires. C'est une organisation d'étudiants qui aide pour le logement, l'assurance-maladie, etc.

Observation et analyse

1. Quelle sorte de logement est-ce qu'Alisa a enfin trouvé?
2. A quel organisme est-ce qu'Alisa va s'adresser pour trouver les réponses à ses questions d'assurance-maladie?
3. Pourquoi est-ce qu'Yves et Nathalie sont surpris par le système d'assurance-maladie aux Etats-Unis?
4. Quelle raison est-ce qu'Alisa donne pour l'absence d'assurance-maladie nationale aux Etats-Unis?
5. Quelle est l'opinion d'Alisa sur le socialisme français d'après cette conversation?

Réactions

Pensez-vous que les Etats-Unis adoptent bientôt un système national d'assurance-maladie? Expliquez. Croyez-vous que ce serait une bonne chose?

Expressions typiques pour...

Faire une concession

A première vue, je ne suis pas d'accord avec toi/vous, mais tu connais/vous connaissez mieux la situation que moi.
Bien, tu m'as convaincu(e)/vous m'avez convaincu(e).
Je suis convaincu(e).
A bien réfléchir, je crois que tu as raison/vous avez raison...
Je dois mal me souvenir/me tromper.
En fin de compte *(Taking everything into account)*, je crois que tu as raison.
Si c'est ce que tu penses/vous pensez...
Je n'avais pas pensé à cela.
bien que/quoique (+ subjonctif) *(although)*
> **Bien qu'**elle ait été prudente dans ses investissements, elle a perdu de l'argent à la Bourse *(stock market)*.
quand même *(nonetheless, even so)*, **tout de même** *(in any case)*, **néanmoins** *(nevertheless)*, **pourtant** *(however)*, **cependant** *(however)*, **mais** *(but)*
> Elle a bien étudié ses investissements; elle a **pourtant** beaucoup perdu.
malgré *(in spite of)*, **en dépit de** *(in spite of)*, **avec** *(with)*
> **Malgré** ses connaissances, elle a perdu beaucoup d'argent à la Bourse.

Mots et expressions utiles

L'économie [f] *(Economy)*

l'assurance-maladie [f] *health insurance*
être assuré(e) *to be insured*
la cotisation *contribution*
une mutuelle *mutual benefit insurance company*

la prime *premium; free gift, bonus; subsidy*
souscrire *to contribute, subscribe to*
les bénéfices [m pl] *profits*
le budget *budget*

la consommation *consumption*
le développement *development*
une entreprise *business*
exporter *to export*
importer *to import*
les impôts [m pl] *taxes*
le marché *market*

aller de mal en pis *to go from bad to worse*

le progrès *progress*
s'améliorer *to improve*

un abri *shelter*
un restaurant du cœur *soup kitchen*
un(e) sans-abri *homeless person*

Divers

en fin de compte *taking everything into account*

MISE EN PRATIQUE

Depuis six mois, l'**économie** va de **mal en pis**. Les **entreprises** ne font pas de **bénéfices** et licencient *(lay off)* des employés. Nous **exportons** moins que nous n'**importons**. Les **impôts** augmentent, les **sans-abri** font la queue devant les **restaurants du cœur**. Personne ne sait quand l'**économie** va s'**améliorer**, mais tout le monde attend la fin de cette récession.

Les conditions de travail

le chef (de bureau, d'atelier, d'équipe) *leader (manager) of office, workshop, team*
le directeur/la directrice *manager (company, business)*
l'employeur [m] *employer*
le/la gérant(e) *manager (restaurant, hotel, shop)*
le personnel *personnel*

la maison *firm, company*
l'usine [f] *factory*

compétent(e)/qualifié(e) *qualified, competent*
motivé(e) *motivated*

une augmentation de salaire *pay raise*
le bureau *office*
le congé *holiday, vacation*
l'horaire [m] *schedule*
les soins [m] médicaux *medical care and treatment*

MISE EN PRATIQUE

Je viens de trouver un emploi dans une petite entreprise familiale dans le centre-ville. J'aurai un **horaire** flexible, mon propre **bureau** et cinq semaines de **congé**. De plus, mon **employeur** m'a promis une **augmentation de salaire** tous les six mois, si je prouve que je suis **compétent**. Ce n'est pas mal, hein? Il y a de quoi être **motivé**, non?

A. Entraînez-vous: Concessions. En petits groupes, utilisez les expressions pour exprimer une concession aux points de vue suivants.

> MODÈLE: Les jeux d'argent *(gambling)* font de l'Etat un spéculateur. *Pourtant, dans certains états, le budget de l'éducation reçoit une bonne partie des bénéfices de ces jeux.*

1. La liberté individuelle est la chose la plus importante de notre vie.
2. Il est dangereux de développer l'énergie nucléaire.
3. Le chômage est (en grande partie) dû à un excès d'importations.
4. Les femmes qui travaillent à plein temps prennent la place des hommes qui veulent travailler.
5. Les congés payés aux Etats-Unis ne sont pas assez longs.
6. Les chefs d'entreprise sont trop bien payés.
7. Les ouvriers doivent recevoir une partie des bénéfices de leur entreprise.

B. Le travail. Traduisez en français pour un journal québécois cette petite annonce.

American company looking for qualified people. We need motivated workers to work in our factory in Montreal. We are also in need of managers, team leaders, and secretaries. We are only interested in people who are hard workers. We offer good hours, excellent salary, and five weeks of vacation. To apply, send résumés to Mr. Blanche.

C. Complétez. Chacune des phrases ci-dessous exprime une idée de concession. Complétez ces phrases en imaginant une situation pour chaque contexte.

1. Nous allons faire de notre mieux en dépit de... (on a annoncé des licenciements *(layoffs)* / la suppression de la prime de rendement [*productivity*])
2. Bien que je... (je suis arrivé(e) à l'heure à un rendez-vous important / j'ai oublié l'anniversaire de mon mari/ma femme)
3. Malgré nos sourires... (à la plage / dans une entrevue)
4. Nous sommes rentrés déçus; cependant... (le film était / les vacances étaient)

■ LA GRAMMAIRE À APPRENDRE

Le subjonctif après les conjonctions

Certain subordinate conjunctions require the subjunctive mood rather than the indicative because of their meaning. Notice that the subjunctive is used in the clause where the conjunction is located, not in the clause that follows or precedes it.

A. Les conjonctions de concession

Certain conjunctions indicate a concession on the part of the speaker toward what is either reality or something that could be so and is therefore hypothetical.

bien que/quoique   *although*

Bien que ce **soit** un métier mal payé, il veut être mécanicien.
Although it is not a well-paying trade, he wants to be a mechanic.

B. Les conjonctions de restriction

Other conjunctions express a restriction, real or possible.

à moins que (+ ne)   *unless*
sans que   *without*

Il va tout acheter au Printemps à **moins que** les prix **ne soient** trop
élevés.
*He is going to buy everything at Le Printemps unless the prices are too
high.*

C. Les conjonctions de condition

These conjunctions introduce a condition that is not a reality.

pourvu que   *provided that*
à condition que   *on the condition that*

Il continuera à travailler dans son atelier **pourvu qu'**il **ait** assez de
clients.
*He will continue to work in his workshop provided that he has enough
customers.*

D. Les conjonctions de but

Some conjunctions express a goal or purpose. This is similar to the idea
of volition. Therefore, the subjunctive mood is required.

pour que/afin que   *in order that, so that*
de peur que (+ ne)/de crainte que (+ ne)   *for fear that*

Il a tout fait **pour que** ses prix **baissent**.
He did everything so that his prices would be lower.

E. Les conjonctions de temps

These conjunctions are concerned with actions that take place at some
time after the action of the main clause and may depend on the other
action taking place.

avant que (+ ne)   *before*
jusqu'à ce que   *until*
en attendant que   *waiting for*

Avant qu'il **n'aille** à la banque, il doit vérifier qu'il y a de l'argent sur
son compte.
*Before he goes to the bank, he must verify that there is some money in
his account.*

◆ The **ne explétif** should be
used with **à moins que**. You will
remember that it has no meaning
but is used in formal speech. It is
also used with **de peur que**, **de
crainte que** (see section D), and
avant que (see section E). ■

F. The following conjunctions can sometimes be replaced by a corresponding preposition followed by an infinitive. This is done when the subject of the subordinate clause (introduced by a conjunction requiring the subjunctive) is the same as the subject of the main clause. The most common prepositional counterparts are:

Conjonction (+ subjonctif)	Préposition (+ infinitif)
à moins que (+ ne)	à moins de
sans que	sans
à condition que	à condition de
afin que	afin de
pour que	pour
de peur que (+ ne)	de peur de
de crainte que (+ ne)	de crainte de
avant que (+ ne)	avant de
en attendant que	en attendant de

Il est rentré chez lui **sans** avoir fermé son atelier à clé. Il y est retourné **de crainte de** tout se faire voler *(to be robbed)*. Il a sorti sa clé **afin de** verrouiller *(lock)* la porte. **Avant de** le faire, il a jeté un coup d'œil dans l'atelier pour examiner ses outils *(tools)*. Il s'est rendu compte que quelqu'un avait déjà tout volé!

In sentences with **bien que, quoique, pourvu que,** and **jusqu'à ce que,** the clause in the subjunctive cannot be replaced by an infinitive construction even when the subject of the main clause and dependent clause is the same. There is no corresponding prepositional construction.

Elle continuera à lire cet article **bien qu'**elle ne **soit** pas convaincue.
She will continue to read that article although she is not convinced.

Quoiqu'elle **apprécie** la Société Générale, elle a choisi le Crédit Agricole.
Although she likes the Société Générale, she chose the Crédit Agricole.

ACTIVITÉS

A. Les goûts culturels des jeunes. Avec un(e) partenaire, complétez ce paragraphe en choisissant la conjonction ou la préposition appropriée.

_____ (Bien que / Pourvu que / De peur que) les étudiants s'intéressent à la politique et à l'économie, ils adorent surtout le cinéma. Leur mémoire est courte, cependant. _____ (De peur de / Jusqu'à / Quoique) se tromper dans le titre ou le nom du metteur en scène, 82 pour cent ont cité un film qui les avait marqués dans les trois derniers mois. Comme metteur en scène, ils admirent Louis Malle. Le même sondage révèle que les étudiants français aiment aussi la musique _____ (avant que / afin de / à condition que) ce soit du rock. Ils aiment également lire et parler de leurs lectures _____ (de peur que / à moins de / pourvu que) il s'agisse d'écrivains comme Faulkner, Dostoïevsky, Boris Vian, Jean-Paul Sartre et Steinbeck. _____ (Pour ne pas / A moins de / En attendant de) trop généraliser les résultats de ce sondage, le lecteur doit savoir que cette enquête a été effectuée auprès de 382 étudiants.

Professeur: Isabelle forme des êtres humains

306 000 personnes

Le métier attire et recrute. La passion pour une discipline ne suffit pas pour devenir professeur. Il faut aimer les enfants, être pédagogue, avoir de l'autorité. Un métier que l'on choisit en connaissance de cause.

Isabelle, professeur de lettres : «Un cours, c'est un dialogue. J'essaie d'apporter la curiosité.»

B. La Sécurité sociale. Nathalie continue à expliquer le système de Sécurité sociale à Alisa. Remplissez les blancs avec la forme appropriée du verbe entre parenthèses en utilisant le subjonctif, si c'est nécessaire.

A moins que nous n'_____ (oublier) de remplir notre feuille, la Sécurité sociale paiera la majorité des frais médicaux. Par exemple, lorsqu'on _____ (avoir) une opération à l'hôpital ou en clinique, la Sécurité sociale rembourse presque tous les frais. Puisque tu _____ (être) américaine, il faut que tu te renseignes au CROUS parce que je ne _____ (savoir) pas si les étrangers _____ (pouvoir) s'inscrire. Afin que/Afin de _____ (savoir) si tu y _____ (avoir) droit ou non, demande-leur un rendez-vous. Il vaut mieux que tu y _____ (aller) en personne. On ne sait jamais avec les renseignements par téléphone.

Vous pensez être professeur un jour? Quels sont, d'après vous, les avantages et les inconvénients?

C. Conditions de travail. Complétez les phrases suivantes. Mettez la phrase à la forme négative si vous n'êtes pas d'accord!

1. Moi, je réussirai dans mon travail à condition que...
2. Je paierai les assurances-maladies de crainte de...
3. Je pense que les assurances-maladies sont nécessaires afin que...
4. Les syndicats *(unions)* sont importants à moins que...
5. Je m'inscrirai au syndicat quoique...
6. Je travaillerai jusqu'à...
7. Je prendrai ma retraite avant de...

Liens culturels

SAVOIR-VIVRE AU TRAVAIL

Si vous réussissez à trouver un poste dans un pays francophone, ne sous-estimez pas l'importance du savoir-vivre. Avec vos collègues, soyez toujours courtois(e); collaborez avec eux ou elles et aidez-les quand vous le pouvez. N'étalez pas vos problèmes personnels et ne passez pas trop de temps à bavarder.

Le protocole demande qu'un subordonné dise bonjour et au revoir à son supérieur mais, en général, il «ne lui tendra pas la main le premier» (d'Amécourt, p. 60). C'est le supérieur qui doit «nuancer les rapports» de courtoisie (d'Amécourt, p. 61). Vous allez, bien sûr, serrer la main de vos collègues pour dire bonjour le matin en arrivant au travail et pour leur dire au revoir à la fin de la journée. En général, il faut rendre le travail plus agréable par votre personnalité et par votre attitude, mais vous devez rester discret (d'Amécourt, p. 61).

Les habitudes de travail en France sont un peu différentes des vôtres. Ainsi, l'espace et l'heure sont abordés sous un autre angle. Souvent, dans les bureaux des sociétés françaises, les portes sont fermées. Mais chacun peut frapper et entrer rapidement, sans attendre la réponse. La porte crée une sorte de limites ou de distance. Les gens ne vont pas regarder et toucher vos affaires sans vous demander la permission.

En ce qui concerne l'heure, les Français sont souvent dix minutes en retard à une réunion de bureau; ce n'est pas considéré comme impoli. Il leur arrive parfois aussi d'annuler ou de changer l'heure d'une réunion à la dernière minute, et ne soyez pas surpris(e) s'il y a plusieurs interruptions pendant la réunion. C'est normal. Les Français ont une idée différente du temps. Ils voient le temps d'une manière polychronique, ce qui veut dire que plusieurs choses peuvent se passer en même temps et que les gens peuvent arriver à n'importe quel moment. Le temps est plutôt élastique. Ce qui compte pour eux c'est les gens ou les personnes avec qui ils travaillent. Fixer l'heure d'une réunion est tout simplement pour avoir une idée générale de quand on va se retrouver.

Comparez les coutumes professionnelles de la France avec celles de votre pays.

Adapté de: d'Amécourt, *Savoir-Vivre Aujourd'hui* (Paris: Bordas, 1983, pp. 59–61); Polly Platt, *French or Foe* (Skokie, IL: Culture Crossings, Ltd., 1995, pp. 41–42, 44–51).

Interactions

A. Les livres perdus. Vous avez emprunté deux livres à votre camarade de chambre il y a plusieurs mois et il/elle est fâché(e) que vous ne les lui ayez pas rendus. Avouez que vous auriez dû les rendre et donnez une excuse pour expliquer pourquoi vous ne l'avez pas fait. Expliquez que maintenant vous les avez perdus. Résolvez la situation.

B. Jouez le rôle. Votre partenaire et vous allez jouer des rôles différents. Pour chaque rôle, imaginez une concession à faire à votre partenaire. Utilisez des conjonctions autant que possible.

1. votre mari/femme/meilleur(e) ami(e): son anniversaire
2. votre enfant: l'heure de son coucher
3. votre mère/père âgé(e): son logement
4. votre chef: votre congé
5. votre secrétaire: son augmentation de salaire
6. votre médecin: votre santé
7. votre professeur: la qualité de votre composition

Deuxième brouillon DOSSIER PERSONNEL

1. Write a second draft of the letter that you worked on in Lessons 1 and 2, focusing particularly on the way you begin and end the letter. You may want to begin the job application letter with any of the following expressions:

   Je vous prie de *(Please . . .)*
   Je vous serais obligé(e) de *(I would be obliged to . . .)*
   Permettez-moi de me présenter...
   Je désire poser ma candidature à un poste de...

   A letter of recommendation might begin with any of the following phrases:

   Puis-je me permettre de vous recommander...
   J'ai l'honneur de vous recommander...

2. To make the transitions smoother, you might want to add some phrases such as the following to the job application letter:

   Vous trouverez, dans mon curriculum vitae ci-joint, le résumé de ma formation académique et de mon expérience personnelle...
   J'aimerais attirer votre attention sur...
   En vous remerciant à l'avance de votre considération,...

   In the letter of recommendation, use the following phrases:

   Elle/Il est (diplômes ou qualifications) et...
   Je vous serais reconnaissant(e) de ce que vous pourriez faire pour lui/elle...
   En vous remerciant dès maintenant,...
   Avec mes remerciements anticipés,...

Phrases: Writing a letter (formal); expressing an opinion
Vocabulary: Professions
Grammar: Subjunctive

SYNTHÈSE

 ## Activités vidéo

Avant la vidéo

◆ Turn to **Appendice B** for a complete list of active chapter vocabulary. ■

1. A quelle profession est-ce que vous vous préparez? Qu'est-ce que vous ferez pour obtenir un poste? Qu'est-ce que vous ferez si vos efforts sont vains?
2. Est-ce que les mots «la Sécurité sociale» ont le même sens en français et en anglais, ou est-ce que ce sont «de faux amis»? Expliquez.
3. Lisez la liste des bénéfices sociaux auxquels les Français ont droit: le revenu minimum d'insertion *(welfare),* la Sécurité sociale, les allocations familiales, les allocations de maternité, les congés payés, le congé maternité et les crèches municipales, la formation professionnelle, la retraite. Avec vos camarades de classe, faites une liste des allocations auxquelles les Américains ont droit. Donnez autant de détails que possible.

Après la vidéo

1. Pourquoi est-ce que Carine est allée en Guadeloupe? Quel poste est-ce qu'elle cherche? Quels problèmes est-ce qu'elle a eus?
2. En groupes, citez avec autant de précision que possible les bénéfices sociaux auxquels les Français ont droit et comparez-les aux bénéfices américains.
3. Serait-il possible d'importer le système français aux Etats-Unis? Justifiez votre réponse.

Activités orales

A. Un message. Vous êtes un(e) secrétaire bilingue qui travaille pour une maison américaine en France. Expliquez ce message téléphonique en français à votre patron(ne):

◆ Review the telephone expressions in **Appendice C**. ■

Mr. Rafael returned your call. He says that it is difficult to know whether you should sell your house. It's well situated but poorly maintained. He left the name of Sophie Lambert, whom he said you should call. She is a real estate agent who is very friendly and will help you. If you follow her advice, you should make some money. He alluded to (**faire allusion à**) several other investment possibilities that he will discuss with you later.

B. L'avenir. Avec un(e) partenaire, créez une histoire qui va illustrer le proverbe «Qui vivra verra». On utilise souvent cette expression quand on discute de l'avenir. Racontez un conte de fées ou une histoire à propos de vous ou de quelqu'un d'autre. Votre histoire devra se terminer avec le proverbe.

Activité écrite

Les offres d'emploi. Vous avez découpé les offres d'emploi publiées dans *Le Soleil,* un journal québécois (page ci-contre). Faites une liste des avantages et des inconvénients de chaque emploi. Ensuite, écrivez une lettre à votre tante et à votre oncle qui habitent hors de Montréal. Décrivez l'emploi qui vous intéresse le plus et expliquez pourquoi. Demandez leur conseil pour obtenir cet emploi. Demandez si vous pouvez dormir chez eux un jour ou deux si vous obtenez une entrevue.

OFFRES D'EMPLOI
(Tous les postes annoncés sont ouverts également aux femmes et aux hommes).

ASSISTANTE-DENTAIRE avec expérience, temps plein, remplacement de congé de maternité, secteur Neufchâtel, besoin immédiat, 842-1166 demander Lise

PUBLICITE
500 $/ SEMAINE

Compagnie de publicité internationale recherche 22 jeunes personnes ambitieuses capable de travailler sans supervision pour aider à l'ouverture de nos 5 nouvelles succursales à Montréal. Possibilité d'avancement rapide, expérience non nécessaire. Pour entrevue appelez entre 8h et 14h demandez Denise au

933-8399

Popular MONTRÉAL

DIRECTEUR COMMERCIAL
Concessionnaire d'automobiles VW/AUDI recherche un directeur commercial (F et I) possédant une attitude positive et aimant relever des défis.

EXIGENCES:
— Être bilingue
— Avoir de l'expérience dans la vente
— Être capable de travailler en équipe
— Être non fumeur
Nous offrons un salaire de base intéressant, un programme de commissions ainsi que de nombreux avantages sociaux.

Si ce poste vous intéresse, veuillez communiquer **avec** le directeur des ventes au **274-5471**
1638456-R 319

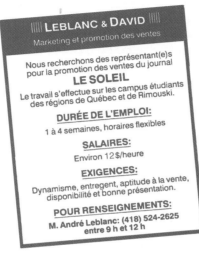

|||| **LEBLANC & DAVID** ||||
Marketing et promotion des ventes

Nous recherchons des représentant(e)s pour la promotion des ventes du journal
LE SOLEIL
Le travail s'effectue sur les campus étudiants des régions de Québec et de Rimouski.

DURÉE DE L'EMPLOI:
1 à 4 semaines, horaires flexibles

SALAIRES:
Environ 12$/heure

EXIGENCES:
Dynamisme, entregent, aptitude à la vente, disponibilité et bonne présentation.

POUR RENSEIGNEMENTS:
M. André Leblanc: (418) 524-2625 entre 9 h et 12 h

BOUTIQUE DANIELLE MORALI PLACE STE-FOY
Demande assistante-gérante avec expérience dans la vente de vêtements, solides références, excellente présentation. Inf. 656-9141

FORMATION EN
TÉLÉ-MARKETING
(Équipement informatisé)

Conditions de travail:
— Temps partiel 20 heures matin
— Possibilité de travail à domicile
— Taux horaire moyen : 10$

Près métro Laurier.

BIENVENUE AUX RETRAITÉ(E)S ET ÉTUDIANT(E)S

AGENCE SOLTEL
Informations:
529-9809
1616511-R 319

$ $ $ $ $ $ $ $ $ $
40 000$ et + assuré
Dû à son expansion, la plus grande compagnie Québecoise dans son domaine recherche 5 représentants(es) pour desservir le comté de Portneuf, salaire 500$ semaine et plus aux candidats(es) choisis(es). Clients fournis et confirmés par le bureau. Possibilité d'avancement. Demander Jean-Marie 1-285-1980 ou se présenter au 116 Notre-Dame, Donnacona, entre 8 et 17h.

Révision finale 📁 DOSSIER PERSONNEL

1. Reread your composition and focus on the unity of the letter.
2. Bring your draft to class and ask two classmates to peer edit your composition, using the symbols on page 407. They should pay particular attention to whether the letter is convincing and whether it makes a good case.
3. Examine your letter one last time. Check for correct spelling, grammar, and punctuation. Pay special attention to your use of the future tense, the sequence of tenses with **si**, and the subjunctive after conjunctions.
4. Prepare your final version using paper of good quality. The appearance of the letter will be important for making a good impression. Make sure that there are no mistakes and crossed-out corrections. The typeface of the printer should be clear and easy to read. Leave sufficient margins on the sides for legibility as well.

Phrases: Writing a letter (formal); writing an essay; hypothesizing
Vocabulary: Professions; describing people
Grammar: Future tense; future perfect; sequence of tenses with **si**; conditional; subjunctive SYSTÈME-D

http://bravo.heinle.com

INTERMÈDE culturel

I. L'UNIFICATION DE L'EUROPE

Avant la lecture

- Quelle était la situation politique, économique et sociale en Europe à la fin de la Seconde Guerre mondiale?
- Qu'est-ce que vous savez sur l'Union européenne?
- Quels seraient les avantages pour un pays de faire partie d'une union d'autres pays? Quels seraient les inconvénients?
- L'euro est le résultat du traité de Maastricht de 1992. Pourquoi est-ce qu'il est important que les Européens acceptent favorablement l'euro?

L'UNIFICATION DE L'EUROPE

charbon *coal*

lancèrent ont mis en mouvement

penché *leaned*

sensibles *sensitive*

L'unification de l'Europe est un rêve ancien. Il fallut attendre le milieu du 20e siècle et le carnage de deux guerres mondiales pour que ce rêve commence à devenir réalité. Ce sont les Français qui lancèrent° l'unification de l'Europe après la Seconde Guerre mondiale. Depuis cette époque, tout le processus d'unification du continent s'est fait autour de l'axe France-Allemagne.

Dès le départ, les partisans de l'unification de l'Europe ont eu du mal à s'accorder entre eux. Les uns voulaient que l'unification se fasse par une coopération croissante entre les pays, chaque nation restant libre de ses décisions (la France et la Grande-Bretagne ont longtemps penché° vers cette solution). Les autres voulaient que l'unification se fasse par une intégration des pays d'Europe en un seul bloc (l'Allemagne a été plutôt favorable à cette voie). En raison de ce conflit fondamental, la construction de l'Europe s'est faite à mi-chemin entre ces deux positions, mêlant la coopération et l'intégration.

La première étape de la construction de l'Europe unie a été la Communauté européenne du charbon° et de l'acier (CECA), créée en 1951. Les six pays groupés dans la CECA (France, Allemagne, Italie, Belgique, Luxembourg, Pays-Bas) ont créé en 1957 la Communauté économique européenne (CEE ou Marché commun) qui mettait en marche l'unification économique de ces pays. On a supprimé les frontières commerciales, unifié le système des taxes sur les marchandises, les normes de fabrication des produits, la législation économique, etc.

La construction de l'Europe unie a été très difficile. On avait commencé par ce qui était facile (l'unification douanière) et plus on avançait, plus l'unification était difficile à accomplir car elle touchait des domaines sensibles° sur le plan de la souveraineté politique et sur le plan social (les normes de sécurité d'un pays pouvaient par exemple bloquer les produits venant d'un autre pays-membre). Dans les années 1970, la crise économique, la montée du chômage et de l'inflation ont poussé chaque pays à se protéger en se repliant sur° ses propres intérêts.

Finalement, à force d'efforts et de compromis, les choses ont avancé. En 1973, la Grande-Bretagne, le Danemark et l'Irlande entrèrent dans la CEE; en 1981, ce fut la Grèce, puis en 1986, l'Espagne et le Portugal. L'Autriche, la Suède et la Finlande ont été admises quelques années plus tard. A partir de 1985, des progrès considérables vers l'unification ont été réalisés. Il y a eu trois étapes majeures:

1. L'Acte unique européen de 1986 (appliqué en 1992). Cet accord élimine tous les obstacles (fiscaux, techniques, légaux, commerciaux) à la libre-concurrence° à l'intérieur de la CEE. L'Acte unique a également introduit le vote à la majorité (au lieu de l'unanimité) pour les décisions importantes dans la CEE. Le vote de chaque pays a un poids différent en fonction de sa population.

2. La convention de Schengen (1990). Cet accord, signé par 9 états-membres seulement (dont la France), élimine les contrôles d'immigration et de police aux frontières entre les pays qui l'ont signé: on ne s'arrête plus pour passer d'un pays à l'autre.

3. Le traité de Maastricht (1992). Cet accord transforme la CEE en Union européenne (UE) et prépare l'union politique et monétaire de l'Europe. Toutes les monnaies des pays de l'UE ont disparu pour être remplacées, en 2002, par l'euro, la monnaie unique européenne. Le traité de Maastricht a renforcé les pouvoirs du Parlement européen et créé une citoyenneté européenne (distincte de la nationalité). Les citoyens de l'UE peuvent voter et se faire élire dans les élections locales: un citoyen allemand qui habite en France peut devenir maire d'une ville française! Aujourd'hui il y a 15 pays dans l'Union européenne: l'Allemagne, l'Autriche, la Belgique, le Danemark, l'Espagne, la Finlande, la France, la Grèce, l'Irlande, l'Italie, le Luxembourg, les Pays-Bas, le Portugal, le Royaume-Uni, et la Suède.

D'après Wylie/Brière, *Les Français* (Prentice Hall 2001, pp. 228–232)

se repliant sur *withdrawing to*

libre-concurrence *free enterprise*

Après la lecture

Compréhension

1. Quel pays a été la plus grande force pour l'unification de l'Europe après la Seconde Guerre mondiale?
2. Quelles étaient les deux grandes positions sur l'unification de l'Europe? Les partisans de quel groupe ont gagné?
3. Pourquoi est-ce que l'unification de l'Europe n'a pas été facile?
4. Expliquez l'importance des trois étapes: 1) L'Acte unique européen de 1986; 2) La convention de Schengen de 1990; 3) Le traité de Maastricht de 1992.

Expansion

1. En utilisant les ressources de la bibliothèque et de l'Internet, écrivez un reportage sur le traité de Maastricht et son importance pour les Français et tous les Européens.
2. Faites une comparaison entre l'Union européenne et les Etats-Unis. Considérez, par exemple, la structure gouvernementale, monétaire, politique, militaire et économique.

Reconnaissez-vous le château Frontenac et le fleuve Saint-Laurent de Québec?

II. *L'ALOUETTE EN COLÈRE* DE FÉLIX LECLERC

Avant la lecture

Sujets à discuter

1. Connaissez-vous la chanson d'enfants «Alouette, gentille alouette, alouette, je te plumerai»? De quoi s'agit-il?
2. Comment est-ce qu'on peut décrire le ton de cette chanson? Amusant? Sérieux? Frivole? Intellectuel? Tragique? Expliquez.
3. Est-ce que vous avez déjà visité le Québec? Qu'est-ce que vous savez sur sa situation politique?

Stratégies de lecture

A. Technique poétique: la répétition. Dans la chanson de Félix Leclerc, on voit la technique poétique de la répétition. Combien de fois trouvez-vous les mots «J'ai un fils»? Quels autres mots y sont répétés? Quel est l'effet de ces répétitions?

B. Vocabulaire thématique: Parcourez la chanson et vous allez trouver les mots suivants:

écrasé   dépouillé   chômeur   humilié   abattre   prison

D'après le titre de cette chanson de Leclerc et les questions ci-dessus, essayez de deviner ce qu'a voulu dire le poète et précisez-en le thème.

Alouette, gentille alouette est une des chansons traditionnelles les plus célèbres de France et du Québec. Le chanteur québécois Félix Leclerc l'a transformée en un chant de révolte où il s'exprime pour l'indépendance du Québec.

L'ALOUETTE° EN COLÈRE

alouette *lark*

J'ai un fils enragé
Il ne croit ni à dieu ni à diable ni à roi
J'ai un fils écrasé°
Par les temples à finances où il ne peut entrer
5   Et par ceux des paroles dont il ne peut sortir
J'ai un fils dépouillé°
Comme le fut son père porteur d'eau
Sur le bois locataire
Et chômeur dans son propre pays
10   Il ne lui reste plus que sa belle vue sur le fleuve
Et sa langue maternelle qu'on ne reconnaît pas
J'ai un fils révolté
Un fils humilié
Un fils qui demain sera un assassin
15   Alors moi j'ai crié à l'aide au secours quelqu'un
Le gros voisin d'en face est accouru° armé
Grossier°, étranger
Pour abattre° mon fils et lui casser les reins°
Et le dos et la tête et le bec et les ailes°
20   Alouette.
Mon fils est en prison
Et je sens en moi, dans le tréfonds° de moi
Malgré moi, malgré moi
Entre la chair° et l'os°
25   S'installer la colère.

écrasé *crushed*

dépouillé *stripped, shorn; here, deprived, stripped of everything*

est accouru *rushed up*
grossier *coarse, rude*
abattre *to knock down* / lui casser les reins *to punch his kidneys* / les ailes *wings*

le tréfonds *the inmost depths*

la chair *flesh* / l'os *bone*

Félix Leclerc, *l'Alouette en colère*, copyright © Editions Canthus

Après la lecture

Compréhension

A. Observation et analyse. Répondez aux questions suivantes.

1. Qu'est-ce que c'est que «les temples à finances»? Pourquoi est-ce que le fils ne peut pas y entrer?
2. D'après votre connaissance du Québec, quel est le fleuve qui fait la richesse du Québec?
3. Est-ce que vous pouvez expliquer le vers «sa langue maternelle qu'on ne reconnaît pas» et le fait que le fils est «chômeur dans son propre pays»?
4. Pourquoi est-ce qu'on a mis le fils en prison?
5. Quels sont les sentiments du père à la fin de la chanson?

B. Réactions/Techniques poétiques

1. Donnez votre réaction: En plus des Québécois, quels autres groupes opprimés ont été enragés, écrasés, dépouillés par leur situation politique?
2. Technique poétique: Le récit d'une transformation: Pourquoi est-ce que le père utilise le mot «alouette» pour décrire le fils en prison?
3. Technique poétique: Le renouvellement d'un cliché: Pourquoi, selon vous, est-ce que Leclerc a choisi «Alouette, gentille alouette» comme base de cette œuvre?

Interactions

A. Imaginez ce qui arrive au fils et au père après que le fils est mis en prison.

B. Faites des recherches sur l'Internet et à la bibliothèque sur la vie de Félix Leclerc et d'autres chanteurs/chanteuses québécois(es) politiques, et faites un reportage pour la classe.

La vie n'est jamais facile

THÈME: Les tribulations de la vie quotidienne

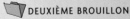
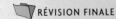

The information presented here is intended to refresh your memory of various grammatical topics that you have probably encountered before. Review the material and then test your knowledge by completing the accompanying exercises in the workbook.

Avant la première leçon

L'expression négative de base: *ne... pas*

The negative expression **ne... pas** is positioned in the following ways:

Simple tense:	Je **ne** vois **pas** souvent Pierre.
with pronouns:	Je **ne** le connais **pas** très bien.
Compound tense:	Nous **n'**avons **pas** vu Pierre depuis longtemps.
with pronouns:	Même Christine **ne** l'a **pas** vu.
Inversion:	**N'**habite-t-il **pas** toujours avenue des Gaulois?
Infinitive:	Il est important de **ne pas** perdre contact avec ses amis.
Imperative:	**N'**oublie **pas** de lui téléphoner!
with pronouns:	**Ne** l'oublie **pas**!

NOTE:

- While pronouns in affirmative commands *follow* the verb, in negative commands they *precede* the verb.

- The indefinite and partitive articles change to **de (d')** after **ne... pas**:

    —Pierre habite avec un camarade de chambre, n'est-ce pas?
    —Non, il **n'**a **pas de** camarade de chambre; il habite seul...

    but the definite article does not change:

    ... et nous **n'**avons **pas l'**adresse de son nouvel appartement.

- **Si** is used instead of **oui** for an affirmative answer to a negative question:

    —Tu **ne** vas **pas** essayer de la trouver?
    —**Si**, je vais essayer de la trouver!

Avant la troisième leçon

Les pronoms relatifs: *qui* et *que*

In order to provide more detailed explanations and descriptions, two clauses are often combined into a single sentence. Relative pronouns are used to relate the second clause to a noun or pronoun already mentioned in the first clause. For example:

My sister is coming to visit.
My sister lives in Chicago. → My sister, *who* lives in Chicago, is coming to visit.

Contradictions. Répondez aux questions suivantes en utilisant **ne... pas**.

Modèle: Vous travaillez beaucoup?

Non, je ne travaille pas beaucoup.

1. Vous serez toujours étudiant(e)?
2. Vous voulez être célèbre?
3. Vous cherchez du travail?
4. Vous avez cherché du travail récemment?
5. Vous avez vu un film intéressant le week-end passé?
6. Vous voulez revoir un de vos anciens professeurs un jour?
7. Vous vous marierez un jour?
8. Vous achèterez une maison un jour?

À RÉVISER

Qui is used when the relative pronoun functions as the *subject* of the relative clause; **que** (**qu'** before a vowel or mute **h**) is used when the relative pronoun acts as the *object*:

                 (subj.)   *(verb)*

J'ai besoin de quelqu'un **qui** puisse m'aider avec cette lecture.
*I need someone **who** can help me with this reading.*

               (obj.) *(subj.)*   *(verb)*

Voilà le passage **que** je ne comprends pas.
*Here is the passage **that** I don't understand.*

NOTE:

- The antecedents of **qui** and **que** can be either persons or things.

- Elision is never made with **qui**:

  Où est l'assistante **que** j'ai vue il y a juste quelques minutes? Elle m'a parlé d'un dictionnaire **qui** est facile à utiliser.

  Where is the assistant whom (that) I saw just a few minutes ago? She told me about a dictionary that is easy to use.

- Relative pronouns are not always expressed in English, but must be used in French:

  La femme **que** tu as prise en photo est là-bas.

  The woman (whom) you photographed is over there.

Au travail. Utilisez **qui** ou **que** pour lier les phrases suivantes.

Modèle: Je travaille avec des amis.
Ils sont très intelligents.
Je travaille avec des amis qui sont très intelligents.

1. Le directeur est un homme travailleur. Il arrive très tôt le matin.
2. Il a eu beaucoup d'aventures. Il aime raconter ses aventures.
3. Il nous donne beaucoup de responsabilités. Nous apprécions beaucoup ces responsabilités.
4. Il donne des conseils aux jeunes employés. Ils demandent son avis.
5. Les jeunes employés demandent souvent une augmentation de salaire. Le directeur ne donne pas d'augmentation de salaire.

LEÇON 1

Comment se plaindre et s'excuser

Conversation

Premières impressions

Soulignez:
- les expressions que M. Arnaud utilise pour se plaindre *(to complain)*
- les expressions que l'employée utilise pour s'excuser

Trouvez:
- ce que M. Arnaud ramène au pressing *(dry cleaner's)* et pourquoi il le ramène
- pourquoi il va téléphoner à l'électricien

faire les courses *to do errands*

C'est mercredi matin. M. Arnaud, qui est en train de faire les courses,° se trouve au pressing.

L'EMPLOYÉE: Bonjour, monsieur.

M. ARNAUD: Bonjour, madame. Excusez-moi, mais je vous ramène ce pantalon. Je suis venu le chercher lundi mais il y a des taches° qui ne sont pas parties.

une tache *a spot*

L'EMPLOYÉE: Ah bon?

M. ARNAUD: Oui, je vais vous les montrer, là, sur les deux jambes. Vous voyez? Le nettoyage à sec° n'a pas été bien fait. Enfin, je compte sur vous maintenant que vous avez vu ce qu'il en est. Je regrette de vous rapporter du travail mais...

le nettoyage à sec *dry cleaning*

L'EMPLOYÉE: Et bien, écoutez... euh... je ne comprends pas, enfin... euh... Vous êtes sûr que ces taches ne viennent pas d'être faites?

M. ARNAUD: Ah, tout à fait, tout à fait! J'ai porté le pantalon au bureau hier et j'ai vu les taches avant le déjeuner. J'étais gêné. C'était vraiment embarrassant...

L'EMPLOYÉE: Je suis vraiment désolée, enfin c'est... euh... notre maison a une très bonne réputation. Ecoutez, ne vous inquiétez pas.° Je vais m'en occuper. Nous allons nettoyer° le pantalon et rectifier l'erreur. Revenez vendredi matin,... il sera prêt et... impeccable!

ne vous inquiétez pas *don't worry*
nettoyer *to clean*

M. ARNAUD: Et bien écoutez, je vous remercie, je repasserai donc vendredi.

L'EMPLOYÉE: C'est ça. Vous pouvez compter sur moi. Au revoir, monsieur, et à vendredi.

le frigo *(familiar) fridge, refrigerator* / **être en panne** *to break down*

M. Arnaud retourne à son bureau. Sa femme téléphone et lui demande de contacter l'électricien parce que le frigo° qu'on vient de faire réparer est encore en panne.°

A suivre

Observation et analyse

1. Pourquoi est-ce que M. Arnaud se plaint?
2. Décrivez la réaction de l'employée à la plainte de M. Arnaud.
3. Quand est-ce que M. Arnaud retournera au pressing?
4. Pourquoi est-ce que M. Arnaud va se plaindre auprès de l'électricien?
5. D'après la conversation, décrivez les personnalités de M. Arnaud et de l'employée du pressing.

Réactions

1. Qui fait les courses chez vous? Vous aimez les faire? Expliquez.
2. Est-ce que vous avez déjà eu des problèmes comme ceux de M. Arnaud? Lesquels? Expliquez ce que vous avez fait.

Expressions typiques pour...

Se plaindre auprès de quelqu'un

Excusez-moi, mais je pense que...
Pardon, monsieur/madame, mais je crois qu'il y a une erreur...
Je regrette de vous déranger, mais j'ai un petit problème...
Je voudrais que vous (+ verbe au subjonctif)...
Pardon, monsieur/madame. J'aurais une réclamation *(complaint)* à faire.

Accueil favorable; solution possible
Je vais m'en occuper *(take care of it)* tout de suite.
Voilà ce que je vous propose.
Je pourrais vous proposer un échange.
Nous allons le/la faire réparer tout de suite.

Répondre à une plainte

Je suis désolé(e) *(sorry)*, mademoiselle.
Je regrette, monsieur/madame.
Je suis navré(e) *(sorry)*, monsieur/madame.
(plus formel)

Regrets; pas de solution
Mais nous n'en avons plus.
Je ne peux rien faire.
Il n'y a rien que je puisse faire pour vous dépanner *(repair a break-down)*.

Si vous n'êtes pas satisfait(e) de la réponse
C'est inadmissible! C'est scandaleux!
Comment voulez-vous que j'accepte ça?
Pourrais-je voir... (le chef de rayon/de service *[departmental/service supervisor]*)?
Vous allez avoir de mes nouvelles. *(You're going to hear from me.)*

On vous a déjà mal servi(e) au restaurant? C'était où? Qu'est-ce que vous avez fait?

S'excuser *(c'est vous qui vous excusez)*

Excusez-moi. Je suis désolé(e).
Je ne l'ai pas fait exprès *(on purpose)*.
Je ne savais pas quoi faire.
Je ne le ferai plus, je te/vous l'assure.
Je m'excuse encore, monsieur/madame/mademoiselle.

Excuser et rassurer *(répondre à une excuse)*

Ne t'inquiète pas./Ne vous inquiétez pas.
Ne t'en fais pas./Ne vous en faites pas.
Ça ne fait rien. *(It doesn't matter./Never mind.)*
Je ne t'en/vous en veux pas. *(I'm not holding a grudge against you.)*
Ce n'est pas vraiment de ta/votre faute.
Ce n'est pas bien grave *(serious)*.

Mots et expressions utiles

Les tribulations de la vie quotidienne

au secours! *help!*
un cas d'urgence *emergency*
   en cas d'urgence *in case of emergency*
une panne *breakdown*
   tomber en panne *to have a (car) breakdown*
annuler *to cancel*
une commission *errand*
débordé(e) de travail *swamped with work*
faire exprès *to do on purpose*
en vouloir à quelqu'un *to hold a grudge against someone*
être navré(e) *to be sorry*
n'en plus pouvoir (je n'en peux plus) *to be at the end of one's rope; to have had it (I've had it)*
ça ne fait rien *it doesn't matter; never mind*

Le monologue intérieur de M. Arnaud:

Décidément, ma journée va de mal en pis: des taches sur mon pantalon, le magnétoscope que je viens d'acheter et qui ne marche pas; au bureau, le stress: je suis **débordé de travail... Je n'en peux plus...** J'ai besoin de vacances.

Les problèmes de voiture

la batterie *car battery*
démarrer *to get moving (car), to start*
dépanner *to repair a breakdown*
un embouteillage *traffic jam*
l'essence [f] *gasoline*

être en panne d'essence *to be out of gas*
être/tomber en panne *to break down*
les heures [f pl] **de pointe** *rush hours*
la station-service *gas station*

Et maintenant, la voiture de ma femme qui ne **démarre** pas! Il faut que j'appelle une voiture de dépannage *(tow truck)* pour la faire remorquer *(to tow)* à la **station-service**. Je ne peux pas la **dépanner** moi-même! Ce n'est pas la **batterie**, et il y a de l'**essence**!

Les pannes à la maison

le congélateur *freezer*
l'électricien(ne) *electrician*
le frigo *(familiar) fridge, refrigerator*

marcher *to run; work (machine)*
l'outil [m] *tool*
le plombier *plumber*

Monsieur Paul, l'**électricien**, prend 75€ de l'heure plus le déplacement *(travel expenses)*. Ça va faire une grosse somme. Je devrais peut-être acheter mes propres **outils**, mais je ne suis ni **électricien** ni **plombier**.

Les achats en magasin

le chef de rayon/de service *departmental/service supervisor*
demander un remboursement *to ask for a reimbursement*
faire une réclamation *to make a complaint*
les frais [m pl] *costs, charges*
le grand magasin *department store*

gratuit(e) *free, at no cost*
le nettoyage à sec *dry cleaning*
le pressing/la teinturerie *dry cleaner's*
la quincaillerie *hardware store*
une tache *stain*
un trou *hole*
vendu(e) en solde *sold at a reduced price, on sale*

Je ne sais pas d'où viennent ces **taches** sur mon pantalon. Elles n'y étaient pas avant le **pressing**, j'en suis certain. Heureusement que le magasin est correct et qu'il me refait un **nettoyage gratuit**. Si les taches ne partent pas, je vais **demander un remboursement**.

Liens culturels

L'ESPRIT CRITIQUE DES FRANÇAIS

Les Français ne se plaignent ni de la même façon ni avec la même fréquence que les Américains. Pourquoi? Tout d'abord, les Américains et les Français ne conçoivent pas l'éducation des enfants de la même manière (rappelez-vous les *Liens culturels* du *Chapitre 3*, à la page 110). Cet écart entre les deux conceptions est à la base de nombreux stéréotypes et malentendus culturels. L'éducation à la française tend à développer un esprit critique et apprend à l'enfant à se défendre et à résister tandis que l'éducation à l'américaine lui apprend plutôt à ne pas attaquer ou critiquer les autres.

Cette différence fait que les rapports d'amitié ne se développent pas non plus de la même façon dans les deux cultures. En général, il est plus difficile d'établir des rapports d'amitié avec les Français qu'avec les Américains, mais il est plus difficile d'approfondir des liens d'amitié avec les Américains. Les Américains qui visitent la France ou qui y vivent se plaignent souvent de l'apparente froideur des gens dans les grandes villes comme Paris, Lyon, Marseille,

et de l'accueil peu amical dans les magasins ou dans les bureaux de gare, de banques ou de postes. En revanche les Français, étonnés par la gentillesse des Américains, les trouvent un peu superficiels. Les Français des grandes villes sourient moins souvent aux étrangers et sont moins enclins que les Américains à se parler entre eux s'ils ne se connaissent pas. Quand les Français se plaignent ou critiquent quelque chose, la vivacité de leur langage peut surprendre et froisser les Américains. Ceux-ci *(The latter)* ont plutôt l'habitude de cacher leurs sentiments derrière un sourire et des formules de politesse. Il semble ainsi que les rapports d'amitié entre les Américains soient plus fragiles que les rapports français qui supportent d'être mis à l'épreuve. Les Français acceptent plus facilement que les Américains de perdre une partie de leur liberté pour rendre service à un ami. Pour les Français, une véritable amitié doit être durable et capable de surmonter des

moments de mésentente et même des opinions et des avis très différents. Ce qui trouble souvent les Américains, c'est que les amis français n'ont pas peur de se critiquer. Or, même si le ton monte ou si la discussion tourne à la dispute d'idées (politiques, souvent), les mots de reproche sont pris, non comme une mise en cause de la personne, mais comme une preuve d'amitié. Autrement dit, les amis en question peuvent discuter sérieusement, être en désaccord, et rester de vrais amis.

Quels sont, à votre avis, les avantages et les inconvénients de ces deux attitudes?

Adapté de *Les Français*, Laurence Wylie et Jean-François Brière (Englewood Cliffs, NJ: Prentice Hall, 2001, pp. 102, 107–109).

A. Entraînez-vous: Les plaintes. Plaignez-vous auprès de la personne indiquée (votre partenaire) en commençant chaque réclamation par des *Expressions typiques pour...* Votre partenaire doit répondre de façon appropriée.

MODÈLE: à la réceptionniste de l'hôtel: il n'y a pas d'eau dans votre salle de bains

—*Excusez-moi, mademoiselle, mais je pense qu'il n'y a pas d'eau dans ma salle de bains.*
—*Je suis désolée, monsieur/madame. Je vais m'en occuper tout de suite.*

1. à l'épicier: les champignons en boîte que vous avez achetés ce matin sont gâtés *(spoiled)*
2. à la vendeuse: il manque un bouton au pullover que vous avez acheté il y a trois jours
3. à votre ami: il a oublié de vous retrouver ce matin à l'arrêt du bus
4. à l'agent de police: la petite fête des voisins d'à côté est trop bruyante
5. à votre camarade de classe: elle n'a pas le droit de fumer dans la salle de classe

B. Sur le vocabulaire. Où allez-vous ou qui appelez-vous quand vous avez les problèmes suivants? Utilisez les *Mots et expressions utiles.*

1. Vous avez un pneu crevé.
2. Vous avez sali *(soiled)* une robe délicate en soie.
3. La réception des émissions sur le câble est mauvaise.
4. Vous voulez installer un ordinateur, mais vous n'êtes pas sûr(e) que les prises de courant *(outlets)* soient bonnes.
5. Votre lave-vaisselle ne marche pas, mais vous pensez que vous pouvez le réparer vous-même.
6. Vous n'en pouvez plus! Il est impossible de réparer le lave-vaisselle sans outils professionnels!

Selon les problèmes décrits dans l'exercice B, de quels services proposés par HGS est-ce que vous avez besoin?

HOME GENERAL SERVICES
01.42.26.62.61
7 JOURS SUR 7 — DES ARTISANS SPECIALISES PRES DE CHEZ VOUS — 24 HEURES SUR 24

- ELECTRICITE
- PLOMBERIE
- SERRURERIE
- VITRERIE
- TELEVISION
- CHAUFFAGE
- BLINDAGE
- ELECTROMENAGER

H.G.S. La qualité avant tout

15, rue d'Estrées 75007 PARIS
91, rue des Moines 75017 PARIS

blindage *reinforcing doors with a sheet of steel and adding top and bottom dead bolts*

C. Toujours des excuses... Jouez les rôles. Pour chaque situation, une personne doit s'excuser en utilisant la raison donnée et l'autre doit répondre avec bienveillance *(kindly)*.

Personne qui s'excuse	A qui	Raison
1. un enfant	sa mère	avoir cassé un vase
2. un professeur	sa classe	ne pas avoir corrigé les examens
3. une fille	sa sœur	avoir abîmé *(ruined)* sa robe
4. un(e) ami(e)	son ami(e)	avoir perdu le disque compact emprunté
5. un(e) employé(e) de bureau	son/sa patron(ne)	avoir oublié de poster une lettre importante

Etes-vous stressé(e)? Qu'est-ce que vous faites pour vous détendre? Est-ce que vous riez ou racontez des blagues *(jokes)* pour déstresser vos amis? Le stress est devenu «un fléau» *(plague)* en France à la fin du XXe siècle. Et aux Etats-Unis?

Le rire à prendre au sérieux

Que vous soyez stressé, anxieux, malade... riez ! Le rire, même à haute dose, est sain. Il prend soin de notre moral, mais pas seulement. Il déclenche aussi une foule d'effets bénéfiques sur notre organisme, il stimule les fonctions vitales, cœur, poumons, circulation sanguine, respiration et système immunitaire... De quoi être en forme à bon prix.

Même si vous êtes "rirophobe" ou n'êtes pas, *a priori*, très doué pour faire rire, cela s'apprend. C'est ce que vous enseigne ce guide pratique, écrit par un professionnel de l'humour, psychothérapeute et *coach* d'entreprises. Entraînez-vous sérieusement pour la rentrée.

"Rire pour vivre. Les bienfaits de l'humour sur notre santé et notre quotidien". Bernard Raquin. Éd. Dangles. Coll. Grand Angle/Psycho-épanouissement.

■ LA GRAMMAIRE À APPRENDRE

La négation

Negative expressions can be useful when you want to complain or apologize, or respond to someone else's complaint or apology. You have already reviewed the basic **ne... pas** pattern in *La grammaire à réviser*. Below are additional negative expressions. The ones starred (*) are positioned in the same way as **ne... pas** and follow the same rules regarding the dropping or retaining of articles.

ne... aucun(e)	*no, not any, not a single* (stronger than **ne... pas**)
*ne... guère	*hardly, scarcely*
*ne... jamais	*never*
ne... ni... ni	*neither . . . nor*
ne... nulle part	*nowhere*
*ne... pas du tout	*not at all*
*ne... pas encore	*not yet*
*ne... pas non plus	*not either*
ne... personne	*no one, not anyone, nobody*
*ne... plus	*no longer, not any longer, no more*
*ne... point	*not* (regional or literary French)
ne... que	*only*
ne... rien	*nothing*

A. The negative pronouns **personne**, **rien**, and **aucun(e)** can be used as subjects, objects of the verb, or objects of a preposition. When used as subjects, they are placed in the normal subject position, although **ne** still precedes the verb. With these expressions, **pas** is never used.

Le week-end passé, **personne ne** m'a téléphoné.
Last weekend, no one phoned me.

Rien ne s'est passé.
Nothing happened.

Mes amis fidèles? **Aucun ne** m'a rendu visite.
My faithful friends? No one visited me.

B. Aucun(e) frequently acts as an adjective and thus is placed before the noun it modifies. It may modify a subject or an object, and no articles are needed.

Je **n**'ai eu **aucun** visiteur.	**Aucune** lettre **n**'est arrivée par la poste.
I had no visitors.	*Not one letter came in the mail.*

C. Used as the object of a verb in compound tenses, **personne** and **aucun(e)** follow the past participle, rather than the auxiliary verb. The negative adverb **nulle part** is also placed after the past participle.

Je n'ai vu **personne**.	Je **ne** suis allé **nulle part**.
I saw no one.	*I went nowhere. (I did not go anywhere.)*

D. With **ne... ni... ni**, the partitive and indefinite articles are dropped altogether. As with most negative expressions, however, the definite article is retained.

Je n'ai vu **ni** amis **ni** étrangers.
I saw neither friends nor strangers. (I didn't see any friends or strangers.)

Je n'ai parlé **ni** avec le facteur **ni** avec la concierge.
I didn't speak with the mail carrier or the concierge.

E. Ne... que, which is synonymous with **seulement**, is a restrictive expression rather than a true negative. Thus all articles are retained after it. **Que** is placed directly before the word group it modifies.

Je n'avais **que** le chat pour me tenir compagnie... Et il **n**'a fait **que** dormir.
I had only the cat to keep me company . . . And all he did was sleep.

F. In sentences with multiple negative expressions, **ne** is used just once, and the second part of each negative expression is placed in its normal position.

Personne n'a jamais frappé à la porte.
No one ever knocked at my door.

Quand mon appartement a été propre, je **n**'avais **plus rien** à faire.
When my apartment was clean, I had nothing more to do.

G. Rien and **personne** can be further qualified by combining them with **de** plus a masculine singular adjective.

Il **n**'y avait **rien de spécial** à la télé.
There was nothing special on television.

Personne d'intéressant n'a participé à mon émission préférée du soir.
Nobody interesting participated in my favorite evening show.

Indefinite pronouns **quelque chose** and **quelqu'un** can be modified the same way:

quelque chose d'amusant = *something fun*
quelqu'un d'intelligent = *someone smart*

◆ As with **ne... pas**, the indefinite article and the partitive article become **de (d')** when they follow negative expressions (exception: **ni... ni**). Definite articles do not change. For example: Je **ne** reçois **jamais de** lettres! Il faut dire, cependant, que je **n**'ai **pas le** temps d'écrire à mes amis. ■

H. Negative expressions such as **jamais**, **personne**, **rien**, and **pas du tout** can be used alone in answer to a question.

> Qui est venu me parler? **Personne!**
> *Who came to talk to me? Nobody!*
>
> Qu'est-ce qui s'est passé? **Rien!**
> *What happened? Nothing!*
>
> Est-ce que j'ai aimé mon week-end en solitaire? **Pas du tout!**
> *Did I like my solitary weekend? Not at all!*

A C T I V I T É S

A. Au contraire. M. Arnaud continue à passer une très mauvaise journée. Les phrases suivantes indiquent ce qu'il aurait préféré qu'on lui dise. Corrigez les phrases pour dire le contraire et établir la vérité.

> MODÈLE: Ces trois taches? Je sais très bien comment elles se sont faites.
> *Ces trois taches? Je ne sais pas du tout comment elles se sont faites.*

1. Nous avons beaucoup de magnétoscopes dans le modèle que vous voulez.
2. Nous faisons toujours des remboursements.
3. Il y a quelqu'un qui pourra vous aider aujourd'hui. Le chef de rayon arrivera bientôt.
4. Tout ce que vous avez commandé dans notre catalogue est arrivé.
5. Votre frigo marche normalement.
6. M. Arnaud, vous avez de la chance aujourd'hui.

B. Embouteillages. Les phrases ci-dessous sont adaptées d'un article sur les embouteillages dans les grandes villes françaises. Changez les phrases en ajoutant l'expression négative entre parenthèses. Faites tout autre changement nécessaire.

1. Bien que la circulation ait augmenté de 5 pour cent en trois ans, circuler en voiture au centre de Paris est devenu vraiment impossible. (ne... que)
2. Comme la circulation était complètement bloquée par un accident grave, un chauffeur de taxi s'est garé pour aller au cinéma. Quand il en est sorti, tout avait bougé. (Rien ne...)
3. Les parkings aux portes *(on the outskirts)* de Paris, à l'intention des banlieusards *(suburb dwellers)*, font gagner du temps. (ne... guère)
4. Les infrastructures routières sont adaptées à l'augmentation de la circulation. (ne... plus)
5. Il y a sûrement un remède miracle qui puisse satisfaire tout le monde. (ne... pas)

—*Il ne sait pas encore que j'ai considérablement réduit son rôle.*

Expliquez l'emploi de la négation dans ce dessin humoristique.

C. Plaignons-nous! Complétez chaque phrase en vous plaignant des difficultés de la vie quotidienne. Comparez vos réponses à celles de vos camarades de classe.

1. Personne ne...
2. Je ne... pas encore...
3. Je ne... plus... parce que...
4. Rien ne m'agace plus que...
5. Je ne... guère... parce que...
6. Mon professeur de... n'aime ni... ni...

D. Une lettre de plainte. Vous travaillez en France dans une station-service. Votre patron a reçu une lettre que vous devez traduire en français.

> December 26
>
> Dear Mr. Gaspiron,
>
> My family and I want to make a complaint. On December 23 our car broke down near your service station in Valence. We paid an enormous sum, and you repaired our breakdown. The problem is that our car no longer works. We haven't gone anywhere or done anything for three days. (We only arrived in Lyon and then the car broke down.) No one can help us here. They say that they have never seen such a (**une telle**) car. We are asking you for a refund and the money necessary to pay for our stay (**notre séjour**) in this hotel in Lyon.
>
> We will call you in two days to find out your response.
>
> Sincerely,
>
> Richard Grey

E. Une journée horrible. Racontez une journée où vous n'avez pas eu de chance. Utilisez les exemples «du week-end passé» dans l'explication de la négation qui commence à la page 292.

Interactions

A. Je n'en peux plus! Jouez le rôle d'un couple marié ou de deux camarades qui se disputent à cause du ménage qui n'est pas fait. Utilisez, par exemple, les phrases suivantes: «Mais c'est moi qui fais toujours la lessive *(laundry)*. Tu ne la fais jamais!» En utilisant les expressions que vous avez apprises, plaignez-vous. Expliquez que vous ne ferez plus certaines choses à la maison. Expliquez ce que vous voulez que votre partenaire fasse. Votre partenaire s'excuse de temps en temps et se plaint aussi. Essayez de résoudre la situation ensemble.

B. C'est inadmissible! Vous arrivez dans un joli petit hôtel où vous avez logé auparavant. Vous découvrez cependant que cette fois-ci, on n'a pas votre réservation. Insistez pour qu'on vous donne une chambre. Plaignez-vous d'abord (assez poliment) auprès du réceptionniste et puis expliquez votre demande au directeur de l'hôtel. Les deux personnes s'excusent gentiment mais elles ne peuvent pas vous donner de chambre. Vous perdez patience et vous vous fâchez. Dites que vous ne viendrez plus dans cet hôtel et que vous ne le recommanderez plus ni à vos amis ni à vos collègues.

Préparation 🗀 DOSSIER PERSONNEL

You practiced writing a personal narrative in *Chapitre 4* in which you told or narrated something that happened to you or someone you know. In this chapter you will write another type of narrative called creative fiction, which will require additional creativity and imagination.

1. First of all, choose between writing a story of the fantastic, such as a fairy tale or science fiction, or a story based on reality but with a focus on suspense.
2. Next, determine your point of view. If you want your narrator to participate in the story, choose the first-person point of view (**je, nous**). A first-person narrator does not have to be the writer, but can be any character you choose. The reader will be drawn into the story, feeling what the character feels. If you only want the narrator to describe the action, use the third-person point of view (**il, elle, ils, elles**).
3. Brainstorm your story ideas, letting your imagination run freely. Take notes and don't worry for the moment about whether all the ideas will fit the story.
4. In pairs or small groups, share notes to get more ideas from classmates.

Phrases: Writing an essay
Grammar: Compound past tense **(passé composé)**; imperfect **(imparfait)**; pluperfect **(plus-que-parfait)**; participle agreement **(participe passé)**

SYSTÈME-D

Comment demander, donner et refuser une permission

Conversation (SUITE)

Premières impressions

Soulignez:

● les expressions qu'on utilise pour demander la permission, pour donner ou refuser la permission

Trouvez:

● pourquoi M. Arnaud sera en retard ce soir

C'est un mercredi après-midi et Mme Arnaud, qui est professeur à l'université de Paris VI, est en train de travailler chez elle quand son mari lui téléphone.

MME ARNAUD:	Allô!
M. ARNAUD:	Allô, chérie, c'est moi!
MME ARNAUD:	Bonjour, ça va? Je pensais justement à toi.
M. ARNAUD:	Moi aussi. Je pensais à toi. Je voulais rentrer tôt ce soir, mais, justement, j'ai un petit problème... un rendez-vous imprévu° assez tard cet après-midi avec des clients importants et le patron me demande de dîner avec eux ce soir. Ça ne t'embête pas?°
MME ARNAUD:	Si! Ça m'embête. On avait décidé que c'était à ton tour de faire à dîner ce soir.
M. ARNAUD:	Je suis désolé, mais ces clients sont très importants.
MME ARNAUD:	C'est vraiment quelque chose que tu ne peux pas changer?
M. ARNAUD:	Non, il faut que je reste. Ecoute, demain, je ferai quelque chose de spécial. Je veux me rattraper.° Ce n'est vraiment pas possible ce soir.
MME ARNAUD:	Bon, je comprends... puisque tu n'y peux rien. Il faut que je raccroche,° on frappe à la porte. Je t'embrasse. Travaille bien. A ce soir!
M. ARNAUD:	A ce soir! Je t'embrasse.

imprévu *unexpected*

Ça ne t'embête pas? *That won't bother you, will it?*

se rattraper *to make up for it*

raccrocher *to hang up (telephone)*

L'électricien arrive pour réparer le frigo.

L'ÉLECTRICIEN:	Bonjour, madame.
MME ARNAUD:	Bonjour, monsieur. Si vous voulez me suivre. Le frigo, par ici, voilà.
L'ÉLECTRICIEN:	D'accord... *(après quelques moments)* Euh, est-ce que vous permettez que je fume pendant que je travaille?
MME ARNAUD:	Je suis désolée, mais ce n'est pas possible. Je suis allergique à la fumée et puis je n'aime pas l'odeur que ça laisse dans la maison...

A suivre

Observation et analyse

1. Avec qui est-ce que M. Arnaud a une réunion? Est-ce important? Comment le savez-vous?
2. Qui va préparer le dîner ce soir et pourquoi?
3. Décrivez la réaction de Mme Arnaud à la demande de son mari.
4. Si vous étiez M. Arnaud, qu'est-ce que vous feriez pour vous rattraper?
5. Qu'est-ce que l'électricien a envie de faire?
6. Est-ce que les carrières de M. et de Mme Arnaud ont une influence sur leur vie familiale? Comment résolvent-ils leurs problèmes?

Réactions

1. Est-ce que vous préparez le dîner tous les jours? Si oui, qu'est-ce que vous préparez? Si non, qui prépare le dîner chez vous et qu'est-ce qu'il/elle prépare?
2. Selon vous, est-ce que la vie professionnelle a souvent une influence négative sur la vie familiale? Comment un couple peut-il résoudre ses difficultés?
3. Jouez les rôles de M. et Mme Arnaud. Imaginez que Mme Arnaud refuse de changer ce qui était prévu.

Expressions typiques pour...

Donner la permission

Je vous en prie./Je t'en prie.
Certainement!
Je n'y vois pas d'inconvénients.
Vous avez ma permission.
Ne vous en faites pas./Ne t'en fais pas. *(Don't worry.)*

Demander la permission

Est-ce que je peux/pourrais... ?
J'aimerais/Je voudrais...
Est-ce qu'il serait possible de (+ inf.)?
Est-ce qu'il serait possible que (+ subj.)?
Est-ce que vous me permettez de (+ inf.)?
Est-ce que vous permettez que (+ subj.)?

Refuser la permission

Je suis désolé(e), mais ce n'est pas possible.
Non, je regrette.
Il n'en est pas question.

use only when expecting a yes answer

Avec des questions à la forme négative

Ça ne t'embête/te dérange pas si... ?
Ça ne t'embête/te dérange pas que... (+ subj.)?

On donne la permission
Mais non, pas du tout.
Bien sûr que non.

On refuse la permission
Si! Ça m'embête.
Si! Ça me dérange.

Mots et expressions utiles

Les événements imprévus et oubliés

amener quelqu'un *to bring someone over (along)*
emmener quelqu'un *to take someone (somewhere)*
assister à *to attend*
changer d'avis *to change one's mind*
emprunter quelque chose à quelqu'un *to borrow something from someone*
prêter quelque chose à quelqu'un *to lend something to someone*
imprévu(e)/inattendu(e) *unexpected*
un congrès *conference; professional meeting*
une réunion *meeting*

MISE EN PRATIQUE

—Chéri, au fait, j'allais te dire que le chef de mon département m'a dit qu'il voudrait que j'**assiste à un congrès** le mois prochain en Belgique. Il veut aussi que je fasse une conférence sur mes recherches. Je sais que c'est **imprévu** et que tu devras te débrouiller tout seul avec les enfants...

Comment réagir

s'arranger *to work out*
consentir à *to consent to*
défendre à quelqu'un de *to forbid someone to*
embêter *to bother; to annoy*
raccrocher *to hang up (the telephone)*
se rattraper *to make up for it*
résoudre *to resolve, solve*

◆ **Résoudre**—past part.: **résolu**; présent: **résous, résous, résout, résolvons, résolvez, résolvent** ■

MISE EN PRATIQUE

—Ce sera quand? Le mois prochain? Bon, ça ne m'**embête** pas à condition que tu m'aides à organiser un peu. Ma mère **consentira** peut-être à venir ici quelques jours. On doit pouvoir **s'arranger** et éviter les imprévus, comme la dernière fois!

ACTIVITÉS

A. Entraînez-vous: Permission. Pour chaque situation, utilisez deux expressions de la liste des *Expressions typiques pour...* pour demander la permission.

1. Vous voulez inviter votre petit(e) ami(e) à dîner chez vous. Parlez-en avec votre camarade de chambre.
2. Vous êtes en train de passer un examen mais vous avez très soif et vous voulez aller boire de l'eau. Adressez-vous à votre professeur.
3. Vous allez faire une petite fête ce soir et vous aimeriez que vos invités puissent garer leur voiture dans l'allée *(driveway)* de votre voisin. Parlez-en avec lui.

4. Vous voulez échanger vos heures de travail de samedi avec votre collègue. Parlez-en avec lui, puis avec votre patron que vous ne connaissez pas très bien.

5. Vous êtes en train de visiter une chambre à louer. Vous pensez que vous inviterez des amis de temps en temps chez vous. Adressez-vous à la propriétaire.

B. Vous êtes le prof. Vos élèves ne comprennent pas les mots et les expressions suivants. Aidez-les à comprendre en donnant un synonyme pour chaque mot ou expression en utilisant les *Mots et expressions utiles.*

1. aller à un congrès
2. faire venir quelqu'un
3. utiliser quelque chose qui appartient à quelqu'un d'autre
4. un meeting
5. trouver une solution
6. approuver
7. donner l'ordre de ne pas faire quelque chose
8. s'organiser
9. ne plus avoir la même opinion

C. Imaginez... Donnez ou refusez la permission dans chaque situation, en variant vos réponses.

1. Votre enfant de seize ans vous demande: «Maman/Papa, est-ce que je peux sortir avec mes amis ce soir?»
2. Un(e) camarade de classe vous demande: «Est-ce que tu me permets de copier tes notes de classe? J'étais malade hier.»
3. Votre voisine, avec qui vous êtes bon(ne)s ami(e)s, vous demande: «Est-ce qu'il serait possible que je laisse mon enfant avec toi pendant une heure? Je dois aller à une réunion.»
4. Votre camarade de chambre vous demande: «Ça ne t'embête pas si je fais le ménage à fond *(thorough cleanup)* lundi prochain au lieu de ce week-end?»
5. L'instituteur de votre enfant vous envoie ce mot: «Je vous demande la permission d'emmener votre enfant à une sortie scolaire au musée d'art moderne vendredi matin.»

D. Questions indiscrètes. Posez les questions suivantes à un(e) ami(e). Donnez un résumé de ses réponses à la classe.

1. Quand quelqu'un te demande la permission de faire quelque chose que tu n'aimes pas, est-ce que tu dis ce que tu penses vraiment? Dans quelles circonstances est-ce que tu dis toujours la vérité? Quand est-ce que tu modifies un peu la vérité?
2. Est-ce qu'il y a, chez les autres, certains tics ou habitudes qui t'irritent? Lesquels?
3. De temps en temps, est-ce qu'il y a quelqu'un qui demande à emprunter ta voiture? Qui? Est-ce que tu la lui prêtes?
4. Si quelqu'un d'important t'invitait à participer à une manifestation pour une cause avec laquelle tu n'étais pas d'accord, est-ce que tu dirais la vérité à cette personne ou tu inventerais une excuse? Quelles excuses est-ce qu'on peut utiliser si on ne veut pas accepter une invitation?
5. Quelles excuses est-ce que tu entends souvent? Quelles excuses est-ce que tu donnes souvent? *when you don't agree w/something*

Qu'est-ce qui est interdit dans cet article? Etes-vous d'accord? Pourquoi ou pourquoi pas?

Liens culturels

FUMER OU NE PAS FUMER?

«Ça ne vous dérange pas que je fume?» «Vous n'auriez pas du feu?» Ce sont des questions qu'on entend assez souvent en France malgré les campagnes de prévention du tabagisme *(use of tobacco)* commencées il y a une vingtaine d'années. Selon des enquêtes, la proportion de fumeurs parmi les adolescents français de 12 à 18 ans était de 33% en 1999. Entre 1994 et 1995, le pourcentage de fumeurs occasionnels a augmenté, tandis que le nombre de fumeurs réguliers (une cigarette ou plus par jour) baisse depuis quelques années. La tendance à fumer chez les adolescents est liée à l'âge (ils fument de plus en plus tard mais le tabagisme s'accentue avec l'âge) et à l'attitude des parents, mais surtout au montant de l'argent de poche. Ainsi on compte 18% de fumeurs parmi ceux qui disposent de moins de 100 F [16 €] par mois et 62% de fumeurs parmi les plus nantis *(well-to-do)*, ceux qui disposent de 200 F [32 €] ou plus par mois.

Le tabac est à l'origine d'environ 60 000 décès chaque année et de près d'un cancer sur trois. Les Français le savent, alors pourquoi fument-ils? Les raisons sont peut-être nombreuses, mais la plus sérieuse est sans doute que le tabac

JACQUES FAIZANT

rapporte beaucoup d'argent à l'Etat aussi bien qu'aux particuliers. Deux pourcent du PNB (Produit national brut) vient du tabac qui fait travailler et vivre des milliers de gens [les planteurs, les débitants *(tobacco dealers)* ou tous ceux qui vendent le tabac]. Cependant, si l'Etat gagne beaucoup d'argent, il en dépense d'autant plus. L'industrie du tabac rapporte 45 milliards de francs [7 milliards d'euros] par an, mais le coût total pour la collectivité est estimé à 138 milliards [22 milliards d'euros]. Ceci n'empêche que, face à la perte de travail ou d'argent, certains Français sont mécontents des campagnes et des lois anti-tabac. Facturant 10 millions de francs [1,5 milliards d'euros] par an pour la publicité du tabac, les médias sont plutôt contre les efforts qui limitent les annonces publicitaires. Et les hommes politiques hésitent à prendre des mesures de prévention trop draconiennes par crainte de déplaire aux électeurs qui veulent qu'on les laisse décider eux-mêmes de fumer ou de ne pas fumer.

Qu'en pensez-vous? Quels sont les droits des fumeurs et des non-fumeurs? Par quels moyens est-ce qu'on pourrait résoudre ce conflit entre l'argent et la santé? Est-ce que les efforts tels que *la journée mondiale sans tabac* sont efficaces?

Adapté du *Figaro*, le 31 mai 1995, p. 2–B, p. 12–B; *Francoscopie 2001*, pp. 74–75.

◆ Notice that the French use a negative conditional sentence at times to soften a request, as in **Vous n'auriez pas du feu?** *(Would you have a light?)* or **Tu n'aurais pas un stylo à me prêter?** *(Would you have a pen to lend me?)*

Prépositions exigées par certains verbes

Several of the expressions introduced for asking, giving, and refusing permission include a preposition before an infinitive. The conjugated verb determines whether **à**, **de**, or no preposition is needed before the infinitive. Below are listings of common verbs and their prepositions.

A. Some verbs that require **à** before an infinitive:

aider à	encourager à
s'amuser à	enseigner à
apprendre à	s'habituer à
s'attendre à *(to expect)*	hésiter à
autoriser à	s'intéresser à
avoir à *(to have to)*	inviter à
commencer à	se mettre à
consentir à	réussir à
continuer à	tenir à *(to insist on)*

Ma mère m'**a** toujours **encouragé à** faire de mon mieux. Elle m'a **enseigné à** respecter les droits des autres. Elle **tenait à** traiter chaque être humain d'une manière équitable. J'espère **réussir à** suivre son exemple.

B. Some verbs that require **de** before an infinitive:

s'agir de *(to be about)*	parler de
s'arrêter de	refuser de
choisir de	regretter de
décider de	remercier de *(to thank)*
se dépêcher de *(to hurry)*	rêver de
empêcher de *(to prevent)*	se souvenir de
essayer de	tâcher de *(to try)*
finir de	venir de *(to have just)*
oublier de	
avoir besoin de	avoir l'intention de
avoir envie de	avoir peur de

J'avais décidé de devenir médecin. Rien n'allait m'**empêcher de** finir mes études. J'ai **refusé de** me décourager pendant les longues années de préparation à cette carrière.

C. Some verbs that are followed directly by an infinitive:

aimer	devoir	préférer
aller	écouter	savoir
compter	espérer	sembler
(to intend)	faire	souhaiter
croire	falloir	venir
désirer	penser	voir
détester	pouvoir	vouloir

Ces deux enfants veulent aller jouer dehors. Qu'est-ce qu'ils disent pour demander la permission à leur mère?

Comme mon oncle, je **veux** être médecin. Je **compte** exercer dans un village. Il **faut** dire que j'**aime** soigner les gens. Avec mes connaissances je **pourrai** les aider à guérir *(get well, cured)* rapidement.

D. Some verbs that require **à** before a person and **de** before an infinitive:

commander à quelqu'un de *(to order)*	dire à quelqu'un de
	écrire à quelqu'un de
conseiller à quelqu'un de	permettre à quelqu'un de
défendre à quelqu'un de *(to forbid)*	promettre à quelqu'un de
	reprocher à quelqu'un de
demander à quelqu'un de	suggérer à quelqu'un de

Je **conseille à** chaque personne qui envisage la médecine comme profession **d'**y penser sérieusement. Je **suggérerais à** tous ceux qui s'y intéressent **d'**être sûrs que c'est bien ce qu'ils veulent faire.

E. Etre + adjective + preposition + infinitive

- Most adjectives that follow the verb **être** require **de** before an infinitive:

  Je suis content **de** te voir, Nathalie.
  Tu es si gentille **de** me rendre visite.

◆ For other uses of **c'est** and **il est**, see *Chapitre 3*. ■

- In sentences beginning with the impersonal expression **il est** + adjective, the preposition **de** must introduce the infinitive. The idea discussed follows the preposition **de**:

  Il est agréable **de** revoir ses anciens amis.

- In sentences beginning with **c'est** + adjective, the preposition **à** must introduce the infinitive. In this case, the topic in question has already been mentioned; thus, **ce** refers back to the previously mentioned idea.

  —J'adore Nathalie.
  —**C'est** facile **à** voir. Est-ce que tu n'es pas un peu amoureux d'elle?

ACTIVITÉS

A. La dispute. Mélanie Ménard, qui a quatorze ans, essaie sans succès d'obtenir de sa mère la permission d'aller passer la nuit chez son amie. Finissez la conversation en remplissant les blancs avec **à**, **de** ou en n'ajoutant pas de préposition.

— Maman, j'hésite _____ t'ennuyer puisque je sais que tu es occupée, mais je voudrais _____ te demander quelque chose.
— Oui, ma chère Mélanie. Qu'est-ce qu'il y a?
— Voilà. Mon amie Delphine vient _____ téléphoner pour me demander si je voulais _____ passer la nuit chez elle.
— J'ai peur que ce ne soit pas possible, Mélanie. Tu as déjà promis _____ tante Louise _____ assister à un concert avec elle ce soir.
— Tante Louise est vraiment gentille _____ m'avoir invitée _____ l'accompagner au concert, mais puisque papa et toi y allez aussi, peut-être que... ?
— Non, ma petite chérie. Il n'est pas convenable _____ changer de projet simplement parce qu'on reçoit une meilleure proposition.
— Mais, maman... !
— Arrêtons _____ nous disputer. Je refuse _____ te donner la permission et c'est tout.

B. Les pensées de Mélanie. Voilà ce que pense Mélanie après la conversation avec sa mère. Faites tout changement nécessaire pour former des phrases correctes.

1. Je / conseiller / tous les parents / tâcher / comprendre / enfants
2. Quand je / grandir / je / écouter attentivement / mes enfants
3. Je / ne jamais défendre / enfants / sortir avec / amis
4. Je / tenir toujours / être juste et compréhensif
5. Je crois / il est important / ne jamais oublier / faire cela
6. Ce / ne pas être / très facile / faire

C. Les pensées de la mère de Mélanie. Donnez l'équivalent français des phrases suivantes.

1. It is difficult to know how to succeed at being a good parent these days.
2. Children do not always realize (**se rendre compte de**) this.
3. They reproach us for being too strict and yet they seem to want our guidance (**conseils** *[m pl]*).
4. Parents should expect to receive criticism (**critique** *[f]*). from their children at times.
5. Probably nothing will prevent (**empêcher**) this.

■ LA GRAMMAIRE À APPRENDRE

Les prépositions et les noms géographiques

The definite article is used with most geographical locations except cities:

l'Autriche   les Alpes   le Rhône   l'Europe   Paris   New York

unless an article is part of the name of the city:

Le Havre   Le Mans   La Nouvelle-Orléans

A. Les villes

- To express location or destination *(to, at,* or *in)*, use the preposition **à**:

  Je vais à San Juan.   Ils arrivent **au** Havre.

- To express origin *(from)*, use the preposition **de**:

  Je viens **de** Québec. Ils sont **de** La Nouvelle-Orléans.

B. Les pays et les continents

- To express location or destination regarding continents or *feminine* countries, use **en**:

  en Afrique   **en** Belgique   **en** France

  NOTE: All continents are feminine, and most countries that end in an unaccented **e** are feminine, with the exception of **le Mexique**.

- With *masculine* countries, use **au(x)** to express location or destination:

  au Japon   **au** Bénin   **au** Maroc   **aux** Etats-Unis   **au** Togo

- Origin is expressed by **de** for continents and feminine countries, and **de** + **article défini** for masculine countries:

  de Suisse   **d'**Europe   **du** Mexique   **des** Etats-Unis

- Masculine singular countries beginning with a vowel use **en** to express location or destination and **d'** to express origin:

  en Iran   **en** Israël   **d'**Iraq   **d'**Afghanistan

C. Les états aux Etats-Unis

- Most states ending in an unaccented **e** in French are feminine and thus use the same prepositions as feminine countries:

  en/de Floride   **en/de** Californie   **en/de** Caroline du Sud

  EXCEPTIONS: **au/du** Maine and **au/du** Tennessee

- The expression of location or destination regarding masculine states varies with each, but usually either **dans le** or **dans l'état de** can be used:

  Je vais **dans le** Michigan pendant une semaine avec des cousins.
  Ma famille habite **dans l'état de** New York.

  EXCEPTIONS: **au** Texas, **au** Nouveau-Mexique

- Origin from a masculine state is usually expressed by **du (de l')**:

  Je viens **de l'**Arizona / **du** Wisconsin / **du** Texas / **de l'**Oregon.

D. Les îles, les provinces et les régions

With islands (which are sometimes also countries), provinces, and regions, usage is so varied that each case must be learned separately. Some examples are:

en Normandie	**de** Normandie
au Québec	**du** Québec
dans le Midi	**du** Midi
à Madagascar	**de** Madagascar
à Cuba	**de** Cuba
en/à la Martinique	**de/de la** Martinique
aux Antilles	**des** Antilles
aux Caraïbes	**des** Caraïbes
en/à Haïti	**de** Haïti

Summary

	to/at/in	from
Cities	à	de
Feminine countries	en	de
Masculine countries	au(x)	de + definite article
Masculine countries beginning w/vowel	en	d'
Feminine states	en	de
Masculine states	dans le (l') or dans l'état de (d')	du (de l')
States beginning w/vowel	en	d'

ACTIVITÉS

A. A l'agence de voyages. Après avoir parlé avec l'agent, Olivier a des difficultés à décider où il veut aller. Faites les changements nécessaires pour compléter ses phrases.

1. Je tiens à aller *en Chine.*
   Texas / Maroc / Angleterre / Moscou / Virginie
2. Mais peut-être que j'irai *au Mexique.*
   Italie / Canada / Géorgie / Israël / Colombie
3. Je voudrais partir *de Paris* à la fin de l'été.
   Luxembourg / Colorado / Cuba / le Caire / Argentine
4. Non, non. Je voudrais partir *de Rome* en septembre.
   Oregon / Australie / le Havre / Monaco / Caraïbes

B. Le sixième Sommet de la francophonie. Voici quelques phrases tirées d'un article sur le sixième Sommet de la francophonie. Complétez chaque phrase en utilisant l'article ou la préposition qui convient.

1. Le sixième Sommet de la francophonie s'est tenu _____ Cotonou (la plus grande ville _____ Bénin) du 2 au 4 décembre 1995. (Le premier Sommet s'était déroulé _____ Paris en février 1986.)
2. La session la plus longue a concerné _____ Rwanda.
3. On a aussi discuté des problèmes qui divisent la population _____ Algérie et _____ Québec.
4. On a évoqué le rôle important qu'a joué la communauté internationale dans les élections démocratiques _____ Afrique du Sud.
5. Mme Binh, déléguée _____ Vietnam, M. Chirac, président _____ France, et M. Soglo, représentant _____ Bénin ont assisté à la conférence de presse.
6. _____ Canada et _____ France, revenus des dissensions qui avaient marqué le Sommet de l'île Maurice, se sont attachés à définir l'intérêt commun des pays francophones.

(Adapté de *Diagonales* no 37, février 1996, pp. 36–37.)

C. Le bon vieux temps *(The good old days).*
Vous venez de passer la plus mauvaise journée de votre vie—votre voiture est tombée en panne, quelqu'un a volé votre portefeuille et votre petit(e) ami(e) vous a quitté(e) pour quelqu'un d'autre. Pour vous remonter le moral, songez à d'heureux moments en d'autres lieux.

1. Ah! Le bon vieux temps! J'aime bien me souvenir des jours où j'habitais...
2. Je me souviens avec plaisir de nos voyages... où nous avons visité...
3. Qu'il serait bon d'être en ce moment... où je pourrais...
4. Un jour j'ai l'intention d'aller... parce que...
5. Je voudrais mieux connaître mon propre pays. Donc, à l'avenir, j'irai... parce que...

Le neuvième Sommet de la francophonie aura lieu à Beyrouth. L'OIF représente 500 millions d'hommes et de femmes sur cinq continents. Quel rôle est-ce que l'OIF joue dans la politique internationale à votre avis?

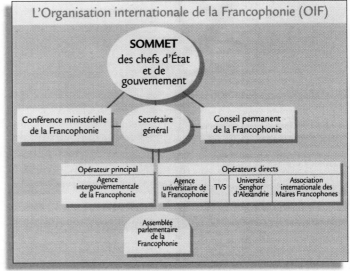

L'Organisation internationale de la Francophonie (OIF)

SOMMET
des chefs d'État et de gouvernement

Conférence ministérielle de la Francophonie

Secrétaire général

Conseil permanent de la Francophonie

Opérateur principal
Agence intergouvernementale de la Francophonie

Opérateurs directs
Agence universitaire de la Francophonie | TV5 | Université Senghor d'Alexandrie | Association internationale des Maires Francophones

Assemblée parlementaire de la Francophonie

Interactions

A. Jouez les rôles. Vous êtes étudiant(e) au lycée ou à l'université. Vous avez vraiment envie de passer l'été en Europe. Vous devez, bien sûr, demander la permission et de l'argent à vos parents. Deux camarades de classe vont jouer le rôle de vos parents. Présentez votre idée à vos parents. Donnez autant de détails que possible. Expliquez où vous voulez aller, les moyens de transport que vous voulez utiliser, combien de jours vous avez l'intention de rester, où vous pensez loger, qui fera le voyage avec vous, les avantages et inconvénients de ce voyage, et combien d'argent vous devrez leur emprunter pour payer le voyage. Vos parents vont vous refuser la permission au début. Vous implorez vos parents de penser à votre avenir et aux contacts internationaux que vous aurez. Convainquez-les de changer d'avis.

B. Je voulais vous demander... Vous essayez de téléphoner aux personnes suivantes mais vous n'arrivez pas à les avoir. Vous décidez donc de leur écrire un petit mot. Dans chaque cas, vous demandez la permission de faire quelque chose....

1. A Monsieur Wallens: Vous voulez assister à son cours de français en tant qu'auditeur/auditrice libre.
2. A Monsieur Smith, entraîneur de l'équipe de football: Vous voulez faire partie de l'équipe. Demandez quand vous pourrez parler avec lui.
3. A Mme Balmain: Vous voulez rendre votre composition pour la classe de français avec un jour de retard.
4. A votre meilleur(e) ami(e): Vous voulez emprunter sa voiture ce soir.
5. A votre tante très riche qui vous adore: Vous voulez emprunter $1000 pour aller en Floride pendant les vacances de Spring Break.

Premier brouillon DOSSIER PERSONNEL

1. Organize the notes you took in Lesson 1 by once again thinking about the important elements of a narrative: character, setting, plot, conflict, chronological order. This time, focus especially on how the narrator feels about the things around him/her; how he/she feels physically and emotionally; and how he/she thinks and acts.
2. Begin writing your introductory paragraph in which you present the situation and give it a framework in time [e.g., **Il était une fois...** *(Once upon a time . . .)*; **En l'an 2050...** *(In the year 2050 . . .)*; **La semaine dernière...** *(Last week . . .)*].
3. Write two to three paragraphs in which you present the complication. In this part you will introduce the principal action and the tensions that surround it. What is the basic conflict? What problem is the main character struggling with? What problems seem insurmountable?
4. Write the conclusion in which you describe how the conflict is resolved.

Phrases: Writing an essay; sequencing events
Grammar: Compound past tense **(passé composé)**; imperfect **(imparfait)**; pluperfect **(plus-que-parfait)**; participle agreement **(participe passé)**

SYSTÈME-D

Comment demander et donner des explications

Conversation (CONCLUSION)

Premières impressions

Soulignez:

- les expressions qu'on utilise pour demander une explication
- les expressions qu'on utilise pour expliquer quelque chose

Trouvez:

- ce qui est arrivé à la nourrice des Arnaud
- qui va téléphoner pour trouver quelqu'un qui puisse la remplacer

Rappel: Have you reviewed the relative pronouns **qui** and **que**? (Text pp. 284–285 and Workbook)

Le soir la famille est enfin à la maison. Malheureusement, Mme Arnaud a de mauvaises nouvelles pour son mari.

MME ARNAUD: Ecoute, j'ai quelque chose d'absolument incroyable à te raconter! Figure-toi° que ce soir la nourrice,° Brigitte, a dû être transportée d'urgence° à l'hôpital.

figure-toi *(slang) believe you me, believe it or not* / **la nourrice** *the babysitter* / **transporté d'urgence à** *rushed to*

M. ARNAUD: Je ne comprends pas. Qu'est-ce qui s'est passé?

MME ARNAUD: On ne sait pas très bien... ils croient que c'est un ulcère. Comme elle est enceinte,° ils veulent la garder en observation pendant une semaine.

être enceinte *to be pregnant*

M. ARNAUD: Alors, qu'est-ce que ça veut dire pour nous? Il faudra chercher une autre nourrice?

MME ARNAUD: Je le crains. C'est embêtant parce qu'elle est vraiment bien avec Sylvain. Tu ne pourrais pas te renseigner° pour voir si la dame d'en-dessous... si sa fille pourrait éventuellement nous dépanner° pendant quelques temps... ?

se renseigner *to get information*

nous dépanner *to help us out*

M. ARNAUD: Autrement dit,° c'est moi qui dois m'occuper de ce problème! C'est ce que tu veux dire?

autrement dit *in other words*

MME ARNAUD: Oui. Je trouve que tu pourrais assumer un peu plus de responsabilités. C'est tout de même *notre* enfant, à nous deux!

M. ARNAUD: C'est un fait, mais... dis-moi... oh, rien! On dirait que tu ne veux plus aucune responsabilité, et que tu veux te décharger de tout sur moi!°

se décharger de ses responsabilités sur *to pass off one's responsibilities onto somebody*

MME ARNAUD: Oh, écoute! Tu y vas un peu fort là, quand même! Tout ce que je te demande, c'est de téléphoner...

M. ARNAUD: Bon, écoute, je vais voir ce que je peux faire.

MME ARNAUD: Merci.

M. ARNAUD: C'est la goutte d'eau qui fait déborder le vase°...

c'est la goutte d'eau qui fait déborder le vase *that's the last straw*

Observation et analyse

1. Où est la nourrice et pourquoi? Qui est Sylvain?
2. Pourquoi est-ce que les Arnaud sont ennuyés *(worried)*?
3. Qui va s'occuper du remplacement de la nourrice? A qui est-ce qu'ils vont téléphoner?
4. Pourquoi est-ce que M. Arnaud est irrité?
5. Pensez-vous que les Arnaud parlent souvent de responsabilités dans leur mariage? Pourquoi ou pourquoi pas?

Réactions

1. Comment est-ce que vous réagissez lors de petites crises comme celle des Arnaud?
2. Est-ce que M. Arnaud a raison de dire que sa femme n'assume pas ses responsabilités de mère? A votre avis, fait-il face à ses responsabilités de père?
3. D'après leurs conversations, qu'est-ce que vous pensez des rapports entre Mme et M. Arnaud?
4. Qu'est-ce que vous feriez dans la même situation? Expliquez.
5. Jouez les rôles de M. et Mme Arnaud pour parler des responsabilités de mère et de père. Changez le dialogue.

Expressions typiques pour...

Demander une explication

◆ Asking for an explanation is sometimes included in another context, such as making a complaint. Similarly, giving an explanation or reasons for having done something might be part of making an apology. ■

Je voulais savoir...
Pardon?/Comment?/Quoi? *(familiar)*
Excuse-moi./Excusez-moi. Je ne (te/vous) comprends pas.
Qu'est-ce que tu veux/vous voulez dire *(mean)*?
Je ne comprends rien de ce que tu dis/vous dites.
Qu'est-ce qui s'est passé?

Demander des raisons

Pourquoi? Pour quelle raison... ?
Pourquoi veux-tu/voulez-vous que (+ subjonctif)... ?
Où veux-tu/voulez-vous en venir? *(What are you getting at?)*
Explique-toi./Expliquez-vous.
Qu'est-ce qui te/vous fait penser ça?

Expliquer/Donner des raisons

Je m'explique...
Ce que je veux dire, c'est que...
J'entends par là... *(I mean by this . . .)*
C'est-à-dire...
Autrement dit... *(In other words . . .)*
C'est la raison pour laquelle... *(That's why . . .)*
... Tu vois/Vous voyez ce que je veux dire?

Mots et expressions utiles

Vous êtes déconcerté(e) *(confused, muddled)*

avoir du mal à (+ infinitif) *to have problems (doing something)*
désorienté(e)/déconcerté(e) *confused, muddled*
faire comprendre à quelqu'un que *to hint to someone that*
mal comprendre (past part. mal compris) *to misunderstand*
une méprise/une erreur *misunderstanding*

provoquer *to cause*
le sens *meaning*
la signification/l'importance [f] *significance, importance*
signifier *to mean*

Divers

autrement dit *in other words*

M I S E   E N   P R A T I Q U E

Un candidat à la présidence parle avec ses assistants:
—J'**ai du mal à comprendre** pourquoi les gens ont voté pour cet autre candidat et pas pour moi. Ils ont peut-être **mal compris** mes idées. Que peut **signifier** ce vote? Je me demande si la question du chômage a eu beaucoup d'**importance**…

Vous êtes irrité(e)

avoir du retard *to be late*
C'est la goutte d'eau qui fait déborder le vase! *That's the last straw!*
couper *to disconnect (telephone, gas, electricity, cable)*
débrancher *to disconnect, unplug (radio, television)*
se décharger de ses responsabilités sur quelqu'un *to pass off one's responsibilities onto somebody*
faire la queue *to stand in line*
rentrer en retard *to get home late*
valoir la peine (past part. valu) *to be worth the trouble*

M I S E   E N   P R A T I Q U E

—Vraiment, je me demande si cette campagne **a valu la peine**. J'ai serré beaucoup de mains. Il y a même les gens qui **ont fait la queue** pour me voir. Je **suis rentré en retard** le soir. Et puis j'ai perdu les élections de dix points.

Vous êtes lésé(e) *(injured; wronged)*

bouleversé(e)/choqué(e) *shocked*
céder à quelqu'un (quelque chose) *to give in to someone (something)*
léser quelqu'un *to wrong someone*

être en grève *to be on strike*
faire la grève *to go on strike*
le/la gréviste *striker*
le syndicat *union*

—Pourtant, les **syndicats** ont soutenu ma candidature. Les autres candidats étaient **bouleversés** que les syndicats aient dit qu'ils **feraient la grève** si je n'étais pas élu... Somme toute et réflexion faite, je ne devrais pas **céder à** cette défaite électorale. Je me représenterai dans sept ans.

ACTIVITÉS

A. Entraînez-vous: Explications. Avec un(e) partenaire, entraînez-vous à employer les expressions pour demander et donner des explications dans les situations suivantes.

1. Vous ne savez pas de quoi il s'agit. Demandez à votre professeur de français d'expliquer le sens du mot «nourrice».
2. M. Arnaud rentre chez lui à 3h du matin au lieu de 11h du soir. Etant sa femme, vous demandez la raison de son retard.
3. Vous découvrez qu'on a coupé vos chaînes câblées. Demandez une explication à votre compagnie de télédistribution.
4. Votre enfant de dix ans vous dit qu'il a raté son contrôle de mathématiques. Demandez-lui de s'expliquer.
5. Depuis une demi-heure vous faites la queue pour acheter votre permis de parking; la queue n'a pas bougé. Demandez à la personne devant vous s'il/si elle connaît la raison de cette lenteur.
6. Votre ami(e) français(e) et vous avez échangé vos appartements pendant un mois. Après avoir passé une semaine dans son appartement à Caen, vous recevez l'annonce (reproduite à la p. 310) que vous ne comprenez pas. Demandez à la femme qui habite au troisième étage ce que cela signifie. MOT UTILE: dégager *to make way*

B. Expliquez. Sylvain a des difficultés à se rappeler le mot exact. Aidez-le à choisir le bon mot en utilisant les *Mots et expressions utiles*. Il y a plusieurs possibilités pour certains exemples.

1. arriver dix minutes après le début de la classe
2. le groupe formé pour la défense des droits des employés
3. supprimer *(take out)* un branchement électrique
4. vouloir dire
5. être désorienté/être surpris
6. attendre son tour
7. arrêter collectivement le travail

C. Questions indiscrètes. Posez les questions suivantes à un(e) ami(e). Donnez un résumé de ses réponses à la classe.

1. Est-ce qu'il t'est déjà arrivé d'attendre longtemps quelqu'un qui n'est pas arrivé? Est-ce que cette personne a en fin de compte donné une explication? Décris l'explication.
2. Est-ce que ton service de téléphone/d'électricité/de câble a déjà été coupé? Pour quelle raison?
3. Cela t'ennuie de faire la queue? Dans quelles circonstances est-ce que tu ferais la queue pendant plus d'une heure?
4. Est-ce que tu as déjà été en grève? Tu connais quelqu'un qui ait fait la grève? Explique comment le conflit s'est résolu.

Les pronoms relatifs

When giving an explanation, you frequently link ideas back to persons or things already mentioned (antecedents) by means of relative pronouns. Relative pronouns, thus, provide coherence and enable you to increase the length and complexity of oral and written speech.

You reviewed the use of **qui** and **que** in *La grammaire à réviser*. They are relative pronouns that act as subjects (**qui**) or objects (**que**) of a relative clause. Rules governing other relative pronouns follow.

A. Objects of prepositions with specified antecedents

- When the relative pronoun functions as the object of a preposition in the relative clause, **qui** is used if the antecedent is a person, and a form of **lequel** (agreeing with the antecedent in gender and number) is used to refer to a thing. The usual contractions with **de** and **à** are made:

  à + lequel = auquel; de + lesquelles = desquelles, etc.

  — Une femme **avec qui** je travaille m'a dit que les membres de l'Union civile des employés publics du Canada étaient en grève, les facteurs y compris.

  "A woman I work with told me that the members of the Union of the Public Employees of Canada were on strike, including the mail carriers."

De quelle sorte de festival est-ce qu'il s'agit? Où est-ce qu'il se trouve?

— Ah, c'est la raison **pour laquelle** Michel a reçu ma lettre avec une semaine de retard.

"Ah, that's the reason why Michel received my letter a week late."

- If the relative pronoun is the object of the preposition **de**, the invariable pronoun **dont** can be used instead of **de + qui** or **de + lequel** to refer to either persons or things. **Dont** can be translated as *whose, of whom/which, from whom/which,* or *about whom/which.*

  L'argent **dont** on a besoin pour résoudre le conflit n'existe tout simplement pas.

  The money they need (of which they have the need) to resolve the dispute just does not exist.

  NOTE: When **dont** is used to mean *whose,* the word order of the relative clause beginning with **dont** must be subject + verb + object, regardless of the English word order.

  Un médecin canadien **dont** je connais le fils m'a dit que la grève durerait longtemps.

  A Canadian doctor whose son I know told me that the strike would last a long time.

- After expressions of time and place (**le moment, le jour, l'année, le pays, la ville, la maison,** etc.), the relative pronoun **où** is used. With expressions of time, **où** can have the meaning *when.*

  La ville **où** habitent le plus grand nombre de grévistes est Montréal.

  The city where the largest number of strikers live is Montreal.

  Je ne sais pas le jour **où** la grève a commencé.

  I don't know what day (when) the strike began.

  NOTE: With expressions of place, a preposition followed by a form of **lequel** can also be used, although the shorter **où** is usually preferred.

  Le bureau **dans lequel** (**où**) mon ami Michel travaille est à Trois-Rivières.

  The office where my friend Michel works is in Trois-Rivières.

B. Indefinite or unspecified antecedents

In all of the above cases, the relative pronoun referred to a specific antecedent characterized by gender and number. When the antecedent is not specified or is an idea, **ce qui, ce que, quoi,** or **ce dont** is used.

- Similar to **qui** and **que**, **ce qui** functions as the subject of the relative clause and **ce que** functions as the direct object.

  A propos de Mathieu, **ce qui** m'agace un peu chez lui, c'est son arrogance. Tu vois **ce que** je veux dire?

  What bothers me a bit about Matthew is his arrogance. You know what I mean?

Ce qui and **ce que** are also used if the antecedent is an entire idea composed of a subject and a verb rather than an individual word or phrase.

> Il prétend qu'il sait tout, **ce qui** est loin d'être le cas. Il se vante sans cesse, **ce que** je déteste.

> *He claims he knows everything, which is far from the truth. He brags continually, which I hate.*

- After prepositions, **quoi** is used when the antecedent is unspecified.

> D'habitude il nous entretient une heure de ses monologues ennuyeux, après **quoi** il s'en va.

> *Usually he entertains us for an hour with his boring monologues, after which he goes away.*

- If the preposition required by the verb in the relative clause is **de**, **ce dont** is used:

> —Mathieu? Oh, il ne changera jamais.
> —C'est **ce dont** j'ai peur.

> *"Matthew? Oh, he'll never change."*
> *"That's what I'm afraid of!"*

Summary

	Specified antecedent		Unspecified antecedent
	PERSON	THING	PERSON OR THING
SUBJECT	qui	qui	ce qui
DIRECT OBJECT	que	que	ce que
OBJECT OF PREPOSITION	prep. + qui	prep. + lequel, etc.	prep. + quoi
OBJECT OF DE	dont	dont	ce dont

A votre avis, pourquoi est-ce que ces personnes manifestent?

Liens culturels

En France, comme aux Etats-Unis, il arrive souvent qu'on regrette le bon vieux temps où la vie était plus facile. Cependant, du point de vue social et économique au moins, les Français sont beaucoup mieux nantis *(well off)* qu'ils ne l'étaient après la Seconde Guerre mondiale. Ainsi, dans les 50 dernières années, l'espérance de vie moyenne est passée de 68 ans à 74,9 ans pour les hommes et 82,3 ans pour les femmes. Par ailleurs *(Furthermore)*, en 1950, le travailleur moyen travaillait 2 328 heures par an. Aujourd'hui il travaille 1 771 heures (c'est-à-dire, 35 heures par semaine). Le confort ménager *(household conveniences)* s'est également considérablement amélioré. En 1960, 3 pour cent seulement des ménages possédaient à la fois une automobile, un réfrigérateur, un lave-linge et un téléviseur; 47,7 pour cent des ménages n'avaient aucun de ces quatre biens d'équipement. En 1999, près de 80 pour cent des ménages ont une voiture contre 30 pour cent en 1960 (28 pour cent aujourd'hui ont au moins 2 voitures), 99 pour cent ont un réfrigérateur, 97 pour cent ont un lave-linge et 93,4 pour cent ont un téléviseur. De plus, presque cent pour cent des foyers ont un téléphone (36,2 pour cent des Français disposent d'un téléphone portable) et 63 pour cent ont un four à micro-ondes *(microwave oven)*.

Adapté de Fourastié, *D'une France à une autre* (Fayard, 1987, pp. 80, 98, 117). La mise à jour des faits vient de Gérard Mermet, *Francoscopie 2001* (Larousse, pp. 64, 181, 301, 357, 399, 413).

La vie n'est pas facile mais il y a beaucoup de choses qu'on peut faire pour aider les autres et leur rendre la vie plus facile. Est-ce que vous avez déjà donné du sang? Est-ce que vous avez travaillé comme bénévole? Est-ce que vous avez déjà pris part à un marchethon *(fundraising walk in Quebec)* pour une cause? Nommez d'autres choses qu'on peut faire pour aider les gens.

ACTIVITÉS

A. Mon amour. Thierry vous parle de Laure, la femme de sa vie. Complétez ses phrases en vous servant du pronom relatif qui convient.

1. Laure est la fille...
   _____ est dans ma classe d'histoire.
   _____ je t'ai parlé.
   _____ je suis tombé amoureux fou.
2. «Chez Arthur» est le restaurant...
   _____ nous avons mangé pour la première fois.
   _____ a la meilleure cuisine de la ville.
   _____ je vais lui faire ma demande en mariage.
3. Où est le papier...
   sur _____ j'ai écrit son numéro de téléphone?
   _____ j'ai mis sur cette table?
   _____ j'ai besoin?

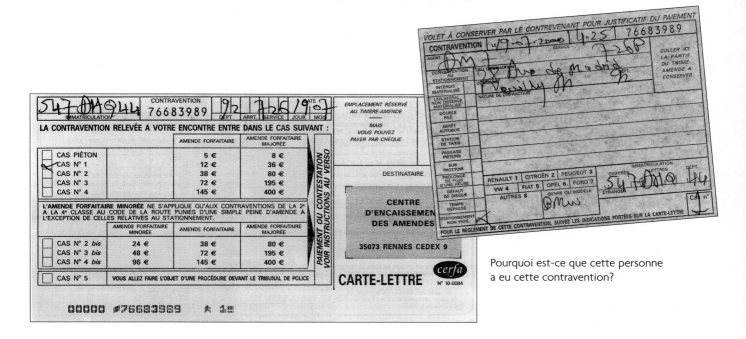

Pourquoi est-ce que cette personne
a eu cette contravention?

4. L'amour me rend fou! Je ne sais pas...
_____ je fais!
_____ j'ai besoin!
_____ m'arrivera!

B. Laisse-moi t'expliquer. Jacques arrive avec deux heures de retard à son rendez-vous avec Alice. Aidez-le à s'expliquer. Combinez les deux phrases en une seule en utilisant un pronom relatif et en faisant les changements nécessaires.

1. Evidemment, j'ai conduit un peu trop vite. Je regrette d'avoir conduit un peu trop vite.
2. Voici la contravention pour excès de vitesse. Un agent de police m'a donné cette contravention.
3. J'ai dû suivre l'agent au commissariat de police. J'ai attendu longtemps au commissariat de police pour payer ma contravention.
4. De plus, ma montre s'était arrêtée. Je ne le savais pas.
5. Crois-moi... l'histoire est vraie. Je te raconte cette histoire.
6. Tu ne peux pas me montrer ton amour et ta compréhension? J'ai tant besoin de ton amour et de ta compréhension maintenant.

C. Le fanatique mécontent. Utilisez un pronom relatif approprié pour compléter ce que dit un fanatique de base-ball mécontent.

Le match _____ il s'agit était celui entre les Expos et les Cubs. Les Expos, sur _____ j'avais parié *(bet)* une somme d'argent considérable, ont perdu après une prolongation de deux manches *(innings)*. L'histoire des Expos, c'est l'histoire d'un point _____ ils ont souvent été incapables d'obtenir. Les Expos, _____ dominent les ligues majeures pour les matches se terminant par une différence d'un point (total de 52), ont fait la même chose lundi soir (3–2). Les reporters sportifs ont dit que _____ cette équipe avait besoin, c'était le goût de l'attaque. Moi, je ne crois pas _____ ils disent. C'est un problème plus profond. _____ ne va pas, c'est la gestion *(management)* et le directeur général de l'équipe.

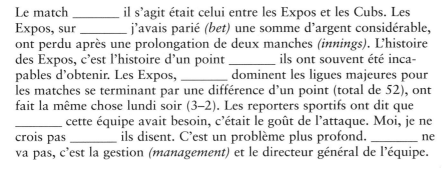

MONTRÉAL EXPOS

AU BÂTON
(Partie d'hier non comprise)

	AB	PC	CS	PP	CC	BV	Moy.
Alou	335	63	110	61	19	5	.328
Bell	83	9	22	9	2	3	.268
Benavides	75	8	16	6	0	0	.213
Berry	236	32	63	26	6	9	.267
Cordero	335	53	100	50	13	13	.299
Fletcher	233	23	66	50	10	0	.283
Floyd	272	33	75	35	3	8	.276
Frazier	126	22	37	12	0	19	.294
Grissom	373	73	103	33	6	30	.276
Lansing	319	37	84	32	4	9	.263
Milligan	72	10	18	12	2	0	.250
Spehr	32	7	7	5	0	2	.219
Walker	327	62	104	67	16	14	.318
Webster	107	11	31	20	4	0	.290
White	46	7	12	4	0	1	.261

AU MONTICULE

	G	P	VP	ML	PM	BB	R	MPM
Eischen	0	0	0	0.2	4	0	1	60.00
Fassero	7	6	0	132.0	46	40	115	3.14
Henry	6	2	1	76.1	21	15	52	2.48
Heredia	4	3	0	53.2	26	10	43	4.37
Hill	134	0	127.2	47	38	80	3.31	
Martinez	6	5	1	109.1	46	32	112	3.79
Rojas	3	2	15	69.0	26	15	65	3.39
Rueter	4	2	0	65.0	41	15	38	5.68
Scott	4	2	0	38.1	13	14	29	3.05
Shaw	4	2	0	60.0	25	15	39	3.75
Wetteland	2	6	14	45.1	15	17	51	2.98
White	1	1	0	20.1	15	11	15	6.65

Est-ce que vous êtes un(e) fanatique de base-ball? Avez-vous déjà vu jouer les Expos de Montréal?

Interactions

A. L'entretien. On vous interviewe pour un poste dont vous avez vraiment envie. Pendant l'entretien le directeur du personnel mentionne plusieurs détails embarrassants de votre dossier (voir ci-dessous). Vous lui donnez des raisons valables et vous arrivez à bien expliquer votre sérieux. Essayez de parler avec facilité *(articulately)* et avec élégance en utilisant des pronoms relatifs.

Ce que le directeur mentionne:

- Vous n'avez travaillé que six mois pour l'entreprise Hodik et vous voulez déjà partir.
- Vous avez oublié de mettre votre adresse sur votre demande d'emploi.
- Vous avez manqué au moins un jour par semaine à votre dernier emploi.
- On n'a reçu aucune lettre de recommandation.

B. Cher Monsieur/Chère Madame. Aujourd'hui, c'est la date limite pour rendre une dissertation sur l'existentialisme. Malheureusement vous ne l'avez pas encore terminée. Ecrivez une longue explication en donnant les raisons pour lesquelles vous êtes en retard. Essayez de convaincre le professeur qui avait bien averti la classe que c'était un devoir très important. Vous ne voulez pas perdre de points à cause de votre retard. Utilisez beaucoup de pronoms relatifs pour impressionner le professeur et pour qu'il voie combien vous êtes intelligent(e).

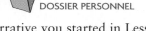

Deuxième brouillon 📁 DOSSIER PERSONNEL

1. Write a second draft of the narrative you started in Lesson 2, focusing particularly on the use of details to increase suspense and to dramatize the action. These details should heighten the interest of the story and make the reader anxious to find resolution to the conflict.
2. You might want to incorporate some of the following expressions that deal with suspense and emotional states:

   EXPRESSIONS UTILES: rester paralysé... ; être désespéré... ; avoir une peur folle *(to be terrified)*... ; sauter du lit... ; descendre/monter rapidement l'escalier... ; allumer/éteindre la lumière... ; sentir/entendre quelque chose... ; quelque chose bougeait; crier... ; menacer...

Phrases: Apologizing
Grammar: Relative pronouns **ce qui**, **ce que**; relative pronoun **dont**; relative pronouns **qui**, **que**; prepositions + relative pronoun **lequel**

SYSTÈME-D

Phrases: Writing an essay; sequencing events
Grammar: Compound past tense **(passé composé)**; imperfect **(imparfait)**; pluperfect **(plus-que parfait)**; participle agreement **(participe passé)**

SYSTÈME-D

SYNTHÈSE

Activités vidéo

Avant la vidéo

1. En groupes, racontez votre pire journée à l'université.
2. Est-ce qu'il vous est déjà arrivé de ne pas pouvoir choisir entre deux choses? Expliquez les avantages et les inconvénients de chaque option.

Après la vidéo

1. Faites la liste des «désastres» qui sont arrivés à Hélène. Auprès de qui et comment pourrait-elle se plaindre?
2. Jacqueline et Luc ont rompu. Pourquoi? Demandez et donnez des explications, puis négociez une réconciliation.
3. La dame dans le deuxième segment n'est pas sûre que la maison lui plaise. Avec un(e) partenaire jouez le rôle du couple. Le mari demande des explications et défend la maison. La femme explique en plus grand détail pourquoi cette maison ne lui convient pas.

◆ Turn to **Appendice B** for a complete list of active chapter vocabulary. ■

Activités orales

A. Au restaurant. Vous êtes dans un restaurant élégant et très cher où vous avez dîné plusieurs fois. En général, la nourriture et le service sont impeccables. Cette fois-ci, cependant, rien ne va comme il le faut. Vous demandez à parler avec le maître d'hôtel et vous vous plaignez des choses suivantes:

- Le champagne que vous adorez n'était pas froid *(chilled)*;
- Le steak que vous avez commandé était froid et trop cuit *(overcooked)*;
- Vous avez commmandé des petits pois, mais on vous a servi un légume auquel vous êtes allergique;
- La nappe *(tablecloth)* était sale;
- Il vous manquait une fourchette au couvert.

Jouez les rôles. Le maître d'hôtel vous demandera pardon et vous donnera des raisons. Par exemple, il vous dit que le restaurant a eu des problèmes d'électricité, que le chef de cuisine fait la grève, et que le serveur/la serveuse travaille là depuis seulement deux jours, etc.

B. Imaginez. Un(e) ami(e) a acheté votre ancienne voiture. Il/Elle vous a fait un chèque sans provision *(insufficient funds)*. Jouez les rôles avec votre camarade. D'abord, plaignez-vous au sujet du chèque. Votre ami(e) répond en disant que la voiture n'a jamais démarré *(never started)*. Vous continuez la conversation en vous plaignant, en vous excusant et en donnant des explications. Vous vous parlez poliment parce que votre amitié est très importante et vous voulez rester bons amis.

Activité écrite

Est-ce qu'il serait possible…? Ecrivez une lettre à des amis qui ont une belle villa sur la Côte d'Azur. Demandez si vous pouvez passer la dernière semaine du mois de juillet dans la villa avec plusieurs amis et vos deux chiens. Ce ne sont pas de très bons amis mais vous pensez que vous les connaissez assez pour leur demander un tel service. Echangez votre lettre avec un(e) camarade de classe. Chacun d'entre vous répondra à la lettre échangée. Vous donnerez ou refuserez la permission en expliquant votre décision.

Phrases: Writing a letter (informal); asking permission
Vocabulary: Traveling; house
Grammar: Prepositions **à** and **en** with places; verb + **de** + infinitive; verb + infinitive; verb + **à** + infinitive

Révision finale DOSSIER PERSONNEL

1. Reread your story, paying particular attention to whether the story creates the impression that you intended. Check whether the details add to this impression.
2. Bring your draft to class and ask two classmates to peer edit your paper. They should pay particular attention to whether or not your story creates the suspense you intended and whether they can identify the three parts of the story: the situation, complication, and resolution. Your classmates should use the symbols on page 407 to indicate grammar errors.
3. Examine your composition one last time. Check for correct spelling, grammar, and punctuation. Pay special attention to your use of negation, prepositions, and relative pronouns.
4. Prepare your final version.

Phrases: Writing an essay; sequencing events
Grammar: Compound past tense **(passé composé)**; imperfect **(imparfait)**; pluperfect **(plus-que-parfait)**; participle agreement **(participe passé)**

I. MANIFESTE DU FRONT DE LIBÉRATION DU QUÉBEC (1970)

Avant la lecture

- Qu'est-ce que vous savez sur le Québec?
- Est-ce que vous connaissez le Front de Libération du Québec? D'après le nom, quel est probablement le but de ce groupe? Parcourez l'extrait ci–dessous et devinez si c'est un groupe violent.
- Nommez d'autres groupes ou personnalités révolutionnaires que vous connaissez. Parlez de leurs idées et de leurs buts.

MANIFESTE DU FRONT DE LIBÉRATION DU QUÉBEC

S'inspirant des mouvements de libération de l'après-guerre, le Front de Libération du Québec (FLQ), fondé en 1963, cherchait à obtenir l'indépendance politique et économique du Québec par la violence. Voici un extrait du Manifeste du FLQ:

Le Front de Libération du Québec n'est pas le messie,° ni un Robin des temps modernes. C'est un regroupement de travailleurs québécois qui sont décidés à tout mettre en œuvre pour que le peuple du Québec prenne définitivement en mains son destin.

Le Front de Libération du Québec veut l'indépendance totale des Québécois, réunis dans une société libre et purgée à jamais de sa clique de requins° voraces, les «big boss» patronneux et leurs valets qui ont fait du Québec leur chasse gardée° du cheap labor et de l'exploitation sans scrupules.

Le Front de Libération du Québec n'est pas un mouvement d'agression, mais la réponse à une agression, celle organisée par la haute finance par l'entremise° des marionnettes des gouvernements fédéral et provincial.

Travailleurs de la production, des mines et des forêts; travailleurs des services, enseignants et étudiants, chômeurs, prenez ce qui vous appartient, votre travail, votre détermination et votre liberté. Et vous, travailleurs de la General Electric, c'est vous qui faites fonctionner vos usines; vous seuls êtes capables de produire; sans vous, General Electric n'est rien!

Travailleurs du Québec, commencez dès aujourd'hui à reprendre ce qui vous appartient; prenez vous-mêmes ce qui est à vous. Vous seuls connaissez vos usines, vos machines, vos hôtels, vos universités, vos syndicats; n'attendez pas d'organisation-miracle.

Faites vous-mêmes votre révolution dans vos quartiers, dans vos milieux de travail. Et si vous ne le faites pas vous-mêmes, d'autres usurpateurs technocrates ou autres remplaceront la poignée° de fumeurs de cigares que nous connaissons maintenant et tout sera à refaire. Vous seuls êtes capables de bâtir une société libre.

Il nous faut lutter, non plus un à un, mais en s'unissant, jusqu'à la victoire, avec tous les moyens que l'on possède comme l'ont fait les Patriotes de 1837-1838 (ceux que Notre sainte mère l'Eglise s'est empressée° d'excommunier pour

le messie le libérateur envoyé par Dieu

requin *shark*

leur chasse gardée l'activité qu'on se réserve exclusivement / **la poignée de** petit nombre de personnes

l'entremise intermédiaire

s'est empressée était pleine de zèle

mieux se vendre aux intérêts britanniques).

Qu'aux quatre coins du Québec, ceux qu'on a osé traiter avec dédain de lousy French et d'alcooliques entreprennent vigoureusement le combat contre les matraqueurs° de la liberté et de la justice et mettent hors d'état de nuire° tous ces professionnels du hold-up et de l'escroquerie:° banquiers, businessmen, juges et politicailleurs vendus...

Nous sommes des travailleurs québécois et nous irons jusqu'au bout. Nous voulons remplacer avec toute la population cette société d'esclaves par une société libre, fonctionnant d'elle-même et pour elle-même, une société ouverte sur le monde.

Notre lutte ne peut être que victorieuse. On ne tient pas longtemps dans la misère et le mépris un peuple en réveil.

Vive le Québec libre!
Vive les camarades
prisonniers politiques!
Vive la révolution québécoise!
Vive le Front de
Libération du Québec!

Le Québec en textes 1940–1980, pp. 412-419

les matraqueurs ceux qui donnent des coups (font de la publicité ou prennent des photos) / **nuire** ruiner

l'escroquerie *swindling*

Après la lecture

Compréhension

1. Qui fait partie du Front de Libération du Québec (FLQ)?
2. Qui est l'adversaire du FLQ?
3. Pourquoi est-ce que le FLQ fait appel à la révolution?
4. Le FLQ était très actif dans les années 1960 et 1970. En 1963, il a commis ses premiers actes terroristes et en 1970, il a enlevé des gens et puis a assassiné un homme d'affaires. Selon vous, est-ce qu'il y a des circonstances où la violence peut être justifiée comme moyen d'action politique?

Expansion

Faites des recherches sur l'histoire politique du Québec. Allez à la bibliothèque et cherchez sur Internet. Répondez aux questions suivantes: Quelle est l'histoire politique du Québec? Combien de personnes parlent toujours français au Québec? Qu'est-ce que les Québécois ont fait pour que le Québec reste francophone? Est-ce que le Québec veut toujours se séparer du Canada?

II. *SALUT GALARNEAU* DE JACQUES GODBOUT

Avant la lecture

Sujets à discuter

1. Le titre du Chapitre 8 de ***Bravo*** est «La vie n'est jamais facile». Dans le texte suivant, vous apprendrez que le narrateur se trouve dans une situation difficile. Il a déménagé dans une petite ville du Québec et au bout de quelques mois, sa petite amie lui apprend qu'elle attend un bébé. Ils se marient et, avec l'aide de toute la belle-famille, ils emménagent dans un grand appartement et achètent un restaurant dont le narrateur devient le patron. L'extrait décrit cette transition dans sa vie. Donnez tout de suite votre réaction au résumé de l'extrait que vous venez de lire. Qu'est-ce que vous voudriez tout de suite dire au narrateur? Quels conseils est-ce que vous avez pour les jeunes mariés?

2. Nous utilisons souvent l'humour ou le rire pour nous aider dans des situations difficiles ou embarrassantes. Décrivez quelques circonstances où une blague, de l'ironie, un jeu de mots, une exagération ou une remarque pleine d'humour vous a aidé à tolérer un problème ou une situation embêtante.

Stratégie de lecture

Technique poétique. Jacques Godbout est romancier et essayiste. Il a beaucoup réfléchi à la problématique de la langue. Il a rejeté «la langue française littéraire trop polie, trop cultivée, ... trop instruite, trop codifiée...» (Jacques Godbout, *Liberté,* mai 1974, p. 33). Dans *Salut Galarneau,* l'histoire d'un vendeur de hot-dogs, il utilise une langue souple et informelle (Godbout, *Liberté,* mai 1974, p. 33). Dans cet extrait, il fait parler Galarneau qui utilise des comparaisons uniques pour faire comprendre sa façon de voir les choses, ses émotions et ses réactions. Expliquez ce que Galarneau veut nous faire voir ou nous faire comprendre par les comparaisons suivantes (tous les exemples contiennent le mot «comme»). Ensuite, complétez les phrases en réutilisant le mot nouveau ou avec des synonymes. (Attention: Regardez les phrases dans l'extrait pour trouver le sens des mots que vous ne connaissez pas.)

- «Tu vas te retrouver un beau matin comme un cave avec un licou d'argent et un abonnement à l'*Anneau d'or.*»
Arthur compare son frère à...
- «Du Tastee-Freeze, la crème glacée molle comme du savon à barbe...»
Le narrateur (Galarneau) suggère que la glace ressemble à...
- «Elle restait la même en coquille bien sûr, mais son jaune d'œuf battait pour sa mère au balcon.»
Le narrateur décrit la transformation de sa femme. A l'extérieur elle reste la même, mais au-dedans, elle est différente. Pour montrer ces différences, Galarneau fait une analogie avec...

- «Toute la journée elles piaillaient comme des grives dans un cerisier.» Selon le narrateur, ces deux femmes sont très…
- «Je pataugeais dans la relish comme un enfant dans un ruisseau…» Le narrateur suggère qu'il est…
- «… machine à patate qui coupait comme la guillotine…» Le narrateur suggère que cette machine est…
- «Mais le bonheur c'est (comme) une mayonnaise: ça tourne sans qu'on sache pourquoi.» Le narrateur veut dire que le bonheur…

SALUT GALARNEAU!

Je suis au poste depuis une heure et de l'hôpital on n'a pas encore téléphoné. Ce n'est sûrement pas un accident, c'est sûrement un truc arrangé comme quand Louise est tombée enceinte,° après quelques mois de fréquentation. Ça n'était pas possible, on prenait des précautions, mais je me suis dit que ça devait être un accident—un accident ou bien une distraction. Mon frère Arthur m'avait pourtant prévenu, il m'avait dit: tu vas en province creuse;° Lévis° c'est au bout des glaces, méfie-toi des filles, ça sort du couvent, tu vas te retrouver un beau matin comme un cave° avec un licou° d'argent et un abonnement à l'*Anneau d'or,*° dont tu ne voudras pas. Il avait deviné juste. A peine Louise enceinte, la famille Gagnon m'a annexé—une, deux—on m'a traîné en Cadillac à la chapelle de la Visitation: un petit mariage électrique, propre, rapide. Le lendemain, Eusèbe Gagnon me vendait un terrain avec restaurant (c'est facile: ils possèdent la moitié de Lévis, les Gagnon), une petite binerie de restaurant° qui débitait° du tastee-freeze, la crème glacée molle comme du savon à barbe, près du port.

Il n'était surtout pas question de voyage de noces: tout de suite au travail! Quand on épouse une Gagnon, c'est la tribu qui dirige! Comptez-vous heureux et fiers, ce n'est plus le temps de rire et de chanter. Georges Gagnon va te refaire la peinture du dedans et de la façade, Arthur va vérifier la plomberie, Louis-Joseph, en guise de cadeau, va te loger chez lui. Louise va être heureuse, il y a trois pièces vides que vous pourrez décorer à votre aise, et votre balcon donne sur le balcon de la belle-mère qui est veuve et pourrait s'ennuyer.

Je m'étais fait passer un Québec.° Louise devint une autre femme, de la veille du mariage au lendemain. Elle restait la même en coquille° bien sûr, mais son jaune d'œuf° battait pour sa mère au balcon; toute la journée elles piaillaient comme des grives dans un cerisier.° Elle était enceinte, fallait lui pardonner, elle reposait ses belles jambes sur le sofa, en fumant des Matinées, le nez dans des quizz de télévision: Hannibal était-il un guerrier ou un joueur de hockey? Si je dis stratosphère, est-ce que je parle d'un gâteau ou d'une couche d'air?° Elle

---

enceinte en état de grossesse *(pregnant)*

en province creuse un coin perdu et pas sophistiqué / **Lévis** une petite ville sur le Saint-Laurent

un cave *a loser, a fool* / avec un licou harnais en cuir qu'on met autour du cou des animaux pour les attacher ou les faire travailler / Je m'étais fait passer un Québec *I was taken in* / un abonnement à l'**Anneau d'or** *a subscription to the "Golden Ring"—a payment plan for a store with this name to pay for the wedding ring* / en coquille *literally: the shell; figuratively on the outside* / son jaune d'œuf battait pour sa mère au balcon *her heart was beating for her mother whose balcony was just across from theirs* / elles piaillaient comme des grives dans un cerisier *they squealed like thrushes in a cherry tree* / une petite binerie de restaurant un restaurant où on sert des repas pour les travailleurs / débitait vendait / une couche d'air *layer of the atmosphere*

additionnait le coût des prix comme si elle était encore caissière, ajoutant la taxe provinciale de 6%, je veux dire... elle avait encore l'enveloppe suédoise° mais, au-dedans, elle n'était plus la même enfant parce qu'elle en attendait un.

De toute manière, j'étais coincé:° je n'avais même plus le temps de lui parler, de lui suggérer de déménager, d'empoisonner tous les Gagnon un soir à souper, y compris Charles, celui de *Gagnon Furnitures* qui nous avait vendu à crédit des meubles chinois en imitation de bois de rose, avec des lampes de jade appareillées, des baptêmes° de lampes rouges et vertes à rendre fou un croque-mort,° à rendre malade un macchabée.°

Mais je n'avais pas de temps à perdre: Aldéric m'avait posté de l'argent; plutôt que de me battre à la maison, je me tuais au restaurant pour en hâter l'ouverture. Pour faire plaisir aux Gagnon, j'avais gardé le nom du tastee-freeze *(Chez Ti-Coune)*. C'était déjà le cœur de l'été; fin juillet, j'étais prêt. Le jour de la Saint-Ignace je donnai les premiers cent hamburgers à ceux qui se

présentaient; la ville entière avait décidé de manger gratuitement; au centième j'ai dit: ça suffit, par ici la monnaie. La publicité était faite, la clientèle arrivait.

Je mentirais si je disais que je n'étais pas heureux: tout de suite le commerce a bien marché, je veux dire... j'ai vite appris à cuisiner, j'aimais parler aux gens, je ne fournissais° pas, je pataugeais° dans la relish comme un enfant dans un ruisseau, je grillais des saucisses, mes vêtements sentaient bon la bonne graisse chaude. J'étais aux oiseaux,° j'avais trouvé ma vocation, ma profession, mon avenir, qui aurait pu durer une éternité, je veux dire un grand bout d'éternité: hop! un hot-dog, hip! le bonheur, houp! une patate, vive le mariage avec une Suédoise° qui m'attend à la maison! Je créais. J'ai même perfectionné une nostie° de machine à patates qui coupait comme la guillotine de Robespierre.

Mais le bonheur c'est une mayonnaise: ça tourne sans qu'on sache pourquoi. La vie n'est jamais si simple, surtout chez les Gagnon de Lévis.

l'enveloppe suédoise *her figure was still thin and beautiful* (**argot québécois**)

coincé *stuck*

je ne fournissais pas *I wasn't serving, just cooking* / **je pataugeais** *I splashed about (with pleasure)*

j'étais aux oiseaux j'étais très content, *on cloud nine*

des baptêmes un juron *(swear-word)* Les Québécois utilisent souvent les mots qui sont liés à la religion pour jurer ou pour s'exclamer. / **un croque-mort** *under-taker* / **un macchabée** un cadavre / **une Suédoise** une belle femme

une nostie de un juron positif qui précède le nom. Osti ou hostie *as the host in a Catholic mass.*

Après la lecture

A. Observation et analyse. Répondez aux questions suivantes.

1. Décrivez le souvenir qui revient à l'esprit du narrateur, Galarneau, pendant qu'il attend un coup de fil de l'hôpital.
2. Quels conseils est-ce qu'Arthur a essayé de donner au narrateur avant son départ avec Louise?
3. Qu'est-ce que la famille Gagnon a fait quand elle a appris que leur fille était enceinte?
4. Expliquez ce que la famille Gagnon a fait pour les jeunes mariés.
5. Qu'est-ce que Louise faisait toujours pendant qu'elle était enceinte?
6. Décrivez les meubles que Charles a vendus aux jeunes mariés.

7. Combien de gens sont venus à l'ouverture du restaurant?
8. Que dit le narrateur pour convaincre le lecteur qu'il était content? Pensez-vous qu'il était vraiment heureux?

B. Complétez. Complétez les phrases suivantes.

1. Le jour du mariage ….
2. Le narrateur se met tout de suite au travail parce que…
3. Louise aime la maison où ils habitent parce que…
4. Louise est une femme….
5. Le jour d'ouverture du restaurant, le narrateur….
6. Le narrateur a inventé…
7. Selon le narrateur, le bonheur….

C. Réactions. Donnez votre réaction.

1. Décrivez Galarneau (le narrateur) et Louise et leur situation. Parlez ensuite de votre réaction devant les scènes décrites. Est-ce que vous avez été surpris(e), choqué(e), triste, etc.?
2. Décrivez la famille Gagnon. Parlez d'autres personnes que vous connaissez qui leur ressemblent. Est-ce que vous avez déjà entendu parler de telles personnes?
3. Etes-vous surpris(e)? Au bout de quelques mois, Galarneau comprend que Louise et la famille Gagnon l'ont trompé. Louise n'a jamais été enceinte. Pourquoi à votre avis la famille Gagnon a-t-elle monté cette comédie? Est-ce que vous connaissez d'autres histoires où les apparences comptent plus que la vérité?

Interactions

A. Le courrier du cœur. Imaginez que le narrateur (le personnage principal) écrit au courrier du cœur *(advice columnist)* pour raconter cette histoire. Ecrivez d'abord la lettre qu'il écrit pour demander de l'aide. Ecrivez ensuite la réponse du courrier du cœur. Quelles suggestions est-ce que vous lui donnez?

B. Le comique. En prenant vos exemples dans le texte, expliquez le caractère comique…

1. de deux exagérations.
2. de deux images stéréotypées et modifiées.
3. de deux comparaisons très inventives.
4. de deux utilisations inattendues ou absurdes d'adjectifs.
5. d'un exemple d'ironie.
6. de deux exemples de mauvais goût.
7. de deux citations de paroles de quelqu'un.

C. Une histoire. Avec un(e) camarade de classe, donnez libre cours à votre imagination et terminez l'extrait en imaginant ce qui est arrivé aux personnages principaux. Imaginez le narrateur et les personnages principaux dans dix ans.

Je prendrais bien celui-ci...

THÈMES: La maison; Les vêtements; Les ordinateurs; La cuisine

Les achats en magasin. Donnez vos opinions en faisant les magasins.

1. Cette robe est très jolie. (jupe/pantalon/chaussures)
2. Ce grand magasin est trop cher. (pressing/quincaillerie/station-service)
3. Quel est le prix de ce poste de télévision? (magnétoscope/ordinateur/lecteur de CD)
4. J'adore ces tennis. (manteau/sandales/chemise)
5. Ce frigo est très moderne. (congélateur/appareil/scanner)

The information presented here is intended to refresh your memory of various grammatical topics that you have probably encountered before. Review the material and then test your knowledge by completing the accompanying exercises in the workbook.

Avant la première leçon

Les adjectifs démonstratifs

Demonstrative adjectives are used to point out something or someone. They are the equivalent of *this, that, these,* and *those* in English. They must agree in gender and number with the nouns they modify.

	singulier	pluriel
masculin	ce (cet)	ces
féminin	cette	ces

Dans **cette** leçon-ci, nous étudions l'emploi des adjectifs démonstratifs. Nous avons besoin de **ces** petits mots lorsque nous voulons désigner une personne particulière ou un objet particulier.

NOTE: **Cet** is used before a masculine singular noun or adjective beginning with a vowel or mute **h**.

To distinguish between two elements, add **-ci** (when referring to something close to you) and -**là** (when referring to something far away).

—Qu'est-ce que tu penses de cette leçon-**là**?

—Moi, je préfère cette leçon-**ci**.

Les adverbes

A. L'usage

An adverb is used to qualify a verb, an adjective, or another adverb. Many adverbs in French end in **-ment**; the English equivalent is -*ly*.

B. La formation

Most adverbs are formed by adding **-ment** to the feminine form of the adjective:

Adjectif	Adverbe
actif/active	activement
doux/douce	doucement
lent/lente	lentement
naturel/naturelle	naturellement
sérieux/sérieuse	sérieusement

Comment? Comment est-ce que vous...

1. marchez? (lent/nonchalant/rapide)
2. étudiez? (fréquent/rare/indépendant)
3. pensez? (constant/superficiel/intelligent)
4. écrivez? (assez naturel/plutôt confus/simple)
5. traitez vos amis? (fidèle/patient/royal)

BUT: If the masculine adjective ends in a vowel, this form is often used to form the adverb:

absolu	absolument
probable	probablement
rapide	rapidement
vrai	vraiment

- When the masculine adjective ends in **-ant** or **-ent**, the endings are replaced by **-amment** and **-emment** respectively. They are both pronounced [amã]:

constant	constamment
méchant	méchamment
évident	évidemment
patient	patiemment

- A few adverbs end in **-ément**:

précis	précisément
profond	profondément
confus	confusément
énorme	énormément

C. La fonction

Adverbes de manière: ainsi *(in this way)*, bien, mal, cher, vite, ensemble, debout *(standing)*, plutôt *(rather)*, sans doute *(probably)*, volontiers *(willingly)*

Adverbes de quantité et d'intensité: plus, moins, peu, assez, beaucoup, trop, à peu près *(more or less)*, tellement *(so)*, tant *(so much)*, autant *(as much, so much)*, aussi *(as)*, davantage *(more)*, tout à fait *(completely)*, très

Adverbes de temps: avant, après, avant-hier *(the day before yesterday)*, hier, aujourd'hui, demain, après-demain *(the day after tomorrow)*, aussitôt *(immediately)*, tout de suite *(right away)*, bientôt, déjà, alors *(then)*, encore *(still)*, enfin, ensuite, d'abord *(at first)*, longtemps *(long, a long time)*, maintenant, autrefois *(formerly)*, auparavant *(before)*, quelquefois *(sometimes)*, soudain, souvent, toujours, tard, tôt

Adverbes de lieu: ici, là, là-bas *(over there)*, près, loin, ailleurs *(someplace else)*, devant, derrière, dedans *(inside)*, dehors *(outside)*, dessous *(underneath)*, dessus *(on top)*, nulle part *(nowhere)*, partout *(everywhere)*, quelque part *(somewhere)*

Adverbes de restriction: à peine *(scarcely)*, peut-être *(possibly)*, presque *(almost)*, seulement, ne... jamais, ne... personne, ne... rien

Comment dire ce qu'on préfère

Conversation

Premières impressions

Rappel: Have you reviewed demonstrative adjectives and adverbs? (Text pp. 328–329 and Workbook)

Soulignez:

● les phrases qui expriment les goûts et les préférences

Trouvez:

● en quelle matière est le blouson° que Sophie et Emily veulent acheter
● le prix le plus bas que le vendeur acceptera pour le blouson

un blouson *jacket*

le marché aux puces *flea market*

Le marché aux puces° de Lyon se trouve dans la banlieue à Vaulx-en-Velin. Deux amies, Sophie, une Française, et Emily, une Noire américaine,[1] toutes deux étudiantes à l'Université de Lyon, s'y promènent.

des bijoux (m pl) *jewelry* / **une cuisinière** *stove* / **une poêle** *frying pan* / **un plat à micro-ondes** *microwave dish*

SOPHIE: Vraiment, j'adore les marchés aux puces!

ÉMILY: Moi aussi! Il y a absolument de tout: des vêtements, des bijoux,° des cuisinières,° des poêles,° des plats à micro-ondes.°

SOPHIE: Oh, regarde les blousons là-bas! Moi, le cuir, j'adore!

LE VENDEUR: Bonjour, ma petite dame... Oui, ce blouson, il est fait pour vous!

ÉMILY: Hum... Je ne sais pas. Mais celui-ci... il est à combien?

LE VENDEUR: Un très bon choix! Du vrai cuir.

SOPHIE: Ah, mais j'aime mieux celui-là, à gauche.

LE VENDEUR: Celui-là est à 330€. Un vrai blouson de cuir, un blouson de pilote de la Seconde Guerre mondiale, mademoiselle.

SOPHIE: Moi, les trucs de guerre, j'ai horreur de ça...

ÉMILY: Tiens, regarde ce blouson-ci. Il est plus joli que ce blouson-là, non?

je vous le fais *I'll give (sell) it to you*

LE VENDEUR: Du très beau cuir aussi! Allez, je vous le fais° à 290€.

ÉMILY: Moi, je pensais 195€ plutôt.

LE VENDEUR: Allez, je vous le fais à 230€, parce que vous êtes gentilles...

ÉMILY: Allez, monsieur, 195€, et on vous le prend!

LE VENDEUR: Non mais... mesdemoiselles, si je ne fais pas de bénéfice, je ne peux pas survivre, moi.

SOPHIE: Vous ne trouvez pas qu'il faut aussi prendre en considération le revenu des gens? Nous sommes étudiantes!

par-dessus *on top of that*
une occasion *a bargain*

LE VENDEUR: Je ne peux vraiment pas. 230€, et je mets ce joli portefeuille en cuir par-dessus°...

SOPHIE: Ça, c'est une occasion!°

ÉMILY: OK, monsieur, nous le prenons.

SOPHIE: Voilà! Merci beaucoup, monsieur!

ÉMILY: Au revoir, monsieur!

[1] Beaucoup de Noirs américains ont immigré ou vécu en France. Ce sont surtout des artistes qui ont été reconnus en France avant d'être reconnus aux Etats-Unis. Parmi les plus célèbres sont Joséphine Baker, actrice et danseuse; Theloneus Monk, pianiste de jazz; James Baldwin, écrivain; Langston Hughes, écrivain.

Observation et analyse

1. Quelles sortes de choses est-ce qu'on vend dans un marché aux puces?
2. Quelle est l'opinion de Sophie sur le blouson d'aviateur? Expliquez.
3. Décrivez la dernière offre du vendeur.
4. Est-ce que vous pensez que les filles aiment marchander *(to bargain)* avec les vendeurs? Expliquez.

Réactions

1. Qu'est-ce que vous achèteriez dans un marché aux puces?
2. Est-ce que vous êtes déjà allé(e) à un marché aux puces? Où? Parlez de votre visite.
3. Aimez-vous marchander avec un vendeur—un vendeur d'automobiles, par exemple? Expliquez.

Joséphine Baker est allée en France dans les années 1920. Elle est morte à Paris en 1975.

Expressions typiques pour...

Exprimer ses goûts et ses préférences

Moi, j'adore... parce que...
Je préfère les vêtements neufs (aux vêtements d'occasion *[secondhand]*) parce que...
Je préfère ce pantalon-ci à celui-là parce que...
Je préfère celui-ci parce que...
J'aime mieux le manteau marron (que le manteau vert) parce que...
J'aime bien les tennis (mais je préfère les chaussures de bateau) parce que...
Ce que je préfère, c'est... plutôt que...
Je n'aime ni les tennis ni les sandales, mais (à tout prendre), ce sont les tennis que je préfère.
Je n'aime pas du tout.../Je n'aime pas tellement...
Ça ne me plaît pas.../ Ça ne me dit rien.
J'ai horreur de...
Parfois... *(At times . . .)*
Je ne sais pas./Bof.

Est-ce que vous préférez les boutiques ou les grands magasins? Expliquez.

Mots et expressions utiles

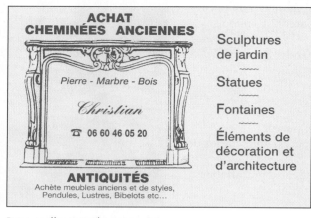

Dans quelle sorte de maison est-ce qu'on mettrait ces meubles? Devinez le sens des mots **pendules, lustres, bibelots.**

Les meubles et les appareils-ménagers *(furniture and household appliances)*

l'armoire [f] *wardrobe, armoire*
le coussin *cushion, pillow*
l'étagère [f] *shelf; shelves*
le placard *cupboard; closet*
le tapis *carpet*
le tiroir *drawer*

la cuisinière *stove*
le four à micro-ondes *microwave oven*
le lave-vaisselle *dishwasher*
la machine à laver (le linge) *washing machine*
le sèche-linge *clothes dryer*

MISE EN PRATIQUE

Au secours! Je cherche un appartement à louer à un prix raisonnable. J'aime mieux avoir une grande cuisine avec beaucoup de **placards**, d'**étagères** et de **tiroirs** afin d'y ranger ma vaisselle. J'adore faire la cuisine, tu sais. Et puisque je suis très occupée, mon appartement doit être équipé d'une **machine à laver**, d'un **sèche-linge**, d'un **lave-vaisselle** et d'un **four à micro-ondes**. Où puis-je trouver cet appartement de rêve?

Les vêtements et la mode

les bas [m pl] *stockings*
les bottes [f pl] *boots*
les chaussettes [f pl] *socks*
les chaussures [f pl] **à hauts talons/à talons plats** *high-heeled shoes/low-heeled shoes*
le collant *pantyhose*
les bijoux [m pl] *jewelry*
 la bague *ring*
 les boucles [f pl] **d'oreilles** *earrings*
 le bracelet *bracelet*
 le collier *necklace*
le blouson (en cuir/de cuir) *(leather) jacket*
le pardessus *overcoat*
la veste (de sport) *(sports) jacket*
la chemise *man's shirt*
le chemisier *woman's shirt*
le costume *man's suit*

le tailleur *woman's tailored suit*
l'imperméable [m] *raincoat*
le maillot de bain *swimsuit*
le parapluie *umbrella*
les sous-vêtements [m pl] *underwear*
le tissu *fabric*
enlever (un vêtement) *to take off (a piece of clothing)*
mettre un vêtement *to put on a piece of clothing*
changer de vêtements *to change clothes*
essayer (un vêtement) *to try on (a piece of clothing)*
s'habiller/se déshabiller *to get dressed/to get undressed*
être mal/bien habillé(e) *to be poorly/well dressed*
Ce vêtement lui va bien. *This piece of clothing looks good on him/her.*

Un vêtement est...

chic; élégant; en bon/mauvais état; sale; déchiré *(torn)*; râpé *(threadbare, worn)*; lavable *(washable)*; chouette *(familiar—great, nice, cute)*; génial *(fantastic)*; d'occasion *(secondhand, bargain)*; dans ses prix *(in one's price range)*; une trouvaille *(a great find)*

On vend des vêtements...

dans une boutique *in a shop, small store*
dans un grand magasin *in a department store*
dans une grande surface *in a huge discount store*
à un marché aux puces *at a flea market*

Divers

Je vous le fais *I'll give (sell) it to you*

M I S E   E N   P R A T I Q U E

Qu'est-ce que je vais acheter comme cadeau pour ma petite amie? Elle est toujours si **bien habillée** que je dois lui trouver quelque chose de très **élégant**. Peut-être un **tailleur** pour ses voyages d'affaires? Non, ce n'est pas **dans mes prix**. Hum... Un **chemisier** très **chic**? Mais je n'aime pas beaucoup les **chemisiers** ici. Un **maillot**? Non, c'est trop personnel. Un **parapluie**? Non, c'est trop anonyme! Ça y est! J'ai trouvé le cadeau parfait: des **bijoux**. Mais de quelle sorte? un **collier**? une **bague**? un **bracelet**? Hum...

A C T I V I T É S

A. Entraînez-vous: Sur le vocabulaire. Vous travaillez comme interprète pour un grand magasin à New York. Vous devez connaître le magasin par cœur pour pouvoir guider les touristes vers les rayons *(departments)* qu'ils cherchent. Etudiez la liste qu'on vous a donnée. Avec un(e) camarade de classe, jouez les rôles d'un(e) touriste français(e) et de l'interprète. (N'oubliez pas qu'en France le rez-de-chaussée est le *first floor* américain.)

MODÈLE: —*Excusez-moi, monsieur/mademoiselle/madame, mais où se trouve le rayon des tissus?*
—*C'est au troisième étage, monsieur.*

DEPARTMENT	FLOOR	DEPARTMENT	FLOOR
Blouses–women's	2	Shirts–men's	3
Fabric	4	Shoes	2
Jewelry	1	Suits–men's	3
Stockings	1	Suits–women's	2
Household appliances	3	Swimwear	2
Furniture	5	Umbrellas	1

Des noms comme Chanel, Dior ou Nina Ricci évoquent le prestige de la haute couture et des parfums délicats. Plus abordables *(affordable)* sont les collections de prêt-à-porter *(ready-to-wear)* et la confection industrielle *(clothing business)*, produites en masse et meilleur marché, que l'on trouve dans les boutiques, les grands magasins et les grandes surfaces.

La mode se démocratise et les frontières de son marché s'étendent de plus en plus. Cela signifie qu'une mode typiquement française, réservée à une classe sociale aisée *(well off)*, n'existe plus à proprement parler. Presque toutes les couches *(levels)* de la société s'intéressent à la mode. Les jeunes essaient d'établir leur identité à travers leur look. Par exemple, depuis 1994 le piercing est à la mode. Les jeunes se font percer les narines *(nostrils)*, les sourcils *(eye-*

brows), le nombril *(bellybutton)*. Certains déchirent leurs vêtements et attachent les lambeaux *(tatters)* avec des épingles à nourrice *(diaper pins)*.

Pour être appelées «haute couture»—une appellation contrôlée— les maisons de confection doivent avoir leurs propres ateliers de production, employer au moins vingt personnes, présenter à la presse chaque année une collection printemps-été et une collection automne-hiver d'au moins 75 modèles, et présenter à la clientèle ses collections sur trois mannequins vivants plusieurs fois par an.

Un des plus grands problèmes que les couturiers et créateurs de mode rencontrent est la contrefaçon *(counterfeiting)* de leur marque. Ce problème constitue une menace pour l'économie française et il force les maisons de haute couture à payer de gros frais pour la surveillance de leur marque. De plus, la qualité médiocre de ces imitations peut ternir *(tarnish)* la réputation du créateur.

Selon vous, est-ce que la mode est un art ou une entreprise commerciale? Pensez-vous que la mode influence trop la vie de certaines personnes? Expliquez. Est-ce que les vêtements sont indicatifs de la personnalité des gens qui les portent?

Et vous, quel look est-ce que vous préférez?

B. Préférences. En utilisant les *Expressions typiques pour...* donnez vos préférences sur quatre des sujets proposés.

MODÈLES: villes

En ce qui me concerne, j'aime mieux les grandes villes parce qu'il y a beaucoup de choses à y faire.

OU

Je n'aime pas tellement les petites villes parce que tout le monde se connaît et se retrouve partout, au supermarché, à l'église, à la poste, etc.

la boisson	le climat	les pays
la nourriture	les films	les vêtements
le sport	les chaussures	la musique
le petit déjeuner	les magasins	les restaurants

C. Une grande surface. Votre ami est vendeur dans une grande surface. Aidez-le à apprendre le vocabulaire nécessaire pour son travail en lui donnant un synonyme ou un antonyme pour chacune des expressions suivantes. Utilisez les *Mots et expressions utiles*.

Synonymes

1. chouette
2. un type de manteau pour se protéger du froid
3. ce qui couvre le plancher d'une pièce
4. un appareil pour faire cuire *(cook)* très rapidement
5. un type de manteau pour se protéger de la pluie

Antonymes

6. mettre un vêtement
7. un sèche-linge
8. un vêtement neuf
9. propre
10. à un prix exorbitant

LA GRAMMAIRE À APPRENDRE

Les pronoms démonstratifs

A. Les pronoms définis

You reviewed demonstrative adjectives earlier. Expressing preferences also necessitates at times the use of demonstrative pronouns. The definite demonstrative pronouns agree in number and gender with the nouns that they replace.

	singulier	pluriel
masculin	celui...	ceux...
féminin	celle...	celles...

They are used to point out or designate something or someone. They must always be used with **-ci** or **-là**, a preposition, or a dependent clause headed by a relative pronoun. Note that **-là** is used much more frequently than **-ci** in spite of the distinction between **-ci** *(close by)* and **-là** *(farther away)*. These usages are illustrated as follows:

- Followed by **-ci** *(this one, these)* and **-là** *(that one, those)*

   J'aime bien cette casserole-ci, mais le marchand me recommande **celle-là**.
   I like this pan a lot, but the salesperson recommends that one.

If you are shopping and there is a variety of similar items, you can point and say:

   Donnez-m'en deux (trois, etc.) de **ceux-là** (**celles-là**), s'il vous plaît.

The expressions **celui-là** and **celle-là** have a pejorative meaning when used to talk about a person who is not present. For example:

   —Tu connais le grand blond qui est avec Caroline?
   —Oh, **celui-là**. Ne m'en parle pas!

- With a preposition (usually **de**)

   Tiens, tu peux prendre mon pardessus et **celui de** Marc aussi, s'il te plaît?
   Say, can you take my overcoat and Marc's too, please?

NOTE: With **de**, the demonstrative pronoun indicates the owner or possessor.

- Followed by a dependent clause headed by a relative pronoun

   De tous les pardessus je préfère **ceux qui tiennent chaud**.
   Of all the overcoats, I prefer those that keep you warm.

   Celui que je préfère est en laine. Il est chaud.
   The one I prefer is wool. It is warm.

   C'est pour **ceux** qui aiment avoir chaud.
   It's for those who like to be warm.

- In order to precisely indicate an object, the following words can be added:

celui	de gauche
celle	de droite
ceux	d'en bas
celles	d'en haut
	du milieu

B. Les pronoms indéfinis

The indefinite demonstrative pronouns **ceci** *(this)* and **cela** (**ça**) *(that)* do not refer to a specific noun but to a concept or idea. Ceci is rarely used except to announce an idea to follow. Ça is considered informal; **cela** is more formal and is used in written language.

   —Dis-moi si tu comprends **ceci**: la laine est le tissu le plus recommandé pour se protéger du froid et de la pluie.
   —Ça, c'est facile à comprendre.

Est-ce que vous aimeriez commander des vêtements sur mesure? Pour quelle(s) occasion(s)?

ACTIVITÉS

A. Trouvailles *(Lucky finds)*. Vous revenez du marché aux puces où vous avez acheté beaucoup de choses. Maintenant vous montrez vos trouvailles à votre sœur. Complétez les blancs avec un pronom démonstratif approprié.

1. 2,80 mètres de tissu exotique. C'est _____ que Sophie voulait pour se faire une robe.
2. Trois Rolex (des imitations!). _____ que je préfère, ce sont les deux plus petites.
3. Deux paires *(f pl)* de bottes. _____-ci est pour Julien; _____-là est pour Jessica.
4. Ces pulls en acrylique sont exactement _____ dont maman avait besoin.
5. Malheureusement, leurs manteaux n'étaient pas super, et _____ que j'ai choisi est un peu râpé aux manches.
6. Ces lunettes à bordure rouge sont un peu comme _____ de Laurence, non?
7. Ce walkman japonais ressemble à _____ que Bénédicte s'est acheté, pas vrai?
8. Il y avait un choix énorme d'outils. J'espère que _____ que j'ai choisi pour papa sera utile.

B. Une boutique chic. Imaginez que vous alliez dans une boutique à Paris avec une amie riche et snob de votre mère. Traduisez ce qu'elle dit. Ensuite, donnez votre réaction.

I'm looking for a red dress. I like that one over there, but I'd prefer that it have long sleeves (**une manche**).

Oh, this wool (**en laine**) pullover is much prettier than that one.

What is that? Is that a skirt? It looks like a bag (**un sac**)! The ones that I prefer have a cut (**une coupe**) that suits me better than this! This other model is for those who are taller.

What is that woman doing over there? That one. Why is she staring at me (**dévisager comme cela**)? Let's leave!

C. A la recherche d'une tenue habillée *(dressy clothes)*. Racontez ce qui s'est passé la dernière fois que vous avez acheté une robe habillée *(dressy dress)* ou un costume.

1. Quelle était l'occasion?
2. Qu'est-ce que vous cherchiez?
3. Qu'est-ce que vous avez fini par acheter?
4. Vous étiez satisfait(e)?
5. Est-ce qu'il y avait des retouches *(alterations)* à faire?

LA GRAMMAIRE À APPRENDRE

Les adverbes

You have already reviewed the formation of many adverbs in *La grammaire à réviser*, as well as their usage and function. The irregular formation and placement of adverbs will now be discussed.

A. La formation des adverbes irréguliers

- Some adverbs are formed in an irregular way.

Adjectif	Adverbe
bon/bonne *good*	bien *well*
bref/brève *brief*	brièvement *briefly*
gentil/gentille *nice*	gentiment *nicely*
mauvais(e) *bad, wrong*	mal *badly*
meilleur(e) *better*	mieux *better*
petit(e) *small*	peu *little*

—Ce manteau en polyester me protègera **peu** du froid en hiver.
—C'est vrai. Un manteau en pure laine te tiendrait plus chaud. Mais ce modèle-ci te va **mieux** que l'autre.

- In certain expressions, an adjective may be used as an adverb. There is, therefore, no change in form.

chanter faux *to sing off key*
parler bas/fort *to speak softly/loudly*

coûter cher *to cost a lot*
sentir bon/mauvais *to smell good/bad*
travailler dur *to work hard*
voir clair *to see clearly*

—Ces croissants **sentent bon.**
—Oui, mais ils **coûtent cher.**

- An adverb that is a direct equivalent to those we often use in English may not exist in French. For example:

en colère *angrily*
de façon permanente *permanently*
avec espoir *hopefully*
avec plaisir *gladly*

B. La position des adverbes

- In general, adverbs follow the verb they modify in the simple tenses in French. In English they often come between the subject and the verb. This is *never* the case in French.

Il fait **rapidement** un tour au marché aux puces.
He quickly takes a walk around the flea market.

- In French, some adverbs can begin a sentence. The most common are adverbs of time, **heureusement**, and **malheureusement**.

D'abord elle achète une paire de chaussures d'occasion.
First she buys a pair of secondhand shoes.

- When a compound tense is used, many common adverbs are placed between the auxiliary and the past participle.

Elle s'est **presque** acheté une Mercedes.
She almost bought a Mercedes.

Est-ce qu'elle aurait **vraiment** fait cela?
Would she really have done that?

NOTE: Adverbs may be placed after the past participle for emphasis:

Ces jouets-là lui ont plu **énormément.**
Those toys pleased her enormously.

- When a verb is followed by an infinitive, common adverbs are placed beween the two verbs.

Elle va **sûrement** retourner au marché le week-end prochain.
She is surely going to go back to the market next weekend.

- As in English, French adverbs precede the adjectives and adverbs that they modify.

Elle a **très bien** fait de partir au bout d'une heure.
She did very well to leave after one hour.

ACTIVITÉS

A. La vie universitaire. Un employé de l'université vous pose des questions pour apprendre si vous vous adaptez bien à la vie universitaire. Répondez à ses questions en employant un des adverbes de votre choix ou le dérivé d'un des adjectifs proposés.

**régulier / vrai / précis / sûr / absolu / constant / naturel / franc /
bref / gentil / énorme / complet / rare / heureux / malheureux /
fréquent / petit / patient / bon**

Est-ce que...
1. vous étudiez?
2. vous dormez sept heures par jour?
3. vous mangez trois fois par jour?
4. vous sortez?
5. vous aimez votre cours de français?
6. vos professeurs sont bons?
7. vous êtes content(e) de l'université?
8. vous allez revenir l'année prochaine?

B. Une lettre. Laurent écrit une lettre à un ami. Vous trouvez que ce qu'il a écrit n'est pas très intéressant. Embellissez la lettre en ajoutant les adverbes suivants.

**demain / hier / méchamment / énormément / gentiment / très / vraiment
trop / malheureusement / heureusement / presque / soudain / doucement
dehors / ailleurs / complètement / en même temps / bien entendu**

Lyon, le 5 juin

Cher Justin,
Tu ne croiras jamais ce qui m'est arrivé _____! J'étais dans le parking de Carrefour et un chien a couru vers moi. Il aboyait *(was barking)* _____. Il était _____ costaud et il avait l'air _____ féroce. _____ j'avais peur et je ne savais pas _____ quoi faire. J'étais _____ sûr que si je courais, il allait courir après moi. _____, j'ai eu une idée. Je lui ai parlé _____ et _____ je suis monté sur ma voiture! Les clients qui étaient dans le parking me regardaient comme si j'étais _____ fou! A l'avenir, je ferai mes courses _____. Quel embarras!
     Salut, et à la prochaine!

Laurent

C. La réponse. Justin, un Américain, répond à son ami Laurent. Traduisez cette lettre en français pour lui.

Columbus, June 17

Dear Laurent,
I can just see you (**Je t'imagine bien**) standing on your car! You can do better than that! They say that with dogs you must sing slowly—even if you sing off key (I know you sing well!)—and walk slowly. Frankly, you did precisely the wrong thing (**le contraire de ce qu'il fallait faire**). One should absolutely not show that one is afraid (**avoir peur**) of dogs. They are extremely sensitive (**sensible**) to fear. The next time, I hope that you will react (**réagir**) more intelligently (**d'une façon plus intelligente**).
     Hope to hear from you soon.

Justin

Interactions

A. Les possibilités. Vous feuilletez un catalogue avec un(e) ami(e). Vous voulez acheter une platine lecteur CD ou une platine cassette. Expliquez à votre ami(e) laquelle vous préférez et pourquoi. Vous allez voir s'il/si elle choisit la même chose. Discutez de vos choix avec la classe.

B. Débat. En français, il y a un proverbe qui dit: «L'habit ne fait pas le moine *(monk)*». Est-ce qu'on peut juger la personnalité de quelqu'un par ses vêtements? Prenez parti en paires ou en groupes de trois et discutez de la question.

A **Le lecteur-enregistreur mini-disc SONY.** Enregistrez et écoutez en qualité numérique. Fonction Music Scan, titrage + nombreuses fonctions d'édition. Molette de sélection rapide. Enregistrement synchro d'une source numérique ou analogique. Entrée optique. Télécommande. Taille midi : largeur 43 cm. Réf. 421.8574 **240 €**

La double platine lecteur CD/lecteur-enregistreur MD. Idem ci-dessus avec **afficheur 2 lignes.** Entrée et sortie numérique optique. Fonction copie rapide du CD. Prise casque. *Modèle photographié.* 433.1508 **400 €**

B **L'ampli-tuner SONY.** 2 x 120 W. 4 entrées, 1 sortie audio, 1 sortie vidéo. Prise casque. Suramplification des basses. **Tuner RDS PO/FM.** 30 stations mémorisables. Télécommande compatible éléments séparés SONY (audio/vidéo). **Modèle n°1.** Réf. 421.9015 **240 €**

Modèle n° 2 Idem modèle n°1 avec décodeur **Dolby Prologic intégré** compatible **Dolby Digital 5.1 canaux** pour encore mieux apprécier les performances de votre DVD. 4 ambiances sonores pré-programmées. Sortie caisson de basses. Paramétrage des effets sonores. 2 x 160 W. ou pro-logic 3 x 160 W. à l'avant et centre, 2 x 160 W. à l'arrière. 1 sortie moniteur vidéo. Réf. 433.3055 **330 €**

Modèle n° 3 . Idem modèle n° 2 avec décodeur **Dolby Prologic, Dolby Digital et DTS intégré.** Ampli 5 x 120 W. 11 ambiances sonores pré-programmées. Télécommande universelle SONY. *Modèle photographié.* 433.5597 **400 €**

C **La platine double cassette SONY.** Double autoreverse. CD synchro. Copie rapide. Dolby B/C HX-PRO. 2 moteurs, têtes haute densité. Compteur électronique. Contrôle vitesse de lecture. Accés rapide aux titres. Réglage automatique du niveau d'enregistrement. Fonction fondu. Réf. 421.9082 **240 €**

D **La platine CD SONY.** 24 plages programmables. Répétition. Calendrier musical. Fonction Edit avec recherche de crête. Sortie numérique optique. Télécommande. **Modèle n° 1.** Réf. 433.5635 **149 €**

Modèle n° 2 idem ci-dessus avec **télécommande** à volume réglable. Molette d'accés rapide aux plages. *Modèle photographié.* 433.5953 **159 €**

E **Les platines-chargeurs SONY 200, 300 ou 400 CD.** Changez vos CD n'est plus une contrainte, ces chargeurs le font pour vous, dans l'ordre que vous voulez. **Jusqu'à 400 CD immédiatement disponibles pour l'écoute !** Télécommande. 4 convertisseurs N/A Hybrid pulse. 32 plages programmables. Molette de sélection rapide CD/plages. Fonction **"CD Text"** : affichage titre CD, morceau, nom de l'artiste (uniquement les CD enregistrés avec cette fonction). **"Disc memo"** : enregistrement titres CD. **"Group File"** : groupement des titres par genre de musique. Meilleur suivi de piste grâce à l'asservissement numérique. Fader. Sortie numérique optique.

Platine 200 CD. Télécommande à fonctions programmation et sélection (classement des CD en 8 groupes). 433.7786 **400 €**

Platine 300 CD. Idem platine 200 CD avec **double molette de sélection,** entrée pour connecter un clavier PC et programmer les titres de vos CD. 433.8146 **490 €**

Platine 400 CD. Idem platine 300 CD. 433.8154 **660 €**

F **La platine 5 CD SONY.** Mêmes caractéristiques que D (modèle 2) avec 32 plages programmables. Fonction Ex-change. 433.8294 **240 €**

Préparation 📁 DOSSIER PERSONNEL

In this chapter, you will learn to write directions so that you teach your reader something. This activity should help you logically develop an idea and then explain it.

1. First of all, choose an idea or process that you know well so that you can carefully explain it to someone else. In fact, giving directions will help you learn the process. You may want to choose from among the following ideas: describe an experiment; explain a graph, a map, caption, sketch or outline, or survey; explain the rules of a game; explain a recipe; write directions for skills, such as eating with chopsticks, playing a musical instrument; explain how to save someone from choking to death, etc. Feel free to use another idea. Whatever you choose, you should be prepared to explain your directions orally while other students follow along.
2. Write out a draft of the steps to the instructions.
3. If possible, watch someone do the activity and take notes.

Vocabulary: Clothing; house; kitchen
Grammar: Demonstrative pronouns; adverb formation
Phrases: Sequencing events; linking ideas

SYSTÈME-D

LEÇON 2

Comment comparer

Conversation

Premières impressions

Soulignez:
- les expressions pour dire que deux choses sont identiques, comparables ou différentes

Trouvez:
- les deux sortes d'ordinateurs qu'on compare

Sophie, qui est en deuxième année de sciences économiques, pense acheter un ordinateur. Elle retrouve Emily dans un magasin d'informatique pour en parler.

un micro *desktop computer /* **un portable** *laptop computer*

SOPHIE: Oh! Regarde tous ces ordinateurs: des micros,° des portables°... Ils se ressemblent tous. Comment est-ce que je peux en choisir un? Ils semblent tous pareils!

ÉMILY: Moi, je te recommanderais plutôt un portable d'abord parce qu'il ne prend pas beaucoup de place. Et puis, tu pourrais l'emporter avec toi pendant les vacances ou chez tes parents.

cédérom *CD-ROM*
un disque dur *hard (disk) drive*

SOPHIE: C'est une idée. Mais est-ce qu'on peut avoir un cédérom° avec un portable ou seulement un disque dur?°

ÉMILY: On peut avoir un cédérom détachable mais ça coûte plus cher.

les logiciels *software*
les réseaux (m pl) *networks*

SOPHIE: Et la mémoire? Il en faut beaucoup avec les logiciels° sophistiqués et l'accès aux réseaux° de l'Internet. On m'a dit que les micros ont une plus grande mémoire.

puissance *power, speed*

ÉMILY: Ah non, maintenant les portables ont autant de mémoire que les micros, mais ils sont un peu en retard au point de vue puissance.°

SOPHIE: Ah... Et au niveau des logiciels, lesquels permettent le plus grand choix: les micros ou les portables?

ÉMILY: Je crois qu'il y a beaucoup de logiciels pour les deux.

SOPHIE: Mais dis-moi, à supposer que je choisisse un portable, est-ce qu'on peut avoir une même qualité audio avec le lecteur de cédérom?

ÉMILY: Ça dépend du modèle. Mais vraiment, à moins de faire des études de musique, tu ne t'apercevras pas de la différence.

SOPHIE: Le problème c'est que le portable est plus pratique mais il coûte aussi beaucoup plus cher.

le traitement de texte *word processing /* **te brancher** *connect*

ÉMILY: Moi, je suis partiale, j'adore mon portable, mais c'est une préférence personnelle. De toute façon avec «Windows», tu auras un bon traitement de texte° et avec un bon modem tu pourras te brancher° sans le moindre problème, partout.

SOPHIE: Et je deviendrai une vraie cybernaute!

Ne rigole pas. *Don't laugh/joke. /* **se prendre au jeu et aux pièges** *to become fascinated, even obsessed*

ÉMILY: Ne rigole pas.° On peut se prendre au jeu et aux pièges° de la navigation cybernétique.

Observation et analyse

1. Pourquoi est-ce que Sophie veut acheter un ordinateur?
2. D'après la conversation, quels sont les avantages respectifs des micros et des portables?
3. Quels facteurs semblent entrer dans la décision de Sophie?
4. Est-ce que Sophie et Emily ont la même formation informatique?
5. Quel ordinateur est-ce que Sophie va probablement acheter? Pourquoi pensez-vous cela?

Réactions

1. Est-ce que vous avez un ordinateur? Si oui, vous en êtes content(e)? Si non, vous en utilisez un? Où?
2. Plusieurs universités équipent chaque nouvel(le) étudiant(e) d'un micro-ordinateur personnel. Est-ce que vous pensez que toutes les universités devraient faire la même chose? Expliquez. Est-ce que vous pensez que les lycées devraient avoir un ordinateur pour chaque étudiant?

Expressions typiques pour...

Comparer

Souligner les ressemblances

Il n'y a aucune différence entre ces deux articles.

Ils sont $\begin{cases} \text{pareils.} \\ \text{semblables } (similar). \\ \text{identiques.} \end{cases}$

Ils sont (plus ou moins) comparables.
C'est le même (logiciel).
Ils se ressemblent comme deux gouttes d'eau. *(They are as alike as two peas in a pod.)*
Cet ordinateur ressemble à l'autre.
Ils ont beaucoup de choses en commun.

Il n'y a pas beaucoup $\left.\vphantom{\begin{matrix}a\\b\end{matrix}}\right\}$ de différence(s).
Il y a peu

Il a autant de mémoire que l'autre.
Il est aussi rapide que l'autre.

Souligner les différences

Ils sont différents l'un de l'autre.
Il est (bien, beaucoup, un peu) plus/moins rapide que l'autre.
Cet ordinateur n'est pas aussi rapide que l'autre.
Il a moins de/plus de mémoire que l'autre ordinateur.
Ils ont très peu de choses en commun.
Ils n'ont rien en commun.
C'est mieux/pire.
La qualité est (bien) meilleure.
Cet appareil n'a rien à voir avec *(has nothing to do with)* celui-là: il n'est pas comparable!

Mots et expressions utiles

Les ordinateurs/Les communications

l'informatique [f] *computer science; data processing*
  être dans l'informatique *to be in the computer field*
un micro(-ordinateur) *desktop computer*
un portable *laptop computer*
le logiciel *software*
le matériel *hardware*
le cédérom (CD-ROM) *CD-ROM*
le clavier *keyboard*
compatible *compatible*
le disque dur *hard (disk) drive*
une disquette *diskette*
  à double densité *double density*
  à haute densité *high density*
l'écran [m] *screen*
l'imprimante [f] *printer*
  à laser *laser*
le lecteur de disquettes *disk drive*
le lecteur zip *zip drive*
la mémoire *memory*
la puissance *power, speed*
la souris *mouse*
la touche *key*

les commandes [f pl] *commands*
les données [f pl] *data*
un fichier adjoint *attachment*
les graphiques [m pl] *graphics*
le programme *program*
un tableau *chart*

le traitement de texte *word processing*

appuyer *to press, push (a key)*
brancher *to plug in*
cliquer *to click*
déplacer *to move (something)*
effacer *to erase*
enlever *to take out*
faire marcher *to make something work*
formater *to format*
programmer des menus *to program (create menus)*
reculer *to backspace*
sauvegarder *to save*
(re)taper *to (re)type*

le browser *browser*
se connecter/se brancher à l'Internet *to connect to the Internet*
le courrier électronique (l'e-mail) *e-mail*
le cybernaute *one who enjoys the Web*
l'Internet [m] *the Internet*
le réseau *network*
télécharger un message/un dossier *to download a message/a file*
le site Web *Web site*
le Web *World Wide Web*
zapper *to zap; switch between channels or sites*

MISE EN PRATIQUE

—De quels **logiciels** est-ce que tu te sers?

—Oh, j'ai beaucoup de **programmes** et de jeux. Mais j'utilise surtout un **logiciel** de **traitement de texte**. Je **tape** mes notes de cours, je fais mes devoirs, je fais tout avec.

—Et est-ce que tu te sers toujours de **disquettes**?

—Ça dépend. Quand j'ai beaucoup de **données**, je les **sauvegarde** sur le **disque dur**. Mais si c'est quelque chose de très important, je le **sauvegarde** aussi sur une **disquette à haute densité** ou sur un **lecteur zip**, au cas où j'**effacerais** par accident le contenu du **disque dur**.

—Et l'**Internet**?

—Je **me connecte à l'Internet** absolument tous les jours. Je suis vraiment **cybernaute**. Je ne pourrais plus m'en passer *(to do without it)*, je crois.

MATÉRIEL INFORMATIQUE

● **PC 486** log. imprim. 170€ 01.49.28.96.37 06.13.19.72.31

● **Cartouche laser** jet d'encre toner imprimante px imbat 01.41.71.09.86

● **Achète PC pentium II** 300 MHz (ou mieux) si possible équipé MODEM faire offre carte identité obligatoire. 01.42.85.07.08

● **Vds Personal LaserWriter** NTR pour Macintosh et PC TBE 230€; écran 17" Sony Multifréquences TBE 210€; vds lecteur ZIP 250Mo 170€ 06.10.76.55.67

● **Technicien agréé** gdes marques dépanne à votre domicile ordinateur internet 06.10.76.04.02

● **Vds Power Mac 9150** 2Go CD 48Mo + écran 1710 Apple Vision Multimédia, le tout en TBE, pour 780€; écran 19" tube trinitran multifréquences TBE, 490€ 06.10.76.55.67

● **Windows 95** nf ds embal. av licence + internet Explorer 40€ + installation gratuite 01.49.60.06.21   06.13.41.40.19

● **P. multimedia** 270€ écran 58€, 486 portable 210€, laser, fax, 06.12.30.38.29

● **Vds PC écran** clavier imp. access 680€, TV couleur access 148€ 01.43.64.59.12

● **Vds portable 486** couleur avec Win 95 & Word 210€ 01.49.60.06.21 06.13.41.40.19

● **AMD K6 II** 128Mo 13Go video 16Mo. CDRom 40x, écran 17, imprimante, scanner, meuble, 720€ TBE avec factures. 06.87.75.69.56

● **PIII 600** 15 Go. 64Mo. AGP 8 Mo cd rom 50x + son 16 bits, 56k 17" 1.500€ 06.20.56.22.88

● **Kit format**, au net abonn. + com grat inclus 06.20.65.91.99

● **Vds Windows NT**, service pack4, + livre lic 06.20.54.46.02

● **PC 486 coul** + imprim coul + UC 486 TBE 180€ 01.40.34.23.83

ACTIVITÉS

A. Entraînez-vous: Petites annonces. Vous voulez acheter du matériel informatique. A quelle(s) annonce(s) ci-dessus est-ce que vous répondriez si vous vouliez le matériel décrit dans les numéros 1–5? Expliquez votre réponse.

1. un Macintosh multimédia
2. un micro PC avec une imprimante couleur
3. un portable avec Word
4. un lecteur zip
5. un CD-ROM et un scanner

B. Une compagnie d'informatique. Vous travaillez pour une compagnie américaine d'informatique qui souhaite vendre ses ordinateurs au Québec. Traduisez cette publicité.

We are presenting IZT's new laptop computer with CD-ROM. It is compatible with all systems on the market (**tous les systèmes sur le marché**). It can use all software developed for IBT. The keyboard is sensitive (**sensible**), the screen is easy to adjust (**régler**). It is perfect for word processing while you are traveling. It can read almost all printers' software. Isn't it time you bought the IZT portable computer?

C. Comparaisons. En petits groupes, comparez quatre des sujets présentés ci-dessous.

MODÈLES: les livres

Les livres de poésie sont plus difficiles à lire que les livres de science-fiction.

OU

Les livres de James Joyce sont plus difficiles à lire que les livres de Robert Ludlum.

les lecteurs de CD	les télés à écran plat	la poésie
les villes touristiques	les glaces	les universités
les boissons	les vêtements	les ordinateurs
les voitures	les films	

LA GRAMMAIRE À APPRENDRE

Le comparatif et le superlatif des adjectifs

A. When comparing two things or people, **plus**, **moins**, or **aussi** is placed before the adjective and **que** after it.

Cet ordinateur-ci est **plus** rapide **que** celui-là.
This computer is faster than that one.

Cet ordinateur-ci est **moins** cher **que** celui-là.
This computer is less expensive than that one.

Cet ordinateur-ci est **aussi** puissant que celui-là!
This computer is as powerful as that one!

B. The superlative is used to compare three or more things or people. It is formed by placing **le, la,** or **les** and **plus** or **moins** before the adjective. The adjective is placed in its normal position—before or after the noun depending on the adjective. **De** is used after the adjective to indicate location. This is the equivalent of *in* or *of* in English. Do not use **dans** in this instance.

C'est l'ordinateur **le plus** cher **de** ce magasin d'informatique.
That is the most expensive computer in this computer store.

C'est **le plus** petit écran **du** magasin.
That is the smallest screen in the store.

With the adjectives that normally precede the noun, it is also correct to put them after the noun:

C'est l'écran **le plus** grand.
That is the biggest screen.

NOTE: The following construction can always be used:

Cet ordinateur est **le plus cher** de tous les ordinateurs qu'on vend dans ce magasin d'informatique.
That computer is the most expensive of all the computers that they sell in this computer store.

C. The adjectives **bon** and **mauvais** are irregular in some forms.

	Comparatif	Superlatif
bon(ne)	meilleur(e)	le meilleur
		la meilleure
		les meilleur(e)s
	moins bon(ne)	le moins bon
		la moins bonne
		les moins bon(ne)s
	aussi bon(ne)	
mauvais(e)	plus mauvais(e), pire	le plus mauvais, le pire
		la plus mauvaise, la pire
		les plus mauvais(es), les pires
	moins mauvais(e)	le moins mauvais
		la moins mauvaise
		les moins mauvais(es)
	aussi mauvais(e)	

NOTE: **Pire** is often used to express abstract judgment, whereas **plus mauvais** expresses concrete judgment:

—J'ai **le meilleur** ordinateur du monde!
I have the best computer in the world!

—Mais tu as **le plus mauvais** logiciel!
But you have the worst software!

—Ça, c'est **la pire situation** possible!
That's the worst possible situation!

Le comparatif et le superlatif des adverbes

A. The same constructions (**plus que, moins que, aussi que**) are used to compare adverbs.

Ce portable fonctionne **plus** vite **que** l'autre.
That laptop runs faster than the other.

Ce portable fonctionne **moins** vite **que** l'autre.
That laptop runs less quickly than the other.

Ce portable fonctionne **aussi** vite **que** l'autre.
That laptop runs as fast as the other one.

B. When forming the superlative of adverbs, the articles do not change to agree in number and gender because adverbs are invariable.

Ce sont les portables qui fonctionnent **le plus** vite.

C. The adverbs **bien** and **mal** are irregular.

	Comparatif	**Superlatif**
bien	mieux	le mieux
	moins bien	le moins bien
	aussi bien	
mal	plus mal	le plus mal
	[pis *(rarely used)*]	[le pis *(rarely used)*]
	moins mal	le moins mal
	aussi mal	

Cet ordinateur-ci fonctionne **le mieux.**
This computer works the best.

Celui-là fonctionne **le moins bien.** Il est vieux.
That one works the worst. It is old.

Le comparatif et le superlatif des noms

A. When comparing amounts or quantities of nouns, the expressions **plus de**, **moins de**, and **autant de** are used.

Cet ordinateur a **plus de** mémoire **que** l'autre.
That computer has more memory than the other.

Cet écran a **moins de** résolution **que** l'autre.
This screen has less resolution than the other.

Cet ordinateur-ci a **autant de** mémoire **que** l'autre.
This computer has as much memory as the other.

B. To form the superlative of nouns, the expressions **le plus de** and **le moins de** are used. As with adverbs, articles do not change.

Mais cet ordinateur-là a **le plus de** mémoire.
But that computer has the most memory.

ACTIVITÉS

A. La vie au lycée et à l'université. Vous écrivez une composition qui a pour sujet la comparaison entre la vie au lycée et la vie à l'université. Choisissez l'expression appropriée en complétant les phrases suivantes avec le comparatif des adjectifs. Faites tous les changements nécessaires.

1. Les lycéens / être / plus (moins, aussi) / libre / que... parce que...
2. Les cours au lycée / être / moins (plus, aussi) / difficile / que... parce que...
3. Les repas au lycée / être / aussi (plus, moins) / bon / que... parce que...
4. La responsabilité des étudiants / être / moins (plus, aussi) / grand / que... parce que...
5. La vie sociale à l'université / être / plus (moins, aussi) / intéressant / que... parce que...
6. Les étudiants / être / aussi (plus, moins) / sage / que... parce que...
7. Les professeurs au lycée / être / plus (moins, aussi) / strict / que... parce que...

Liens culturels

LES FRANÇAIS ET LA TECHNOLOGIE

L'évolution technologique a influencé «le développement de la production et de la communication à tous les niveaux de l'entreprise: conception assistée des produits; optimisation des méthodes de fabrication; robotique; télécopie; téléconférence, etc.».

L'impact de la révolution technologique de cette fin de siècle ne se limitera pas au travail. Il touchera progressivement tous les aspects de la vie quotidienne des Français. Qu'ils le veuillent ou non, l'ordinateur sera bientôt leur compagnon de tous les jours, au bureau, à la maison ou dans la rue. Plus encore peut-être que la télévision hier, l'ordinateur sera demain le pilier d'une nouvelle civilisation.

Selon Henri Morny de *France-Amérique*, «après l'e-mail et le Web, le téléphone devrait être le prochain vecteur de développement d'Internet». Une société française a récemment présenté Netgem qui lancera le premier Web TV en Europe, le Netbox. Le Netbox se branchera sur le téléviseur et la ligne téléphonique et permettra à l'utilisateur de zapper instantanément entre ses chaînes de télévision et ses sites Web préférés. Les

Un actif sur deux informatisé

L'utilisation d'un ordinateur dans la vie professionnelle a fortement progressé au cours des dix dernières années. Elle concernait 52 % des actifs en 1999 (39 % de façon quotidienne, 13 % non quotidienne) contre moins d'un tiers en 1991. C'était le cas de 87 % des cadres, 72 % des professions intermédiaires, 57 % des employés, 46 % des indépendants, 37 % des agriculteurs, 19 % des ouvriers.

On observe une forte corrélation entre le fait d'utiliser un ordinateur dans la vie professionnelle et le taux d'équipement domestique: celui-ci est de 49 % pour les cadres et de 36 % pour les professions intermédiaires, contre 15 % pour les ouvriers et les agriculteurs.

e-mail seront reçus sur l'écran du téléviseur. Les cybernautes pourront continuer à utiliser les services des différents fournisseurs d'accès au réseau et pourront utiliser différents browsers comme ils le font maintenant.

D'après les statistiques à gauche, quel secteur utilise l'ordinateur le plus au cours des dernières années?

Adapté de Gérard Mermet, *Francoscopie 2001* (Larousse, p. 292) et de *France-Amérique* (22–28 mars 1997, p. 10).

B. Super! Pour Vincent tout est super—surtout quand il parle de tous ses gadgets. Complétez les phrases pour lui avec le superlatif. Attention! Certains superlatifs sont irréguliers. Connaissez-vous quelqu'un comme Vincent?

1. je / avoir / plus / bon / ordinateur / de / monde
2. il / marcher / plus / bien / tous / autres / ordinateurs
3. il / avoir / plus / mémoire / tous / autres / ordinateurs
4. écran / avoir / plus / bon / résolution / possible
5. imprimante / marcher / plus / vite / toutes / autres / imprimantes
6. programme que j'ai écrit / avoir / graphiques / plus / intéressants
7. ordinateur / être / moins / cher / de tous / portables
8. De tous les nouveaux magnétoscopes, / magnétoscope / enregistrer *(to record)* / plus / beau / image (f)
9. télévision / avoir / plus / bon / couleurs / possibles
10. lecteur de CD / avoir / qualité de son / plus / subtile / de tous / lecteurs de CD / magasin
11. répondeur téléphonique *(answering machine)* / marcher / avec / plus / fidélité

Pourquoi le Minitel n'a-t-il pas évolué comme on l'avait prévu? Comparez le Minitel avec l'Internet.

Coup de jeune pour le Minitel

Inventé en Bretagne, le Minitel n'a pas connu les développements auxquels il semblait promis. Sa longévité a même semblé menacée par Internet, le réseau mondialisé, fortement soutenu par les lobbyings américains. C'était sans compter l'obstacle "technologique" qui refroidit encore de nombreux utilisateurs potentiels. C'est donc en partant du principe que "le Minitel est un outil familier" que Satis, une toute jeune entreprise rennaise a développé des applications extrêmement simples et peu coûteuses destinées en priorité aux artisans et petits entrepreneurs.

Une carte informatique pour changer la vie des très petites entreprises... et des autres.

C. Trouvez quelqu'un qui... Pendant cinq minutes, posez ces questions en français à vos camarades pour savoir qui dans la classe...

1. has less money on him/her than you
2. had a better grade than you on the last French test
3. takes as many courses as you
4. likes classical (popular, jazz, etc.) music more than you do
5. watched TV less than you last night
6. studies more often than you in the library this term

D. Comparaisons. Répondez aux questions suivantes. Comparez vos réponses à celles des autres étudiants de la classe.

1. Est-ce que vous avez déjà eu un job d'été? Si vous avez eu plusieurs jobs d'été, comparez-les. Parlez de l'horaire, de la nature du travail, du patron, des clients, etc.
2. Est-ce que vous avez vécu ailleurs qu'ici? Où? Comparez les endroits où vous avez vécu. Parlez du climat, des loisirs, des amis, de la vie nocturne, etc.
3. Est-ce que vous avez voyagé? Où? Comparez vos voyages. Parlez des endroits, du climat, des loisirs, des gens, etc.
4. Est-ce que vous avez lu plusieurs livres récemment? Lesquels? Comparez-les en parlant des personnages, de la longueur, du style, de l'auteur, etc.
5. Est-ce que vous avez mangé au restaurant récemment? Dans quels restaurants? Comparez-les en parlant du service, de la cuisine, de l'ambiance, etc.

Interactions

A. Tout change dans la vie. Etudiez le tableau à la page 352 qui montre les changements dans la répartition des dépenses des ménages français. Comparez les pourcentages des années 1960 jusqu'à 1999. Pour quelles catégories est-ce que les Français ont dépensé le plus au cours des années récentes? Pour quelles catégories est-ce qu'ils ont dépensé le moins?

B. Le choix de l'université. Un(e) ami(e) ou parent(e) plus jeune que vous est en train de choisir une université. Aidez-le/la à comparer plusieurs universités et à choisir celle qui est la plus appropriée. Comparez les choses suivantes:

1. les cours
2. les professeurs
3. les étudiants
4. les frais d'inscription
5. les ressources du campus
6. le logement
7. la vie sociale
8. l'éloignement de sa famille et de ses amis
9. la région géographique

Comparez l'apparence physique de la mère et de sa fille.

Le budget, miroir des modes de vie

Evolution* de la structure de dépenses des ménages (en %, calculés aux prix courants):

	1960 (en %)	**1970** (en %)	**1980** (en %)	**1990** (en %)	**1999** (en %)	**1999** (F par ménage)
–Produits alimentaires, boissons et tabac	33,3	26,0	21,4	19,3	18,1	35 605
–Habillement (y compris chaussures)	11,0	9,6	7,3	6,5	5,3	10 329
–Logement, chauffage, éclairage	10,4	15,3	17,5	19,3	24,4	47 905
–Meubles, matériel ménager, articles de ménage et d'entretien	11,0	10,2	9,5	7,9	6,5	12 819
–Services médicaux et de santé	5,0	7,1	7,7	9,5	3,6	7 107
–Transports et communications	11,6	13,4	16,6	16,7	17,2	33 774
–Loisirs, spectacles, enseignement et culture	6,0	6,9	7,3	7,6	9,5	18 679
–Autres biens et services	11,7	11,5	12,7	13,2	15,4	30 115
Consommation totale (y compris non marchande)	**100,0**	**100,0**	**100,0**	**100,0**	**100,0**	**196 333**

•Les chiffres de 1999 ne sont pas directement comparables à ceux des années précédentes du fait d'un changement dans la méthode de suivi de la consommation en 1998, lié à l'harmonisation européenne. Ainsi, les dépenses de santé indiquées sont celles qui restent à la charge des ménages après les remboursements de Sécurité sociale; celles de logement excluent les allocations perçues.

Gérard Mermet, *Francoscopie 2001* (Larousse, p. 354)

Premier brouillon DOSSIER PERSONNEL

1. Begin the directions that you drafted in Lesson 1 with an introductory note that presents the subject. In this section, you will give an overview or explanation of what you will discuss.
2. If appropriate, include a list of materials or ingredients and illustrations. Provide any warnings or cautionary notes about any dangers. Look ahead to the expressions on page 354 for some ideas.
3. The main body of your text will contain the description of the procedures or plans. You should pay particular attention to whether your explanation is clear and shows the steps clearly. You should go from the simple to the complex, from beginning to end, from general to specific, or in chronological order depending on what you are explaining.
4. Be sure to define any words or terms for the non-specialist. Try to do this through illustrations or writing descriptive phrases or sentences explaining the word. It might also help to give the semantic category.
5. Write a title that will give readers an idea of what they'll be learning to do.

Phrases: Describing objects; comparing and contrasting
Grammar: Comparison

LEÇON 3

Comment donner des instructions, des indications et des ordres

Conversation

Premières impressions

Soulignez:

- les expressions pour donner des instructions et pour dire qu'on ne comprend pas

Trouvez:

- où l'on met le fromage dans un croque-monsieur: sur le dessus, dedans ou sur les deux côtés

Bruno donne une leçon de cuisine à Brandon, son ami américain.

BRANDON: Alors, Bruno, c'est quoi, ton secret pour les croque-monsieur? Je serais vraiment curieux de savoir!

BRUNO: Bon, écoute, je vais te montrer ça... Alors, d'abord tu prends deux tranches de pain de mie,° du pain de mie frais, évidemment... Tu prends ta poêle,° tu mets un petit peu de beurre dedans, tu le fais fondre° un peu, et une fois que le beurre est chaud, tu mets du beurre sur une première tranche de pain que tu mets dans la poêle.

BRANDON: Ah, tu mets du beurre sur le pain aussi... D'accord.

BRUNO: Oui, sinon tu vas avoir un croque-monsieur qui va coller° à la poêle, tu vois? Ensuite, tu mets une première tranche de fromage, du gruyère²... peu importe, selon tes goûts... Et puis, tu mets une tranche de jambon et tu laisses cuire° un petit peu, euh, pour que le fromage fonde.

BRANDON: Et tu fais griller° ton pain d'abord ou...

BRUNO: Tu fais griller le pain dans la poêle avec le jambon et le gruyère, si tu veux. Fais attention de ne pas laisser coller le pain à la poêle. Ensuite, ce que tu fais, tu remets une tranche de fromage sur le dessus, tu laisses fondre le tout et tu mets bien une deuxième tranche de pain avec toujours du beurre mais sur l'extérieur parce qu'il faudra retourner le croque-monsieur pour faire dorer° l'autre côté.

BRANDON: Je ne pige pas!° Tu ne mets pas de fromage sur le dessus? Juste dedans?

BRUNO: Oui. Sur le dessus, ça risquerait de coller!

BRANDON: Oh, mais c'est trop compliqué pour moi!

BRUNO: Mais ce n'est pas compliqué du tout! Oh, là, là... ! Tiens on va aller acheter ce qu'il faut.

le pain de mie *sandwich loaf*
une poêle *frying pan*
faire fondre *to melt*

coller *to stick*

laisser cuire *to let (it) cook*

faire griller *to toast*

faire dorer *to brown*
piger *(familiar) to understand, to "get it"*

---

² Le gruyère est un fromage suisse à pâte dure qui vient à l'origine de la région de Gruyère, dans le Jura suisse. Le Comté est l'équivalent français, aussi fabriqué dans les laiteries *(dairies)* du Jura, chaîne de montagnes que se partagent la France et la Suisse.

Observation et analyse

1. Quels ingrédients est-ce qu'il faut pour faire un croque-monsieur?
2. Quelle sorte de fromage est-ce que Bruno recommande?
3. A quoi faut-il faire attention pour bien réussir un croque-monsieur?
4. Est-ce que Brandon sera un bon cuisinier? Expliquez.

Réactions

1. Est-ce que vous aimez faire la cuisine? Pourquoi ou pourquoi pas? Est-ce que vous avez déjà fait des recettes françaises? Si oui, lesquelles? Si non, est-ce qu'il y en a qui vous intéressent?
2. Est-ce que vous avez déjà donné une leçon de cuisine à une autre personne? Si oui, décrivez cette expérience. Si non, est-ce que vous avez déjà donné des instructions à une autre personne? Expliquez.

Expressions typiques pour...

Donner des indications ou des instructions

D'abord/La première chose que vous faites, c'est...

Après cela/Puis/Ensuite...
{
suivez cette rue, puis allez à gauche...
prenez du beurre et, après cela,
  faites-le fondre dans une casserole...
vous branchez l'appareil; ensuite vous
  sélectionnez la température...
}

Il faut d'abord faire bouillir l'eau avant de mettre les œufs dans la casserole...
Je vous explique comment vous devez faire pour faire marcher *(make something work)*... Vous allez mettre...
Maintenant...
Là, vous enfoncez *(insert)* bien la clé, vous tirez la porte vers vous, et...
N'oubliez pas de (+ infinitif)...
Faites attention à ne pas (+ infinitif)...
Pensez bien à (+ infinitif)...

S'assurer que l'on comprend

Tu comprends?/Vous comprenez jusque là?
Tu y es?/Vous y êtes? *(Do you understand? Do you "get it"?)*
Tu vois/Vous voyez ce que je veux dire?
Tu piges? *(familiar—Do you understand? Do you "get it"?)*

Encourager

C'est bien... maintenant...
Très bien. Continue(z).
Tu te débrouilles/Vous vous débrouillez très bien *(getting along very well)*.
Tu t'y prends/Vous vous y prenez très bien *(are doing it the right way)*.
Tu es/Vous êtes doué(e) *(gifted)* pour ça.

Dire qu'on ne comprend pas

Je m'excuse mais je ne comprends pas ce que je dois faire.
Excuse-moi/Excusez-moi, mais je ne comprends pas.
Peux-tu répéter, s'il te plaît?/Pouvez-vous répéter, s'il vous plaît?
Je (ne) pige pas. Tu peux répéter?

Donner des ordres

Tape cette lettre et trouve-moi.../Tapez cette lettre et trouvez-moi...
Je veux que tu téléphones/vous téléphoniez à...
Tu veux me chercher... , s'il te plaît?/Vous voulez me chercher... , s'il vous plaît?
Plus fort!/A gauche!/Pas si vite!/A table!

Mots et expressions utiles

La cuisine

une casserole *(sauce) pan*
un couvercle *lid*
un grille-pain *toaster*
une marmite *large cooking pot*
le plat *dish (container); dish (part of meal), course*
la poêle *frying pan* poi-le
coller *to stick*

(faire) bouillir *to boil*
(faire) cuire *to cook*
(faire) dorer *to brown*
(faire) fondre *to melt*
(faire) frire *to fry*
(faire) griller *to toast (bread); to grill (meat, fish)*
(faire) mijoter *to simmer*
(faire) rôtir *to roast*

(faire) sauter/revenir *to sauté (brown or fry gently in butter)*
passer au beurre *to sauté briefly in butter*
verser *to pour*
le pain de mie *sandwich bread*

Suivre des instructions

se débrouiller *to manage, get along*
doué(e) *gifted, talented*
piger *(familiar) to understand, to "get it"*
s'y prendre bien/mal *to do it the right/wrong way*
Tu y es?/Vous y êtes? *Do you understand? Do you "get it"?*

M I S E   E N   P R A T I Q U E

Supprimer le gras *(fat)* de mon régime! Impossible! Même si je dois en mourir! J'adore mes steaks et mes pommes de terre au beurre, avec une goutte d'huile pour empêcher que le beurre ne brûle. Pour les haricots, les choux et les autres légumes, c'est **passés au beurre**, au vrai beurre, qu'ils sont les meilleurs. Et je **fais fondre** du fromage sur presque tout ce que je **fais cuire**. Maintenant, je dois commencer à **faire griller**, à **faire rôtir**, ou bien pire, à **faire bouillir**? Il n'en est pas question!

Décrivez cette cuisine.

ACTIVITÉS

A. Entraînez-vous: Vous êtes le prof. Vos étudiants de cuisine ne comprennent pas les expressions et les mots suivants. Donnez une définition, un synonyme ou un exemple pour chaque expression.

> MODÈLE: un couvercle
> *C'est ce que vous mettez au-dessus d'une casserole.*

1. faire dorer
2. une marmite
3. faire fondre
4. s'y prendre bien
5. faire mijoter
6. un(e) étudiant(e) doué(e)

B. Une décoration. Regardez les images suivantes. Donnez les instructions à suivre pour fabriquer un artichaut bougeoir *(artichoke candlestick)*. MOT UTILE: **un pinceau** *(paintbrush)*.

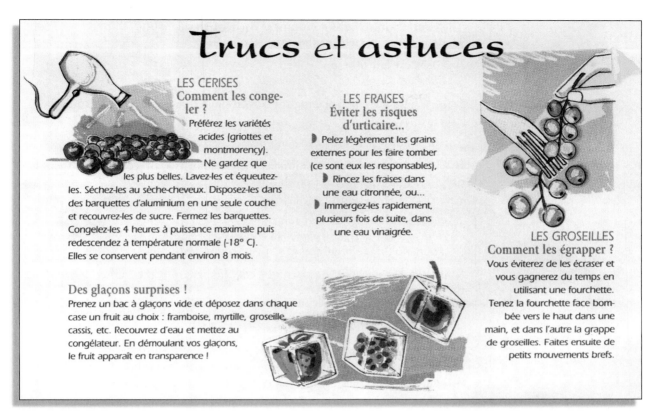

Trucs et astuces

LES CERISES
Comment les congeler ?

Préférez les variétés acides (griottes et montmorency). Ne gardez que les plus belles. Lavez-les et équeutez-les. Séchez-les au sèche-cheveux. Disposez-les dans des barquettes d'aluminium en une seule couche et recouvrez-les de sucre. Fermez les barquettes. Congelez-les 4 heures à puissance maximale puis redescendez à température normale (-18° C). Elles se conservent pendant environ 8 mois.

Des glaçons surprises !

Prenez un bac à glaçons vide et déposez dans chaque case un fruit au choix : framboise, myrtille, groseille, cassis, etc. Recouvrez d'eau et mettez au congélateur. En démoulant vos glaçons, le fruit apparaît en transparence !

LES FRAISES
Éviter les risques d'urticaire...

▶ Pelez légèrement les grains externes pour les faire tomber (ce sont eux les responsables),

▶ Rincez les fraises dans une eau citronnée, ou...

▶ Immergez-les rapidement, plusieurs fois de suite, dans une eau vinaigrée.

LES GROSEILLES
Comment les égrapper ?

Vous éviterez de les écraser et vous gagnerez du temps en utilisant une fourchette. Tenez la fourchette face bombée vers le haut dans une main, et dans l'autre la grappe de groseilles. Faites ensuite de petits mouvements brefs.

Trucs et astuces *(tips)*
D'après vous, lequel de ces trucs et astuces est le plus utile?

C. Instructions. Avec un(e) partenaire, donnez des instructions pour: (1) faire un citron pressé *(fresh lemonade)*, du café, un hamburger ou votre petit déjeuner préféré; (2) ouvrir la porte de votre maison; (3) prononcer votre prénom en français; et (4) faire marcher un ordinateur ou taper une lettre. N'oubliez pas de poser des questions si vous ne comprenez pas les instructions.

LA GRAMMAIRE À APPRENDRE

Faire causatif et les verbes de perception

A. The verb **faire** is commonly followed by an infinitive when meaning: (1) to have someone do something for you; (2) to make someone do something; or (3) to cause something to be done.

Elle **a fait** faire une robe pour sa fille.
She had a dress made for her daughter.

Elle **a fait** travailler les mannequins pour les clients.
She made the models work for the customers.

Ses commentaires **feront** réfléchir les clients.
Her comments will cause the customers to think.

The expression **se faire + infinitif** is used when the action is done for oneself. There is no agreement of the past participle.

> Elle **s'est fait** faire une robe.
> *She had a dress made for herself.*

NOTE: If one were performing the action oneself, the expression would be:

> Elle **a fait** une robe pour sa fille.
> *She made a dress for her daughter.*

B. The causative construction may have one or two objects. When there is only one object, it is a direct object.

> Le couturier **a fait** travailler ses mannequins.
> Il les a vraiment **fait** travailler.
> *The fashion designer made his models work.*
> *He really made them work.*

When the construction has two objects, the person is the indirect object and the thing is the direct object.

> Il **a fait** couper cette robe à son assistante. (Il **la lui a fait** couper.)
> *He had his helper cut the dress. (He had her cut it.)*

NOTE: The object pronouns are placed before the form of **faire**. The past participle is invariable in the causative construction because the real object is the infinitive phrase.

In affirmative commands, however, the object pronouns follow **faire**.

> **Fais-le** couper.   *Have it cut.*

C. The following are some very useful constructions with **faire**:

faire venir	to have someone come; to send for
faire voir	to show
faire tomber	to drop something
Ça me fait rire/pleurer/penser à...	That makes me laugh/cry/think about . . .

NOTE: The expression **rendre + pronom personnel** or **nom** is used with an adjective.

> Cette nouvelle **me rend** heureux. Ça **me fait** sourire!
> *That news makes me happy. That makes me smile!*

D. The verbs of perception **laisser**, **entendre**, and **voir** resemble the construction of the **faire causatif**, and the placement of the pronoun objects follows the same pattern.

> J'**entends venir** le couturier.
> *I hear the fashion designer coming.*

> J'**ai vu arriver** le mannequin il y a dix minutes.
> *I saw the model arrive ten minutes ago.*

> Je me demande s'il la **laissera partir** de bonne heure.
> *I wonder if he will let her leave early.*

A. Une recette. On vous a donné cette recette. Aujourd'hui, avec votre famille, vous décidez de l'essayer. Décrivez comment préparer un repas. MOTS UTILES: les haricots [m pl] *(beans)*; les moules [f pl] *(mussels)*; refroidir *(to cool down)*; mélanger *(to mix)*; orner *(to decorate)*; une rondelle *(slice)*

Salade de haricots aux moules
Nous / faire / cuire / haricots / avec / carotte, / deux oignons, / sel / et / poivre. Je / les / laisser / refroidir. Mike / ouvrir / les moules. Tu / préparer / vinaigrette. Tout ça / faire / réfléchir / mère. Elle / n'a pas l'habitude de / nous / entendre / travailler / la cuisine.

Au moment de servir, / nous / mélanger / les haricots / les moules (après en avoir réservé quelques-unes pour orner les rondelles de tomates) et les trois quarts de la vinaigrette. Tu / décorer / plat de rondelles de tomates. Je / verser / reste / de vinaigrette dessus. Mike / faire / voir / salade / maman. Ça / la / faire / sourire / et elle / nous / féliciter.

B. Questions indiscrètes. Parlez avec un(e) camarade. Ensuite, comparez vos réponses avec celles des autres étudiants.

Qu'est-ce qui te fait...

1. rire?
2. chanter?
3. réfléchir longuement?
4. rêver?
5. perdre patience?
6. crier *(yell out)*?
7. pleurer?

C. Votre réaction. Comment réagissez-vous et que décidez-vous de faire ou de faire faire dans les situations suivantes? (**Ça me fait... / Ça me rend... / Ça me donne envie de...**)

1. Votre mère/père vous offre un cadeau dont vous aviez envie depuis longtemps.
2. Vous lisez un livre très triste.
3. Vous regardez un ancien film de Billy Crystal.
4. Vous regardez un programme sur les sans-abri.
5. Votre fils/fille revient de l'école avec un deuxième zéro en maths.
6. Vous organisez une fête pour célébrer le vingt-cinquième anniversaire de mariage de vos parents.

D. Echange de recettes! Avec un(e) camarade, échangez une recette, oralement, puis par écrit. Voici quelques idées.

coq au vin   omelette aux champignons
crêpes ou gaufres   soupe de légumes
salade de thon

Confiture de fraises express

La recette

Préparation : 20 minutes
Cuisson : 10 minutes

Pour 4 verrines de 200 g :
500 g de fraises, 400 g de sucre gélifiant, 1 citron, 1 orange.

1 - Laver les fraises. Les équeuter et les couper en morceaux. Les verser dans une jatte. Saupoudrer de sucre gélifiant. Ajouter les jus de citron et d'orange. Laisser macérer 1/2 heure.

2 - Faire cuire à couvert 5 minutes au micro-ondes, puissance maximale. Mélanger. Cuire à nouveau pendant 5 minutes, puissance maximale, à découvert cette fois. Verser dans les verrines. Laisser refroidir avant de fermer.

Apports nutritionnels pour 100 g (1/2 verrine) :
230 kcalories (960 kJoules),
54 g de glucides,
1,4 g de fibres,
110 mg de potassium.

Quels plats ou quels desserts est-ce que vous aimez préparer?

Liens culturels

Qu'est-ce que vous faites quand vous êtes perdu(e)? Est-ce que vous consultez un plan ou un guide? Est-ce que vous demandez le chemin à un inconnu? Et quand vous voulez utiliser un appareil qui ne vous est pas familier, lisez-vous le mode d'emploi ou demandez-vous à un(e) ami(e) de vous aider?

Que font la plupart des Français dans ces mêmes circonstances? La première chose qu'ils feront est de demander à quelqu'un d'autre de les aider. Un Français consulte peu les indicateurs ou les horaires. La même chose se produit avec les modes d'emploi insérés dans les emballages des appareils en vente. Les Français sont peu enclins à déchiffrer des notices souvent insuffisantes ou mal traduites de l'anglais. Ils aiment mieux demander à quelqu'un d'autre de les aider. Cela explique la facilité avec laquelle les Français se demandent des petits services.

Quand un Français demande un renseignement ou un service, il affirme l'importance d'une amitié. Cette observation se vérifie dans les liens d'amitié qui existent en France. Les amis font tout leur possible pour s'entraider. Aux Etats-Unis nous accordons plus d'importance à l'art de se débrouiller tout seul (on aime se suffire à soi-même). On essaie de montrer qu'on n'a besoin de personne. En France on donne *l'occasion* à quelqu'un de rendre service.

Et vous, est-ce que vous aimez demander des petits services aux autres ou préférez-vous vous débrouiller tout(e) seul(e)? Parlez des circonstances où vous prendriez des décisions différentes.

Interactions

A. Comment faire. Circulez parmi vos camarades de classe pour compléter l'activité suivante.

- Dites à la première/au premier camarade de classe comment aller à la librairie.
- Dites à la suivante/au suivant comment faire un sandwich au beurre de cacahouète et à la confiture.
- Dites à la suivante/au suivant comment démarrer votre voiture/votre motocyclette.
- Dites à la suivante/au suivant comment trouver votre appartement/votre maison.

B. Descriptions. Avec un(e) camarade de classe, décrivez une activité liée à vos loisirs, à votre travail ou à vos études. Si vous n'êtes pas sûr(e) de la façon de dire quelque chose, essayez d'utiliser d'autres mots pour exprimer ce que vous voulez dire. Votre partenaire va vous poser des questions, puis décrire une activité quand vous aurez fini. Après, dites à la classe ce que vous avez discuté.

Deuxième brouillon DOSSIER PERSONNEL

1. Write a second draft of the explanation you started in Lesson 1, focusing primarily on the use of details to clarify the instructions.
2. Discuss any cause and effects (**causes et effets**) in the steps you will mention. This will help you focus on the consequences of certain moves or actions. You might want to incorporate some of the following expressions that deal with cause and effect. EXPRESSIONS UTILES: par conséquent, en effet, alors, donc, ainsi, en résumé, en conclusion
3. Review *Chapitre 2 Dossier personnel*, p. 75, to see how you can strengthen comparing and contrasting to add details. Use any of the following terms to compare and contrast some of the ideas: **contrairement à, par contre, au contraire, ne pas être compatible avec.**
4. Write a conclusion or ending line to give closure to your directions.

Phrases: Comparing and contrasting; linking ideas
Grammar: Causative **faire**
 SYSTÈME-D

SYNTHÈSE

Activités vidéo

Avant la vidéo

1. Qu'est-ce que vous portez d'habitude comme vêtements? Quelle était la tenue la plus réussie que vous ayez jamais portée? la plus affreuse? Quand est-ce que vous l'avez portée? Est-ce qu'il faut dépenser beaucoup d'argent pour être bien habillé(e)? Pourquoi?
2. Qui fait les courses dans votre famille? Où? Pourquoi? Est-ce que ces habitudes ont changé depuis que vous étiez petit(e)?

◆ Turn to *Appendice B* for a complete list of active chapter vocabulary. ■

Après la vidéo

1. Vous avez vu deux sortes de magasins, les magasins de haute couture et les magasins dans un quartier populaire. Décrivez-les. Qui fréquente ces différents magasins? Est-ce que les deux jouent un rôle important dans la vie quotidienne?
2. Pourquoi est-ce que les Français fréquentent les supermarchés et achètent du surgelé? Comment est-ce que vous pourriez expliquer ce changement de vieilles habitudes?
3. Quels sont les trois vins que Xavier a achetés? Avec quoi est-ce qu'il va les servir? Pour chaque vin choisi, citez un conseil du marchand. Quelle est l'attitude des Français envers le vin?

Quel(s) poisson(s) est-ce que vous préférez: la sole, le saumon, les sardines, le thon? Connaissez-vous quelqu'un qui sache bien préparer le poisson? Vous avez une recette à suggérer?

Activités orales

A. Un repas parfait. Avec un(e) partenaire, créez le menu d'un repas parfait. Décrivez les hors d'œuvres que vous voulez préparer. Discutez de vos préférences. Expliquez comment préparer le plat principal, les légumes et le dessert. Expliquez pourquoi vous préférez ces recettes en les comparant à d'autres que vous aimez moins.

B. Vous avez gagné! Imaginez qu'un(e) ami(e) et vous ayez le billet de loterie gagnant pour un prix de $3 millions! Décidez de la façon dont vous allez dépenser l'argent. Comparez vos préférences de voitures, de maisons, de vêtements, de nourriture et de destinations de vacances. Si vous n'êtes pas d'accord, vous devrez faire un compromis.

Activité écrite

Phrases: Describing objects
Grammar: Comparison; adverb formation

Un gadget. Faites la description d'un gadget. Décrivez comment il marche et comparez-le à d'autres choses. Les autres étudiants et le professeur vont deviner ce que vous décrivez.

Révision finale 🗂 DOSSIER PERSONNEL

Phrases: Giving directions; linking ideas; sequencing events
Grammar: Demonstrative adjectives; adverb formation; comparison; causative **faire**

http://bravo.heinle.com

1. Reread your instructions, paying particular attention to whether what you say is clear. You may want to try to follow the directions yourself before you take them to class. If you can't follow them, be sure to revise by adding another step or switching steps around.
2. Bring your draft to class and be prepared to present your instructions to two classmates who will follow your directions. They should use the symbols on page 407 to indicate grammar errors.
3. Examine your composition one last time. Check for correct spelling, grammar, and punctuation. Pay special attention to your use of demonstrative adjectives, adverbs, comparative and superlative of adjectives, and **faire causatif**.
4. Prepare your final version.

I. *L'AMITIÉ* DE RAYMONDE CARROLL

Avant la lecture

Sujets à discuter

- Que représente le concept de l'amitié pour les Américains? Par exemple, si un(e) ami(e) vous invite chez lui/elle pour dîner, est-ce que vous recevez cet(te) ami(e) chez vous la prochaine fois, ou est-ce que c'est toujours la même personne qui invite l'autre? Si un(e) ami(e) vous donne un cadeau pour votre anniversaire, est-ce que vous lui donnez généralement un cadeau en retour pour son anniversaire? Pourquoi?
- Quand vous avez des problèmes, est-ce que vous les racontez à votre ami(e) ou non? Expliquez.
- Que savez-vous sur l'amitié chez les Français?

Stratégies de lecture

A. Mots apparentés. Les mots de la colonne de gauche sont des mots apparentés qui se trouvent dans le texte. Mariez ces mots avec une expression équivalente de la colonne de droite. Cherchez dans un dictionnaire le sens de ceux que vous ne connaissez pas.

1. remords	**a.** s'adapter
2. réconfort	**b.** inégal
3. sauvegarder	**c.** intercéder
4. disproportionné	**d.** consolation
5. compenser	**e.** regret
6. spontanément	**f.** faute
7. intervenir	**g.** être surpris
8. s'étonner	**h.** instinctivement
9. défaut	**i.** balancer
10. s'accommoder	**j.** préserver

B. Familles de mots. Des mots inconnus ressemblent souvent à des mots que vous avez déjà appris. Vous connaissez probablement les mots de la colonne de gauche. En utilisant le contexte et votre connaissance des mots de la colonne de gauche, déterminez le sens des mots soulignés dans les phrases à droite.

1. alternatif On dîne chez l'autre à tour de rôle, sans que l'<u>alternance</u> doive être respectée de façon rigide.

2. sauter Mes amis connaissent mon sale caractère,... mes <u>sautes</u> d'humeur...

3. partie Cette insistance sur l'égalité ne me paraît pas un trait important de l'amitié française, qui semble très bien s'accommoder d'une sorte de <u>répartition</u> des rôles.

4. soutenir   Cela représenterait une invasion <u>insoutenable</u> de sa vie privée (NB: Le préfixe **in**- indique le négatif de quelque chose.)

5. sortir   Pour des Français, cela se traduit par de fréquentes <u>sorties</u> ensemble: restaurants, cinéma, pique-niques...

In Evidences invisibles, *the French ethnographer Raymonde Carroll tells how the French and the Americans differ when it comes to friendship.*

L'AMITIÉ

J'ai souvent entendu des Français déclarer que les Américains «n'avaient aucun sens de l'amitié»... Une de mes amies, française et qui vivait aux Etats-Unis depuis deux ans, est arrivée un jour chez moi pour déverser° un trop-plein de rancune° contre ses «amis-voisins». J'avais appris qu'elle était «très fatiguée»... Je proposai aussitôt de garder ses enfants pour qu'elle puisse se reposer, ce qu'elle accepta tout de suite... Elle s'est amère-ment° plainte, chez moi, du fait que sa voisine, qu'elle considérait comme une bonne copine, une Américaine, ne lui avait justement pas fait la même offre: «Tu crois qu'elle m'a dit je vais te prendre les enfants pour que tu te reposes? Tu crois qu'elle a apporté un plat quel-conque pour m'éviter de faire la cuisine? Non, rien. Elle me demande seulement comment je vais, tous les jours... quelle hypocrite... » Puis, nostalgie de la France, où on sait ce que c'est que l'amitié. Sourire reconnaissant:° «Heureusement qu'il y a toi, parce que toi, tu sais ce que c'est que l'amitié, tu vois, tu m'as proposé tout de suite de me prendre les gosses°... Tandis que les Américains, eux, ils vous laisseraient crever°... »

Ce à quoi l'on s'attend, c'est que l'ami propose «spontanément» de faire ce qu'on souhaiterait lui demander de faire. Comme l'ami doit être mis au courant,° on commence par raconter qu'on a un «ennui», on expose la situation qui fait problème. L'ami, si c'est un «vrai ami», devrait alors intervenir, prendre en quelque sorte la situation en main, pro-poser une solution, c'est-à-dire son aide. Ce qui appelle la réponse: «Oh, non, je ne veux pas trop t'embêter»... Et c'est alors à l'ami d'insister: «Mais non, ça ne m'ennuie pas du tout, à quoi servent les amis alors, si on ne peut pas compter sur eux... » Cela explique pourquoi on ne s'étonne pas de voir un ami annoncer d'un ton péremptoire:° «Pas d'histoires, je passe te prendre ce soir à 8 heures, et nous allons au cinéma. Tu es crevé,° tu as besoin de te détendre, je ne vais pas rester là à ne rien faire, alors que tu te tues de travail sous mes yeux...», ou encore: «N'insistez pas, nous vous emmenons avec nous à la campagne ce week-end, cela vous fera le plus grand bien, et je n'accepterai pas que vous refusiez.»

Face à une telle prise en main, un(e) Américain(e) se recroquevillerait.° En

mise au courant *brought up to date*

déverser jeter

rancune colère

amèrement *bitterly*

péremptoire qui n'admet pas d'objection

crevé très fatigué (familier)

reconnaissant *grateful*

gosses enfants (familier)

crever mourir (familier) / se recroquevillerait *would withdraw*

effet, cela représenterait une invasion insoutenable de sa vie privée, et, pire, une suggestion qu'il(elle) est incapable de mener sa barque,° de se débrouiller tout(e) seul(e). On comprend pourquoi l'amie-voisine américaine de mon amie française se serait bien gardée de lui proposer de «lui prendre les enfants». Cela en effet aurait signifié que la voisine avait remarqué que mon amie était incapable de prendre soin de ses enfants...

Une raison pour laquelle j'ai des amis est que leur présence est une source de plaisir, que je sois français ou américain. Pour des Français, cela se traduit par de fréquentes sorties ensemble: restaurants, cinéma, pique-niques, et autres activités qui varient selon l'âge. Il est donc possible que Zoé invite plusieurs fois de suite son amie Géraldine (et son partenaire ou mari le cas échéant°) à des dîners chez elle, sans que cela ne gêne Géraldine qui, elle, reçoit rarement. La règle de réciprocité entre amis va cependant être respectée: Géraldine s'arrangera pour faire des petits cadeaux «pour rien», sans occasion spéciale, et pour rendre service, payer à Zoé le cinéma ou le théâtre, lui garder les enfants, ou faire quelque chose d'équivalent. Parfois, la présence même de Géraldine à un dîner de Zoé est un service rendu à Zoé: celle-ci a demandé à Géraldine de «ne pas la laisser seule».

Dans un contexte parallèle, semblable, des Américains préféreraient des échanges de même nature. On dîne l'un chez l'autre à tour de rôle, sans que l'alternance doive être respectée de façon rigide. Des cadeaux répondent à des cadeaux, et ainsi de suite. Cela élimine la possibilité que l'un ou l'autre se sente exploité, ce qui minerait° l'amitié...

La différence vient du fait que pour les Français, les liens d'amitié une fois établis, ils sont assez solides pour résister à toutes sortes d'intempéries.° Mes amis connaissent mon sale caractère, mes petites manies,° mes sautes d'humeur, mon habitude de mettre les pieds dans le plat,° mon manque de tact, que sais-je. S'ils sont mes amis, c'est parce qu'ils savent tout cela sur moi, mais qu'ils trouvent autre chose en moi qui compense, fasse supporter mes défauts, ou encore qu'ils se retrouvent en moi...

Pour les Américains, cependant, l'amitié la plus solide semble contenir en elle un élément constant de fragilité. Une multitude de dangers la menace: la séparation, la distance, le silence, c'est-à-dire tout ce qui menace l'équilibre de la relation, qui repose sur l'égalité et l'échange, l'alternance. Une relation de dépendance qui deviendrait trop forte signalerait la fin de l'amitié...

Cette insistance sur l'égalité ne me paraît pas un trait important de l'amitié française, qui semble très bien s'accommoder d'une sorte de répartition des rôles.

Ainsi, américain(e), j'ai le réconfort de savoir que mon ami(e) «fera tout pour moi», mais je dois avoir le bon sens de ne pas tester cette conviction au-delà du possible, de ne pas «exagérer», par crainte de détruire l'équilibre qui sauvegarde notre amitié. Cela ne serait pas le cas en France, où je peux partager avec mes amis «crise» après «crise» sans plus de remords qu'une phrase du genre: «Je t'embête, hein, avec mes histoires.» C'est d'ailleurs ce rôle des amis qui a longtemps donné au recours à la psychanalyse une image négative en France (une

barque bateau / **intempéries** difficultés

manies obsessions

mettre les pieds dans le plat manquer de tact

le cas échéant *if the case arises*

minerait diminuerait

accabler bombarder

«triste nécessité» pour «ceux qui n'ont pas d'amis», «ceux qui ont besoin de payer quelqu'un pour les écouter», etc.). C'est aussi dans cette perspective que l'on peut comprendre le succès de la psychanalyse aux Etats-Unis: le refus d'accabler° les amis par un partage inéquitable, disproportionné des problèmes.

Adapté de Raymonde Carroll, *Evidences invisibles*

Après la lecture

Compréhension

A. Observation et analyse. Répondez aux questions suivantes.

1. Selon l'amie de l'auteur, pourquoi est-ce que les Américains n'ont aucun sens de l'amitié? Parlez de la situation où la Française était fatiguée. Qu'est-ce que l'amie américaine a dit? Qu'est-ce que la Française aurait préféré?
2. Comment est-ce qu'un «vrai ami» prend la responsabilité d'aider quelqu'un en France? Selon l'auteur, que pourrait être la réaction d'un(e) Américain(e) si on l'aidait de la même façon?
3. Parlez de la réciprocité entre amis. Comment est-ce qu'on la voit en France? Et en Amérique?
4. Que sait un Français sur ses amis? Et en Amérique, en quoi est-ce que les liens d'amitié sont moins solides?
5. Comparez l'attitude envers la psychanalyse aux Etats-Unis et en France.

B. Réactions. Donnez votre réaction.

1. Etes-vous d'accord que les Américains n'ont pas le sens de l'amitié? Expliquez pourquoi l'auteur a (n'a pas) raison en vous servant d'exemples donnés dans l'article.
2. Voudriez-vous avoir de bons amis français? Expliquez.

Interactions

A. L'Amitié. Parlez des étapes de l'amitié: A quel moment est-ce que l'amitié est «solidifiée» entre deux personnes? Qu'est-ce qui peut détruire une amitié? MOTS UTILES: faire la connaissance de quelqu'un, aider quelqu'un, s'entraider *(help each other)*, passer des moments importants de la vie ensemble, dire de mauvaises choses sur quelqu'un, mentir.

B. Sondage. Demandez à au moins cinq étudiant(e)s de la classe combien de très bon(ne)s ami(e)s ils ont. Comment savent-ils/elles que ce sont de très bon(ne)s ami(e)s?

C. Une histoire. Inventez une petite histoire pour démontrer l'importance de l'amitié.

II. *LA PHOTO* DE DANY LAFERRIÈRE

Avant la lecture

Sujets à discuter

proud

- Où est-ce que vous avez passé votre enfance? Décrivez la ville et la région. Est-ce que vous étiez <u>fier/fière</u> de votre ville natale? Expliquez. Qu'est-ce que vous faisiez pour vous amuser? Est-ce que vous voyagiez souvent? Si oui, où?
- Décrivez une chose que vous teniez beaucoup à faire pendant votre enfance mais que vous saviez être impossible. Quelles émotions est-ce que vous éprouviez?
- Qu'est-ce que vous savez de Haïti (langue, statut socio-économique, situation politique, etc.)?
- L'auteur Dany Laferrière est né en 1953 et il a grandi à Petit-Goâve, une petite ville en Haïti. Comment imaginez-vous sa vie pendant son enfance?

In Le Charme des après-midi sans fin, *the writer Dany Laferrière recounts his youth through a series of brief sketches describing life in Petit-Goâve, a small town in Haiti.*

LA PHOTO

Rien n'a changé dans la chambre de mon grand-père. Son chapeau, sa canne encore accrochée au mur, près du lit, à côté de la photo d'un immense tracteur jaune dans un champ de blé. Il m'arrive de passer des heures devant cette photo. Un homme est au volant° du tracteur. Ses deux fils (le plus jeune doit avoir à peu près mon âge) ne sont pas loin. On les voit jusqu'à la taille.° Le reste du corps disparaît dans l'herbe haute. Je remarque qu'ils ne portent pas de chapeau. Mon grand-père n'aurait jamais toléré une pareille chose. A travailler tête nue dans le champ, on risque à coup sûr une insolation.° Ils portent tous les trois la même chemise à carreaux° dont les manches sont retroussées jusqu'aux coudes. L'homme et ses deux fils sont aussi blonds que des épis de maïs.° Je les regarde longtemps, surtout le plus jeune, me demandant ce qui arriverait si, lui et moi, on changeait de place. Il viendrait vivre dans cette maison, à Petit-Goâve, et moi, j'irais à Chicago. Je me sens, chaque fois, tout drôle à dire ce nom qui me paraît aussi impressionnant que le plus grand des tracteurs: Chicago. Chicago. Chicago. Trois syllabes qui claquent au vent. Chicago. Je trouve ça bon dans ma bouche. Petit-Goâve sonne-t-il aussi bien? Je ne peux pas le savoir. Je suis né ici. Je ne sais plus quand j'ai entendu ce nom (Chicago) pour la première fois. Lui, le petit garçon de Chicago, peut-être mourra-t-il sans jamais avoir entendu

épis de maïs *ears of corn*

au volant *at the steering wheel*

la taille *waist*

une insolation *sunstroke*

à carreaux *checked*

foutre un tel cafard *to produce a fit of depression*

parler de Petit-Goâve. Je me sens tout triste d'y penser. Triste pour lui, pour moi, et pour Petit-Goâve. Tout le monde connaît Chicago à cause de ses tracteurs jaunes. Et Petit-Goâve, par quoi sera-t-il connu dans le monde, un jour? Je remarque, pour la première fois, dans le coin gauche de la photo (en bas) cette inscription: Chicago, US, 1950. Même cette photo est plus vieille que moi. Ce genre de chose peut vous foutre un tel cafard.°

Dany Laferrière, *Le Charme des après-midi sans fin* (Paris, Serpent à Plumes, 1998)

Après la lecture

Compréhension

A. Observation et analyse

1. Décrivez la photo dans la chambre du grand-père du narrateur.
2. Pourquoi est-ce que le narrateur est fasciné par la photo? Donnez deux ou trois raisons.
3. Qu'est-ce qu'il rêve de faire?
4. Est-ce qu'il connaît le nom de Chicago? Depuis quand? Est-ce qu'il croit que Petit-Goâve est aussi connu?
5. Comment est-ce qu'il voit Petit-Goâve? Trouvez quelques lignes dans le texte qui illustrent ses sentiments envers cette ville.
6. Expliquez la dernière ligne du texte: «Ce genre de chose peut vous foutre un tel cafard».

B. Réactions. Donnez votre réaction.

1. Décrivez une photo, un poster ou un tableau qui a eu une forte influence sur vous. Chaque fois que vous le ou la regardez, est-ce que vous avez la même réaction? Expliquez.
2. Comment est-ce que vous avez trouvé cet extrait de l'œuvre autobio-graphique de Dany Laferrière—intéressant, ennuyeux, émouvant, triste, etc.? Expliquez votre réaction.

Interactions

A. Imaginez que le narrateur et le petit garçon de la photo font un échange pendant l'été: chacun prend la place de l'autre pendant deux mois. Comment est-ce que la vie de chaque garçon est transformée?

B. En petits groupes, imaginez ce qui est arrivé, à votre avis, au narrateur quand il a eu vingt ans, puis trente ans. Vérifiez ensuite vos conjectures en utilisant les ressources de la bibliothèque et de l'Internet. Modifiez vos pré-dictions en fonction des renseignements que vous trouvez.

En somme...

THÈME: Les loisirs (les sports et le cinéma)

Comment faire un compliment et féliciter

Conversation

Premières impressions

Soulignez
- les expressions qu'on utilise pour faire ou accepter un compliment et pour féliciter *(to congratulate)*

Trouvez:
- qui a gagné le match et quel était le set le plus important

Après un match de tennis important, une journaliste interviewe le gagnant, Pierre Duchêne.

LA JOURNALISTE:	Merci, Pierre, d'être venu nous rejoindre aussi rapidement dans nos studios. Vous avez disputé un match° absolument extraordinaire! Toutes nos félicitations. Ces cinq sets nous ont tenu en haleine° jusqu'à la fin! Bravo! Que pensez-vous de votre victoire?
PIERRE:	Eh bien, je suis évidemment très content d'avoir gagné ce match... Le premier set a été très, très serré°...
LA JOURNALISTE:	Les deux premiers même.
PIERRE:	Peut-être... Je pense avoir pris le dessus°... j'ai senti Jean-Jacques faiblir à la fin du deuxième set. En effet, j'aurais peut-être pu faire mieux... même au début du deuxième set, mais Jean-Jacques jouait très bien... et d'ailleurs, je dois le féliciter d'avoir joué comme il l'a fait parce qu'il m'a vraiment donné du fil à retordre.°
LA JOURNALISTE:	Oui, c'est vrai. Bravo, Jean-Jacques! Mais, vous aussi, vous devez être très fier.
PIERRE:	Merci. Oui, je suis content d'avoir réussi comme cela. Enfin, je dois dire que je m'étais entraîné très sérieusement avant ce tournoi° mais on ne sait jamais.
LA JOURNALISTE:	Alors, quel avenir envisagez-vous maintenant?
PIERRE:	Ecoutez... l'avenir est loin, mais enfin bon... il faut d'abord gagner le tournoi à Roland-Garros[1] le mois prochain.
LA JOURNALISTE:	En attendant, merci beaucoup, Pierre, d'être venu nous rejoindre...
PIERRE:	Je vous en prie. Ça m'a fait plaisir.

A suivre

---

[1] Roland-Garros est un stade de tennis à Paris où est joué un grand tournoi de tennis sur terre battue. Ce stade a été nommé d'après Roland Garros, l'aviateur français, qui a été le premier à survoler la Méditerranée en 1913.

disputer un match *to play a match*

tenir quelqu'un en haleine *to hold someone spellbound*

serré *tight, closely fought*

prendre le dessus *to get the upper hand*

donner du fil à retordre *to give someone trouble*

le tournoi *tournament*

Observation et analyse

1. Décrivez le match. Quels sets étaient très difficiles pour Pierre? Expliquez.
2. Selon Pierre, pourquoi est-ce qu'il a gagné?
3. Parlez de Jean-Jacques. Comment est-ce qu'il a joué?
4. Quel est le but de Pierre maintenant qu'il a gagné ce match?
5. Pensez-vous que Pierre atteigne son but?

Réactions

1. Est-ce que vous avez déjà assisté à un match de tennis professionnel? Si oui, décrivez cette expérience.
2. Quels sports est-ce que vous préférez? Parlez de votre sport préféré.
3. Est-ce que vous aimez les sports compétitifs? Pourquoi ou pourquoi pas?

Expressions typiques pour...

Faire un compliment *(To compliment someone)*

Tu as/Vous avez bonne mine *(You look well)* aujourd'hui.
Quelle jolie robe!
J'adore tes/vos cheveux comme ça.
Qu'est-ce qu'elle est belle, ta/votre jupe!
Comme tu es/vous êtes joli(e)/élégant(e)!
Ça te/vous va à merveille *(wonderfully)*!
Tu as/Vous avez fait un match extraordinaire.

Accepter un compliment

Tu trouves?/Vous trouvez?
Tu crois?/Vous croyez?
Cette robe? Je l'ai depuis longtemps.

Puis, si la personne qui vous complimente persiste, répondez aimablement:

Tu es/Vous êtes très gentil(le) de dire ça.
C'est gentil de me dire ça.
Que tu es/vous êtes gentil(le).
Moi aussi, je l'aime bien. C'est un cadeau de ma mère.

Vous ferez la même chose pour accepter un compliment pour des résultats scolaires ou au travail:

Merci. Oui, je suis content(e) d'avoir réussi comme cela.
J'avais beaucoup travaillé, mais on ne sait jamais.
Merci. Tu sais, j'ai eu peur jusqu'à la dernière minute.
Merci. J'ai eu de la chance.

Qu'est-ce qu'on dirait pour féliciter ce jeune couple?

Accepter des remerciements

Je vous en prie. Ça m'a fait plaisir.
J'aurais voulu (en) faire plus.
Tu es/Vous êtes trop bon(ne).
C'est normal. Je voulais vous (t')aider.
Ce n'est rien.
Je n'ai rien fait de si extraordinaire!
N'importe qui en aurait fait autant. *(Anyone would have done as much.)*

Féliciter

Félicitations!
Toutes mes félicitations!
Tous mes compliments.
Bravo!
Chapeau! *(familiar)*
C'est fantastique/formidable/génial!
Je suis content(e) pour toi (vous).
Je suis fier/fière de toi (vous).

Pour un mariage ou des fiançailles
Tous mes vœux *(wishes)* de bonheur.

Accepter des félicitations

Pour un mariage
Merci, c'est gentil.

Pour une réussite au travail
Merci. Je te/vous dois beaucoup.

Pour une compétition sportive
Les conditions étaient bonnes.
J'étais en forme.
On a bien joué ensemble.
C'est à la portée *(within the reach)* de tout le monde.

Liens culturels

NE DITES PAS MERCI!

Contrairement à l'anglais, quand vous répondez à un compliment en français, «merci» n'est pas toujours la bonne réponse. En remerciant, vous risquez de paraître vous vanter *(to boast, brag)*, comme si vous étiez d'accord avec le compliment. D'abord, il vaut mieux refuser le compliment ou le minimiser. Par exemple, si vous dites à une Française «Quel joli ensemble tu as là», au lieu de dire «merci», elle répondrait plutôt: «Ça? Oh, je l'ai acheté en solde au printemps dernier». Minimiser le compliment met en valeur la gentillesse de celui qui complimente. C'est en même temps une façon de se camoufler, de se cacher comme une maison entourée d'un mur. Cette tendance reflète l'importance de la pudeur *(modesty)* dans l'éducation des Français. Pour être *bien élevés,* les enfants français apprennent très tôt quelle conduite avoir en société et quels mots dire pour paraître respectueux, raisonnables et obéissants (voir ***Liens culturels, Chapitre 3, Leçon 3; Chapitre 8, Leçon 1***).

Pour se distinguer et être charmants à la fois, les Français recourent à l'élégance verbale et à une façon spirituelle de présenter les choses. C'est ainsi que, dans le jugement qu'ils portent sur les individus et leurs actions, ils attribuent généralement une plus grande importance aux qualités intellectuelles qu'aux qualités morales. L'intelligence, la lucidité, la rapidité d'esprit et le savoir sont les qualités suprêmes d'un individu plutôt que la sincérité, l'intégrité et la rectitude morale.

Et selon vous, quelles qualités sont les plus importantes? Est-ce que vous admirez les mêmes traits de caractère chez les hommes que chez les femmes?

Adapté de *Les Français,* 3e édition, Laurence Wylie et Jean-François Brière (Englewood Cliffs, NJ: Prentice Hall, 2001, p. 61) et de *Société et culture de la France contemporaine,* Georges Santoni, ed. (Albany: State University of New York, 1981, pp. 59–60).

Mots et expressions utiles

La compétition

le classement *ranking*
un(e) concurrent(e) *competitor*
un coureur/une coureuse *runner/ cyclist*
une course *race*
une épreuve (athlétique) *an (athletic) event*
un(e) fana de sport *jock, an enthusiastic fan*
sportif/sportive *athletic, fond of sports*
un tournoi *tournament*
la douleur *pain*
s'entraîner *to train*
l'entraîneur/l'entraîneuse *coach*
épuisant(e) *grueling, exhausting*
la pression *pressure*
se prouver *to prove oneself*

à la portée de *within the reach of*
arriver/terminer premier *to finish first*
battre *to beat, break*
faillir (+ infinitif) *to almost (do something)*
prendre le dessus *to get the upper hand*
reprendre haleine *to get one's breath back*
serré(e) *tight; closely fought*
survivre (à) (*past part.* survécu) *to survive*
la défaite *defeat, loss*
le défi *challenge*
un match nul *tied game*
le record du monde *world record*
une victoire *win, victory*

MISE EN PRATIQUE

—C'est la première fois que j'assiste à une **course**. C'est passionnant, hein?

—Absolument. J'y viens chaque année, mais j'**ai failli** ne pas pouvoir y assister cette fois-ci. J'avais eu beaucoup de travail. Il faut dire que je suis une **fana de sport**. Surtout quand mon cousin est un des participants.

—Vraiment? Un **coureur** dans la famille? Est-ce qu'il a des chances de gagner?

—Non, pas du tout. Il veut tout simplement **se prouver** qu'il peut **survivre** à ce genre d'**épreuves athlétiques**. C'est un **défi**.

ACTIVITÉS

A. Entraînez-vous: Félicitations! Pour chacune des circonstances suivantes, félicitez la personne indiquée, jouée par votre partenaire. Votre partenaire répond de façon appropriée.

1. votre ami(e) qui a fini cinquième au marathon de New York
2. votre mari/femme qui a reçu une promotion à son travail
3. de bons amis qui viennent de se marier
4. votre sœur/frère qui vient d'adopter un enfant
5. votre voisin(e) qui a trouvé un nouveau poste
6. votre fils/fille qui a obtenu un A à sa dernière interro

B. Faire une leçon de vocabulaire. Votre petite sœur a une liste de vocabulaire à apprendre. Aidez-la en lui donnant un synonyme pour chacune des expressions suivantes. Utilisez les *Mots et expressions utiles*.

Les participants

1. personne qui court
2. personne qui s'occupe de la préparation à un sport
3. personne qui adore les sports
4. personne qui participe à une compétition

Les événements

5. le succès
6. l'action de perdre
7. une épreuve sportive
8. l'ordre des gagnants

C. Questions indiscrètes. Posez les questions suivantes à un(e) ami(e). Donnez un résumé de ses réponses à la classe.

1. Est-ce que tu préfères les sports en tant que spectateur/spectatrice ou en tant que participant(e)? Quel(s) sport(s) est-ce que tu pratiques régulièrement?
2. Est-ce que tu prends part à des compétitions sportives? Lesquelles?
3. Décris une compétition sportive à laquelle tu as récemment assisté ou pris part. Il y avait combien de participants et de spectateurs? Qui a terminé premier ou quelle équipe a gagné/perdu? Quel était le score final?
4. Est-ce que tu as l'esprit compétitif quand tu fais du sport? Est-ce que c'est important, pour toi, de gagner? Pourquoi?

COURT CIRCUIT

LOS ANGELES (ATP Tour, dur, 350 000 dollars)

Agassi de retour

Son forfait pour la demi-finale de Coupe Davis que viennent de perdre ses compatriotes en Espagne (5-0) est déjà oublié. Andre Agassi n'a apparemment plus mal au dos après l'accident de la circulation dont il avait été victime il y a une dizaine de jours. Il rejoue donc dès aujourd'hui, à Los Angeles, face à son compatriote Taylor Dent. En Californie, les principaux favoris, outre l'Américain, seront Mark Philippoussis et Marcelo Rios.

Arnaud Clément affrontait la nuit dernière Marcos Ondruska alors qu'Anthony Dupuis jouait contre un autre Sud-Africain, Wayne Ferreira. Enfin Cyril Saulnier était opposé au Slovaque Jan Kroslak, avec à l'horizon un possible deuxième tour contre... Agassi.

Qui joue au tennis à Los Angeles?

D. Tu trouves? Avec un(e) partenaire, créez de petites conversations dans lesquelles vous faites et acceptez des compliments. Discutez de vêtements, bijoux, voitures, chiens/chats et logements. MOTS UTILES: une coiffure *(hairstyle),* une coupe *(cut),* un collier, une montre *(watch),* une bague, des boucles d'oreilles

MODÈLE: —*Comme elle est belle, ta robe!*
—*Tu trouves? Je l'ai achetée en solde il y a longtemps.*
—*On ne dirait pas. Elle a l'air toute neuve.*
—*Tu es trop gentille.*

LA GRAMMAIRE À APPRENDRE

Les mots exclamatifs

A. Compliments are often in the form of exclamatory phrases or sentences. In French, the appropriate form of the interrogative adjective **quel** is used before the noun or another adjective designating the person or thing that you wish to compliment. The indefinite article is not used in the French construction.

Quel beau service!
What a beautiful serve!

Quels spectateurs enthousiastes!
What enthusiastic spectators!

Quelle persévérance!
What perseverance!

Of course not all exclamations are necessarily complimentary or positive.

Quel idiot!
What an idiot!

B. The exclamatory adverbs **comme, que, ce que,** and **qu'est-ce que** can be used at the beginning of a clause to express a compliment or an exclamation. Contrary to English, the grammatical structures that follow the exclamatory words are in the usual declarative word order.

Qu'est-ce que vous devez travailler dur!
How hard you must work!

Comme vous vous concentrez bien!
How well you are concentrating!

Ce que j'aime vous regarder servir les balles de jeux!
How I love to watch you serve tennis balls!

Que vous jouez bien!
How well you play!

ACTIVITÉS

A. Le match de rugby. Un ami belge vient de jouer un match de rugby important. Traduisez les compliments et les commentaires qu'on lui fait pour qu'il les comprenne.

1. How well you play!
2. What a wonderful player!
3. How we loved your game!
4. What fierce (**violente**) competition!
5. How sore (**avoir des courbatures**) you must be!
6. You are all so filthy (**sale**)!

B. A merveille! C'est vendredi après-midi et vous êtes de bonne humeur. En utilisant des mots exclamatifs, complimentez votre partenaire (qui doit répondre convenablement) sur:

1. trois de ses vêtements
2. son écriture
3. sa capacité de bien s'entendre avec les autres
4. son/sa camarade de chambre
5. son intelligence
6. un trait de votre choix

C. Quelle mauvaise journée! C'est lundi matin et vous arrivez au travail. Vous n'êtes d'humeur à faire de compliments à personne et vous rouspétez *(familiar—groan, moan)* à propos de tout (par exemple: les horaires de travail, la monotonie des journées, vos collègues, votre salaire, la durée des congés, le temps). Défoulez-vous *(Let out some steam)* en utilisant des mots exclamatifs!

Félicitez ces jeunes footballeurs. Faites-leur aussi des compliments.

Les petits Bleus champions d'Europe

FOOTBALL. Trois semaines après leurs aînés, les « Bleuets » de l'équipe de France des moins de 18 ans sont devenus champions d'Europe de football en battant l'Ukraine en finale, 1 à 0, hier à Nuremberg (Allemagne). La relève paraît déjà assurée !

Le participe présent

A. Formation

The present participle of both regular and irregular verbs is formed by dropping the **-ons** ending from the present tense **nous** form and adding **-ant**. It is the equivalent of the verbal *-ing* form in English.

utilisons	→	utilisant
finissons	→	finissant
battons	→	battant
faisons	→	faisant
EXCEPTIONS		
être	→	étant
avoir	→	ayant
savoir	→	sachant

B. Usage

The present participle functions as either a verb or an adjective.

- When used as an adjective, agreement is made with the noun that the present participle modifies:

  Le chalet où nous étions hébergés n'avait pas l'eau **courante**.
  The chalet where we were staying had no running water.

- When used as a verb, no agreement is made:

  En **sautant** à la corde, la jeune fille s'est fait mal au pied.
  While jumping rope, the little girl hurt her foot.

- Although it may be used alone, the present participle is usually preceded by the preposition **en**, to express a condition or to show that two actions are going on simultaneously:

  A chacun ses goûts. Moi, j'aime écouter la radio **en faisant** mon footing.
  To each his/her own. As for me, I like to listen to the radio while jogging.

  Les jours de compétition, je commence à me concentrer **en me levant**.
  On competition days, I begin concentrating as soon as I get up.

NOTE: **Tout** can be used before **en + participe présent** to accentuate the simultaneity or opposition of two actions. In this case, **tout** does not change form.

  Tout en paraissant détendu, je me prépare à la course: je m'en fais une image mentale.
  While looking relaxed, I prepare myself for the race: I picture it in my mind.

◆ One of the main uses of the present participle is to express a causal relationship between two actions: Il s'est foulé la cheville **en faisant** du ski. *He sprained his ankle while skiing.* ∎

- The present participle can also express by what means something can be done:

Comme me le dit mon entraîneur, c'est **en travaillant** à son propre rythme qu'on réussit.
As my coach tells me, it's by working at your own pace that you succeed.

C. Différences entre le français et l'anglais

- After all prepositions except **en,** the French infinitive form is used to express the equivalent of the English present participle:

J'ai passé tout mon temps libre **à me préparer** pour le triathlon.
(passer son temps **à...**)
I spent all my free time preparing for the triathlon.

J'ai fini **par me placer** deuxième. (finir **par...**)
I ended up placing second.

- The preposition **après** must be followed by the past infinitive, even though it may translate as *after + verb + -ing:*

Après avoir pris une douche et **m'être changé,** j'ai mangé comme quatre.
After taking a shower and changing, I ate like a horse.

- An infinitive in French is also used when the English present participle functions as the subject or object of a verb:

Faire du sport est bon pour la santé.
Practicing sports is good for your health.

ACTIVITÉS

A. Comme vous êtes doué(e)! Quelles activités est-ce que vous pouvez accomplir simultanément? Finissez chaque phrase en utilisant un participe présent.

1. J'écoute le professeur en...
2. Je dîne en...
3. Je fais mes devoirs en...
4. Je fais des promenades en...
5. Je regarde la télé en...

Mais il y a des limites! Quelles activités est-ce que vous trouvez impossibles à accomplir simultanément? Utilisez un participe présent.

6. Je ne peux pas parler en...
7. Je ne peux pas mâcher du chewing-gum en...
8. Je ne peux pas étudier en...
9. Je ne peux pas réfléchir en...
10. Il est dangereux de boire en...

B. Ecoute-moi! Pendant les jeux Olympiques d'été de Sydney en 2000, la Française Jeannie Longo a remporté la médaille de bronze de cyclisme, ce dont les Français sont très fiers. Voici des conseils qu'elle donnerait peut-être aux athlètes qui se préparent pour les futurs jeux Olympiques. Choisissez le verbe approprié et remplissez les blancs avec le participe présent ou l'infinitif, selon le cas.

1. On dit qu'on gagne des compétitions sportives en _____ régulièrement, et c'est tout à fait vrai. (s'entraîner/survivre)
2. La préparation comprend souvent beaucoup de séances d'entraînement _____. (épuiser/pleurer)
3. A moins d'_____ le soutien de ses amis, il est difficile de persévérer. (être/avoir)
4. Avant de _____ dans une compétition il faut connaître ses adversaires. (partir/entrer)
5. Tout en _____ pour une compétition précise, il faut toujours penser à la suivante. (se préparer/terminer)
6. Après _____ un but, il faut immédiatement commencer à s'entraîner pour le suivant. (attendre/atteindre)
7. Plus on approche du début des Jeux, plus les journées longues et _____ deviennent la norme. (épuiser/payer)
8. Mais en _____ la médaille de bronze, vous vous rendez compte que tous les sacrifices en valaient la peine. (recevoir/savoir)

C. Les proverbes. Beaucoup de proverbes français utilisent le participe présent ou l'infinitif. Avec un(e) camarade de classe, discutez de ce que ces proverbes veulent dire et inventez un autre proverbe du même genre. Soyez prêt(e) à l'expliquer à la classe.

1. C'est en forgeant *(forging)* que l'on devient forgeron *(blacksmith)*.
2. L'appétit vient en mangeant.
3. Vouloir, c'est pouvoir.

Interactions

A. L'interview. Vous êtes journaliste pour le journal de votre université. Votre partenaire est un(e) athlète très connu(e) qui passe plusieurs journées dans votre ville. Il/Elle vous a accordé la permission de l'interviewer pour le journal. Apprenez tout ce qui est possible sur cette personne. Commencez, bien sûr, par le/la féliciter et par lui faire des compliments. Sujets de discussion possibles: s'il/si elle veut bien vous donner des détails personnels (son âge, sa famille, etc.); comment il/elle s'entraîne pour les compétitions; comment il/elle réagit après une victoire quand tout le monde se presse autour de lui/d'elle; s'il/si elle peut donner des conseils aux jeunes qui veulent réussir dans un sport ou dans la vie; s'il/si elle a battu un record du monde; quelle compétition est la plus difficile pour lui/pour elle; etc.

B. La lettre d'un admirateur. Préparez une lettre qu'un(e) fan écrirait à une vedette ou à un chanteur/une chanteuse célèbre. Faites beaucoup de compliments parce que vous adorez cette personne. (Vous espérez aussi qu'il/qu'elle vous offrira un CD gratuit.) MOTS UTILES: sensationnel *(fabulous)*; orchestration [f] *(instrumentation)*; paroles [f] qui ont du sens *(meaningful lyrics)*; le vidéo-clip *(music video)*; la sortie de son nouvel album *(the release of his/her new album)*

Préparation 🗀 DOSSIER PERSONNEL

For this chapter, you will write a critical review of a film, book, or play that you have seen or read. A critical review almost always involves an opinion or judgment about the quality or effectiveness of something. It may also provide readers with a basis for making judgments or decisions. Like any statement of opinion, a critical review depends upon sound reasons and clear examples to make its point convincing.

1. Choose a film, book, or play about which you have strong positive or negative feelings.
2. Make a list of both good and bad aspects of the work you are evaluating. You may want to refer to pp. 391–393 of *Leçon 3* for helpful vocabulary related to your topic. Also consider the importance or lack of importance of this work.
3. After reviewing the good and bad aspects on your list, choose the overall point you want to make. Were you delighted, bored, angry, or stimulated by the work?
4. Show your list to a classmate to get helpful feedback.

Comment exprimer le regret et faire des reproches

Conversation (SUITE)

Premières impressions

Soulignez:

● les expressions qu'on utilise pour exprimer le regret et pour faire des reproches

Trouvez:

● la stratégie que Jean-Jacques a utilisée
● l'excuse qu'il donne à la fin

La journaliste continue son reportage en interviewant maintenant Jean-Jacques Dumas, qui a perdu le match.

LA JOURNALISTE: Je vais maintenant accueillir Jean-Jacques Dumas. Bonjour, Jean-Jacques. Alors, vous êtes déçu, bien entendu, de cette défaite, surtout après vos deux premiers sets? Comment expliquez-vous ce revirement° de situation? Vous sembliez pourtant dominer les deux premiers sets.

le revirement *turnaround*

JEAN-JACQUES: Le premier set était très, très serré, j'avoue.° Malheureusement à partir de la fin du deuxième set, j'ai commencé à perdre ma concentration. Si je n'avais pas perdu le service, peut-être que Pierre n'aurait pas pris le dessus aussi rapidement. Ceci dit, j'ai peut-être fait une erreur de stratégie en essayant de monter au filet° trop souvent, mais...

avouer *to admit*

monter au filet *to come to the net*

LA JOURNALISTE: Oui, c'était risqué d'essayer de le battre à son propre jeu...

JEAN-JACQUES: Oui, j'aurais dû sans doute rester en fond de court° et renvoyer° la balle comme je le fais d'habitude... mais j'avoue que d'avoir échoué au deuxième set a diminué ma concentration. Et j'avais aussi une douleur à la cheville° droite, ce qui, évidemment, n'a pas aidé.

rester en fond de court *to stay on the base line* / **renvoyer** *to return*

la cheville *ankle*

LA JOURNALISTE: Est-ce que vous ne seriez pas revenu à la compétition trop tôt après votre chute° d'il y a deux mois?

la chute *fall*

JEAN-JACQUES: L'entraînement se passait bien. J'ai peut-être eu tort de jouer à Monte-Carlo il y a deux semaines. En tout cas, je regrette que le match ait tourné à l'avantage de mon adversaire.

LA JOURNALISTE: Oui, si seulement vous n'aviez pas eu ce problème de cheville! Le match aurait peut-être tourné autrement... Merci, Jean-Jacques, d'avoir parlé avec nous aujourd'hui...

A suivre

Observation et analyse

1. Est-ce que la performance de Jean-Jacques a été à la mesure de ce qu'il attendait de lui-même? Expliquez.
2. Jean-Jacques a donné plusieurs raisons pour expliquer sa défaite. Quelles sont ses raisons?
3. Pourquoi est-ce que vous pensez que Jean-Jacques n'a pas mentionné Pierre et ses talents de joueur? Expliquez.

Réactions

1. Maintenant que vous avez lu l'histoire des deux joueurs, qu'est-ce que vous pensez de leur personnalité et du match qui les a opposés?
2. Dans quelles situations est-ce que vous exprimez des regrets?
3. Dans quelles circonstances est-ce que vous vous faites des reproches?

Expressions typiques pour...

Exprimer le regret

Je regrette qu'elle soit déjà partie.

C'est bien regrettable/dommage que... (+ subjonctif)

Malheureusement, je suis arrivé(e) en retard.

Je suis désolé(e) *(sorry)* { que Paul (+ subjonctif)...
de te/vous dire que (+ indicatif)...

Si seulement elle était restée plus longtemps!

Si seulement j'avais pu venir plus tôt!

Reprocher quelque chose à quelqu'un

Pour une action que vous ne jugez pas trop grave

Tu n'aurais/Vous n'auriez pas dû faire ça...
Il ne fallait pas...
Ce n'était pas bien de...
Je n'aurais pas fait cela comme ça.

Pour une action que vous jugez assez grave

Tu devrais/Vous devriez avoir honte.
Comment as-tu/avez-vous pu faire ça?
C'est très grave ce que tu as/vous avez fait.
C'est inadmissible! C'est scandaleux!

Se reprocher quelque chose

Je n'aurais pas dû faire ça...
Que je suis bête/imbécile/idiot(e)!
J'ai eu tort de...

J'aurais dû...
J'aurais mieux fait de...
Je n'aurais pas perdu si... (+ plus-que-parfait)

Vers chez Antoine, le 19 février

Bonjour Linda,

Je m'appelle Magaly, je suis la femme de Michel, c'est moi qui vous écris parce qu'il nous est arrivé un grand malheur, ma belle-maman est décédée le 20 janvier de cette année. Elle m'avait très souvent parlé de vous, c'est pourquoi je me permets de vous écrire ces quelques lignes.

Nous avons tous beaucoup de peine à surmonter ce deuil. Nos 3 enfants sont aussi vivement touchés.

J'espère que vous continuerez à nous donner de vos nouvelles chaque année et qui sait, peut-être que vous nous rendrez visite une fois, cela nous ferait vraiment plaisir.

Sachez qu'elle avait gardé un très bon souvenir de vous.

Bonnes salutations à votre petite famille et à bientôt.

Grosses bises

Jean-Pierre, Michel
Magaly et Maryory 8½ ans
Michèle 5ans
Johnny 3ans

Famille M. Dubois
Vers chez Antoine
2115 Mont-de-Bains

Quelles sont les nouvelles de Magaly? Pourquoi est-ce qu'elle écrit à Linda? Quels sont les rapports entre Linda et la famille de Magaly? Quelle sorte de réponse est-ce que Linda va probablement écrire?

Présenter ses condoléances

Nous vous présentons nos sincères condoléances.
Nous prenons part à votre douleur.
Nous sommes très touchés de votre malheur.
Nous avons appris avec beaucoup de peine le deuil *(sorrow)* qui touche votre famille.

Mots et expressions utiles

Situations regrettables

attraper un coup de soleil *to get sunburned*
ne pas mettre d'huile [f]/de lotion [f] solaire *to not put on suntan oil/lotion*
avoir un accident de voiture *to have an automobile accident*
conduire trop vite/rapidement *to drive too fast*
oublier d'attacher/de mettre sa ceinture de sécurité *to forget to fasten/put on one's seat belt*
échouer à/rater un examen *to fail/flunk an exam*
sécher un cours *to cut a class*

être fauché(e) *to be broke (out of money)*
être sans le sou *to be without a penny*

Divers

avouer *to admit*
grossir/prendre des kilos *to put on weight*
un rendez-vous avec un(e) inconnu(e) *blind date*
ne pas se réveiller à temps *to oversleep*

MISE EN PRATIQUE

—C'est bien regrettable que Marc n'ait pas pu finir ses cours cette année.

—Oui, il a eu un accident de voiture. Il conduisait trop vite, et en plus il avait oublié de mettre sa ceinture de sécurité. Il a été éjecté de la voiture.

—Et comment il va?

—Il a passé deux semaines à l'hôpital, mais quand il a repris les cours, il a eu du mal à rattraper son retard. Il a laissé tomber, je crois.

ACTIVITÉS

A. Entraînez-vous: Les regrets. En utilisant les *Expressions typiques pour...* , exprimez votre regret dans chaque situation.

1. Votre voisin(e) déménage et va s'installer dans une autre ville. C'est la dernière fois que vous vous voyez avant qu'il/elle ne déménage.
2. Vous n'avez pas terminé votre devoir pour le cours de français. Excusez-vous auprès du professeur.
3. Parlez avec votre ami(e) au sujet d'un(e) autre ami(e) que vous aviez invité(e) à votre soirée, mais qui n'est pas venu(e).
4. Vous vous trouvez aux obsèques *(funeral)* d'un ami de votre famille. Exprimez vos condoléances à son épouse.

B. Vous êtes fâché(e)! Faites un reproche à la personne indiquée dans chacune des circonstances suivantes. (ATTENTION: Evaluez la sévérité de chaque action avant de formuler votre reproche.)

1. Votre fils de sept ans a demandé à son grand-père de l'argent pour acheter un nouveau jouet.
2. Votre petit(e) ami(e) a admis qu'il/elle sortait avec quelqu'un d'autre depuis un mois.
3. Votre professeur vous a donné une interro-surprise.
4. L'inconnu(e) avec qui vous aviez rendez-vous n'a parlé que de lui-même/d'elle-même pendant toute la soirée.
5. Votre camarade de chambre a oublié de vous dire que votre ami(e) avait téléphoné pour dire qu'il/elle ne pourrait pas venir vous voir à sept heures ce soir. Il/Elle s'est souvenu(e) du message à 6h55.

Pourquoi ce jeune homme va-t-il boycotter les macaronis?

Orange de colère

Un supporter hollandais, après la défaite des « Orange » en demi-finale contre l'Italie : Nous allons boycotter les pizzas aux Pays-Bas et aussi les macaronis et les spaghettis.

C. Que je suis bête! Vous vous faites des reproches dans les situations suivantes.

1. C'est le week-end et vous êtes sans le sou!
2. Vous avez raté votre examen de chimie.
3. Un(e) ami(e) vous donne un cadeau de Noël, mais vous ne lui avez rien acheté.
4. Vous êtes très fatigué(e) ce matin parce que vous n'avez dormi que trois heures la nuit dernière.
5. Vos vêtements ne vous vont plus. Ils vous serrent trop *(are too tight)*.
6. Vous avez attrapé un coup de soleil.
7. Vous avez raté une interro-surprise parce que vous aviez séché le cours précédent. Par conséquent, vous n'avez pas su répondre aux questions.
8. Vous avez eu un accident de voiture, et maintenant vous êtes hospitalisé(e) pour plusieurs jours.

LA GRAMMAIRE À APPRENDRE

Le conditionnel passé

The past conditional in French expresses what *would have happened* if another event had taken place or if certain conditions had been present. Thus, it is commonly used in expressions of regret and reproach.

> Je **serais venu** plus tôt si j'avais su que tu avais besoin de mon aide.
> *I would have come earlier if I had known that you needed my help.*

A. Formation

- To form the past conditional, an auxiliary verb in the simple conditional is followed by the past participle. The rules of agreement common to all compound tenses are observed.

Je serais arrivée...	Nous aurions fini...
Tu lui aurais parlé...	Vous vous seriez fâchés...

> Cette lettre? Paul ne **l'aurait** pas **écrite**.
> Jeanne et Guillaume, ils **l'auraient écrite**?

B. Usage

- Common ways of expressing regret and reproach in English are *could have* and *should have*. In French, *could have done something* is expressed by the past conditional of **pouvoir + infinitif**.

> Tu **aurais pu** me téléphoner!
> *You could have called me!*

- *Should have done something* is expressed by the past conditional of **devoir + infinitif**.

> Tu as raison. **J'aurais dû** te téléphoner.
> *You're right. I should have called you.*

NOTE: Either the simple conditional or the past conditional must be used following the expression **au cas où**.

> Au cas où tu **aurais** encore des problèmes, tu **pourrais** me donner un coup de fil.
> *In case you have further problems, you could give me a call.*

> Au cas où le technicien n'**aurait** pas **pu** venir réparer ta machine à laver, donne-moi un coup de fil.
> *In case the repair person isn't able to come repair your washing machine, give me a call.*

Les phrases conditionnelles

The past conditional is seen most often in conditional sentences in which the verb in the **si**-clause is in the **plus-que-parfait**.

> Si tu me l'**avais dit**, j'**aurais pu** apporter tous les outils nécessaires pour réparer ta machine à laver.

> Tu n'**aurais** pas **eu** à faire venir un plombier si tu m'**avais parlé** de tes difficultés.

◆ Other sequences of tenses may occur occasionally; however, future or conditional tenses can *never* be used in the **si**-clause. ■

SUMMARY OF CONDITIONAL SENTENCES

Si-clause	Main clause
présent	futur/présent/impératif
imparfait	conditionnel
plus-que-parfait	conditionnel passé

Complétez la phrase: Moi, si j'étais riche, ...!

MOI, SI J'ÉTAIS RICHE, JE DONNERAIS TOUT À CEUX QUI N'ONT RIEN.

MOI, SI J'ÉTAIS RICHE, JE DONNERAIS RIEN À DES BON-À-RIEN COMME NOUS!

POUR MANGER

POUR VIVRE

WOLINSKI

A C T I V I T É S

A. Dans ma boule de cristal. Prévoyez ce qui se serait passé dans les cas suivants, en formant des phrases avec les éléments donnés. Faites tout changement nécessaire.

Si j'avais étudié davantage pour l'examen de français hier soir...
1. ... je / obtenir / une meilleure note
2. ... professeur / être / content
3. ... je / impressionner / camarades de classe
4. ... je / recevoir / mon diplôme / cette année
5. ... C'est à vous de décider!

Si John F. Kennedy n'avait pas été assassiné en 1963...
6. ... il / être / réélu / en 1964
7. ... nous / gagner / la guerre du Vietnam
8. ... les années 60 / être / différent
9. ... Jackie Kennedy / ne pas épouser / Aristotle Onassis
10. ... C'est à vous de décider!

B. Ah, les regrets... Avec un(e) camarade, complétez chaque phrase en utilisant le plus-que-parfait ou le conditionnel passé, selon le cas.

1. Je n'aurais pas échoué à l'examen si...
2. J'aurais fait du jogging ce matin si...
3. Si tu m'avais invité(e) à ta soirée...
4. Si j'avais passé plus de temps à la bibliothèque le semestre/trimestre passé...
5. J'aurais dormi plus de cinq heures hier soir si...
6. Si nous n'avions pas tant dansé hier soir...
7. Vous n'auriez pas attrapé de coup de soleil si...

C. Si seulement... La grand-mère de Sonia et d'Olivier, qui a soixante-quinze ans et qui souffre de nombreuses maladies, leur parle des regrets de sa vie passée. Elle donne aussi des conseils aux jeunes gens d'aujourd'hui pour prolonger leur vie. Utilisez le mode (indicatif, conditionnel, infinitif, participe présent, impératif) et le temps approprié pour compléter chaque phrase.

Mes médecins me disent que je _____ (pouvoir) vivre au moins dix ans de plus si j'avais suivi leurs conseils. Donc, si je les avais écoutés, je _____ (faire) davantage de gymnastique et je _____ (consommer) moins de sel et moins de graisses *(fat)*. Mais c'est trop tard maintenant.

Oh là là, _____ (regarder) ma peau sèche. Je _____ (ne pas devoir) prendre de bains de soleil sans _____ (mettre) de lotion solaire, c'est certain. Et mes poumons—mon Dieu! Après _____ (fumer) pendant plus de cinquante ans, ils ne sont plus en bonne santé, je vous assure! Je _____ (ne jamais devoir) commencer à fumer.

Si j'étais vous, je _____ (s'arrêter de fumer) aujourd'hui même. De plus, je _____ (manger) moins de viande et plus de légumes et de fruits frais. Au cas où vous _____ (douter) de la valeur de ces conseils, vous _____ (n'avoir que) à regarder la longévité des Japonais.

Mais surtout, si vous _____ (vouloir) vivre bien et longtemps, il faut rester en bonne forme en _____ (faire) du sport et en _____ (éviter) les excès d'une vie trop sédentaire.

Voilà mes conseils pour la postérité! _____ (Ecouter) cette vieille femme qui vous aime et _____ (profiter) de ses erreurs!

D. Questions indiscrètes: Les fantasmes. Posez les questions suivantes sur les fantasmes à un(e) ami(e). Puis donnez un résumé de ses réponses à la classe.

1. Si tu avais pu choisir n'importe quelle université, laquelle est-ce que tu aurais choisie?
2. Si tu pouvais habiter n'importe où, où est-ce que tu habiterais?
3. Si tu pouvais faire la connaissance de quelqu'un de célèbre, qui est-ce que tu choisirais?
4. Si tu pouvais faire une bonne action *(do a good deed)*, laquelle est-ce que tu ferais?
5. Si tu avais eu beaucoup de temps et d'argent le week-end dernier, qu'est-ce que tu aurais fait?
6. Si tu gagnes sept millions de dollars aujourd'hui, que feras-tu ou bien où iras-tu?
7. Si tu pouvais changer quelque chose dans ta vie, qu'est-ce que tu changerais?

Liens culturels

LES FRANÇAIS ET LE SPORT

Les Français sont de plus en plus nombreux à pratiquer une activité sportive, même occasionnellement. On croit qu'une meilleure résistance physique aide à mieux supporter les agressions de la vie moderne. Une allure sportive est aussi prisée dans une société qui valorise la forme autant que le fond. Globalement, la pratique des sports est en forte hausse; les trois quarts des hommes et la moitié des femmes s'adonnent à une activité sportive plus ou moins régulière. Pourtant la pratique des sports en France reste faible comparée à celle des Néerlandais, des Danois et des Allemands.

Les femmes s'intéressent surtout aux sports individuels. La gymnastique, la natation et la randonnée pédestre sont, respectivement, les sports les plus populaires pour elles. Quant aux hommes, le tennis est récemment devenu le sport pratiqué le plus régulièrement, suivi par le football et le jogging. La popularité de sports comme le tennis, le jogging et la gymnastique reflète probablement l'individualisme des

Vous jouez au football? Vous avez participé à une course à pied quelconque? A quelle occasion? Savez-vous d'où vient le mot «marathon»?

Français. Aujourd'hui «plus d'un Français sur trois pratique un sport individuel, contre un sur quatre en 1973; un sur quinze pratique un sport collectif» (p. 443). Parmi les sports d'équipe le basket connaît un regain de popularité qui profite de la médiatisation des champions américains. Enfin, un nombre croissant de Français pratiquent aujourd'hui des sports comme le golf, le parapente, l'escalade (rock-climbing), le base-ball et le vol libre (hang-gliding).

Quels sports sont les plus populaires aux Etats-Unis? Quels sports préférez-vous?

Adapté de Gérard Mermet, *Francoscopie 2001* (Larousse, pp. 439–446).

Interactions

A. Jouez le rôle. Vous allez avoir une très mauvaise note dans une de vos classes à la fin de ce semestre/trimestre. Deux camarades de classe vont jouer le rôle de vos parents. Vous allez leur annoncer la mauvaise nouvelle. Ils vont vous reprocher la mauvaise note et ils vont expliquer tout ce que vous auriez pu faire pour éviter la situation (étudier davantage, regarder moins souvent la télé, leur dire avant pour qu'ils puissent payer des leçons particulières), etc.

B. Composition. C'est la rentrée des classes en septembre. Le professeur de votre cours de français vous demande d'écrire une composition qui explique ce que vous avez fait pendant les vacances d'été. Il vous demande de l'écrire en répondant à la question suivante:
En quoi est-ce que votre été aurait été différent si vous aviez disposé d'une somme d'argent illimitée et du temps nécessaire pour la dépenser?

Phrases: Writing an essay
Grammar: Past conditional **(conditionnel passé)**; pluperfect **(plus-que-parfait)**; sequence of tenses with **si**

Premier brouillon  DOSSIER PERSONNEL

1. To guide you as you write your critical review, draft a statement that sums up your overall evaluation of the work, using the list of positive and negative aspects that you developed in the previous lesson. This statement can be placed early in the review or used as a summary point in the last sentence.
2. Begin your draft with a summary of the work. The summary can be short or more extensive, but don't reveal the whole plot of the movie, book, or play. Give your readers a chance to find it out for themselves.
3. Incorporate specific material from the work that supports your opinion. You may begin with supporting evidence and end with a statement of opinion. Or you may start with your opinion and follow it up with reasons, facts, and examples. If your review is not entirely supportive, you may want to hypothesize about what could have been different in the work or what would have improved it.

Phrases: Expressing an opinion; agreeing and disagreeing
Grammar: Past conditional **(conditionnel passé)**; pluperfect **(plus-que-parfait)**; sequence of tenses with **si**

Comment résumer

Conversation (CONCLUSION)

Premières impressions

Soulignez:

- les expressions pour résumer

Trouvez:

- combien de personnages principaux il y aura dans le film
- quel acteur célèbre va jouer dans le film

réalisateur/réalisatrice *director*	*Ayant remarqué la réalisatrice° Laurence Miquel dans le public qui a assisté au match, la journaliste décide de profiter de l'occasion.*

une réalisation *production*

LA JOURNALISTE: J'accueille maintenant Laurence Miquel qui va nous parler un peu de sa nouvelle réalisation.° Alors de quoi s'agit-il? Quel est le thème du... ?

une intrigue *plot*

LAURENCE MIQUEL: Eh bien, c'est un documentaire car c'est basé sur une histoire vraie. Mais il y a quand même une intrigue.° En fait, il s'agit d'une histoire d'amour entre plusieurs personnages, cinq personnages principaux° pour être précis. L'histoire se déroule° sur quatre générations. Avec tout un jeu de retours en arrière,° je montre en fait combien le couple d'aujourd'hui vit une histoire semblable à celle de ses grands-parents.

les personnages principaux *main characters* / **se dérouler** *to take place*
un retour en arrière *flashback*

LA JOURNALISTE: Oh! Ça a l'air intéressant! Vous nous mettez l'eau à la bouche. Et l'action se déroule où?

avoir (beaucoup) à voir avec *to have (a lot) to do with*

LAURENCE MIQUEL: Dans l'Ouest américain. Le contraste entre le passé et le présent a beaucoup à voir avec° le thème. En deux mots, j'essaie de créer un dialogue entre ce qui était rural et très peu développé au siècle dernier et le monde moderne d'aujourd'hui. D'où le titre «Le Retour vers l'Ouest». Le contraste fait ressortir les parallélismes.

les interprètes (m pl) *the cast*

LA JOURNALISTE: Je ne crois pas que les interprètes° que vous avez choisis soient tellement connus?

une apparition éclair *quick appearance (cameo)* / **un débutant** *beginner*

LAURENCE MIQUEL: Non. Le public va les découvrir. A part une apparition éclair° de Jean-Paul Belmondo, ce sont tous de jeunes débutants.°

LA JOURNALISTE: Eh bien! J'espère que ce film, qui va bientôt sortir, sera une grande réussite.

LAURENCE MIQUEL: Je vous remercie beaucoup.

Observation et analyse

1. Quelle sorte de film est-ce que Laurence Miquel est en train de faire connaître?
2. Quel en est le thème?
3. Parlez de la signification *(meaning)* du titre.
4. Où est-ce que l'action se déroule?
5. A quelle époque se déroule le film?
6. Quelles sortes de gens iront probablement voir ce film? Pourquoi?

Réactions

1. Est-ce que vous avez envie de voir ce film? Pourquoi ou pourquoi pas?
2. Est-ce que vous avez déjà vu un film français? Si oui, parlez-en.
3. Quels films est-ce que vous avez vus et aimés récemment? Pourquoi?
4. Qui est votre acteur préféré/actrice préférée?

Expressions typiques pour...

Résumer

Donc,...
Enfin bref,...
Pour résumer, je dirai que...
Je résume en quelques mots...
En bref,...
Pour tout dire,...
En somme,...
Ceci dit,...

Somme toute *(When all is said and done)*,...
Ce qu'il a dit, c'était que...
Ce qu'il faut (en) retenir *(retain)*, c'est que...
Ce qui s'est passé, c'est que...
En deux mots, le gangster a été tué par la police...

◆ Since summarizing can involve telling a shortened version of a story, you may find it helpful to review the expressions used for telling a story in *Chapitre 4*. ■

Guide pour vous aider à résumer un film/une pièce/un roman

Est-ce que vous savez le nom du réalisateur/du metteur en scène *(stage director)*/de l'écrivain? (Non, je ne sais pas...)

Combien de personnages principaux est-ce qu'il y a dans le film/la pièce/le roman *(novel)*? (Il y en a...)

Qui sont-ils? Décrivez ces personnages. Parlez des interprètes. (Ils sont...)

Quand est-ce que l'action se déroule? Où?

Est-ce qu'il y a des retours en arrière?

De quoi s'agit-il dans le film/la pièce/le roman? *(What is the film/play/novel all about?)* (Il s'agit de...)

Résumez l'intrigue./Racontez un peu l'histoire.

Quelle est la signification du titre? (Le titre signifie...)

Quel est le thème principal?

Comment est-ce que vous trouvez le film/la pièce/le roman? Est-ce qu'il/elle est intéressant(e)? passionnant(e)? ennuyeux/ennuyeuse? médiocre? (Je le/la trouve...)

Guide pour vous aider à résumer un article

Est-ce que vous savez le nom de l'auteur? (Oui, il/elle s'appelle...)

De quoi traite *(treats; deals with)* l'article? (L'article traite de...)

Quelles sont les idées les plus importantes présentées par l'auteur? (Les idées les plus importantes sont.../Ce que l'auteur a dit d'important, c'est que...)

Donnez plusieurs exemples que l'auteur utilise pour exprimer ses idées ou développer des arguments.

Est-ce que le titre s'explique?

Pour quelle(s) raison(s) est-ce qu'on lirait cet article? (On le lirait pour.../ parce que...)

Quelle est votre réaction à la lecture de cet article? (J'ai trouvé cet article...)

Comment s'appelle le cinéma? Comment s'appellent les scénaristes de *Gladiator*? Qui sont les interprètes les plus célèbres qui jouent dans ce film? Est-ce que ce film américain a eu du succès aux Etats-Unis? Pourquoi ou pourquoi pas?

Mots et expressions utiles

Une pièce

une comédie musicale *musical*
le metteur en scène *stage director*
la mise en scène *staging*
la troupe *cast*
une représentation *performance*

l'éclairage *lighting*
frapper les trois coups *to knock three times (heard just before the curtain goes up in French theaters)*
jouer à guichets fermés *to play to sold-out performances*
un rappel *curtain call*
(avoir) le trac *(to have) stage fright*
un(e) critique de théâtre *theater critic*

Un film

un acteur/une actrice *actor/actress*
un cinéaste *filmmaker*
un(e) débutant(e) *beginner*
un(e) interprète *actor/actress*
　　les interprètes [m/f pl] *cast*
un producteur *producer (who finances)*
le réalisateur/la réalisatrice *director*
la réalisation *production*
un(e) scénariste *scriptwriter*
tourner un film *to shoot a film*
la vedette *star (male or female)*

le dénouement *ending*
se dérouler/se passer *to take place*
un épisode *episode*
l'intrigue [f] *plot*
le personnage (principal) *(main) character*
un rebondissement *revival*
un retour en arrière *flashback*
le thème *theme*

HORAIRES DES SEANCES

Vendredi : 20H30
Samedi : 14H30/16H30/20H30
Dimanche : 14H30/16H30/20H30
Lundi : 20H30

Ces horaires sont susceptibles d'être modifiés

Tarif normal : 6 €
Tarif réduit : 5 €

Tél : 02.48.58.38.95
Répondeur : 02.48..58.00.95

L'ATOMIC

GLADIATOR

Réalisation : Ridley Scott
Scénario : David Franzoni, John Logan, William Nicholson
Durée : 2 h 35
Interprètes : Russell Crowe, Joaquin Phoenix, Connie Nielsen, Oliver Reed

Le Général Maximus est le plus fidèle soutien de l'empereur Marc Aurèle, qu'il a conduit de victoire en victoire avec une bravoure et un dévouement exemplaires. Le vieil homme, qui le considère comme son fils, aimerait en faire, après sa mort, le protecteur de Rome, mais Maximus n'a aucun penchant pour la politique. Las de guerroyer, il n'aspire qu'à retrouver sa famille. Jaloux du prestige de Maximus, et plus encore de l'amour que lui voue l'empereur, le fils de Marc, Aurèle Commodes, s'arroge le pouvoir puis ordonne l'arrestation de Maximus et décide de son exécution...

des genres de films *types of films*
  une comédie *comedy*
  un dessin animé *cartoon*
  un documentaire *documentary*
  un film d'amour *love story*
  un film d'aventures *adventure film*
  un film d'épouvante *horror movie*
  un film d'espionnage *spy movie*
  un film de guerre *war movie*
  un film policier *police story, mystery story*
  un western *western*

un film doublé *dubbed film*
en version originale (v.o.) *in the original language*

avec sous-titres [m pl] *(with) subtitles*
un compte rendu *review (of film, play, book)*
un(e) critique de cinéma *movie critic*
un four *flop*
un navet *third-rate film*
réussi(e) *successful*
l'entracte [m] *intermission*
l'ouvreuse [f] *usher*

Divers

avoir à voir avec *to have something to do with*
C'est complet. *It's sold out.*

M I S E   E N   P R A T I Q U E

Un succès durable: *Les Misérables* est une pièce à ne pas manquer. De nombreux **critiques** parisiens en ont fait les éloges *(praise)*. Selon plusieurs **comptes rendus**, le **metteur en scène** du théâtre Mogador est à féliciter pour sa **mise en scène** ingénieuse et efficace. Les **producteurs** qui n'ont pas hésité à emmener le spectacle en tournée de **représentations** misent sur *(bet on)* la même qualité et continuent à trouver des **acteurs** de premier ordre. Le plus souvent les **troupes** en tournée **jouent à guichets fermés**.

Adapté du *Journal Français d'Amérique*

A C T I V I T É S

A. Entraînez-vous: Résumez. Racontez en une ou deux phrases les faits suivants en utilisant les expressions pour résumer.

1. la dernière conversation avec votre professeur de français
2. la dernière conversation avec votre patron ou un autre professeur
3. un programme de télévision
4. un événement dans les nouvelles

B. En bref... Résumez en une ou deux phrases le contenu des trois conversations d'un chapitre précédent, en utilisant les expressions pour résumer.

MODÈLE: *(Chapitre 5, Leçon 2)*
> *Il s'agit d'un couple français qui entre en conflit avec leur fille Julie parce qu'elle passe trop de temps devant la télé au lieu de faire ses devoirs. Leur neveu Sébastien, par contre, s'intéresse plus à l'école et fait ses devoirs sans même qu'on le lui dise. Bref, on assiste à une comparaison assez nette entre ces deux enfants.*

C. Etes-vous cinéphile? Ecrivez les titres de dix films que vous avez vus (américains et étrangers) pendant les deux dernières années. Classez chaque film d'après son genre. Comparez votre liste et votre classification avec celles de vos camarades. Discutez de votre genre de film préféré.

D. Oscars/Césars. Quels sont les films qui ont reçu des Oscars cette année (ou l'année dernière) pour les catégories suivantes: meilleur film, meilleur réalisateur, meilleur acteur, meilleure actrice? Qu'est-ce que vous avez pensé des décisions des membres du jury? Est-ce que vous avez vu les films qui ont reçu le plus d'Oscars? Est-ce que vous savez quels films français ont gagné le plus de Césars cette année (ou l'année dernière)?

E. En peu de mots... Choisissez une pièce ou un film que vous avez vu(e) ou un article que vous avez lu récemment. Faites-en un petit résumé.

Liens culturels

LE SEPTIÈME ART

Si les Français vont au cinéma moins souvent que les Américains (la fréquentation moyenne par habitant était de 2,9 en France contre 5,1 aux Etats-Unis en 1993), ceci ne veut pas dire que les Français manquent de passion pour le septième art. Au contraire, ils le célèbrent chaque année pendant la *Fête du cinéma*. On achète un «carnet-passeport» au prix normal du billet d'entrée de la salle où l'on se rend. Ce carnet est ensuite validé, pendant trois jours et dans toutes les salles de la ville, moyennant 2€ à chaque séance supplémentaire. Divers spectacles ont aussi lieu à Paris et en province à cette occasion et des soirées sont organisées dans des bars et des discothèques.

Cette passion des Français pour le cinéma remonte à plus d'un siècle. En fait, c'est en France, en décembre 1895, que le cinéma est né. Antoine Lumière avait organisé la première projection publique de ses «photographies animées» à l'hôtel Scribe, un haut lieu de la vie parisienne à l'époque. Antoine était fabricant de pellicules mais ce sont ses fils, Auguste et Louis, qui ont inventé la machine qui permettait de les montrer de façon successive. Lorsque Louis Lumière a montré les dessins de son premier cinématographe à son constructeur Jules Charpentier, ce dernier lui a dit: «C'est intéressant mais ça n'a aucun avenir!»

Aujourd'hui, avec plus de 156 millions de spectateurs par an, l'avenir du cinéma en France n'est guère en danger. Une place de cinéma coûte un peu plus cher qu'aux Etats-Unis (entre 5€ et 7,5€), ce qui explique pourquoi les Français s'offrent moins souvent ce plaisir.

La récompense la plus prestigieuse du cinéma français est le César, l'équivalent français de l'Oscar d'Hollywood. A la 24e cérémonie des Césars, qui a eu lieu en février 2000, *Vénus Beauté* (Institut Tonie Marshall) a remporté le prix du meilleur film de l'année. Karin Viard et Daniel Auteuil ont reçu les Césars des meilleurs interprètes féminin et masculin.

Enfin, les différences de sujet et de style sont importantes. Alors que les films américains sont plutôt basés sur des aventures au rythme rapide, les films français ont toujours eu une tendance à être plus intellectuels. Il se peut que l'écart entre les styles se réduise.

Croyez-vous que cet écart puisse disparaître un jour? Quel style est-ce que vous préférez? Pourquoi?

Francoscopie 2001 (Larousse, pp. 415–418); www.cesars.com

La voix passive

A. Formation

The passive voice is useful in a number of contexts, including reporting the facts and summarizing what went on.

> Ce qui se passe à la fin du roman *Une rage fatale,* c'est que le mari **est tué** par sa femme jalouse.

An active voice construction is characterized by normal word order, where the subject of the sentence performs the action and the object receives the action.

Sujet	Verbe actif	Objet	Complément de lieu
La femme	a vu	son mari et sa maîtresse	dans un restaurant.

In a passive voice construction, the subject is acted upon by the object (called the agent) and thus switches roles with the object.

Sujet	Verbe passif	Agent	Complément de lieu
Le mari et sa maîtresse	ont été vus	par la femme	dans un restaurant.

In French, only verbs that are followed directly by an object (i.e., no preposition precedes the object) can be put into the passive voice.

NOTE: The past participle agrees with the subject of the verb **être**. The formation is as follows:

> subject + **être** + past participle (+ **par/de** + agent)
>
> La femme **avait été arrêtée par** la police à une autre occasion; elle **était soupçonnée** d'avoir commis un vol.

An agent is not always mentioned. If one is expressed, it is usually introduced by **par**. However, **de** is used when the passive voice denotes a state. Typical past participles that are likely to be used with the preposition **de** are **aimé, détesté, haï, respecté, admiré, craint, dévoré, entouré,** and **couvert**.

> Durant toutes leurs années de mariage, elle **était dévorée de** jalousie.

B. Pour éviter la voix passive

The passive voice construction is used much less often in French than in English. The following are alternatives to the use of the passive voice.

- If an agent is expressed, transform the sentence to the active voice. Thus, the agent is made the subject of the sentence and the passive subject becomes the direct object.

  PASSIVE: *Une rage fatale* **a été écrit** par un romancier célèbre.
  ACTIVE: Un romancier célèbre **a écrit** *Une rage fatale.*

- If an agent is not expressed and is a person, use the indefinite pronoun **on** as the subject, followed by the active verb in the third-person singular form.

  PASSIVE: Ce roman **est connu** dans de nombreux pays.
  ACTIVE: **On connaît** ce roman dans de nombreux pays.

- Certain common, habitual actions in English expressed in the passive voice can be rendered in French by pronominal verbs, assuming that the subject is inanimate. Common pronominal verbs used in this situation are **se manger, se boire, se parler, se vendre, s'ouvrir, se fermer, se dire, s'expliquer, se trouver, se faire,** and **se voir.**

  Ce roman ne **se vend** pas bien en ce moment.
  This novel is not selling very well right now.

  Mais cela **s'explique** facilement, puisqu'il vient seulement de sortir en librairie.
  But that is easily explained, since it just came out in the bookstores.

De quelle sorte de film est-ce qu'il s'agit, à votre avis? Quelle sorte de films aimez-vous voir? Pourquoi? Quel est le dernier film que vous avez vu? Quels étaient les personnages principaux?

A. Une pièce à ne pas manquer. Vous trouverez ci-dessous des phrases adaptées d'un compte rendu de la pièce *Danny et la grande bleue* qui se joue au festival à Avignon. Mettez ces phrases à la voix active.

1. Cette pièce a été présentée au festival par Yves Rousset Rouard.
2. Dans cette pièce, le public a été frappé par deux comédiens qui ont beaucoup d'énergie.
3. La jeune femme gênée est jouée par Léa Drucker.
4. L'homme qui adore la bagarre est joué par Eric Poulain.
5. Un bar du côté du Bronx a été choisi comme scène par l'écrivain, John Patrick Shanley.
6. La révélation de l'amour a été le thème de la pièce.
7. L'impact avait été le but du scénariste.
8. Une agréable soirée de théâtre pour l'été vous sera offerte par *Danny et la grande bleue.*

Adapté d'un article du *Figaro,* le 18 juillet 2000, p. 23.

B. Stand-by. Voici des extraits du compte rendu du film *Stand-by*. Mettez ces phrases à la voix passive.

1. Le réalisateur Roch Stephanic raconte l'histoire d'une jeune femme abandonnée.
2. Dominique Blanc joue le rôle de la jeune femme (Hélène) qui se trouve seule à Orly.
3. Le mari abandonne Hélène brutalement en disant qu'il veut refaire sa vie à Buenos Aires seul.
4. La pénétration psychologique de l'auteur bouleversera le public.
5. Ce film met en valeur des chagrins et des violences.

Adapté d'un article du *Figaro,* du 26 juillet 2000, p. 23.

C. Le Karaoke: la machine à chanter. Voici les extraits d'un article sur le vidéodisque à lecture laser *(video disk player)*. Mettez les phrases à la voix passive ou active, l'inverse de ce que vous trouvez.

1. Au cours des années 80, le Karaoke est inventé par les ingénieurs de Pioneer.
2. *Karaoke* se traduit d'un mot japonais qui veut dire «orchestre vide».
3. La musique originale d'une chanson est offerte par un lecteur de vidéodisques.
4. On projette les paroles de la chanson sur l'écran.
5. Cet appareil est utilisé par les amateurs pour démontrer leurs talents de chanteur.
6. Le Karaoke a été installé par les commerçants dans les bars et dans les hôtels il y a quinze ans.

D. Au cinéma. Un touriste américain est au cinéma en France. Il cherche dans son dictionnaire les mots pour poser les questions ci-dessous. Aidez-le en utilisant des verbes pronominaux.

1. Is French spoken here?
2. Where is popcorn (**le pop-corn**) sold?
3. Are soft drinks (**boissons non-alcoolisées**) sold in this theater?
4. Tipping the ushers—is that still done in France?
5. I'm not French. Does it show?

Interactions

A. En bref... Regardez un quotidien (français, si c'est possible). Jetez un coup d'œil aux titres et parcourez plusieurs articles. Faites un résumé de trois ou quatre événements importants qui sont présentés dans le journal que vous avez choisi.

> MODÈLE: *Le Figaro (journal français), le 14 avril*
> *En peu de mots, voici les événements principaux: Le débat sur la réforme constitutionnelle continue; Sur la Côte d'Azur, il y a eu un nouveau vol (theft) de tableaux dont un Pissarro; Le séisme (earthquake) qui a touché une partie de l'Allemagne, des Pays-Bas, de la Belgique et du nord de la France a fait au moins un mort et des dizaines de blessés.*

Phrases: Writing an essay; expressing an opinion; sequencing events
Grammar: Passive voice with **être, se**

B. Pour résumer... Résumez un livre que vous avez lu récemment. Faites attention à l'utilisation de la voix active et de la voix passive. Utilisez les suggestions aux pages 391–392 pour vous aider à organiser votre résumé. Soyez prêt(e) à faire une présentation orale devant vos camarades de classe. Ils vont vous poser des questions sur votre présentation.

Deuxième brouillon 🗂 DOSSIER PERSONNEL

1. Write a second draft of your paper from Lesson 2. Fine-tune your work using the *Expressions typiques pour...* on pp. 391–392, the expressions for summarizing in this lesson, and the expressions presented in *Dossier personnel: Deuxième brouillon*, in *Chapitre 1* (p. 34).
2. You may also want to incorporate some of the following adjectives commonly used to discuss style: **gauche** *(awkward)*; **maladroit** *(clumsy)*; **vigoureux** *(energetic)*; **banal** *(hackneyed, trite)*; **passionné** *(impassioned)*; **ironique**; **vivant** *(lively)*; **émouvant** *(moving)*; **ampoulé** *(pompous)*; **plein de verve** *(racy)*; **négligé** *(slipshod)*; **guindé** *(stilted)*; **lourd** *(stodgy)*; **direct** *(straightforward)*; **attendrissant** *(touching)*; **plat, insipide** *(vapid, flat)*; **vulgaire**; **spirituel** *(witty)*; **prolixe** *(wordy)*

Phrases: Writing an essay; expressing an opinion; sequencing events
Grammar: Passive voice with **être, se**

SYNTHÈSE

Activités vidéo

◆ Turn to *Appendice B* for a complete list of active chapter vocabulary.

Avant la vidéo

1. Faites un petit sondage pour découvrir comment vos camarades passent leur temps libre. Quelles conclusions est-ce que vous pouvez tirer de vos recherches?
2. Quels sports est-ce que vous et vos camarades pratiquez? Racontez un moment de triomphe ou un désastre. Comment est-ce que vous auriez pu être plus efficace?
3. Selon vous, quels sont les bienfaits du sport? Est-ce que les sports et les loisirs sont une perte de temps?

Après la vidéo

1. Dans la vidéo, on dit que les Français préfèrent les sports individuels. C'est vrai pour les Américains aussi? Quelles conclusions est-ce que vous pouvez tirer de ces faits?
2. Selon la vidéo, quels sont les bienfaits du sport? Est-ce qu'ils correspondent à vos réponses à la dernière question de la partie précédente?
3. Dans les entrevues, on mentionne cinq activités à Québec, cinq à la Guadeloupe et treize à Paris. Combien pouvez-vous en citer?

Activités orales

A. En somme... En une ou deux phrases, faites un résumé très bref de ce qui s'est passé dans chacune des situations suivantes. Commencez chaque résumé par l'expression appropriée à la circonstance.

1. une conversation au téléphone que vous avez eue récemment
2. ce qui s'est passé dans la classe de français hier
3. la météo de votre région pour demain
4. les instants les plus marquants d'un événement sportif que vous avez regardé à la télé récemment
5. ce qui s'est passé pendant la dernière réunion à laquelle vous avez assisté

B. Imaginez... Imaginez que vous avez participé au triathlon annuel à Nice l'année dernière. Vous avez terminé tous les événements mais vous vous êtes classé(e) 849 sur 1000 au classement général. Votre partenaire est journaliste pour *Onze*, un journal français pour ceux qui s'intéressent aux sports. Il/Elle veut vous interviewer pour un article qui présente les gagnants et ceux qui ont moins bien réussi pendant la compétition. LES SUJETS: les informations personnelles; pourquoi vous avez participé au triathlon; ce que vous auriez dû faire pour être parmi les 10 premiers au classement; si vous avez déjà participé à un triathlon avant cet événement; si vous le referiez; etc.

Grammar: Compound past tense **(passé composé)**; past conditional **(conditionnel passé)**; pluperfect **(plus-que-parfait)**; sequence of tenses with **si**

SYSTÈME-D

Activité écrite

Mon journal... Ecrivez une page dans votre journal où vous résumez les événements majeurs de votre vie pendant le dernier semestre/trimestre. Mentionnez ce que vous avez fait et ce que vous auriez pu ou auriez dû faire pendant ce semestre/trimestre.

Révision finale

Phrases: Writing an essay; expressing an opinion; sequencing events
Grammar: Participle agreement **(participe passé, participe présent)**; past conditional **(conditionnel passé)**; pluperfect **(plus-que-parfait)**; sequence of tenses with **si**; passive voice with **être, se**

SYSTÈME-D

1. Reread your paper for the extent of your coverage. Does your review tell enough about the work so that a reader can understand what it is about? Does it tell too much? Is your review an interesting piece of writing in itself? Is your opinion stated clearly, argued fairly, and supported by reasons, facts, and examples?
2. Bring your draft to class and ask two classmates to peer edit your paper. It would be particularly helpful if they are not familiar with the work you have reviewed so that they can tell if you have been clear and complete. Your classmates should use the symbols on page 407 to indicate grammar errors.
3. Examine your composition one last time. Check for correct spelling, grammar, and punctuation. Pay special attention to your use of participles, conditional phrases, and passive voice.
4. Prepare your final version.

http://bravo.heinle.com

I. AGNÈS VARDA, CINÉASTE

Avant la lecture

- Quel genre de film préférez-vous? Expliquez pourquoi.
- Est-ce que vous aimez les documentaires? Pourquoi ou pourquoi pas?
- Vous lirez un entretien avec Agnès Varda qui explique qu'elle a fait un documentaire sur les glaneurs *(gleaners)*. Et vous, si vous faisiez un documentaire, quel en serait le sujet?

«J'ai commencé à me filmer, puis j'ai parlé, c'était un monologue que je n'avais pas prévu.»

PROPOS RECUEILLIS PAR SAMUEL BLEMENFELD

Interlocuteur: Vous dites que *Les Glaneurs et la Glaneuse* est né de plusieurs circonstances. Parmi celles-ci vous mentionnez l'arrivée des petites caméras numériques.°

Varda: J'ai tourné en 16mm, mais là, il y a eu deux caméras dont l'une numérique. J'ai tourné en 1957 Opéra-Mouffe sur le quartier Mouffetard° à une époque où il n'y avait pas de tout-à-l'égout.° Il faisait si froid en 1957 qu'il y a des clochards° qui sont morts de froid pendant que je tournais mon documentaire. J'avais tourné avec une caméra 16 d'une autonomie° de 10 minutes. J'avais senti la matière même des autres, ce qui me semble plus important que de les trouver sympathiques ou intéressants. Ce que j'aime avec la caméra DV° c'est qu'on peut se regarder en train de se filmer. Je me présente comme glaneuse, et c'est vrai que j'ai glané° des informations.

—J'en ai recueilli que vous ne connaissiez pas, comme le droit de glanage, le code pénal, le droit de récupérer.

C'est même dans des textes d'avocats qui mentionnent la Bible. Dans le Deutéronome et le Lévitique, il y a des textes sur l'obligation d'en laisser un peu pour les autres. Quand j'ai vu des machines qui sont à un grain près° pour les épis, cela m'a causé une sorte d'angoisse. Par curiosité, je suis allée voir des agriculteurs, et là je suis tombée sur des problèmes de réglementation européenne, de chicherie° généralisée. Il n'y avait plus l'esprit d'une vague générosité collective.

Interlocuteur: *Les Glaneurs et la Glaneuse* est diffusé sur Canal+ la veille de sa sortie en salle. S'agit-il d'un film de cinéma ou de télévision?

Varda: Je préfère les gens qui vont dans la salle de cinéma, il y a plus de désir, ils sont nos vrais partenaires. Je ne sais pas ce qu'est un film pour la télévision et un film pour le cinéma. La différence c'est: documentaire ou fiction. Avec la fiction, vous êtes en première classe avec des acteurs, mais je fais mes fictions avec des non-acteurs, et ce

une **caméra numérique** *digital camera* / **un grain près** qui ne perdent pas un seul grain *(kernel)*

le **quartier Mouffetard** rue dans le 5e arrondissement à Paris, célèbre pour son petit marché / **tout-à-l'égout** *public sewer* / **des clochards** *street people*

une **autonomie** *range*

la **caméra DV** *digital camera*

j'ai glané *gleaned, picked*

◆ **Les Glaneuses:** les femmes qui ramassent les épis de blé *(wheat)* après la moisson *(harvest of the crop)*. Aujourd'hui, les glaneurs et les glaneuses *(gleaners)* ramassent les pommes et autres nourritures jetées et les objets abandonnés. C'est la récupération urbaine. ■

Agnès Varda. Son film, *Les Glaneurs et la Glaneuse* (*The Gleaners and the Gleaner* [Varda]), a été diffusé en juillet 2000 sur Canal+, une chaîne par câble.

déclinez employez
acceptions significations

basculé *toppled over, came upon*
le troisième âge âge après la retraite, après 65 ans

récupérer *recover, recycle*
Jacques Demy son mari et cinéaste très célèbre aussi, qui est mort en 1990
poubelle *trash can*

sont quand même des fictions. Il est difficile d'expliquer à un acteur certains gestes, mais peut-être ne suis-je pas une assez bonne directrice d'acteurs.

Interlocuteur: Vous déclinez° le mot glanage dans toutes ses acceptions,° en travaillant sur son sens propre et métaphorique.

Varda: C'était bien sûr mon intention. J'ai la curiosité ouverte. Je ne peux structurer ma propre pensée que par rapport à ce que j'ai trouvé. J'avais peu de personnes très fortes. Il fallait trouver des gens qui, pour des raisons diverses, glanent. Il fallait que je sois disponible pour aller quelque part où mon sujet m'amenait. J'étais très consciente que glaner signifiait aussi récupérer.° On trouve amusant de trouver une chaise dans la rue, mais moins de rencontrer des gens qui soulèvent les poubelles° des supermarchés par nécessité. Et ils trouvent des paquets de kiwis intacts ou des sacs de pommes. Il y a là toute une discussion

à faire sur pourquoi c'est jeté, car il y a aussi des règlements alimentaires.

Interlocuteur: *Les Glaneurs* est également un autoportrait. Etait-ce votre projet de vous transformer en objet de votre propre glanage?

Varda: J'essaie de voir où en sont les glaneurs en l'an 2000 et où en est Agnès en l'an 2000. J'ai basculé° dans le troisième âge,° or je ne vois pas pourquoi je n'essaierai pas de le documenter. Dans le cas de ma main que je filme, j'ai commencé à me filmer, puis j'ai parlé, c'était un monologue que je n'avais pas prévu. Il y a dans l'acte de filmer quelque chose qui, par moment, remplace la vie, la recompose, la décompose. Les cheveux blancs c'est un signe de vieillesse, les taches sur les mains. La mère de Jacques Demy° les appelait les fleurs de cimetière, ce qui m'a toujours fait rigoler—j'ai des fleurs sur les mains, pas la peine de rajouter cimetière. Ce n'est pas forcément terrifiant, mais c'est pour ainsi dire irréversible.

Après la lecture

Compréhension

1. Parlez du film Opéra-Mouffe de Varda.
2. Quel est l'avantage de la caméra DV?
3. Quelle est l'attitude de la Bible et du code pénal envers le droit de récupérer des choses? Est-ce que cette attitude existe toujours?
4. Est-ce que Varda préfère les gens qui vont au cinéma ou ceux qui regardent la télévision? Expliquez.
5. Comment est-ce qu'elle a pu filmer les gens qui glanent en France?
6. Expliquez en quoi ce film est un autoportrait.
7. Est-ce que vous avez envie de voir ce film d'Agnès Varda? Expliquez.

Expansion

Faites des recherches sur le cinéma français, sur les Césars, sur le festival de Cannes ou sur Agnès Varda. Allez à la bibliothèque et cherchez sur Internet. Faites une présentation orale sur ce que vous avez appris et sur ce qui vous intéresse.

Interviewez une personne qui travaille pour les services sociaux de votre région. Trouvez des renseignements sur le nombre de gens qui «glanent» et qui cherchent des objets utiles jetés dans les poubelles, sur le nombre de gens qui cherchent de quoi boire et manger dans des poubelles. Agnès Varda a trouvé une économie parallèle en France. Est-ce que cela existe dans votre région?

II. *MERMOZ* DE ANTOINE DE SAINT-EXUPÉRY

Avant la lecture

Sujets à discuter

- Avez-vous déjà pratiqué une de ces activités aventureuses: sauter en parachute? piloter un avion? faire une course d'auto ou de bateau? faire du deltaplane *(hang gliding)*? faire de l'alpinisme? faire du «bungee jumping»? descendre des cascades? Décrivez vos expériences.
- Connaissez-vous quelqu'un qui pilote un avion? Parlez de cette personne, de sa personnalité, de son caractère, des raisons pour lesquelles il/elle a choisi de piloter, etc.
- Connaissez-vous quelqu'un qui adore l'aventure? Décrivez cette personne. Avez-vous de l'admiration pour elle? Expliquez.

Stratégies de lecture

Trouvez les détails. Parcourez le texte et trouvez les détails suivants:

1. la profession de Mermoz
2. le nom du désert que Mermoz a traversé avec difficulté
3. le nombre de jours que Mermoz a passés comme prisonnier des Maures
4. le nom des montagnes dans lesquelles Mermoz et son camarade ont été bloqués
5. le nom de l'océan que Mermoz a traversé avec difficulté
6. le nombre d'années que Mermoz a passées à pratiquer sa profession

In his autobiographical novel Terre des hommes, *Antoine de Saint-Exupéry (1900–1944) remembers his friend Jean Mermoz (1901–1936), a famous pilot who set up the first airmail liaison from France to West Africa and South America in the early 1930s.*

MERMOZ

troués *gaps*
affronta s'attaqua à
écharpe enveloppe
pâlissement *fading*
panne arrêt du moteur / **livra** *left* / **remous** *wind currents*

revendirent *sold*

étreintes *grips, pressures*

tronçon *segment*

parois *walls*
plafonnait à ne pouvait pas voler au-dessus de / **crêtes** sommets

décolla *took off* / **lancèrent** *hurled*

Quelques camarades, dont Mermoz, fondèrent la ligne française de Casablanca à Dakar, à travers le Sahara insoumis.[2] Les moteurs d'alors ne résistant guère, une panne° livra° Mermoz aux Maures,[3] ils hésitèrent à le massacrer, le gardèrent quinze jours prisonnier, puis le revendirent.° Et Mermoz reprit ses courriers au-dessus des mêmes territoires.

Lorsque s'ouvrit la ligne d'Amérique, Mermoz, toujours à l'avant-garde, fut chargé d'étudier le tronçon° de Buenos Aires à Santiago, et, après un pont sur le Sahara, de bâtir un pont au-dessus des Andes. On lui confia un avion qui plafonnait à° cinq mille deux cents mètres. Les crêtes° de la Cordillère s'élèvent à sept mille mètres. Et Mermoz décolla° pour chercher des

troués.° Après le sable, Mermoz affronta° la montagne, ces pics qui, dans le vent, lâchent leur écharpe° de neige, ce pâlissement° des choses avant l'orage, ces remous° si durs qui, subis entre deux murailles de rocs, obligent le pilote à une sorte de lutte au couteau. Mermoz s'engageait dans ces combats sans rien connaître de l'adversaire, sans savoir si l'on sort en vie de telles étreintes.° Mermoz «essayait» pour les autres.

Enfin, un jour, à force d'«essayer», il se découvrit prisonnier des Andes. Echoués, à quatre mille mètres d'altitude, sur un plateau aux parois° verticales, son mécanicien et lui cherchèrent pendant deux jours à s'évader. Ils étaient pris. Alors, ils jouèrent leur dernière chance, lancèrent° l'avion vers

---

[2] région au sud du Maroc dont les habitants étaient en rébellion contre la domination française ou espagnole

[3] populations nomades du Sahara occidental

le vide, rebondirent° durement sur le sol inégal, jusqu'au précipice, où ils coulèrent.° L'avion, dans la chute,° prit enfin assez de vitesse pour obéir de nouveau aux commandes. Mermoz le redressa° face à une crête, toucha la crête, et, l'eau fusant° de toutes les tubulures° crevées° dans la nuit par le gel,° déjà en panne après sept minutes de vol, découvrit la plaine chilienne, sous lui, comme une terre promise.

Le lendemain, il recommençait.

Quand les Andes furent bien explorées, une fois la technique des traversées bien au point, Mermoz confia ce tronçon à son camarade Guillaumet et s'en fut explorer la nuit.

L'éclairage° de nos escales° n'était pas encore réalisé, et sur les terrains d'arrivée, par nuit noire, on alignait en face de Mermoz la maigre illumination de trois feux d'essence.

Il s'en tira° et ouvrit la route.

Lorsque la nuit fut bien apprivoisée,° Mermoz essaya l'Océan. Et le courrier, dès 1931, fut transporté, pour la première fois, en quatre jours, de Toulouse à Buenos Aires. Au retour, Mermoz subit une panne d'huile au centre de l'Atlantique Sud et sur une mer démontée.° Un navire° le sauva, lui, son courrier et son équipage. […]

Enfin après douze années de travail, comme il survolait une fois de plus l'Atlantique Sud, il signala par un bref message qu'il coupait le moteur arrière droit. Puis le silence se fit.

La nouvelle ne semblait guère inquiétante, et, cependant, après dix minutes de silence, tous les postes radio de la ligne de Paris jusqu'à Buenos Aires commencèrent leur veille° dans l'angoisse. Car si dix minutes de retard n'ont guère de sens dans la vie journalière,° elles prennent dans l'aviation postale une lourde signification. Au cœur de ce temps mort, un événement encore inconnu se trouve enfermé. […] Nous espérions, puis les heures se sont écoulées° et, peu à peu, il s'est fait tard. Il nous a bien fallu comprendre que nos camarades ne rentreraient plus, qu'ils reposaient dans cet Atlantique Sud dont ils avaient si souvent labouré le ciel.

Extrait de Antoine de Saint-Exupéry, *Terre des hommes*

rebondirent *bounced*	
démontée *stormy* / **navire** bateau	
coulèrent *sank* / **chute** le fait de tomber	
redressa fit monter	
fusant partant	
tubulures *pipes* / **crevées** *burst*	
gel *frost*	
veille *watch*	
journalière de tous les jours	
éclairage *runway lighting* / **escales** *stop(over)s*	
écoulées passées	
s'en tira en réchappa	
apprivoisée *tamed*	

Après la lecture

Compréhension

A. Observation et analyse. Répondez aux questions suivantes.

1. Pendant combien de temps est-ce que Mermoz a été prisonnier des Maures?
2. Pourquoi devait-il chercher des trouées dans les Andes?
3. Nommez des pays et des continents dans lesquels Mermoz a voyagé.
4. Qu'est-ce que Mermoz a exploré après les Andes?
5. Quel message Mermoz a-t-il laissé le jour où il a disparu?
6. Pensez-vous que Mermoz était satisfait de sa vie? Expliquez.

B. Ordre chronologique. Mettez les phrases suivantes dans l'ordre chronologique selon l'histoire.

_____ Mermoz devient pilote en Amérique du Sud.

_____ Mermoz se perd dans les Andes.

_____ Mermoz meurt entre Paris et Buenos Aires.

_____ Mermoz a une panne d'huile mais il est sauvé dans l'océan Atlantique.

_____ Mermoz est prisonnier d'un peuple nomade.

_____ Les pilotes fondent une ligne aérienne postale en Afrique du Nord.

C. Réactions. Donnez votre réaction.

1. Comment est-ce que vous trouvez cet extrait: triste, motivant, émouvant, etc.? Expliquez votre réaction.
2. Nommez des chercheurs et des explorateurs que vous admirez. Expliquez pourquoi. MOTS UTILES: trouver des remèdes pour sauver une vie, découvrir un pays, explorer, etc.
3. Connaissez-vous quelqu'un qui exerce une profession dangereuse? Parlez de cette personne. IDÉES: parachutiste, agent de police, pompier, bûcheron *(lumberjack)*

Interactions

A. Une liste. Faites une liste des mots qui démontrent le sens de l'initiative, la détermination et le courage de Mermoz et des autres pilotes. En petits groupes, comparez vos listes et parlez du caractère de Mermoz.

B. L'aventure

1. Saint-Exupéry, aviateur et écrivain, a décrit dans ses œuvres la vie des pilotes. Il a lui-même disparu au cours d'une mission pendant la Seconde Guerre mondiale. Est-ce que les problèmes auxquels les pilotes d'avion doivent faire face aujourd'hui sont différents de ceux que devait affronter Mermoz? Expliquez.
2. En groupe de trois personnes, racontez une aventure que vous avez vécue pendant les vacances, à l'école ou pendant une soirée. Qui a vécu l'aventure la plus intéressante? la plus amusante? la plus effrayante?

C. Une histoire. Etudiez les expressions suivantes. Avec un(e) partenaire, racontez une histoire en utilisant tous ces mots. Ensuite, comparez l'histoire de Mermoz avec celle que vous avez racontée.

être pilote pour une ligne aérienne postale
être en panne de moteur
être prisonnier/prisonnière
continuer à transporter le courrier
explorer les Andes
tomber en panne d'huile *(run out of oil)* sur l'Atlantique
être sauvé(e) par un navire
disparaître un jour

Appendice A

Evaluation des compositions

Grammaire

AA	adjective agreement wrong
AC	accent wrong or missing
ADV	adverb wrong or misplaced after negative or expression of quantity
AUX	auxiliary verb problem
CONJ	conjunction wrong or missing
E	failure to make elision, or inappropriate elision
GN	gender wrong
MD	mood incorrect (indicative, imperative, or subjunctive)
NB	number wrong—sing./plur.
NEG	negative wrong, misplaced, or missing
OP	object pronoun wrong or missing
POS	possessive adjective wrong or missing, lacks agreement
PR	preposition wrong or missing
PRO	**y** or **en** wrong or missing
REL	relative pronoun wrong or missing
RP	reflexive pronoun wrong or missing
SP	spelling error
SPN	subject pronoun problem
SVA	subject/verb agreement lacking
TN	tense incorrect
VC	vocabulary wrong, wrong word choice
VF	verb form (e.g., stem) wrong or missing words
WO	word order wrong

Style

AWK	acceptable, but awkward
COM	combine sentences
INC	incomprehensible, due to structure or vocabulary choice that makes it difficult to pinpoint the error
NC	not clear
NL	not logical in terms of paragraph development
POL	incorrect level of politeness (make more or less polite)
PP	past participle in wrong form or has wrong agreement
REP	use pronoun to avoid repetition
RS	repetitive structure
SYN	find synonym to avoid repetition

Appendice B

Chapitre 1

Saluer/Prendre congé (To take leave)

à la prochaine *until next time*
(se) connaître *to meet, get acquainted with; to know*
(s')embrasser *to kiss; to kiss each other*
(se) faire la bise *(familiar) to kiss*
faire la connaissance (de) *to meet, make the acquaintance (of)*
(se) rencontrer *to meet (by chance); to run into*
(se) retrouver *to meet (by prior arrangement)*
(se) revoir *to meet; to see again*

Les voyages

un aller-retour *round-trip ticket*
annuler *to void, cancel*
l'arrivée [f] *arrival*
un billet (aller) simple *one-way ticket*
un demi-tarif *half-fare*
le départ *departure*
desservi(e) *served*
les frais d'annulation [m pl] *cancellation fees*
le guichet *ticket window, office; counter*
un horaire *schedule*
indiquer *to show, direct, indicate*
partir en voyage d'affaires *to leave on a business trip*
le quai *platform*
une réduction *discount*
les renseignements [m pl] *information*
un tarif *fare, rate*
valable *valid*
un vol *flight; theft*

La conversation

les actualités [f pl] *current events*
avoir l'air *to look, have the appearance of*
bavarder *to chat*
le boulot *(familiar) work*

être en forme *to be in good shape*
les loisirs [m pl] *leisure activities*
le paysage *countryside*

L'argent

une carte de crédit *a credit card*
le chèque de voyage *traveler's check*
le chéquier *checkbook*
emprunter *to borrow*
encaisser *to cash (a check)*
le portefeuille *wallet, billfold; portfolio*
un prêt *a loan*
prêter *to lend*

Rendre un service

Ce n'est pas la peine. *Don't bother.*
déranger *to bother*
donner un coup de main à quelqu'un *(familiar) to give someone a hand*
embêter *to bother*

Le voyage

descendre *to go down; to get off (train, etc.); to bring down (luggage)*
enlever *to take something out, off, down*
monter *to go up; to get on (train, etc.); to bring up (luggage)*
une poignée *handle*
le porte-bagages *suitcase rack*
le quai *(train) platform*

Divers

une couchette *cot, train bed*
s'installer *to get settled*
une place de libre *an unoccupied seat*
une place réservée *a reserved seat*
à propos *by the way*

Chapitre 2

L'invitation

un agenda *engagement calendar*
avoir envie de (+ infinitif) *to feel like (doing something)*
avoir quelque chose de prévu *to have plans*

donner rendez-vous à quelqu'un *to make an appointment with someone*
emmener quelqu'un *to take someone (somewhere)*

être pris(e) *to be busy (not available)*
ne rien avoir de prévu *to have no plans*
passer un coup de fil à quelqu'un *to telephone someone*
poser un lapin à quelqu'un *(familiar) to stand someone up*
prévoir/projeter de (+ infinitif) *to plan on (doing something)*
les projets [m pl] *plans*
    faire des projets *to make plans*
regretter/être désolé(e) *to be sorry*
remercier *to thank someone*
vérifier *to check*

Qui?

le chef *head, boss*
un/une collègue *fellow worker*
un copain/une copine *a friend*
le directeur/la directrice *director*
le/la patron(ne) *boss*

Quand?

dans une heure/deux jours *in an hour/two days*
samedi en huit/en quinze *a week/two weeks from Saturday*
la semaine prochaine/mardi prochain *next week/next Tuesday*
tout de suite *right away*

Où?

aller au cinéma/à un concert/au théâtre *to go to a movie/a concert/the theater*
aller à une soirée *to go to a party*
aller en boîte *to go to a nightclub*
aller voir une exposition de photos/de sculptures *to go see a photography/sculpture exhibit*
prendre un verre/un pot *(familiar) to have a drink*

La nourriture et les boissons

les anchois [m pl] *anchovies*
un artichaut *artichoke*
les asperges [f pl] *asparagus*
l'assiette [f] de charcuterie *cold cuts*
la bière *beer*
le buffet chaud *warm dishes*
le buffet froid *cold dishes*
le chèvre *goat cheese*
la choucroute *sauerkraut*
les côtelettes [f pl] de porc *pork chops*
les côtes [f pl] d'agneau *lamb chops*
la coupe de fruits *fruit salad*
les épinards [m pl] *spinach*
les frites [f pl] *fries*
le fromage *cheese*

la glace *ice cream*
les gourmandises [f pl] *delicacies*
les haricots [m pl] verts *green beans*
le jambon *ham*
le lait *milk*
le lapin *rabbit*
les légumes [m pl] *vegetables*
l'œuf [m] dur *hard-boiled egg*
l'omelette [f] nature *plain omelette*
les pâtes [f pl] *noodles, pasta*
les petits pois [m pl] *peas*
le poivron vert *green pepper*
les pommes [f pl] de terre *potatoes*
la pression *draft beer*
les salades [f pl] composées *salads*
la salade de saison *seasonal salad*
le sorbet *sherbet*
la tarte *pie*
le thon *tuna*
le veau *veal*
le vin *wine*
le yaourt *yogurt*

Au repas

accueillir *to welcome, greet*
un amuse-gueule *appetizer, snack*
un apéritif *a before-dinner drink*
A votre/ta santé! (A la vôtre!/A la tienne!) *To your health!*
une boisson gazeuse *carbonated drink*
Bon appétit! *Have a nice meal!*
la gastronomie *the art of cooking*
un gourmet *one who enjoys eating but eats only good quality food*
quelqu'un de gourmand *one who loves to eat and will eat anything, especially sweets*
resservir *to offer a second helping*
Tchin-tchin! *(familiar) Cheers!*

L'enseignement

assister à un cours *to attend a class*
une conférence *a lecture*
un congrès *a conference*
se débrouiller *to manage, get along*
échouer à *to fail*
facultatif (facultative) *elective; optional*
les frais [m pl] d'inscription *registration fees*
une leçon particulière *a private lesson*
une lecture *a reading*
manquer un cours *to miss a class*
une matière *a subject, course*
la note *grade*
obligatoire *required*

passer un examen *to take an exam*
rater *to flunk*
rattraper *to catch up*
redoubler un cours *to repeat a course*
réussir à un examen *to pass an exam*
réviser (pour) *to review (for)*
sécher un cours *to cut a class*
se spécialiser en *to major in*

tricher *to cheat*

Divers

discuter de choses et d'autres *to talk about this and that*
pareil(le) *same, such a*
la rentrée *start of the new school year*
volontiers *gladly, willingly*

Chapitre 3

La famille

les arrière-grands-parents *great-grandparents*
le beau-frère/beau-père *brother-/father-in-law or stepbrother-/father*
la belle-sœur/belle-mère *sister-/mother-in-law or stepsister-/mother*
célibataire/marié(e)/divorcé(e)/remarié(e) *single/married/divorced/remarried*
le demi-frère/la demi-sœur *half brother/sister*
être de la famille *to be a parent, relative, cousin*
une famille nombreuse *large family*
une femme/un homme au foyer *housewife/househusband*
le mari/la femme *spouse; husband/wife*
une mère célibataire *single mother*
un père célibataire *single father*
le troisième âge/la vieillesse *old age*
la vie de famille *home life*

Les enfants

l'aîné(e) *elder, eldest*
bien/mal élevé(e) *well/badly brought up*
le cadet/la cadette *younger, youngest*
un fils/une fille unique *only child*
gâté(e) *spoiled*
un(e) gosse *(familiar) kid*
un jumeau/une jumelle *twin*
le siège-voiture/siège-bébé *car seat*

La possession

C'est à qui le tour? *Whose turn is it? (Who's next?)*
C'est à lui/à toi. *It's his/your turn.*
être à (+ pronom disjoint) *to belong to (someone)*

Les affaires

l'appareil photo [m] *camera*
le lecteur de CD *CD player*
le magnétoscope *VCR*
l'ordinateur [m] *computer*
le scanner *scanner*

Les personnes

avoir des boucles d'oreille/un anneau au sourcil *to have earrings/an eyebrow ring*
avoir la vingtaine/la trentaine, etc. *to be in one's 20s/30s, etc.*
avoir les cheveux... *to have . . . hair*
    roux *red*
    châtain *chestnut*
    bruns *dark brown*
    noirs *black*
    raides *straight*
    ondulés *wavy*
    frisés *curly*
avoir les yeux marron *to have brown eyes*
avoir une barbe/une moustache/des pattes *to have a beard/moustache/sideburns*
être aveugle *to be blind*
être chauve *to be bald*
être dans une chaise roulante *to be in a wheelchair*
être de bonne/mauvaise humeur *to be in a good/bad mood*
être de petite taille *to be short*
être de taille moyenne *to be of average height*
être d'un certain âge *to be middle-aged*
être fort(e) *to be heavy, big, stout*
être grand(e) *to be tall*
être gros(se)/mince *to be big, fat/thin, slim*
être infirme *to be disabled*
être marrant(e)/gentil (gentille)/mignon (mignonne) *to be funny/nice/cute, sweet*
être paralysé(e)/tétraplégique *to be paralysed/quadriplegic*
être sourd(e) *to be deaf*
marcher avec des béquilles *to be on crutches*
marcher avec une canne *to use a cane*
ne pas faire son âge *to not look one's age*
porter des lunettes/des lentilles de contact *to wear glasses/contact lenses*

Les objets

être en argent/or/acier/coton/laine/plastique *to be made of silver/gold/steel/cotton/wool/plastic*
être gros(se)/petit(e)/minuscule *to be big/small/tiny*
être haut(e)/bas(se) *to be tall, high/short, low*
être large/étroit(e) *to be wide/narrow*
être long(ue)/court(e) *to be long/short*
être lourd(e)/léger (légère) *to be heavy/light*
être pointu(e) *to be pointed*
être rond(e)/carré(e)/allongé(e) *to be round/square/oblong*

Les bons rapports

le coup de foudre *love at first sight*
s'entendre bien avec *to get along well with*
être en bons termes avec quelqu'un *to be on good terms with someone*
se fiancer *to get engaged*
fréquenter quelqu'un *to go steady with someone*
les liens [m pl] *relationship*
   les liens de parenté *family ties*
les rapports [m pl] *relationship*
se revoir *to see each other again*
tomber amoureux (amoureuse) de quelqu'un *to fall in love with someone*

Les rapports difficiles

se brouiller avec quelqu'un *to get along badly with someone*
une dispute *a quarrel*
   se disputer *to argue*
être en mauvais termes avec quelqu'un *to be on bad terms with someone*
exigeant(e) *demanding*
le manque de communication *communication gap*
se plaindre (de quelque chose à quelqu'un) *to complain (to someone about something)*
rompre avec quelqu'un *to break up with someone*
taquiner *to tease*
tendu(e) *tense*

Divers

déménager *to move*
en avoir marre *(familiar) to be fed up*
faire la grasse matinée *to sleep late*
hausser les sourcils *to raise one's eyebrows*
s'occuper de *to take care of, handle*
plein de *(familiar) a lot of*
quotidien(ne) *daily*

Chapitre 4

Les vacances

une agence de voyages *travel agency*
une brochure/un dépliant *pamphlet*
les congés [m pl] payés *paid vacation*
passer des vacances magnifiques/épouvantables *to spend a magnificent/horrible vacation*
un séjour *stay, visit*
un souvenir *memory; souvenir*
un syndicat d'initiative *tourist bureau*
se tromper de train *to take the wrong train*
visiter (un endroit) *to visit (a place)*

Des choix

aller à l'étranger *to go abroad*
aller voir quelqu'un *to visit someone*
descendre dans un hôtel *to stay in a hotel*
rendre visite (à quelqu'un) *to visit (someone)*
un appartement de location *rental apartment*
un terrain de camping *campground*

Les transports

atterrir *to land*
avoir une contravention *to get a ticket, fine*
avoir un pneu crevé *to have a flat tire*
être pris(e) dans un embouteillage *to be caught in a traffic tie-up/jam*
un car *bus (traveling between towns)*
la circulation *traffic*
une contravention *ticket, fine*
décoller *to take off (plane)*
descendre de (la voiture, etc.) *to get out of (the car, etc.)*
faire de l'auto-stop *to hitchhike*
faire le plein *to fill up (gas tank)*
garer la voiture *to park the car*
manquer le train *to miss the train*
monter dans (une voiture/un bus/un taxi/un avion/un train) *get into (a car/bus/taxi/plane/train)*
passer un Alcootest *to take a Breathalyzer test*
ramener *to bring someone (something) back; to drive someone home*
se tromper de train *to take the wrong train*
tomber en panne d'essence *to run out of gas*
un vol (direct/avec escale) *flight (direct/with a stopover)*

A la douane (customs)

confisquer *to confiscate*
débarquer *to land*
déclarer (ses achats) *to declare (one's purchases)*
le douanier/la douanière *customs officer*
faire de la contrebande *to smuggle goods*
fouiller les bagages/les valises *to search, go through baggage/luggage*
montrer le passeport *to show one's passport*
le passager/la passagère *passenger (on an airplane)*
passer à la douane *to go through customs*
payer des droits *to pay duty/tax*
se présenter à la douane *to appear at customs*

L'avion

débarquer *to get off*
embarquer *to go on board*

L'hôtel

une chambre à deux lits *double room (room with two beds)*
une chambre avec douche/salle de bains *room with a shower/bathroom*
une chambre de libre *vacant room*
la clé *key*
un grand lit *double bed*
payer en espèces/avec des chèques de voyage/par carte de crédit *to pay in cash/in traveler's checks/by credit card*
la réception *front desk*
le/la réceptionniste *hotel desk clerk*
régler la note *to pay, settle the bill*
réserver/retenir une chambre *to reserve a room*
le service d'étage *room service*

Divers

arracher de *to grab from*
avoir le mal du pays *to be homesick*
se débrouiller *to manage, get along*
se bousculer *to bump, jostle each other*
flâner *to stroll*
grossier (grossière) *rude*
jurer *to swear*
se perdre *to get lost*
piquer *(slang) to steal*

Chapitre 5

La volonté

avoir envie de (+ infinitif) *to feel like (doing something)*
compter *to intend, plan on, count on, expect*
tenir à *to really want; to insist on*

La télévision

les actualités/les informations [f pl] *news (in the press, but especially on TV)*
allumer la télé *to turn on the TV*
augmenter le son *to turn up the volume*
baisser le son *to turn down the volume*
une causerie *talk show*
une chaîne *channel*
la concurrence *competition*
un débat *debate*
diffuser/transmettre *to broadcast*
l'écran [m] *screen*
une émission *broadcast, TV show*
éteindre la télé *to turn off the TV*
un feuilleton *serial; soap opera*
un jeu télévisé *game show*
le journal télévisé *TV news*
mettre la 3, 6, etc. *to put on channel 3, 6, etc.*
le poste de télévision *TV set*
un programme *program listing*
rater *to miss*
une rediffusion *rerun*
un reportage en direct *live report*
une série *series*
un spot publicitaire *TV commercial*
une télécommande *remote control*
un téléspectateur/une téléspectatrice *TV viewer*
la télévision par câble *cable TV*

Les émotions

agacer *to annoy*
barber *to bore*
la crainte *fear*
la déception *disappointment*
déçu(e) *disappointed*
le dégoût *disgust, distaste*
embêter *to bother*
en avoir assez *to have had enough*
en avoir marre *to be fed up*
ennuyé(e) *bored, annoyed, bothered*
ennuyeux (ennuyeuse) *boring, tedious, annoying, irritating*

génial(e) *fantastic*
heureusement *thank goodness*
inquiet (inquiète) *worried, anxious*
s'inquiéter *to worry*
l'inquiétude [f] *worry, anxiety*
insupportable *unbearable, intolerable*
On a eu chaud! *That was a narrow escape!*
le soulagement *relief*
supporter *to put up with*

La radio

un animateur/une animatrice *radio or TV announcer*
un auditeur/une auditrice *member of (listening) audience*
une station *(TV, radio) station*

La presse

un abonnement *subscription*
    être abonné(e) à *to subscribe to*
une annonce *announcement, notification*
    les petites annonces *classified advertisements*
annuler *to cancel*
un bi-mensuel *bimonthly publication*
un hebdomadaire *weekly publication*
un journal *newspaper*
un lecteur/une lectrice *reader*
un magazine *magazine*
un mensuel *monthly publication*
les nouvelles [f pl] *printed news; news in general*
un numéro *issue*
une publicité *advertisement*
un quotidien *daily publication*
un reportage *newspaper report; live news or sports commentary*

une revue *magazine (of sophisticated, glossy nature)*
une rubrique *heading, item; column*
le tirage *circulation*

La persuasion

aboutir à un compromis *to come to or reach a compromise*
avoir des remords *to have (feel) remorse*
avoir gain de cause *to win the argument*
changer d'avis *to change one's mind*
convaincre (quelqu'un de faire quelque chose) *to persuade (someone to do something)*
se décider (à faire quelque chose) *to make up one's mind (to do something)*
défendre (à quelqu'un de faire quelque chose) *to forbid (someone to do something); to defend*
une dispute *an argument*
s'efforcer de *to try hard, try one's best*
l'esprit [m] ouvert *open mind*
indécis(e) (sur) *indecisive; undecided (about)*
interdire (à quelqu'un de faire quelque chose) *to forbid (someone to do something)*
je te/vous prie (de faire quelque chose) *will you please (do something)*
le point de vue *point of view*
prendre une décision *to make a decision*
renoncer *to give up*
têtu(e) *stubborn*

Divers

un contrôle *test*
s'embrouiller *to become confused*

Chapitre 6

La politique

une campagne électorale *election campaign*
un débat *debate*
désigner *to appoint*
discuter (de) *to discuss*
un électeur/une électrice *voter*
élire (past part.: élu) *to elect*
être candidat(e) (à la présidence) *to run (for president)*
se faire inscrire *to register (to vote)*
la lutte (contre) *fight, struggle (against)*
un mandat *term of office*
la politique étrangère *foreign policy*
la politique intérieure *internal (domestic) policy*

un problème/une question *issue*
un programme électoral *platform*
se représenter *to run again*
soutenir *to support*
voter *to vote*

La guerre *(War)*

l'armée [f] *army*
attaquer *to attack*
un attentat *attack*
céder (à) *to give up; to give in*
les combats [m pl] *fighting*

le conflit *conflict*
les forces [f pl] *forces*
le front *front; front lines*
insensé(e) *insane*
libérer *to free*
livrer *to deliver*
la mort *death*
les morts [m pl] *the dead*
la négociation *negotiation*
la paix *peace*
la peine de mort *death penalty*
les pourparlers [m pl] *talks; negotiations*
prendre en otage *to take hostage*
se produire *to happen, take place*
le soldat *soldier*
le terrorisme *terrorism*
tuer *to kill*

Les arts

s'accoutumer à *to get used to*
attirer *to attract*
chouette *(familiar) neat, nice, great*
conçu(e) (from concevoir) *designed, planned*
convaincre *to convince*
en verre/en métal/en terre battue *made of glass/metal/adobe*
honteux (honteuse) *shameful*
insupportable *intolerable, unbearable*
laid(e) *ugly*
moche *(familiar) ugly, ghastly*
une œuvre *work (of art)*
passionnant(e) *exciting*
remarquable/spectaculaire *remarkable/spectacular*
rénover *to renovate*

réussi(e) *successful, well executed*
super *(familiar) super*
supprimer *to do away with*

L'immigration et le racisme

accroître *to increase*
l'accueil [m] *welcome*
accueillant(e) *welcoming, friendly*
s'aggraver *to get worse*
la banlieue *the suburbs*
blesser *to hurt*
un bouc émissaire *scapegoat, fall guy*
le chômage *unemployment*
un chômeur/une chômeuse *unemployed person*
croissant(e) *increasing, growing*
éclairer *to enlighten*
empirer *to worsen*
un(e) immigrant(e) *newly arrived immigrant*
un(e) immigré(e) *an immigrant well established in the foreign country*
un incendie *fire*
maghrébin(e) *from the Maghreb (Northwest Africa: Morocco, Algeria, Tunisia)*
la main-d'œuvre *labor*
une manifestation *demonstration, protest (organized)*
une menace *threat*
les quartiers [m pl] défavorisés *slums*
répandre *to spread*
rouer quelqu'un de coups *to beat someone black and blue*
la xénophobie *xenophobia (fear/hatred of foreigners)*

Divers

un sans-abri *homeless person*

Chapitre 7

La recherche d'un emploi *(Job hunting)*

les allocations [f pl] de chômage *unemployment benefits*
l'avenir [m] *future*
avoir une entrevue/un entretien *to have an interview*
changer de métier *to change careers*
chercher du travail *to look for work*
le curriculum vitae (le C.V.) *résumé, CV*
être candidat(e) à un poste *to apply for a job*
être au chômage *to be unemployed*
être à la retraite *to be retired*
la formation professionnelle *professional education, training*

occuper un poste *to have a job*
l'offre [f] d'emploi *opening, available position*
la pension de retraite *retirement pension*
prendre sa retraite *to retire*
en profiter *to take advantage of the situation; to enjoy*
la promotion *promotion*
remplir une demande d'emploi *to fill out a job application*
la réussite *success*
le salaire *pay (in general)*
la sécurité de l'emploi *job security*
le service du personnel *personnel services*
le traitement mensuel *monthly salary*
trouver un emploi *to find a job*

Les métiers *(Trades, professions, crafts)*

les professions [f pl] **libérales:** un médecin/une femme médecin, un(e) dentiste, un(e) avocat(e), un architecte, etc.

les fonctionnaires (employés de l'Etat): un agent de police, un douanier/une douanière, un magistrat *(judge)*, etc.

les affaires [f pl] *(business)* (travailler pour une entreprise): un homme/une femme d'affaires *(businessman/woman)*, un(e) secrétaire, un(e) employé(e) de bureau, un(e) comptable *(accountant)*, un(e) représentant(e) de commerce *(sales rep)*, etc.

le commerce (servir les clients): un boucher/une bouchère, un épicier/une épicière, un(e) commerçant(e) *(shopkeeper)*

l'industrie [f] (travailler dans une usine): un ouvrier/une ouvrière *(worker)*, un(e) employé(e), un(e) technicien(ne), un chef d'atelier *(shop)*, un ingénieur, un cadre/une femme cadre *(manager)*, un directeur/une directrice, etc.

l'informatique [f]*(computer science)*: un(e) informaticien(ne) *(computer expert)*, un(e) analyste en informatique, un programmeur/une programmeuse, etc.

l'enseignement [m]: un instituteur/une institutrice, un professeur, un enseignant, etc.

Un métier peut être...

ingrat *(thankless)*, dangereux, malsain *(unhealthy)*, ennuyeux, fatigant, mal payé, sans avenir

ou...

intéressant, stimulant *(challenging)*, passionnant, fascinant, bien payé, d'avenir

Le logement

acheter à crédit *to buy on credit*
l'agent [m] **immobilier** *real estate agent*
l'appartement [m] *apartment*
la chambre de bonne *room for rent (formerly maid's quarters)*
les charges [f pl] *fees (for heat and maintenance of an apartment or condominium)*
la Cité-U(niversitaire)/résidence universitaire *student residence hall(s)*
coûter *to cost*
une HLM (**habitation à loyer modéré**) *moderate income housing*
l'immeuble [m] *apartment building*
le/la locataire *tenant*
un logement en copropriété *condominium*
louer *to rent*
le loyer *rent*
le/la propriétaire *owner; householder*
le studio *efficiency apartment*

Une habitation peut être...

grande, petite, vieille, ancienne, neuve *(brand new)*, récente, moderne, rénovée *(remodeled)*, confortable, agréable, sale, propre *(clean)*, commode *(convenient)*, pratique, facile à entretenir *(to maintain)*, au prix fort *(at a high price)*

Les avantages/inconvénients *(disadvantages)*

bien/mal conçu(e) *(designed)*, situé(e), équipé(e), entretenu(e) *(maintained)*; beau/belle; moche; laid(e); solide; tranquille; calme; bruyant(e) *(noisy)*; isolé(e)

La banque

le carnet de chèques *checkbook*
la carte de crédit *credit card*
la carte électronique *automatic teller card*
changer de l'argent *to change money*
le compte chèques *checking account*
déposer *to deposit*
le distributeur automatique de billets *automatic teller machine*
emprunter *to borrow*
encaisser un chèque *to cash a check*
l'intérêt [m] *interest*
le livret d'épargne *savings account*
ouvrir un compte *to open an account*
prendre son mal en patience *to wait patiently*
le prêt *loan*
prêter *to lend*
retirer de l'argent *to make a withdrawal*
le taux d'intérêt *interest rate*

L'économie [f] *(Economy)*

un abri *shelter*
aller de mal en pis *to go from bad to worse*
s'améliorer *to improve*
l'assurance-maladie [f] *health insurance*
être assuré(e) *to be insured*
les bénéfices [m pl] *profits*
le budget *budget*
la consommation *consumption*
la cotisation *contribution*
le développement *development*
une entreprise *business*
exporter *to export*
importer *to import*
les impôts [m pl] *taxes*
le marché *market*
une mutuelle *mutual benefit insurance company*
la prime *premium; free gift, bonus; subsidy*
le progrès *progress*
un restaurant de cœur *soup kitchen*
un(e) sans-abri *homeless person*
souscrire *to contribute, subscribe to*

Les conditions de travail

une augmentation de salaire *pay raise*
le bureau *office*
le chef (de bureau, d'atelier, d'équipe) *leader (manager) of office, workshop, team*
compétent(e)/qualifié(e) *qualified, competent*
le congé *holiday, vacation*
le directeur/la directrice *manager (company, business)*
l'employeur [m] *employer*
le/la gérant(e) *manager (restaurant, hotel, shop)*
l'horaire [m] *schedule*
la maison *firm, company*
motivé(e) *motivated*

le personnel *personnel*
les soins [m pl] médicaux *medical care and treatment*
l'usine [f] *factory*

Divers

ça ne fait rien *it doesn't matter; never mind*
s'enfermer *to close oneself up*
en fin de compte *taking everything into account*
l'équilibre [m] *balance*
un infirmier/une infirmière *nurse*
ne rien faire à quelqu'un *to not bother someone*
on ne m'empêchera pas (de) *you can't stop me (from)*
on ne m'y prendra pas *you won't catch me*

Chapitre 8

Les tribulations de la vie quotidienne

annuler *to cancel*
au secours! *help!*
un cas d'urgence *emergency*
  en cas d'urgence *in case of emergency*
ça ne fait rien *it doesn't matter; never mind*
une commission *errand*
débordé(e) de travail *swamped with work*
en vouloir à quelqu'un *to hold a grudge against someone*
être navré(e) *to be sorry*
faire exprès *to do on purpose*
n'en plus pouvoir (je n'en peux plus) *to be at the end of one's (my) rope; to have had it (I've had it)*
une panne *breakdown*
  tomber en panne *to have a (car) breakdown*

Les problèmes de voiture

la batterie *car battery*
démarrer *to get moving (car), to start*
dépanner *to repair a breakdown*
un embouteillage *traffic jam*
l'essence [f] *gasoline*
être en panne d'essence *to be out of gas*
être/tomber en panne *to break down*
les heures [f pl] de pointe *rush hours*
la station-service *gas station*

Les pannes à la maison

le congélateur *freezer*
l'électricien(ne) *electrician*
le frigo *(familiar) fridge, refrigerator*
marcher *to run; work (machine)*
l'outil [m] *tool*
le plombier *plumber*

Les achats en magasin

le chef de rayon/de service *departmental/service supervisor*
demander un remboursement *to ask for a reimbursement*
faire une réclamation *to make a complaint*
les frais [m pl] *costs, charges*
le grand magasin *department store*
gratuit(e) *free, at no cost*
le nettoyage à sec *dry cleaning*
le pressing/la teinturerie *dry cleaners*
la quincaillerie *hardware store*
une tache *stain*
un trou *hole*
vendu(e) en solde *sold at a reduced price, on sale*

Les événements imprévus et oubliés

amener quelqu'un *to bring someone over (along)*
assister à *to attend*
changer d'avis *to change one's mind*
un congrès *conference; professional meeting*
emmener quelqu'un *to take someone (somewhere)*
emprunter quelque chose à quelqu'un *to borrow something from someone*
imprévu(e)/inattendu(e) *unexpected*
prêter quelque chose à quelqu'un *to lend something to someone*
une réunion *meeting*

Comment réagir

s'arranger *to work out*
consentir à *to consent to*
défendre à quelqu'un de *to forbid someone to*
embêter *to bother; to annoy*
raccrocher *to hang up (the telephone)*

se rattraper *to make up for it*
résoudre *to resolve, solve*

Vous êtes déconcerté(e) *(confused, muddled)*

avoir du mal à (+ infinitif) *to have problems (doing something)*
désorienté(e)/déconcerté(e) *confused, muddled*
faire comprendre à quelqu'un que *to hint to someone that*
mal comprendre (past part. **mal compris**) *to misunderstand*
une méprise/une erreur *misunderstanding*
provoquer *to cause*
le sens *meaning*
la signification/l'importance [f] *significance, importance*
signifier *to mean*

Vous êtes irrité(e)

avoir du retard *to be late*
C'est la goutte d'eau qui fait déborder le vase! *That's the last straw!*

couper *to disconnect (telephone, gas, electricity, cable)*
débrancher *to disconnect, unplug (radio, television)*
se décharger de ses responsabilités sur quelqu'un *to pass off one's responsibilities onto somebody*
faire la queue *to stand in line*
rentrer en retard *to get home late*
valoir la peine (past part. **valu**) *to be worth the trouble*

Vous êtes lésé(e) *(injured; wronged)*

bouleversé(e)/choqué(e) *shocked*
céder à quelqu'un (quelque chose) *to give in to someone (something)*
être en grève *to be on strike*
faire la grève *to go on strike*
le/la gréviste *striker*
léser quelqu'un *to wrong someone*
le syndicat *union*

Divers

autrement dit *in other words*

Chapitre 9

Les meubles et les appareils-ménagers *(Furniture and household appliances)*

l'armoire [f] *wardrobe, armoire*
le coussin *cushion, pillow*
la cuisinière *stove*
l'étagère [f] *shelf; shelves*
le four à micro-ondes *microwave oven*
le lave-vaisselle *dishwasher*
la machine à laver (le linge) *washing machine*
le placard *cupboard; closet*
le sèche-linge *clothes dryer*
le tapis *carpet*
le tiroir *drawer*

Les vêtements et la mode

les bas [m pl] *stockings*
les bijoux [m pl] *jewelry*
   la bague *ring*
   les boucles [f pl] d'oreilles *earrings*
   le bracelet *bracelet*
   le collier *necklace*
le blouson (en cuir/de cuir) *(leather) jacket*

les bottes [f pl] *boots*
les chaussettes [f pl] *socks*
les chaussures [f pl] à hauts talons/à talons plats *high-heeled shoes/low-heeled shoes*
la chemise *man's shirt*
le chemisier *woman's shirt*
le collant *pantyhose*
le costume *man's suit*
l'imperméable [m] *raincoat*
le maillot de bain *swimsuit*
le parapluie *umbrella*
le pardessus *overcoat*
les sous-vêtements [m pl] *underwear*
le tailleur *woman's tailored suit*
le tissu *fabric*
la veste (de sport) *(sports) jacket*
changer de vêtements *to change clothes*
enlever (un vêtement) *to take off (a piece of clothing)*
essayer (un vêtement) *to try on (a piece of clothing)*
être mal/bien habillé(e) *to be poorly/well dressed*

s'habiller/se déshabiller *to get dressed/to get undressed*
marchander *to bargain (haggle) with someone*
mettre un vêtement *to put on a piece of clothing*
ce vêtement lui va bien *this piece of clothing looks good on her/him*

Un vêtement est…

chic; élégant; en bon/mauvais état; sale; déchiré *(torn)*; râpé *(threadbare, worn)*; lavable *(washable)*; chouette *(familiar—great, nice, cute)*; génial *(fantastic)*; d'occasion *(secondhand, bargain)*; dans ses prix *(in one's price range)*; une trouvaille *(a great find)*

On vend des vêtements…

dans une boutique *in a shop, small store*
dans un grand magasin *in a department store*
dans une grande surface *in a huge discount store*
à un marché aux puces *at a flea market*

Les ordinateurs/Les communications

appuyer *to press, push (a key)*
brancher *to plug in*
le browser *browser*
le cédérom (**CD-ROM**) *CD-ROM*
le clavier *keyboard*
cliquer *to click*
les commandes [f pl] *commands*
compatible *compatible*
se connecter/se brancher à l'Internet *to connect to the Internet*
le courrier électronique (l'e-mail) *e-mail*
le/la cybernaute *one who enjoys the Web*
déplacer *to move (something)*
le disque dur *hard (disk) drive*
une disquette *diskette*
　　à double densité *double density*
　　à haute densité *high density*
les données [f pl] *data*
l'écran [m] *screen*
effacer *to erase*
enlever *to take out*
être dans l'informatique *to be in the computer field*
faire marcher *to make something work*
un fichier adjoint *attachment*
formater *to format*
les graphiques [m pl] *graphics*
l'imprimante [f] *printer*
　　à laser *laser*
l'informatique [f] *computer science; data processing*
l'Internet [m] *the Internet*
le lecteur de disquettes *disk drive*
le lecteur zip *zip drive*
le logiciel *software*

le matériel *hardware*
la mémoire *memory*
un micro(-ordinateur) *desktop computer*
un portable *portable computer*
le programme *program*
programmer des menus *to program (create) menus*
la puissance *power, speed*
reculer *to backspace*
le réseau *network*
sauvegarder *to save*
le site Web *Web site*
la souris *mouse*
un tableau *chart*
(re)taper *to (re)type*
télécharger un message/un dossier *to download*
la touche *key*
le traitement de texte *word processing*
le Web *World Wide Web*
zapper *to zap; switch between channels or sites*

La cuisine

une casserole *(sauce) pan*
coller *to stick*
un couvercle *lid*
(faire) bouillir *to boil*
(faire) cuire *to cook*
(faire) dorer *to brown*
(faire) fondre *to melt*
(faire) frire *to fry*
(faire) griller *to toast (bread); to grill (meat, fish)*
(faire) mijoter *to simmer*
(faire) rôtir *to roast*
(faire) sauter/revenir *to sauté (brown or fry gently in butter)*
un grille-pain *toaster*
une marmite *large cooking pot*
le pain de mie *sandwich bread*
passer au beurre *to sauté briefly in butter*
le plat *dish (container); dish (part of meal), course*
la poêle *frying pan*
verser *to pour*

Suivre des instructions

se débrouiller *to manage, get along*
doué(e) *gifted, talented*
piger *(familiar) to understand, to "get it"*
s'y prendre bien/mal *to do it the right/wrong way*
Tu y es?/Vous y êtes? *Do you understand? Do you "get it"?*

Divers

Je vous le fais *I'll give (sell) it to you*

Chapitre 10

La compétition

à la portée de *within the reach of*
arriver/terminer premier *to finish first*
battre *to beat, break*
le classement *ranking*
un(e) concurrent(e) *competitor*
un coureur/une coureuse *runner/cyclist*
une course *race*
la défaite *defeat, loss*
le défi *challenge*
la douleur *pain*
s'entraîner *to train*
l'entraîneur/l'entraîneuse *coach*
une épreuve (athlétique) *an (athletic) event, test*
épuisant(e) *grueling, exhausting*
faillir (+ infinitif) *to almost (do something)*
un(e) fana de sport *sports enthusiast, fan*
un match nul *tied game*
prendre le dessus *to get the upper hand*
la pression *pressure*
se prouver *to prove oneself*
le record du monde *world record*
reprendre haleine *to get one's breath back*
serré(e) *tight; closely fought*
sportif/sportive *athletic, fond of sports*
survivre (à) (past part. **survécu**) *to survive*
un tournoi *tournament*
une victoire *win, victory*

Situations regrettables

attraper un coup de soleil *to get sunburned*
avoir un accident de voiture *to have an automobile
    accident*
conduire trop vite/rapidement *to drive too fast*
échouer à/rater un examen *to fail/flunk an exam*
être fauché(e) *to be broke (out of money)*
être sans le sou *to be without a penny*
ne pas mettre d'huile [f]/de lotion [f] solaire *to not put
    on suntan oil/lotion*
oublier d'attacher/de mettre sa ceinture de sécurité *to
    forget to fasten/put on one's seatbelt*
sécher un cours *to cut a class*

Une pièce

une comédie musicale *musical*
un(e) critique de théâtre *theater critic*
l'éclairage [m] *lighting*
frapper les trois coups *to knock three times (heard just
    before the curtain goes up in French theaters)*
jouer à guichets fermés *to play to sold-out performances*
le metteur en scène *stage director*
la mise en scène *staging*

un rappel *curtain call*
une représentation *performance*
(avoir) le trac *(to have) stage fright*
la troupe *cast*

Un film

un acteur/une actrice *actor/actress*
c'est complet *it's sold out*
un cinéaste *filmmaker*
un compte-rendu *review (of film, play, book)*
une(e) critique de cinéma *movie critic*
un(e) débutant(e) *beginner*
le dénouement *ending*
se dérouler/se passer *to take place*
l'entracte [m] *intermission*
un épisode *episode*
un film doublé *dubbed film*
un four *flop*
des genres de films *types of films*
    une comédie *comedy*
    un dessin animé *cartoon*
    un documentaire *documentary*
    un film d'amour *love story*
    un film d'aventures *adventure film*
    un film d'épouvante *horror movie*
    un film d'espionnage *spy movie*
    un film de guerre *war movie*
    un film policier *police story*
    un western *western*
une(e) interprète *actor/actress*
    les interprètes [m/f pl] *cast*
l'intrigue [f] *plot*
un navet *third-rate film*
l'ouvreuse [f] *usher*
le personnage (principal) *(main) character*
un producteur *producer (who finances)*
le réalisateur/la réalisatrice *director*
la réalisation *production*
un rebondissement *revival*
un retour en arrière *flashback*
réussi(e) *successful*
un(e) scénariste *scriptwriter*
(avec) sous-titres [m pl] *(with) subtitles*
le thème *theme*
tourner un film *to shoot a film*
la vedette *star (male or female)*
en version originale (v.o.) *in the original language*

Divers

avoir à voir avec *to have something to do with*
grossir/prendre des kilos *to put on weight*
ne pas se réveiller à temps *to oversleep*
un rendez-vous avec un(e) inconnu(e) *blind date*

Appendice C

Expressions supplémentaires

Les nombres

Les nombres cardinaux

1	un/une	19	dix-neuf	51	cinquante et un
2	deux	20	vingt	52	cinquant-deux
3	trois	21	vingt et un	60	soixante
4	quatre	22	vingt-deux	61	soixante et un
5	cinq	23	vingt-trois	62	soixante-deux
6	six	24	vingt-quatre	70	soixante-dix
7	sept	25	vingt-cinq	71	soixante et onze
8	huit	26	vingt-six	72	soixante-douze
9	neuf	27	vingt-sept	80	quatre-vingts
10	dix	28	vingt-huit	81	quatre-vingt-un
11	onze	29	vingt-neuf	82	quatre-vingt-deux
12	douze	30	trente	90	quatre-vingt-dix
13	treize	31	trente et un	91	quatre-vingt-onze
14	quatorze	32	trente-deux	92	quatre-vingt-douze
15	quinze	40	quarante	100	cent
16	seize	41	quarante et un	101	cent un
17	dix-sept	42	quarante-deux	200	deux cents
18	dix-huit	50	cinquante	201	deux cent un

1000	mille
1001	mille un
1300	treize cents/mille trois cents
1740	dix-sept cent quarante/ mille sept cent quarante
8 000	huit mille
10 000	dix mille
100 000	cent mille
1 000 000	un million
1 000 000 000	un milliard

NOTE:

- When **quatre-vingts** and multiples of **cent** are followed by another number, the **s** is dropped.

quatre-vingts	quatre-vingt-trois
deux cents	deux cent quinze

Mille is always invariable: quatre mille habitants.

- French and English are exactly the opposite in their use of commas and decimal points.

    3.5 in English is **3,5** in French.

- However, in numbers above 999, the French use a space.

    15,000 in English is **15 000** in French.

Les nombres ordinaux

1er (1re)	premier (première)	*first*
2e	deuxième, second(e)	*second*
3e	troisième	*third*
4e	quatrième	*fourth*
5e	cinquième	*fifth*
6e	sixième	*sixth*
7e	septième	*seventh*
8e	huitième	*eighth*
9e	neuvième	*ninth*
10e	dixième	*tenth*
11e	onzième	*eleventh*
20e	vingtième	*twentieth*
21e	vingt et unième	*twenty-first*
100e	centième	*one hundredth*

NOTE:

- In titles and dates, cardinal numbers are always used, except for "the first."

François **1er** (Premier)	le **1er** (premier) avril
Louis **XVI** (Seize)	le **25** (vingt-cinq) décembre

- Contrary to English, the cardinal number always precedes the ordinal number when both are used.

les deux premiers groupes	les vingt premières pages
the first two groups	*the first twenty pages*

Les jours

lundi	jeudi	samedi
mardi	vendredi	dimanche
mercredi		

Les mois

janvier	mai	septembre
février	juin	octobre
mars	juillet	novembre
avril	août	décembre

Les saisons

l'été	en été
l'automne	en automne
l'hiver	en hiver
BUT: le printemps	au printemps

Les dates

le _____ _____ _____
(nombre) (mois) (année)

EXEMPLES: le 15 juin 1989
le 1er avril 1992

L'heure

Quelle heure est-il?

1h	Il est une heure.
3h	Il est trois heures.
6h10	Il est six heures dix.
5h50	Il est six heures moins dix.
8h15	Il est huit heures et quart.
8h45	Il est neuf heures moins le quart.
10h30	Il est dix heures et demie.
12h	Il est midi/minuit.

NOTE: The French equivalents of A.M. and P.M. are **du matin** *(in the morning)*, **de l'après-midi** *(in the afternoon)*, and **du soir** *(in the evening)*. The 24-hour clock is also used, especially for schedules.

6 P.M. would be **dix-huit heures.**

Les expressions de temps

Il fait beau.	*The weather is nice.*
Il fait mauvais.	*The weather is bad.*
Il fait (du) soleil.	*It is sunny.*
Il fait chaud.	*It is warm.*
Il fait froid.	*It is cold.*
Il fait frais.	*It is cool.*
Il fait du vent.	*It is windy.*
Il fait humide.	*It is humid.*
Il fait sec.	*It is dry.*
Il fait brumeux.	*It is misty.*
Il fait jour.	*It is daylight.*
Il fait nuit.	*It is dark.*
Il se fait tard.	*It is getting late.*
Il pleut.	*It is raining.*
Il neige.	*It is snowing.*
Il gèle.	*It is freezing.*
Il grêle.	*It is hailing.*
Il y a un orage.	*There is a storm.*
Le temps est couvert/ nuageux.	*It is cloudy.*
La température est de 20°C.	*The temperature is 20 degrees Celsius.*

Les couleurs

beige	*beige*
blanc/blanche	*white*
bleu/bleue	*blue*
brun/brune	*brown*
crème	*cream*
jaune	*yellow*
gris/grise	*gray*
marron	*chestnut brown*
noir/noire	*black*
orange	*orange*
pourpre	*crimson*
rose	*pink*
rouge	*red*
vert/verte	*green*
violet/violette	*purple*
bleu clair	*light blue*
rouge foncé	*dark red*

NOTE: **Marron**, **orange**, and **crème** are invariable, as is any adjective modified by **clair** or **foncé**.

Expressions au téléphone

Allô? Bonjour, monsieur.   Allô, oui. Bonjour.

C'est bien le 03.12.53.55.87? { Oui.
Non, vous faites erreur.
Quel numéro demandez-vous?

Ici, c'est Madame Dubois.
A qui ai-je l'honneur (de parler)? } C'est...
Qui est-ce?

Pourrais-je parler à... ?
Puis-je parler à... ? { En personne.
Mais oui. Ne quittez pas. *(Hold on.)*
Je l'appelle./Je vous le/la passe. *(I'll put him/her on.)*
Ne coupez pas. *(Don't hang up.)*
Non, il n'est pas là.
Est-ce que je peux prendre un message?
Il vous rappellera quand il rentrera.

Appendice D

Les temps littéraires

Four past tenses, two indicative and two subjunctive, are used in written French in formal literary style. The literary tenses are the **passé simple**, the **passé antérieur**, the **imparfait du subjonctif**, and the **plus-que-parfait du subjonctif**.

Le passé simple

Many French authors express themselves in writing using the tense **le passé simple**, and thus it is used in several of your readings. This literary tense is the equivalent of the **passé composé**; in fact, the same distinctions that exist between the **passé composé** and the **imparfait** are made with the **passé simple** and the **imparfait**. However, whereas the **passé composé** is used in all forms of the spoken language and in correspondence, the **passé simple** is reserved exclusively for use in literary narrative writing. Since it is not likely that you will need to actively use this tense, you only need to learn to recognize and understand the forms.

The **passé simple** is composed of just one form. Regular verbs use the infinitive minus the **-er**, **-ir**, or **-re** endings as the stem, and add the following endings:

- **-er** verbs, including **aller**

je parl**ai**	nous parl**âmes**
tu parl**as**	vous parl**âtes**
il/elle/on parl**a**	ils/elles parl**èrent**

- **-ir** verbs, including verbs like **partir**, **dormir**, **servir**

je pun**is**	nous pun**îmes**
tu pun**is**	vous pun**îtes**
il/elle/on pun**it**	ils/elles pun**irent**

- **-re** verbs

je rend**is**	nous rend**îmes**
tu rend**is**	vous rend**îtes**
il/elle/on rend**it**	ils/elles rend**irent**

As for the irregular verbs, some verbs use the past participle as the stem, while others do not. Most irregular verbs and their stems are listed below. The endings for the irregular verbs are:

je	**-s**	nous	**-mes**
tu	**-s**	vous	**-tes**
il/elle/on	**-t**	ils/elles	**-rent**

A circumflex (ˆ) is placed above the last vowel of the stem in the **nous** and **vous** forms, as in the example below.

croire

je crus	nous crûmes
tu crus	vous crûtes
il/elle/on crut	ils/elles crurent

Stems of irregular verbs

apercevoir	**aperçu-**	mettre	**mi-**
asseoir	**assi-**	mourir	**mouru-**
atteindre	**atteigni-**	naître	**naqui-**
avoir	**eu-**	offrir	**offri-**
boire	**bu-**	ouvrir	**ouvri-**
conduire	**conduisi-**	paraître	**paru-**
convaincre	**convainqui-**	plaire	**plu-**
connaître	**connu-**	pleuvoir	**il plut**
courir	**couru-**	pouvoir	**pu-**
craindre	**craigni-**	prendre	**pri-**
croire	**cru-**	recevoir	**reçu-**
devenir	**devin-**	résoudre	**résolu-**
devoir	**du-**	rire	**ri-**
dire	**di-**	savoir	**su-**
écrire	**écrivi-**	suivre	**suivi-**
être	**fu-**	taire	**tu-**
faillir	**failli-**	valoir	**valu-**
faire	**fi-**	venir	**vin-**
falloir	**il fallut**	vivre	**vécu-**
fuir	**fui-**	voir	**vi-**
lire	**lu-**	vouloir	**voulu-**

Le passé antérieur

The **passé antérieur** is a literary tense used to designate a past event that occurred prior to another past event that is usually expressed in the **passé simple**. It often appears after the conjunctions **quand**, **lorsque**, **dès que**, **aussitôt que** and **après que**. The **passé antérieur** is formed with the **passé simple** of **avoir** or **être** and the past participle.

parler

j'eus parlé	nous eûmes parlé
tu eus parlé	vous eûtes parlé
il eut parlé	ils eurent parlé
elle eut parlé	elles eurent parlé
on eut parlé	

partir

je fus parti(e)	nous fûmes parti(e)s
tu fus parti(e)	vous fûtes parti(e)(s)
il fut parti	ils furent partis
elle fut partie	elles furent parties
on fut parti	

se réveiller

je me fus réveillé(e)	nous nous fûmes réveillé(e)s
tu te fus réveillé(e)	vous vous fûtes réveillé(e)(s)
il se fut réveillé	ils se furent réveillés
elle se fut réveillée	elles se furent réveillées
on se fut réveillé	

L'imparfait du subjonctif

The **imparfait du subjonctif** may be used in subordinate clauses when the verb in the main clause is in a past tense or in the conditional. It is formed by dropping the ending of the **passé simple** and adding the endings below. The **imparfait du subjonctif** corresponds in meaning to the present subjunctive and, in fact, in spoken language the present subjunctive is used.

aller

(passé simple: **j'allai**, etc.)

que j'allasse	que nous allassions
que tu allasses	que vous allassiez
qu'il allât	qu'ils allassent
qu'elle allât	qu'elles allassent
qu'on allât	

finir

(passé simple: **je finis**, etc.)

que je finisse	que nous finissions
que tu finisses	que vous finissiez
qu'il finît	qu'ils finissent
qu'elle finît	qu'elles finissent
qu'on finît	

croire

(passé simple: **je crus**, etc.)

que je crusse	que nous crussions
que tu crusses	que vous crussiez
qu'il crût	qu'ils crussent
qu'elle crût	qu'elles crussent
qu'on crût	

Le plus-que-parfait du subjonctif

The **plus-que-parfait du subjonctif** may replace the **plus-que-parfait** or the **conditionnel passé**. It may be used in subordinate clauses for events that occurred prior to the time of the verb in the main clause. Like the **imparfait du subjonctif**, it is used when the main-clause verb is in a past tense or in the conditional. It is formed with the **imparfait du subjonctif** of **avoir** or **être** and the past participle. The **plus-que-parfait du subjonctif** corresponds in meaning to the **passé du subjonctif**.

parler

que j'eusse parlé	que nous eussions parlé
que tu eusses parlé	que vous eussiez parlé
qu'il eût parlé	qu'ils eussent parlé
qu'elle eût parlé	qu'elles eussent parlé
qu'on eût parlé	

venir

que je fusse venu(e)	que nous fussions venu(e)s
que tu fusses venu(e)	que vous fussiez venu(e)(s)
qu'il fût venu	qu'ils fussent venus
qu'elle fût venue	qu'elles fussent venues
qu'on fût venu	

Appendice E

Les verbes

Les verbes réguliers

INFINITIF	PRÉSENT	IMPÉRATIF	PASSÉ COMPOSÉ	IMPARFAIT
parler *(to talk, speak)*	je **parle** tu **parles** il **parle** nous **parlons** vous **parlez** ils **parlent**	**parle** **parlons** **parlez**	j'ai **parlé** tu as **parlé** il a **parlé** nous avons **parlé** vous avez **parlé** ils ont **parlé**	je **parlais** tu **parlais** il **parlait** nous **parlions** vous **parliez** ils **parlaient**
finir *(to finish)*	je **finis** tu **finis** il **finit** nous **finissons** vous **finissez** ils **finissent**	**finis** **finissons** **finissez**	j'ai **fini** tu as **fini** il a **fini** nous avons **fini** vous avez **fini** ils ont **fini**	je **finissais** tu **finissais** il **finissait** nous **finissions** vous **finissiez** ils **finissaient**
rendre *(to give back)*	je **rends** tu **rends** il **rend** nous **rendons** vous **rendez** ils **rendent**	**rends** **rendons** **rendez**	j'ai **rendu** tu as **rendu** il a **rendu** nous avons **rendu** vous avez **rendu** ils ont **rendu**	je **rendais** tu **rendais** il **rendait** nous **rendions** vous **rendiez** ils **rendaient**
se laver *(to wash oneself)*	je **me lave** tu **te laves** il **se lave** nous **nous lavons** vous **vous lavez** ils **se lavent**	**lave-toi** **lavons-nous** **lavez-vous**	je **me suis lavé(e)** tu **t'es lavé(e)** il/elle **s'est lavé(e)** nous **nous sommes lavé(e)s** vous **vous êtes lavé(e)(s)** ils/elles **se sont lavé(e)s**	je **me lavais** tu **te lavais** il **se lavait** nous **nous lavions** vous **vous laviez** ils **se lavaient**

PASSÉ SIMPLE	FUTUR	CONDITIONNEL	SUBJONCTIF	PARTICIPE PRÉSENT
je **parlai**	je **parlerai**	je **parlerais**	que je **parle**	**parlant**
tu **parlas**	tu **parleras**	tu **parlerais**	que tu **parles**	
il **parla**	il **parlera**	il **parlerait**	qu'il **parle**	
nous **parlâmes**	nous **parlerons**	nous **parlerions**	que nous **parlions**	
vous **parlâtes**	vous **parlerez**	vous **parleriez**	que vous **parliez**	
ils **parlèrent**	ils **parleront**	ils **parleraient**	qu'ils **parlent**	
je **finis**	je **finirai**	je **finirais**	que je **finisse**	**finissant**
tu **finis**	tu **finiras**	tu **finirais**	que tu **finisses**	
il **finit**	il **finira**	il **finirait**	qu'il **finisse**	
nous **finîmes**	nous **finirons**	nous **finirions**	que nous **finissions**	
vous **finîtes**	vous **finirez**	vous **finiriez**	que vous **finissiez**	
ils **finirent**	ils **finiront**	ils **finiraient**	qu'ils **finissent**	
je **rendis**	je **rendrai**	je **rendrais**	que je **rende**	**rendant**
tu **rendis**	tu **rendras**	tu **rendrais**	que tu **rendes**	
il **rendit**	il **rendra**	il **rendrait**	qu'il **rende**	
nous **rendîmes**	nous **rendrons**	nous **rendrions**	que nous **rendions**	
vous **rendîtes**	vous **rendrez**	vous **rendriez**	que vous **rendiez**	
ils **rendirent**	ils **rendront**	ils **rendraient**	qu'ils **rendent**	
je **me lavai**	je **me laverai**	je **me laverais**	que je **me lave**	**se lavant**
tu **te lavas**	tu **te laveras**	tu **te laverais**	que tu **te laves**	
il **se lava**	il **se lavera**	il **se laverait**	qu'il **se lave**	
nous **nous lavâmes**	nous **nous laverons**	nous **nous laverions**	que nous **nous lavions**	
vous **vous lavâtes**	vous **vous laverez**	vous **vous laveriez**	que vous **vous laviez**	
ils **se lavèrent**	ils **se laveront**	ils **se laveraient**	qu'ils **se lavent**	

Les verbes en -er avec changement d'orthographe

INFINITIF	PRÉSENT	IMPÉRATIF	PASSÉ COMPOSÉ	IMPARFAIT
acheter *(to buy)*	j'**achète** tu **achètes** il **achète** nous **achetons** vous **achetez** ils **achètent**	**achète** **achetons** **achetez**	j'ai **acheté** tu as **acheté** il a **acheté** nous **avons acheté** vous **avez acheté** ils **ont acheté**	j'**achetais** tu **achetais** il **achetait** nous **achetions** vous **achetiez** ils **achetaient**

Verbs like **acheter:**   **amener** *(to bring* [someone]*)*, **élever** *(to raise)*, **emmener** *(to take away* [someone]*)*, **enlever** *(to take off, remove)*, **peser** *(to weigh)*

INFINITIF	PRÉSENT	IMPÉRATIF	PASSÉ COMPOSÉ	IMPARFAIT
appeler *(to call)*	j'**appelle** tu **appelles** il **appelle** nous **appelons** vous **appelez** ils **appellent**	**appelle** **appelons** **appelez**	j'ai **appelé** tu as **appelé** il a **appelé** nous **avons appelé** vous **avez appelé** ils **ont appelé**	j'**appelais** tu **appelais** il **appelait** nous **appelions** vous **appeliez** ils **appelaient**

Verbs like **appeler:**   **épeler** *(to spell)*, **jeter** *(to throw)*, **rappeler** *(to recall, call back)*, **rejeter** *(to reject)*

INFINITIF	PRÉSENT	IMPÉRATIF	PASSÉ COMPOSÉ	IMPARFAIT
préférer *(to prefer)*	je **préfère** tu **préfères** il **préfère** nous **préférons** vous **préférez** ils **préfèrent**	**préfère** **préférons** **préférez**	j'ai **préféré** tu as **préféré** il a **préféré** nous **avons préféré** vous **avez préféré** ils **ont préféré**	je **préférais** tu **préférais** il **préférait** nous **préférions** vous **préfériez** ils **préféraient**

Verbs like **préférer:**   **célébrer** *(to celebrate)*, **espérer** *(to hope)*, **inquiéter** *(to worry)*, **posséder** *(to own)*, **protéger** *(to protect)*, **répéter** *(to repeat)*, **sécher** *(to dry)*, **suggérer** *(to suggest)*

INFINITIF	PRÉSENT	IMPÉRATIF	PASSÉ COMPOSÉ	IMPARFAIT
manger *(to eat)*	je **mange** tu **manges** il **mange** nous **mangeons** vous **mangez** ils **mangent**	**mange** **mangeons** **mangez**	j'ai **mangé** tu as **mangé** il a **mangé** nous **avons mangé** vous **avez mangé** ils **ont mangé**	je **mangeais** tu **mangeais** il **mangeait** nous **mangions** vous **mangiez** ils **mangeaient**

Verbs like **manger:**   **arranger** *(to fix, arrange)*, **changer** *(to change)*, **corriger** *(to correct)*, **déménager** *(to move one's residence)*, **déranger** *(to disturb)*, **diriger** *(to manage, run)*, **nager** *(to swim)*, **négliger** *(to neglect)*, **obliger** *(to oblige)*, **partager** *(to share)*, **plonger** *(to dive)*, **protéger** *(to protect)*, **ranger** *(to put in order, put away)*, **songer à** *(to think of)*, **voyager** *(to travel)*

INFINITIF	PRÉSENT	IMPÉRATIF	PASSÉ COMPOSÉ	IMPARFAIT
commencer *(to start, begin)*	je **commence** tu **commences** il **commence** nous **commençons** vous **commencez** ils **commencent**	**commence** **commençons** **commencez**	j'ai **commencé** tu as **commencé** il a **commencé** nous **avons commencé** vous **avez commencé** ils **ont commencé**	je **commençais** tu **commençais** il **commençait** nous **commencions** vous **commenciez** ils **commençaient**

Verbs like **commencer:**   **annoncer** *(to announce)*, **avancer** *(to move forward)*, **effacer** *(to erase)*, **lancer** *(to throw, launch)*, **menacer** *(to threaten)*, **placer** *(to put, set, place)*, **remplacer** *(to replace)*, **renoncer** *(to give up, renounce)*

INFINITIF	PRÉSENT	IMPÉRATIF	PASSÉ COMPOSÉ	IMPARFAIT
payer *(to pay, pay for)*	je **paie** tu **paies** il **paie** nous **payons** vous **payez** ils **paient**	**paie** **payons** **payez**	j'ai **payé** tu as **payé** il a **payé** nous **avons payé** vous **avez payé** ils **ont payé**	je **payais** tu **payais** il **payait** nous **payions** vous **payiez** ils **payaient**

Verbs like **payer:**   **employer** *(to use, employ)*, **ennuyer** *(to bore, annoy)*, **envoyer** *(to send)* (except in future and conditional), **essayer** *(to try)*, **essuyer** *(to wipe)*, **nettoyer** *(to clean)*

PASSÉ SIMPLE	FUTUR	CONDITIONNEL	SUBJONCTIF	PARTICIPE PRÉSENT
j'achetai	j'achèterai	j'achèterais	que j'achète	achetant
tu achetas	tu achèteras	tu achèterais	que tu achètes	
il acheta	il achètera	il achèterait	qu'il achète	
nous achetâmes	nous achèterons	nous achèterions	que nous achetions	
vous achetâtes	vous achèterez	vous achèteriez	que vous achetiez	
ils achetèrent	ils achèteront	ils achèteraient	qu'ils achètent	
j'appelai	j'appellerai	j'appellerais	que j'appelle	appelant
tu appelas	tu appelleras	tu appellerais	que tu appelles	
il appela	il appellera	il appellerait	qu'il appelle	
nous appelâmes	nous appellerons	nous appellerions	que nous appelions	
vous appelâtes	vous appellerez	vous appelleriez	que vous appeliez	
ils appelèrent	ils appelleront	ils appelleraient	qu'ils appellent	
je préférai	je préférerai	je préférerais	que je préfère	préférant
tu préféras	tu préféreras	tu préférerais	que tu préfères	
il préféra	il préférera	il préférerait	qu'il préfère	
nous préférâmes	nous préférerons	nous préférerions	que nous préférions	
vous préférâtes	vous préférerez	vous préféreriez	que vous préfériez	
ils préférèrent	ils préféreront	ils préféreraient	qu'ils préfèrent	
je mangeai	je mangerai	je mangerais	que je mange	mangeant
tu mangeas	tu mangeras	tu mangerais	que tu manges	
il mangea	il mangera	il mangerait	qu'il mange	
nous mangeâmes	nous mangerons	nous mangerions	que nous mangions	
vous mangeâtes	vous mangerez	vous mangeriez	que vous mangiez	
ils mangèrent	ils mangeront	ils mangeraient	qu'ils mangent	
je commençai	je commencerai	je commencerais	que je commence	commençant
tu commenças	tu commenceras	tu commencerais	que tu commences	
il commença	il commencera	il commencerait	qu'il commence	
nous commençâmes	nous commencerons	nous commencerions	que nous commencions	
vous commençâtes	vous commencerez	vous commenceriez	que vous commenciez	
ils commencèrent	ils commenceront	ils commenceraient	qu'ils commencent	
je payai	je paierai	je paierais	que je paie	payant
tu payas	tu paieras	tu paierais	que tu paies	
il paya	il paiera	il paierait	qu'il paie	
nous payâmes	nous paierons	nous paierions	que nous payions	
vous payâtes	vous paierez	vous paieriez	que vous payiez	
ils payèrent	ils paieront	ils paieraient	qu'ils paient	

Les verbes irréguliers

Sommaire

In the list below, the number at the right of each irregular verb corresponds to the number of the verb, or of a similarly conjugated verb, in the tables that follow. Verbs conjugated with **être** as an auxiliary verb in the compound tenses are marked with an asterisk (*). All other verbs are conjugated with **avoir**.

absoudre *(to forgive)* 1
accueillir *(to receive, welcome)* 15
acquérir *(to acquire, get)* 2
admettre *(to admit)* 26
***aller** *(to go)* 3
***s'en aller** *(to go away)* 3
apercevoir *(to catch a glimpse of)* 34
***apparaître** *(to appear)* 10
appartenir *(to belong)* 43
apprendre *(to learn)* 33
***s'asseoir** *(to sit down)* 4
atteindre *(to attain)* 13
avoir *(to have)* 5
battre *(to beat)* 6
***se battre** *(to fight)* 6
boire *(to drink)* 7
combattre *(to combat)* 6
comprendre *(to understand)* 33
conclure *(to conclude)* 8
conduire *(to drive; to conduct)* 9

connaître *(to know)* 10
conquérir *(to conquer)* 2
construire *(to construct)* 9
contenir *(to contain)* 43
convaincre *(to convince)* 41
convenir *(to agree)* 43
coudre *(to sew)* 11
courir *(to run)* 12
couvrir *(to cover)* 29
craindre *(to fear)* 13
croire *(to believe)* 14
cueillir *(to pick, gather)* 15
cuire *(to cook)* 9
décevoir *(to deceive)* 34
découvrir *(to discover)* 29
décrire *(to describe)* 19
déplaire *(to displease)* 30
détruire *(to destroy)* 9
***devenir** *(to become)* 43
devoir *(must, to have to; to owe)* 16

dire *(to say, tell)* 17
disparaître *(to disappear)* 10
dormir *(to sleep)* 18
écrire *(to write)* 19
élire *(to elect)* 25
***s'endormir** *(to fall asleep)* 18
envoyer *(to send)* 20
éteindre *(to turn off)* 13
être *(to be)* 21
faire *(to do, make)* 22
falloir *(to be necessary)* 23
fuir *(to flee)* 24
***s'inscrire** *(to join, sign up)* 19
interdire *(to forbid, prohibit)* 17
joindre *(to join)* 13
lire *(to read)* 25
maintenir *(to maintain)* 43
mentir *(to lie)* 38
mettre *(to put, place)* 26
***mourir** *(to die)* 27

INFINITIF	PRÉSENT	IMPÉRATIF	PASSÉ COMPOSÉ	IMPARFAIT
1. **absoudre** *(to forgive)*	j'**absous** tu **absous** il **absout** nous **absolvons** vous **absolvez** ils **absolvent**	**absous** **absolvons** **absolvez**	j'**ai absous** tu **as absous** il **a absous** nous **avons absous** vous **avez absous** ils **ont absous**	j'**absolvais** tu **absolvais** il **absolvait** nous **absolvions** vous **absolviez** ils **absolvaient**
2. **acquérir** *(to acquire, get)*	j'**acquiers** tu **acquiers** il **acquiert** nous **acquérons** vous **acquérez** ils **acquièrent**	**acquiers** **acquérons** **acquérez**	j'**ai acquis** tu **as acquis** il **a acquis** nous **avons acquis** vous **avez acquis** ils **ont acquis**	j'**acquérais** tu **acquérais** il **acquérait** nous **acquérions** vous **acquériez** ils **acquéraient**
3. **aller** *(to go)*	je **vais** tu **vas** il **va** nous **allons** vous **allez** ils **vont**	**va** **allons** **allez**	je **suis allé(e)** tu **es allé(e)** il/elle **est allé(e)** nous **sommes allé(e)s** vous **êtes allé(e)(s)** ils/elles **sont allé(e)s**	j'**allais** tu **allais** il **allait** nous **allions** vous **alliez** ils **allaient**
4. **s'asseoir** *(to sit down)*	je **m'assieds** tu **t'assieds** il **s'assied** nous **nous asseyons** vous **vous asseyez** ils **s'asseyent**	**assieds-toi** **asseyons-nous** **asseyez-vous**	je **me suis assis(e)** tu **t'es assis(e)** il/elle **s'est assis(e)** nous **nous sommes assis(es)** vous **vous êtes assis(e)(s)** ils/elles **se sont assis(es)**	je **m'asseyais** tu **t'asseyais** il **s'asseyait** nous **nous asseyions** vous **vous asseyiez** ils **s'asseyaient**

*naître *(to be born)* 28
obtenir *(to obtain, get)* 43
offrir *(to offer)* 29
ouvrir *(to open)* 29
paraître *(to appear)* 10
parcourir *(to travel over)* 12
*partir *(to leave)* 38
*parvenir *(to arrive; to succeed)* 43
peindre *(to paint)* 13
permettre *(to permit)* 26
*se plaindre *(to complain)* 13
plaire *(to please)* 30
pleuvoir *(to rain)* 31
poursuivre *(to pursue)* 39
pouvoir *(can, to be able)* 32
prédire *(to predict)* 17
prendre *(to take)* 33
prévoir *(to foresee)* 45
produire *(to produce)* 9
promettre *(to promise)* 26

recevoir *(to receive, get)* 34
reconnaître *(to recognize)* 10
reconstruire *(to reconstruct)* 9
recouvrir *(to recover)* 29
*redevenir *(to become again)* 43
réduire *(to reduce)* 9
remettre *(to postpone)* 26
reprendre *(to take back)* 33
résoudre *(to resolve, solve)* 35
retenir *(to reserve)* 43
*revenir *(to come back)* 43
revoir *(to see again)* 45
rire *(to laugh)* 36
rompre *(to break)* 6
savoir *(to know)* 37
sentir *(to smell)* 38
*se sentir *(to feel)* 38
servir *(to serve)* 38
*se servir de *(to use)* 38
*sortir *(to go out)* 38

souffrir *(to suffer)* 29
soumettre *(to submit)* 26
sourire *(to smile)* 36
soutenir *(to support)* 43
*se souvenir *(to remember)* 43
suivre *(to follow)* 39
surprendre *(to surprise)* 33
survivre *(to survive)* 44
*se taire *(to be quiet)* 40
tenir *(to hold)* 43
traduire *(to translate)* 9
transmettre *(to transmit)* 26
vaincre *(to conquer)* 41
valoir *(to be worth; to deserve, merit)* 42
*venir *(to come)* 43
vivre *(to live)* 44
voir *(to see)* 45
vouloir *(to wish, want)* 46

PASSÉ SIMPLE	FUTUR	CONDITIONNEL	SUBJONCTIF	PARTICIPE PRÉSENT
n'existe pas	j'absoudrai	j'absoudrais	que j'absolve	absolvant
	tu absoudras	tu absoudrais	que tu absolves	
	il absoudra	il absoudrait	qu'il absolve	
	nous absoudrons	nous absoudrions	que nous absolvions	
	vous absoudrez	vous absoudriez	que vous absolviez	
	ils absoudront	ils absoudraient	qu'ils absolvent	
j'acquis	j'acquerrai	j'acquerrais	que j'acquière	acquérant
tu acquis	tu acquerras	tu acquerrais	que tu acquières	
il acquit	il acquerra	il acquerrait	qu'il acquière	
nous acquîmes	nous acquerrons	nous acquerrions	que nous acquérions	
vous acquîtes	vous acquerrez	vous acquerriez	que vous acquériez	
ils acquirent	ils acquerront	ils acquerraient	qu'ils acquièrent	
j'allai	j'irai	j'irais	que j'aille	allant
tu allas	tu iras	tu irais	que tu ailles	
il alla	il ira	il irait	qu'il aille	
nous allâmes	nous irons	nous irions	que nous allions	
vous allâtes	vous irez	vous iriez	que vous alliez	
ils allèrent	ils iront	ils iraient	qu'ils aillent	
je m'assis	je m'assiérai	je m'assiérais	que je m'asseye	s'asseyant
tu t'assis	tu t'assiéras	tu t'assiérais	que tu t'asseyes	
il s'assit	il s'assiéra	il s'assiérait	qu'il s'asseye	
nous nous assîmes	nous nous assiérons	nous nous assiérions	que nous nous asseyions	
vous vous assîtes	vous vous assiérez	vous vous assiériez	que vous vous asseyiez	
ils s'assirent	ils s'assiéront	ils s'assiéraient	qu'ils s'asseyent	

INFINITIF	PRÉSENT	IMPÉRATIF	PASSÉ COMPOSÉ	IMPARFAIT
5. **avoir** *(to have)*	j'**ai** tu **as** il **a** nous **avons** vous **avez** ils **ont**	**aie** **ayons** **ayez**	j'**ai eu** tu **as eu** il **a eu** nous **avons eu** vous **avez eu** ils **ont eu**	j'**avais** tu **avais** il **avait** nous **avions** vous **aviez** ils **avaient**
6. **battre** *(to beat)*	je **bats** tu **bats** il **bat** nous **battons** vous **battez** ils **battent**	**bats** **battons** **battez**	j'**ai battu** tu **as battu** il **a battu** nous **avons battu** vous **avez battu** ils **ont battu**	je **battais** tu **battais** il **battait** nous **battions** vous **battiez** ils **battaient**
7. **boire** *(to drink)*	je **bois** tu **bois** il **boit** nous **buvons** vous **buvez** ils **boivent**	**bois** **buvons** **buvez**	j'**ai bu** tu **as bu** il **a bu** nous **avons bu** vous **avez bu** ils **ont bu**	je **buvais** tu **buvais** il **buvait** nous **buvions** vous **buviez** ils **buvaient**
8. **conclure** *(to conclude)*	je **conclus** tu **conclus** il **conclut** nous **concluons** vous **concluez** ils **concluent**	**conclus** **concluons** **concluez**	j'**ai conclu** tu **as conclu** il **a conclu** nous **avons conclu** vous **avez conclu** ils **ont conclu**	je **concluais** tu **concluais** il **concluait** nous **concluions** vous **concluiez** ils **concluaient**
9. **conduire** *(to drive;* *to conduct)*	je **conduis** tu **conduis** il **conduit** nous **conduisons** vous **conduisez** ils **conduisent**	**conduis** **conduisons** **conduisez**	j'**ai conduit** tu **as conduit** il **a conduit** nous **avons conduit** vous **avez conduit** ils **ont conduit**	je **conduisais** tu **conduisais** il **conduisait** nous **conduisions** vous **conduisiez** ils **conduisaient**
10. **connaitre** *(to know)*	je **connais** tu **connais** il **connait** nous **connaissons** vous **connaissez** ils **connaissent**	**connais** **connaissons** **connaissez**	j'**ai connu** tu **as connu** il **a connu** nous **avons connu** vous **avez connu** ils **ont connu**	je **connaissais** tu **connaissais** il **connaissait** nous **connaissions** vous **connaissiez** ils **connaissaient**
11. **coudre** *(to sew)*	je **couds** tu **couds** il **coud** nous **cousons** vous **cousez** ils **cousent**	**couds** **cousons** **cousez**	j'**ai cousu** tu **as cousu** il **a cousu** nous **avons cousu** vous **avez cousu** ils **ont cousu**	je **cousais** tu **cousais** il **cousait** nous **cousions** vous **cousiez** ils **cousaient**
12. **courir** *(to run)*	je **cours** tu **cours** il **court** nous **courons** vous **courez** ils **courent**	**cours** **courons** **courez**	j'**ai couru** tu **as couru** il **a couru** nous **avons couru** vous **avez couru** ils **ont couru**	je **courais** tu **courais** il **courait** nous **courions** vous **couriez** ils **couraient**
13. **craindre** *(to fear)*	je **crains** tu **crains** il **craint** nous **craignons** vous **craignez** ils **craignent**	**crains** **craignons** **craignez**	j'**ai craint** tu **as craint** il **a craint** nous **avons craint** vous **avez craint** ils **ont craint**	je **craignais** tu **craignais** il **craignait** nous **craignions** vous **craigniez** ils **craignaient**

PASSÉ SIMPLE	FUTUR	CONDITIONNEL	SUBJONCTIF	PARTICIPE PRÉSENT
j'eus	j'aurai	j'aurais	que j'aie	ayant
tu eus	tu auras	tu aurais	que tu aies	
il eut	il aura	il aurait	qu'il ait	
nous eûmes	nous aurons	nous aurions	que nous ayons	
vous eûtes	vous aurez	vous auriez	que vous ayez	
ils eurent	ils auront	ils auraient	qu'ils aient	
je battis	je battrai	je battrais	que je batte	battant
tu battis	tu battras	tu battrais	que tu battes	
il battit	il battra	il battrait	qu'il batte	
nous battîmes	nous battrons	nous battrions	que nous battions	
vous battîtes	vous battrez	vous battriez	que vous battiez	
ils battirent	ils battront	ils battraient	qu'ils battent	
je bus	je boirai	je boirais	que je boive	buvant
tu bus	tu boiras	tu boirais	que tu boives	
il but	il boira	il boirait	qu'il boive	
nous bûmes	nous boirons	nous boirions	que nous buvions	
vous bûtes	vous boirez	vous boiriez	que vous buviez	
ils burent	ils boiront	ils boiraient	qu'ils boivent	
je conclus	je conclurai	je conclurais	que je conclue	concluant
tu conclus	tu concluras	tu conclurais	que tu conclues	
il conclut	il conclura	il conclurait	qu'il conclue	
nous conclûmes	nous conclurons	nous conclurions	que nous concluions	
vous conclûtes	vous conclurez	vous concluriez	que vous concluiez	
ils conclurent	ils concluront	ils concluraient	qu'ils concluent	
je conduisis	je conduirai	je conduirais	que je conduise	conduisant
tu conduisis	tu conduiras	tu conduirais	que tu conduises	
il conduisit	il conduira	il conduirait	qu'il conduise	
nous conduisîmes	nous conduirons	nous conduirions	que nous conduisions	
vous conduisîtes	vous conduirez	vous conduiriez	que vous conduisiez	
ils conduisirent	ils conduiront	ils conduiraient	qu'ils conduisent	
je connus	je connaîtrai	je connaîtrais	que je connaisse	connaissant
tu connus	tu connaîtras	tu connaîtrais	que tu connaisses	
il connut	il connaîtra	il connaîtrait	qu'il connaisse	
nous connûmes	nous connaîtrons	nous connaîtrions	que nous connaissions	
vous connûtes	vous connaîtrez	vous connaîtriez	que vous connaissiez	
ils connurent	ils connaîtront	ils connaîtraient	qu'ils connaissent	
je cousis	je coudrai	je coudrais	que je couse	cousant
tu cousis	tu coudras	tu coudrais	que tu couses	
il cousit	il coudra	il coudrait	qu'il couse	
nous cousîmes	nous coudrons	nous coudrions	que nous cousions	
vous cousîtes	vous coudrez	vous coudriez	que vous cousiez	
ils cousirent	ils coudront	ils coudraient	qu'ils cousent	
je courus	je courrai	je courrais	que je coure	courant
tu courus	tu courras	tu courrais	que tu coures	
il courut	il courra	il courrait	qu'il coure	
nous courûmes	nous courrons	nous courrions	que nous courions	
vous courûtes	vous courrez	vous courriez	que vous couriez	
ils coururent	ils courront	ils courraient	qu'ils courent	
je craignis	je craindrai	je craindrais	que je craigne	craignant
tu craignis	tu craindras	tu craindrais	que tu craignes	
il craignit	il craindra	il craindrait	qu'il craigne	
nous craignîmes	nous craindrons	nous craindrions	que nous craignions	
vous craignîtes	vous craindrez	vous craindriez	que vous craigniez	
ils craignirent	ils craindront	ils craindraient	qu'ils craignent	

INFINITIF	PRÉSENT	IMPÉRATIF	PASSÉ COMPOSÉ	IMPARFAIT
14. croire *(to believe)*	je **crois** tu **crois** il **croit** nous **croyons** vous **croyez** ils **croient**	**crois** **croyons** **croyez**	j'ai **cru** tu as **cru** il a **cru** nous avons **cru** vous avez **cru** ils ont **cru**	je **croyais** tu **croyais** il **croyait** nous **croyions** vous **croyiez** ils **croyaient**
15. cueillir *(to pick, gather)*	je **cueille** tu **cueilles** il **cueille** nous **cueillons** vous **cueillez** ils **cueillent**	**cueille** **cueillons** **cueillez**	j'ai **cueilli** tu as **cueilli** il a **cueilli** nous avons **cueilli** vous avez **cueilli** ils ont **cueilli**	je **cueillais** tu **cueillais** il **cueillait** nous **cueillions** vous **cueilliez** ils **cueillaient**
16. devoir *(must, to have to;* *to owe)*	je **dois** tu **dois** il **doit** nous **devons** vous **devez** ils **doivent**	**dois** **devons** **devez**	j'ai **dû** tu as **dû** il a **dû** nous avons **dû** vous avez **dû** ils ont **dû**	je **devais** tu **devais** il **devait** nous **devions** vous **deviez** ils **devaient**
17. dire *(to say, tell)*	je **dis** tu **dis** il **dit** nous **disons** vous **dites** ils **disent**	**dis** **disons** **dites**	j'ai **dit** tu as **dit** il a **dit** nous avons **dit** vous avez **dit** ils ont **dit**	je **disais** tu **disais** il **disait** nous **disions** vous **disiez** ils **disaient**
18. dormir *(to sleep)*	je **dors** tu **dors** il **dort** nous **dormons** vous **dormez** ils **dorment**	**dors** **dormons** **dormez**	j'ai **dormi** tu as **dormi** il a **dormi** nous avons **dormi** vous avez **dormi** ils ont **dormi**	je **dormais** tu **dormais** il **dormait** nous **dormions** vous **dormiez** ils **dormaient**
19. écrire *(to write)*	j'**écris** tu **écris** il **écrit** nous **écrivons** vous **écrivez** ils **écrivent**	**écris** **écrivons** **écrivez**	j'ai **écrit** tu as **écrit** il a **écrit** nous avons **écrit** vous avez **écrit** ils ont **écrit**	j'**écrivais** tu **écrivais** il **écrivait** nous **écrivions** vous **écriviez** ils **écrivaient**
20. envoyer *(to send)*	j'**envoie** tu **envoies** il **envoie** nous **envoyons** vous **envoyez** ils **envoient**	**envoie** **envoyons** **envoyez**	j'ai **envoyé** tu as **envoyé** il a **envoyé** nous avons **envoyé** vous avez **envoyé** ils ont **envoyé**	j'**envoyais** tu **envoyais** il **envoyait** nous **envoyions** vous **envoyiez** ils **envoyaient**
21. être *(to be)*	je **suis** tu **es** il **est** nous **sommes** vous **êtes** ils **sont**	**sois** **soyons** **soyez**	j'ai **été** tu as **été** il a **été** nous avons **été** vous avez **été** ils ont **été**	j'**étais** tu **étais** il **était** nous **étions** vous **étiez** ils **étaient**
22. faire *(to do, make)*	je **fais** tu **fais** il **fait** nous **faisons** vous **faites** ils **font**	**fais** **faisons** **faites**	j'ai **fait** tu as **fait** il a **fait** nous avons **fait** vous avez **fait** ils ont **fait**	je **faisais** tu **faisais** il **faisait** nous **faisions** vous **faisiez** ils **faisaient**
23. falloir *(to be necessary)*	il **faut**	*n'existe pas*	il a **fallu**	il **fallait**

PASSÉ SIMPLE	FUTUR	CONDITIONNEL	SUBJONCTIF	PARTICIPE PRÉSENT
je **crus**	je **croirai**	je **croirais**	que je **croie**	**croyant**
tu **crus**	tu **croiras**	tu **croirais**	que tu **croies**	
il **crut**	il **croira**	il **croirait**	qu'il **croie**	
nous **crûmes**	nous **croirons**	nous **croirions**	que nous **croyions**	
vous **crûtes**	vous **croirez**	vous **croiriez**	que vous **croyiez**	
ils **crurent**	ils **croiront**	ils **croiraient**	qu'ils **croient**	
je **cueillis**	je **cueillerai**	je **cueillerais**	que je **cueille**	**cueillant**
tu **cueillis**	tu **cueilleras**	tu **cueillerais**	que tu **cueilles**	
il **cueillit**	il **cueillera**	il **cueillerait**	qu'il **cueille**	
nous **cueillîmes**	nous **cueillerons**	nous **cueillerions**	que nous **cueillions**	
vous **cueillîtes**	vous **cueillerez**	vous **cueilleriez**	que vous **cueilliez**	
ils **cueillirent**	ils **cueilleront**	ils **cueilleraient**	qu'ils **cueillent**	
je **dus**	je **devrai**	je **devrais**	que je **doive**	**devant**
tu **dus**	tu **devras**	tu **devrais**	que tu **doives**	
il **dut**	il **devra**	il **devrait**	qu'il **doive**	
nous **dûmes**	nous **devrons**	nous **devrions**	que nous **devions**	
vous **dûtes**	vous **devrez**	vous **devriez**	que vous **deviez**	
ils **durent**	ils **devront**	ils **devraient**	qu'ils **doivent**	
je **dis**	je **dirai**	je **dirais**	que je **dise**	**disant**
tu **dis**	tu **diras**	tu **dirais**	que tu **dises**	
il **dit**	il **dira**	il **dirait**	qu'il **dise**	
nous **dîmes**	nous **dirons**	nous **dirions**	que nous **disions**	
vous **dîtes**	vous **direz**	vous **diriez**	que vous **disiez**	
ils **dirent**	ils **diront**	ils **diraient**	qu'ils **disent**	
je **dormis**	je **dormirai**	je **dormirais**	que je **dorme**	**dormant**
tu **dormis**	tu **dormiras**	tu **dormirais**	que tu **dormes**	
il **dormit**	il **dormira**	il **dormirait**	qu'il **dorme**	
nous **dormîmes**	nous **dormirons**	nous **dormirions**	que nous **dormions**	
vous **dormîtes**	vous **dormirez**	vous **dormiriez**	que vous **dormiez**	
ils **dormirent**	ils **dormiront**	ils **dormiraient**	qu'ils **dorment**	
j'**écrivis**	j'**écrirai**	j'**écrirais**	que j'**écrive**	**écrivant**
tu **écrivis**	tu **écriras**	tu **écrirais**	que tu **écrives**	
il **écrivit**	il **écrira**	il **écrirait**	qu'il **écrive**	
nous **écrivîmes**	nous **écrirons**	nous **écririons**	que nous **écrivions**	
vous **écrivîtes**	vous **écrirez**	vous **écririez**	que vous **écriviez**	
ils **écrivirent**	ils **écriront**	ils **écriraient**	qu'ils **écrivent**	
j'**envoyai**	j'**enverrai**	j'**enverrais**	que j'**envoie**	**envoyant**
tu **envoyas**	tu **enverras**	tu **enverrais**	que tu **envoies**	
il **envoya**	il **enverra**	il **enverrait**	qu'il **envoie**	
nous **envoyâmes**	nous **enverrons**	nous **enverrions**	que nous **envoyions**	
vous **envoyâtes**	vous **enverrez**	vous **enverriez**	que vous **envoyiez**	
ils **envoyèrent**	ils **enverront**	ils **enverraient**	qu'ils **envoient**	
je **fus**	je **serai**	je **serais**	que je **sois**	**étant**
tu **fus**	tu **seras**	tu **serais**	que tu **sois**	
il **fut**	il **sera**	il **serait**	qu'il **soit**	
nous **fûmes**	nous **serons**	nous **serions**	que nous **soyons**	
vous **fûtes**	vous **serez**	vous **seriez**	que vous **soyez**	
ils **furent**	ils **seront**	ils **seraient**	qu'ils **soient**	
je **fis**	je **ferai**	je **ferais**	que je **fasse**	**faisant**
tu **fis**	tu **feras**	tu **ferais**	que tu **fasses**	
il **fit**	il **fera**	il **ferait**	qu'il **fasse**	
nous **fîmes**	nous **ferons**	nous **ferions**	que nous **fassions**	
vous **fîtes**	vous **ferez**	vous **feriez**	que vous **fassiez**	
ils **firent**	ils **feront**	ils **feraient**	qu'ils **fassent**	
il **fallut**	il **faudra**	il **faudrait**	qu'il **faille**	*n'existe pas*

INFINITIF	PRÉSENT	IMPÉRATIF	PASSÉ COMPOSÉ	IMPARFAIT
24. **fuir** *(to flee)*	je **fuis** tu **fuis** il **fuit** nous **fuyons** vous **fuyez** ils **fuient**	**fuis** **fuyons** **fuyez**	j'ai **fui** tu as **fui** il a **fui** nous avons **fui** vous avez **fui** ils ont **fui**	je **fuyais** tu **fuyais** il **fuyait** nous **fuyions** vous **fuyiez** ils **fuyaient**
25. **lire** *(to read)*	je **lis** tu **lis** il **lit** nous **lisons** vous **lisez** ils **lisent**	**lis** **lisons** **lisez**	j'ai **lu** tu as **lu** il a **lu** nous avons **lu** vous avez **lu** ils ont **lu**	je **lisais** tu **lisais** il **lisait** nous **lisions** vous **lisiez** ils **lisaient**
26. **mettre** *(to put, place)*	je **mets** tu **mets** il **met** nous **mettons** vous **mettez** ils **mettent**	**mets** **mettons** **mettez**	j'ai **mis** tu as **mis** il a **mis** nous avons **mis** vous avez **mis** ils ont **mis**	je **mettais** tu **mettais** il **mettait** nous **mettions** vous **mettiez** ils **mettaient**
27. **mourir** *(to die)*	je **meurs** tu **meurs** il **meurt** nous **mourons** vous **mourez** ils **meurent**	**meurs** **mourons** **mourez**	je suis **mort(e)** tu es **mort(e)** il/elle est **mort(e)** nous sommes **mort(e)s** vous êtes **mort(e)(s)** ils/elles sont **mort(e)s**	je **mourais** tu **mourais** il **mourait** nous **mourions** vous **mouriez** ils **mouraient**
28. **naître** *(to be born)*	je **nais** tu **nais** il **naît** nous **naissons** vous **naissez** ils **naissent**	**nais** **naissons** **naissez**	je suis **né(e)** tu es **né(e)** il/elle est **né(e)** nous sommes **né(e)s** vous êtes **né(e)(s)** ils/elles sont **né(e)s**	je **naissais** tu **naissais** il **naissait** nous **naissions** vous **naissiez** ils **naissaient**
29. **ouvrir** *(to open)*	j'**ouvre** tu **ouvres** il **ouvre** nous **ouvrons** vous **ouvrez** ils **ouvrent**	**ouvre** **ouvrons** **ouvrez**	j'ai **ouvert** tu as **ouvert** il a **ouvert** nous avons **ouvert** vous avez **ouvert** ils ont **ouvert**	j'**ouvrais** tu **ouvrais** il **ouvrait** nous **ouvrions** vous **ouvriez** ils **ouvraient**
30. **plaire** *(to please)*	je **plais** tu **plais** il **plaît** nous **plaisons** vous **plaisez** ils **plaisent**	**plais** **plaisons** **plaisez**	j'ai **plu** tu as **plu** il a **plu** nous avons **plu** vous avez **plu** ils ont **plu**	je **plaisais** tu **plaisais** il **plaisait** nous **plaisions** vous **plaisiez** ils **plaisaient**
31. **pleuvoir** *(to rain)*	il **pleut**	*n'existe pas*	il a **plu**	il **pleuvait**
32. **pouvoir** *(can, to be able)*	je **peux** tu **peux** il **peut** nous **pouvons** vous **pouvez** ils **peuvent**	*n'existe pas*	j'ai **pu** tu as **pu** il a **pu** nous avons **pu** vous avez **pu** ils ont **pu**	je **pouvais** tu **pouvais** il **pouvait** nous **pouvions** vous **pouviez** ils **pouvaient**
33. **prendre** *(to take)*	je **prends** tu **prends** il **prend** nous **prenons** vous **prenez** ils **prennent**	**prends** **prenons** **prenez**	j'ai **pris** tu as **pris** il a **pris** nous avons **pris** vous avez **pris** ils ont **pris**	je **prenais** tu **prenais** il **prenait** nous **prenions** vous **preniez** ils **prenaient**

PASSÉ SIMPLE	FUTUR	CONDITIONNEL	SUBJONCTIF	PARTICIPE PRÉSENT
je **fuis**	je **fuirai**	je **fuirais**	que je **fuie**	**fuyant**
tu **fuis**	tu **fuiras**	tu **fuirais**	que tu **fuies**	
il **fuit**	il **fuira**	il **fuirait**	qu'il **fuie**	
nous **fuîmes**	nous **fuirons**	nous **fuirions**	que nous **fuyions**	
vous **fuîtes**	vous **fuirez**	vous **fuiriez**	que vous **fuyiez**	
ils **fuirent**	ils **fuiront**	ils **fuiraient**	qu'ils **fuient**	
je **lus**	je **lirai**	je **lirais**	que je **lise**	**lisant**
tu **lus**	tu **liras**	tu **lirais**	que tu **lises**	
il **lut**	il **lira**	il **lirait**	qu'il **lise**	
nous **lûmes**	nous **lirons**	nous **lirions**	que nous **lisions**	
vous **lûtes**	vous **lirez**	vous **liriez**	que vous **lisiez**	
ils **lurent**	ils **liront**	ils **liraient**	qu'ils **lisent**	
je **mis**	je **mettrai**	je **mettrais**	que je **mette**	**mettant**
tu **mis**	tu **mettras**	tu **mettrais**	que tu **mettes**	
il **mit**	il **mettra**	il **mettrait**	qu'il **mette**	
nous **mîmes**	nous **mettrons**	nous **mettrions**	que nous **mettions**	
vous **mîtes**	vous **mettrez**	vous **mettriez**	que vous **mettiez**	
ils **mirent**	ils **mettront**	ils **mettraient**	qu'ils **mettent**	
je **mourus**	je **mourrai**	je **mourrais**	que je **meure**	**mourant**
tu **mourus**	tu **mourras**	tu **mourrais**	que tu **meures**	
il **mourut**	il **mourra**	il **mourrait**	qu'il **meure**	
nous **mourûmes**	nous **mourrons**	nous **mourrions**	que nous **mourions**	
vous **mourûtes**	vous **mourrez**	vous **mourriez**	que vous **mouriez**	
ils **moururent**	ils **mourront**	ils **mourraient**	qu'ils **meurent**	
je **naquis**	je **naîtrai**	je **naîtrais**	que je **naisse**	**naissant**
tu **naquis**	tu **naîtras**	tu **naîtrais**	que tu **naisses**	
il **naquit**	il **naîtra**	il **naîtrait**	qu'il **naisse**	
nous **naquîmes**	nous **naîtrons**	nous **naîtrions**	que nous **naissions**	
vous **naquîtes**	vous **naîtrez**	vous **naîtriez**	que vous **naissiez**	
ils **naquirent**	ils **naîtront**	ils **naîtraient**	qu'ils **naissent**	
j'**ouvris**	j'**ouvrirai**	j'**ouvrirais**	que j'**ouvre**	**ouvrant**
tu **ouvris**	tu **ouvriras**	tu **ouvrirais**	que tu **ouvres**	
il **ouvrit**	il **ouvrira**	il **ouvrirait**	qu'il **ouvre**	
nous **ouvrîmes**	nous **ouvrirons**	nous **ouvririons**	que nous **ouvrions**	
vous **ouvrîtes**	vous **ouvrirez**	vous **ouvririez**	que vous **ouvriez**	
ils **ouvrirent**	ils **ouvriront**	ils **ouvriraient**	qu'ils **ouvrent**	
je **plus**	je **plairai**	je **plairais**	que je **plaise**	**plaisant**
tu **plus**	tu **plairas**	tu **plairais**	que tu **plaises**	
il **plut**	il **plaira**	il **plairait**	qu'il **plaise**	
nous **plûmes**	nous **plairons**	nous **plairions**	que nous **plaisions**	
vous **plûtes**	vous **plairez**	vous **plairiez**	que vous **plaisiez**	
ils **plurent**	ils **plairont**	ils **plairaient**	qu'ils **plaisent**	
il **plut**	il **pleuvra**	il **pleuvrait**	qu'il **pleuve**	**pleuvant**
je **pus**	je **pourrai**	je **pourrais**	que je **puisse**	**pouvant**
tu **pus**	tu **pourras**	tu **pourrais**	que tu **puisses**	
il **put**	il **pourra**	il **pourrait**	qu'il **puisse**	
nous **pûmes**	nous **pourrons**	nous **pourrions**	que nous **puissions**	
vous **pûtes**	vous **pourrez**	vous **pourriez**	que vous **puissiez**	
ils **purent**	ils **pourront**	ils **pourraient**	qu'ils **puissent**	
je **pris**	je **prendrai**	je **prendrais**	que je **prenne**	**prenant**
tu **pris**	tu **prendras**	tu **prendrais**	que tu **prennes**	
il **prit**	il **prendra**	il **prendrait**	qu'il **prenne**	
nous **prîmes**	nous **prendrons**	nous **prendrions**	que nous **prenions**	
vous **prîtes**	vous **prendrez**	vous **prendriez**	que vous **preniez**	
ils **prirent**	ils **prendront**	ils **prendraient**	qu'ils **prennent**	

INFINITIF	PRÉSENT	IMPÉRATIF	PASSÉ COMPOSÉ	IMPARFAIT
34. **recevoir** *(to receive, get)*	je **reçois** tu **reçois** il **reçoit** nous **recevons** vous **recevez** ils **reçoivent**	**reçois** **recevons** **recevez**	j'**ai reçu** tu **as reçu** il **a reçu** nous **avons reçu** vous **avez reçu** ils **ont reçu**	je **recevais** tu **recevais** il **recevait** nous **recevions** vous **receviez** ils **recevaient**
35. **résoudre** *(to resolve, solve)*	je **résous** tu **résous** il **résout** nous **résolvons** vous **résolvez** ils **résolvent**	**résous** **résolvons** **résolvez**	j'**ai résolu** tu **as résolu** il **a résolu** nous **avons résolu** vous **avez résolu** ils **ont résolu**	je **résolvais** tu **résolvais** il **résolvait** nous **résolvions** vous **résolviez** ils **résolvaient**
36. **rire** *(to laugh)*	je **ris** tu **ris** il **rit** nous **rions** vous **riez** ils **rient**	**ris** **rions** **riez**	j'**ai ri** tu **as ri** il **a ri** nous **avons ri** vous **avez ri** ils **ont ri**	je **riais** tu **riais** il **riait** nous **riions** vous **riiez** ils **riaient**
37. **savoir** *(to know)*	je **sais** tu **sais** il **sait** nous **savons** vous **savez** ils **savent**	**sache** **sachons** **sachez**	j'**ai su** tu **as su** il **a su** nous **avons su** vous **avez su** ils **ont su**	je **savais** tu **savais** il **savait** nous **savions** vous **saviez** ils **savaient**
38. **sortir** *(to go out)*	je **sors** tu **sors** il **sort** nous **sortons** vous **sortez** ils **sortent**	**sors** **sortons** **sortez**	je **suis sorti(e)** tu **es sorti(e)** il/elle **est sorti(e)** nous **sommes sorti(e)s** vous **êtes sorti(e)(s)** ils/elles **sont sorti(e)s**	je **sortais** tu **sortais** il **sortait** nous **sortions** vous **sortiez** ils **sortaient**
39. **suivre** *(to follow)*	je **suis** tu **suis** il **suit** nous **suivons** vous **suivez** ils **suivent**	**suis** **suivons** **suivez**	j'**ai suivi** tu **as suivi** il **a suivi** nous **avons suivi** vous **avez suivi** ils **ont suivi**	je **suivais** tu **suivais** il **suivait** nous **suivions** vous **suiviez** ils **suivaient**
40. **se taire** *(to be quiet)*	je **me tais** tu **te tais** il **se tait** nous **nous taisons** vous **vous taisez** ils **se taisent**	**tais-toi** **taisons-nous** **taisez-vous**	je **me suis tu(e)** tu **t'es tu(e)** il/elle **s'est tu(e)** nous **nous sommes tu(e)s** vous **vous êtes tu(e)(s)** ils/elles **se sont tu(e)s**	je **me taisais** tu **tu taisais** il **se taisait** nous **nous taisions** vous **vous taisiez** ils **se taisaient**
41. **vaincre** *(to conquer)*	je **vaincs** tu **vaincs** il **vainc** nous **vainquons** vous **vainquez** ils **vainquent**	**vaincs** **vainquons** **vainquez**	j'**ai vaincu** tu **as vaincu** il **a vaincu** nous **avons vaincu** vous **avez vaincu** ils **ont vaincu**	je **vainquais** tu **vainquais** il **vainquait** nous **vainquions** vous **vainquiez** ils **vainquaient**
42. **valoir** *(to be worth;* *to deserve, merit)*	je **vaux** tu **vaux** il **vaut** nous **valons** vous **valez** ils **valent**	**vaux** **valons** **valez**	j'**ai valu** tu **as valu** il **a valu** nous **avons valu** vous **avez valu** ils **ont valu**	je **valais** tu **valais** il **valait** nous **valions** vous **valiez** ils **valaient**

PASSÉ SIMPLE	FUTUR	CONDITIONNEL	SUBJONCTIF	PARTICIPE PRÉSENT
je **reçus**	je **recevrai**	je **recevrais**	que je **reçoive**	**recevant**
tu **reçus**	tu **recevras**	tu **recevrais**	que tu **reçoives**	
il **reçut**	il **recevra**	il **recevrait**	qu'il **reçoive**	
nous **reçûmes**	nous **recevrons**	nous **recevrions**	que nous **recevions**	
vous **reçûtes**	vous **recevrez**	vous **recevriez**	que vous **receviez**	
ils **reçurent**	ils **recevront**	ils **recevraient**	qu'ils **reçoivent**	
je **résolus**	je **résoudrai**	je **résoudrais**	que je **résolve**	**résolvant**
tu **résolus**	tu **résoudras**	tu **résoudrais**	que tu **résolves**	
il **résolut**	il **résoudra**	il **résoudrait**	qu'il **résolve**	
nous **résolûmes**	nous **résoudrons**	nous **résoudrions**	que nous **résolvions**	
vous **résolûtes**	vous **résoudrez**	vous **résoudriez**	que vous **résolviez**	
ils **résolurent**	ils **résoudront**	ils **résoudraient**	qu'ils **résolvent**	
je **ris**	je **rirai**	je **rirais**	que je **rie**	**riant**
tu **ris**	tu **riras**	tu **rirais**	que tu **ries**	
il **rit**	il **rira**	il **rirait**	qu'il **rie**	
nous **rîmes**	nous **rirons**	nous **ririons**	que nous **riions**	
vous **rîtes**	vous **rirez**	vous **ririez**	que vous **riiez**	
ils **rirent**	ils **riront**	ils **riraient**	qu'ils **rient**	
je **sus**	je **saurai**	je **saurais**	que je **sache**	**sachant**
tu **sus**	tu **sauras**	tu **saurais**	que tu **saches**	
il **sut**	il **saura**	il **saurait**	qu'il **sache**	
nous **sûmes**	nous **saurons**	nous **saurions**	que nous **sachions**	
vous **sûtes**	vous **saurez**	vous **sauriez**	que vous **sachiez**	
ils **surent**	ils **sauront**	ils **sauraient**	qu'ils **sachent**	
je **sortis**	je **sortirai**	je **sortirais**	que je **sorte**	**sortant**
tu **sortis**	tu **sortiras**	tu **sortirais**	que tu **sortes**	
il **sortit**	il **sortira**	il **sortirait**	qu'il **sorte**	
nous **sortîmes**	nous **sortirons**	nous **sortirions**	que nous **sortions**	
vous **sortîtes**	vous **sortirez**	vous **sortiriez**	que vous **sortiez**	
ils **sortirent**	ils **sortiront**	ils **sortiraient**	qu'ils **sortent**	
je **suivis**	je **suivrai**	je **suivrais**	que je **suive**	**suivant**
tu **suivis**	tu **suivras**	tu **suivrais**	que tu **suives**	
il **suivit**	il **suivra**	il **suivrait**	qu'il **suive**	
nous **suivîmes**	nous **suivrons**	nous **suivrions**	que nous **suivions**	
vous **suivîtes**	vous **suivrez**	vous **suivriez**	que vous **suiviez**	
ils **suivirent**	ils **suivront**	ils **suivraient**	qu'ils **suivent**	
je **me tus**	je **me tairai**	je **me tairais**	que je **me taise**	**se taisant**
tu **te tus**	tu **te tairas**	tu **te tairais**	que tu **te taises**	
il **se tut**	il **se taira**	il **se tairait**	qu'il **se taise**	
nous **nous tûmes**	nous **nous tairons**	nous **nous tairions**	que nous **nous taisions**	
vous **vous tûtes**	vous **vous tairez**	vous **vous tairiez**	que vous **vous taisiez**	
ils **se turent**	ils **se tairont**	ils **se tairaient**	qu'ils **se taisent**	
je **vainquis**	je **vaincrai**	je **vaincrais**	que je **vainque**	**vainquant**
tu **vainquis**	tu **vaincras**	tu **vaincrais**	que tu **vainques**	
il **vainquit**	il **vaincra**	il **vaincrait**	qu'il **vainque**	
nous **vainquîmes**	nous **vaincrons**	nous **vaincrions**	que nous **vainquions**	
vous **vainquîtes**	vous **vaincrez**	vous **vaincriez**	que vous **vainquiez**	
ils **vainquirent**	ils **vaincront**	ils **vaincraient**	qu'ils **vainquent**	
je **valus**	je **vaudrai**	je **vaudrais**	que je **vaille**	**valant**
tu **valus**	tu **vaudras**	tu **vaudrais**	que tu **vailles**	
il **valut**	il **vaudra**	il **vaudrait**	qu'il **vaille**	
nous **valûmes**	nous **vaudrons**	nous **vaudrions**	que nous **valions**	
vous **valûtes**	vous **vaudrez**	vous **vaudriez**	que vous **valiez**	
ils **valurent**	ils **vaudront**	ils **vaudraient**	qu'ils **vaillent**	

INFINITIF	PRÉSENT	IMPÉRATIF	PASSÉ COMPOSÉ	IMPARFAIT
43. **venir** *(to come)*	je **viens** tu **viens** il **vient** nous **venons** vous **venez** ils **viennent**	**viens** **venons** **venez**	je **suis venu(e)** tu **es venu(e)** il/elle **est venu(e)** nous **sommes venu(e)s** vous **êtes venu(e)(s)** ils/elles **sont venu(e)s**	je **venais** tu **venais** il **venait** nous **venions** vous **veniez** ils **venaient**
44. **vivre** *(to live)*	je **vis** tu **vis** il **vit** nous **vivons** vous **vivez** ils **vivent**	**vis** **vivons** **vivez**	j'**ai vécu** tu **as vécu** il **a vécu** nous **avons vécu** vous **avez vécu** ils **ont vécu**	je **vivais** tu **vivais** il **vivait** nous **vivions** vous **viviez** ils **vivaient**
45. **voir** *(to see)*	je **vois** tu **vois** il **voit** nous **voyons** vous **voyez** ils **voient**	**vois** **voyons** **voyez**	j'**ai vu** tu **as vu** il **a vu** nous **avons vu** vous **avez vu** ils **ont vu**	je **voyais** tu **voyais** il **voyait** nous **voyions** vous **voyiez** ils **voyaient**
46. **vouloir** *(to wish, want)*	je **veux** tu **veux** il **veut** nous **voulons** vous **voulez** ils **veulent**	**veuille** **veuillons** **veuillez**	j'**ai voulu** tu **as voulu** il **a voulu** nous **avons voulu** vous **avez voulu** ils **ont voulu**	je **voulais** tu **voulais** il **voulait** nous **voulions** vous **vouliez** ils **voulaient**

PASSÉ SIMPLE	FUTUR	CONDITIONNEL	SUBJONCTIF	PARTICIPE PRÉSENT
je **vins**	je **viendrai**	je **viendrais**	que je **vienne**	**venant**
tu **vins**	tu **viendras**	tu **viendrais**	que tu **viennes**	
il **vint**	il **viendra**	il **viendrait**	qu'il **vienne**	
nous **vinmes**	nous **viendrons**	nous **viendrions**	que nous **venions**	
vous **vintes**	vous **viendrez**	vous **viendriez**	que vous **veniez**	
ils **vinrent**	ils **viendront**	ils **viendraient**	qu'ils **viennent**	
je **vécus**	je **vivrai**	je **vivrais**	que je **vive**	**vivant**
tu **vécus**	tu **vivras**	tu **vivrais**	que tu **vives**	
il **vécut**	il **vivra**	il **vivrait**	qu'il **vive**	
nous **vécûmes**	nous **vivrons**	nous **vivrions**	que nous **vivions**	
vous **vécûtes**	vous **vivrez**	vous **vivriez**	que vous **viviez**	
ils **vécurent**	ils **vivront**	ils **vivraient**	qu'ils **vivent**	
je **vis**	je **verrai**	je **verrais**	que je **voie**	**voyant**
tu **vis**	tu **verras**	tu **verrais**	que tu **voies**	
il **vit**	il **verra**	il **verrait**	qu'il **voie**	
nous **vîmes**	nous **verrons**	nous **verrions**	que nous **voyions**	
vous **vîtes**	vous **verrez**	vous **verriez**	que vous **voyiez**	
ils **virent**	ils **verront**	ils **verraient**	qu'ils **voient**	
je **voulus**	je **voudrai**	je **voudrais**	que je **veuille**	**voulant**
tu **voulus**	tu **voudras**	tu **voudrais**	que tu **veuilles**	
il **voulut**	il **voudra**	il **voudrait**	qu'il **veuille**	
nous **voulûmes**	nous **voudrons**	nous **voudrions**	que nous **voulions**	
vous **voulûtes**	vous **voudrez**	vous **voudriez**	que vous **vouliez**	
ils **voulurent**	ils **voudront**	ils **voudraient**	qu'ils **veuillent**	

Lexique français–anglais

A

abîmer to ruin
abonnement *(m)* subscription
abonner: s'— à to subscribe to (a magazine)
abord: d'— first; at first; first of all
abordable affordable
aborder to reach; to arrive at
aboutir à to reach
aboyer to bark
abri *(m)* shelter; **sans- —** *(m, f)* homeless person
abriter to shelter
absolument absolutely
accord *(m)* agreement; **d'—** o.k.,agreed!
accouchement *(m)* childbirth, delivery
accoutumer: s'— à to get used to
accrochages: avoir de petits — to disagree with
accrocher to run into; to hang
accroître to increase
accueil *(m)* welcome
accueillant(e) welcoming, friendly
accueillir to welcome, greet
accumuler to accumulate
acheter à crédit to buy on credit
acier *(m)* steel; **être en —** to be made of steel
acquérir *(pp* **acquis)** to acquire
acteur/actrice *(m, f)* actor/actress
action: faire une bonne — to do a good deed
actualités *(f pl)* current events, news (in the press, but especially on television)
actuellement at the moment; at present
aérien(ne) aerial
affaire: avoir — à to be faced with
affaires *(f pl)* business
affectueux(-euse) affectionate
affiche *(f)* poster
afficher to put up; to display
affrontement *(m)* confrontation
afin que/pour que in order that, so that
agacer to annoy, provoke
âge *(m)* age; **ne pas faire son —** to not look one's age; **le troisième —** old age; **— d'or** golden age
agence *(f)* **de voyages** travel agency
agenda *(m)* engagement calendar
agent *(m)* **immobilier** real estate agent
aggraver to aggravate; **s'—** to worsen
agir to act; **s'— de** to be about
aide *(f)* help, aid; **appeler quelqu'un à l'—** to call someone for help
aide *(m)* helper
ailleurs someplace else; **d'—** moreover, besides; **par —** furthermore
aimer to like, love
aîné(e) *(m, f)* elder, eldest

ainsi in this way, thus
air *(m)* air; **avoir l'— en forme** to look in good shape
aisé(e) easy; well-off
Alcootest *(m)* Breathalyzer test; **passer un —** to take a Breathalyzer test
alentours *(m pl)* surroundings
allée *(f)* driveway
alléguer to put forward
aller to go; **— de mal en pis** to go from bad to worse; **il lui va bien** it looks good on him/her; **s'en —** to go away
aller-retour *(m)* round-trip
allocation *(f)* **de chômage** unemployment benefits
allongé(e) oblong
allumer to turn on
allumette *(f)* match
allusion: faire — à to allude to
alors then
amateur de musique music lover
ambiance *(f)* atmosphere
améliorer to improve
aménager to move in
amener to bring; **— quelqu'un** to bring someone over (along)
amical(e) friendly; **amicalement** best wishes; kind regards
amoureux(-euse): tomber — de quelqu'un to fall in love with someone
ampoulé(e) pompous
amuse-gueule *(m)* appetizer, snack
amuser: s'— to have fun
anchois anchovies
ancien(ne) former; ancient
animateur/animatrice *(m, f)* announcer
anneau *(m)* ring; **— au sourcil** eyebrow ring
annonce *(f)* announcement, notification; **les petites —s** classified announcements
annuler to void, cancel
anxieux(-euse) anxious
apercevoir *(pp* **aperçu)** to notice, see; **s'—** to realize
apéritif *(m)* before-dinner drink; **apéro** *(fam)*
aplatir *(pp* **aplati)** to flatten
apparaître *(pp* **apparu)** to appear; to come into view; to become evident
appareil *(m)* apparatus, machine; **— ménager** household appliance; **— photo** camera
apparition éclair *(f)* quick appearance (cameo)
appartement *(m)* **de location** rental apartment
appeler to call; **— quelqu'un à l'aide** to call for help

approfondir to deepen
appuyer to press, push (a key)
après after; **— que** when
après-demain the day after tomorrow
arabe Arab; Arabic
argent *(m)* silver; money; **— de poche** pocket money; **être en —** to be made of silver
argot *(m)* slang
armature *(f)* framework
armée *(f)* army
armes *(f pl)* arms, weapons
armoire *(f)* wardrobe, armoire
arracher de to grab from
arranger to arrange; **s'—** to work things out
arrestation *(f)* arrest
arrêter: s'— to stop
arrière-grand-parent great-grandparent
arrivée *(f)* arrival
arriver to arriver; **— premier** to finish first; **— à** to happen
artichaut *(m)* **bougeoir** artichoke candlestick
artisan(e) *(m, f)* artisan; craftsman
ascenseur *(m)* elevator
asperge *(f)* asparagus
assaisonné(e) seasoned
asseoir: s'— to sit (down)
assez rather, quite; **— de** enough; **en avoir —** *[fam]* to be fed up
assiette *(f)* plate; **— de charcuterie** plate of coldcuts
assis(e) seated
assister à to attend
assurance-maladie *(f)* health insurance
assuré(e): être — to be insured
atelier *(m)* workshop; artist's studio
attaquer to attack
atteindre to reach; to arrive at
attendre to wait (for); **en attendant que** waiting for; **s'—** to expect
attendrissant(e) touching
attentat *(m)* attack
attente *(f)* wait
atterrir to land
attirer to attract
aucun(e) no; none
auditeur/auditrice *(m, f)* listener; member of (listening) audience; **assister en tant qu'—/auditrice libre** to audit (a course)
au fait in fact
au fur et à mesure as; at the same time as
augmentation *(f)* **de salaire** pay raise
augmenter: — le son to turn up the volume; **— la température** to raise the temperature
auparavant before

auquel = à + lequel to, at, in which one
aussi also; as
aussitôt soon; — **que** as soon as
autant (de) as much, as many, so much
autoroute (f) highway
auto-stop (m): **faire de l'** — to hitchhike
autrefois in the past, formerly
autrement otherwise; — **dit** in other words
autrui (m) others
avant (de, que) before
avantageux(-euse) advantageous
avant-hier the day before yesterday
avant-veille (f) two nights before
avec with
avenir (m) future
avertir to alert; to notify
avis (m) opinon; **changer d'** — to change one's mind; **être de l'** — **de quelqu'un** to agree with someone
avocat(e) (m, f) lawyer
avoir (pp eu) to have; — **à** to have to; — **l'air** to look, have the appearance of; **en** — **assez** to have had enough; **n'en** — **que pour quelques minutes** to be only a few minutes
avortement (m) abortion, miscarriage
avouer to admit

B

bac (m) [fam] high school diploma: **le baccalauréat**
bague (f) ring
baguette (f) stick; bread
baisser to lower; to decrease
balance (f) scale
balancer to swing
balayer to sweep
baleine (f) whale
banal(e) trite
bande dessinée (f) comic strip
banlieue (f) suburbs
banlieusard(e) (m, f) suburb dweller
banque (f) bank
banquette (f) (booth) seat
banquier/banquière (m, f) banker
barbe (f) beard; **ça me** — [fam] that bores me
barque (f) small boat
bas (m pl) stockings
bas(se) short; low
bassin (m) pelvis
bataille (f) battle
bâtiment (m) building
batterie (f) car battery
battre to beat, break
bavarder to chat
beau-frère/beau-père (m) brother-/father-in-law or stepbrother/-father
beignet (m) doughnut
belle-sœur/belle-mère (f) sister-/mother-in-law or stepsister/-mother
bénéfices (m pl) profits; benefits
bête (f) beast; animal
bête stupid
beurre (m) butter; — **de cacahouète** peanut butter

bibliothèque (f) library
bien well; **faire du** — **à quelqu'un** to do someone some good; — **que** although
bienveillance: avec — kindly
bière (f) beer
bijou(x) (m) jewel(s)
billet (m) ticket; — **(aller) simple** one-way ticket
bi-mensuel (m) bimonthly publication
biscuit (m) cookie
bise (f) kiss; **(se) faire la** —[fam] to kiss
bistrot (m) pub; cafe
blanc (m) blank
blessé(e) hurt; wounded
blesser to hurt
blindage (m) screening; plating
blouson (m) de cuir leather jacket
boire (pp bu) to drink; — **quelque chose ensemble** to have a drink together
bois (m) wood; **avoir la gueule de** — to have a hangover
boisson (f) drink; — **alcoolisée** alcoholic drink; — **gazeuse** (f) carbonated drink; — **non-alcoolisée** soft drink
boîte: aller en — [fam] to go to a nightclub
bon marché cheap; inexpensive
bonhomme: le petit — (term of endearment) little man
bon(ne) good
bonté (f) goodness
bord (m) **à bord** on board (a ship)
bosser (un examen) [fam] to cram (for a test)
botte (f) boot
bouc émissaire (m) scapegoat, fall guy
boucle (f) buckle; —**s d'oreilles** earrings
bouillir: faire — to boil
boulanger(-ère) baker
bouleversé(e) shocked, distressed
boulot (m) [fam] work
bourse (f): — **d'études** scholarship, grant
bousculer bump into
bout de chou (m) [fam] little darling
boutique (f) shop, small store
bracelet (m) bracelet
brancher to plug in; **se** — to connect; to be connected
brasserie (f) bar; brewery
brochure (f) pamphlet
bronzer: se faire — to get a tan
brouiller: se — to become confused, mixed-up
brouillon (m) draft
browser (m) browser
bruit (m) noise; **faire beaucoup de** — to make a great fuss about
brûler to burn
brun(e) dark brown (hair)
bruyant(e) noisy
budget (m) budget
buffet chaud (m) warm dishes
buffet froid (m) cold dishes
bureau (m) office; desk
but (m) goal

C

cacher to hide; **se** — to hide oneself
cadeau (m) gift
cadet(te) (m, f) younger, youngest
cadre (m) manager; executive; frame; setting
café brûlot (m) coffee mixed with whiskey
cahier (m) notebook
caillou(x) (m) pebble(s), stone(s)
cambrioleur (m) burglar
caméscope (m) camcorder
camoufler to camouflage
campagne (f) country; campaign; — **électorale** election campaign
candidat(e) (m, f) candidate; **être** — **(à la présidence)** to run (for president)
cantine (f) cafeteria; dining hall
capacité (f) capacity; ability
car (m) bus (traveling between towns)
carnaval (m) carnival
carnet (m) de chèques checkbook; — **d'adresses** address book
carré(e) square
carrière (f) career
cartable (m) school bag
carte (f) de crédit credit card
carte électronique (f) automatic teller card
cas (m) case; **en** — **d'urgence** in case of emergency; **un** — **d'urgence** emergency
casser to break; — **la croûte** to break bread
casserole (f) (sauce)pan
cauchemar (m) nightmare
causer to chat; to talk
causerie (f) talk show
ceci this
céder (à) to give up; to give in
cédérom (m) CD-ROM
ceinture (f) belt; — **de sécurité** seat belt
cela (ça) that
célèbre famous
célibataire single
censé(e) supposed (to do something)
central téléphonique (m) telephone exchange
cependant however
certain(e) certain, particular; sure
chacun(e) each one
chaîne (f) channel
chaleur (f) heat
chaleureux(-euse) warm
chambre (f) (bed)room; — **à deux lits** double room (room with two beds); — **avec douche/salle de bains** room with a shower/bathroom; — **de bonne** room for rent (formerly maid's quarters)
champignon (m) mushroom
chance (f) luck; **avoir de la** — to be lucky
chandail (m) sweater
chandelle (f) candle
changer de l'argent to change money
chanson (f) song
chanter to sing
chanteur/chanteuse singer

chantilly *(f)* whipped cream
chapelet *(m)* rosary
chaque each
charges *(f pl)* fees (for heat and maintenance of an apartment or condominium)
chasser to chase; to hunt
châtain chestnut (color); — **clair** light brown; — **foncé** dark brown
chaud(e) hot; **on a eu** — *[fam]* that was a narrow escape
chauffage *(m)* heat; heating
chaussettes *(f pl)* socks
chaussure *(f)* shoe; —**s à hauts talons/à talons plats** high-heeled shoes/low-heeled shoes
chauve bald
chef *(m)* **(de bureau, d'atelier, d'équipe)** leader (manager) of office, workshop, team; — **de rayon** departmental supervisor; — **de service** service supervisor
chef d'œuvre *(m)* masterpiece
chemise *(f)* man's shirt
chemisier *(m)* woman's blouse
chêne *(m)* oak
chenil *(m)* kennel
chèque *(m)* check; — **de voyage** *(m)* traveler's check; — **sans provision** bounced check
chèquier *(m)* checkbook
cher/chère *(m, f)* dear; expensive
chercher to look for; **aller** — **quelqu'un** to pick someone up
chevauchement *(m)* overlapping
cheville *(f)* ankle
chèvre *(m)* goat's milk cheese
chez with; at the home of
chiffon *(m)* rag; —**s** *[fam]* clothes
chiffre *(m)* number; figure
choc *(m)* shock
chocolat chaud *(m)* hot chocolate
choisir to choose
chômage *(m)* unemployment; **être au** — to be unemployed
chômeur/chômeuse *(m, f)* unemployed person
choqué(e) shocked
choquer to shock
chou(x) *(m)* cabbage(s)
choucroute *(f)* sauerkraut
chouette *[fam]* great, nice, cute
chrétien(ne) Christian
chute *(f)* fall; waterfall
ciel *(m)* sky
cinéaste *(m)* filmmaker
cinéma *(m)* movie theater; **aller au** — to go to a movie
circulation *(f)* traffic
cire *(f)* wax
ciseaux *(m pl)* scissors
Cité-U(niversitaire) résidence universitaire *(f)* student residence hall(s)
citoyen(ne) *(m, f)* citizen
citron pressé *(m)* fresh lemonade
classement *(m)* ranking
claustrophobe claustrophobic

clavier *(m)* keyboard
clé or **clef** *(f)* key
client(e) *(m, f)* guest, client, customer
cliquer sur to click (on computer)
clôture *(f)* fence
clou(s) *(m)* nail(s)
cœur *(m)* heart
coiffure *(f)* hairstyle
coin *(m)* area, corner
coincé(e): être — to be stuck
colère *(f)* anger; **se mettre en** — to lose one's temper
collant *(m)* pantyhose; —**s** tights
collègue *(m, f)* fellow worker; — **de bureau** fellow office worker
coller to stick
collier *(m)* necklace
combat *(m)* combat, fight; **les** — fighting
comédie *(f)* comedy; — **musicale** musical
comédien(ne) comedian; actor
comique comical; funny
commander to order
commandes *(f pl)* commands; **exécuter/effectuer des** — to execute commands
commerçant(e) *(m, f)* shopkeeper
commerce *(m)* business
commissariat (de police) *(m)* police station
commission *(f)* errand
comparaison *(f)* comparison
compatible compatible
compétent(e) qualified, competent
complet(-ète) complete; sold out (movie, show)
compliqué(e) complicated
comportement *(m)* behavior
comprendre *(pp* **compris)** to understand; **mal** — to misunderstand
compromis *(m)* compromise; **aboutir à un** — to come to or reach a compromise
comptabilité *(f)* accounting; bookkeeping
comptable *(m, f)* accountant
compte *(m)* account; — **chèques** checking account; **en fin de** — taking everything into account; **ouvrir un** — to open an account; — **rendu** review (of film, play, book); **tenir ses** — to keep one's accounts
compter to count; to intend; — **sur** to plan on, count on, expect
concert *(m)* concert; **aller à un** — to go to a concert
concevoir *(pp* **conçu)** conceive, design, plan
concierge *(m, f)* caretaker/manager (of building or hotel)
concurrence *(f)* competition
concurrent(e) *(m, f)* contestant
concurrer to compete
condition: à — **que** on the condition that
conduire *(pp* **conduit)** to drive
conduite *(f)* driving; conduct
confection industrielle *(f)* clothing business
conférence *(f)* lecture
confisquer to confiscate
conflit *(m)* conflict
confort *(f)* comfort; — **ménager** household conveniences

confus(e) confused
congé *(m)* holiday, vacation, leave; — **de maladie** sick leave; —**s payés** paid vacation; **prendre** — **de** to take leave of
congélateur *(m)* freezer
congrès *(m)* conference
connaissance *(f)* acquaintance; **faire la** — **(de)** to meet, to make the acquaintance (of); **des** —**s** knowledge
connaître *(pp* **connu)** to know; to be acquainted with, be familiar with; **se** — to meet, get acquainted with
connecter à l'Internet to connect to the Internet
Conseil *(m)* Council; Board
conseil *(m)* piece of advice; **des** —**s** guidance
conseiller to advise
consentir à to consent to
conserves *(f)* canned goods
consommation *(f)* consumption
constat *(m)* certified report
construire *(pp* **construit)** to construct
contenir to contain
content(e) content
contraste *(m)* contrast; **par** — **avec** in contrast with
contravention *(f)* ticket, fine
contre against
contrebande: faire de la — to smuggle goods
contrefaçon *(f)* counterfeiting
contremaître *(m)* factory supervisor
contrôle *(m)* test
convaincre *(pp* **convaincu)** to convince; — **quelqu'un de faire quelque chose** to persuade someone to do something
copain/copine *(m, f)* a friend
copropriété *(f)* condominium
Coran *(m)* the Koran
cordon-bleu: un vrai — gourmet cook
costume *(m)* man's suit
côte *(f)* chop; coast; — **d'agneau** lamb chop; **sur la** — on the coast
côté *(m)* side; **chacun de son** — each on his/her own side
côtelette *(f)* chop; — **de porc** pork chop; — **de veau** veal chop
cotisation *(f)* contribution (money)
couche *(f)* bed, couch, level; **des** —**s de la société** social levels; — **moyennes salariées** middle salary levels
couchette *(f)* cot, train bed
couloir *(m)* hallway
coup *(m)* hit, blow; — **de foudre** love at first sight; — **de soleil** sunburn; **donner un** — **de main à quelqu'un** *[fam]* to help someone; **frapper les trois** —**s** to announce the start of a performance; **passer un** — **de fil (de téléphone)** to give a (telephone) call
coupe *(f)* cut (clothing, hair); cup; — **de fruits** fruit salad
couper to disconnect (telephone, gas, electricity, cable); **se** — to cut oneself

courageux(-euse) brave; courageous
couramment fluently
courant (m) current; standard; être au — to know about
courant(e) running; eau —e running water
courbature (f, pl): avoir des — to be sore
coureur(-euse) (m, f) runner, cyclist
courir (pp couru) to run
courrier électronique (m) electronic mail
course (f) errand; race; job; faire des —s to do errands, go shopping
court(e) short
courtisan(e) (m, f) flatterer
courtois(e) courteous
coussin (m) cushion, pillow
coûter to cost
couture (f) sewing; fashion; haute — high fashion
couturier/couturière (m, f) seamstress; fashion designer
couvercle (m) lid
couvre-lit (m) bedspread
craindre (pp craint) to fear
crainte (f) fear
crèche (f) day-care center
créer to create
crème de cassis (f) black currant liqueur
crêpe (f) pancake
crever to burst; pneu crevé flat tire
crier to yell
crise (f) crisis; — de nerfs fit of hysterics
critique (f) criticism
critique (m, f) critic; un(e) — de cinéma movie critic; un(e) — de théâtre theater critic
croire (pp cru) to believe
croisière (f) cruise
croissant (m) crescent
croissant(e) increasing, growing
cru(e) raw
crudité (f) raw vegetables
cuire (pp cuit) to cook; trop cuit overcooked
cuisiner to cook
cuisinière (f) stove
cuivre (m) copper
cure-dents (m) toothpick
curieux(-euse) curious, odd
curriculum vitae (le C.V.) (m) résumé, CV
cybernaute (m, f) one who enjoys the Web

D

d'abord first, at first
davantage (que) more (than)
débarquer to land
débarrasser to get rid of
débat (m) debate
débile idiotic; un(e) — mental(e) mental idiot
débitant (m) tobacco dealer
débordé(e) de travail swamped with work
déborder to overflow; overwhelm
debout standing; se tenir — to stand
débrancher to disconnect, unplug (radio, television)
débrouiller: se — to manage, get along

débutant(e) (m, f) beginner
décalage (m) gap; interval; discrepancy
déception (f) disappointment
décevoir (pp déçu) to disappoint
décider to decide; se — (à faire quelque chose) to make up one's mind (to do something)
décision: prendre une — to make a decision
déclarer (ses achats) to declare (one's purchases)
décocher to shoot; to fire
déconcerté(e) confused, muddled
décoré(e) decorated
décupler to increase tenfold
dedans inside
défaite (f) defeat, loss
défavorisé(e) disadvantaged, under-privileged
défendre de to forbid; to defend
défendu(e) forbidden
défense (f) defense
défi (m) challenge
défouler: se — to let off steam
dégager to make way
dégoût (m) disgust
dégraisser to take grease marks out; to dry-clean
dehors outside
déjà already
déjeuner (m) lunch; petit — breakfast
déjeuner to have lunch
demande (f) d'emploi application for employment; remplir une — to fill out an application
demander to ask (for); se — to wonder
démarrer to start (car); to get moving
déménager to move
déminage (m) minesweeping
demi-tarif (m) half-fare
démolir destroy
dénouement (m) ending
dépanner to repair a breakdown; nous — to help us out
départ (m) departure
dépit: en — de in spite of
déplacement (m) travel expenses
déplacer to move
déplaire (pp déplu) to displease
dépliant (m) leaflet, pamphlet
déposer to put down; to deposit (a check)
déranger to bother, disturb
dernier(-ière) final; last
dérouler: se — to take place
dès from; since; — l'enfance since child-hood; — que as soon as
désaccord (m) disagreement
descendre to go down; to bring down; — dans un hôtel to stay in a hotel; — de (la voiture, etc.) to get out of (the car, etc.)
descente (f) downhill skiing
déshabiller: se — to get undressed
désigner to appoint
désolé(e): être — to be sorry
désorienté(e) confused, muddled

dès que as soon as
desserrer to loosen
desservi(e) served
dessin (m) design; — animé cartoon
dessous underneath; ci- — below
dessus on top; ci- — above; prendre le — to get the upper hand
détail (m) detail
détendre: se — to relax
détendu(e) stretched-out (material)
détester to dislike
détruire (pp détruit) to destroy
deuil (m) sorrow; grief
deuxième second
devancer to get ahead of
développement (m) development
devenir (pp devenu) to become; qu'est-ce qu'il devient? [fam] what's become of him?
déverser to pour out
dévisager to stare, look hard at
devoir (m) duty; homework
devoir (pp dû) to have to; to owe
diapositive (f) (photographic) slide
diffuser to broadcast
dîner to have dinner; le — dinner
dire (pp dit) to say, tell
directeur/directrice manager (company, business)
direction (f) management
diriger to direct; to manage (business)
discours (m) speech
discrètement discreetly
discuter (de) to discuss; — de choses et d'autres to talk about this and that
disparaître (pp disparu) to disappear
disponible available
dispute (f) argument, quarrel
disputer: se — to argue; — un match to play a match
disque dur (m) hard (disk) drive
disquette (f) floppy disk; — à double den-sité double-density disk; — à haute densité high-density disk
dissertation (f) term paper
distributeur (m) automatique de billets automatic teller machine
divertir to divert; to entertain
divertissement (m) entertainment; diversion
documentaire (m) documentary
domaine (m) domain; area
dommage: c'est — it's too bad
donc therefore, so
donjon (m) dungeon
données (f pl) data
dont whose; of which; of whom
dorer: faire — to brown
dormir to sleep
douane (f) customs
douanier(-ière) (m, f) customs officer
doubler to pass (another car); to dub (a film)
douche (f) shower
doué(e) gifted
douleur (f) pain
doute (m) doubt; sans — probably

douter to doubt; se — de to suspect
douteux(-euse) doubtful
douzaine (f) dozen
doux/douce soft; sweet
dramaturge (m) playwright
dresser to train
droit (m) law
dru: tomber — to fall thickly (snow)
duquel = de + lequel of, about, from which one
dur(e) hard

E

ébattre: s'— to frolic
ébloui(e) bedazzled
écart (m) distance; space; gap
échelle (f) ladder; scale (figurative)
échouer à to fail
éclairage (m) lighting
éclairer to enlighten
éclatement (m) blow-out
éclater to explode
économie (f) de marché market economy
économies: faire des — save money
écouter to listen to
écran (m) screen
écrivain (m) writer
effacer to erase
efforcer: s'— de to force oneself to; to try hard, try one's best
effrayer to frighten
égard (m) consideration; à l'— de with regard to
électeur/électrice voter
élection (f) election; perdre les —s to lose the election
électricien(ne) (m, f) electrician
élevé(e) high; bien/mal — well/badly brought up
élire (pp élu) to elect
éloge (m) eulogy, praise; faire des —s to praise
e-mail (m) e-mail
embarquer to go on board
embêter to bother
embouteillage (m) traffic tie-up/jam; être pris(e) dans un — to be caught in a traffic jam
embrasser to kiss; s'— to kiss each other
embrouiller: s'— to become confused
émeute (f) riot
émission (f) television show, radio broadcast
emmener to bring; — quelqu'un to take someone (somewhere)
émouvant(e) moving
émouvoir (pp ému) to move (emotionally)
empêcher de to impede; to prevent from
empirer to worsen
emploi (m) job; trouver un — to find a job
employé(e) (m, f) employee
employeur (m) employer
empoigner to grab
empreinte (f) mark; impression
emprunt (m) loan

emprunter to borrow
encaisser to cash (a check)
enceinte: être — to be pregnant
encore again, still
endommagé(e) damaged
énerver to unnerve
enfant (m, f) child
enfer (m) hell
enfermer to close; s'— to close oneself up
enfin finally
enfoncer insert
enlever to take something out, off, down; to remove
ennuyer to bore, annoy, bother, worry; s'— to be bored, get bored
ennuyeux(-euse) boring, tedious, annoying
enquête (f) poll
enraciner to implant; s'— to take root
enregistrer to record
enseignement (m) teaching, education
ensemble: dans l'— for the most part
ensuite then; next
entendre to hear; — dire to hear it said; j'entends par là I mean by this; s'— avec to get along with
entourer to surround
entracte (m) intermission
entraîner to lead; s'— to train
entraîneur/entraîneuse (m, f) coach
entrée (f) entrance; first course (of a meal)
entrepôt (m) warehouse
entreprise (f) business
entretien (m)/entrevue (f) interview
entrouvrir (pp entrouvert) to half open
envahir invade
envie: avoir — de to feel like
envier to envy
environnement (m) environment
envisager to imagine
envoyer to send
épaule (f) shoulder
épice (f) spice
épinard (m) spinach
épingle (f) pin
épisode (m) episode
épouvantable horrible
épouvante: film d'— horror film
époux/épouse (m, f) spouse
épreuve (athlétique) (f) athletic event, test
éprouvant(e) nerve-racking
épuisant(e) grueling, exhausting
équilibre (m) balance
équipe rédactionnelle (f) editorial team
ère (f) era
erreur (f) misunderstanding
escalade (f) rock-climbing
escarmouche (f) skirmish
espèces: payer en — to pay cash
espérer to hope
espionnage (m) spying; film d'— spy movie
esprit (m) spirit; mind; l'— ouvert open mind
essayer to try; to try on
essence (f) gasoline; être en panne d'— to be out of gas

essentiel(le) essential
établir to establish
établissement (m) establishment
étage (m) floor; story
étagère (f) shelf, shelves
étalage (m) display (in store)
étaler to spread out
étape (f) stage; phase
état (m) state; federal government; en bon/mauvais — in good/bad condition
été (m) summer
éteindre to turn off/out; — la lumière to turn off the light
étendard (m) standard
étendre: s'— to spread
ethnologique ethnological
étonner to surprise, astonish
étouffer to suffocate; to cramp one's style
étrange strange
étranger: aller à l'— to go abroad
être (pp été) to be; — à to belong to (someone); — d'un certain âge to be middle-aged; — en forme to be in good shape; vous y êtes? do you understand? do you get it?
étroit(e) narrow
étude: en — in study hall
éveiller: s'— to awaken
événement (m) event
évidemment obviously
examen (m) test; exam
exaucer to fulfill; to grant
exhaler to exhale
exigeant(e) demanding
exigence (f) demand
exiger to demand
exode (m) exodus
exporter to export
exposition (f) exhibit
exprès on purpose
extra [fam] great

F

fabricant(e) (m, f) manufacturer
fabrication (f) manufacture
fâcher: se — contre to get angry with
façon (f) way; la même — the same way
facultatif(-ve) elective; optional
faculté (f) department (in university)
faible weak
faiblesse (f) weakness
faillir (+ infinitive) to almost (do something)
faim (m) hunger; avoir — to be hungry
faire (pp fait) to do, make; ça ne te — rien it does not bother you; je vous le fais I'll give (sell) it to you; s'en — to be worried
fait: au — by the way, come to think of it; en — in fact
falloir (pp fallu) to be necessary; il faut it's necessary; we must
fana (m, f) de sport sports enthusiast, fan
fantasme (m) fantasy; dream
fatigué(e) tired
fauché(e) [fam] broke (out of money)

fauve tawny; musky; **les Fauvistes** school of French painters

faux/fausse false

favori/favorite favorite

femme *(f)* woman; wife; spouse; **— d'affaires** businesswoman

féliciter to congratulate

fête *(f)* feast; party; holiday; name-day

feu: avoir du — to have a light

feuilleton *(m)* serial; soap opera

fenêtre *(f)* window

fiançailles *(f pl)* engagement (to be married)

fiancer: se — to get engaged

fichier *(m)* **adjoint** attachment

figurer: se — to imagine; **figurez-vous** *[slang]* believe you me, believe it or not

fil *(m)* line; wire; **passer un coup de — à quelqu'un** to give someone a call

filet *(m)* net; **monter au —** to come to the net

fille *(f)* girl; daughter; **— unique** only child

film *(m)* movie; **— d'amour** love story; **— d'aventures** adventure film; **— d'épouvante** horror movie; **— d'espionnage** spy movie; **— de guerre** war movie; **— policier** police story; **— western** western

fils *(m)* son; **— unique** only child

finir to finish; **— par** to end up

flâner to stroll

flanquer: se — to fall flat

flic *(m)* cop

fonctionnaire *(m, f)* civil servant

fond: au — basically; **rester en — de court** to stay on the base line

fondre: faire — to melt

forces *(f pl)* forces

fôret *(f)* forest

forger to forge

forgeron *(m)* blacksmith

formater to format

formation *(f)* training, education; **— professionnelle** professional education, training

forme: être en — to be in good shape

formidable: c'est — that's fantastic

fort(e) strong; heavy, big, stout; high; loud

fossé *(m)* ditch; gap

fou/folle crazy; insane

fouiller les bagages/les valises to search, go through baggage/luggage

four *(m)* oven; flop; **— à micro-ondes** *(m)* microwave oven

fournir to furnish

foyer *(m)* household; **homme/femme au —** househusband/housewife

frais *(m pl)* costs, charges; **— d'annulation** cancellation fees; **— d'inscription** registration fees

frais/fraîche fresh

franchise *(f)* candor; frankness

francophone French-speaking; **le monde —** the French-speaking world

frappé(e) chilled (wine)

fréquemment frequently

fréquenter: — quelqu'un to go steady with someone

frigo *(m)* *[fam]* fridge, refrigerator

fringues *(f)* *[fam]* clothing

friperie *(f)* second-hand clothing store

frire: faire — to fry

frisé(e) curly

froideur *(f)* cold; coldness

froisser to crush; to hurt

fromage *(m)* cheese

front *(m)* front; front lines; forehead

frontière *(f)* border

fumer to smoke

fumeur/fumeuse *(m, f)* smoker; **une place non-** a non-smoking seat

furieux(-euse) furious

fusée spaciale *(f)* space rocket

G

gâcher to spoil

gaffe: faire — (à) *[fam]* to be careful, watch out

gagner to win

garder to keep; **— un enfant** to baby-sit

gare *(f)* train station

garer to park; **— la voiture** to park the car

gaspiller to waste

gastronomie *(f)* the art of good cooking

gâté(e) spoiled (person)

gauche left; awkward

gauffre *(f)* waffle

gazeux(-euse) carbonated; **une boisson —** a carbonated drink

gêner to bother

générations: au fil des — with the passing generations

génial(e) super

géni(e) *(m, f)* genius

genou(x) *(m)* knee(s)

genre *(m)* gender; kind, type

gentil(le) nice, kind

gentillesse *(f)* kindness

géographie *(f)* geography

gérant(e) *(m, f)* manager (restaurant, hotel, shop)

geste *(m)* gesture

gestion *(f)* management

glace *(f)* ice cream

glaçon *(m)* ice cube

globalement globally

gorgée *(f)* mouthful

gosse *(m, f)* *[fam]* kid

gourde *(f)* flask

gourmand(e) *(m, f)* one who loves to eat and will eat anything, especially sweets

gourmandise *(f)* gluttony; delicacy

gourmet *(m)* epicure, one who enjoys eating but eats only high-quality food

goût *(m)* taste

goûter to taste

goûter *(m)* snack around 4 P.M.

goutte *(f)* drop; **c'est la — d'eau qui fait déborder le vase** that's the last straw

grand(e) great; big, tall

grand-mère *(f)* grandmother

grand-père *(m)* grandfather

graphiques *(m pl)* graphics

gras *(m)* grease

grasse-matinée *(f):* **faire la —** to sleep in

gratte-ciel *(m)* skyscraper

gratuit(e) free, at no cost

grave serious

grève *(f)* strike; **être en —** to be on strike; **faire la —** to go on strike

gréviste *(m, f)* striker

grignoter to snack

grille-pain *(m)* toaster

griller: faire — to toast (bread); to grill (meat, fish)

gros(se) big; fat

grossesse *(f)* pregnancy

grossier(-ière) rude

grossir to put on weight

guère hardly

guérille *(m)* guerilla

guérir to cure

guérisseur(-euse) *(m, f)* healer

guerre *(f)* war

gueule *(f)* mouth (of animal)

guichet *(m)* ticket window, office; counter; **jouer à —s fermés** to play to sold-out performances

guindé(e) stilted

H

habiller to dress; **s'—** to get dressed

habitude *(f)* habit; **d'—** usually

habituer: s'— à to get used to

haïr *(pp* **haï[e])** to hate

haleine *(f)* breath; **reprendre —** to get one's breath back; **tenir quelqu'un en —** to hold someone spellbound

hampe *(f)* pole

hareng *(m)* herring

haricots *(m pl)* **verts** green beans

hasard *(m)* coincidence; chance; **par —** by chance

hausse *(f)* rise; **être en —** to be on the rise

hausser to raise

haut(e) tall; high

hautain(e) haughty

hauteur *(f)* height

hebdomadaire *(m)* weekly publication

hébergement *(m)* accommodations

herbe *(f)* grass

heure *(f)* hour; **dans une —** in an hour; **— de pointe** rush hour

heureusement fortunately

heureux(-euse) happy

hibou(x) *(m)* owl(s)

hier yesterday

histoire *(f)* history; story

HLM *(f)* **(habitation à loyer modéré)** moderate income housing

homme *(m)* man; **— d'affaires** businessman

honnête honest

honnêteté *(f)* honesty

honte *(f)* shame

honteux(-euse) shameful; **c'est —** it's a disgrace; shameful
hôpital *(m)* hospital
hoquet *(m)* hiccup
horaire *(m)* schedule
horloge *(f)* clock
huile *(f)* oil; **— solaire** suntan oil; **— d'olive** olive oil
humeur *(f)* mood; **être de bonne/ mauvaise —** to be in a good/bad mood
humour *(m)* humor

I

illégitime illegitimate
imaginer to imagine; **je t'imagine bien** I can just see you
immeuble *(m)* apartment building
immigrant(e) *(m, f)* newly arrived immigrant
immigré(e) *(m, f)* an established immigrant
immobilier *(m)* real estate business; **une agence immobilière** real estate agency; **un agent immobilier** real estate agent
impeccable perfect; fautless
imperméable *(m)* raincoat
importance *(f)* significance, importance
importer to import
impôts *(m pl)* taxes
imprévu(e) unexpected
imprimante *(f)* printer; **— à laser** laser; **— matricielle** dot matrix
inacceptable unacceptable
inadmissible inadmissable
inattendu(e) unexpected
incendie *(m)* fire
inciter to incite
inconnu(e) unknown
inconvénient *(m)* inconvenience; disadvantage
incrédule incredulous
indécis(e) (sur) indecisive; undecided (about)
indiquer to show, direct, indicate
industrie *(f)* **du livre** publishing business
infirmier(-ière) *(m, f)* nurse
informaticien(ne) *(m, f)* computer expert
informatique *(f)* computer science; data processing; **être dans l'—** to be in the computer field
ingénieur *(m)* engineer
ingrat(e) *(m, f)* ungrateful (person); thankless (job)
initiative *(f)* drive
inlassable tireless
inquiet(-ète) worried
inquiéter: s'— (de) to worry, be anxious (about); **ne vous inquiétez pas** don't worry
inquiétude *(f)* worry, anxiety
inscrire *(pp* **inscrit): se faire —** to sign up; to register (to vote)
insensé(e) insane
insister to insist
installer: s'— to get settled
insupportable intolerable, unbearable
intégrer to integrate

interdire *(pp* **interdit)** to prohibit; **— à quelqu'un de faire quelque chose** to forbid (someone to do something)
intéresser: s'— à to be interested in
intérêt *(m)* interest; **t'as — à** you'd better
interprète *(m, f)* actor/actress; **—s** *(m, f pl)* the cast
interro *(f)* quiz
interrompre to interrupt
intrigue *(f)* plot
introuvable cannot be found
ivre drunk

J

jamais never
jardin *(m)* garden; yard
jeu *(m)* game; **—x d'argent/de hasard** gambling; **— télévisé** *(m)* game show
joindre *(pp* **joint)** to join; to enclose
joli(e) pretty
joue *(f)* cheek
jouer to play; **— aux durs** to act tough
joujou(x) *(m)* toy(s)
jour *(m)* day
journal *(m)* newspaper; **— télévisé** *(m)* television news
journée *(f)* day
juif(-ve) Jewish
jumeau(-elle) *(m, f)* twin
jurer to swear
jusqu'à ce que until
juste correct; fair
justement exactly

L

là-bas over there
laid(e) ugly
laine *(f)* wool; **être en —** to be made of wool
laisser to leave; **— quelqu'un partir** to let someone go; **— quelqu'un tranquille** to leave someone alone
lait *(m)* milk
laiterie *(f)* dairy
lambeaux *(m pl)* tatters
lancer to throw; to launch
lapin *(m)* rabbit; **poser un — à quelqu'un** *[fam]* to stand someone up
large wide
larme *(f)* tear
lavable washable
lave-linge *(m)* washing machine
lave-vaisselle *(m)* dishwasher
laver to wash
leçon *(f)* lesson; **— particulière** private lesson
lecteur(-trice) *(m, f)* reader
lecteur *(m):* **— de disquettes** disk drive; **— de vidéodisques** video disk reader; **— de CD**
lecture *(f)* reading
léger(-ère) light
légitime legitimate
légume *(m)* vegetable
lenteur *(f)* slowness

lentille *(f)* lentil; contact lens; **porter des —** to wear contact lenses
lequel/laquelle which one, which
léser to injure, wrong
lessive *(f)* laundry
libérer to free
librairie *(f)* bookstore
licence *(f)* degree (academic)
licencier: se faire — to get laid off
lien *(m)* link, tie; **— de parenté** family tie
lieu *(m)* place; **avoir —** to take place
ligue *(f)* league (baseball)
lire *(f)* a lira, Italian currency
lire to read
lit *(m)* bed; **grand —** double bed
livre *(f)* pound
livre *(m)* book
livrer to deliver
livret *(m)* **d'épargne** savings account book (bank book)
locataire *(m, f)* tenant
logement *(m)* housing; accommodations; **— en copropriété** condominium
logiciel *(m)* software
loisir *(m)* leisure, spare time; **—s** leisure activities
long(ue) long
longtemps long, a long time
lors de at the time of, during
lorsque when
loterie *(f)* lottery
lotion solaire *(f)* suntan lotion
louer to rent
lourd(e) heavy
loyauté *(f)* loyalty
loyer *(m)* rent
lumière *(f)* light
lune de miel *(f)* honeymoon
lunettes *(f pl)* glasses; **porter des —** to wear glasses
lutte *(f)* struggle; wrestle
lutter to struggle, wrestle, fight
lycée *(m)* high school
lycéen(ne) *(m, f)* high-school student

M

mâcher to chew
machine à laver (le linge) *(f)* washing machine
mâchoire *(f)* jaw
maçon *(m)* stonemason
magasin *(m)* store; **grand —** department store
magazine *(m)* magazine
maghrébin(e) *(m, f)* North African; from the Maghreb
magistrat *(m)* judge
magnétoscope *(m)* videocassette recorder (VCR)
maillot de bain *(m)* swimsuit
main d'œuvre *(f)* labor
maintenant now
mairie *(f)* city hall
mais but
maison *(f)* house; firm, company; **— d'édition** *(f)* publishing company

maître d'hôtel *(m)* headwaiter

mal *(m)* evil, ill, wrong; **avoir du — à** to have difficulty with; **avoir le — du pays** to be homesick

maladroit(e) clumsy

malentendu *(m)* misunderstanding

malgré in spite of

malheur *(m)* misfortune

malheureusement unfortunately

malhonnête dishonest

malhonnêteté *(f)* dishonesty

malin/maligne clever; shrewd

malsain(e) unhealthy

manche *(f)* sleeve; inning

mandat *(m)* term of office

manette *(f)* joystick

manifestation *(f)* demonstration, protest (organized)

manifester to protest; to demonstrate; **se —** to arise; to emerge

mannequin *(m)* model; **— de cire** mannequin (in store)

manque *(m)* lack; **— de communication** communication gap

manquer to miss; **— le train** to miss the train; **il manque un bouton** it's missing a button; **se — de quelqu'un** to miss someone

maquette *(f)* model

marais *(m)* swamp; **le Marais** 4th district of Paris

marchander to bargain (haggle)

marché *(m)* market; **— aux puces** flea market; **— conclu** it's a deal

marcher to work; to walk; to run, work (machine); **faire —** to make something work

mardi *(m)* Tuesday; **Mardi gras** Fat Tuesday

mari *(m)* husband, spouse

mariée *(f)* bride

marier: se — to get married

marmite *(f)* large cooking pot

marocain(e) Moroccan

marque *(f)* brand

marrant(e) *(slang)* funny, strange

marre: en avoir — *[fam]* to be fed up

marron chestnut; brown

Marseillaise *(f)* French national anthem

match nul *(m)* tied game

matériel *(m)* hardware

matière *(f)* subject; course

matinée *(f)* morning; **faire la grasse —** to sleep late

mécanique mechanical

méchant(e) mean; naughty

mécontent(e) discontented; displeased

médecin *(m)* doctor

médecine *(f)* medicine; **la —** the field of medicine

médias *(f pl)* the media

médiatisation *(f)* mediatization; promotion through media

médicament *(m)* medicine, drug

méfait *(m)* wrongdoing

méfier: se — de to be wary, suspicious

mélange *(m)* mixture

mélanger to mix

même same; even

mémoire *(f)* memory

menace *(f)* threat

menacer to threaten

ménager to save; to be sparing of; **— la chèvre et le chou** to sit on the fence

mensuel *(m)* monthly publication

menteur(-euse) *(m, f)* liar

menthe *(f)* mint; **thé à la —** mint tea

mentir *(pp* **menti)** to lie

menu *(m)* menu

méprisant(e) contemptuous

méprise *(f)* misunderstanding, mistake

mépriser to despise

mère *(f)* mother; **belle- —** mother-in-law; stepmother; **— célibataire** single mother

merveilleux(-euse) marvelous, fantastic

métal *(m)* metal; **être en —** to be made of metal

métier *(m)* job, profession

métro-boulot-dodo *(m)* daily grind of commuting, working, sleeping

metteur en scène *(m)* stage director

mettre to put, place; **se — à** to begin; **— la 3, 6, etc.** to put on channel 3, 6, etc.

meubles *(m)* furniture

micro-onde *(f)* microwave; **un four à —** a microwave oven

micro-ordinateur *(m)* desk-top computer

mieux better

mignon(ne) cute; **super —** very cute

mijoter: faire — to simmer

mince thin; slim

mine *(f)* mine; **avoir bonne/mauvaise —** to look good/bad

minuscule tiny

mise en scène *(f)* staging

moche *[fam]* ugly, ghastly

mode *(f)* fashion; style; **— d'emploi** user's manual

moine *(m)* monk

moins less; **à — que** unless

mois *(m)* month

monde *(m):* **du —** people

mondial(e) worldwide

monter to climb, go up; **— dans (une voiture/un bus/un taxi/un avion/un train)** to get into (a car/bus/taxi/plane/train); to bring up (luggage)

montre *(f)* watch

montrer le passeport to show one's passport

moquer: se — de to make fun of

morceau *(m)* piece

mort *(f)* death; **les —s** *(m pl)* the dead

mosquée *(f)* mosque

motivé(e) motivated

mou (mol)/molle soft

mouche *(f)* fly

moucher: se — to blow one's nose

moules *(f pl)* mussels

moulin *(m)* mill

moulinets *(m pl):* **faire des — avec les bras** whirl one's arms around

mourir *(pp* **mort)** to die

moyen(ne) medium; average; **moyens** *(m pl)* means

muet(te) mute

mulâtre mulatto

musée *(m)* museum

musulman(e) Islamic

muter to transfer

mutuelle *(f)* mutual benefit insurance company

N

nanti(e) affluent, well off

nappe *(f)* tablecloth

narine *(f)* nostril

natal(e) native

natation *(f)* swimming

nature: une omelette — plain omelette

naturel(le) natural, native

navet *(m)* third-rate film

navette spatiale *(f)* space shuttle

navré(e) sorry (formal)

néanmoins nevertheless

nécessaire necessary

néerlandais(e) Dutch

négligé(e) neglected; slipshod

négliger to neglect

négociation *(f)* negotiation

nerveux(-euse) high-strung

nettoyage à sec *(m)* dry cleaning

nettoyer to clean

neuf/neuve new

neutre neutral

noir(e) black

nombreux(-euse) numerous

normal(e) normal, regular

notamment notably; in particular

note *(f)* grade; **—s de classe** class notes

nounours *(m)* teddy bear

nourrice *(f)* babysitter

nourriture *(f)* food; nutrition

nouveau: à — again, anew

nouvelles *(f pl)* printed news; news in general; **vous allez avoir de mes —** you're going to hear from me

noyer: se — to drown

nulle part not anywhere

numéro *(m)* number; issue (of a periodical)

O

obéir to obey

obéissant(e) obediant

objet *(m)* object

obligatoire required

obliger to obligate

obsèques *(f pl)* funeral

obtenir to obtain; to get

occasion *(f)* opportunity; chance; **d'—** secondhand

occuper to occupy; **s'— de** to take care of, handle

œil: mon — you can't fool me
œuf *(m)* egg; — dur hard-boiled egg
œuvre *(f)* work (of art)
offre *(f)* d'emploi opening, available position; — de mariage marriage proposal
offrir *(pp* offert) to offer
ombre *(f)* shade; shadow
ondulé(e) wavy
ongle *(m)* nail (of finger or toe); se ronger les —s to bite one's fingernails
opposition *(f)* opposition
orchestration *(f)* instrumentation
ordinateur *(m)* computer
oreiller *(m)* pillow
orner to decorate
otage *(m)* hostage; prendre en — to take hostage
oublier to forget
ouragan *(m)* hurricane
outil *(m)* tool
outre: en — besides
ouvert(e) open
ouvrage *(m)* work; piece of work
ouvreur(-euse) *(m, f)* attendant, usher
ouvrier(-ière) *(m, f)* worker
ouvrir *(pp* ouvert) to open

P

pain *(m)* de mie sandwich bread
pair: jeune homme/jeune fille au — one who works in exchange for room and board
paix *(f)* peace
palier *(m)* landing
panaché *(m)* mixed-flavor drink (often beer and lemon juice)
panier *(m)* à linge laundry basket
panne *(f)* breakdown; être/tomber en — d'essence to run out of gas
panneau board; sign; — d'affichage bulletin board
Pâques *(f pl)* Easter
paquet *(m)* package
paraître *(pp* paru) to appear, to seem; to come out; il paraît que it seems that; they say that
parapluie *(m)* umbrella
par contre on the other hand
parcourir to travel up and down
pardessus *(m)* overcoat
par-dessus on top of that
pareil(le) similar, alike; une vie — such a life
parent(e) *(m, f)* parent, relative
paresseux(-euse) lazy
parfois at times
parier to bet
parole *(f)* word; —s lyrics
partager to share; — les vues de quelqu'un to share one's views
particulier(-ère) particular; une leçon — a private lesson
partir: laisser — quelqu'un to let someone go
partout everywhere
parvis *(m)* square (in front of church)

pas du tout not at all
pas mal quite a few
passager/passagère *(m, f)* passenger
passe: et j'en — *(slang)* and that's not all
passer to pass; to go by; to spend; — à la douane to go through customs; — au beurre to sauté briefly in butter; — un examen to take an exam; se — de to do without
passionnant(e) exciting
passionné(e) impassioned
pâte *(f)* dough; crust (of cheese)
pâtes *(f pl)* noodles, pasta
patience: avoir de la — to have patience, be patient
patrimoine *(m)* heritage
patron(ne) *(m, f)* boss
pattes *(f pl)* sideburns
paumé(e) lost, misfit
paupière *(f)* eyelid
pauvre poor; unfortunate
payer to pay; — par carte de crédit to pay by credit card; — avec des chèques de voyage to pay with traveler's checks; — des droits to pay duty/tax; — en espèces to pay in cash
paysage landscape, countryside
PDG *(m)* président directeur général CEO
peigner: se — to comb one's hair
peine *(f)* trouble; à — scarcely; ce n'est pas la — it's not worth the trouble; don't bother; — de mort death penalty; faire de la — to cause pain
peintre *(m)* painter; — impressionniste impressionist painter
peinture *(f)* painting; paint
pellicule *(f)* film (cartridge)
péniche *(f)* barge
penser to think
pension *(f)* de retraite retirement pension
percer to pierce
perdre: se — to get lost
père *(m)* father; beau- — father-in-law; stepfather; — célibataire single father
permettre *(pp* permis) to permit
personnage *(m)* character; — principal main character
personne no one
personnel *(m)* personnel
persuader to persuade
perte *(f)* loss
petit(e) small
petites annonces *(f pl)* classified advertisements
petits pois *(m pl)* peas
peur *(f)* fear; avoir — to be afraid; de — que/de crainte que for fear that
peut-être possibly
pièce *(f)* room; play; — de rechange spare part
piège *(m)* trap
piger *[fam]* to understand; to "get it"
pilier *(m)* pillar
pinceau *(m)* paintbrush
piquer *(slang)* to steal
pire/pis worse; le — the worst

piste *(f)* slope; trail; run
pitié *(f)* pity; mercy
placard *(m)* cupboard; closet
place *(f)* square; seat; une — de libre unoccupied seat; une — place réservée reserved seat
plafond *(m)* ceiling
plage *(f)* beach
plaindre *(pp* plaint) to pity; se — (de quelque chose à quelqu'un) to complain (to someone about something)
plainte *(f)* complaint
plaire *(pp* plu) to please
plaisanter to joke
plancher *(m)* floor
plastique *(m)* plastic; être en — to be made of plastic
plat *(m)* dish (container); dish (part of meal), course; — à micro-ondes microwave dish
plat(e) flat
platine *(f)*: — laser compact disc player; — à cassettes cassette deck
plein(e) full; — de *[fam]* a lot of; faire le — to fill up (gas tank); être en — air to be outside
pleuvoir *(pp* plu) to rain
plombier *(m)* plumber
plonger to dive
plupart: la — (de) *(f)* most (of)
plus more; de — besides, furthermore; en — besides
plusieurs several
plutôt rather
pneu *(m)* tire; — crevé flat tire
poêle *(f)* frying pan
poêle *(m)* stove
poids *(m)* weight
poignée *(f)* handle
point *(m)* sharp pain; — de vue point of view
pointu(e) pointed
poisson *(m)* fish
poivron *(m)* vert green pepper
poli(e) polite
politesse *(f)* politeness
politique *(f)* politics; policy; — étrangère foreign policy; — intérieure internal policy
pop-corn *(m pl)* popcorn
portable *(m)* portable computer
porte *(f)* door; aux —s de Paris on the outskirts of Paris; — d'embarquement departure gate
porte-bagages *(m)* suitcase rack
portée: à la — de within reach
portefeuille *(m)* wallet, billfold; portfolio
poser to ask (a question)
poste *(f)* post office
poste *(m)* job, radio, television set; occuper un — to have a job
poster to mail (a letter)
pot: prendre un — *[fam]* to have a drink
pote *(m) [fam]* friend
pou(x) *(m)* louse (lice)

poubelle *(f)* trash can; **sortir les —s** to take out the garbage

pouce *(m)* 2.5 centimeters (1 inch)

poudreuse *(f)* powder (snow)

poumon *(m)* lung

pourboire *(m)* tip (restaurant)

pourparlers *(m pl)*: **les —** talks; negotiations

pour que/afin que in order that, so that

pourtant however

pourvu(e) de equipped with

pourvu que provided that

poussière *(f)* dust

pouvoir *(pp* **pu)** to be able to; **n'en plus —** to be at the end of one's rope; to have had it

précoce early; premature

prélever to levy (a tax)

prendre *(pp* **pris)** to take; **— congé de** to take leave; **prendre des kilos** to put on weight; **— fin** to end; **— position** to take a stand; **s'y — bien/mal** to do it the right/wrong way; **— un verre/un pot** *[fam]* to have a drink

préoccuper: se — de to be concerned with

près (de) near, close to; **à peu —** more or less

présenter to introduce; **se —** to present oneself, to appear

presque almost

pressing *(m)* dry cleaner's

pression *(f)* pressure; **une —** a (glass of) draft beer

prêt *(m)* loan

prêt-à-porter *(m)* ready-to-wear

prétendant *(m)* suitor

prêter to lend

prévenir *(pp* **prévenu)** to warn

prévoir *(pp* **prévu)** to plan; to foresee

prévu: quelque chose/rien de — something/nothing planned

prier to pray; to beg; **je t'en/je vous en prie** you're welcome; **je te/vous prie (de faire quelque chose)** will you please (do something)

prime *(f)* premium; free gift, bonus; subsidy

printemps *(m)* spring

pris(e): être — to be busy (not available)

prise *(f)* catch

prise *(f)* **de courant** outlet

privatiser to take into private hands

prix *(m)* price; prize; **au — fort** at a high price; **dans ses —** in one's price range

prochain(e) next time (in a series); next (one coming); **à la —e** until next time

proches *(m pl)* close friends, relatives

producteur *(m)* producer (who finances)

produire *(pp* **produit): se —** to happen, take place

produit *(m)* product; **—s d'entretien** cleaning products

profaner to desecrate, violate

professions *(f pl)* **libérales** liberal professions

profiter to profit; **— de** to take advantage

of; **en —** to enjoy life

programme *(m)* program listing; **— électoral** platform

programmer des menus to program (create) menus

progrès *(m)* progress

proie *(f)* prey

projeter de to plan on

projets *(m pl)* plans; **faire des —** to make plans

prolixe wordy

promenade *(f)* walk

promettre to promise

promotion *(f)* promotion

propos: à — by the way

propre own; clean

propriétaire *(m, f)* owner; householder

propriété *(f)* property; ownership

prouesse *(f)* feat

prouver: se — to prove oneself

provoquer to cause

publicité *(f)* advertisement

pudeur *(f)* modesty

puissant(e) powerful

purement purely

Q

quai *(m)* (train) platform

qualifié(e) qualified, competent

qualité proche courrier *(f)* near letter quality

quand when; **— même** nonetheless, even so

quartier défavorisé *(m)* slum

quel(le) what, which

quelconque some; any

quelque chose (de) something

quelquefois sometimes

quelque part somewhere

quelques a few, some, several

quelques-un(e)s some, a few

quelqu'un someone, somebody

queue: faire la — to wait in line

quincaillerie *(f)* hardware store

quoi what

quoique although

quoi que ce soit anything whatsoever

quotidien *(m)* daily

R

raccrocher to hang up (telephone)

racisme *(m)* racism

raciste racist

raconter to tell (a story)

raffiné(e) refined

raffiner to refine

raide straight (hair)

raisin *(m)* grape; **— sec** raisin

raison *(f)* reason

raisonnable sensible

ralenti: travailler au — to work at a slow pace; to experience slowdowns

ramasser to pick up; to clean up

rame *(f)* subway train

ramener to bring someone (something) back; to drive someone home

rançon *(f)* ransom

randonnée pédestre *(f)* sport walking (power walking)

ranger to put away

râpé(e) threadbare, worn

rappel *(m)* curtain call

rappeler: se — to remember

rapport *(m)* relationship; **avoir de bons/mauvais —s** have a good/bad relationship

rare rare, exceptional, unusual

rater to flunk; to miss

rationnement *(m)* ration; **carte de —** ration card

rattraper to catch up; **se —** to make up for

ravi(e) delighted, pleased

rayon *(m)* department (in store)

réagir to react

réalisateur(-trice) *(m, f)* director; **— de télévision** television producer

réalisation *(f)* production

réalité: en — actually

rebondissement *(m)* revival

réception *(f)* front desk

réceptionniste *(m, f)* hotel desk clerk

recette *(f)* recipe

recevoir *(pp* **reçu)** to receive; to entertain

recherche *(f)* search; **—s** research; **faire des —s** to do research

réclamation *(f)* complaint; **faire une —** to make a complaint

recommander to recommend

reconnaissant(e) grateful, thankful

record du monde *(m)* world record

récréation *(f)* recreation; recess

rectitude *(f)* uprightness

reculer to backspace

redoubler to redouble; to reiterate **— un examen/cours** to repeat a test/course

réduction *(f)* discount

réfléchir to reflect, think

réfrigérateur *(m)* refrigerator

refroidir to cool down

refuser to refuse

régal *(m)* treat, pleasure

regarder to look at

règle *(f)* rule

régler to regulate, arrange, adjust; **— la note** to pay, settle the bill

règne *(m)* reign

regretter to be sorry

rejoindre *(pp* **rejoint)** to meet; **se —** to meet (by prior arrangement)

réjouir to delight, gladden; **se — à l'idée** to look forward (to)

remarquable remarkable, spectacular

remarquer to notice

remboursement *(m)* refund

rembourser to reimburse

remercier de to thank someone

remettre *(pp* **remis)** to hand in

remords: avoir des — to have (feel) remorse

rencontrer to meet (by chance), to run into; **se —** to meet at a set time rendement *(m)* productivity

rendez-vous *(m)* meeting; — avec un(e) inconnu(e) blind date; se donner — avec quelqu'un to make an appointment with someone

rendre to return, give back; to make, render; se — compte de to account for; to realize; — service to do a favor; render a service; — visite à quelqu'un to visit someone

renommée *(f)* fame

renoncer à to give up

renouveau *(m)* revival

rénover to renovate

renseignements *(m pl)* information

renseigner to inform; se — to get information

rentrée *(f)* start of new school year

rentrer to go home, come home; to put away; — en retard to get home late

renvoyer to send back

réparer to repair

répartition *(f)* dividing-up; distribution

repas *(m)* meal

repassage *(m)* ironing

repérer: se — to find one's place

répéter to repeat

répit *(m)* respite, rest

réplique *(f)* response

répondeur téléphonique *(m)* answering machine

reportage *(m)* newspaper report; — en direct live news or sports commentary

reposer: se — to rest

représentant(e) *(m, f)* de commerce sales rep

représentation *(f)* performance

représenter to represent; se — to run again (for office)

reprocher to reproach, criticize

requin *(m)* shark

réseau *(m)* network

réserver une chambre to reserve a room

résolu(e) resolved

résoudre to resolve, solve

respectif(-ive) respective

respectueux(-euse) respectful

respirer à fond to take a deep breath

responsabilités *(f pl)* duties

resservir to offer a second helping

restaurant *(m)* restaurant; — du cœur soup kitchen; — universitaire cafeteria

rester to remain; to stay; — en bas de l'échelle to remain at the bottom of the ladder or financial scale

retard *(m)* lateness; avoir du — to be late; partir en — to get a late start

retenir *(pp* retenu) to hold back; to retain; to reserve (a room); être retenu(e) to be held up (late)

réticence *(f)* hesitation

retirer to withdraw; — de l'argent to make a withdrawal

retordre: donner du fil à — to give someone trouble

retoucher to retouch; to alter

retour *(m)* return; — en arrière flashback

retourner to go back; to turn again; to turn over

retraite *(f)* retirement; être à la — to be retired; prendre sa — to retire

retrouver to find again; se — to meet (by prior arrangement); s'y — to find one's way

réunion *(f)* meeting

réunir to gather; se — to get together

réussi(e) successful, well executed

réussir to succeed; — à un examen to pass an exam

réussite *(f)* success

revanche: en — on the other hand

réveiller to wake; se — to wake up

révéler to reveal; se — to prove to be

rêver to dream

revirement *(m)* turnaround

réviser (pour) to review (for)

revoir *(pp* revu) to review, look over; se — to see again; au — goodbye

révolter to revolt, shock

revue *(f)* magazine (sophisticated, glossy)

rez-de-chaussée *(m)* ground floor

rideau *(m)* curtain

rien *(m)* nothing; ça ne fait — it's nothing; ne — nothing; n'avoir — à voir avec to have nothing to do with

rigoler to laugh

rire *(pp* ri) to laugh

rive *(f)* bank

robe *(f)* dress

rôder to loiter

roman *(m)* novel

rompre *(pp* rompu): — avec quelqu'un to break up with someone

rond(e) round

rondelle *(f)* slice

rosace *(f)* rose window (in cathedral)

rôtir: faire — to roast

rouer quelqu'un de coups to beat someone black and blue

rouler to roll; — à grande vitesse to drive fast

rouspéter *[fam]* to groan, moan

route: être en — to be on the way

roux/rousse *(m, f)* redhead; avoir les cheveux — to have red hair

rubrique *(f)* heading, item; column

S

sabbatique sabbatical

sac *(m)* bag; — à dos backpack

saigner to bleed

saisissant(e) gripping; startling

salades composées *(f pl)* salads

salaire *(m)* pay (in general)

sale dirty

salé(e) salty

salir to make dirty, soil

saluer to greet

samedi *(m)* Saturday

sanctionner to sanction

sanglant(e) bloody

sans without; les — -abri homeless; — blague *[fam]* no kidding

sans-abri *(m, f)* homeless person

santé *(f)* health; à votre (ta) — (à la vôtre/à la tienne) to your health; se refaire la — to recover one's health

santiags *(m pl)* cowboy boots

sapes *(f pl)* clothing

sarcasme *(m)* sarcasm

saumon *(m)* salmon; — fumé smoked salmon

sauter: faire — to sauté (brown or fry gently in butter)

sauvegarder to save

savoir *(pp* su) to know from memory or from study; to know how to do something; to be aware of

scandaleux(-euse) scandalous

scanner *(m)* scanner

scénariste *(m, f)* scriptwriter

sec/sèche dry

sèche-linge *(m)* clothes dryer

sécher to dry; — un cours *[fam]* to cut a class

secours *(m)* help; au — help

secrétaire *(m, f)* secretary

secrétariat *(m)* position or office of secretary

sécurité *(f)* de l'emploi job security

séduire *(pp* séduit) to seduce; to charm; to bribe

séisme *(m)* earthquake

séjour *(m)* stay; visit

sel *(m)* salt

selon according to

semaine *(f)* week; chaque — every week

semblable similar

sembler to seem

sens *(m)* meaning

sensationnel(le) fabulous

sensible sensitive

sentir to feel (an object); to smell; se — to feel (an emotion)

série *(f)* series

serment *(m)* sermon

serrer to press; serré(e) tight, closely fought

serrurerie *(f)* locksmithing

serrurier *(m)* locksmith

service *(m)* service; — d'étage room service; — du personnel personnel services; — compris tip included

servir to serve; ne — à rien to do no good; se — de to use

seul(e) only; solitary

seulement only

si if; yes *[fam]*

sidérer to stagger

siècle *(m)* century

siège *(m)*: — -bébé infant (car) seat; — -voiture car seat

sieste *(f)* nap; faire la — to take a nap

sigle *(m)* abbreviation

signaler to point out

signification *(f)* signification, meaning

signifier to mean

s'il te plaît please *(fam)*

sino- Asian; —**américain** Asian-American
sirop *(m)* **d'érable** maple syrup
soif *(m)* thirst; **avoir —** to be thirsty
soins *(m pl)* **médicaux** medical care and treatment
soirée: aller à une — to go to a party
soldat *(m)* soldier
solde: en — on sale; **une —** a sale
soleil *(m)* sun
son *(m)* sound
sondage *(m)* opinion poll
sorbet *(m)* sherbet
sorte *(f)* kind; type; **toutes —s** all kinds
sortie *(f)* exit; outing; release (of a film or song)
sortir *(pp* **sorti)** to go out; to take out; **— un revolver** to pull out a gun
sou: être sans le — to be without a penny
souci *(m)* worry; **se faire du —** to worry
soucoupe *(f)* saucer; **— volante** flying saucer
soudain(e) sudden
souffrir *(pp* **souffert)** to suffer
souhait *(m)* wish
souhaiter to wish
soulagement *(m)* relief
soulager to relieve
soulèvement *(m)* spontaneous uprising
soulever to lift (up)
souligner to underline
sourcil *(m)* eyebrow
sourdine: mettre en — to turn on mute
sourire *(pp* **souri)** to smile
souris *(f)* mouse
sous under
souscrire to contribute, subscribe to
sous-titre *(m)* subtitle; **(avec) —s** (with) subtitles
sous-vêtements *(m pl)* underwear
soutenir to support
soutien *(m)* support
souvenir *(m)* memory, souvenir
souvenir *(pp* **souvenu): se — de** to remember
souvent often
spécialiser: se — en to major in
spectacle *(m)* show
spectaculaire remarkable, spectacular
spectateurs/spectatrices *(pl)* studio audience
sportif(-ive) athletic, fond of sports
spot publicitaire *(m)* television commercial
squelette *(m)* skeleton
station *(f)* (television, radio) station; **— -service** gas station
stationnement *(m)* parking
statut *(m)* status
statut quo *(m)* status quo
steak-frites *(m)* steak with fries
stimulant(e) challenging
studio *(m)* efficiency apartment
submerger submerge
suffire *(pp* **suffi):** to be sufficient; **il suffit** it is enough
suffisant(e) sufficient; enough
suggérer to suggest

suite *(f)* series; **de —** in a row, in succession
suivant(e) following; next
suivre *(pp* **suivi)** to follow; **à —** to be continued; **— un cours** to take a course
super *[fam]* super
supplément *(m)* supplement; **payer un — pour excès de bagages** to pay extra for excess luggage
supporter to put up with, endure
supprimer to do away with; to take out
sûr(e) sure
surface: grande — *(f)* huge discount store
surprenant(e) surprising
surpris(e) surprised
survécu(e) survived
surveillance *(f)* supervision
survenu(e) intervening
survivre (à) *(pp* **survécu)** to survive
survoler to fly over
sympa *[fam]* nice; friendly
syndicat *(m)* union; **— d'initiative** tourist bureau

T

tabagisme *(m)* use of tobacco
tableau *(m)* chart; **— noir** blackboard
tache *(f)* spot
tâche *(f)* task
tâcher de to try
taille *(f)* size; waist; **être de petite —** to be short; **être de — moyenne** to be of average height
tailleur *(m)* woman's tailored suit
taire *(pp* **tu): se —** to be quiet
talon *(m)* heel
tandis que while; whereas
tant (de) so much
taper to type; **retaper** to retype
tapis *(m)* rug, carpet
tapisserie *(f)* tapestry
taquiner to tease
tare *(f)* defect
tarif *(m)* fare, rate
tarte *(f)* **aux pommes** apple pie
tas *(m)* pile, heap; **un — de** a lot of
taux *(m)* rate; **— de chômage** rate of unemployment; **— d'intérêt** interest rate; **— da natalité** birth rate
tchin-tchin *(fam)* cheers
teinturerie *(f)* such, such a
télécharger (un message/un dossier) to download
télécommande *(f)* remote control
téléphoner to telephone; **— à quelqu'un** to telephone someone
télésiège *(m)* chairlift
téléspectateur/téléspectatrice *(m, f)* television viewer
télévision *(f)* **par câble** cable television
tellement so much, so; really
témoignage *(m)* testimony; witnessing
témoin *(m)* witness
temps *(m)* time; **le bon vieux —** the good old days
tendre to tense
tendu(e) tense

tenir à to really want, to insist on
tenter to tempt; to try; **je me laisse —** I'll give in to temptation
tenue habillée *(f)* dressy clothes
termes: être en mauvais — to be angry with, on bad terms
terminer to finish
ternir to tarnish
terrain *(m)* **de camping** campground
terre *(f)* earth; soil; dirt; **être en — battue** to be made of adobe
terrine *(f)* pâté
terrorisme *(m)* terrorism
têtu(e) stubborn
TGV *(m)* **train à grande vitesse** high-speed train
théâtre *(m)* theater; **aller au —** to go to the theater
thé *(m)* **glacé** iced tea
thème *(m)* theme
thèse *(f)* **de doctorat** doctoral thesis, dissertation
thon *(m)* tuna
tirage *(m)* circulation
tirer to pull
tiroir *(m)* drawer
tissu *(m)* fabric
titre *(m)* title headline
toilette *(f)* toilet; **les —s** bathroom; washroom; **faire sa —** to have a wash; **être à sa —** to be dressing
tomber to fall; **— en panne** break down
toqué: t'es — *[fam]* you're nuts
tort *(m)* wrong; **avoir —** to be wrong
touche *(f)* key
toujours always; still; **— est-il que** it remains that, nevertheless
tour *(f)* tower
tour *(m)* trip; **c'est à qui le —?** whose turn is it? (who's next?)
tourner to turn; to shoot (a film)
tournoi *(m)* tournament
tout, tous, toute, toutes all; **— à fait** absolutely; **— de même** in any case; **— de suite** right away; **tous les jours** every day; **— à fait** completely
trac: avoir le — to have stage fright
trahir to betray
train *(m):* **être en — de** to be in the process of (doing something)
traitement *(m)* treatment; **— de texte** word processing; **— mensuel** monthly salary
traiter to treat, deal with
tranche *(f)* slice
tranquille calm; **laisser quelqu'un —** to leave someone alone
transmettre to broadcast
transporter to transport; **— d'urgence à** to rush to
travail *(m)* work
travaux ménagers *(m pl)* chores
travers: à — across; **de —** crooked
traverser to cross
trentaine: avoir la — to be in one's 30s
trésor *(m)* treasure

tricher to cheat
triste sad
tristesse (f) sadness
tromper to deceive; to cheat on; **se —** to be mistaken; **se — de train** to take the wrong train
trompeur(-euse) deceptive
trottoir (m) sidewalk
trou (m) hole
troué(e) with holes
troupe (f) cast
trouvaille (f) great find
trouver to find; **se —** to be located
truc (m) [fam] thing; trick
tube (m) [fam] hit (music)
tuer to kill
tutoyer to use «tu»

U

une: la — des journaux front page
université (f) university
urgence (f) emergency
usine (f) factory
utile useful
utilité (f) usefulness

V

vacances (f pl) vacation; **être en —** to be on vacation; **passer des — magnifiques/épouvantables** to spend a magnificent/horrible vacation
vachement [fam] very
vague (f) wave
vaisselle (f) dishes; **faire la —** wash the dishes
valable valid
valoir (pp valu) to be worth; **— la peine** to be worth the trouble
vanter: se — to boast, brag
veau (m) veal
vedette (f) star
vendeur/vendeuse (m, f) salesman/saleswoman
vendre to sell
vendu(e) en solde sold at a reduced price, on sale

vénerie (f) venery (hunting on horseback)
venir to come; **— de** to have just
vente (f) sale
vergogne: sans — shameless; shamelessly
vérifier to verify, check
véritable real; genuine
verre (m) glass; **en —** made of glass; **prendre un —** [fam] to have a drink
verrière (f) glass roof
verrouiller to lock
verser to pour; to pay a deposit or down payment
version originale (v.o.) in the original language
vertu (f) virtue
verve (f): **plein de —** racy
veste (de sport) (f) (sports) jacket
vêtements (m pl) clothing; **ce (vêtement) lui va bien** this (piece of clothing) looks good on her/him; **changer de —** to change clothes; **— d'occasion** second-hand clothes; **enlever (un vêtement)** to take off (a piece of clothing); **essayer (un vêtement)** to try on (a piece of clothing); **mettre (un vêtement)** to put on (a piece of clothing)
veuf/veuve widower; widow
veuillez please
victoire (f) win, victory
vidéo-clip (m) music video
vidéomaniaque (m, f) video fan
vie (f) life; **— de famille** home life
vieillesse (f) old age
vieux (vieil)/vieille old; **mon —** old man
vigoureux(euse) impressive
villa (f) summer or country house
vingtaine: avoir la — to be in one's 20s
violent(e) fierce
violer to violate
visage (m) face
vis-à-vis with regard to
visite (f) visit; **rendre — à quelqu'un** to visit (someone)
visiter (un endroit) to vist (a place)
vitesse (f) speed
vitrerie (f) glaziery

vivant(e) lively
vivifiant(e) invigorating
vivifier to invigorate
vivre (pp vécu) to live
vœu (pl vœux) (m) wish
voir to see; **aller — quelqu'un** to visit someone; **avoir (beaucoup) à — avec** to have (a lot) to do with
voisin(e) (m, f) (d'à côté) (next-door) neighbor
voiture (f) car; **accident de —** automobile accident
vol (m) flight; robbery; **faire du — libre** to go hang-gliding; **— direct/avec escale** direct flight/flight with a stopover
voler to steal; **se faire —** to be robbed
volontaire (m, f) volunteer
volontiers gladly, willingly
volupté (f) delight; pleasure
voter to vote
vouloir (pp voulu) to want; **en — à quelqu'un** to hold a grudge against someone
voûte (f) vault (cathedral); **en —** vaulted
vouvoyer to use «vous»
voyage (m) **d'affaires** business trip
voyager to travel
voyant(e) (m, f) fortune-teller, clairvoyant
voyou (m) [fam] hoodlum
vue (f) view

X

xénophobie (f) xenophobia (fear/hatred of foreigners)

Y

yaourt (m) yogurt
yeux (m pl) eyes

Z

zapping (m) switching channels repeatedly (zapper)
zip: lecteur zip (m) zip drive

Indice A

«Expressions typiques pour... »

Indice B

«Mots et expressions utiles»

Indice C

«Grammaire»

à
+ definite article, 44
+ infinitive, 302–304
+ **lequel**, 73, 317
+ person, 303
+ possessive pronoun, 94
to express location, 305–306
acheter
conditional, 32
future, 246
present, 2
with partitive, 64
active voice, 395
adjectives
agreement of, 72–73, 84–85, 101, 318
as adverbs, 338–339
comparative, 346–347
demonstrative, 328
descriptive, 86–87, 103
feminine formation, 84–85, 101
indefinite, 233–234
interrogative, 72–73
irregular, 347
plural formation, 85
position of, 73, 84, 103, 346–347
change in meaning, 103
possessive, 84
superlative, 346–347
adverbs
comparative, 347–348
exclamatory, 376
formation, 328–329, 338–339
function, 329
interrogative, 46
irregular, 338–339
position, 339
superlative, 347–348
use, 328
agreement
of adjectives, 72–73, 101, 328
of participles, 124–125, 133, 377, 395
of pronouns, 73, 94
aller
conditional, 32
future, 246
imperfect tense, 125
present, 42
subjunctive, 173
appeler
conditional, 32
future, 246
present, 2
subjunctive, 173

après que + future perfect, 254–255
articles
choice of, 62–64
definite, 44, 63, 94
indefinite, 45, 63, 284
partitive, 45, 62–64, 284
asseoir, past participle, 132
aucun, 292–293
avoir
conditional, 32
future, 246
in **passé composé**, 124
in past subjunctive, 193
in pluperfect, 126
past participle, 132
present, 42
present participle, 377
subjunctive, 174
with partitive, 64

boire
past participle, 52, 132
present, 52
with partitive, 62, 64

ça fait... que, 19
causative construction, 357–358
ce, cette, 328
ce dont, 314–315
celui, 335–336
ce que, ce qui, 314–315
c'est
+ adjective, 92, 304
+ disjunctive pronoun, 92, 223
+ noun, 91–92
vs. **il/elle est**, 91–92
-ci, 328, 336
commencer, 3
comparisons, 94, 223, 346–348
conditional tense
after **au cas de**, 386
formation, 31–32
in result clause, 263
of **devoir, pouvoir**, 385–386
past, 385–386
use, 31–32, 263
conduire
past participle, 11, 132
present, 11
conjunctions
+ future, 253–255
+ subjunctive, 270–272
replacement by prepositions, 272

connaître
past participle, 11, 132
present, 11
vs. **savoir**, 11–12
courir
conditional, 32
future, 246
past participle, 11, 132
present, 11
craindre, past participle, 132
croire
past participle, 11, 132
present, 44
subjunctive, 173

de
+ definite article, 44
+ infinitive, 302–304
in passive voice, 396
+ **lequel**, 73, 313
+ possessive pronoun, 94
to express place of origin,
305–306
with demonstrative pronouns, 336
with expressions of quantity, 46
with **rien** and **personne**, 293
See also partitive articles.
découvrir, past participle, 132
definite articles, 44, 63
with geographical names, 305–306
with possessive pronouns, 94
demander, with partitive, 64
demonstrative
adjectives, 328
pronouns, 335–336
depuis
+ imperfect, 141
+ present, 19
with questions of time, 19
descriptive adjectives, 84–85, 101
devoir
conditional, 32
future, 246
+ infinitive, 231
past conditional, 385
past participle, 132
present, 43
subjunctive, 173
dire
past participle, 132
present, 43
direct object pronouns, 204–205
disjunctive pronouns, 222–223

donner, with partitive, 64
dont, 314–315
dormir, 42
écrire
    past participle, 132
    present, 43
en, 210–212, 377
    + present participle, 377
    to express location, 305–306
ennuyer, 3
envoyer
    conditional, 32
    future, 246
    subjunctive, 173
-er verbs
    conditional, 31
    future, 246
    imperative, 5
    irregular. *See* separate listings.
    past participle, 124
    present participle, 377
    present tense, 2
    subjunctive, 166
essayer, 32, 246
est-ce que, 4, 46, 71, 86
être
    + adjective + preposition + infinitive, 183, 303
    conditional, 32
    future, 246
    in passé composé, 124
    in passive voice, 395
    in past subjunctive, 193
    past participle, 132
    present, 42
    present participle, 377
    subjunctive, 174
    sûr(e)/certain(e) que, 182–183
exclamatory expressions, 375–376
expressions of quantity, 46, 64
expressions of time, 19–20, 271, 318

faire
    causative, 357–358
    conditional, 32
    expressions with, 358
    future, 246
    past participle, 132
    present, 42
    present participle, 377
    subjunctive, 173
falloir
    conditional, 32
    future, 246
    past participle, 132
    present, 44
future perfect tense
    after après que, 254–255
    formation, 253–255
    use, 254–255
future tense
    formation, 246
    use, 253
    with si, 253

gender
    adjectives, 101
    nouns, 22–24
geographical names
    definite article with, 305–306
    gender, 22
    prepositions with, 305–306

il/elle est
    + adjective, 92, 303–304
    + preposition of location, 92
    vs. c'est, 91–92
il y a... que, 19
il y a + time, 19
imperative, 5, 86, 205, 220, 284, 358
imperfect tense
    formation, 125–126
    use of, 140–141
    vs. passé composé, 143–145
    with depuis, 141
indefinite
    adjectives, 233–234
    articles, 44, 63, 284
    pronouns, 233–234, 293, 336
indirect object with plaire, 52
indirect object pronouns, 204–205
infinitive
    after à and de, 302
    after verb, 302
    past, 378
    to avoid subjunctive, 183
interrogative
    adjectives, 72–73
    expressions, 4
    pronouns, 71–72, 73
    with passé composé, 125
    words, 46
inversion, 4, 19, 71, 86
-ir verbs
    conditional, 31
    future, 246
    imperative, 5
    irregular. *See* separate listings.
    past participle, 124
    present participle, 381
    present tense, 3
    subjunctive, 166

jamais, 292–294

-là, 211, 328, 336
lequel, 72–73, 313–315
lire
    past participle, 132
    present, 43

manger, 3
    with partitive, 64
mettre
    past participle, 132
    present, 43
mourir
    conditional, 32
    future, 246
    past participle, 11, 132

present, 11
subjunctive, 173

naître, past participle, 132
negation, 5, 64, 88, 125, 223, 284, 292–294, 314
negative pronouns, 292–293
ne... pas, 284, 292–294
n'est-ce pas, 4
nouns
    comparative, 348
    compound, 25
    feminine formation, 23
    gender, 22–24
    masculine formation, 23
    plural formation, 24–25
    superlative, 348

objects
    indirect, 52
    pronouns, 204–205, 358
offrir
    past participle, 52, 132
    present, 52
où, 314

partir, 42
partitive articles, 45, 62–64, 284
passé composé
    auxiliary verbs, 124, 132–133
    change in meaning, 133, 144
    formation, 124, 132
    of pronominal verbs, 133
    use, 143
    vs. imperfect, 143–145
    vs. pluperfect, 154
passive voice, 395–396
past conditional tense, 385–386
past infinitive after après, 378
past participle
    agreement of, 124–125, 133
    formation, 124
    irregular forms, 10–11, 132
past subjunctive, 193
past tenses, summary, 154
pendant combien de temps, 19
perception, verbs of (laisser, entendre, voir), 358
personne, 292–294
pire, 347
plaire, 52, 132
pleuvoir
    conditional, 32
    future, 246
    past participle, 132
    present, 44
pluperfect tense
    formation, 126
    use, 154
plural
    adjectives, 101
    nouns, 24–25
possessive
    adjectives, 84
    pronouns, 94